行疆搽濈

边疆考古与美术考古文集

冯恩学 著

上海古籍出版社

图书在版编目(CIP)数据

行疆探微:边疆考古与美术考古文集/冯恩学著
.—上海:上海古籍出版社,2020.9
ISBN 978-7-5325-9740-6

Ⅰ.①行… Ⅱ.①冯… Ⅲ.①考古学—文集 Ⅳ.①K85-53

中国版本图书馆CIP数据核字(2020)第161210号

行疆探微

边疆考古与美术考古文集

冯恩学 著

上海古籍出版社出版发行

(上海瑞金二路272号 邮政编码200020)
(1)网址:www.guji.com.cn
(2)E-mail:guji1@guji.com.cn
(3)易文网网址:www.ewen.co
苏州市越洋印刷有限公司印刷

开本787×1092 1/16 印张27.25 插页6 字数531,000
2020年9月第1版 2020年9月第1次印刷
ISBN 978-7-5325-9740-6
K·2900 定价:138.00元
如有质量问题,请与承印公司联系

彩版一　耶律羽之墓柏木小帐伎乐人（一）
1. 吹排箫人　2. 弹琵琶人（中下部）　3. 弹箜篌人

1
—
2

彩版二　耶律羽之墓柏木小帐伎乐人（二）
1. 吹筚篥人　2. 拍击答腊鼓人

目　　录

边疆考古篇

人类向北美洲迁徙的考古观察 ··· 3
我国东北与贝加尔湖周围地区新石器时代文化交流的三个问题 ············· 10
俄罗斯远东博伊斯曼文化与倭肯哈达、亚布力遗址的联系 ·················· 20
青铜时代到早期铁器时代长城地带对外贝加尔地区的文化影响 ············· 26
夫余北疆的"弱水"考 ··· 41
抚松大方顶子积石堆遗迹的初步研究 ·· 46
黑龙江中游地区靺鞨文化的区域性与族属探讨 ······························ 56
黑水靺鞨思慕部探索 ·· 64
黑龙江中游沿岸地区的靺鞨房屋 ··· 71
奈费尔德类型的文化来源 ··· 88
靺鞨的火焚葬之谜 ·· 96
蒙古国出土金微州都督仆固墓志考研 ······································· 103
吐尔基山辽墓墓主身份解读 ·· 113
北京赵德钧墓
　　——辽帝默许的"皇陵" ··· 119
辽墓反映的契丹人汉化与汉人契丹化 ·· 127
辽代的女真文化 ··· 136
对完颜希尹墓地出土"铁券"性质的新认识 ································· 158

北宋熙春阁与元上都大安阁形制考 ································· 164

中国烧酒起源新探 ································· 176

美术考古篇

东北平底筒形罐区系研究 ································· 189

史前特殊的渔猎工具
　　——假鱼和弯体穿孔镖 ································· 214

中国境内的北方系东区青铜釜研究 ································· 217

谈三星堆出土神树的性质 ································· 232

胡风扁壶的时代风格 ································· 236

特罗伊茨基靺鞨墓地的陶器来源 ································· 244

黑水靺鞨的装饰品及渊源 ································· 251

俄罗斯远东南部古代艺术品与中国的联系 ································· 260

辽代鸡冠壶类型学探索 ································· 279

蹀躞带
　　——契丹文化中的突厥因素 ································· 290

辽代契丹马具探索 ································· 296

论《百马图》的创作时代 ································· 324

辽墓壁画所见马的类型 ································· 332

辽墓壁画中的车 ································· 337

吐尔基山辽墓萨满金帽的文化溯源 ································· 343

内蒙古库伦6、7号辽墓壁画的人物身份 ································· 351

河北省宣化辽墓壁画特点 ································· 356

对滴水壶辽墓壁画之商榷 ································· 362

贝加尔湖岩画与辽代羽厥里部 ································· 365

辽墓启门图之探讨 ································· 373

耶律羽之墓彩绘乐舞人物艺术形象的探讨 ································· 381

俄罗斯滨海边区赛加古城出土金代权衡器考 ································· 390

考古所见萨满之腰铃与牌饰 ································· 395

"春水玉"的考古学观察 …………………………………………………… 409
北京斋堂壁画墓的时代 …………………………………………………… 421
奉节宝塔坪出土的铭文金牌饰 …………………………………………… 424

后记 ………………………………………………………………………… 429

边疆考古篇

人类向北美洲迁徙的考古观察

美洲的土著居民印第安人的起源是一个世界之谜,对其起源的解释曾经有着多种假说。根据人种学和分子生物学研究结果,印第安人是蒙古人种(黄种人),应该来自亚洲。亚洲的蒙古人种是以何种方式到达美洲的?对其解释又有漂流说和陆桥迁移说。考古学的实证方法是最终解决这个国际性学术课题的主要途径。中俄考古发掘成果已经寻找到人类向北美洲迁徙的星星点点足迹,对这些迁徙足迹进行考古观察,证实陆桥迁移说是正确的,使这个世界之谜的解释走出假说时代。那么人类是怎样从亚洲腹地迁徙到北美洲的?本文对这个问题将做以下探讨。

一、迁徙的轮廓线:中国—东北亚—北美洲

体质人类学研究表明印第安人属于蒙古人种的一个分支,他们的老家在亚洲。亚洲在晚期智人时期(距今5万~1万年)人种的分化加剧,"一个世纪以来,在亚洲范围内也发现了颇为丰富的晚期智人化石材料。除中亚和西亚地区的资料表明那里的晚期智人仍然继承了本地区尼人类型的种系特征,主要参与了现代欧罗巴人种的形成之外,东亚和东南亚地区的晚期智人则分别显示出某些蒙古人种和澳大利亚人种的祖先性状"[1]。印第安人是蒙古人种的一个分支,应该是来自东亚地区的蒙古人种祖先。东亚的人类化石以我国发现最多,从猿人到晚期智人都有很多发现。吴新智系统地研究我国出土化石后提出中国古人类连续发展进化的理论[2]。云南元谋猿人已经产生蒙古人种的铲形门齿特征,古地磁法测定其生活年代在170万年前。年代在距今50万~23万年前的北京猿人也有相

---

[1] 朱泓:《体质人类学》第三章《晚期智人》,高等教育出版社,2004年,第297页。
[2] 吴新智:《中国远古人类的进化》,《人类学学报》1990年第4期。

似特征。测定数据在距今3.2万～1.3万年前的山顶洞人则有更加明显的蒙古人种性状,特别是第103号女性头骨,已经具有蒙古人种的典型形态特征,"她是与爱斯基摩人、印第安人和中国人存在着密切联系的原始蒙古人种的代表"[1]。高纬度地区自然环境恶劣,不适合早期人类生活,在我国以北的亚洲地区,没有发现人类化石和人类早期生活的遗址,所以我国应该是蒙古人种的起源地,东北亚北部高纬度地区的蒙古人种应该是从我国中纬度地区向北迁移扩散后,适应当地环境发展形成的。

旧石器时代的人类活动留下的遗址在我国北方、东北、蒙古国、西伯利亚和俄罗斯远东地区已经有相当多的发现,特别是处在与美洲对接点的楚科奇半岛上也发现了旧石器时代晚期的石器和遗址[2]。

从中国向楚科奇半岛迁徙的主要路线有两条,第一条是内陆大河路线,第二条是海岸路线。

第一条路线是:从中国北方,经过东北和蒙古高原到达贝加尔湖附近,循着勒拿河进入雅库特地区,再向东进入楚科奇半岛。其中勒拿河起着重要通道作用。勒拿河从贝加尔湖西岸旁发源,向东北翻山越岭走2 000公里后折而向北流,注入北冰洋。维基姆河起源于贝加尔湖东侧的赤塔市附近,也注入勒拿河。贝加尔湖周围地区旧石器时代晚期文化比较发达,发现的遗址众多,其中有著名的马尔他文化,其繁荣时期在距今4万～2万年前。沿着勒拿河的通道优势,使旧石器时代文化得以将活动空间推进到亚洲的东北部,在河边(包括支流)留下一系列该时期的遗址或遗物。其中著名的有久克泰文化和苏姆那金文化。根据地质和绝对年代测定,久克泰文化年代在距今3.5万～1万年,苏姆那金文化年代在距今1万～6 000年[3]。再向东北越过因笛尔卡河、科雷马河就踏入楚科奇地区,在这些地区都发现了旧石器时代晚期的遗址。

海岸路线是从我国东北扩散到俄国远东的南部,向北经鄂霍次克海岸、堪察加半岛到达楚科奇半岛。哈尔滨阎家岗遗址碳十四测定的数据在21 740±300年前。黑龙江中游阿穆尔州的兀立玛遗址(位于结雅河的支流谢列姆贾河流域)在1982～1988年发掘出12 000件旧石器时代的石器,其第3层的年代在距今2.4万～2万年前。中途重要的旧石器时代文化是堪察加半岛的乌什科夫早期文化,测定的年代数据在1.4万～1.3万年前。

更新世的重要特点是温暖与寒冷交替的强烈变化,形成冰冻期与间冰期交替的重大地质变化。大约在7万年以前,泽梁山谷冰期到来,海洋退化,环绕楚科奇海和堪察加海

---

[1] 朱泓:《体质人类学》第三章《晚期智人》,高等教育出版社,2004年,第301页。
[2] 季科夫:《古代亚洲与美洲的对接点》,雅库茨克,1993年,第20～148页。
[3] 莫恰诺夫:《雅库特考古遗迹》,新西伯利亚,1983年,第13页。

的大陆架地区完全干涸。结果,形成了连接亚洲和北美洲的白令陆桥,位置相互靠近的岛屿形成了群岛。大约在距今5万～2.7万年是卡尔金间冰期,气候变得温暖,白令海峡重新恢复。随后的萨尔坦冰期(最后冰期)又把楚科奇半岛与美洲的阿拉斯加连接起来。全新世的到来,才使得气候又变得温暖,恢复了白令海峡[1]。冰期时期的陆桥和群岛,成为亚洲和北美洲的一些动物群与植物群得以进行相互交流渗透的通道。如北美野牛在西伯利亚的旧石器时代遗址(如米利河口、久克泰洞穴遗址等)中经常被发现,猛犸象等在北美洲也有分布。生活在楚科奇地区的人们完全可以凭借陆桥与群岛向北美洲的阿拉斯加迁徙,再向南扩散发展形成印第安人。

二、迁徙的技术装备:严寒条件下的生存能力

人类进入西伯利亚,并能在冰川时期生存发展,必须具备战胜严寒的基本技术装备,其中主要是使用火、建造房屋、制作衣服、加工细石器。

(一) 用火技术

人类在史前时代的用火技术经历了3个发展时期。

1. 使用自然火源时期

北京周口店遗址的北京猿人的生活时间在距今50万～23万年以前。北京猿人遗址保留了较多的灰烬堆积,较大的灰烬堆积有4处,最厚者超过6米。灰烬呈堆状分布,说明当时已能有效控制火的燃烧。灰烬中有烧过的骨头、石头、朴树籽。在骨角工具的截断处有火烧痕迹,证明北京猿人已经可以利用火加工器物。北京猿人的灰烬层厚大,是长期燃烧的结果,当时是取自然火为火源,保存火种,随时取用。辽宁省营口县的金牛山遗址也发现了灰烬堆、灰烬层、烧骨等丰富的用火遗迹。

2. 人工取火,但用火技术不熟练时期

金牛山文化时期,灰堆明显变小。第6层灰烬层最长约4.1米,厚0.2米,还有3个直径为0.5～0.6米的灰堆。该层铀系法测年为距今26.3万±3万年。而第4层发现的灰烬呈椭圆形,面积仅为0.75米×0.5米,0.55米×0.45米,该层测年数据为距今17.5万年。灰层和灰堆的变小,意味着猿人取火能力的增长。当时的人已基本掌握人工取火技术,但很不熟练,取火仍是一件难度很大的技术,需尽力长期保存火种。

---

[1] 奥克拉德尼科夫等:《苏联远东第四纪的自然环境》,载《苏联远东史》,哈尔滨出版社,1993年,第15～18页。

3. 熟练用火时期

到了旧石器时代中期和晚期,虽然遗址数量发现的比早期多,但没有发现长期燃烧形成的灰烬层或大的灰堆,反映了人工取火技术已为各地遗址的创造者熟练掌握,不再费尽心思长期保存火种。在贝加尔湖地区的马尔他文化房屋内普遍设灶[1],则直接证明了至少在距今4万~2万年以前人工取火与控火技术已相当成熟。用火技术的发展与广泛传播,为蒙古人种向北挺进、战胜严寒奠定了基础。

(二)建造房屋技术

人类最先的居住方式是利用自然的树木和洞穴,住在树上叫巢居,住在洞穴叫穴居。在寒冷地区,冬天人只能住在山洞内,以防野兽和严寒。人掌握了修建房屋技术后,就摆脱了对天然山洞的依赖,使人的活动范围扩大,可以沿着河流、海岸等有水源的地方迁徙。

马尔他文化的马尔他遗址和布列齐遗址都发现了旧石器时代晚期的房屋聚落,保存较好。房坑深0.1米,用猛犸象的长肢骨为支撑柱,用鹿角横向连接,建成网式房架,外覆盖兽皮。在旧石器时代晚期非洞穴遗址发现较多,说明建造简单的房屋可能普遍存在,只是地面简陋的房子很难保留下来。因为当时处于冰期,气候寒冷而干旱。根据1995年考古发掘出土的动物骨骼分析成果,既有生活在冻土带的蹄鼠和北西伯利亚田鼠,又有生活在干旱草原的蹄兔和草原旅鼠,确定当时的生态环境属于冻土草原景观,周围缺乏可利用的木材建房屋[2]。人们巧妙利用大型动物的骨骼建造房屋,这是非常重要的发明创造,解决了人们在缺少树木的地带建造房屋的技术难题。

在海岸路线也发现有房子遗迹。哈尔滨阎家岗遗址有2个用动物骨骼垒叠的房屋围圈遗迹,内部有用火遗留的炭屑。堪察加半岛的乌什科夫早期文化也发现了窝棚式的房屋基址,房屋是地面式建筑,双间相连,面积很大,有100平方米,每间有3个土坑灶。

(三)缝制衣服

在辽宁省海城市小孤山旧石器时代晚期遗址发现了3件穿孔骨针。北京山顶洞遗址不仅发现了穿孔的兽牙和穿孔的骨针,还发现了穿孔的小砾石和小石珠。在旧石器时代晚期人类已普遍掌握了钻孔技术,能够制作缝制衣服的骨针,可间接推测人们可能掌握了缝制衣服的技术。贝加尔湖附近的布列齐遗址属于马尔他文化,遗址内发现了1件用猛犸象牙雕刻的女子雕像,该雕像穿着毛皮衣服,还戴着毛皮帽子。从而证实当时的人们已

---

[1] 奥克拉德尼科夫:《西伯利亚古代居民与他的文化》,载《西伯利亚古代民族》,莫斯科,1956年,第25~28页。
[2] 麦德维杰夫:《马尔他旧石器时代遗址》,伊尔库茨克,1996年,第48页。

经掌握缝制衣服的技术,穿衣御寒。当东北亚严酷的冬天来临时,人们可以穿厚实保暖的毛皮衣服到屋外追逐野兽,获取必要的食物来源。

(四)加工细石器

从华北向北,包括东北、西伯利亚的旧石器时代晚期工具出现两个重要变化,一是细石器工艺,二是复合工具。细石器工艺是用压制法制造石工具,所得细石器的形状规整,边缘锋利,更加适用。如细石器镞的稳定性和杀伤性都远胜于打制法加工的石镞。形式多样的、小巧的细石器刮削器在剔刮动物骨窝附着的肉、筋腱,屠宰鸟雀和啮齿类小动物上非常灵巧。复合工具是用细石叶镶嵌在骨柄上的大型矛头、手刀等,在猎杀体大毛厚的大型动物时具有优势。高寒地带可利用的动植物资源贫乏,特别是漫长的冬天,猎物在当时是主要的食品。为提高对食物资源的利用率,需要提高狩猎效率和对猎物加工的精细作业。为适应生活的实际需要,先进的细石器技术得以广泛传播。

从石块上用细石器工艺剥取石叶,残留下的石核叫细石核。其典型形状呈楔形或棱柱形,称为楔形石核、柱形石核。在山西的下川文化已经有较发达的细石器工具、楔形石核和柱形石核,碳十四测定下川文化年代为距今3.6万～1.3万年。山西峙峪遗址、河北虎头梁等遗址也有典型的楔形石核,前者的年代数据为距今28 315±1 330年。在外贝加尔的距今2.6万年的索哈季诺遗址也发现楔形石核等细石器。越过贝加尔湖,在距今2.4万年的科瓦河口遗址中层也发现了细石器。再往北,在勒拿河支流阿尔丹河流域的米利河口距今3万年的第4层发现1件楔形石核。在向北美洲迁徙的最前沿的楚科奇半岛也发现很多楔形石核等细石器,其中库鲁普卡遗址距今1.3万年[1]。北美洲北部的旧石器时代文化以细石叶和细石核为特色[2]。在美国阿拉斯加州的阿克马克遗址也发现了楔形石核,年代在距今9 857±150年[3]。人们在最后冰期向北美洲迁徙的过程中,先进的细石器工艺技术起到了重要作用。

在海岸路线上也不断发现细石器。如在哈尔滨阎家岗遗址、阿穆尔州的兀立玛遗址,都发现了楔形石核,其测定的年代在2万年前。在堪察加半岛的乌什科夫早期文化中还有细石器工艺加工的带铤异面镞,年代在距今1.4万～1.3万年前。类似的石镞也在楚科奇半岛东部乌里胡姆遗址发现,该遗址靠近白令海边。这种特点的石镞在北美洲西北部的马尔马兹遗址也有发现,该遗址的年代在距今1.3万～1.1万年前。这种特点石镞的分

---

〔1〕 季科夫:《古代亚洲与美洲的对接点》,雅库茨克,1993年,第176、177页。
〔2〕 大井晴男:《久克泰文化在史前白令海峡地区重要性的重新探讨》,《东北亚历史与考古信息》1996年第1期。
〔3〕 魏正一:《古印第安人洲际迁徙渊源》,《黑龙江文物丛刊》1982年第2期。

布连线指示的东北亚与北美洲在萨尔坦冰期时的文化联系是可信的[1]。

三、迁徙的精神支撑：源自原始宗教的意志力

在旧石器时代晚期已经发现原始宗教存在的证据。这首先表现在对遗体的处理方式上。距今3.2万～1.3万年前的北京山顶洞人已经有墓葬，人的遗体被安葬在洞穴深处，人骨上撒着具有原始宗教观念的红色赭石粉。反映人们已经有灵魂的观念，为了能得到去世者灵魂的保护而按照一定的仪式安葬死者，祖先崇拜应运而生。原始宗教的信仰基础是万物有灵观念。山顶洞文化中有一些穿孔的兽牙、穿孔的小砾石和小石珠。这些配挂在人身上的特殊器物不是单纯为了使自己漂亮的装饰物，更重要的是为了保护自己的护身符，以增强自信力。

在2.4万年前左右的贝加尔湖西侧的马尔他文化中，反映原始宗教的遗迹遗物骤然增多，宗教观念与仪式演变得更为复杂。马尔他遗址房子里发现有很多女子全身雕像、鸟鹰雕像、猛犸象刻像。马尔他遗址有一件女雕像放置在犀牛头颅的眼眶孔中，另一件女雕像放置在牛的肩胛骨上，这可能是举行原始宗教仪式的一个片段。马尔他遗址有一座小孩墓葬，沿着墓坑的长边竖立着2块石板，其间放一具3～4岁儿童的骨架，骨架上也撒着红色赭石。脖子上挂着由120件扁形穿孔的珠子和7件坠饰组成的项饰，手腕带着手镯，身上佩带2件鸟雕像、蛇纹牌饰、骨针。脚下有石器和骨矛。项饰、手镯、雕像、牌饰都是用猛犸象的象牙雕刻制成。骨架上盖石板，石板上放着1件猛犸象的獠牙，獠牙上撒着红色的赭石碎块。

马尔他遗址的人雕像分为苗条型和孕妇型。孕妇型雕像是人们祈求生育旺盛的生殖崇拜的直接表现。

猛犸象刻像、蛇纹牌、鸟雕像反映出已经有动物崇拜。猛犸象提供的肉量大，皮可以制作房盖、衣服、被褥等，骨骼可以加工工具和做房支架，人们捕猎彪悍的猛犸象是一场惊心动魄的战斗，有时要付出血的代价。所以人们对猛犸象既感激又敬畏，刻像祭祀以求猛犸神送来更多的猛犸象。粗大锐利的獠牙是猛犸象的武器，在墓顶放一根猛犸象獠牙，撒上红色赭石，是人们把猛犸象牙视为力量与勇敢之神，用它保护墓葬的安全。现今北亚的残留原始宗教是萨满教。萨满教认为，宇宙由多重天构成，每层天都住着善神与恶神，萨满巫师是沟通人与天地神灵的使者，萨满在升天入地时需要鸟、蛇以及其他一些精灵的帮

---

[1] 季科夫:《东北亚的旧石器时代》,载《苏联远东史》,哈尔滨出版社,1993年,第31～34页。

助才能战胜路途中遇到的妖魔,所以萨满祭祀时要佩挂各种动物的像、毛、骨骼等饰物。马尔他墓葬中的蛇纹牌和鸟雕像也有类似作用,是原始宗教的神偶,是保护小孩灵魂的护身符。房子内的鸟雕像是主人们的保护神。

别列廖赫遗址位于靠近楚科奇的因迪吉尔卡河左岸,是世界上最北的旧石器时代遗址。放射性碳素测定数据是距今13 420±200年。在该地点发现了著名的"别列廖赫猛犸象墓地"。发掘中收集到8 500件猛犸象的骨骼,属于140个个体。这些猛犸象是在踏着冰面过河时,因为冰不能承受其沉重的压力而破裂导致坠河死亡。根据这个地点的发掘现象,可以推断当时在西伯利亚冻土带游荡的猛犸象群个体数很大。古代人发现了这个"猛犸象墓地"后开始在这里生活。在这个遗址收集到石器和骨器,此外还有一件猛犸象牙残片,上面雕刻着一个猛犸象的侧面像[1]。弯曲锐利的2根獠牙被重点表现出来,鼻子和腿极长且笔直下垂,表现出高耸、腾升的气势,是一位具有升天本领的凶猛的猛犸象神。

在堪察加半岛的乌什科夫晚期文化的房屋内,地面画着鱼图,灶旁埋葬有狗,狗的脊背旁边有赭石坑、用于占卜的北美野牛的肩胛骨。这些发现显然是原始宗教的遗迹。

在马尔他遗址曾发现低温构造现象,冬天大地因异常寒冻而形成裂缝,巨大的冻裂地缝切割了整个晚更新世地层。冻裂地缝沿着纵向和横向切割,裂缝深达2～4米,反映在萨尔坦冰期有过异常寒冷的气候。西伯利亚自然条件的恶劣程度今天难以想象。当时人们抵御自然灾害的能力十分低下。冰期来临时人们能够战胜残酷恶劣的气候,适应环境变化,继续在原地生活,或追随游动的野兽逐渐向北开拓,需要有群体团结奋斗的意志,化解困惑情绪的方式。人与动物不同,人有思想,人们之间有语言交流,从而产生世代相传而持续积累的文化。人们对自然现象、对人本身、对成功与失败等等的思考,通过语言交流而逐渐深化。原始宗教的产生根基是人类对自然现象和灾难的恐惧。由恐惧心理萌生对客体对象的神化与人格化的幻想(神灵),通过一定的仪式与神灵沟通从而实现自己的希望,就产生了原始宗教的观念与仪式。原始宗教是人们恐惧心理的缓解剂,是群体团结向前的核心力。所以原始宗教意识产生后,能够迅速在东北亚扩散,成为人们战胜困难,向东北亚楚科奇半岛推进的精神支撑。

当人们凭借冰期的陆桥和群岛到达北美洲时,不仅携带了用火、建房、缝制衣服和细石器加工等技术,还带来了东北亚的原始宗教意识。正是由于具有共同的原始宗教基因,使得后来亚洲的萨满教与美洲印第安人的原始宗教有相似的成分。

(原载《社会科学战线》2005年第3期)

---

〔1〕 奥克拉德尼科夫等:《历史黎明中的北亚》,新西伯利亚,科学出版社,1980年,第60页。

我国东北与贝加尔湖周围地区
新石器时代文化交流的三个问题

俄国把贝加尔湖周围划分为贝加尔湖沿岸和外贝加尔湖两部分,前者指贝加尔湖之西的安加拉河上游和勒拿河上游地区,后者指贝加尔湖以东地区。在新石器时代,贝加尔湖周围是以尖圜底和圜底陶器为特征的文化区,我国现今东北和俄国远东南部则是以平底筒形罐为特征的文化区[1]。尽管外贝加尔的东南与我国呼盟毗邻,由于自然地理环境的限制,两大区的文化发展基本上是相对独立进行的,同时两大区也存在着多种文化交流现象,这为后来更大规模的文化交流奠定了历史基础。本文仅就文化交流中的三个突出现象——之字纹、圜底罐、玉器进行粗浅讨论,以期引起人们对游牧人出现之前的两大区文化交流的重视。

一

卡林加河口文化是分布在外贝加尔东部维基姆河上游的新石器时代文化。维基姆河是勒拿河上游的支流,卡林加河又是维基姆河的支流。卡林加河口文化就是以卡林加河注入维基姆河的岸边遗址而得名。遗址有圆形或椭圆形的房子,房内直径约为3~6米,有1~3个简单的灶,每座房子发现1~3件陶器。所有的陶器均为尖圜底器,形式简单,剖面轮廓线为抛物线形,敛口,没有出现颈肩和把手,显示了陶器的原始性。陶器分为大小两类,小者直径约12~14厘米,大者直径约26~29厘米。夹砂陶,内外表面有用成把的草擦抹而留下的遗痕,外表面是轻微的竖向擦沟,而内表面是外凸的横向条道。陶器普遍有用带齿的工具压制成的各种纹饰,主要纹样是竖压横排的弧线篦点之字纹和直线篦

---

[1] 冯恩学:《东北平底筒形罐区系研究》,《北方文物》1991年第4期。

点之字纹（图一，1、2）。东外贝加尔的新石器时代文化的编年序列还没有建立起来，卡林加河口遗址灰坑中的炭经测定为距今约6 890±80年，说明年代较早[1]。有的陶片的之字纹少而呈斜向分布（图一，3），似乎该文化的之字纹延续时间较长。

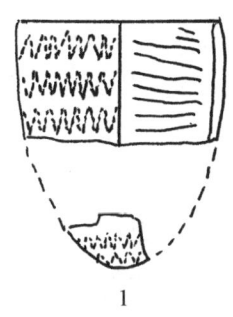
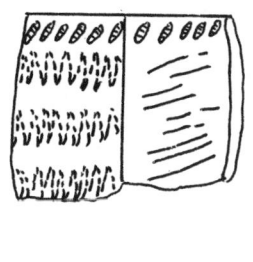

图一　卡林加河口文化陶器

在西外贝加尔，之字纹迟至青铜时代才出现。在贝加尔湖沿岸地区新石器时代主要流行网纹陶，纹饰有坑点纹、压印的条状纹等，不见之字纹。在卡林加河口文化的北方，之字纹仅见于尤姆尔琴河口文化，该文化年代比卡林加河口文化晚，又与其毗邻，所以是从卡林加河口文化传入的。我国东北西部的之字纹出现早而延续时间较长，卡林加河口文化的之字纹应与我国东北的之字纹存在着文化联系。

在宏观上，之字纹的时空分布存在着下述重要现象：

从沈阳附近的新乐下层文化[2]起，向南到辽东半岛的小珠山下层文化[3]、丹东的后洼下层文化[4]，都只是存在非篦点的线形之字纹。而在朝阳、阜新、赤峰等辽西地区则是篦点之字纹与线形之字纹并见，这一地区的早期文化即兴隆洼文化[5]，只见有线形之字纹，到了富河文化[6]和红山文化[7]时才出现篦点之字纹。而且，位于西拉木仑河以北的富河文化以篦点之字纹为主，以西拉木仑河以南为主要分布区的红山文化篦点之字纹所占比重较小，且主要见于中晚期。因此，可以认为，篦点之字纹的主要分布区在西拉木仑河以北到外贝加尔的东南部，且有由北向南推进的趋势。

在巴林左旗南阳家营子遗址，富河文化的地层叠压在红山文化房址之上，说明富河文

---

[1] 科诺瓦洛夫：《古代外贝加尔和它的文化联系》，新西伯利亚，1985年。
[2] 沈阳市文物管理办公室：《沈阳新乐遗址试掘报告》，《考古学报》1978年第4期。
[3] 辽宁省博物馆：《长海县广鹿岛大长山岛贝丘遗址》，《考古学报》1981年第1期。
[4] 许玉林：《后洼遗址》，载《辽宁省本溪、丹东地区考古学术讨论会文集》，本溪市文化局，1985年。
[5] 中国社会科学院考古所内蒙古工作队：《内蒙古敖汉旗兴隆洼遗址发掘简报》，《考古》1985年第10期。
[6] 徐光冀：《富河文化的发现与研究》，载《新中国的考古发现和研究》，文物出版社，1984年。
[7] 中国社会科学院考古研究所内蒙古工作队：《赤峰西水泉红山文化遗址》，《考古学报》1982年第2期。

化的下限较晚,富河沟门遗址曾出土过1件带赵宝沟文化风格的几何纹圈足钵残片,据此或可把富河文化的年代提早到赵宝沟文化时期[1],那么富河文化来源于当地的兴隆洼文化就成为可能。在兴隆洼文化中,白音长汗类型与富河文化的相似性最多,分布地域也大体相合。白音长汗遗址发表的两个测年数据分别是距今7 040±100年和距今6 590±85年[2],与卡林加河口文化的测年数据相当。富河沟门遗址发掘资料把富河文化分为三期,一期以线形之字纹为主,二、三期才多饰篦点之字纹。一期是否有篦点之字纹,因发掘报告未发表不得而知。二期的H30测年数据是距今4 735±110年,经树轮校正年代为距今5 300±145年,比卡林加河口文化测年数据晚得多。

在巴林右旗古日古勒台曾采集到用触点组成的之字纹,在巴林左旗友好村二道梁遗址发现了这种纹饰的原生堆积单位[3],方知属于红山文化,与西水泉遗址的红山文化遗存年代相当。西水泉已有较多的篦点之字纹,所以用触点组成的之字形纹饰是仿篦点之字纹的图案,而不是坑点纹(或称触点纹)向篦点之字纹发展的过渡形式。若此推断不误,则篦点之字纹就不是土生土长的,我们需要重新考虑其来源。

1962年富河沟门遗址发掘出37座房址,绝大多数为方形,却还发现了4座圆形房址。兴隆洼文化的房址发现数量很多,都是方形或长方形的。红山文化和赵宝沟文化的房子也是方形或长方形的。新乐下层文化的房子亦是方形的。圆形房子在辽西是找不到其来源的,向南则新乐下层文化又无。而北方的卡林加河口文化的房子全是圆形的,两个文化间可能存在着交流。富河文化的篦点之字纹和圆形房址都可能来自北方。

图二 孔东文化陶器

俄境的黑龙江下游的孔东文化是新石器时代晚期的文化,陶器上也有发达的篦点之字纹[4](图二),在俄国远东南部也找不到来源,可能是从外贝加尔传过去的。黑龙江的上源额尔古纳河(中俄界河)和石勒喀河(外贝加尔)都分布在我们所圈定的篦点之字纹的主要分布区内,而石勒喀河与卡林加河近在咫尺。可能有部分猎人,沿黑龙江而下,穿过崇山峻岭,进入适于生活的下游冲积平原。

---

[1] 朱延平:《富河文化的若干问题》,载《内蒙古文物考古文集》,中国大百科全书出版社,1994年。
[2] 郭治中、包青川、索秀芬:《林西县白音长汗遗址发掘述要》,载《内蒙古东部区考古学文化研究文集》,海洋出版社,1991年。
[3] 内蒙古文物考古研究所:《巴林左旗友好村二道梁红山文化遗址发掘简报》,载《内蒙古文物考古文集》,中国大百科全书出版社,1994年。
[4] 冯恩学:《东北平底筒形罐区系研究》,《北方文物》1991年第4期。

二

在嫩江中游流域的昂昂溪文化中,除了有平底筒形器外,还有圜底器[1],颇为特殊。1930年梁思永先生在昂昂溪发掘的墓葬中发现了1件球形罐(图三,3)、1件带流的平底钵。在另一座残墓中亦采集到1件圜底球形罐和带流钵[2]。我曾根据相关文化的年代推测昂昂溪文化为新石器时代之末期[3],近年黑龙江省肇源县小拉哈遗址的发掘,确定该遗址一期乙组属昂昂溪文化,测年数据是距今4 000±360年和3 688±104年,证实为新石器时代之最晚的文化[4]。

近于球形的罐在平底筒形罐文化大区中找不到源头,所以我怀疑是由贝加尔湖周围地区在新石器时代末期传入我国东北嫩江流域的。在贝加尔湖沿岸的谢洛沃文化墓葬中,短颈圈的球形罐很常见[5](图三,1)。较之为晚的基多伊文化墓中基本不见随葬陶器,在乌兰哈达遗址出土的陶罐,依共出的石骨器被认为是基多伊文化的陶器,也是短颈近球形的罐(图三,2)和卵形的罐[6]。基多伊文化墓葬测定的年代数据有公元前4580年、公元前3770年、距今4170年,相差较大,时间跨度较长[7],可能属于距今6 000年到4 000年。

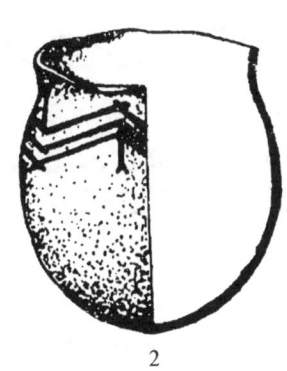

图三　短颈球形罐

1.谢洛沃文化(谢列特金墓)　2.基多伊文化(乌兰哈达遗址)　3.昂昂溪文化(昂昂溪第三沙岗墓)

---

[1] 谭英杰、孙秀仁、赵虹光、干志耿:《黑龙江区域考古学》,中国社会科学出版社,1991年。
[2] 梁思永:《昂昂溪史前遗址》,载《梁思永考古论文集》,科学出版社,1959年。
[3] 冯恩学:《东北平底筒形罐区系研究》,《北方文物》1991年第4期。
[4] 黑龙江省文物考古研究所、吉林大学考古学系:《黑龙江省肇源县小拉哈遗址发掘简报》,《北方文物》1997年第1期。
[5] 奥克拉德尼科夫:《贝加尔湖沿岸的新石器时代和青铜时代》,载《苏联考古材料与研究》第18卷。
[6] 奥克拉德尼科夫:《贝加尔湖沿岸的新石器时代和青铜时代》,载《苏联考古材料与研究》第18卷。
[7] 盖奥尔基耶夫斯卡娅:《贝加尔湖沿岸的基多伊文化》,新西伯利亚,1989年。

谢洛沃文化的年代在公元前5000年到公元前3000年左右,有颈罐的出现年代较晚。

昂昂溪文化的墓葬中,与球形罐共出的石骨器较多,其中有穿孔的骨鱼镖(图四,3、4)。穿孔的鱼镖在东北已发现的新石器时代文化中,仅见于昂昂溪文化。在贝加尔湖沿岸地区,谢洛沃文化的鱼镖没有穿孔,基多伊文化的鱼镖普遍有穿孔,在穿孔处向外侧突起,穿孔偏于一侧。昂昂溪文化的鱼镖穿孔亦与之同,只是有的穿孔偏前,但基本是单排倒钩。贝加尔湖沿岸的鱼镖流行双排倒钩,但也存在单排倒钩者(图四,1)。昂昂溪墓葬中的骨鱼镖有直的,也有呈弧状弯曲的,还有1件弯度较大的骨鱼镖(图四,4)。贝加尔湖沿岸的骨鱼镖多为笔直式,谢洛沃文化中也存在少量弧状弯曲的鱼镖(图四,1)。据梁思永先生观察,昂昂溪鱼镖有使用过程中留下的痕迹,都是实用器,他还指出弯体的鱼镖制作费工费时,也费骨料。为什么昂昂溪文化流行弯体的鱼镖?为回答这个问题,请做个小试验,把筷子斜向插入水盆中,就会发现没入水中的部分和未没入水中的部分不在一条直线上,水中部分向上折起(图五,1)。这反映了光在通过两种介质时产生折射的道理。那么,渔猎人看到水中的鱼或兽的位置与实际所处的位置存在着位差(图五,2),实际位置偏于下方,使用直身鱼镖刺之,应凭经验向视像之下方击刺,而用弯身鱼镖刺之,则可以直接投向视像目标。

小拉哈遗址出土了3件蚌质诱鱼具,整体似鱼形,上部和前端钻孔,一面刻网状鳞纹

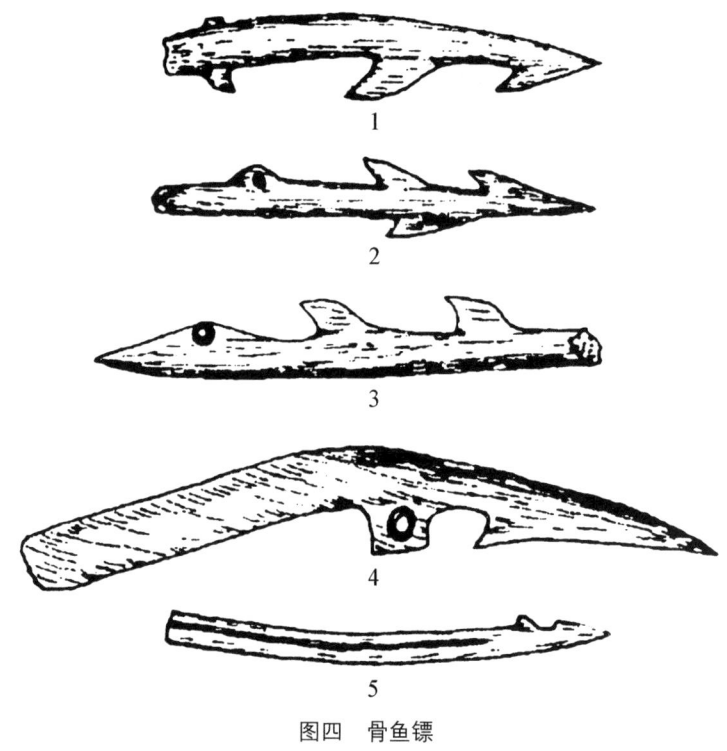

图四　骨鱼镖

1.谢洛沃文化墓出土　2.基多伊文化墓出土　3～5.昂昂溪文化墓出土

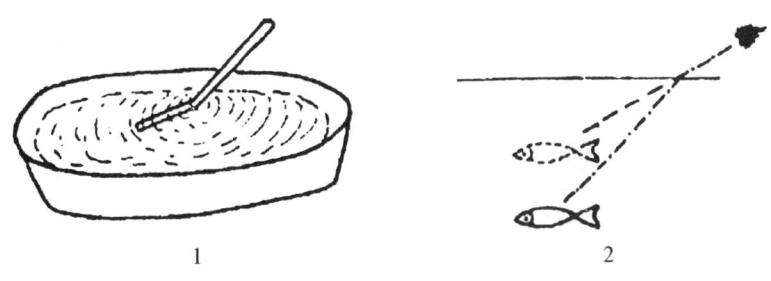

图五　视觉位差
1. 直筷入水试验　2. 捕鱼人观察鱼的位置

（图六，1）。1930年苏联民族学家在做民族学调查时，曾在西伯利亚原始密林中征集到埃温基人的诱鱼具（图六，4），为骨质，鱼形，身上刻网状鳞纹。使用方法是：下部的孔系破布头，象征鳍，上部的孔穿绳，绳穿过一条木板后系于一根短木棍上。把木棍固定在冰面上，诱鱼具置于冰窟窿内，设置好鱼叉。再把系着皮条的麦糠（亦做成鱼形）放入水中，晃动木板，使诱鱼具转动，作鱼游之状。当真鱼游来时，则用最近的鱼叉击刺。

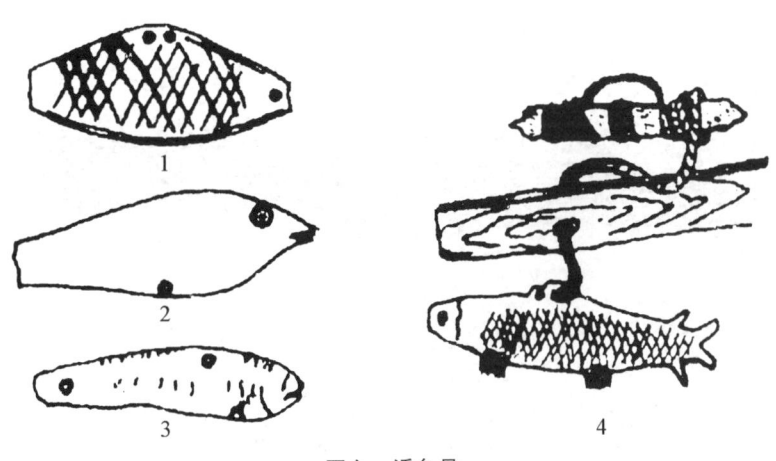

图六　诱鱼具

1. 黑龙江小拉哈遗址蚌质诱鱼具　2、3. 贝加尔湖沿岸新石器时代石质诱鱼具
4. 西伯利亚埃温基人的骨质诱鱼具

贝加尔湖沿岸的谢洛沃文化和基多伊文化的墓葬中出土了形式多样的石质诱鱼具，以象征不同种类的鱼，有的逼真，有的简略，甚至很草率，只是象征性的假鱼，或为半成品。所以，苏联学者认为以诱鱼具捕鱼的方法起源于贝加尔湖沿岸地带的新石器时代。小拉哈遗址的诱鱼具出于第三层。第三层属于青铜时代之初的小拉哈文化，该文化陶片测年为距今3 830±340年，并有铜泡发现。小拉哈遗址中没有新石器时代的地层，仅有灰坑一个，灰沟两条，一部分新石器时代的遗物混出于晚期单位。昂昂溪文化典型

的穿孔弯身鱼镖就出在第三层,因此,诱鱼具也有可能是昂昂溪文化的遗物,因原生堆积被破坏而混入晚期地层中,但至少在青铜时代之初就已从贝加尔湖传到嫩江。如果球形罐、穿孔鱼镖、诱鱼具同时传入昂昂溪文化,那么,可以认为在新石器时代之末期,一些渔猎人从贝加尔湖周围地区到达嫩江,与当地的文化相融合,而形成了独具特色的昂昂溪文化。

三

基多伊文化存在着大量的玉质工具:斧、锛、凿、刀,据奥克拉德尼科夫统计,基多伊文化的玉锛、玉斧和板岩石锛、石斧出现的比率为25∶1。经地质检测为软玉制品,属于萨颜玉,产地在其西邻的萨颜岭。比之较早的谢洛沃文化没有发现玉质工具。1902年发现了6件带平行锯割痕迹的玉料(图七),也被认为属于基多伊文化[1]。

图七 基多伊文化玉料的锯痕

1991年黑龙江省饶河小南山山顶的新石器时代墓中发现了66件玉器,54件石制品,其中几块硅质岩块上带有平行的锯割痕迹,经拼对,3块合为一母体,可证确系锯割石料而留下的断口痕迹[2]。

---

[1] 奥克拉德尼科夫:《贝加尔湖沿岸的新石器时代和青铜时代》,载《苏联考古材料与研究》第18卷。
[2] 叶启晓、干志耿、殷德明、孙长庆:《东域访古——鉴定文物纪行》,《北方文物》1992年第4期。

奥克拉德尼科夫认为带斜向痕的板形玉料是切割玉石的手锯，大块玉石先放于火上烧得极热，投入水中使之爆裂成小片，再用锯来回推拉，锯割过程中要加砂子和水，锯刃口的斜痕起到增加摩擦力的作用[1]。黑龙江省的学者则认为是"用皮条等材料制成绳索，并在石块欲切割部分撒上细砂，再浇上水，然后用绳索往复压拉砂粒"，是绳切法切割成的[2]。中苏学者虽然在使用工具上存在不同见解，但都认为是采用一种与锤击、碰砧、砸击、压琢等石器时代的加工石器方法完全不同的特殊技术。世纪之初和世纪之末的这两起考古发现，揭示了贝加尔湖和我国东北在分割玉器与坚硬石材上存在着技艺上的渊源关系，也暗示了在玉器使用上可能也存在着渊源关系。基多伊文化的玉锛、玉斧多为长身类型（图八），这也是黑龙江省新石器时代玉斧、玉锛的一个特点（图九）。我国东北玉器起源甚早，辽宁小孤山旧石器时代晚期遗址中就出土1件玉质砍砸器[3]。属于新石器时代早期的兴隆洼文化的查海遗址、兴隆洼遗址、白音长汗遗址和新乐下层文化都有玉器。红山文化时，东北玉器发展到一个高峰，分布面之广、数量之多、制作之精都出于意料之外。郭大顺先生指出："红山文化玉器在该文化分布区的北区有较广泛也较密集的分布，尤其是西拉木仑河以北，其分布势头仍然不减，沿乌尔吉木仑河有继续向蒙古草原深入的趋势。"[4]所以，基多伊文化的玉器使用最初可能来源于我国东北。

基多伊文化的玉器只有斧、锛、刀、凿等工具，不见装饰品和祭祀用品。玉器上多使用痕迹，刃部和顶部崩损，故都是实用之器。该文化是典型的渔猎文化，充分证明了玉质

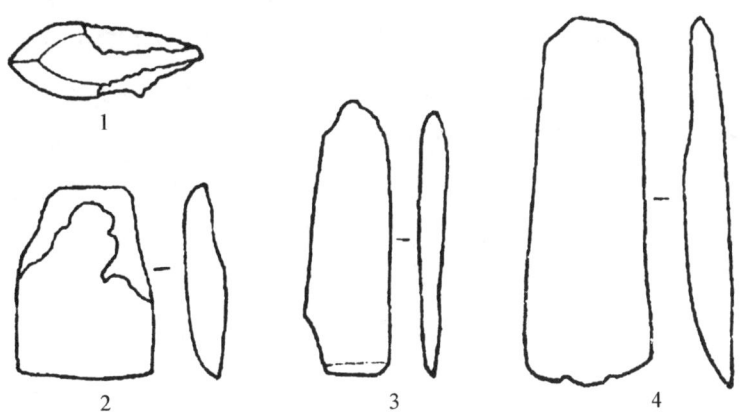

图八　基多伊文化的玉器
1. 刻刀　2. 斧　3. 凿　4. 锛

---

[1]　奥克拉德尼科夫：《贝加尔湖沿岸的新石器时代和青铜时代》，载《苏联考古材料与研究》第18卷。
[2]　叶启晓、干志耿、殷德明、孙长庆：《东域访古——鉴定文物纪行》，《北方文物》1992年第4期。
[3]　郭大顺：《玉器的起源与渔猎文化》，《北方文物》1996年第4期。
[4]　叶启晓、干志耿、殷德明、孙长庆：《东域访古——鉴定文物纪行》，《北方文物》1992年第4期。

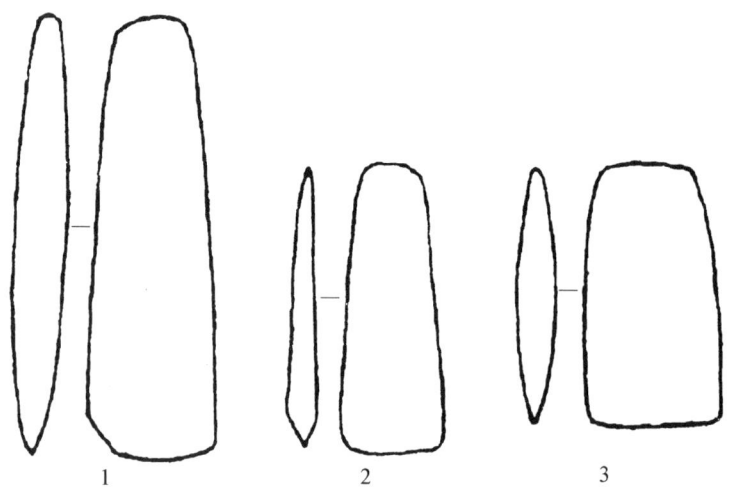

图九　黑龙江省出土的玉工具
1、3. 乌裕尔河大桥出土　2. 昂昂溪胜合出土

工具在渔猎经济生活中确有实用价值。黑龙江省的新石器时代文化中,以渔猎经济为主,出土的玉器中,斧、锛、凿工具所占比重较大,其中乌裕尔河大桥出土的10件玉器中有5件为工具。经于建华研究,这些工具也是实用器具[1]。渔猎经济生活经常进行击杀和分割动物,加工骨器和皮革,凿冰捕鱼,挖坑擒兽,搭设临时住所等,对于砍伐、切割、锤凿的需要程度均远大于农耕经济。基多伊文化玉器经检测和试验,其硬度为5.5~6,比重为2.9~3.1,抗压强度为7 889千克/平方米。比一般石器坚硬,又有良好的韧性,是制作切割工具和砍伐工具的理想材料,适合渔猎经济生活对切割和砍伐工具的需要,所以才能在以渔猎经济为主的文化中广泛传播和长期沿用。玉器原料稀少,制作加工耗时费力,再加上具有美丽的色泽,温润的质地,故属于珍贵物品,消耗性的锋刃器(如镞)就不用玉制造。东北玉器中装饰品和艺术品占多数,尤其红山文化中大部分玉器已被赋予特定的社会属性和神秘的宗教意识,玉器的实用功能随着神化的加剧走向消失。

考古界对于《越绝书·宝剑篇》中的"黄帝之时,以玉为兵,以伐树木为宫室,凿地"的记载存在着不同的理解。一派认为古代确有以玉为兵的时代,进而提出"玉器时代"的概念。另一派则认为玉作美石之意,玉兵是磨光的石器,以玉为兵的时代是指新石器时代[2]。从东北存在着较多玉质实用工具和基多伊文化大量使用玉质工具的客观事实出发,"以玉为兵"不是子虚乌有,没有必要硬把玉等同于磨光石器。玉质工具也不是中国新石

---

[1] 于建华:《黑龙江省出土的新石器时代玉器及相关问题》,《北方文物》1992年第4期。
[2] 高一龙:《"玉器时代"说商榷》,《文物研究》第八期,黄山书社,1993年。

器时代的普遍突出现象,不能单划出一个"玉器时代"。上古的神话传说仅是曲折地反映历史的影子,中国古代神话传说存在着多元杂糅的特点,来自不同方位、不同部族、不同时期的故事材料可以编在一起流传。从考古材料分析,"以玉为兵"应该来自东北的渔猎文化,反映了东北玉器早期历史的影子。

(原载《辽海文物学刊》1997年第2期)

俄罗斯远东博伊斯曼文化与
倭肯哈达、亚布力遗址的联系

新石器时代,俄罗斯远东南部与我国东北同属于平底筒形罐文化区,存在着千丝万缕的联系。对此,我在拙著《俄国东西伯利亚与远东考古》中做了简单论述。现就博伊斯曼文化和我国东北文化的联系谈谈自己的看法。

博伊斯曼文化分布在滨海边疆区的南端,以大彼得湾中的博伊斯曼湾岸边的遗址得名。博伊斯曼遗址处在南向的坡地上(东经131°16′30″,北纬42°47′20″),面积为600平方米。1991年进行了发掘,揭露142平方米,文化层最厚达1.4米。

遗址有三个时期的文化堆积。上文化层是扬科夫斯基文化,属于早期铁器时代。中文化层是扎伊桑诺夫卡文化,属于新石器时代晚期。下文化层是博伊斯曼文化层,有1座房址和5个墓葬。出土的工具有压制石器和磨制石器、大量的骨器。博伊斯曼遗址出土上万件陶片,复原的有9件。夹砂陶,颜色从黄色到黑色都有,器类有曲口筒形罐、侈口筒形罐、直口筒形罐、瓮[1]。

博伊斯曼文化与我国黑龙江省的倭肯哈达遗址和亚布力遗址的新石器时代遗存有相似性,主要表现在以下几个方面:

一、陶器曲口特征

博伊斯曼文化的陶器中最有代表性的是曲口筒形平底罐,其主要特征是口沿的断面为弧形,里面凹,外面凸,沿的外表面有刻划的纹饰(图一)。这种曲口特征在远东地区是很难找到的。在我国的倭肯哈达和亚布力遗址有发现。

倭肯哈达洞穴遗址位于依兰县,1950年李文信先生到该遗址发掘,确认了有屈肢葬

---

[1] 波波夫、奇基舍娃、什帕科娃:《滨海边疆区南部的博伊斯曼文化》,新西伯利亚,1997年。

的墓和新石器时代的文化层,发现一件能复原的陶器,曲口、鼓腹、大底,形态矮胖。口沿的外面贴附一周泥条堆纹,泥条上刻压坑点纹,口径10.3、高9.7厘米[1](图二,1)。这样的曲口平底陶罐在东北的其他地区目前还没有发现过,曲口特征与博伊斯曼文化的曲口陶器作风一致。

亚布力遗址位于尚志县亚布力镇东北1.5公里处,距蚂蜒河2公里。1985年6月黑龙江省文物考古研究所进行了发掘,发掘面积200平方米。清理出房子一座,为半地穴式。出土的陶器为夹砂陶,以黄褐陶为主,有少量的红褐陶和灰褐陶。器类简单,主要是罐和碗。发掘简报描述为"罐的口沿很有特点,口部往往稍外折,然后向上成直口,有的外表有明显的折线,而内口则较平滑,故口沿部显得略厚一些"[2]。观察陶器的线图,陶器的口沿属于曲口,只是弯曲度小,不太典型(图二,2~6)。

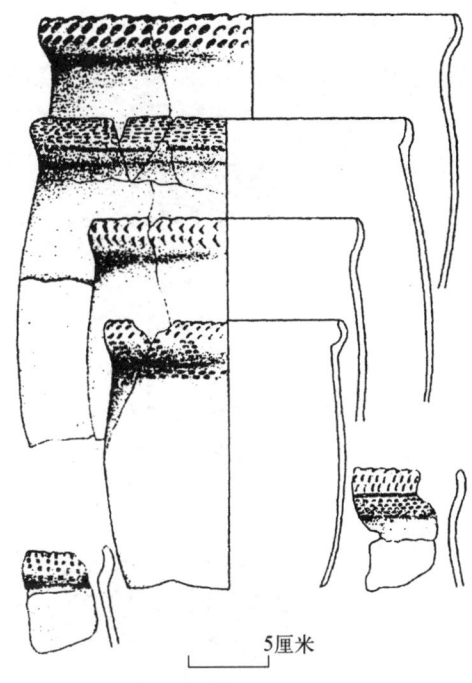

图一 博伊斯曼文化的曲口陶器

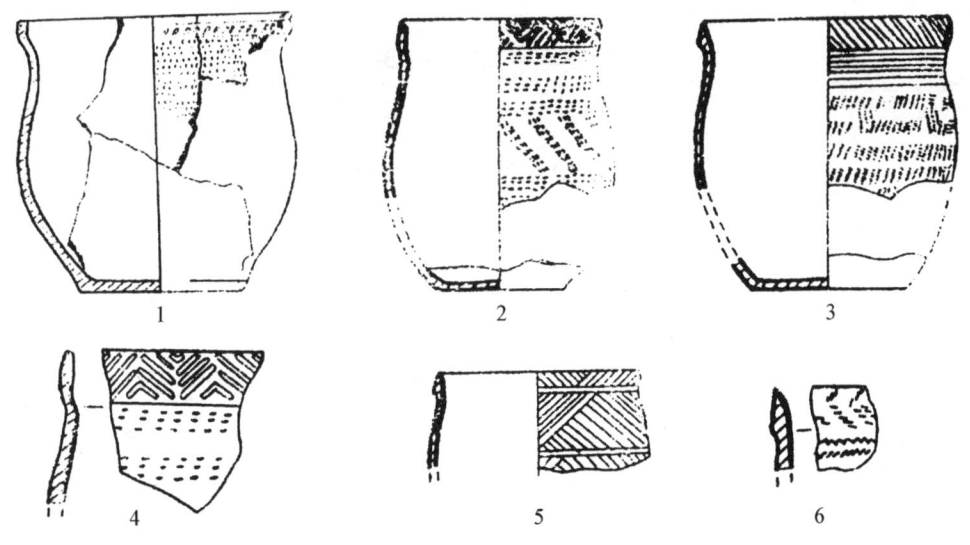

图二 亚布力遗址与倭肯哈达洞穴遗址的陶器
（1为倭肯哈达,其余为亚布力）

---

[1] 李文信:《依兰倭肯哈达的洞穴》,《考古学报》1954年第1期。
[2] 黑龙江省文物考古研究所:《黑龙江省尚志县亚布力新石器时代遗址清理简报》,《北方文物》1988年第1期。

亚布力遗址陶器的口沿虽然没有博伊斯曼文化的曲口陶器典型,但是,曲口的基本特征还保持着。曲口不太明显的陶罐在博伊斯曼文化中也是存在的(图三,6)。

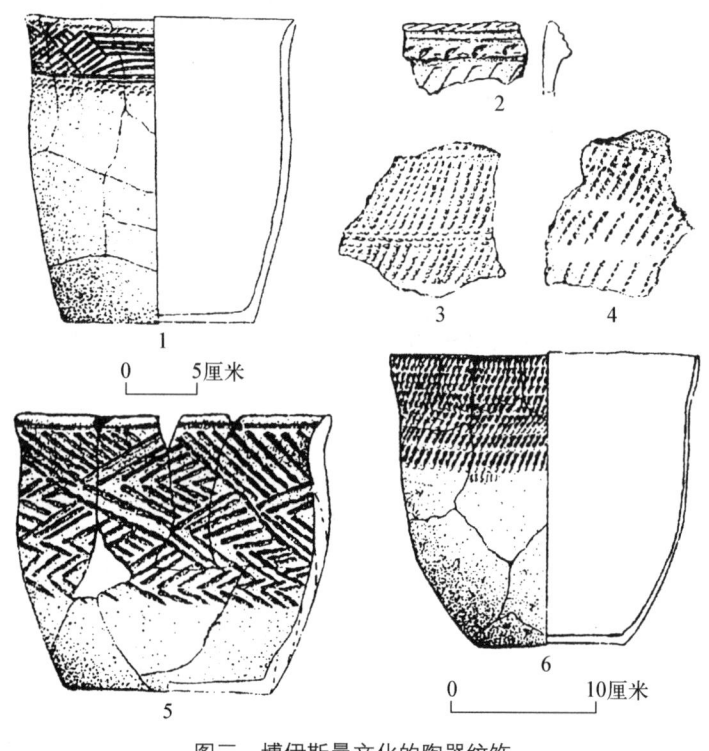

图三 博伊斯曼文化的陶器纹饰

二、陶器纹饰的相近性

博伊斯曼文化陶器的主要纹饰有篦点纹、席纹、坑点纹、划纹、按压纹。这些纹饰在亚布力遗址中也是常见的纹饰。施纹到口唇的作风也一致。

博伊斯曼文化的一件直口陶器口沿外有泥条堆纹,泥条上有戳刺的坑点。倭肯哈达洞穴的曲口陶罐的口下也有泥条堆纹,泥条上也有戳刺的坑点。亚布力遗存的绳纹多,博伊斯曼文化也有绳纹,只是很少,博伊斯曼文化的绳纹应该是从亚布力文化传入的。

三、玉石器中有相近的工具和装饰品

博伊斯曼文化的石工具中有长身石斧和小石锛。其中5号墓出土的石斧长17.4、宽

5.5、厚1.8厘米。磨制,上有打击疤痕,刃有使用过程中形成的疤痕。

在倭肯哈达洞穴发现了长身石斧,长宽比例与博伊斯曼文化的相近。在亚布力遗址发现了与博伊斯曼文化类似的小石锛。

在亚布力遗址中有1件玉凿(YB采:96),一端残,一端有锋利的刃,残长8厘米(图四,6),乌恩和刘国祥先生认为是双端刃玉凿[1]。在博伊斯曼文化中发现了双端刃的石凿,通体磨光,制作精致,长12.3、宽2.5厘米(图四,11)。

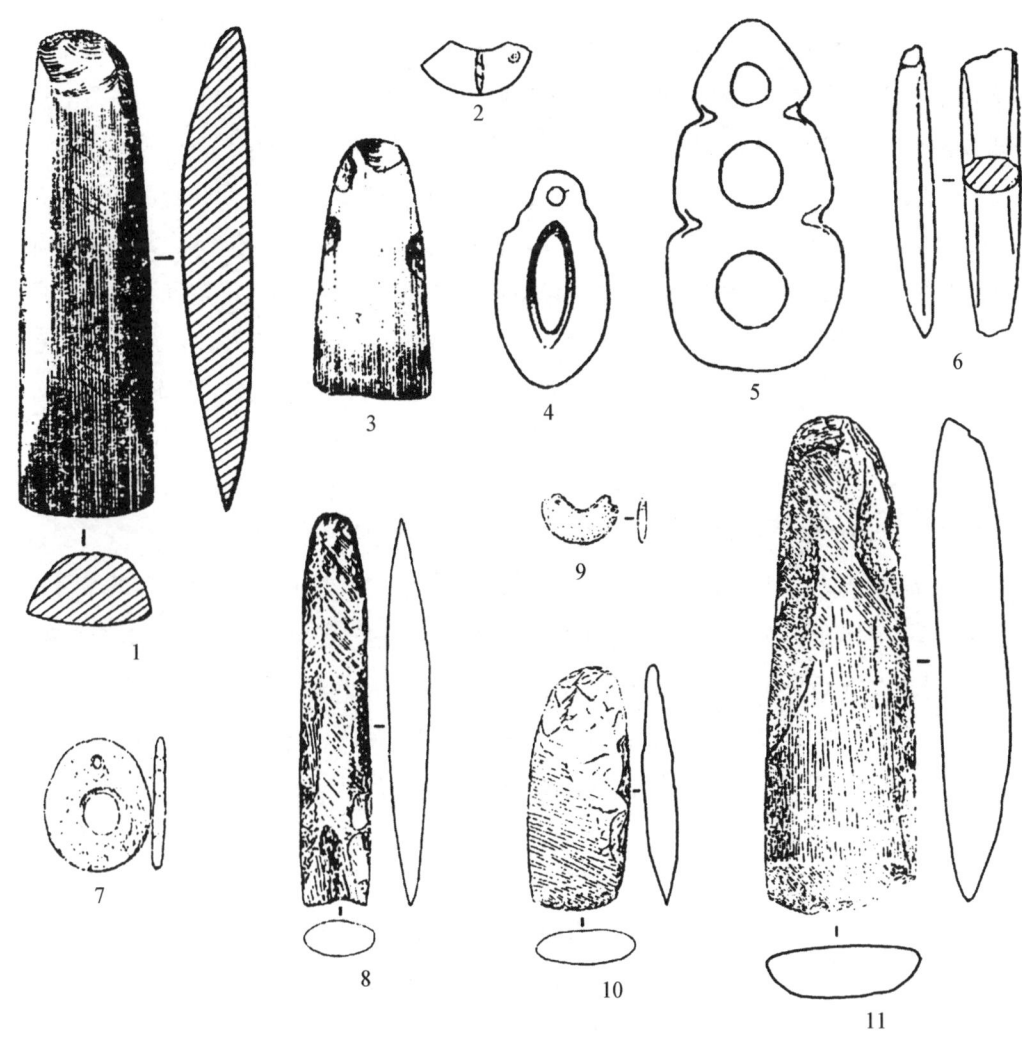

图四 玉石器对比图

1、8、11. 石凿 2、9. 白玉璜 3、10. 石锛 4、5. 玉佩饰 6. 玉凿 7. 石佩饰
(1、2. 倭肯哈达;3~6. 亚布力;7~11. 博伊斯曼)

---

[1] 中国社会科学院考古研究所内蒙古工作队等:《内蒙古海拉尔市团结遗址的调查》,《考古》2001年第5期。

博伊斯曼1号墓人骨左耳旁发现的半月形石耳坠饰,白色,半透明,两端有穿孔,应该属于小型白玉璜,长2厘米(依据报告线图比例换算得出的数据)。半月形的白玉璜在倭肯哈达洞穴地层中发现2件,较大,其中一件长5.5厘米,一端有穿孔。

博伊斯曼3号墓出土的椭圆形穿孔石佩饰,长3.8厘米,有两孔,大孔直径1厘米(依据报告线图比例换算得出的数据),大孔上有1个细孔。在亚布力遗址采集到2件相似的玉器,中间有长圆形孔,上端也有一个细孔。同时还采集到1件红山文化风格的三璧相连玉器。

博伊斯曼遗址虽然位于海岸边,但是,距离我国边境最近的距离只有20多公里,与亚布力遗址和倭肯哈达遗址的直线距离为300余公里。它们之间的相似性应该是文化联系的表现。这三个遗址在位置上构成三角形,勾勒出曲口陶罐的大体分布范围在牡丹江—绥芬河流域:西起张广才岭,东止双鸭山,北起松花江,南达日本海海岸,图们江边。

三者的差别也是明显的,如亚布力文化陶器中的绳纹发达,而博伊斯曼文化陶器绳纹很少,倭肯哈达遗址没有发现绳纹,但是该遗址发现遗物很少,不能确定没有绳纹;博伊斯曼文化中还有侈口陶罐、压制的石器,另两个遗址没有。造成三者种种差别的原因是多方面的,如资料发现太少,信息残缺,反映的内涵片面;存在经济类型差异,博伊斯曼文化是以海洋资源开发为主要生业,所使用的工具当然与内陆遗址不同等。从陶器形态分析,三者的共性大于它们与其他任何考古学文化的共性,所以它们应该是亲族文化,联系纽带的主要表现是曲口平底陶罐。

发掘简报把亚布力遗存称为"亚布力文化类型"。《二十年来的黑龙江区系考古》一文已明确认为:牡丹江及绥芬河流域的"新石器时代考古学文化有三支,一支是莺歌岭下层遗存,一支是亚布力遗存,一支是倭肯哈达洞穴遗存"[1]。既然已经确定是一个单独的考古学文化,"文化类型"的概念比较含混,所以我们把特点比较鲜明的亚布力遗存称为"亚布力文化"。倭肯哈达洞穴的遗物太少,它与亚布力文化是一种文化的两个类型,还是前后两个阶段,现在还无法确定。

博伊斯曼遗址的放射性碳素测定年代的系列数据为断定博伊斯曼文化的年代提供了参考。贝壳堆之下的深红色土壤层:距今7 640±35年(贝壳),距今6 355±60年(碳)。贝壳堆的中部:距今6 100±200年(人骨),距今5 330±55年(碳),距今5 300±215年(动物骨骼),距今5 160±140年(人骨),距今5 030±140年(动物骨骼)。贝壳堆上表面的土层:距今4 470±100年(动物骨骼)。依此,我们可以把博伊斯曼文化的绝对年代定为距今6 500～5 000年左右。与滨海北部的鲁德纳亚文化的年代大体相当,而早于当地的

---

[1] 杨志军、许永杰、李陈奇、刘晓东:《二十年来的黑龙江区系考古》,《北方文物》1997年第4期。

扎伊桑诺夫卡文化。

亚布力文化的年代：简报根据莺歌岭上层的测定数据为距今3 025±90年，推测莺歌岭下层年代在距今4 000年左右，再推测亚布力遗存的年代下限不晚于距今4 000年。《黑龙江考古文物图鉴》把亚布力遗存的年代定在距今4 500年左右[1]。也有人认为"亚布力遗址的年代与兴隆洼文化晚期和赵宝沟文化早期年代相当，为距今7 000～6 500年"[2]。

参考博伊斯曼文化的年代数据，倭肯哈达洞穴和亚布力文化的年代大致在博伊斯曼文化的年代框架内，倭肯哈达洞穴的陶器是典型的曲口陶器，年代可能较早。而亚布力遗址的陶罐未见曲口典型的形式，同时采集到红山文化风格的三联璧玉器，其年代可能比倭肯哈达洞穴地层遗物晚。

（原载《北方文物》2003年第2期）

---

[1] 王辉、叶启晓、赵哲夫：《黑龙江考古文物图鉴》，黑龙江人民出版社，2000年。
[2] 中国社会科学院考古研究所内蒙古工作队等：《内蒙古海拉尔市团结遗址的调查》，《考古》2001年第5期。

青铜时代到早期铁器时代长城地带
对外贝加尔地区的文化影响

长城地带分布于蒙古高原游牧区和黄河农耕区的接触地带,又东连东北平原与山地,西接河西走廊,长城之东、西、南、北方的文化在此碰撞与对抗,交流与渗透,使得文化面貌复杂多样,构成了不同经济类型区之间的"文化交融带"。同时,长城地带的内侧文化因素与外侧文化因素通过长城地带选择、锤炼、包装后,再向对方地区渗透传播,所以长城地带又是连接农耕区与游牧区的一个"文化传播带"。关于草原文化对长城地带及我国北方其他地区的影响,很多学者已经做了较深入的研究,而且越来越多的人加入这方面研究的队伍。探讨长城地带向域外进行的文化传播也是全面认识长城地带的一个重要方面,所以我想在这个方面做些探讨。由于外贝加尔在地域上与我国相邻,又是长城地带东侧文化向米努辛斯克盆地传播的中间站,所以,这篇论文将就长城地带对外贝加尔地区文化影响做初步的探讨,希望得到国内外专家学者的指正。

一、平底陶器

在广袤的东西伯利亚,从旧石器时代之末到新石器时代结束的近万年的时间里,使用的陶器一直是圜底或尖圜底的蛋形陶器,外贝加尔也是如此,先举两例。

斯图坚特遗址位于外贝加尔南部的奇科伊河岸边[1],揭露1 000平方米,有10个地层。第10层属于旧石器时代晚期层,发现了石器、骨器和房子的遗迹。第8、9层属于新石器时代早期层。第2~7层属于新石器时代晚期层。第1层的第2亚层属于青铜时代早期层,遗物很少。属于新石器时代早期的第8、9层的陶器质地酥软,火候较

---

[1] 布里亚特研究所编:《古代的外贝加尔和它的文化联系》,新西伯利亚,1985年。

低。陶器的胎土中含有大的砂粒、草和针叶树的叶。砂粒呈团状分布，植物杂质经火烧后形成空隙。陶器中有多种杂质，特别是有草和树叶，反映当时对陶土的选择和淘洗不够精细，制造陶器的工匠缺乏制作高质量陶器的经验，没有掌握正确的陶土配方，是处于早期制陶阶段的表现。根据陶片可以看出是尖底和圜底的陶罐。方唇、直口、无颈、壁较直。器物表面有制作过程中拍打陶器留下的草绳纹和线绳纹。有的唇下施泥条堆纹，堆纹上有按压的窝坑。属于新石器时代晚期地层出土的陶器，胎质紧密，砂粒细小，草和针叶树的树叶含量较以前少。胎质硬度加强，火候较高。反映晚期制作陶器的水平有了明显提高。陶色仍然斑驳不均。陶器的形状为半卵形，底为近尖底或圜底。器壁有轻度弯曲。有的陶器出现厚唇，唇的厚部向外突出成沿。有不明显的颈部。

阿伦·让尔加遗址位于鄂嫩河左岸，新石器时代的地层出土陶片为夹砂陶，胎土中夹有捣碎的石英粒和长石粉。从陶片的断面上可以看出胎土中还夹杂了切碎的动物毛，毛被烧掉，留下孔隙。表面呈深灰色，颜色不均，断面颜色发黑。陶器的器壁较薄，平均厚度不超过0.5厘米。皆为圜底或尖圜底的陶罐。直口无沿，有的颈部明显，有的颈部不明显[1]。

而与外贝加尔相毗邻的我国东北和俄国远东地区，在新石器时代是平底筒形罐文化区，所有的陶器都是平底器，基本器形是平底筒形罐。

外贝加尔地区，平底陶器出现的时间是在青铜时代的早期，其形态也是平底筒形罐。如斯图坚特遗址青铜时代早期地层（第Ⅰ层的第2亚层），缅扎河口Ⅰ、Ⅱ、Ⅲ遗址青铜时代早期地层中发现较多陶片。与新石器时代相比，陶器的形制发生了重要变化，不仅有圜底和尖圜底陶器，还出现了平底的陶器。陶土淘洗得比以前干净，大砂粒少见，小砂粒变得紧密。火候变高，断面颜色纯正，没有烧不透的夹心层。陶器的表面使用缠绕草的拍子拍打成型。表面略经打磨光滑，再进行艺术装饰。在属于青铜时代晚期到早期铁器时代的石板墓文化中，平底陶器已经很普遍，基本形式也是筒形罐。

再往西，越过贝加尔湖，在青铜时代晚期的什韦拉文化出现平底陶器，在福法诺沃墓地发现有平底陶罐的陶片[2]。而在青铜时代早期的格拉兹科沃文化时期还没有出现平底陶器。再往北，雅库特地区直到青铜时代结束，也没有出现平底陶器。显然，东西伯利亚南部青铜时代的平底陶器是从我国东北传播过去的。平底陶器的突然传入，打破了该地区自旧石器时代末以来蛋形陶器独霸天下的局面。

---

[1] 奥克拉德尼科夫、基里洛夫：《石器时代和早期青铜时代的东南外贝加尔》，新西伯利亚，1980年。
[2] 《苏联考古学丛书·森林地带的青铜时代》，莫斯科，1987年。

二、陶鬲

青铜时代晚期遗址不仅有圜底器、平底器,而且有的遗址还出现了三足器——鬲。如在缅扎河口遗址Ⅰ的第1层和第2A层、缅扎遗址Ⅱ的第2层发现了陶鬲的足和碎片。陶胎内有中等大小的砂粒,烧制的质量好,陶片的厚度超过1厘米。陶鬲表面带有细绳纹,口平而且略向外敞,口外有附加泥条纹。鬲足完整,粗大,带有细绳纹,有的部分绳纹已经抹平。

在石板墓中也有陶鬲。石板墓中发现的陶片较多,但是很少发现完整者,对于认识石板墓的年代和文化归属有很大的困难。由陶片复原出陶器的形态有平底器、圜底器、圈足器和三足的陶鬲。陶片一般是方唇或尖唇。纹饰以横向的附加泥条堆纹为主,也有纵向泥条堆纹、弯曲走向的泥条堆纹。泥条堆纹有直线形、波浪形、直线—波折形等,多数泥条堆纹在泥条上按压各种坑点。各种泥条堆纹或单独使用,或组合使用。其他纹饰还有篦点纹、坑点纹、绳纹、突粒纹(珍珠纹)。绳纹是斜的。突粒纹位于口下一周,分布稀疏,是从器的内壁向外按压,使得器物的外表面向外呈圆粒状突起。各种纹饰的施纹部位主要是器物的唇面、口外、颈部、肩部,器物近底部没有纹饰。

陶鬲的形态是:短立领,领下接肥大的袋足,分裆,实足根,有的有绳纹。复原鬲很少,其袋足上有纵向分布的成组的附加泥条堆纹,泥条或为直线,或为波折曲线,或者二者配合使用。这种带纵向的泥条直线或泥条波折曲线的鬲就是所谓的蛇纹鬲[1](图一,1、2)。

在外贝加尔的石板墓和一些遗址出有蛇纹陶鬲,也有一些陶鬲上没有蛇纹,是素面或直线泥条堆纹图案。发现的完整陶鬲少,特别是遗址中所见基本是陶鬲的残片。从完整器和陶片看,其基本形态是矮领、鼓肩、袋足、实足根,三足竖立,足尖紧凑相邻。结合我国境内鲜卑时期也有陶鬲的事实,外贝加尔的陶鬲中也会有年代晚的。黑龙江上游的小乌里斯塔河口发现的陶鬲特殊,可能是年代较晚的一件[2](图一,3)。

据1998年出版的《蒙古和外贝加尔的石板墓文化》统计,陶鬲见于18座墓,占有陶器墓的14%,占墓葬总数的3.3%,出现的频率相对不高。陶鬲分布明显在石板墓分布区的东部。在外贝加尔西部的布里亚特的274座墓中只有1座墓有陶鬲片。在外贝加尔东部

---

[1] 奥克拉德尼科夫:《外贝加尔的三足器》,《苏联考古学》1959年第3期;基瓦年克:《东西伯利亚的古代祭祀》,新西伯利亚,1989年。
[2] 马金:《阿穆尔河沿岸原始森林中的岩画》,新西伯利亚,1986年。

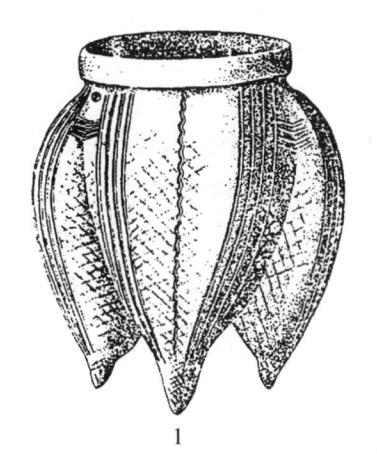

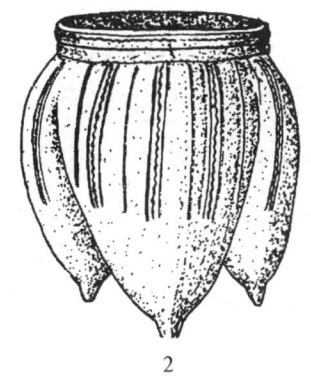

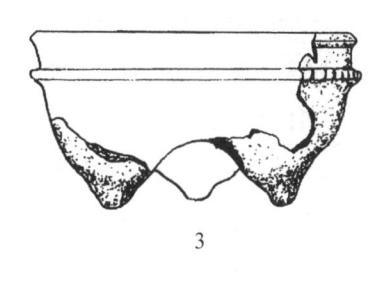

图一　外贝加尔出土的陶鬲
1. 波沃罗特出土　2. 阿琴村出土　3. 小乌里斯塔河口出土

的124座墓中,却有10座墓有陶鬲片。在蒙古国的171座墓中有7座墓有陶鬲片。其中,在中央省只有2座,在东部有5座[1]。显然,陶鬲来源于我国北方偏东地区。

在我国的呼伦贝尔草原有大量的石板墓,也应该有蛇纹陶鬲,但是发掘的石板墓极少,所以尚未发现。海拉尔西山出土的青铜时代的陶鬲[2]虽然填补了中间区的材料,但是该陶鬲是筒腹鬲,没有蛇纹,在形态和装饰上都与外贝加尔石板墓的陶鬲有较大差别,而与嫩江下游的白金宝文化、汉书二期文化(即望海屯类型)的陶鬲形态最为近似,有渊源关系。其唇部按压出花边的做法在西伯利亚陶器上又特别流行。而外贝加尔的小乌里斯塔河口发现的陶鬲也是筒腹陶鬲,只是变得扁小,可能是这种鬲的退化形式。

在我国,蛇纹鬲发现于长城地带,东起我国东北的辽西,西达西北的宁夏、甘肃。时间在夏至战国。我国研究北方商周考古的学者对蛇纹陶鬲起源和产生的背景有多种看法[3]。

我国北方各地域的蛇纹鬲在形态上有明显差别,分别属于不同的考古学文化所有。从公布的几件复原鬲的形态分析,外贝加尔的鬲与东北的蛇纹鬲比较接近,与夏家店上层文化的鼓腹鬲最为近似,而与西部地区高领、足向外叉的特点差别明显。东北辽西的夏家店下层文化已经存在少量的蛇纹鬲。夏家店下层年代早于外贝加尔含陶鬲的石板墓文化,所以外贝加尔的鼓腹陶鬲可能是从东北辽西经过蒙古东部草原和呼伦贝尔草原传播过去的。

---

[1] 茨毕克塔罗夫:《蒙古和外贝加尔的石板墓文化》,乌兰乌德,1998年。
[2] 王成:《内蒙古海拉尔西山发现大型陶鬲》,《北方文物》1998年第2期。
[3] 《内蒙古西部地区原始文化座谈会发言辑录(俞伟超发言)》,《内蒙古文物考古》第4期,1986年;刘观民:《苏联外贝加尔地区所出几件陶鬲的分析》,载《中国原始文化论集》,文物出版社,1989年;田广金、郭素新:《鄂尔多斯式青铜器的来源》,《考古学报》1988年第3期;李水城:《中国北方地带的蛇纹器研究》,《文物》1992年第1期;林沄:《中国东北和北亚草原早期文化交流的一些现象》,韩国《博物馆纪要》,1997年。

值得注意的是,向西直到额济纳旗的中蒙边界地带也有蛇纹鬲陶片的发现[1]。额济纳旗位于内蒙古的西端,由此可见,陶鬲向北传播的路线可能不止一条。

所谓蛇纹是竖向的直或弯曲的泥条堆纹。无论是在西北,还是在东北,陶器上的蛇纹出现得比鬲早。陶器蛇纹在西北见于马厂类型和齐家文化,在东北流行于偏堡子文化,出现的时间都在新石器时代末的公元前3千纪晚期。在外贝加尔还没有发现这样早的泥条蛇纹。但是在贝加尔湖岸边的乌兰·哈达遗址距今4 000年左右的地层内出土的陶器上有刻划的蛇像,头上尾下,有刻划的神偶像,而用浅齿的片状工具压印出的竖向条纹,也可能是蛇像的简化[2](图二)。

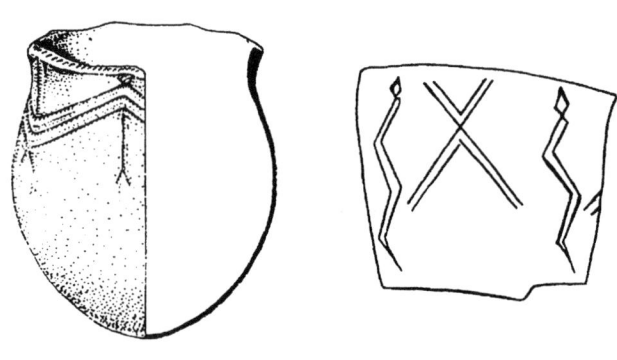

图二　乌兰·哈达遗址出土的陶器纹饰

奥克拉德尼科夫曾提出陶鬲蛇纹与雅库特人祭祀器皿上挂的毛线绳相似,是具有启发性的看法。萨满袍的一个特点是披挂各种条带。如苏联民族学家在1973年黑龙江下游胡米村拍摄的那乃人萨满祭祀时穿的萨满服,其前后披挂各色布条和皮条[3](图三,4)。呼伦贝尔市的鄂伦春萨满服背后也有各色布条[4](图三,2)。1963年苏联学者在黑龙江下游的古尔村拍摄的萨满装神偶像的神合上也披挂很多的条带[5](图三,1)。1958年在黑龙江下游的布拉沃村拍摄的奥洛奇人的萨满祭祀照片中,萨满头和腰部都缠着绳子,绳子的头部散披,垂于身后[6](图三,5)。在外贝加尔的尤克扎岩画中有一个图是表现萨满跳神的形象,身上的披挂条带随着萨满的跳动而飘舞(图三,3)。该岩画被定在公元前4千纪的新石器时

---

[1] 2000年9月魏坚在吉林大学考古系的讲座"居延考古"。
[2] 《苏联考古学丛书·森林地带的青铜时代》,莫斯科,1987年。
[3] 斯莫良克:《萨满世界观形成的特点》,莫斯科,1991年。
[4] 唐戈:《在森林在草原》,新疆人民出版社,2000年。
[5] 《苏联考古学丛书·森林地带的青铜时代》,莫斯科,1987年。
[6] 唐戈:《在森林在草原》,新疆人民出版社,2000年。

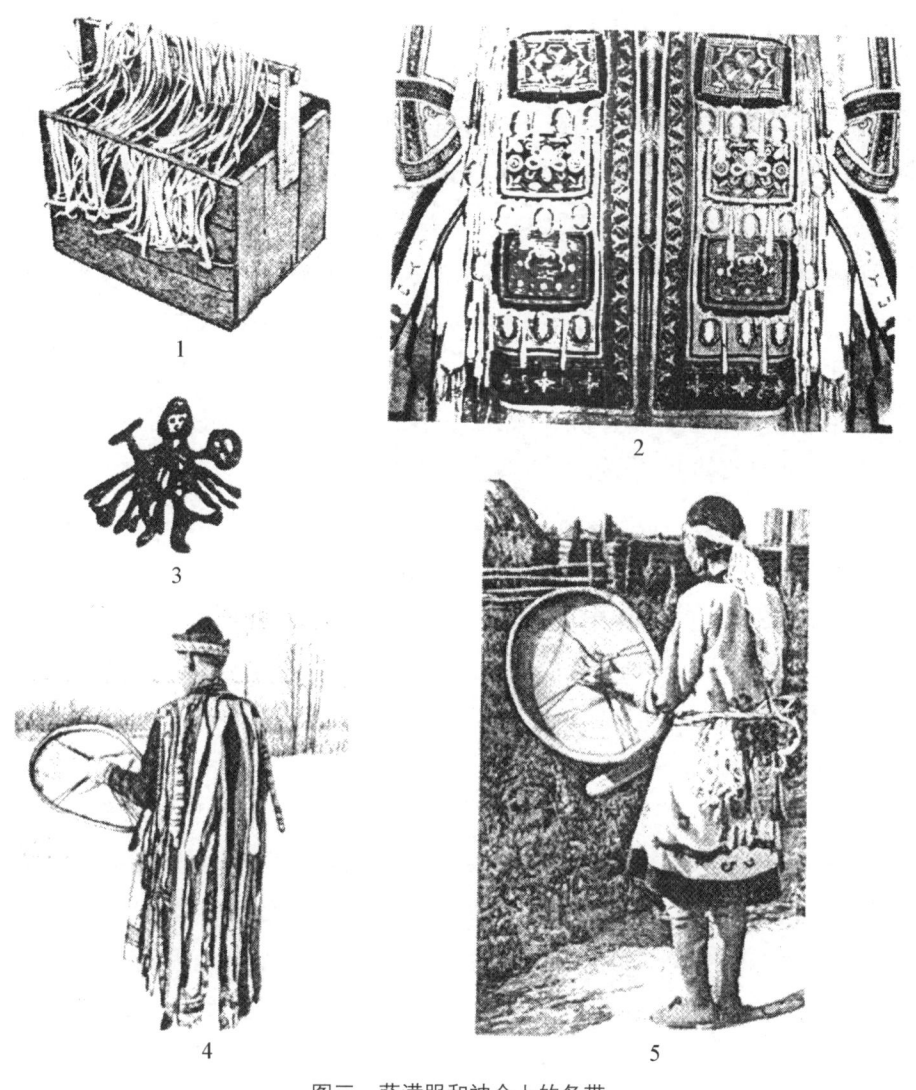

图三 萨满服和神合上的条带
1. 古尔村的萨满装神偶的神合 2. 鄂伦春人的萨满服 3. 外贝加尔的尤克扎岩画中的萨满跳神
4. 胡米村那乃人的萨满 5. 布拉沃村奥洛奇人的萨满

代[1]。我在新西伯利亚博物馆库房中看到几十件西伯利亚和远东各民族的萨满服、神鼓,每个萨满服都披挂大量的皮条和布条,有的神鼓上也披挂皮条。该馆保管部研究人员介绍神鼓上的皮条说:皮条代表蛇,粗细、形状、颜色不同的皮条分别代表不同种类的蛇。在北方系青铜器上不仅也流行折线"蛇纹",还有蛇的形象。所以我们认为,陶器蛇纹是石板墓文化等古代居民崇拜蛇的思想在陶器纹饰上的表现。在原始人的直观思维看来,蛇能钻洞入

---

[1] 基瓦年克:《布里亚特古代岩画艺术》,新西伯利亚,1990年。

地,能爬树升天,有通神本领。在萨满教传说中,天有很多层,每层都有神灵居住,起初各层天不相通,是蛇钻洞打通各层天,所以蛇是萨满教崇拜中能通各层天的大神,是百虫之首。生活中的蛇,既可以横行,又可以竖行。而陶器上的蛇纹基本是竖向的,与表达蛇能通天的观念有一定联系,形式上可能受到了萨满服和神鼓上的披挂条带之启发所致。陶鬲是炊器,在生存压力大、原始宗教弥漫的社会中,被赋予生存、家庭兴旺的象征是很自然的。陶鬲上普遍用蛇纹装饰,表达了主人希望蛇神保佑永远有饭吃,保佑全家平安幸福,其作用犹如汉人民间"上天言好事,下界保平安"的灶王爷。在贝加尔湖地区的原始萨满教中,对蛇的崇拜是极其古老的,在旧石器时代马尔塔文化中就存在对蛇崇拜的艺术品。在贝加尔湖沿岸的新石器时代陶器纹饰中也有对蛇崇拜的纹饰。如在乌兰·哈达遗址出土的陶片上就有蛇形纹饰,也是头朝上,尾朝下,与陶鬲上的蛇纹为竖向排列有一致性,只不过陶鬲上的蛇纹更抽象罢了。虽然,物质文化不断更新,原始宗教在不被彻底改造或被消灭的条件下,崇拜的意识核心就会在当地代代相传,在不同的时代不同的条件下有不同的表现形式。或许,这就是蛇纹在广大的地域内,不断时隐时现的根本原因。

在黑龙江上游的小乌里斯塔河口的陶鬲是在河岸边一个小平台上发现的,平台之上是带有岩画的岩石。该平台只有1.5×2米,在平台的西北角有地层堆积,发掘结果是第一层有崇宁通宝钱、马镫、箭头、平底筒形罐、辽代风格的细密篦纹陶壶,是辽末的地层。第二层发掘出27件陶鬲片,发掘者认为是青铜时代的地层。第三层出土42件细绳纹陶片,属于新石器时代地层。平台十分狭小,岩画上使用了赭石颜料,所以,马金认为该平台是祭祀遗址,陶鬲是被作为祭祀品遗留在岩画下的[1]。在奇郭伊河的波沃骆特山崖岩画之下,有一个狭小的10平方米的平台,发掘揭露出2个灶,灶内和周围有陶鬲片、火烧过的牲畜骨骼、青铜时代和早期铁器时代的遗物。在灶旁还有一个人的骨架,脚朝向灶,骨架旁有羊腿骨、青铜器和铁器。该平台狭小,也不是墓地,基瓦年克认为是与岩画相关的祭祀遗址[2]。在这些祭祀遗址中发现有陶鬲,说明陶鬲是重要的祭祀用具。

在西外贝加尔曾发现两处陶鬲的岩画(图四),一处在比丘尔斯卡亚,一处在霍郭巴图尔[3]。岩画的性质是祭祀即巫术活动的遗留。所以岩画上出现陶鬲形象,直接证明了陶鬲与祭祀有关,或为通神的工具,或被当成重要的祭祀对象,反映了陶鬲在人们生活和宗教意识中占有重要地位。

蛇纹陶鬲是原始宗教的一个物化形式,它反映了在西起辽西、东到甘青、南起长城、北

---

[1] 茨毕克塔罗夫:《蒙古和外贝加尔的石板墓文化》,乌兰乌德,1998年。
[2] 茨毕克塔罗夫:《蒙古和外贝加尔的石板墓文化》,乌兰乌德,1998年。
[3] 茨毕克塔罗夫:《蒙古和外贝加尔的石板墓文化》,乌兰乌德,1998年。

到外贝加尔的广大地区内有着共同的宗教信仰。

青铜时代，由于气候和自然环境的变化，我国北方的内蒙古长城地带出现了不同程度的农耕经济向畜牧经济的适应性转变。随着气候变冷，一部分人向南迁徙，到适宜农业发展的地方定居，继续过着农耕为主的生活。同时，也有一部分人适应环境的变化，逐渐掌握畜牧和狩猎的谋生技术，这时，他们没有必要一定固守原来的土地，追逐兽群、随水草

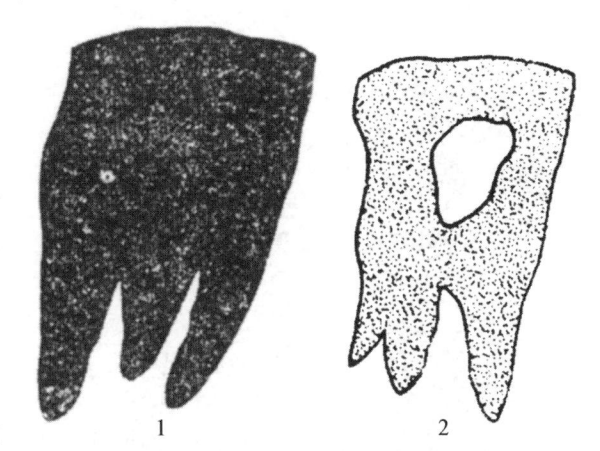

图四　西外贝加尔岩画中的陶鬲
1. 比丘尔斯卡亚　2. 霍郭巴图尔

迁徙也就成为自然而然的事情。再者，同样多的人口，从事农耕经济和从事畜牧经济所需要的生存圈大小不同。所以环境的变化产生压力使得原先从事定居农耕为主的人们产生分化，他们中的适应环境的变化者，有一部分开始向北方的草原流动迁徙，与其他游牧部落混杂，不可避免地发生交流、融合、对抗等复杂的关系。当他们昂首挺进莽莽草原，没入累累荒漠时，仍然保留着祖祖辈辈使用陶鬲做饭的传统，对陶鬲加以神化崇拜。

三、青　铜　器

青铜时代到早期铁器时代的蒙古高原及其周围地区，流行具有共同的草原风格的青铜器群。出土的数量不多，地点分散。在外贝加尔发现的器类主要有兽首和环首刀、銎首斧、短剑、镞、锥子、针、针筒、小勺、弓形器、马具、牌饰、铜泡等装饰品。多数是零散的收集品，少数出于遗址地层中和墓葬内。石板墓虽然发掘很多，但是被盗掘严重，具有很高经济价值的青铜器也往往被盗走，所以在考古学者发掘石板墓时发现的青铜器较少。这给器物的准确断代带来困难。

在发现的青铜器中，属于青铜时代早期的青铜器较少，器形主要是短剑和刀（图五）。在外贝加尔的克兹敏纳发现的羊首短剑[1]，羊首的造型特征与青龙抄道沟出土的羊首刀之羊首相同[2]，柄向一侧弯曲、出栏、宽身等特点与殷墟妇好墓出土的羊首短剑相同[3]，年

---

[1] 格里申：《关于青铜时代外贝加尔的黄铜和青铜制品》，《苏联考古学》1968年第2期。
[2] 河北省文化局工作队：《河北青龙县抄道沟发现一批青铜器》，《考古》1962年第12期。
[3] 中国社会科学院考古研究所：《殷墟妇好墓》，文物出版社，1980年。

图五 外贝加尔发现的青铜器

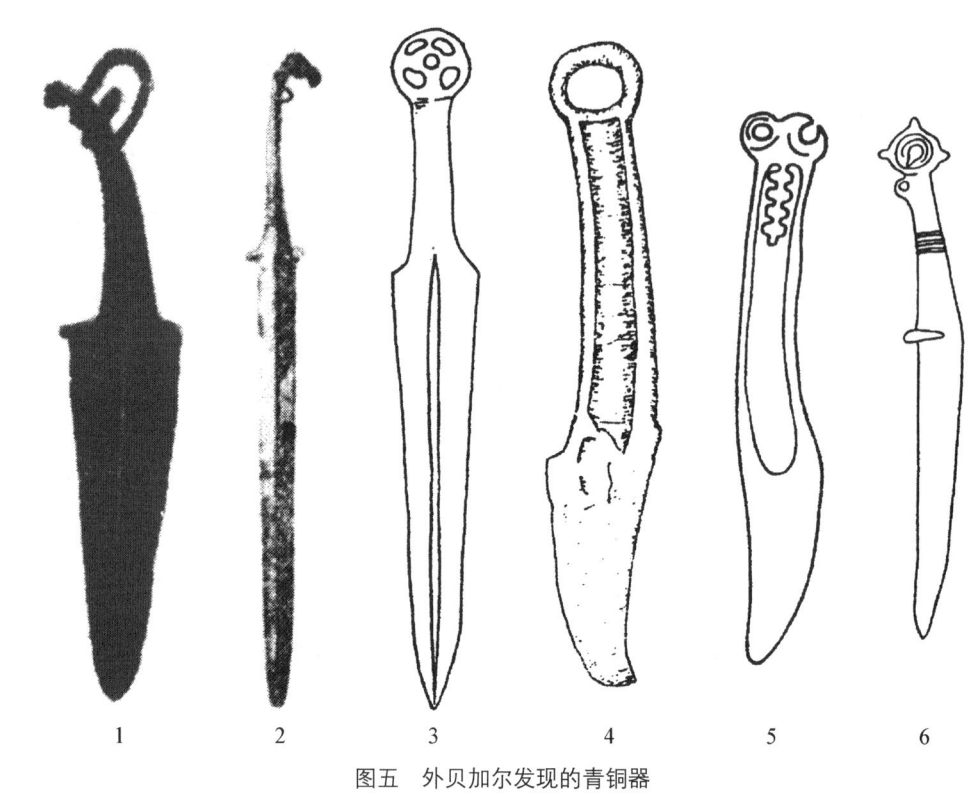

1. 克兹敏纳 2. 科托克利湖 3. 出土地点不明 4. 诺日湖2号遗址 5. 涅尔琴斯克 6. 图鲁塔亚河口

代相当于商代。在巴尔古津的科托克利湖出土的羊首短剑,柄是直的,剑身细长,但是羊首风格与克兹敏纳的短剑相同,年代不会相差太远。而石勒喀河流域的涅尔琴斯克(尼布楚)出土的羊首刀没有了栏,柄部有4个排列的动物图形,年代可能晚到春秋时期。兽首刀和短剑在长城地带发现很多,在青铜时代早期的四坝文化中已经出现四羊首的权杖头[1],所以,外贝加尔的羊首短剑和刀可能与长城地带带羊首的青铜器有渊源关系。诺日湖2号遗址出土了环首靴形刀[2],环首靴形刀在长城地带早在四坝文化时就出现了。涅尔琴斯克出土的双环首刀、东外贝加尔的图鲁塔亚河口出土的环首带三突起的刀[3]在商代的北方系青铜器中都能找到类似品[4]。

而石板墓文化时期外贝加尔发现的青铜器数量很多(图六、图七),其中发现的青铜

---

[1] 李水城、水涛:《四坝文化铜器研究》,《文物》2000年第3期。
[2] 奥克拉德尼科夫、基里洛夫:《石器时代和早期青铜时代的东南外贝加尔》,新西伯利亚,1980年。
[3] 斯莫良克:《萨满世界观形成的特点》,莫斯科,1991年。
[4] 林沄:《商文化青铜器与北方地区青铜器关系之再研究》,载《林沄学术文集》,中国大百科全书出版社,1998年,图一,13~17。

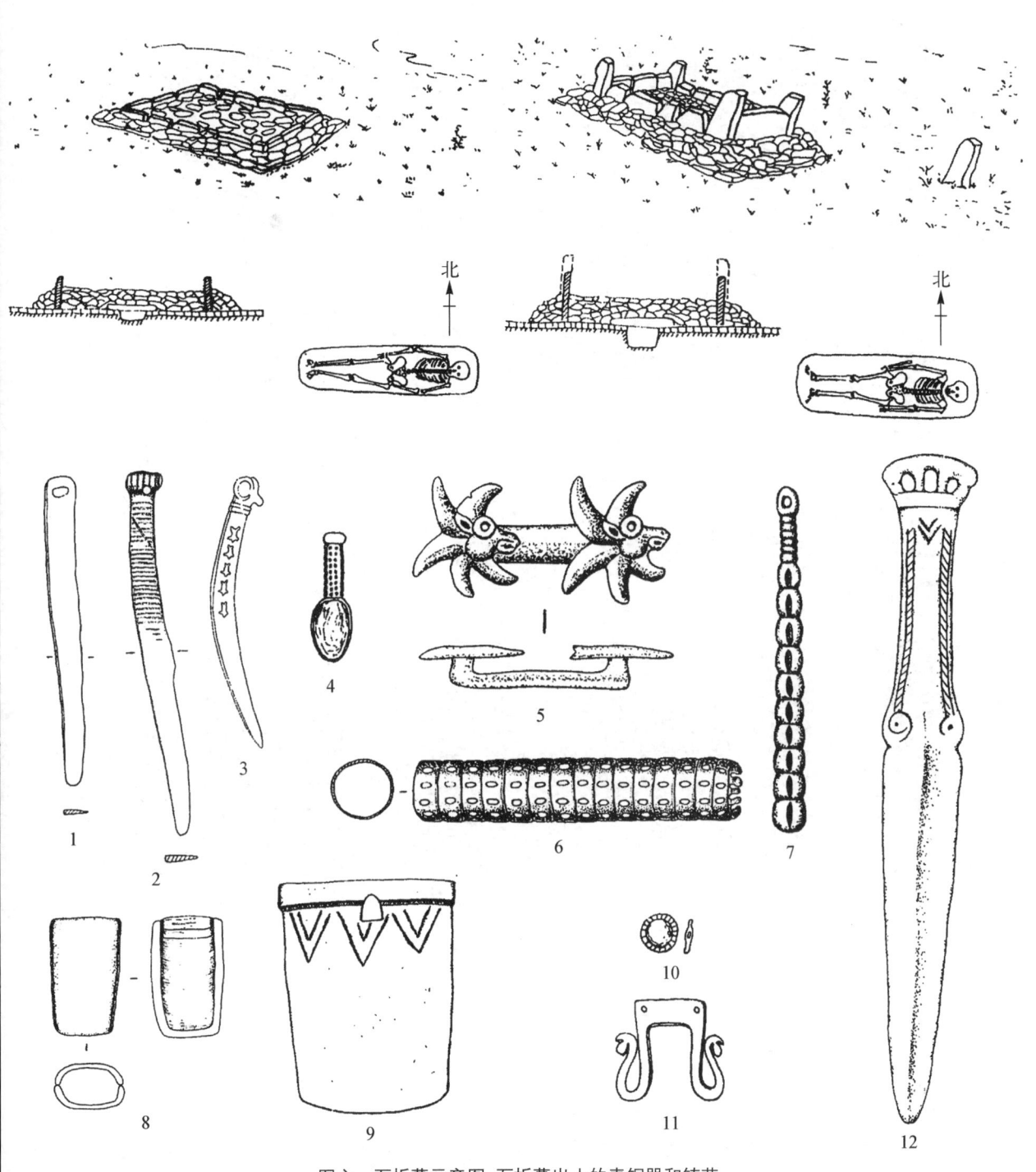

图六　石板墓示意图、石板墓出土的青铜器和铸范

1. 库埃加河口墓　2. 塔普哈尔61号墓　3. 涅尔琴斯克墓　4. 赤塔州　5、7. 奥洛维扬3号墓
6、9、12. 萨扬图伊10号墓　8. 达拉孙2号墓　10. 塔普哈尔3号墓　11. 塔普哈尔68号墓

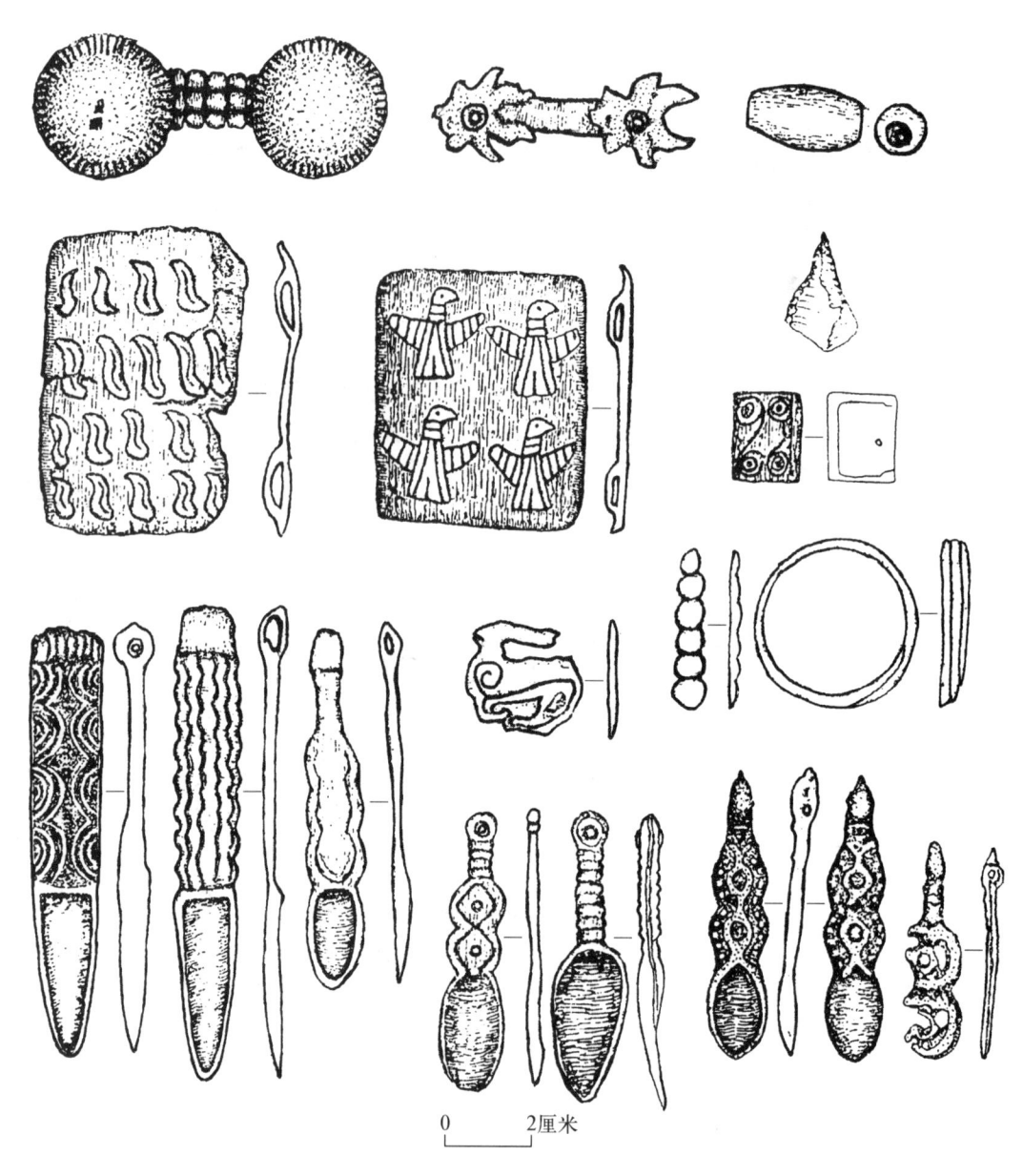

图七　德沃尔齐文化的出土器物

（采自《古代的外贝加尔和它的文化联系》）

器绝大多数是长城地带的北方系青铜器中的常见品。发现的青铜器以装饰品、马具为多，其中动物形体牌饰、并列分布的鸟纹方形牌饰、小勺形坠饰、棒形坠饰、翼后部带穿孔的有銎三翼镞、小铜管等都是长城地带春秋到战国时期常见的具有时代特点的器物。其表现出的联系是极为密切的，反映出青铜时代晚期到早期铁器时代两地之间的接触、交流日益频繁，使得文化的趋同性越来越强烈。

四、墓葬殉牲

在石板墓文化时期，外贝加尔的墓葬流行用放牧的牲畜殉葬的葬俗。野生动物骨骼极少见，在外贝加尔与蒙古发现的500余座墓中，只有3座墓有鸟骨，5座墓有鹿的骨骼。家养动物有马、牛、羊和犬。其中，马骨最多，羊次之，牛较少，犬只有2例。表现出石板墓主人的经济以游动的畜牧业为主，且对马有特殊感情。在头骨、腿骨、肩胛骨中以马为最多。在躯体骨骼中，则以羊、牛为最多，而马最少。

在内蒙古长城地带的春秋中期至战国时期的一些墓葬也出现使用马、牛、羊殉葬的风俗，如内蒙古桃红巴拉墓地、呼鲁斯太墓葬[1]，宁夏固原撒门村墓葬和余家庄墓葬[2]等都有马、牛、羊的头蹄骨出土，有的墓多达40头。这些殉牲墓葬都伴出大量的北方系铜器。罗丰先生在《以陇山为中心甘宁地区春秋战国时期北方青铜文化的发现与研究》中指出："依照我们掌握的春秋中期以后的青铜文化内涵，似乎并不是本地区青铜文化的继续，面貌明确发生了彻底变化，与中原文化完全一致的遗物，在统治了多年以后突然完全匿迹。"这种大的历史性转变，是由于气候变化而导致当地居民适应性生业转换的结果，同时也与外贝加尔和蒙古草原游牧民族乘寒流席卷南下有直接关系。游牧民族的南下牧马，一方面直接把游牧文化带到农耕边缘地带，一方面使内蒙古长城地带的一些部落居民并入游牧人的行列，形成了有文化一致性的游牧文化区。

在游牧文化区内有着多种考古文化和类型，是生存着多种民族部落的反映。单就外贝加尔来说，石板墓文化与德沃尔齐文化既存在着很大的一致性，又存在较大差别。前者必用石板立砌四框，后者只是在墓坑上用石头填封。石板墓的动物骨骼基本出在墓坑以外的地方，分布在墓上积石之间、石板框外的围石内、墓葬的填土层中。只有2座墓的墓坑底部发现了家畜的骨骼。德沃尔齐文化的墓葬，在墓主人的两侧或头前与脚下放置大量的牲畜头，少者3~5个，多者30个，有马头、牛头、羊头，牲畜头摆放整齐，嘴方向与墓主人头向保持一致（图八）。

在我国内蒙古自治区包头市东郊的西园村之北，大青山南坡台地上也发现了葬俗与德沃尔齐文化墓葬类似的墓葬[3]。西园墓葬也在墓主人的旁边放置大量的牲畜头，有牛头

---

[1] 内蒙古自治区文物工作队编：《内蒙古文物资料》（续辑），呼和浩特，1984年。
[2] 罗丰：《以陇山为中心甘宁地区春秋战国时期北方青铜文化的发现与研究》，《内蒙古文物考古》1993年第1、2期合刊。
[3] 包头市文物管理处：《包头西园春秋墓地》，《内蒙古文物考古》1991年第1期。

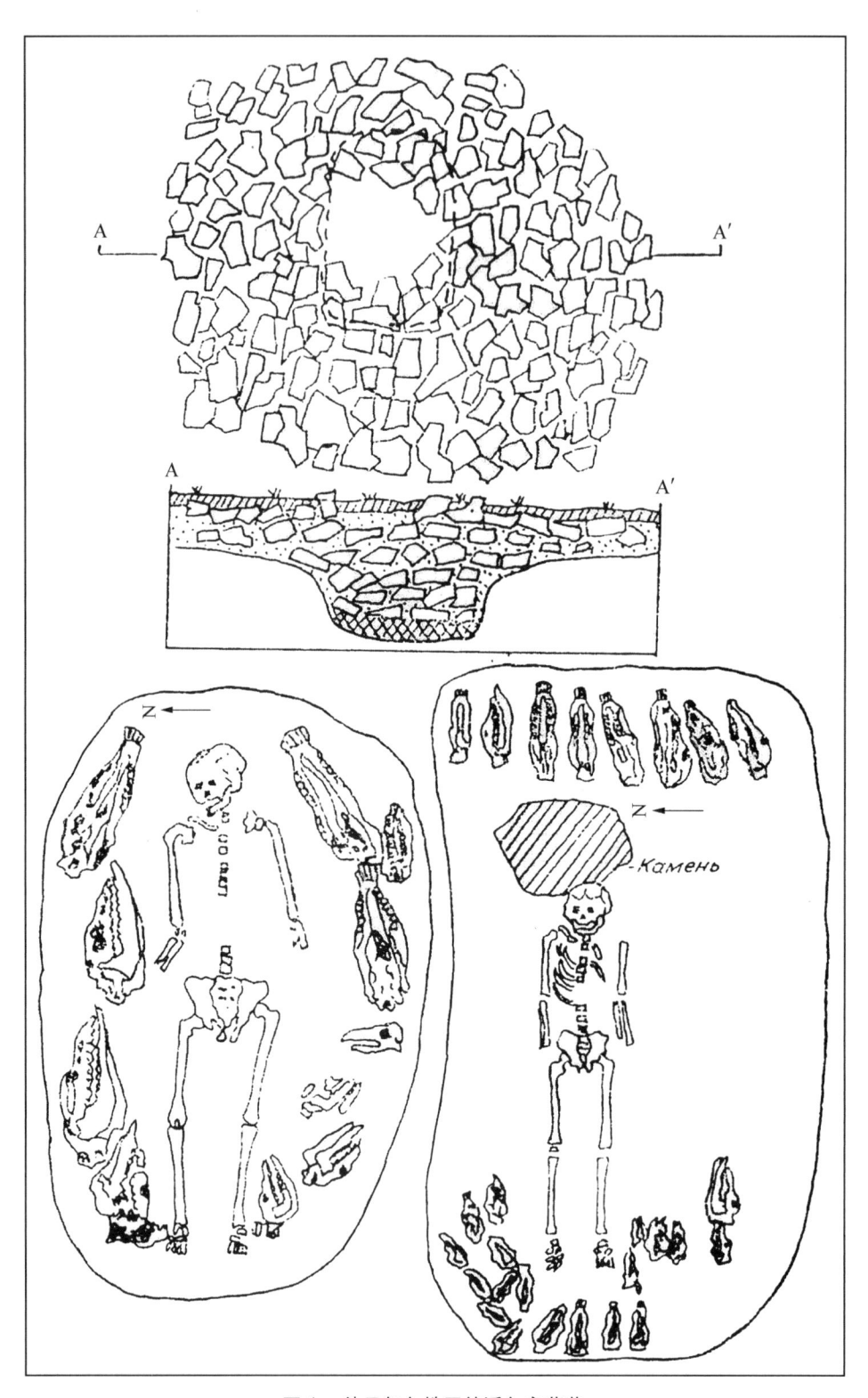

图八　外贝加尔地区德沃尔齐墓葬

和羊头,多者达40头,所有的牲畜嘴也与墓主人头向保持一致。

德沃尔齐墓葬与西园墓葬,一在漠南,一在漠北,虽然地域相隔遥远,但二者的殉牲葬俗是有联系的,如青铜小勺、动物牌饰在两者中都有出土,形制也一样,是该时期游牧民族大范围流动带来的一种现象,所以距离相隔较远也能形成类似的文化特点。

五、石板墓人种特征

外贝加尔石板墓出土男子头骨与周围地区新石器时代和青铜时代男子头骨测量数据的颅长高指数对比如下表:

序号	组别(测量人)	地　　域	颅长高指数	所属类型	时　　代
1	格拉兹科沃文化(列文)	勒拿河上游	69.8	低颅型	青铜时代早期
2	谢洛沃文化(列文)	安加拉河	69.1	低颅型	新石器时代
3	基多伊文化(列文)	安加拉河	69.3	低颅型	新石器时代
4	格拉兹科沃文化(列文)	安加拉河	68.9	低颅型	青铜时代早期
5	基多伊文化(杰别茨)	安加拉河	67.9	低颅型	新石器时代
6	舒米利哈墓地格拉兹科沃文化	安加拉河	69.52	低颅型	青铜时代早期
7	石勒喀洞穴(列文)	外贝加尔东部	64.2	低颅型	新石器时代晚期
8	福法诺沃墓地基多伊文化	安加拉河	70.9	正颅型	新石器时代
9	福法诺沃墓地格拉兹科沃文化	安加拉河	70	正颅型	青铜时代早期
10	谢洛沃文化(列文)	勒拿河上游	71.4	正颅型	新石器时代
11	基托伊文化(列文)	勒拿河上游	71.4	正颅型	新石器时代
12	基托伊文化(格拉西莫娃)	色楞格河(外贝)	71.06	正颅型	新石器时代
13	石板墓文化(戈合曼)	外贝加尔	72	正颅型	
14	博伊斯曼文化(奇基舍娃)	远东滨海	75.4	高颅型	新石器时代
15	鬼门洞穴鲁德那亚文化(巴鲁叶娃)	远东滨海	83.7	高颅型	新石器时代
16	辽宁本溪庙后山	东北西部	74.5	正颅型	青铜时代
17	黑龙江泰来县平洋组	东北北部	74.09	正颅型	东周时期
18	吉林西团山文化	东北中部	75.3	高颅型	青铜时代
19	辽宁平安堡高台山文化	东北西部	75.18	高颅型	青铜时代早期
20	大甸子夏家店下层文化1组	东北西部	77.56	高颅型	青铜时代早期

（续表）

序号	组别（测量人）	地　域	颅长高指数	所属类型	时　代
21	大甸子夏家店下层文化2组	东北西部	82.4	高颅型	青铜时代早期
22	龙头山夏家店上层文化	东北西部	76.66	高颅型	青铜时代晚期
23	小黑石沟夏家店上层文化	东北西部	81.04	高颅型	青铜时代晚期

说明：分级的级差数值是5，低颅型是69.9以下，正颅型是70~74.9，高颅型是75以上。
　　　对比表的数据资料来源：5、6、12来源于日塔诺娃编《安加拉河沿岸青铜时代的舒米利哈墓地》。16~23来源于朱泓论文《小黑石沟夏家店上层文化居民的人类学特征》。其余来源于波波夫等著《滨海南部博伊斯曼考古文化》。

从表中可以清楚地看到贝加尔湖周围地区的新石器时代和青铜时代早期的男子颅骨的长高指数在67.9到71.4之间。而外贝加尔的色楞格河的新石器时代基托伊文化的指数也在这一标准范围之内，石勒喀洞穴年代在新石器时代晚期，指数很低，为64.2。而平底筒形罐文化区（即东北和远东南部地区）的颅骨长高指数在74.5~83.7。石板墓文化处于青铜时代晚期到早期铁器时代，其测定的颅骨长高指数为72，较以前的居民颅骨长高指数明显变高，而又比东北的指数小。参照平底陶器和三足器在该文化中流行，可以推测，东北西部的青铜时代居民向北迁徙，参与了石板墓人的形成，而导致一部分石板墓人高颅化现象出现。

六、结　语

根据以上考察，外贝加尔地区在青铜时代到早期铁器时代曾受到我国长城地带及东北地区文化的强烈影响。根据影响的程度，可以划分为两个时期：第一个时期是石板墓文化之前，影响的主要代表是平底陶器。第二个时期是石板墓文化时期，影响的主要代表是陶鬲。第二期的影响程度远超过第一期。

（原载《边疆考古研究》第1辑，科学出版社，2002年）

夫余北疆的"弱水"考

古史记载东北"弱水"位置的确定关系到夫余、邑娄的分布地域,故弱水是哪一条河流的问题被治东北史学者所重视。日本学者白鸟库吉早在1897年发表了《弱水考》,论证弱水是黑龙江[1]。冯家昇1935年又提出东流松花江是弱水的新观点[2]。这两种观点长期并存,影响深远。此外又有嫩江和松花江、第二松花江西流段等见解。随着考古资料的积累,对夫余与挹娄的分布有了可靠的认识基础,在此基础上检视以上诸说皆有不符合实际之处,故有重新考虑弱水位置的必要。

《三国志·东夷传·夫余》:"夫余在长城之北,去玄菟千里。南与高句丽,东与挹娄,西与鲜卑接,北有弱水,方可二千里。"《后汉书·东夷传·夫余》:"夫余国,在玄菟北千里。南与高句骊,东与挹娄,西与鲜卑接,北有弱水。地方二千里,本濊地也。"二者都说夫余国纵横二千里,北有弱水。《晋书·四夷传》亦说挹娄"北极弱水"。弱水的确认对推定夫余的北部疆域具有重要意义。

夫余在汉代是东北地区强盛的地方政权。《后汉书·东夷传·夫余》说:"其王葬用玉匣,汉朝常豫以玉匣付玄菟郡,王死则迎取以葬焉。"玉匣即玉衣,是汉朝专供皇帝和贵族死后下葬用的高级防腐葬具。夫余国王死后使用汉朝的玉匣入葬,显示了夫余国得到汉朝朝廷的特殊重视。《后汉书·东夷传·夫余》:"永宁元年,乃遣嗣子尉仇台诣阙贡献,天子赐尉仇台印绶金彩。顺帝永和元年,其王来朝京师,帝作黄门鼓吹、角抵戏以遣之。"永宁元年(120年)夫余曾派遣王子到汉朝朝贡,永和元年(136年)夫余王再次朝贡,都得到东汉朝廷的高度重视而入史册。汉朝与夫余的关系密切,对夫余已有很多切实了解,《三国志》和《后汉书》对夫余的记载是可信的。

学者对弱水的推定不一,可归结为四说。

---

[1] 白鸟库吉:《弱水考》,《史学杂志》第7编第11号,1897年。
[2] 冯家昇:《述肃慎系之民族》,《禹贡半月刊》第3卷第7期,1935年。

1. 黑龙江说,白鸟库吉在《弱水考》中提出。张博泉先生力主认同此说。他提出"弱水意即黄水,系以今结雅河为源,其水流入黑龙江后,古统称弱水"[1]。之后在《东北历代疆域史》说:"《晋书·四夷传》的记载'肃慎氏,一名挹娄……东滨大海,西接寇漫汗国,北极弱水'。挹娄,后世皆以为靺鞨之黑水靺鞨,黑水靺鞨在今松花江与黑龙江合流以下的黑水南北居住。弱水为今黑龙江的古称。"[2]以此为依据,把夫余的东北推定在黑龙江与松花江合流处,"夫余东北为挹娄(黑龙江、松花江合流以下),东北至此二江合流处,东南当达张广才岭。夫余北有弱水,今东流松花江古以今嫩江为上源称那河,以今西流松花江为上源称粟末水,下称弱水。当时弱水上源指精奇里江(今结雅河),此水与黑龙江合流以下均称弱水,在夫余、挹娄北之弱水为同一水,即今黑龙江"[3]。

2. 东流松花江说。冯家昇先生在《述肃慎系之民族》中提出东流松花江是弱水。

3. 嫩江、东流松花江和黑龙江下游说。李健才先生在《松花江名称的演变》中指出弱水首见《尚书·禹贡》"导弱水至于合黎,余波入于流沙",认为:如把弱水推定在今黑龙江,则汉、魏时代夫余的北界为今黑龙江,这和文献所载夫余的辖境不符;如把弱水推定在今第一松花江,即东流松花江,则挹娄不是"北极弱水",而是"西极弱水"。所以他推定"弱水当指今嫩江、第一松花江和黑龙江下游(即和松花江合流后的一段)"[4]。

4. 第二松花江西流段说,林沄先生在《夫余史地再探讨》中提出此观点。林先生首次揭示"弱水"的特点,他说:"中国古代文人皆熟知'弱水',因为这是重要经典《尚书·禹贡》中大禹疏导的九河之首。郑玄注《禹贡》说'众水皆东,此水独西'。点明此水在中国人心目中的独特性。《禹贡》中的弱水是西流而'余波入于流沙'。"举例论证了中国文人有指西流之河流为"弱水"的习惯[5]。

笔者细读此林沄先生的论述深受启发。《尚书·禹贡》的"弱水"是西流的内陆河,水流不是越来越大,而是减弱,最后消失,这和我国一般河流的特征完全不同,所以称之为"弱水"是十分恰当的。

东北地区河流虽多,但是唯一的向西流淌的内陆河是乌裕尔河。它从小兴安岭西麓起源向西流淌,经北安、克东、克山、依安、富裕、林甸6县,全长587公里,流域面积2.3万平方公里。河流在依安以下进入平原区。笔者的老家就在中游北岸二级阶地上的富海镇大泉子村(介于依安与富裕之间),对其有所了解。一年之中绝大多数时间河水都在宽20余

---

[1] 张博泉:《汉玄菟郡考》,《吉林大学社会科学学报》1980年第6期。
[2] 张博泉:《东北历代疆域史》,吉林人民出版社,1981年,第52页。
[3] 张博泉、魏存成主编:《东北古代民族历史、考古与疆域》,吉林大学出版社,1998年,第565页。
[4] 李健才:《松花江名称的演变》,《学习与探索》1982年第2期。
[5] 林沄:《夫余史地再探讨》,《北方文物》1999年第4期。

米的河道内流淌,7月汛期则河水平槽,河谷的一级阶地是草甸子,草在0.5～1.5米高,是清至民国时期依克明安旗额鲁特蒙古的牧场。水大的年份则河水溢漫出槽,淹没一级阶地的河谷草甸(宽10余公里的湿地草甸,当地人称"河套"),白茫茫一片,望不到边际,但时间不长,一般半个月左右消退。乌裕尔河下游之尾部无明显的河道,河水逐渐消失在林甸县西北的广阔苇甸、湿地之中,变成潜伏状的广阔沼泽地(今为扎龙丹顶鹤自然保护区),大小湖星罗棋布,地势低平,比降0.04‰,肉眼观察不到有水流的状态。乌裕尔河,清朝称呼裕尔河、乌羽尔河,金代的蒲峪路城位于克东的乌裕尔河南岸,城内出土了蒲峪路印[1],《金史》中写作"蒲与路"。蒲峪、蒲与、呼裕尔、乌裕尔都是女真语"涝洼"的汉字译写,意为涝洼之河。乌裕尔河在下游是大片的"涝洼"地(湿地沼泽),克东段还不是涝洼之河,古城附近没有涝洼的景观,所以古城名"蒲峪"应该是以地近"蒲峪河"得名,蒲峪河是因该河下游独特的广阔涝洼地景观得名。乌裕尔河是内陆河,而且也是向西流淌,下游水流散漫开来,流速越来越弱,最后平静消失在草莽苇荡的湿地沼泽中,完全符合"弱水"的特征。

夫余的中心王城在吉林市的东团山山城和山脚下的平地城(南城子古城),考古发现东团山山城有三重城墙,南城子古城周长1 050米,出土了西团山、夫余、渤海的遗物[2]。城内外有夫余文化、渤海文化遗物。其东邻的帽儿山墓地有夫余的大型木椁墓地[3]。北邻宏伟的龙潭山山城,城内有巨大的石砌蓄水池"水牢"。因此把这一带定为夫余的王城所在地已经得到学术界的普遍认可。从这里向北到东流松花江只有400里,这片区域只是夫余的中心区。从夫余的南界辉发河河谷到东流松花江也只有700里,与方二千里的夫余相差甚远,所以东流松花江并不是夫余的北界。

《后汉书·东夷传·夫余》载:"夫余国,在玄菟北千里。"汉代第二玄菟郡城在辽宁新宾永陵镇城址[4],距离吉林市600里。三国时期的玄菟郡城一说在抚顺劳动公园古城,距离吉林700里[5],一说在沈阳上柏官屯古城[6],距离吉林800余里,可以大致推出《三国志》所说的"千里"长度大致在600～800里,"二千里"大致在1 400里左右。乌裕尔河河尾在林甸与大庆之间,到夫余王城的直线距离有800里,到夫余的南界约1 100里。若从富裕县向南到辉南县约1 400里,"方可二千里"的夫余其"北有弱水"是符合实际的可信史料。

《三国志·魏书》记载夫余"多山陵、广泽,于东夷之域最平敞",是从南向北描述的,

---

〔1〕 黑龙江省文物考古研究所:《黑龙江克东县金代蒲峪路故城发掘》,《考古》1987年第2期。
〔2〕 董学增:《吉林东团山原始、汉、高句丽、渤海诸文化遗存调查简报》,《博物馆研究》1982年第1期。
〔3〕 吉林省博物馆:《吉林帽儿山汉代木椁墓》,《辽海文物学刊》1988年第2期。
〔4〕 徐家国:《辽宁新宾县永陵镇汉代城遗址调查》,《考古》1989年第11期。
〔5〕 孙进己、王绵厚主编:《东北历史地理》第2卷,黑龙江人民出版社,1989年,第27页。
〔6〕 谭其骧主编:《中国历史地图集释文汇编》(东北卷),中央民族学院出版社,1988年,第20、21页。

南部吉林东西一线都是山岭丘陵，符合多山陵特征。齐齐哈尔以南到前郭尔罗斯蒙古族自治县湖泊众多，仅杜尔伯特蒙古族自治县境内就有湖泊201个，其中不乏大湖。如前郭尔罗斯蒙古族自治县的查干泡南北长37公里，东西宽17公里。大安月亮泡东西长约25公里，南北宽10公里。杜尔伯特蒙古族自治县的大龙虎泡南北长20公里，东西宽10公里。西葫芦泡南北长13公里，东西宽8公里。他拉红泡南北长11公里，东西宽9公里。这在东北地区是仅有的独特地貌，《三国志》总结为多广泽是准确的。从长春开始向北到乌裕尔河北岸的富裕县都是一望无际的平坦的平原，符合"于东夷之域最平敞"的特征。把夫余的地貌总结为"多山陵、广泽，于东夷之域最平敞"，是简洁精准的概括。如果相信《三国志》和《后汉书》的记载，则东汉三国时夫余地界已经到达乌裕尔河下游，这是夫余最盛时的北界。

《晋书·东夷传》："肃慎氏一名挹娄，在不咸山北，去夫余可六十日行。东滨大海，西接寇漫汗国，北极弱水。其土界广袤数千里，居深山穷谷，其路险阻，车马不通。"《后汉书》："东夷夫余饮食类皆用俎豆，唯挹娄独无，法俗最无纲纪者也。"考古资料表明，与之相符的考古文化是我国三江平原的滚兔岭文化蜿蜒河类型、黑龙江北岸俄罗斯境内的波尔采文化，分布南起完达山脉，北至小兴安岭—布列亚山脉（俄罗斯）[1]。把东流松花江或黑龙江下游定为弱水，则弱水横贯挹娄的中部，与"北极弱水"不符。乌裕尔河起源于小兴安岭北段西麓，接近挹娄的西北边外，《晋书·东夷传》说挹娄"北极弱水"也是说得通的。

高句丽、鲜卑、靺鞨都由多个部落组成，夫余国地域"可二千里"不可能是一个部落。遗憾史书没有明确记载夫余的部落构成，也没有记载属部属国，只有北夫余、东夫余的只言片语，导致对其地域的探讨众说纷纭。以吉林市为中心的泡子沿类型（又称"老河深二期文化"）是夫余国的主体文化，是在西团山文化基础上发展起来的。在今吉林市区内发现的夫余遗存十分密集且等级高，在不足20平方公里的范围内，迄今开展考古工作的有龙潭山城、东团山城、南城子平原城、泡子沿遗址、永安遗址、学古东山遗址、帽儿山墓地，而且夫余王城也在吉林市区内的东团山城、龙潭山城一带。嫩江下游两岸的松嫩平原有小拉哈文化（夏至早商时期）、古城文化（晚商时期）、白金宝文化（西周春秋时期）和汉书文化（战国西汉时期），是一脉相承的[2]，特别是白金宝文化和汉书文化很发达，遗址密集，堆积层厚。然而延续几千年的文化突然在西汉时期中断，应该与夫余国向北扩张有关。目前东汉三国时期嫩江下游的文化还缺少考古资料，文化面貌不清，考古工作亟待加强。

---

[1] 赵永军：《黑龙江东部地区汉魏时期文化遗存研究》，《边疆考古研究》第3辑，科学出版社，2004年，第152—177页。
[2] 张伟：《嫩江流域夏至东汉时期的五支考古学文化》，《北方文物》2010年第2期。

《魏书·豆莫娄》:"豆莫娄国,在勿吉国北千里,去洛六千里,旧北扶余也。"《新唐书·流鬼传》:"达末娄自言北扶余之裔,高丽灭其国,遗人度那河,因居之,或曰他漏河,东北流入黑水。"他漏河是洮儿河,那河是嫩江,洮儿河注入嫩江后与第二松花江汇合东北流入黑龙江。410年高句丽北击夫余,将夫余征服,使之成为其属国。集安通沟的冉牟墓前室正梁上有墨书墓志,墓志文说:"奴客牟头娄凭冉牟教遣令北夫余守事……老奴客在远襄助……"范恩实考证,牟头娄曾任北夫余守事之职,协助夫余王统治夫余[1]。北夫余是夫余国的核心部落,主体在吉林市。高句丽灭其国,一部分原北夫余部的人向北逃离,在洮儿河河口以下的嫩江段渡过嫩江,在夫余原属地上割据自立,称豆莫娄国(达末娄),豆莫娄大体位置在乌裕尔河西端到嫩江大转弯之间。由于达莫娄的另立和其他部落的独立,附属高句丽的夫余地界也大为缩减,主要在吉林市及以南地区,也就是原北夫余部落地区,所以集安冉牟墓志把监视和协助夫余王统治的官职称为"北夫余守事"。

综上所述,乌裕尔河由东向西绵延长达一千余里,是东北唯一的西流内陆河,特征鲜明,起止明确,位置适当,因此,史书选用该河为夫余、挹娄的北疆地理标识,并通过"弱水"之名突显其特征。这比使用嫩江、黑龙江做标识要好得多,因为这些大江流经地域广阔,河流线路漫长,且弯转大,支流多,容易引起歧义。由于以往对乌裕尔河特点的忽略,反而使问题变得复杂难辨。

(原载《中国边疆史地研究》2015年第4期)

---

[1] 范恩实:《夫余兴亡史》,社会科学文献出版社,2013年,第254页。

抚松大方顶子积石堆遗迹的初步研究*

抚松县万良镇大方村西南的大方（荒）顶子积石堆遗迹的性质与年代问题是长白文化史最近几年学术争论的焦点之一，原因如下：大方顶子积石堆遗迹没有开展过考古工作；被密集树木杂草遮盖下遗迹现象模糊不清，踏查者有盲人摸象之感；参加讨论者的学术背景多样，有东北史学者、萨满文化学者、长白文化学者、考古学者。2011年6月和9月吉林大学师生对石堆遗迹群进行了考古调查，基本摸清其分布与形状等特点，认定是积石墓群，年代在高句丽建国前后或更早。考古报告按照学术惯例对发现的遗迹进行了客观描述，没有展开论述，现从考古学研究视角对其做对比分析，供研究者和关心者参考。

一、大方顶子积石堆遗迹的基本特点

根据调查可以确定大方顶子积石堆是人工垒砌的古代遗迹群。积石堆现存6个，另有民间传说的3个积石堆未找到可确认的遗迹。现存积石堆的基本特点是：

1. 位于高山之顶梁，沿着山的脊梁成串分布。
2. 边缘形状不规整，能够确定的平面形状大体呈圆形、长椭圆形或不规矩的方形。
3. 依地势垒砌，外侧面的表层经过细致垒砌，或成规整的斜面，或成台阶状。内里石块堆砌没有层次，也不咬合。底部外边形状不规整，随意性大，不是精心规划严格施工的建筑物。
4. 有的底层外边还有倚护石和支撑石，与高句丽积石墓常有倚护石的传统相同。
5. 顶部都有洼坑。3号积石堆（J3）洼坑被盗坑破坏，探查得到的迹象是墓圹开口在顶部，墓底铺碎小石块层，小石块层表面积土中夹杂很多木炭块，其上用中等石块填封，与高句丽石圹积石墓特点相同。

---

* 本文作者为冯恩学、梁娜、谢浩。

6. 石堆底部没有发现阶梯石坛迹象。对村民"土坛上驮石坛"中土坛的有无我们也做了重点调查。根据探查，积石直接压在生土层上，没有人工垫土层。积石堆选择自然地势高起的地方修建，或位于高端，或依靠高端修建，从低处一侧观察就有土坛驮石坛的感觉（图一）。

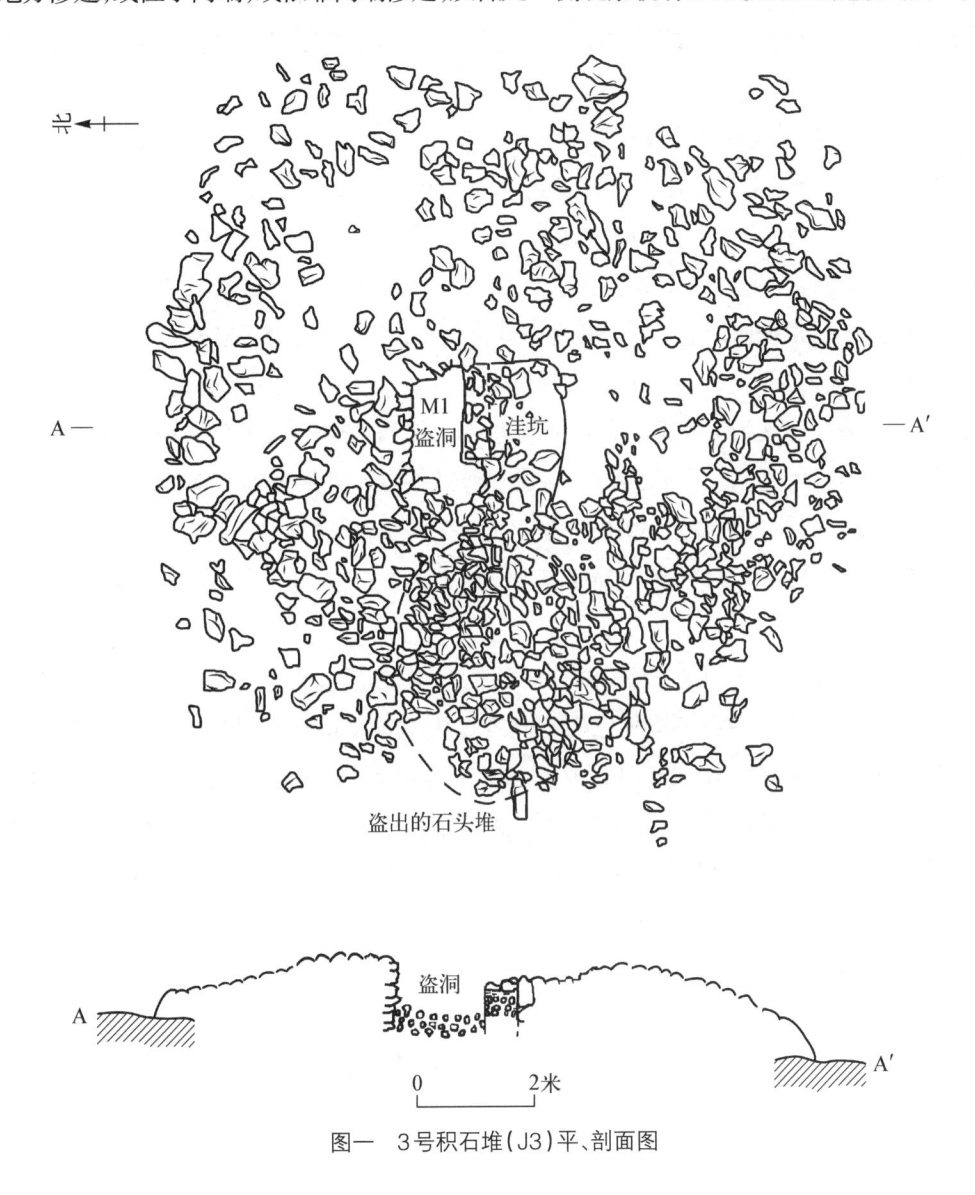

图一　3号积石堆（J3）平、剖面图

二、抚松大方顶子积石堆的性质

1. 高句丽山城说

《抚松县文物志》记载，1960年调查提出是古城，调查记录表中还写到发现的遗迹有"炮台、古城、古井、石板"。所以当时很可能认为石堆是城内的炮台。在1986年复查时根据有石墙带提出"很可能是高句丽时期的一座城址所在"。认为6个积石堆为人工垒砌,已非原貌,是否为修筑城墙的石料堆还不能确定[1]。2008年抚松文物管理所"三普"调查时,50米的"石带"已经被破坏掉,普查队没有找到石墙遗迹,认为积石堆遗迹的性质和年代待定。

2. 祭坛说

2008年5月陈景河在乡土文化学者朱明春的带领下踏查了大方顶子北部的几个石堆,认为高句丽人没有在这里生活过,该处遗迹不是高句丽遗迹,可能是金朝女真皇族祭拜长白山的祭坛。在他的积极倡导下,林业局组织了多次学者考察论证,并走访大方村村民收集口碑和民间文物资料。在此期间朱明春提出他认为大方顶子山脊小路就是渤海朝贡道的道路所在,理由主要是根据以前老人有关山路的讲述:山坡沟岔多倒木,很难长途行走。朝贡道观点提出后,引出祭坛是否为渤海修建的新问题。到2010年9月先后经过三次以上的会议论证,会上多数学者认为大方顶子积石堆非古城,而是祭拜长白山的祭坛;但对于时代又提出多种看法,有人主张是金代的,有人主张是渤海的,有人主张渤海先建、明代苏完部沿袭,有人主张是秦汉时勿吉人设祭、辽金时女真人沿用的祭祀长白山的古代祭坛遗址等。会后有的学者发表文章,对"祭坛说"进行了详细论证,加之媒体的报道,"祭坛说"成为主流[2]。

3. 积石墓说

我们查阅2008年10月"三普"调查后的档案资料,普查队虽然没有最后认定积石堆的性质和年代,但是有一份表格内已经将其登记为高句丽积石墓,并按照考古学墓葬编号方法编为M1~M6,逐一登记卫星定位坐标。2010年9月的考察论证会上,吉林大学考古系的王培新在会议讨论时提出可能为高句丽积石墓。2011年6月吉林大学对积石堆遗迹群进行了考古调查,在3号积石堆(J3)找到了残破的墓圹(图一)。经过整理分析资料,得出是高句丽早期或更早的积石墓的认识[3]。

三、与旅大地区积石墓的比较

类似的遗迹是山顶型积石墓群,吉林省境内以往还没有发现,但是在比邻的辽宁省南

---

[1] 吉林省文物志编委会:《抚松县文物志》,1988年。
[2] 陈景河等:《大荒顶子古祭坛遗址的考察报告》,《协商新报》2008年12月19日;陈景河:《长白山古祭坛发现经过和初步考研》,http://www.xinhuanet.com/chinanews/2008-07/21/content_13878514.html;张璇如:《长白山祭坛探源》,《东北史地》2009年第5期。
[3] 冯恩学、马天夫:《抚松大方(荒)顶子积石堆调查报告》,《边疆考古研究》第11辑,科学出版社,2012年。

部却较为常见。其中以旅大地区出现得最早,年代从新石器时代晚期的郭家村上层文化开始,延续到青铜时代。如老铁山积石墓、将军山积石墓、四平山积石墓、牛群山积石墓、柏岚子积石墓、大台山积石墓、大岭山积石墓等[1]。现将老铁山积石墓、四平山积石墓、牛群山积石墓群特点简要介绍如下。

老铁山积石墓 老铁山位于旅顺口区铁山公社郭家村东,西距渤海海岸约5公里。从老铁山北部第一峰向西北与将军山、刁家村北山相连,大约有3公里的起伏山脊上有积石墓40余座。这些积石墓是按山脉走向,依山脊坡度起伏修筑的。一般是略微修整一下选择的地面,然后就地把自然山坡的石块搬到山顶,用压缝交叠的方法筑成长方形或近长方形的积石墓。根据1973年和1975年发掘的几个积石堆,墓一般长7~20米。墓内分筑数量不等的石圹型墓室。墓室呈长方形,长1.3~2.2、宽0.7~1.46米。墓室顶用不规则的方形大石块覆盖。随葬品以陶器为主,并有生产工具和装饰品。陶器以龙山文化风格的磨光黑陶为主,器形有单耳杯、三环足盘、豆等,与相距1公里的郭家村遗址上层文化陶器相同。发掘者认为该处积石墓是郭家村遗址的墓地[2]。

四平山积石墓 延伸到渤海的四平山主脉有两个主峰,1941年调查发现在南主峰山脊有12个积石墓,北主峰的山脊上分布10个积石墓。积石墓内有多个墓室,出土陶器有袋足鬶、豆、壶、杯、罐等,具有山东龙山文化因素,时间大约为距今4 500年[3]。

牛群山积石墓 2005年发现,"旅顺口区的文物管理人员曾3次到官家屯山域寻找,前两次都一无所获。今年6月份,他们又一次走访了官家屯村民。62岁的王太殿告诉他们,石线山没有石堆,而在它西边的牛群山上倒是有些莫名其妙、大小不一的石堆。在老人的带领下,文物管理人员在牛群山山脊发现了大小不一的积石墓10余座。最大的在山顶,约1.5米高,由大小不一的不规则石块堆成,占地近百平方米,在它的周围分布着大大小小的积石墓,最小的占地仅几平方米。墓与墓之间相距5到30米,都有石块构成的石脉相连。几座较大的墓向东南方向伸出近10米的石脉。据王太殿老人介绍,顺山脊向南0.5公里的山脊上也有这样的积石墓地,20世纪70年代当地青年队曾用积石墓的石头盖了20多间房子,那时谁也不知道那些石堆是墓"[4]。

旅大地区还有山岗型积石墓,位于遗址附近低矮的台地或坨头上。如旅顺口于家坨头积石墓、大连甘井子区岗上积石墓,积石墓内的墓室密布,呈蜂窝状分布,属于"接续墓"类型,年代在青铜时代晚期(即春秋战国时期)。山顶型"串墓"出现的时间很早,至

---

[1] 许玉林:《辽东半岛石棚》,辽宁科学技术出版社,1994年,第85页。
[2] 旅大市文物管理组:《旅顺老铁山积石墓》,《考古》1987年第2期。
[3] 许玉林:《辽东半岛石棚》,辽宁科学技术出版社,1994年,第85页。
[4] 《旅顺发现青铜时代积石墓》,http://www.fx120.net/scribble/ly/2005122291041247235.html。

青铜时代仍然沿用,与蜂窝状"接续墓"类型并存发展。

大方顶子积石堆的分布特点与旅大山顶型积石墓类似,与山岗型积石墓相差较大。

四、与鸭绿江流域高句丽积石墓的比较

我国境内高句丽积石墓主要分布在鸭绿江流域(包括其支流浑江等)。辽宁的高句丽墓以桓仁县为最多,吉林省的高句丽积石墓集中发现在集安附近的鸭绿江沿岸地区,主要分布在河边阶地、台地和小山岗上,在分布规律上与抚松大方顶子墓有很大不同。在抚松与旅大地区的中间地带的桓仁也有少量积石墓位于小山包的顶部,如陈大为在《桓仁县考古调查发掘简报》中言积石墓多分布在山坡或山脚下,少数在山腰和山顶上[1]。桓仁望江楼墓地位于桓仁县雅河乡南边石哈达村北部的一条临河的山岗岗脊上。墓地由6座独立的接近圆形的积石墓构成,墓葬大都坐落在山岗起伏稍大的端头。墓葬外缘垒筑的石块较大,内侧较小,并有层层内收的迹象,积石外侧立支或平放大型河卵石进行倚护。石圹开口在积石堆顶部,墓底平铺小河卵石(图二),并有明显火烧痕迹,有零星炭块和炭粒发现,出土遗物有陶器、铁器和玉石器等。望江楼墓地是高句丽建国前后的遗存[2]。

高句丽墓是以王陵为代表的方坛阶梯积石墓,以其独特性广为人知,把方坛阶梯积石墓与大方顶子墓相比,形状差别很明显。但是,众所周知,高句丽积石墓的数量巨大,仅集安通沟的积石墓就有6 000多座,墓葬形态丰富多样,供旅游参观的积石墓仅是高句丽墓葬中很少的一部分[3]。禹山JYM3232是4座阶坛积石墓串联在一起,其墓圹圹室为长方形竖穴,圹室上部封石块多为20～30厘米的自然石块,圹室底部铺直径5厘米的小碎石块,小碎石块层厚15厘米(图三)。

辽宁、吉林的考古学者通过多年的调查、发掘和研究分析,基本掌握了高句丽墓葬主体类型的演变规律。魏存成先生在《高句丽积石墓的类型和演变》中总结说,高句丽早期墓葬的类型有无坛石圹积石墓和方坛积石墓两种。无坛石圹积石墓是目前所知高句丽最早的墓葬形制,按平面形状可分为圆形(或椭圆形)和长方形两种。圆形无坛石圹积石墓一般修筑在沿河的山岗上,其特点是以较大的河卵石或山石平摆垒砌出圆形或椭圆形的外框,向上层层内收,为了防止外框石的塌落,在最底层的外框周围还用较大的河卵石或

---

[1] 陈大为:《桓仁县考古调查发掘简报》,《考古》1960年第1期。
[2] 李新全:《高句丽早期遗存及其起源研究》,吉林大学博士学位论文,2008年。
[3] 吉林省文物考古研究所等:《集安洞沟古墓群禹山墓区集锡公路墓葬发掘报告》,载《吉林集安高句丽墓葬报告集》,科学出版社,2009年,第194页。

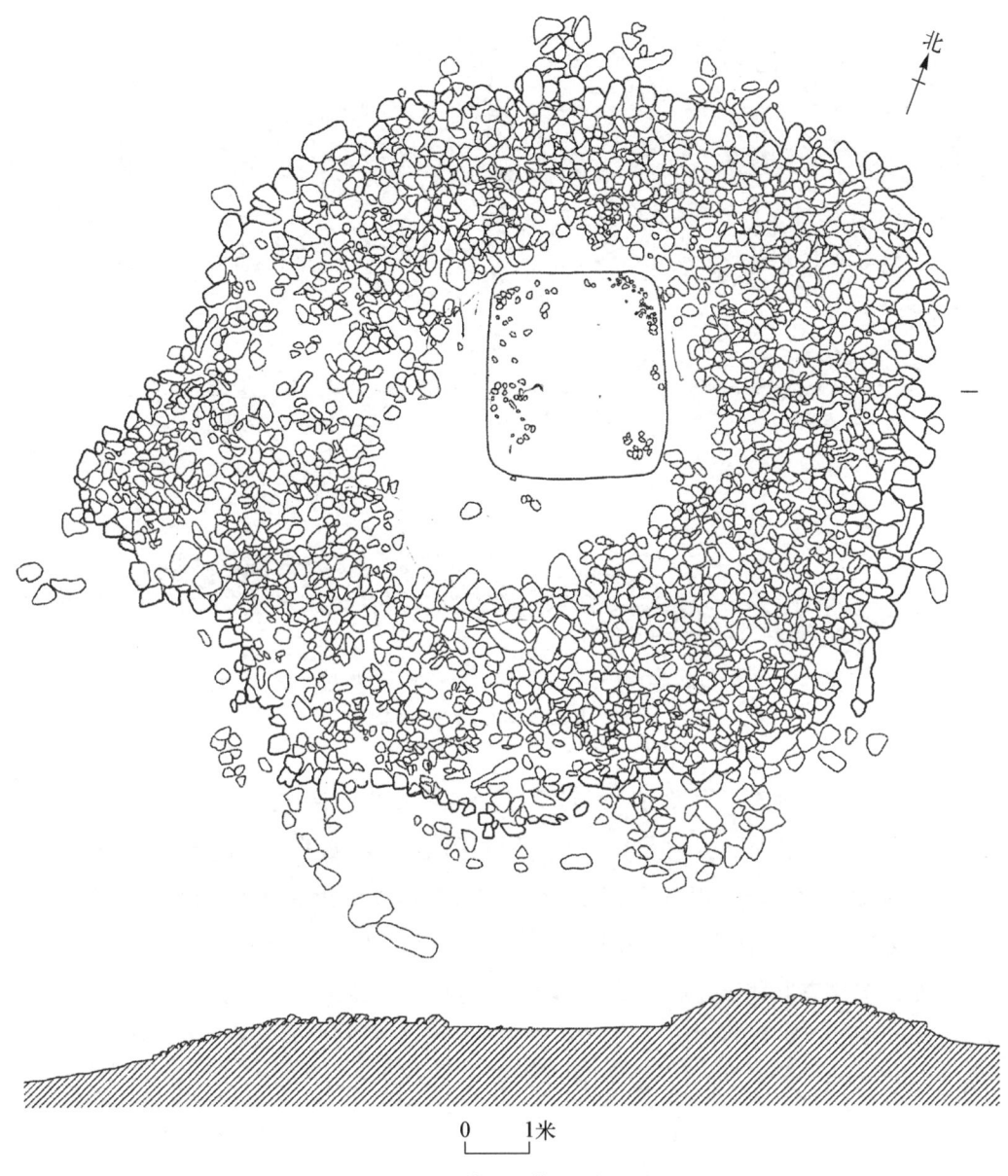

图二　桓仁望江楼积石墓（M4）平、剖面图

山石立砌一圈倚护石，在倚护石的底部外侧摆放一些小的河卵石或山石加固。在墓葬的中部构筑石圹（即竖穴墓室），石圹底部有的是向下凿岩取平，然后铺垫一层夹杂小河卵石的河砂；有的直接铺垫夹杂小河卵石的河砂取平。再用较大的河卵石和山石垒砌不十分规整的圹壁，火葬尸体后，用稍小的河卵石和山石填封墓顶[1]。大方顶子积石墓位于高

---

[1] 集安县文管所：《集安万宝汀墓区242号古墓清理简报》，《考古与文物》1982年第6期。

图三　禹山JYM3232平、剖面图

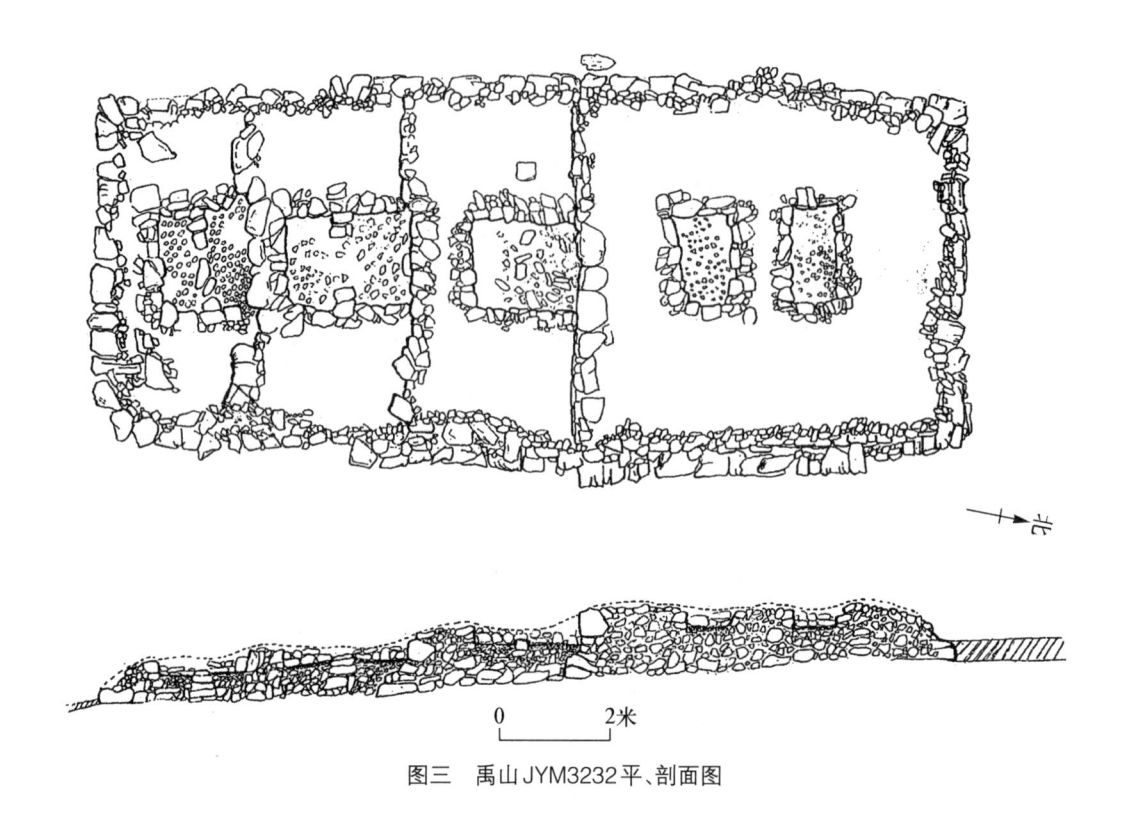

山之上，附近没有河床，所以没有使用河卵石，而是利用山上裸露的山石修建，建筑技术方法则与此相同。李新全认为："方形和长方形的无坛石圹积石墓的构筑方法与特点大体与圆形和椭圆形的无坛石圹积石墓相同。从墓葬发展演变的角度分析，方形和长方形无坛石圹积石墓的构筑方法较为复杂，因而，我们有理由认为圆形或椭圆形的无坛石圹积石墓的出现年代要比方形和长方形的无坛石圹积石墓早。"[1]

抚松大方顶子的积石堆以圆形和椭圆形为主，形状与高句丽早期积石墓相同，只是分布在高耸的山顶，而集安地区和桓仁地区的高句丽墓都发现了高句丽墓葬从高处向低处发展的规律。根据以上所述规律，我们可以推测大方顶子积石堆应该是积石墓群，其年代可能要比集安高句丽墓早。

集安墓葬倚护石很多，王陵的倚护石巨大，十分醒目。但是集安也有形体较小的倚护石，属于高句丽前期的集安万宝汀墓区242号墓。阶梯墙的外面倾斜支撑护墙石，护墙石排列得非常整齐。护墙石多数呈长方形，大小不规则，最大的长80、宽27厘米[2]。桓仁望江楼积石墓也有长70、宽35、厚20厘米左右的倚护石。大方顶子的倚护石虽然小，但也能

---

〔1〕 吉林省文物考古研究所：《吉林长白县干沟子墓地发掘简报》，《考古》2003年第8期。
〔2〕 张福有、孙仁杰、迟勇：《长白山南麓积坛调查清理与考证》，《东北史地》2007年第1期。

起到支撑倚护积石堆墙不流塌的作用。同时大方顶子积石墓也具有串墓特点，高句丽串墓可能是由山脊串墓发展而来，大方顶子的积石墓为此提供了重要线索。

鸭绿江流域与旅大地区毗邻，同属于长白山山脉西段，旅大地区的积石墓对鸭绿江流域的高句丽积石墓有重要影响，李新全在《高句丽早期遗存及其起源研究》和《辽东地区积石墓的演变》中对此做过详细论证。抚松大方顶子距离高句丽早期国都所在地桓仁180公里，距离鸭绿江边最短距离60公里，与高句丽墓葬的相似点很多，特别是与望江楼墓地最为近似，我们认为抚松大方顶子积石墓群也是旅大山顶型积石墓向东传播的结果。

五、与鸭绿江上游长白县积石墓和积石祭坛的比较

在集安之东的长白县，近年也发现了大量的积石堆遗迹，其中经过发掘清理的有十四道沟镇的干沟子墓地和十二道沟的积石祭坛。

干沟子墓地位于长白县十四道沟镇干沟子村东西两侧的河谷冲积台地上，东、西、南三面被连绵高山环抱，南邻鸭绿江。墓葬集中分布在东干沟河北侧的近山台地和西干沟河两岸，遗址均位于墓地西、南两侧山上。干沟子墓地是由几个或十几个墓坛不断接续而形成的积石墓。墓坛以大块河卵石垒砌，外墙弧线整齐，顶部构筑墓圹，墓坛下均建有基础，用稍小的河卵石砌筑墓坛和墓圹。墓坛墙之外都有立置的石条或大石块作为倚护，倚护石下部堆有更大的石块，从而使墓坛更加牢固。墓圹呈长方形或椭圆形，周围砌石一至两层，底部普遍铺垫一层细小河卵石使之平整，焚烧后的人骨直接置于圹内，入葬后以碎石封盖。有少数墓圹中出现木炭，随葬器物有陶器、玉器、石器和铜器等。干沟子墓地时代为战国晚期至西汉[1]。干沟子墓地属于蜂窝型积石墓，位于河边台地，其特点与旅大地区岗上、楼上等蜂窝型积石墓类似，应该是旅大地区蜂窝型积石墓东传的结果。抚松大方顶子积石墓与其不属于一个类型。

2004年长白县十二道沟注入鸭绿江的前林子河口台地上发现很多积石堆，其中二级台地有13个截面为圆锥形的大型积石堆（直径15～20米，呈东北—西南向排列），有30余个圆形小石堆（直径3～8米）。对2个大的积石堆做了考古清理，经发掘得知，积石堆被火山灰覆盖，没有遭到后期破坏，保留了原始状态。考古清理时，曾对一个石堆挖掘3米宽的探沟，没有找到墓圹，所以发掘者推测可能不具有墓葬性质，同时根据石堆表面有火烧的痕迹，没有完整随葬品、只有毁器的青铜器残片等特征推测是祭坛，根据发现的青铜

---

[1] 魏存成：《高句丽积石墓的类型和演变》，《考古学报》1987年第3期。

器等遗物推断是战国时期[1]。大方顶子积石堆分布在山顶上,堆顶有凹坑,有开口在积石堆顶部的石圹,都与十二道沟不同。

六、对村民回忆资料的看法

村民回忆的口碑资料也是重要的研究资料,但是由于时间间隔久远,会出现很多错误,真假难辨。根据考古调查结果,有些回忆是与调查现象吻合的,如有人回忆说,"石坛长20米,宽6米","高2米,顶部高低不平,不是直壁"等。据大方村老者和其他人讲述,在大方顶山曾拾到过石斧、石刀、石桌、石碗、钢剑、铁腰铃,又有传言拾到过马镫、瓷器、玉牌等,均未见实物,不知真伪。这些器物显然不是一个历史时代的遗物。大方村老者回忆录资料中提到石斧、石刀,值得重视。石斧和石刀是新石器时代和青铜时代遗址常见之物,但是具体出土在积石堆内,还是出在山麓的新石器时代遗址中则无从得知。山腰遗址被定为新石器时代遗址,主要依据是在地面采集到黑曜石石片和薄胎夹砂黄褐陶、夹砂黑陶片、口沿下附加一周棍状泥条堆纹的陶片、假圈足器底。积石墓群附近常伴有遗址发现,这个重要线索不应忽视,二者关系有待今后深入工作的开展。

原住大方村的多位老者和朱明春的回忆资料有火祭、发现萨满铁腰铃等,有可能是清朝、伪满时期当地的萨满利用北端的一个积石堆进行了祭祀活动。石桌、石碗、石筷子、钢剑等都可能和萨满祭祀有关。朱明春回忆台子顶部平坦如炕、石块对缝拼接等现象,应该是萨满利用时还做了修整改筑,成为符合萨满跳神需要的祭坛。该台子已遭毁坏,今天亦未发现实证材料,考古调查也无法证实。还有一种可能是后来所建石台,与现存的6个积石堆无关。

至于渤海和金朝是否利用或修建了积石堆,山脊小路是否是渤海朝贡道,目前都没有发现任何考古证据。

七、结 论

通过以上分析,初步判定大方顶子积石墓应该是山顶型积石墓群,不排除有祭坛的可能。因为这类开口在表面的浅穴墓坑型积石堆墓本身就有祭坛性质,耗费大量人力堆积

---

[1] 李新全:《辽东地区积石墓的演变》,《东北史地》2009年第1期。

石堆的主要目的并不是保护墓主尸体不被破坏。实际上很多情况是墓主尸体在下葬时已经变成凌乱残缺的骨殖,那是在漫长的停丧期间发生的变化,还经过了火烧等原始宗教的祭祀仪式。把骨殖放在模拟圣山的积石堆顶部的墓穴内,达到灵魂送入理想天国的目的,这和悬棺葬异曲同工——依靠内在的精神信仰动力。

大方顶子的积石墓时代大致在青铜时代晚期到高句丽早期的时段内,考虑到辽东半岛在新石器时代晚期开始流行山顶型积石墓,而大方顶子山半腰也有新石器时代遗址,所以不排除有早到新石器时代晚期的可能,但基本可以排除年代晚于高句丽时期的可能。其年代需要考古发掘才能最后定论。其文化起源与辽东半岛的新石器时代到青铜时代的山顶型积石墓有联系,但是其族属不能确定。长白县和抚松县都在集安之东,这些地域先后发现了蜂窝状积石墓和山顶型积石墓,意味着旅大地区的积石墓习俗早在高句丽建国之前就已经传播到鸭绿江上游及以北地区。抚松大方顶子积石墓群的确认对研究高句丽积石墓的起源具有重要意义。

(原载《庆祝魏存成先生七十岁论文集》,科学出版社,2015年)

黑龙江中游地区靺鞨文化的
区域性与族属探讨

　　靺鞨是隋唐时期活跃在我国东北地区的一个古代民族。唐代的靺鞨以粟末靺鞨、黑水靺鞨最为强大。粟末靺鞨最发达，建立了渤海国（698～926年）。黑水靺鞨以勇健著称，与粟末靺鞨抗衡，到辽代时演变为生女真，并从黑龙江流域向西南迁徙。生女真之完颜部灭辽亡北宋，建立了金帝国。探索黑水靺鞨历史是东北亚历史研究的重要课题。有关黑水靺鞨的文献甚少，且语焉不详。在黑龙江中游（从结雅河河口到乌苏里江江口段）沿岸地区考古发掘出了大量的靺鞨文化遗存，为探索黑水靺鞨之发展演变提供了丰富资料。本文仅就黑龙江中游地区靺鞨考古遗存呈现出的区域性特点及其族属做以下探讨。

一、靺鞨文化遗存分区

　　根据已经发现的黑龙江中游地区的靺鞨文化遗存特点，可以将遗存分为两区，即三江平原区和结雅—布列亚平原区，二者以布列亚山脉相隔。

（一）三江平原区

　　三江平原区是指黑龙江、松花江、乌苏里江的冲积平原，大体在布列亚山地以南的平原区域。黑龙江南北两岸地区发现的属于靺鞨文化的遗存，既有共性，又有差异，故以黑龙江为界把三江平原区划分为两个亚区，即江南亚区和江北亚区。

　　1. 江南亚区

　　江南亚区的靺鞨文化是以1973年发掘的黑龙江省绥滨县福兴乡同仁遗址为认识起点的，该遗址位于黑龙江的南岸台地上。杨虎、谭英杰等根据发掘成果提出同仁一期文化和同仁二期文化,初步建立起编年序列[1]。同仁一期文化的年代在南北朝到唐早期,同仁遗址3号房址(F3)属于一期文化,F3的木炭经碳十四测定(树轮校正)年代为595±85年。属于同仁一期文化的还有绥滨县四十连遗址和萝北县团结墓地。在四十连遗址揭露了3座房子[2],团结墓地发掘出13座墓葬[3]。

同仁一期文化的典型陶器是盘口束颈鼓腹罐、口下饰附加堆纹的敞口罐(图一,1、2)和敞口平底碗,此外也有斜口器和筒形罐(图一,3)。陶器纹饰发达,器物在上腹部普遍有纹饰,单体纹样主要有水波纹、短条平行刻划纹、八字形刻划纹、箆齿刻纹、块状堆纹等。陶罐常在口下有带状附加堆纹,堆纹带上有刻压的沟纹。这些都是"靺鞨罐"早期的特点[4]。

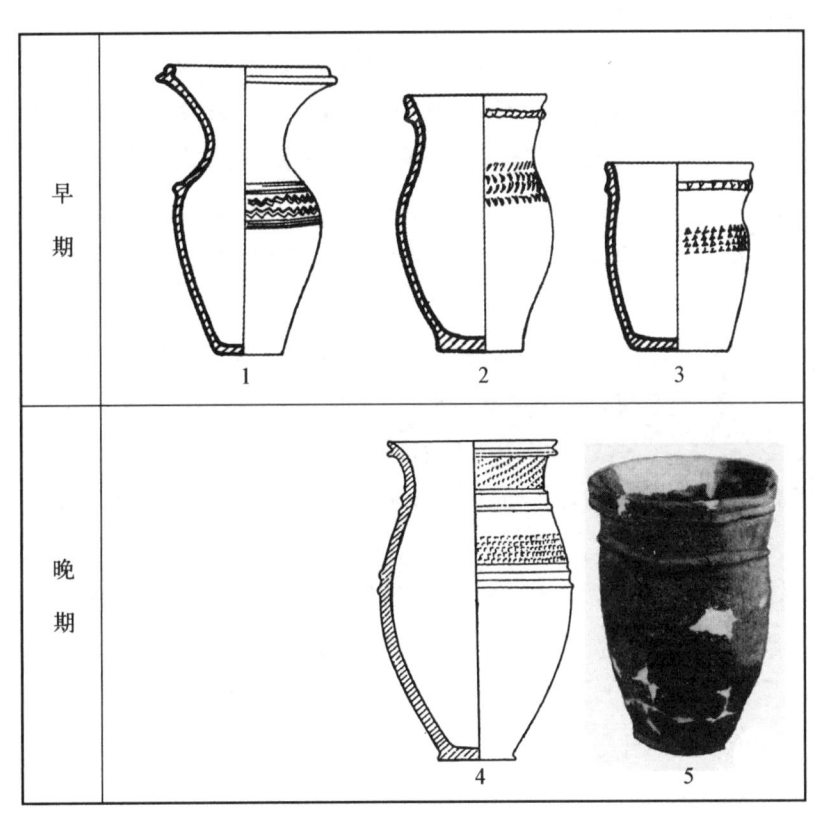

图一 江南亚区陶器分期图

1~3. 团结墓地出土　4、5. 同仁遗址出土

---

[1] 杨虎、谭英杰、张泰湘:《黑龙江古代文化初论》,载《中国考古学会第一次年会论文集》,文物出版社,1980年。
[2] 谭英杰、孙秀仁、赵虹光、干志耿:《黑龙江区域考古学》,中国社会科学出版社,1991年。
[3] 黑龙江省文物考古研究所:《黑龙江萝北团结墓葬发掘》,《考古》1989年第8期。
[4] 乔梁:《靺鞨陶器分期初探》,《北方文物》1994年第2期;胡秀杰、刘晓东:《渤海陶器类型学传承渊源的初步探索》,《北方文物》2001年第4期。

江南亚区晚期是同仁二期文化，年代在唐晚期到辽初。晚期发掘资料发表甚少，目前只有同仁遗址有部分报道。同仁二期文化"典型陶器有直口筒形罐、敛口侈唇罐（口、肩、腹部分别饰附加凸弦纹、拍印方格纹）、斜口器和敞口碗等"[1]。晚期陶器的新特点主要有两个：一是组合发生重要变化，盘口束颈罐消失，代之而起的是筒形罐成主要器类；二是纹饰减少，纹饰以光滑的附加带状堆纹（堆纹条上没有刻压纹饰）为主。筒形罐的唇厚而外凸，外唇面内弧，是"靺鞨罐"晚期的特征，其变化规律是口唇下的附加堆纹条上移，形成双唇[2]。在上腹有一周光滑的附加带状堆纹，具有渤海时期靺鞨筒形罐特色（图一，5）。侈唇敛口鼓腹罐上虽然有方格纹（图一，4），但是唇下、颈部、腹部一共有5条光滑的带状堆纹（附加凸弦纹）。

2. 江北亚区

江北亚区的靺鞨文化是以1959年奥克拉德尼科夫调查俄罗斯犹太自治州的奈伊费尔德墓地为认识起点的。该墓地1960年发掘了41座墓，1962年又发掘了一些墓葬和居住址，这是江北亚区目前发掘最多的墓地。后来又在犹太自治州发掘了类似的布拉戈斯洛文Ⅱ号遗址、科奇科瓦特卡墓地等。涅斯捷罗夫认为布拉戈斯洛文遗址、奈伊费尔德墓地、科奇科瓦特卡墓地等都属于一个类型，即奈伊费尔德类型。这三处遗存年代在5～7世纪[3]，即在北朝到唐早期。奈伊费尔德墓地的发掘报告在1999年出版，我们得以比较详细地了解该墓地的资料[4]，并可把江北亚区的靺鞨文化遗存分为早晚两期。

早期资料丰富，有布拉戈斯洛文Ⅱ号遗址、奈伊费尔德墓地、科奇科瓦特卡墓地。陶器有盘口束颈鼓腹罐、敞口鼓腹罐、高领鼓肩矮体罐、敞口碗、筒形罐（图二，1～8）。陶器纹饰丰富，纹样有锯齿状附加堆纹、水波纹、刻压的短条纹、篦齿纹、块状附加堆纹、指窝纹、锥刺纹、下腹分瓣纹等。

晚期资料发现很少。《奈伊费尔德古墓地》[5]中披露在奈伊费尔德镇居民区发现1件素面鼓腹陶罐和1件上腹饰附加凸弦纹的筒形罐，具有晚期特征（图二，9、10）。筒形罐是1件口沿残片，其厚凸唇是"靺鞨罐"之双唇进一步简化的结果，其上腹有一条光滑的附加堆纹，没有其他纹饰，与江南亚区晚期的同仁二期文化的筒形罐相同。而鼓腹陶罐是素面，与1960年发掘的41座墓中的陶器皆为纹饰陶有较大差别，符合靺鞨陶罐向素面演化的特征。所以奈伊费尔德镇居民区发现的这2件陶器可能是8～9世纪的遗物。

---

[1] 谭英杰、孙秀仁、赵虹光、干志耿：《黑龙江区域考古学》，中国社会科学出版社，1991年，第55页。
[2] 乔梁：《靺鞨陶器分期初探》，《北方文物》1994年第2期。
[3] 涅斯捷罗夫：《早期中世纪时代阿穆尔河沿岸地区的民族》，载《东北亚考古资料译文集》第5集，《北方文物》杂志社，2004年，第79～81页。
[4] 杰烈维扬科等：《奈伊费尔德古墓地（下）》，《北方文物》2002年第2期。
[5] 杰烈维扬科等：《奈伊费尔德古墓地（下）》，《北方文物》2002年第2期。

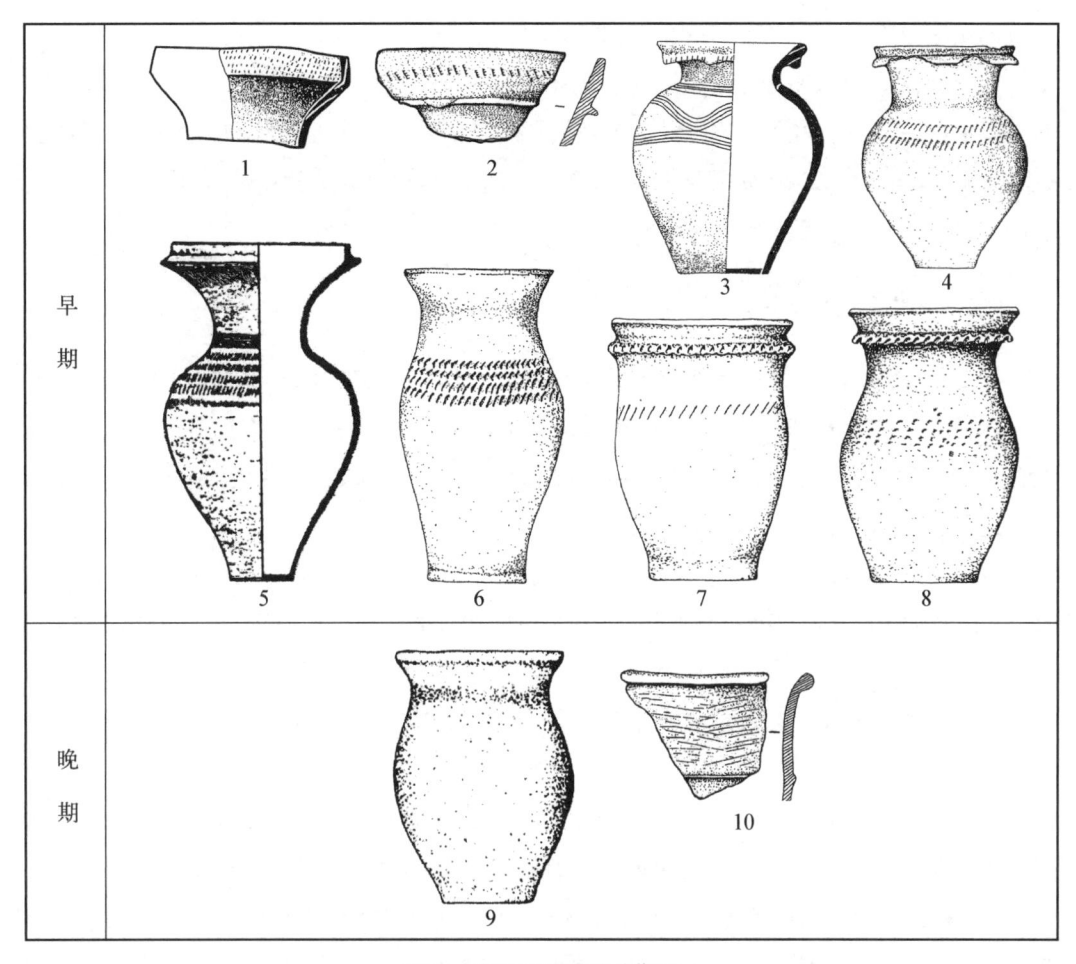

图二　江北亚区陶器分期图

5、6. 布拉戈斯洛文遗址出土　余为奈伊费尔德墓地和遗址出土

3. 两个亚区的比较

江南、江北两个亚区早期的考古资料较丰富。早期共同特征是都以盘口束颈鼓腹罐、敞口鼓腹罐、筒形罐、敞口碗为主要陶器，陶罐高体者为多，纹饰发达，纹样也大体相似。特别是盘口束颈鼓腹罐仅分布在这两个亚区内，所以两个亚区的共性是主要的。晚期的考古资料公布过少，不能做较详细对比分析。但是从有限的资料对比中，也能看出两区的一些共性，如盘口罐的消失、筒形罐的崛起、光滑器腹和附加堆纹带的流行等。

江南亚区和江北亚区的陶器也存在一定的差别。如江北亚区的奈伊费尔德墓地有高领鼓肩矮体罐，江南亚区则无。江南亚区的盘口简单，在大敞口的沿上盘绕泥条一周形成盘口，盘口外折角处有明显的凸棱，构成"子母口"。奈伊费尔德墓地不仅有这种子母口式的盘口，还有盘口外折角处没有凸棱的盘口（图二，1）。奈伊费尔德墓地在陶器口缘下施纹的做法(图二,1、2)在江南亚区也不见。

两个亚区在葬俗上也有不同,如萝北团结墓地在1983年9月发掘10座墓,其中有半数于墓室的一侧或一角设置土台,台上放置陶器。其中M8的土台呈4层阶梯状,每层立置1件陶罐。团结墓地的随葬陶器多,一般墓葬有2~4件陶罐,多者8件陶器。而江北亚区的土坑墓内没有发现土台,随葬的陶器一般是1件,最多是4件。

(二)结雅—布列亚平原区

在三江平原西北,翻过布列亚山脉是俄罗斯阿穆尔州的结雅—布列亚平原。本区靺鞨文化研究是以1969年发掘的阿穆尔州特罗伊茨基墓地开始的。经过发掘的其他重要遗存有:塔拉坎河口遗址、沙普卡山墓地、诺沃彼得罗夫卡墓地、奥西诺湖遗址、格梁兹努什卡遗址等。以上遗存可以分为早晚两期。

早期有沙普卡山墓地、塔拉坎河口遗址F2。沙普卡山墓地在1983年发掘了41座墓[1],出土的陶器以敞口鼓腹罐为主,还有很少的敞口碗、筒形罐。敞口鼓腹罐器体瘦高,大敞口,唇下围绕1~2条锯齿状附加堆纹,肩腹部常有纹饰。纹样丰富,有短条平行刻划纹、短条八字形刻划纹、篦齿纹、篦点纹、波浪纹、块状与条状附加堆纹等89种(图三,2、3)。沙普卡山墓地碳十四测定的绝对年代数据是距今1245±80年,即730±80年,涅斯杰罗夫据此认为其年代在8~9世纪。从公布的墓地出土的陶器分析,沙普卡山墓地的陶器有两种风格。一种是与奈伊费尔德墓地、科奇科瓦特卡墓地的敞口鼓腹罐风格一致,纹饰发达,属于奈伊费尔德类型,其年代应该与奈伊费尔德墓地、科奇科瓦特卡墓地年代相当。另一种是与特罗伊茨基墓地的筒形罐风格相似,唇下有锯齿附加堆纹,上腹有光滑的附加堆纹一周,其年代应该属于特罗伊茨基墓地的早段,仅在M25发现1件。在沙普卡山女真城址内也出土了1件奈伊费尔德墓地常见的长体的敞口鼓腹罐(图三,1),其年代也应该属于早期。从陶器特征推测沙普卡山墓地早期年代大约在唐早期前后。

晚期以特罗伊茨基墓地为代表,格梁兹努什卡、诺沃彼得罗夫卡墓地、奥西诺湖遗址以及在布列亚河流域的塔拉坎河口遗址也属于这个时期。沙普卡山墓地M25的筒形罐也属于晚期。特罗伊茨基墓地位于结雅河支流别拉亚河南岸,1969~1974年发掘了210座墓葬。杰烈维扬科在《特罗伊茨基墓地》报告中根据出土遗物特点推定墓地年代在7~9世纪[2]。特罗伊茨基墓地的M44人骨碳十四测定年代是775±65年。特罗伊茨基墓

---

[1] 涅斯捷罗夫、罗斯梁科夫、捷捷林:《沙普卡山墓地——黑龙江中游中世纪时代遗存》,载《阿穆尔河中游金属时代新遗址》,新西伯利亚,1987年。
[2] 杰烈维扬科:《特罗伊茨基墓地》,新西伯利亚,1977年。

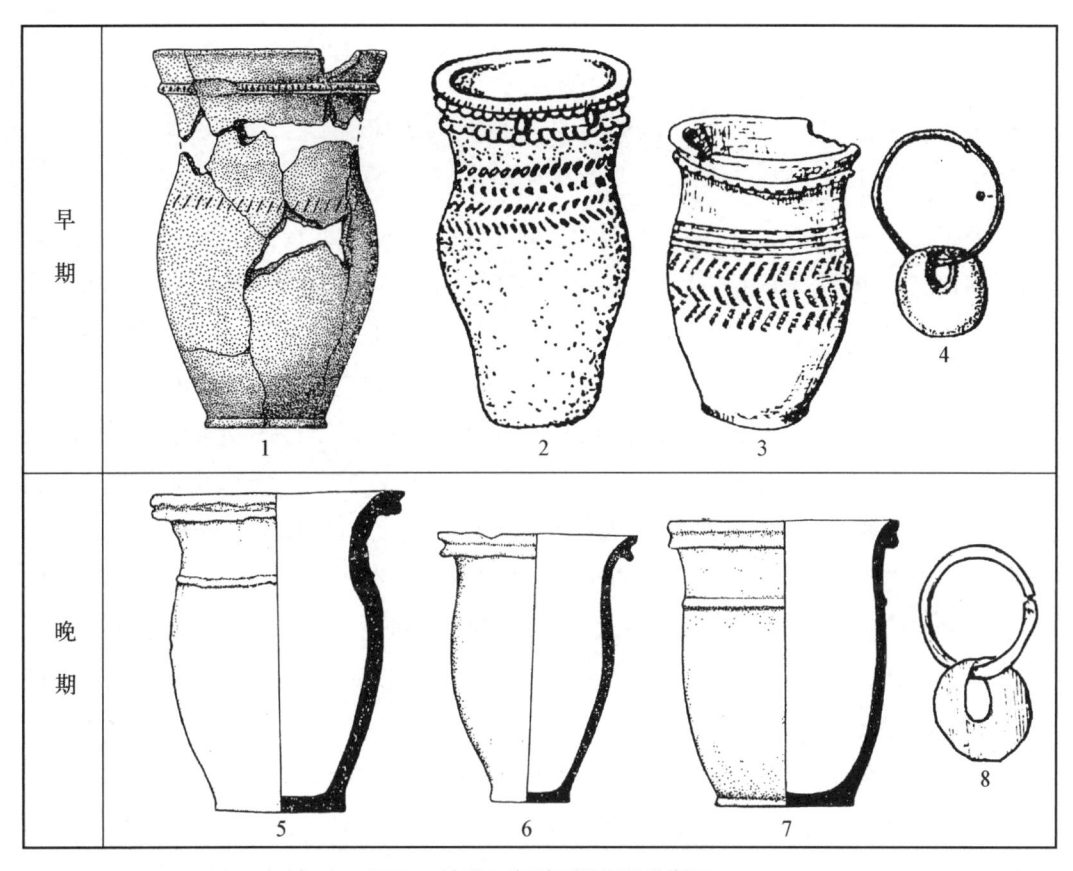

图三　结雅—布列亚平原区分期图
1～4. 沙普卡山墓地出土　5～8. 特罗伊茨基墓地出土

地墓葬数量多达千座，延续时间应该很长。2004年吉林大学边疆考古研究中心与俄罗斯科学院西伯利亚分院考古与民族研究所联合发掘该墓地，出土了辽代早期的瓜棱壶陶片，可以推测该墓地时代在唐代中期到辽初（8～10世纪初）。

特罗伊茨基墓地的陶器以重唇筒形罐、重唇鼓腹罐、侈口弧腹小底罐、敞口碗为主（图三，5～7）。陶罐形态矮胖者多，流行假圈足。装饰简素，一般陶罐的肩部常见光滑的带状附加堆纹一周，除个别陶罐通体压印方格纹外，别无其他纹饰。结雅—布列亚平原区与三江平原区的陶器存在一定的差别。如前者没有后者的典型器——盘口束颈鼓腹罐，也没有奈伊费尔德墓地常见的高领鼓肩矮体罐。再如前者有唇下加双附加堆纹条并用短条相连接的纹饰（图三，2），而后者没有。在沙普卡山墓地发现很多组合耳坠，这些耳坠在结雅—布列亚平原区晚期是普遍发现的器物（图三，4、8）。而在三江平原区没有发现过这样的组合耳饰。装饰品的差别反映了两个地区居民在装饰习俗上存在不同。

二、靺鞨文化遗存族属探讨

《新唐书》"黑水靺鞨"条载:"初,黑水西北又有思慕部,益北行十日得郡利部,东北行十日得窟说部,亦号屈设,稍东南行十日得莫曳皆部,又有拂涅、虞娄、越喜、铁利等部。其地南距渤海,北、东际于海,西抵室韦,南北袤二千里,东西千里。拂涅、铁利、虞娄、越喜时时通中国,而郡利、屈设、莫曳皆不能自通。今存其朝京师者附左方。拂涅,亦称大拂涅,开元、天宝间八来,献鲸睛、貂鼠、白兔皮;铁利,开元中六来;越喜,七来,贞元中一来;虞娄,贞观间再来,贞元一来。后渤海盛,靺鞨皆役属之,不复与王会矣。"[1]这里的"靺鞨皆役属之,不复与王会矣"之不再来朝的靺鞨显然是指向唐朝来贡的拂涅、虞娄、越喜、铁利四部,这四部都是靺鞨。思慕、郡利、窟说、莫曳皆部与这四部并举,因被其他部落相隔不能与唐朝自通而少有记录,所以思慕、郡利、窟说、莫曳皆部也应该是靺鞨诸部的组成部分。

黑水部以黑水得名,中外学者对黑水、黑水部、黑水靺鞨的分布位置众说纷纭。考证唐代的黑水以两唐书记载最为重要。

《旧唐书》"室韦"条记载:"其北大山之北有大室韦部落,其部落傍望建河居。其河源出突厥东北界俱轮泊,屈曲东流,经西室韦界,又东经大室韦界,又东经蒙兀室韦之北,落俎室韦之南,又东流与那河、忽汗河合,又东经南黑水靺鞨之北,北黑水靺鞨之南,东流注于海。"[2]《新唐书》"室韦"条载:"北有大山,山外曰大室韦,濒于室建河。河出俱伦,迤而东,河南有蒙瓦部,其北落坦部;水东合那河、忽汗河,又东贯黑水靺鞨,故靺鞨跨水有南北部,而东注于海。"[3]这里的室(望)建河是包括额尔古纳河在内的黑龙江,俱轮(伦)泊就是呼伦湖,额尔古纳河从呼伦湖向东流,与石勒喀河汇合后继续东流,今称黑龙江(俄罗斯称阿穆尔河)。那水是今嫩江及松花江东流段[4],忽汗河是今牡丹江,二水汇合后注入黑龙江。《新唐书》"流鬼"条载:"达末娄……(扶余)遗人度那河,因居之,或曰他漏河,东北流入黑水。"[5]那河的嫩江段是江水南流,那河的松花江段是江水东北流,汇入黑龙江,所以隋唐时期的"黑水"是现在的黑龙江中下游。

《中国历史地图集释文汇编》认为黑龙江在唐代有两个名称的原因是"黑水显然是汉

---

[1] 宋祁、欧阳修:《新唐书》卷一百四十四,中华书局,1975年,第6178、6179页。
[2] 刘昫:《旧唐书》卷一百九十九,中华书局,1975年,第5357、5358页。
[3] 宋祁、欧阳修:《新唐书》卷一百四十四,中华书局,1975年,第6176页。
[4] 谭其骧:《中国历史地图集释文汇编·东北卷》,中央民族学院出版社,1988年。
[5] 宋祁、欧阳修:《新唐书》卷一百四十四,中华书局,1975年,第6210页。

语,望建可能是室韦语,因此可能是室韦称之为望建河,而汉人则根据靺鞨的称呼译为黑水"[1]。今天的黑龙江仍然有"黑龙江"与"阿穆尔河"(俄罗斯人对黑龙江的称呼)两个名称并行于世,如果从不同民族可能对某条大河各有自己称呼这个角度分析,难以理解的问题便可以得到答案。室韦人把自己境域内的黑龙江称为望(室)建河,黑水靺鞨部落的人把该部境域内的黑龙江称为黑水,两唐书使用了土著人的称呼。

对照两唐书记载,我们认为三江平原区的靺鞨考古遗迹的族属是黑水部。该区地跨黑龙江之南北,与"又东贯黑水靺鞨,故靺鞨跨水有南北部,而东注于海","又东经南黑水靺鞨之北,北黑水靺鞨之南",大体吻合。黑水部的江南亚区墓葬随葬陶器比江北亚区多,反映江南亚区比江北亚区富足,江南亚区的团结墓地还发现1件错金龙纹铁刀,这为探索黑水靺鞨的酋首部所在地提供了线索。

结雅—布列亚平原区在三江平原区之西北。根据《新唐书》"黑水西北又有思慕部"推测,以沙普卡山墓地为代表的结雅—布列亚平原区的靺鞨考古遗迹族属应该是思慕部。

(原载《吉林大学社会科学学报》2005年第3期)

---

[1] 谭其骧:《中国历史地图集释文汇编·东北卷》,中央民族学院出版社,1988年,第129页。

黑水靺鞨思慕部探索

一、黑水靺鞨的地理分布

靺鞨是我国东北隋唐时期的民族之一,一般认为,隋唐的靺鞨就是北朝时期的勿吉,渤海族、女真族、满族等都是从靺鞨族中分化衍变而成的。靺鞨在肃慎系民族发展中居于承上启下的重要位置。唐代对靺鞨实行羁縻式的行政管辖,中原内地人对靺鞨部落有了较以前更为精准的了解。但是史书对靺鞨部落的记述寥寥数语,特别简单,所以日益增长的考古资料必将成为今后认识靺鞨各部的主要资料。

《旧唐书·靺鞨传》记载靺鞨"其国凡为数十部,各有酋帅"。《新唐书·靺鞨传》也记载靺鞨"离为数十部,酋各自治"。可见靺鞨有很多部落,而史书记载部落名的只是其中著名的部落。唐代靺鞨受高丽、突厥等外部压力作用和为适应内部发展的需要,出现了一些部落联盟,其中分别以粟末部和黑水部为首的联盟最重要。粟末部联盟发展成渤海国,享有"海东盛国"之誉。黑水部联盟势力也很强盛。《旧唐书·靺鞨传》:"而黑水靺鞨最处北方,尤称劲健,每恃其勇,恒为邻境之患。"《新唐书·靺鞨传》:"唯黑水完强,分十六落,以南北称。"所以文献中的黑水靺鞨有两个含义,一是指黑水部,一是指黑水部为主导的十六部联盟,上引的两条文献都是指黑水十六部联盟而言。

《唐会要》"靺鞨"条记载:唐贞观十四年(640年)"黑水靺鞨遣使朝贡,以其地为黑水州"。这是唐朝在黑龙江下游建置州一级行政机构的开始。《旧唐书·靺鞨传》记载唐玄宗开元十年(722年),在今伯力设勃利州,开元十三年(725年),由于安东都护薛泰的建议置黑水军。开元十四年(726年),又在黑水靺鞨中最大部落的所在地建置黑水州都督府,仍旧以其首领为都督,统辖其属下各州刺史,"中国置长史就其部落监领之"。开元十六年(728年),唐玄宗赐黑水府都督姓李氏,名献诚,授云摩将军兼黑水经略使。

关于黑水靺鞨的大致地理位置,笔者同意孙进己主编的《东北历史地理》的看法,东界是今天的日本海;北界是今鄂霍次克海;西界至室韦,其分布线大约为今小兴安岭;西南界与渤海国的定理府接壤,其地在今黑龙江省依兰附近[1]。

黑水靺鞨分十六个部落,以黑龙江为界,居住在黑龙江以南者称为南黑水靺鞨,居住在黑龙江以北者称为北黑水靺鞨。这在两唐书中都有记载。《旧唐书·室韦传》载:"其北大山之北有大室韦部落,其部落傍望建河居。其河源出突厥东北界俱轮泊,屈曲东流,经西室韦界,又东经大室韦界,又东经蒙兀室韦之北,落俎室韦之南,又东流与那河、忽汗河合,又东经南黑水靺鞨之北,北黑水靺鞨之南,东流注于海。"《新唐书·室韦传》:"北有大山,山外曰大室韦,濒于室建河。河出俱伦,迤而东,河南有蒙瓦部,其北落坦部;水东合那河、忽汗河,又东贯黑水靺鞨,故靺鞨跨水有南北部,而东注于海。"从蒙古高原发源东流注入太平洋的大河只有黑龙江。这里的望建河(室建河)是包括额尔古纳河在内的黑龙江,俱轮(俱伦)泊就是呼伦湖,额尔古纳河从呼伦湖向东流,与石勒喀河汇合后东流,今称黑龙江(俄罗斯称阿穆尔河)。那水是今嫩江及松花江东流段,忽汗河是今牡丹江。黑龙江在与这两条河水汇合后折而东北流,最后注入大海。完全可以肯定两唐书记载的这条大河就是黑龙江,这是认识黑龙江沿岸地区唐代部族地理分布的可靠基线。今天黑龙江在结雅河河口以上为上游,结雅河到乌苏里江段为中游,乌苏里江口以下为下游。根据两唐书的记载,大致可以确定黑龙江上游是室韦分布区,中下游是黑水靺鞨分布区。

俄罗斯远东科学分院的沙弗库诺夫在《黑水的地理定位与"黑龙江女真"的民族属性问题》中提出一种全新的观点,否认黑水与黑龙江的关系。他认为"许多东亚民族习惯上把河流按规模划分为巨型、大型、中型、小型不同的等级进行称呼。中国人习惯把河流按照规模大小称为江、河、水"。"那么,黑水只能是一条小河的名称,不能是黑龙江的名称"[2]。沙弗库诺夫根据俄译中国史料考证黑水的结论是:黑水是穆棱河,这是乌苏里江左岸最大的一条支流。在公元1千纪的后半段时间里,穆棱河与乌苏里江及其支流被冠以统一的称呼"黑水"[3]。

沙弗库诺夫在这样的黑水地理定位观点上得出结论:黑水靺鞨和女真从来没有分布到今天的黑龙江沿岸地区。在额尔古纳河、黑龙江流域、嫩江谷地、松花江中下游地区居住的都是室韦人[4]。

沙弗库诺夫的观点尽管得到一部分俄罗斯学者的赞同,但也受到俄罗斯西伯利亚科学分院涅斯杰罗夫的反对。涅斯杰罗夫指出沙弗库诺夫的观点存在自相矛盾之处,把穆

---

[1] 孙进己等主编:《东北历史地理》第二册,黑龙江人民出版社,1989年,第246页。
[2] 沙弗库诺夫:《黑水的地理定位与"黑龙江女真"的民族属性问题》,载《苏联远东地区考古学考察问题》,1986年,第52、53页。
[3] 沙弗库诺夫:《黑水的地理定位与"黑龙江女真"的民族属性问题》,载《苏联远东地区考古学考察问题》,1986年,第55、56页。
[4] 沙弗库诺夫等著,宋玉彬译:《渤海国及其俄罗斯远东部落》,东北师范大学出版社,1997年,第29页。

棱河与乌苏里江水系称为黑水不符合小河的概念,因为结雅河(我国过去称为精奇里江)下游河宽达2公里,可是乌苏里江的水流量比结雅河还大,所以乌苏里江不能属于小型河流。同时他还指出,穆棱河与乌苏里江是从南向北流,不会形成南靺鞨和北靺鞨。涅斯杰罗夫认为黑龙江下游河谷的方向与松花江河谷的方向是一致的,而且所在的地势也类似,属于低地,统而观之,二者应为一条河。但是,黑龙江水色本来就发暗,在接纳了松花江的浑浊黄色水流后,水量更大,水色变得更暗、变黑。所以古人把松花江河口以下的黑龙江称为黑水[1]。笔者认为涅斯杰罗夫的反驳是有道理的,他提出的黑水观点基本符合历史实际,即隋唐时期黑水是指在松花江河口以下的黑龙江段。

《金史·太祖本纪》云:"生女真地有混同江、长白山,混同江亦号黑龙江,所谓'白山、黑水'是也。"已经明确指出黑龙江古代也称为黑水。必须注意,隋唐之"黑水"与金之"黑水"有差别。金代的混同江(黑水)还包括了松花江。《契丹国志》载:"长白山,在冷山东南千余里,盖白衣观音所居……黑水发源于此,旧云粟末河,太宗破晋,改为混同江。"粟末河是今第二松花江,从长白山发源,辽代改称混同江。为什么黑水的含义发生变化?《中国历史地图集释文汇编》对唐代黑龙江有两个名称的一种解释很有启发性:"黑水显然是汉语,望建可能是室韦语,因此可能是室韦称之为望建河,而汉人则根据靺鞨的称呼译为黑水。"[2]如果从不同民族可能对某条大河各有自己的称呼这个角度分析,有些难以理解的问题可以得到答案。室韦人把自己境域内的黑龙江称为望建河,黑水靺鞨部落的人把该境域内的黑龙江称为黑水。粟末靺鞨把第二松花江称为粟末河,当契丹人控制第二松花江时契丹人改之为混同江。生女真人来源于黑水靺鞨,也是把境内的黑龙江称为黑水。当生女真向西发展,控制了混同江(即松花江,包括第二松花江)后,因松花江与黑龙江下游水流方向一致,所以女真人也自然视松花江为黑水而统称之。这种大江之名因属地之主体民族变化而易名的现象在今天仍然存在,黑龙江是我国的称呼,相沿甚久,而俄罗斯人在19世纪到达远东时把黑龙江改称为阿穆尔河,形成今日一江两名的情况。

关于黑水靺鞨的主导部落黑水部的具体位置,笔者基本同意《东北历史地理》的观点,即黑水部在今伯力(哈巴罗夫斯克)一带[3]。根据考古发掘的成果,伯力周围地区发现的属于北朝至唐时期的考古学文化是奈费尔德类型,陶器以盘口高体罐为主要特征[4]。该类型向西分布到今俄罗斯犹太自治州,奈费尔德墓地就位于犹太自治州的比拉河南岸地区。在我国黑龙江省绥滨县同仁遗址、萝北县团结墓地等也发现类似遗存,称为同仁一期

---

[1] 涅斯杰罗夫:《中世纪时代早期阿穆尔河沿岸的民族》,新西伯利亚,1998年,第11~13页。
[2] 谭其骧:《中国历史地图集释文汇编·东北卷》,中央民族学院出版社,1988年,第129页。
[3] 孙进己等主编:《东北历史地理》第二册,黑龙江人民出版社,1989年,第246页。
[4] 涅斯杰罗夫:《中世纪时代早期阿穆尔河沿岸的民族》,新西伯利亚,1998年,第11~13页。

文化[1]。

二、特罗伊茨基类型是思慕部的遗存

特罗伊茨基墓地位于结雅河下游南侧的一个支流别拉亚河的南岸。特罗伊茨基墓地从1969年到1974年发掘了6次,是迄今为止国内外发掘规模最大的靺鞨墓地。学术界对该墓地的族属性质有不同观点。主持特罗伊茨基墓地发掘的杰烈维扬科认为该墓地是典型的黑水靺鞨遗存[2]。涅斯杰罗夫把它单列为一个类型,与奈费尔德类型相区别[3]。奈费尔德类型以盘口器为特征,特罗伊茨基墓地出土大量的陶罐,却没有发现一件盘口罐,所以单独划分为一个考古类型是对的,有助于把研究引向深入。

《新唐书·靺鞨传》说:"初,黑水西北又有思慕部,益北行十日得郡利部,东北行十日得窟说部,亦号屈设,稍东南行十日得莫曳皆部。"《东北历史地理》认为这些部落的地理方位记述是以黑水部为基点的[4]。特罗伊茨基类型恰好位于黑水部之西北。那么位于黑水部之西北的特罗伊茨基类型应该是思慕部的遗存。

涅斯杰罗夫把以特罗伊茨基墓地为代表的遗存同其他黑水靺鞨墓葬区别出来,使靺鞨研究走向深入。但是他还认为特罗伊茨基类型的平底筒形陶罐与吉林市查里巴墓地出土的陶罐、铜牌造型相似,从而认定特罗伊茨基类型是从松花江迁徙到结雅河下游的粟末靺鞨的遗留[5]。这个观点值得商榷。

实际上,如果仔细对比两处考古资料,不难发现,二者的差别也很大。

差别一:特罗伊茨基墓地墓葬形制单一,只有土坑墓。查里巴墓地除了有土坑墓外,还有石圹墓、底部铺一层河卵石的墓[6]。两者葬俗存在明显不同。

差别二:特罗伊茨基墓地发现大量耳环,质地有金、银、铜;式样上最多的是圆形玉片坠耳环、圆形石片坠耳环,其次是无坠圆形耳环,还有水滴式耳环,即在环下缘伸出水滴状的支坠。而在查里巴墓地发掘的45座墓中没有发现一件耳环。耳环出土量的巨大差别

---

[1] 谭英杰、孙秀仁、赵虹光、干志耿:《黑龙江区域考古学》,中国社会科学出版社,1991年,第47～56页;黑龙江省文物考古研究所:《黑龙江萝北团结墓葬发掘》,《考古》1989年第8期。
[2] 杰烈维扬科:《特罗伊茨基墓地》,新西伯利亚,1977年;杰烈维扬科著,林树山、姚凤译:《黑龙江沿岸的部落》,吉林文史出版社,1987年。
[3] 涅斯杰罗夫:《中世纪时代早期阿穆尔河沿岸的民族》,新西伯利亚,1998年。
[4] 孙进己等主编:《东北历史地理》第二册,黑龙江人民出版社,1989年,第246页。
[5] 涅斯杰罗夫:《中世纪时代早期阿穆尔河沿岸的民族》,新西伯利亚,1998年。
[6] 吉林省文物考古研究所:《吉林永吉查里巴靺鞨墓地》,《文物》1995年第9期。

体现了两处墓地居民在日常装饰上存在相当大的差距。

差别三：查里巴墓地中出土了陶盂、带指垫的陶杯、陶瓶，这些陶器在特罗伊茨基墓地中根本不见。

所以笔者认为特罗伊茨基墓地的居民不是从松花江流域迁徙到黑龙江东岸的粟末靺鞨人，应该是黑水靺鞨之思慕部。特罗伊茨基墓地和查里巴墓地在夹砂重唇陶罐和腰带悬铃铜牌上表现出的一致性是两者存在密切文化交流的表现。

思慕部文化以靺鞨墓典型的重唇筒形罐、方形悬铃腰带铜牌、小铁削、铁箭头为主要内涵。同时还表现出较多的草原文化的成分。现举例如下：

其一，水滴式耳环在欧亚草原文化中是常见之物，有的水滴式耳环还用黄金制作。如外贝加尔鄂嫩河新谢利哈墓出土的金耳环、裸岬墓出土的金耳环都是这种形制[1]。

其二，"8"字形环马衔（衔之外端环呈"8"字形）亦见于外贝加尔。在赤塔市西北40公里的鲁切伊卡村中世纪墓葬中就发现了"8"字形马衔[2]。在萨彦阿尔泰6～9世纪突厥墓中也有发现[3]。

其三，方形穿孔的蹀躞腰带是草原牧人的常见之物，从穿孔中引出的条条小带可以用来携带小型工具。这种腰带最早出现于公元前5～前4世纪的阿尔泰山地巴泽雷克文化，突厥时代在欧亚草原风靡一时[4]。

其四，少量筒形陶罐上有胡须式的短泥条堆纹。这种纹饰在吉林查里巴墓地曾发现1例，不是查里巴墓地的特征，但在外贝加尔的布尔霍图伊文化的陶罐中曾发现多例[5]。

由此观之，以特罗伊茨基墓地为代表的思慕部的文化内涵是以靺鞨传统文化为主，兼收部分草原文化。

三、思慕部人种的意义

金毓黻在《东北通史》中论述肃慎系时言："肃慎为东北最古之民族，居于北部之东，与夫余、东胡二族分峙而为三。周秦以前称肃慎，汉、魏、晋称挹娄，南、北朝称勿吉，隋、

---

[1] 阿谢耶夫等著，王德厚、高秀云译：《中世纪时代外贝加尔的游牧民族》，《东北亚考古资料译文集·俄罗斯专号》，《北方文物》杂志社，1996年，图版贰拾柒，13、14；图版贰拾玖，45。
[2] 科维切夫著，邱立英译：《东外贝加尔的中世纪焚尸葬墓及其民族文化的阐释》，《北方文物》1996年第1期，图二。
[3] 安伯罗兹等编：《苏联考古学·中世纪时代欧亚草原》，莫斯科，1981年，第122页。
[4] 多布赞斯基：《亚洲游牧人的饰牌腰带》，新西伯利亚，1990年。
[5] 阿谢耶夫等著，王德厚、高秀云译：《中世纪时代外贝加尔的游牧民族》，《东北亚考古资料译文集·俄罗斯专号》，《北方文物》杂志社，1996年，图版壹，1、2、4；图版叁，1、2、6；图版肆，5、6；图版伍，6等。

唐称靺鞨，辽、金、元、明称女真，清称满洲。"[1]这种史观今天仍然为东北史研究者所尊崇。如《东北史纲要》载"靺鞨是肃慎族系各部族在隋唐时的泛称"。"肃慎又称挹娄、勿吉、靺鞨，辽代又改靺鞨称女真"[2]。《东北古代民族·考古与疆域》载："族源系统是指肃慎系的统一的民族共同体的源头及其发展变化而形成的系统。肃慎系民族从属源自肃慎、挹娄、勿吉的氏族部落血缘集团，发展为靺鞨七部具有地缘性质的部族集团，而再发展即进入渤海、女真和满洲统一的民族和国家的不同时期。"[3]《东北史》载："女真先世称肃慎、挹娄、勿吉、靺鞨。"[4]多数学者把先秦之肃慎、汉魏之挹娄、南北朝之勿吉、隋唐之靺鞨、辽金女真、清代满族看作由一族系发展而来。

从东北东部的各代民族都是出自肃慎一系观点推之，古代东北东部民族是体系内的发展变化，其种族不会发生大的改变。但是，来自古人类学的研究成果却与此不符。肃慎系地区的古人骨资料鲜有发表。新石器时代有两批。第一批资料是在黑龙江省兴凯湖的新开流墓葬收集到1例不完整的头骨，颅高绝对值达141毫米，颅长指数80.57，为显著的高颅型[5]，属于朱泓提出的古东北类型。第二批资料是1997年公布的俄罗斯远东地区滨海边疆区的博伊斯曼文化墓葬人骨资料，头骨颅高绝对值是137.5毫米，颅长指数75.4[6]。

国内外对靺鞨墓葬人骨进行古人类学研究的只有特罗伊茨基墓地一处。阿列克谢耶夫首先对特罗伊茨基墓地出土的人骨进行了人类学研究，认为面部扁平到极点，属于蒙古人种贝加尔湖群组的典型代表，与东亚人种没有联系。他公布的靺鞨第16号头骨颅高绝对值是134.5，颅长指数74.1[7]。明显比新石器时代头骨颅高低。

朱泓对特罗伊茨基墓地的人骨数据进行了再分析，认为特罗伊茨基人骨属于一种以西伯利亚人种为主体成分，同时又包括了部分东亚人种因素的混血类型。他还认为："与这些高颅类型的远东古代居民（指新开流为代表的新石器时代居民）相比，在靺鞨人的身上明显可以看到低颅化的痕迹。产生这种低颅化的原因，很可能是来自该地区西部贝加尔湖沿岸和东西伯利亚的森林与草原地带的若干古代西伯利亚人种居民的东渐所致。"[8]

这个结论显然与肃慎系民族的演变观不同。但是，要真正认清靺鞨人种族类型，必须考察特罗伊茨基墓地人骨对考察靺鞨人种或靺鞨主体人种的意义有多大，对靺鞨人种而

---

[1] 金毓黻：《东北通史》，《社会科学战线》杂志社，1980年，第2页。
[2] 董万仑：《东北史纲要》，黑龙江人民出版社，1987年，第136、226页。
[3] 张博泉、魏存成主编：《东北古代民族·考古与疆域》，吉林大学出版社，1998年，第75页。
[4] 程妮娜：《东北史》，吉林大学出版社，2001年，第189页。
[5] 潘其风：《中国古代居民种系分布初探》，载《考古学文化论集（一）》，文物出版社，1983年。
[6] 波波夫等：《滨海边疆区南部博伊斯曼考古文化》，新西伯利亚，1997年，第68页，表5。
[7] 阿列克谢耶夫：《靺鞨人的颅骨学资料》，载《西伯利亚古人类学》，莫斯科，1980年。
[8] 朱泓：《靺鞨人种研究》，载《青果集——吉林大学考古学专业成立二十周年考古论文集》，知识出版社，1993年。

言,思慕部人骨种属具有多大的代表性。

特罗伊茨基类型靺鞨陶器上的纹饰及器形与以前的早期铁器时代的各个文化都存在很大的差别,器类也很简单。但是却与贝加尔湖、叶尼塞河中游的陶器非常接近。所以特罗伊茨基类型的起源是复杂的,至少有一部分人是从贝加尔湖沿着黑龙江,迁徙到黑龙江中游的。也就是说,思慕部实际是从贝加尔湖迁移的室韦人与当地黑水靺鞨土著居民混合而形成的。根据前文分析,特罗伊茨基墓地是黑水靺鞨思慕部遗存,它又位于靺鞨与室韦的交界地带,在文化上受到来自贝加尔湖草原的影响较大,所以特罗伊茨基墓地的人骨所反映的人种只能代表思慕部居民的种族类型。它是否能代表黑水靺鞨,乃至全体靺鞨的种族类型,还需要新的人类学资料对比研究才能确定。

鉴于上述对特罗伊茨基墓地的分析,将特罗伊茨基墓地人骨数据组的名称定为"靺鞨组"不利于对靺鞨人种和东北民族族源的深入研究,建议改称为"特罗伊茨基组",或"靺鞨特罗伊茨基组"。从"特罗伊茨基组"人种结论中可以得出这样一个重要启示:靺鞨族人种是复杂的、多源的。我国发掘的靺鞨墓葬很多,但是,至今没有人种学的研究成果问世,今后靺鞨墓地的发掘要重视人骨的采集和研究,通过比较研究是能够解决靺鞨人种类型这一重大课题的。思慕部靺鞨人种的研究已经给这个课题打下了良好基础。

(原载《中国边疆史地研究》2006年第2期)

黑龙江中游沿岸地区的靺鞨房屋

靺鞨遗迹以墓葬为多,其次是房址,靺鞨考古研究以往偏重墓葬研究,特别是陶器的研究,而靺鞨房址没有得到重视。房子是生前的居所,墓葬是身后的归宿,它们对于认识靺鞨历史具有独特的价值,本文以黑龙江中游沿岸地区的靺鞨房屋为重点,对房子结构及其反映的文化来源进行初步探索,以期抛砖引玉。

一、黑龙江沿岸的靺鞨房子遗迹和结构

目前发现的黑水靺鞨房子都属于半地穴式,其内细部处理方式不尽相同,现将笔者收集的有代表性的房子结构分析如下。

(一) 同仁遗址 F3 的结构

同仁遗址位于黑龙江省绥滨县黑龙江的南岸,1973年发掘时发现了3座房屋[1],其中F3为北朝晚期,F2为唐晚期,F1为辽金时期。

F3房子因火灾而崩塌,房子内的木构部件大部分被火烧炭化后保留下来,对了解房子的基本结构提供了较详细的资料。该房子为半地穴木构建筑,东墙长5.7、南墙长5.8、西墙长5.5、北墙长5.8米,深0.75~0.85米。四壁是板壁,先在地穴内侧挖一圈板槽,宽约8、深约16厘米,槽内插长条形木板,木板均用圆木竖劈而成,板宽6~26、厚1~2厘米,每面墙各有21~31块木板。木板距居住面高约0.5米,另用横板将木板连接固定。

柱洞多为圆形,个别为椭圆形,长径30、短径12、深10~40厘米。柱洞分为内外两圈,呈回字形分布,外圈靠近板壁,共18个,其中东北角缺失1个,东南角2个,西南角和西

---

[1] 黑龙江省文物考古研究所等:《黑龙江绥滨同仁遗址发掘报告》,《考古学报》2006年第1期。

北角各 1 个。东西两壁各有两处并列的柱洞。内圈的柱洞有 9 个,在内侧的四角,都是两两相对,另外南排的中央多出一个(柱洞 22)。这些柱洞内所立的房柱主要是支撑房屋梁

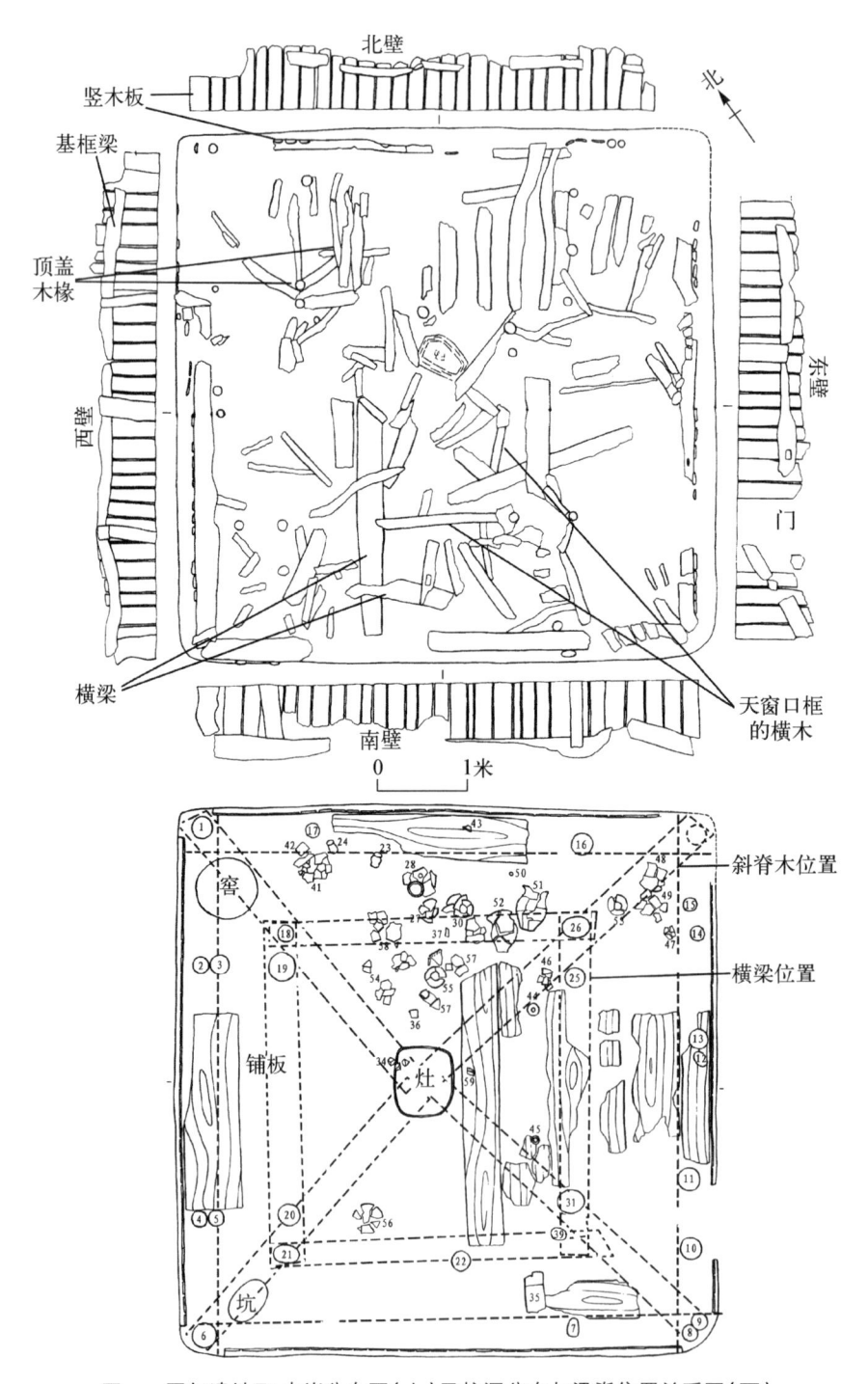

图一　同仁遗址 F3 木炭分布图(上)及柱洞分布与梁脊位置关系图(下)

架的，有些可能是房子建好后，在使用阶段补立的柱子（如东南角有2个柱洞，而且柱洞9打破柱洞8，柱洞9为后补）。

梁木分壁梁和上梁。部分梁木已倾塌，西壁梁木保存最好，残长5米，最粗者直径达28厘米。西壁、南壁两梁相交处均砍削成斜面对合。可以结合柱洞呈回字形分布的特点，推测上横梁构成四边形结构，每根梁下有2个支柱，南梁多出1个柱（柱洞39），可能是后补的，因为它的位置偏里侧，比其他立柱直径小。梁与柱洞的位置关系见图一。

外圈梁木上搭有斜向房顶中心的细圆木，直径约10～16厘米。室内居住面上有塌落的圆木，向房屋中心呈扇状排列，这类圆木是房顶的木椽。可以确定有四条由中心通到四角的斜脊（图一）。斜脊木的上端结合形式可以参照民族学的资料，大兴安岭鄂温克族搭建仙人柱时首先是把三根顶尖带杈的木杆相互咬合在一起，根部插入地下，然后把一根根不带杈的圆木杆顺序摆放在三根带杈的木杆之间[1]。因而可以推测同仁F3的四根斜脊木杆的顶端可能也带杈，相互咬合在一起，这样才能牢固，若咬合后缠绕绳索则更加牢固。

中心部位的小横木断块，应该是天窗口下边的横木，顺序摆放的圆木杆（木椽）呈梯形，中部的木椽上端就搭接在横木上。

东壁南端有一段75厘米长的未挖槽立板，缺口两边的内侧各有1个柱洞（柱洞10、11），应是门柱。由于是半地穴式，又无门道，推测门是开在穴壁上的房顶盖的下部。由于顶盖是倾斜的，所以门额也应该随之向里移动，而不与竖立的墙面在同一垂直面上（图二）。这种于房顶下部开小型出入口的特点，适合爬梯出入。《魏书·勿吉传》记载："其地下湿，筑城穴居，屋形似冢，开口于上，以梯出入。"同仁F3与勿吉"开口于上，以梯出入"相符合。

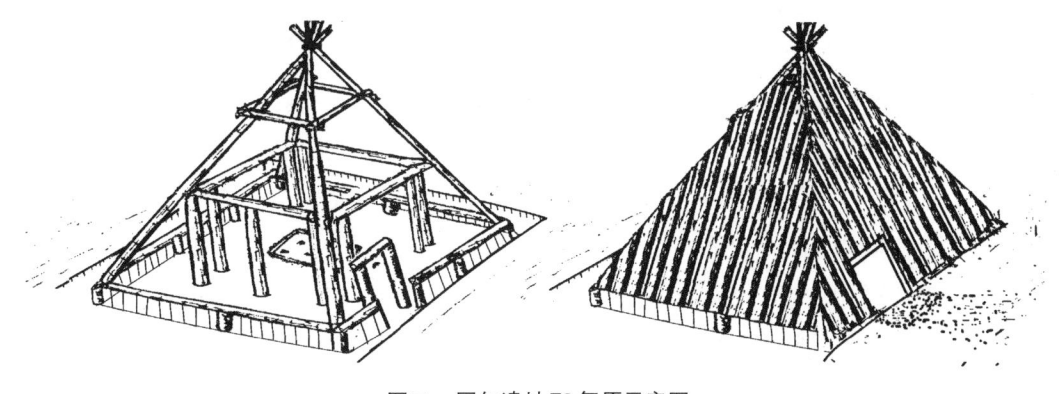

图二　同仁遗址F3复原示意图

---

[1] 唐戈：《在森林在草原》，新疆人民出版社，2000年，第185页。

室内居住面是用一层灰白土铺垫踏实而成的,厚约2厘米,东北部烧成硬面。东部的居住面铺一层木板,共7块,南北顺置,宽2.74米,最大的一块残长3、厚4厘米。在北部和西部的居住面上各铺一块木板。木板底下垫圆形的木条以隔潮湿。铺木板处应是主要起居之地。室内中部有一灶坑,圆角方形,长67、深20厘米,灶坑外表抹泥。西北角有储存食物的窖穴。

根据以上分析,推测F3的基本结构是半地穴木构建筑,有木构基座,四根斜脊,四根上梁,立柱呈回字形分布,内圈角布双立柱。顶盖铺木椽,上留天窗,下留出入口(图二)。中央为灶,室内有窖,居住面铺木板,白灰地面。

(二)同仁遗址F2的结构

同仁F2是半地穴木构建筑,也是毁于火灾,保留下的炭化木比F3还好。半地穴的穴边长5.1、深0.5～0.74米。柱洞呈回字形分布,内外两圈。四角各有1个柱洞,直径20、深30厘米。有的洞内尚保存有炭化木柱(图三,上)。穴壁下仍然挖槽立木板,房屋被火焚毁时全部板壁向内倒塌,南、西、北三面最长者达1.15米,比穴壁高出40余厘米。东墙板壁较矮,最长68厘米,可见房顶东坡较低。四壁木板墙上没有横梁,发掘者推测其顶盖的倾斜板材直接插在地穴外的地面上,四壁木板向上与顶盖相接(图三,下)。居住面上有倒塌的炭化梁架,分内外两圈。梁架为圆柱形,内圈的梁架由四根圆柱组成方形的框架,从四角通往中心的条形木炭,是屋顶的斜脊。灶位于中部偏后,灶坑长75、深15厘米,四边用柳条做框,再抹泥成灶坑沿。居住面仍然铺木板,板下垫横木。东侧有2个室内窖。

其结构方式也是半地穴木构建筑,但与F3有所不同,主要表现为4点:1. 没有木构基座;2. 柱洞内圈为4立柱;3. 没有门内柱,与F3相比的优点是节省梁柱用材,扩大了室内空间;4. 灶坑壁是柳条框外抹泥。

发掘时发掘者对房子做了复原,基本反映了该建筑的基本结构和内部功能区,对靺鞨房子的认知和研究都有重要意义。该房子的复原还有3点值得思索:

1. 复原图顶部是封闭的,或是接近封闭的,没有天窗。天窗的主要功能是排放灶烟,特别是严寒的冬天,灶火是唯一的取暖来源,不做饭时也要阴燃,没有通畅的排烟渠道室内的毒气会使人中毒。大兴安岭中的鄂伦春族、鄂温克族等狩猎民族的原始房屋撮罗子[1],与靺鞨房子相类似,用木杆围成圆锥形,外围覆桦树皮,其上顶的木杆交汇处留有天窗口,下对着灶,可为旁证。有天窗,对室内采光也有重要作用。天窗在需要遮盖时,可以用草编帘子或兽皮之类覆盖。

---

[1] 顾德清:《1982~1985探访兴安岭猎民生活日记》,山东画报出版社,2001年,第69~71、123页的照片。

斜口器

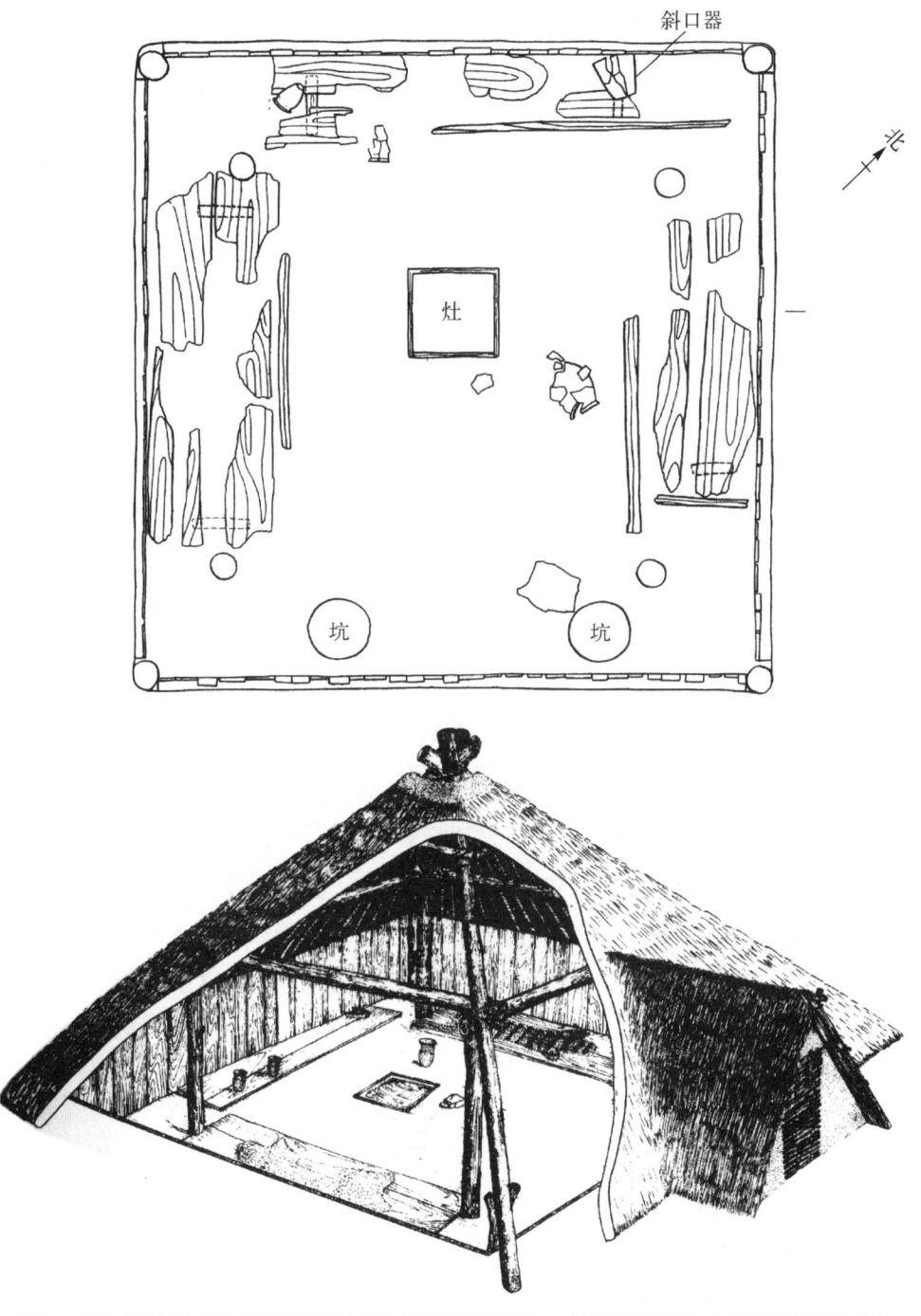

北

灶

坑　　坑

图三　同仁遗址F2居住面平面图（上）和复原图（下）（采自《黑龙江绥滨同仁遗址发掘报告》）

2. 房子的门复原为走廊式,有1个伸出的门厦,对室内温度和防止雨水渗入有一定的保护作用。但F2没有发掘到有关地面向外延伸的遗迹,所以还存在如F3那样的"开口于上,以梯出入"形式的可能。

3. 房子木盖外面覆盖草,这种房顶苫草的做法至今仍见于东北农村,房顶为两面坡式,称为"草房",故这种复原是有一定根据的。《新唐书·黑水靺鞨传》记载:"居无室庐,负山水坎地,梁木其上,覆以土,如丘冢然,夏出随水草,冬入处。"指出其房子的特点是在依山傍水之地掘坎穴,用梁木构筑,再覆盖土泥。土泥房盖在黑龙江农村也保留到今天,平顶带滚水(顶的中部稍高,两面渐低,雨水能快速滚走不存留,这种房屋称为"土平房"),所用之土乃是盐碱土,和泥后板结,抹在房顶的草层之上具有很好的防雨效果。若从文献记载推测,F2的外覆材料是草层上抹泥土的可能性更大。

(三)格里亚兹努什卡河畔遗址2号房子

俄罗斯格里亚兹努什卡河畔遗址位于阿穆尔州,1961年发掘了3个靺鞨的房屋,2号房子保存稍好[1]。2号房子位于河淤砂层之下,是四边形半地穴式,边长5.8米,南墙残失。沿地穴的北壁和东壁残留一些炭化小柱子。室内地面还有一些炭化的柱子,6个粗支柱(1个截面六边形,边长12、残高22厘米,位于西北角;其余是截面四边形,边长15厘米;柱洞直径18、深16厘米),若把南北四个柱子用线连接,可以得到不规则的长方形,考虑地穴为四边形,推测四边形的架构可能较合理。

其炉灶很特殊,房址的炉壮是长方形的(面积为1.1×0.8米),灶坑深15厘米。灶坑底呈圆形,红色焙烧层厚1.5厘米。在灶坑边缘设有木框,即四块竖劈圆木板平卧在灶坑的基部,并高出地面4厘米。竖劈圆木板残宽13厘米。当把灶坑内的所有充填物清除之后,发现灶坑底的南部并没有被火烧过,保存下来7根小立柱(直径2.5厘米)的根部,其外表已略被烧焦,其中有5根一连串分布在灶坑的南沿,有2根设在灶坑的东沿。这些小木柱被推测为烟道的残迹。直径为5厘米,埋入砂土中的深度为4厘米(图四)。出土的陶器与特罗伊茨基墓地陶器风格接近,年代在8~10世纪。

(四)斯捷潘尼哈谷遗址房子

斯捷潘尼哈谷遗址位于阿穆尔州,黑龙江岸边,1961年发掘两个房子。

1号房子,地穴深0.3~0.4米,平面方形,边长5米。沿穴壁边有直径5~8厘米的竖立的细柱子或倾斜的木棍,东南墙保存较好,是竖直的木墙,保留高度在18~30厘米。最高

---

[1] 杰烈维扬科:《阿穆尔河中游的靺鞨遗存》,新西伯利亚,1975年。

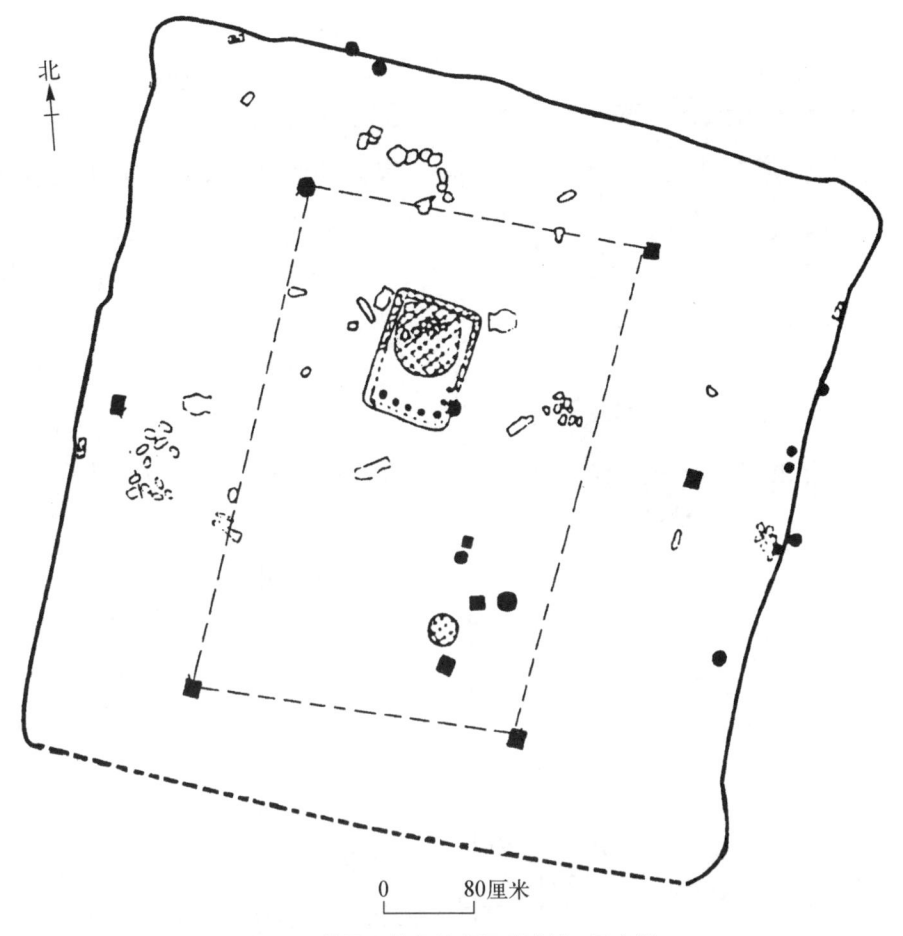

图四　格里亚兹努什卡河畔遗址2号房子

的是东北墙，高度距离居住面38厘米。房子的出入口在西南角，因为墙在这里断开，而且木炭强烈向外弯曲（图五），推测可能是门道。西北墙有一段不能确定边缘界线（可能被破坏），东墙有一段被晚期坑打破。分布在室内的房子顶盖的木杆炭条呈向心状排列，可以看出是四斜脊。杰烈维扬科推测房顶木杆下端靠在木墙上。在房子的中心有一个石板灶，灶坑深13厘米，边壁贴石板，石板高20、厚5~6厘米，倾斜放置，上边缘高出地面5厘米。围绕灶有3个柱洞，是支撑灶上天窗口（排烟口）的捆扎在一起的木杆末端，同时靠近灶的木柱可以被利用为厨架。西南墙附近距居住面20厘米高时清楚观察到红色的烧土带，说明房盖成排的木杆上抹了一层厚泥，应该是很沉重的[1]。这与《新唐书·黑水靺鞨传》记载"梁木其上，覆以土，如丘冢然"相吻合，证明《新唐书·黑水靺鞨传》的记载是

---

[1] 杰烈维扬科：《阿穆尔河中游的靺鞨遗存》，新西伯利亚，1975年。

真实的。

含炭层没有遗物出土，居住面有很少的陶片和猪的下颌骨。陶片的风格接近特罗伊茨基墓地的陶器，该房子的年代应在8～10世纪。

2号房子，地穴为长方形，东西长5.7米，南北宽5米。地穴最深处0.7米（依剖面图测量值）。室内生土居住面平整，在靠近西墙1米处向上缓坡抬升，到西墙壁时比中心地面高出0.4米，此缓坡沿西墙分布长达4米。因而推测门在西墙处，缓坡是供出入方便而设。

在房子的中部是平面呈长方形的土坑灶，南北长0.8、东西宽0.65、深0.15米。灶坑的边缘红烧土层厚5厘米，这是长时间旺火烧烤的结果，坑内有灰烬和动物骨渣。在室内地面发现的遗物很少，其中在南部有熟铁渣块（图六，左）。在其西北部有古代工匠的圆形工作面，附近有两块平的大石板。从这些现象看，房子的主人可能是个铁匠[1]。

在清理干净的室内居住地面上发现5个柱洞，西墙的南北角各1个粗柱洞，东壁之内没有柱洞，但地穴东壁之外发现4个柱洞，成一直线排列，位于房两角外的柱洞大。这种柱洞的分布很特殊，参照同仁房子可以推测其柱架的主干结构关系（图六，右），即在地穴的外围立木基框，在框内支4个斜脊柱。地穴内立3根柱子支撑3个斜脊。南北

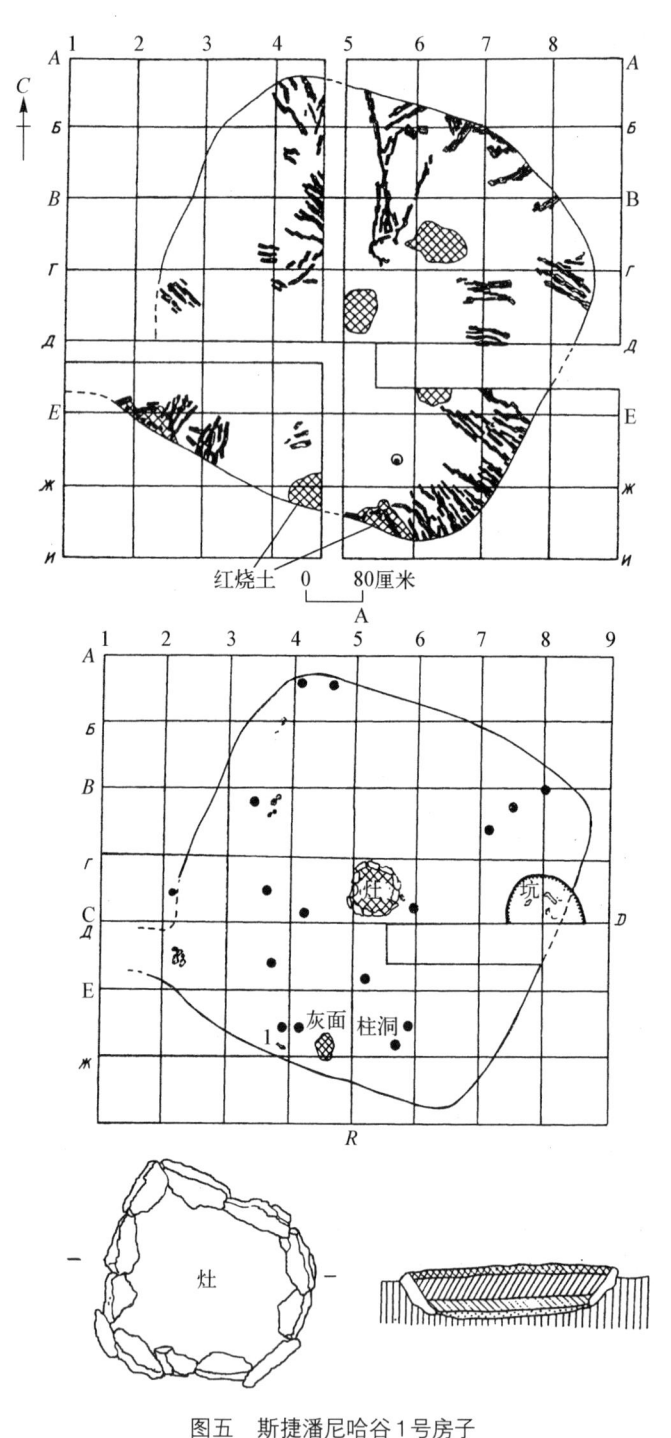

图五 斯捷潘尼哈谷1号房子
上：上部遗迹分布 中：居住面遗迹分布 下：灶的平面与剖面

[1] 杰烈维扬科：《阿穆尔河中游的靺鞨遗存》，新西伯利亚，1975年。

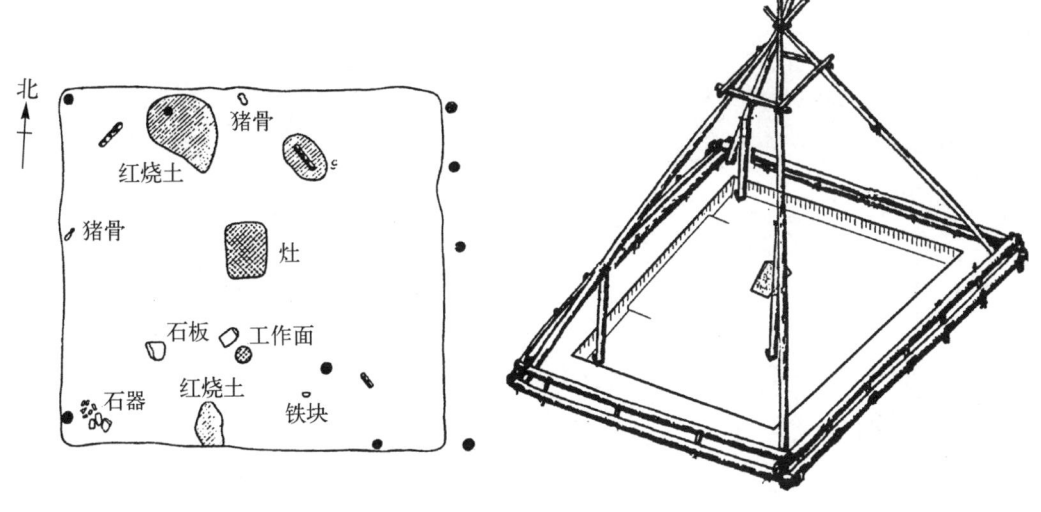

图六　斯捷潘尼哈谷2号房子和柱架主干结构推想

壁下的细柱子,可能是后补立的,起到辅助支撑顶盖板的作用。木板铺在外围。

(五) 奥西诺沃湖遗址房子

奥西诺沃湖遗址位于阿穆尔州,1965年发掘了一座靺鞨房子。半地穴式,最深达1.2米,圆角方形,边长为6.3×6.2米。居住面有很少的木炭,地面平整。发现34个坑洞,其中10个是经济性质的窖坑,其余多数是柱洞。柱洞分布在靠近四壁的部分,有1个小柱洞位于灶的北角。在东墙边有一个大龛,宽1.4、深0.7米。龛的底部高出室内地面10厘米,龛本身也有一个15厘米的台(图七),所以杰烈维扬科推测这个大龛应该是房子到地面的出入口[1],属于带门道的半地穴房子。南墙带有一个小壁龛,宽1.1米,其内发现有陶片,附近有猪骨,应该是储存物品的龛。炉灶为方形土坑灶,位于房子的中心,边长90、深12厘米。灶坑上有18厘米厚的灰烬层覆盖,层内含未烧尽的木块。其下是纯净的灰烬层,再下有3厘米厚的红烧土。灶坑的底和壁铺有桦树皮块。奥西诺沃湖遗址房子出土的器物属于特罗伊茨基类型,年代在唐中晚期。

二、牡丹江流域靺鞨房子

为了能准确认识黑龙江中游靺鞨房子的特点,需要与相邻的牡丹江流域的靺鞨房子

---

[1] 杰烈维扬科:《阿穆尔河中游的靺鞨遗存》,新西伯利亚,1975年。

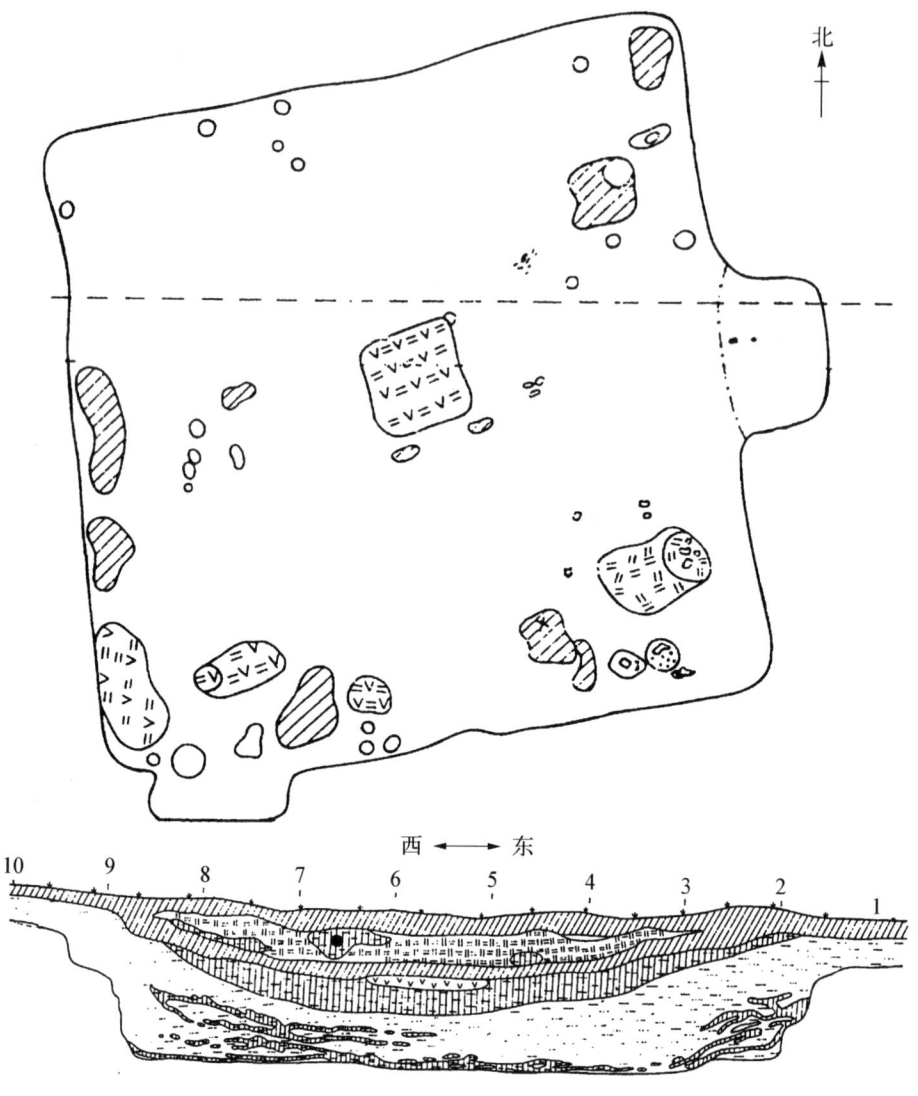

图七　奥西诺沃湖遗址房子平、剖面图

进行对比观察。所以这里考察一下牡丹江流域发现的靺鞨房址。

牡丹江流域的靺鞨房子发现于海林县的河口遗址[1]、振兴遗址[2]、渡口遗址[3]，房子都是长方形或方形半地穴建筑，具体形式又有五种。

---

[1] 黑龙江省文物考古研究所、吉林大学考古学系：《河口与振兴——牡丹江莲花水库发掘报告》，科学出版社，2009年。
[2] 黑龙江省文物考古研究所、吉林大学考古学系：《河口与振兴——牡丹江莲花水库发掘报告》，科学出版社，2009年。
[3] 黑龙江省文物考古研究所、吉林大学考古学系：《黑龙江海林渡口遗址的发掘》，《考古》1997年第7期。

第一种为半地穴,有内外两圈柱洞,灶位于中部。如河口遗址F1002,长5.7、宽4.9、深0.3～0.4米。堆积内有较多的红烧土块,东南居住面上还发现有木炭条。穴内有9个柱洞,外圈有2个柱洞,位于南角穴壁之下。内圈四角有6个柱洞,分别与房四角相对。另有1个柱洞位于东北壁附近。土坑灶位于中部偏北,椭圆形,直径60～70厘米,深20厘米。其年代属于渤海建国前。

第二种为半地穴,只发现内圈4个明石础,灶位于北部,偏离中心。如振兴遗址F4,地穴保留高度在0.4～0.5米,4块石础距离各壁1.2米(图八,左)。房内堆积为黑灰土,含有大量植物朽灰。椭圆形土坑灶位于北部,偏离中心。灶面南低北高,有3个小圆坑。其年代属于渤海建国前。

第三种为半地穴,房内只有2个明石础。如振兴遗址F10,穴壁高0.4、长8、宽6.6米,比上述所有房子的边长都大,但是室内没有发现柱洞,只有2个大的明础,于西北角和东南角相对分布,反映了房子跨度增大反而减柱的现象,其建造房子的架木连接技术比黑龙江沿岸地区水平高。从石础与穴角相对分析,房盖也是四斜脊的形式。土坑灶,位于西北部,圆形,直径80、深35厘米。其年代属于渤海国建国前。

第四种为半地穴,设内圈4柱,1个中心柱。如渡口遗址F6,半地穴,圆角长方形,长3.54、宽3.1米。内圈柱洞直径22厘米,中心柱洞直径达50厘米,柱洞深15厘米(图八,右)。中心柱洞最粗,承受的压力应该最大,因此四斜脊的上端头都压在中心柱上(图九)。居住面上残留大量木炭和黑色草木灰,也应该是顶铺木板或木杆,外覆草皮。该房子没有发现门道和灶。

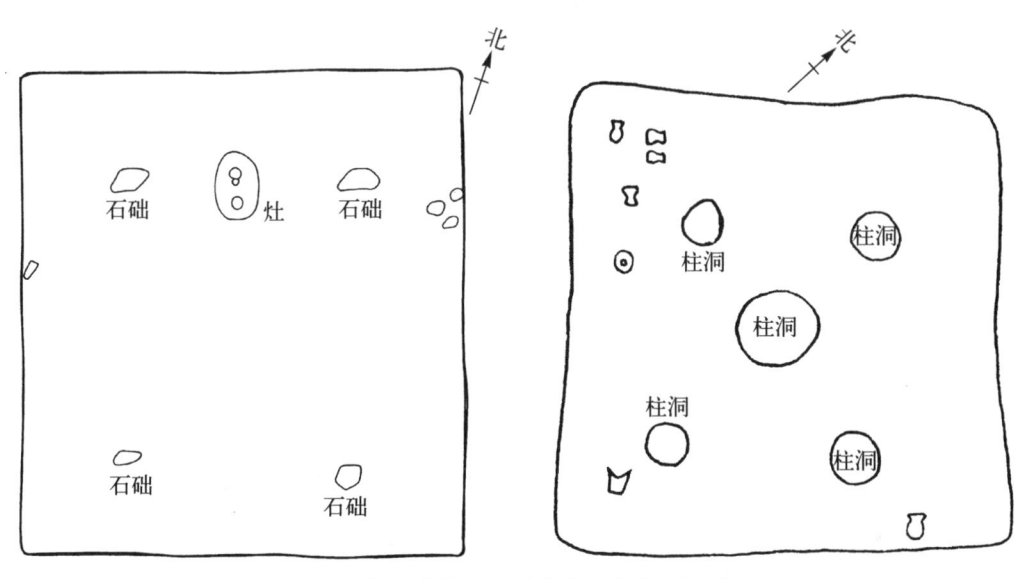

图八 振兴遗址F4(左)和渡口遗址F6(右)

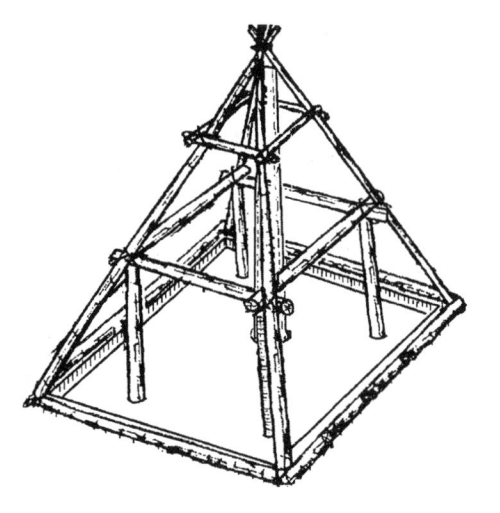

图九　渡口房子架木结构推测示意图 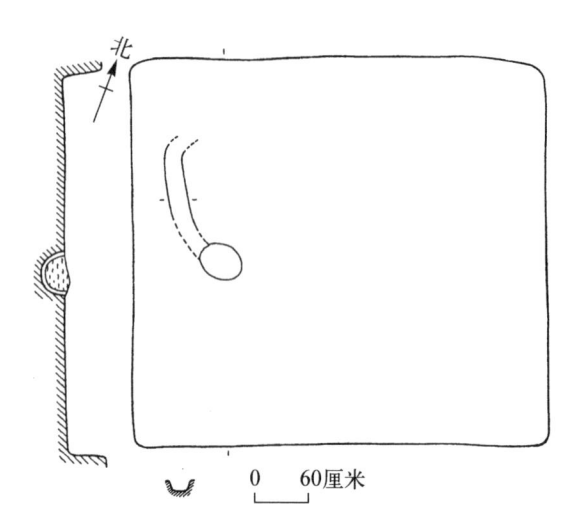　　　　　图十　振兴遗址F8的平、剖面图

第五种为半地穴,穴内没有发现任何柱洞的房子。如河口遗址F1014和振兴遗址F8。河口遗址F1014地穴长7.55、宽4.3、深0.3～0.45米。土坑灶,椭圆形,位于中部偏北,直径80～95、深20厘米。振兴遗址F8,长方形,长4.9、宽4.3、深0.4米。灶靠近西壁,圆形,直径46、深24厘米,内有灰烬。灶的北端保留一段烟道,宽20厘米,弧壁,平底,低于居住面12厘米,保留着明显的烟熏痕迹(图十)。该房子年代为遗址的第五期,属于渤海时期。

三、黑龙江沿岸靺鞨房子结构特点

通过与牡丹江沿岸的靺鞨房子资料对比,我们可以总结黑龙江沿岸靺鞨房子的结构特点如下。

1. 半地穴。平面方形,边长以4.8～6.3米为多,比牡丹江常见的房子要小。地穴保留深度一般在0.4～0.75米,个别最深为1.2米;而牡丹江流域的地穴保留深度在0.3～0.5米之间,平面有的为长方形,边长最大者达8米。

2. 木构结构以四斜脊从中心延伸到房屋四角为主要特征,形成地面外观基本看不到竖立的墙的外部特征,加之外抹泥土,与中原内地的地面房屋和草原的庐帐都不同,因此,《新唐书》记其"居无室庐""如丘冢然"。

3. 表现立柱支撑结构的柱洞以回形分布为基本形式,外圈靠于壁,亦有外圈柱洞位于地穴之外者。内圈支撑的横梁四角与屋角相对。支柱数量亦有增减,无固定数目。牡丹江流域出现明石础,与黑龙江沿岸不同。

4. 竖劈圆木板排列于穴壁，形成木板墙壁，房盖木椽直接坐落在板壁上的横梁上（木基座），或插于地穴外，壁板直通房顶木。牡丹江流域没有发现保留较好的四壁墙和顶盖遗物，个别房子内发现了炭化木条、红烧土堆积、大量植物朽灰，形制不明。

5. 中心方灶，设走烟的天窗口。黑龙江沿岸的房灶基本是长方形，或接近长方形；而牡丹江流域的房灶基本是椭圆形，甚至是圆形。黑龙江沿岸的房灶有些是用柳条、木板围成灶坑沿，底有铺桦树皮者，还有极少数用石板砌筑的灶；而牡丹江的房灶为简易的土坑，但是在晚期的振兴F8还出现了长烟道，提高了炉灶的取暖功效，也减少了烟气的任意扩散，大大提高了室内空气的质量。黑龙江沿岸的房灶的位置基本位于房子中央，灶烟直升可以从天窗口排至室外；牡丹江沿岸房灶的位置有的位于后壁下、西壁下，扩大了室内中前部的活动范围。振兴F8有长烟道，人们已经掌握了利用烟道控制灶烟走向的技术，那么，就可能出现了烟囱，房子的顶端可以不再设走烟口。

6. 房上一侧开出入口，极少数带门道。

由于《魏书·勿吉传》记载"其地下湿，筑城穴居，屋形似冢，开口于上，以梯出入"，所以杰烈维扬科等在复原黑龙江早期铁器时代和靺鞨房屋时，把门设想开在房顶的中心，即与走烟口的天窗合为一体，从中心口有一根竖直的原木梯（原木上砍出供上下的脚蹬坎）直达地面（图十一）。这种门的复原是考虑"开口于上"的特点，但是很不适用，主要缺陷是：第一，不安全。上下的木梯位于灶上方，这种敞开式的灶，以树枝和茅草为燃料，火焰不易控制，灶火对出入的人和木梯有火烧的危险，一旦灶火失控，火沿着木梯可到达房顶，引起火灾。第二，烟熏的威胁。灶烟升腾，从出入口排出，热浪蒸汽与呛人窒息的烟熏会令出入者难以忍受。第三，增加了上下高度。特别是出入口的外面，也需要搭建梯子或台阶，否则，人只能蹦跳或爬行上下，很不方便。因为这是半地穴的房子，墙壁隐于地下，地面外观部分都属于上顶，所以"开口于上"不必一定开在中心最高处，开于顶的一侧也符合"开口于上"。同仁F2、同仁F3、斯捷潘尼哈谷F2都有门开于上顶一侧的迹象，可为证明。所以出入的门设于上顶中心的设想是不符合适用原则的，可能性不大。

发现两例地穴带门道的实例，多数地穴没有门道，但是从一些迹象可以推测出门所在的位置，即背风朝阳，门向河边，所以门有东南向、南向、西南向。

从同仁F3发现的门柱位置可以推测其地面上的门高度在50厘米左右，门上框距离居住面的高度在140厘米左右，所以这个门是很小的仅能爬上爬下的出入口，与"开口于上，以梯出入"的记载相吻合，是靺鞨房子最基本的门的形式。带门道者为少数，其门有走廊式的门厦，因地穴以沟状向外延伸，增加了门厦顶与门道地面的距离，人可以直身或弯身行走。没有门道者，也可以建造高门厦。

图十一　杰烈维扬科对黑龙江中游靺鞨房子的复原示意图

7. 房子有木板铺，室内窖，壁龛。人起居的床铺在两侧靠墙处，同仁F3、F2的房子内都铺木板，板下有垫木隔潮。发掘者做的F2复原图中还在床板上铺了兽皮，是合情合理的推测，这是因为狩猎是当时重要的经济活动，每家都有兽皮，取之方便。有的房子可能于边部架设矮床架。

房之四角和边缘是储存物品之处，另外，有些房子发现了室内窖坑，个别还有壁龛，这是冬天储存怕冻食物的最理想的方法。

四、黑龙江靺鞨房子来源

对黑龙江沿岸的靺鞨房子来源现在还不能准确回答,但是有一些迹象可以反映其来源。

使用木板或桦树皮对灶坑边缘和底部加工,是很特殊的习俗,这种特殊习俗可以在俄罗斯滨海边疆区的新石器时代遗址中找到类似做法。如鲁德纳亚遗址发掘出一个村落遗址的2号房子也是半地穴式,方形,长4.8、宽4.2、深0.6米。房子的中部,对应房子的四角有4个柱洞,相互间距2~2.5米,柱洞直径30~60厘米,深50厘米。柱洞内有大小为10~15厘米的石础。居住面中部有一个灶,是长方形的地面灶,有木质的长方形框(110×90厘米),灶的底也铺木头,木头之上铺垫一层砂,砂层厚2~2.5厘米[1]。在黑龙江下游孔东遗址和黑龙江中游的奥西诺沃耶湖畔遗址,新石器时代房子也有灶带木围框、框外抹泥的做法[2],所以这种房灶形式是当地古老传统方式的延续。

黑龙江中游早期铁器时代波尔采遗址5号房子也是方形半地穴式,沿着居住面的边缘,贴着穴壁残留着密集的竖直的炭化圆木杆残迹,其上横穿圆木杆和竖劈圆木板,构成房子的木墙[3]。黑龙江沿岸靺鞨房子木板壁的做法也与早期铁器时代的房子使用木板壁有继承性。

牡丹江河口、渡口、振兴的靺鞨房子的灶为圆形或椭圆形,多位于北侧,有的有中心柱,灶没有用木质材料加工灶壁基础的做法或用桦树皮做灶坑底垫的现象,形成与黑龙江靺鞨房子不同的区域特色。这些特色在当地的东兴文化中可找到来源。东兴文化房子的灶都呈圆形或椭圆形,多数偏北。特别是东兴文化的河口遗址二期F2013,是方形地穴,边长8.25~8.5、深0.5~0.8米,沿穴壁下有外圈柱洞64个,直径11~15厘米,深12~17厘米,四角的柱洞较大,直径15~20厘米。内圈柱洞4个,直径30~40厘米,深21~30厘米。中心有一个大柱洞,直径55、深45厘米。灶为椭圆形,位于北部(图十二)。东兴文化的年代在汉代,可见牡丹江流域的靺鞨房子是继承了当地汉代东兴文化的传统。

黑龙江同仁遗址所在地区汉朝时期的土著文化是滚兔岭文化[4],其房子为方形半地穴式,边缘挖槽,槽内有较密集的小柱洞,它与同仁F3、F2挖槽建板壁的做法如出一辙。

---

[1] 冯恩学:《俄罗斯东西伯利亚与远东考古》,吉林大学出版社,2002年,第238页。
[2] 杰烈维扬科著,林树山、姚凤译:《黑龙江沿岸的部落》,吉林文史出版社,1987年,第96页。
[3] 杰烈维扬科:《阿穆尔河沿岸的早期铁器时代》,新西伯利亚,1973年,第206页。
[4] 黑龙江省文物考古研究所:《黑龙江双鸭山市滚兔岭遗址发掘报告》,《北方文物》1997年第2期。

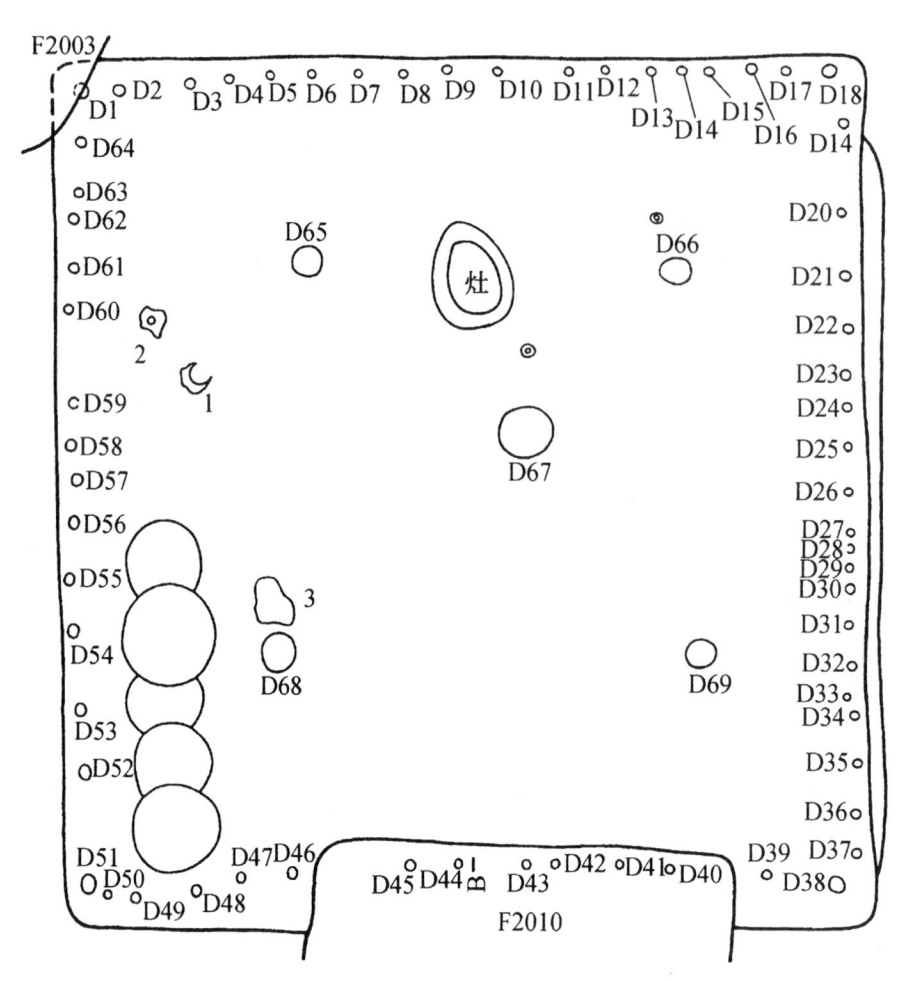

图十二　河口遗址东兴文化（F2013）的房子平面图

但是室内柱洞的排列是东西成排（图十三），可能是两面坡式的房子。灶是圆形平地灶面，为特殊形式，与同仁遗址等靺鞨房子的方形坑穴灶截然不同。如滚兔岭遗址F7柱洞南北和东西都成排，没有内圈方形的排列。灶面圆形，分布在北部，中部有1个小窝，直径10厘米，深5厘米，这种灶面带小窝的形象在很多房子内都发现了。所以同仁遗址靺鞨房子仅仅与当地滚兔岭文化挖槽建造木壁的技术有继承关系，其他各项特征都差别甚大。

五、结　语

房屋遗迹是靺鞨文化的重要内容，考古发现众多的房屋遗迹证明了靺鞨人是定居者。其房子的基本结构是方形（有时是不规整的方形）半地穴木构建筑；柱洞常呈回字形分

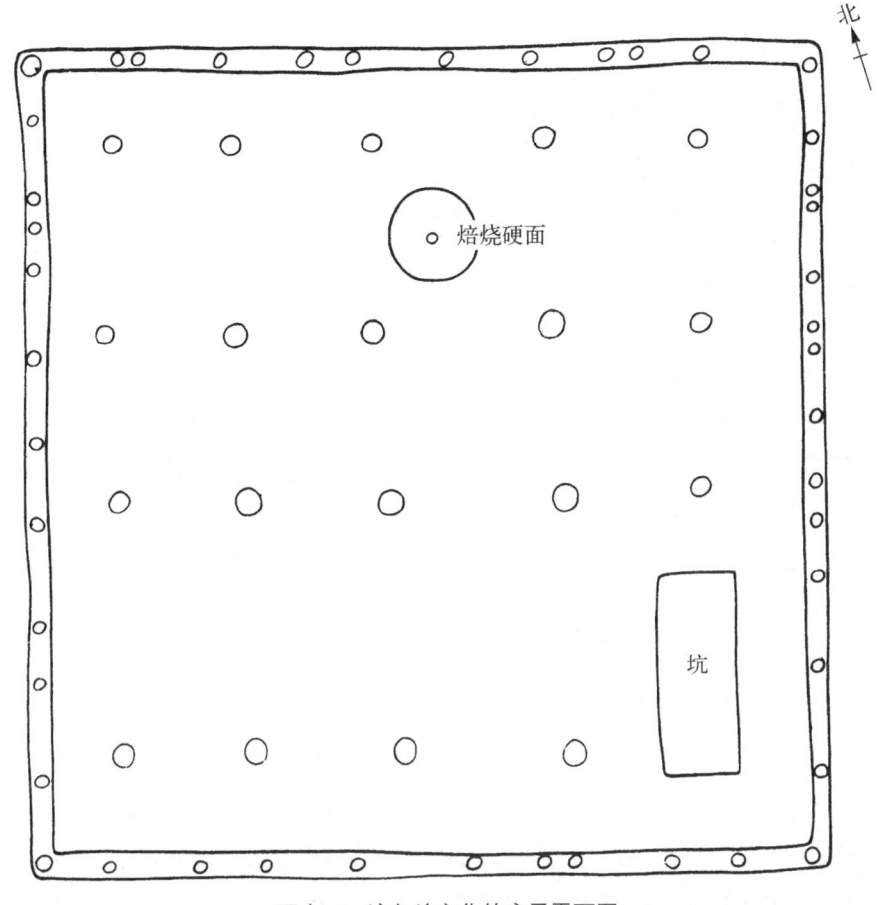

图十三　滚兔岭文化的房子平面图

布,四角相对,四角起斜脊向中心聚拢,形成主体支撑结构;顶盖铺木杆或竖劈圆木板,外苫草抹泥,多数开出入口于顶的下侧,个别有门道。黑龙江沿岸的靺鞨房屋与牡丹江沿岸的靺鞨房屋存在一定差别。牡丹江沿岸的房屋继承了当地东兴文化房屋的传统。黑龙江沿岸的房屋与当地的滚兔岭文化的房屋相差甚远,而与波尔采文化的房屋有较多的继承性,此外用木材加固灶坑的做法可以上溯到本地新石器时代,源远流长。

本文所考察的勿吉与靺鞨时代遗迹属于北朝晚期到唐晚期,这一时期中原内地先进的营造技术和理念已经传播到东北地区的营州、高句丽、渤海。牡丹江沿岸的靺鞨进入渤海时期后,上层阶层的房屋建筑形式发生飞跃,下层乡村的房子也发生一些变化,出现类似火炕的长烟道,出现地面明石础等新的形式;而同时期的黑龙江沿岸的靺鞨人则仍然恪守传统的居住形式。

（原载《边疆考古研究》第6辑,科学出版社,2007年）

奈费尔德类型的文化来源

俄罗斯远东地区的靺鞨文化主要是奈费尔德类型和特罗伊茨基类型。特罗伊茨基类型的陶器主要是从奈费尔德类型演变而来[1]，其文化的主要源头在奈费尔德类型。奈费尔德类型的来源是解决远东靺鞨文化起源的关键问题。本文重点探讨奈费尔德类型的来源。

在黑龙江左岸的中游地区，早于奈费尔德类型的当地土著文化是波尔采文化。波尔采文化的主要遗迹是房址，房子是半地穴式木板房，因为火灾而烧毁，房址内常有丰富的陶器、石器，还有铁质农业工具。在阿列克谢耶夫遗址被破坏的墓地中采集到五铢钱、王莽的货泉钱[2]。波尔采文化的主要研究者是杰烈维扬科。他认为波尔采文化的年代在公元前7世纪到4世纪[3]。杰烈维扬科对波尔采文化的消亡进行了分析，提出波尔采文化向南迁移，形成日本的虾夷文化，而留居原地的人形成了奈费尔德类型[4]。他没有具体分析波尔采文化与奈费尔德类型陶器的演变关系。

杰烈维扬科在《在阿穆尔河流域的波尔采文化》中总结波尔采文化陶器类型，认为主要陶器分为8型（图一）。Ⅰ型：粗颈深腹罐。口径和腹最大径相差不大。Ⅱ型：细颈、长腹、高体罐。Ⅲ型：矮体球腹罐，腹略下垂。Ⅳ型：球腹广肩罐，斜颈，敞口。Ⅴ型：敛口钵或盘。Ⅵ型：矮体大口罐。Ⅶ型：喇叭口球腹罐，腹强烈外鼓。Ⅷ型：敞口斜壁碗。

奈费尔德类型的陶器种类明显比波尔采文化陶器少，但是在最富有特征的喇叭口罐、盘口罐、鼓腹罐、敞口斜壁碗上，造型明显与波尔采文化陶器有相似性，存在着渊源关系。为了便于对比，我们把奈费尔德类型中的陶器与波尔采文化陶器可能有渊源关系者分成7型（图二）。图二与图一对比观察，可得出如下重要认识：

---

[1] 冯恩学：《特罗伊茨基靺鞨墓地的陶器来源》，《北方文物》2006年第4期。
[2] 冯恩学：《俄国东西伯利亚与远东考古》，吉林大学出版社，2002年。
[3] 杰烈维扬科：《阿穆尔河沿岸的早期铁器时代》，新西伯利亚，1973年。
[4] 杰烈维扬科：《阿穆尔河流域的波尔采文化》，新西伯利亚，2000年。

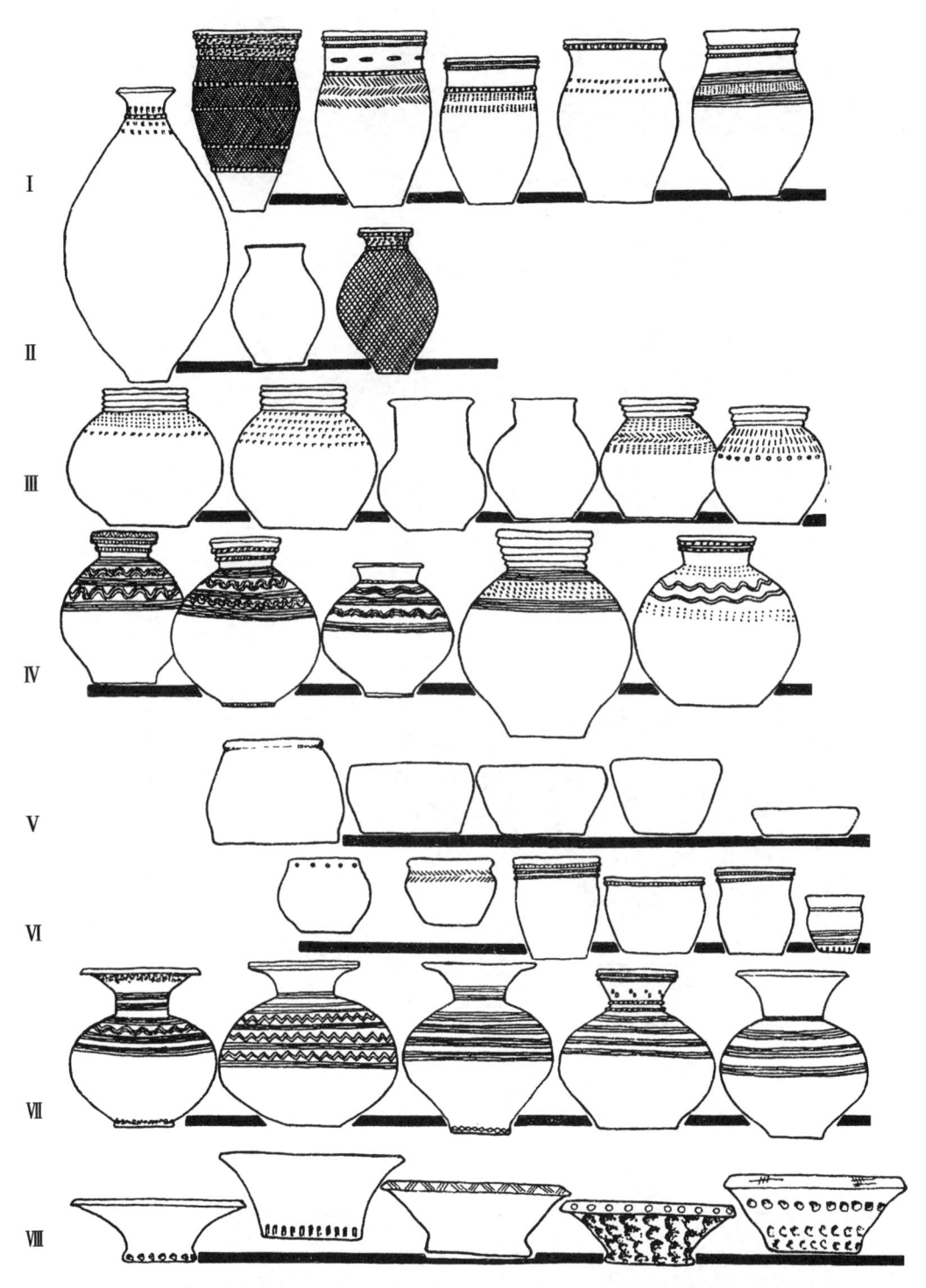

图一 杰烈维扬科总结的波尔采文化主要陶器类型（采自《阿穆尔河流域的波尔采文化》）

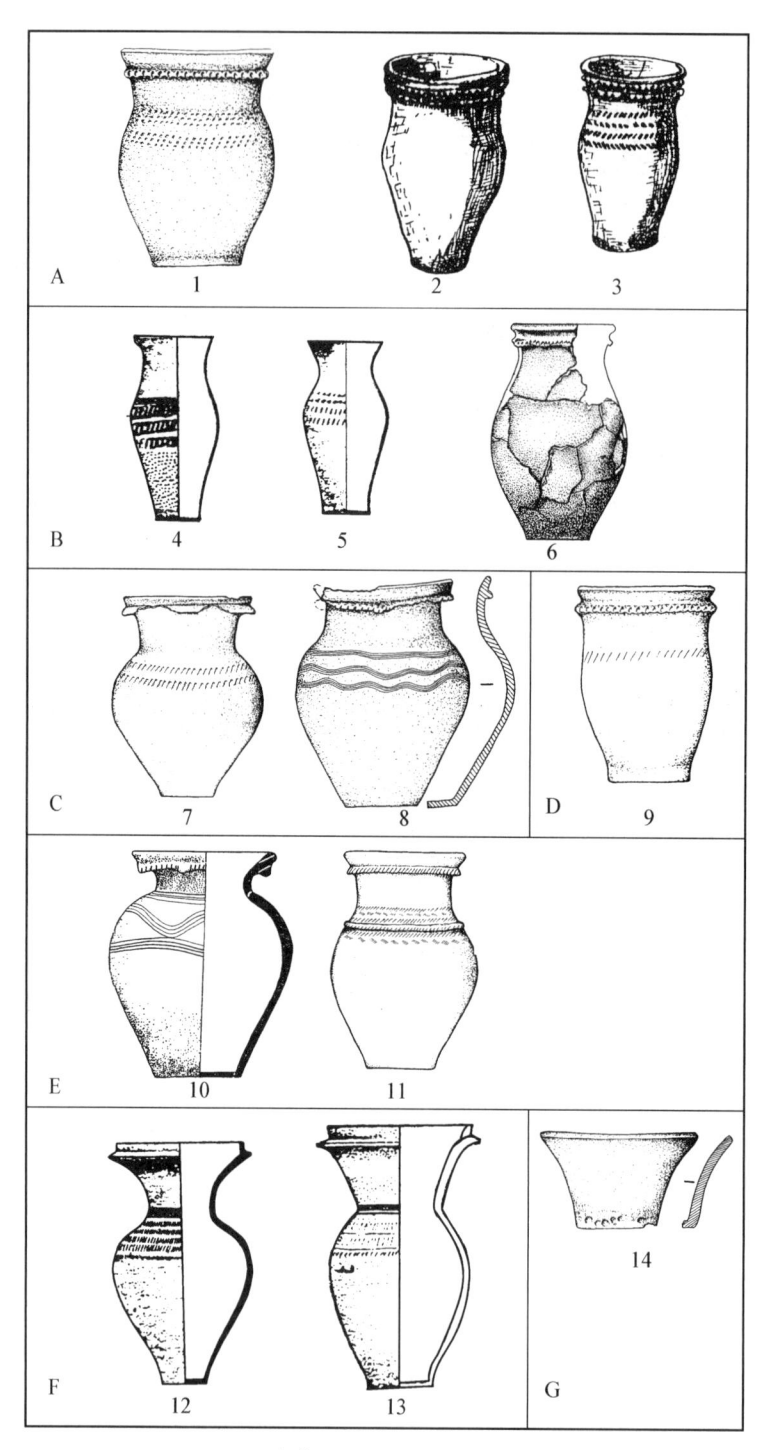

图二 奈费尔德类型的A～G型陶器

A：1. 奈费尔德墓地　2、3. 沙普卡山墓地　B：4、5. 布拉格斯洛文-2遗址F2　6. 沙普卡城F2
C：7、8. 奈费尔德墓地　D：9. 奈费尔德墓地　E：10、11. 奈费尔德墓地　F：12. 布拉格斯洛文-2遗址F2
13. 彼得罗夫遗址　G：14. 奈费尔德墓地

A型是粗颈深腹罐，与波尔采文化Ⅰ型陶器形态接近。其中的沙普卡山墓地[1]出土者口下有2条锯齿式泥条附加堆纹（图二，2、3），这种特殊做法在波尔采文化Ⅰ型的第2、3件中找到了源头。

B型是高体细颈罐。布拉格斯洛文-2遗址[2]F2出土的2件B型罐器身呈橄榄形，与波尔采文化Ⅱ型的第1件形态相似。沙普卡城出土者与波尔采文化Ⅱ型的第2、3件形态相似。

C型是鼓肩高领罐，与波尔采文化Ⅲ型和Ⅳ型相比，后者腹最大径由中腹向上移到肩部就形成了C型罐的造型。奈费尔德墓地[3]出土的C型罐的肩部饰波浪纹（图二，8），也是波尔采文化Ⅳ型陶器常见的纹饰。

D型罐是筒形罐，在奈费尔德类型中发现数量很少。Ⅵ型陶器中的第3件也是筒形罐。

E型是喇叭口鼓腹罐，与波尔采文化Ⅶ型陶器相似，不同之处是腹部外鼓程度缩小，最大径部位由中腹向上移动到肩部，即器身由球形发展成鼓肩形。

F型是盘口罐，在布拉格斯洛文-2遗址、彼得罗夫遗址[4]、奈费尔德墓地都有发现。波尔采文化中没有盘口器，但是F型与波尔采文化Ⅶ型的喇叭口球腹罐有渊源关系，即在外撇的口上围绕一圈泥条即构成盘口。波尔采文化球腹罐器腹的最大径从中腹向上移动到肩部，就能得到奈费尔德类型盘口罐的鼓肩器身。

G型是敞口斜壁碗，与波尔采文化Ⅷ型的碗风格近似，特别是在底的外周边有按压的指窝，这是波尔采文化碗常见的做法。波尔采文化Ⅶ型的球腹罐上部的喇叭口与Ⅷ型的碗形态一致。奈费尔德类型中的盘口罐的喇叭口部分也与G型的碗造型相同。

因此，可以确定，靺鞨文化中的奈费尔德类型陶器主要是从波尔采文化陶器逐渐演化而成。

奈费尔德类型陶器中最有特色的器物是盘口罐，他能够从波尔采文化的喇叭口球腹罐脱胎出来，可能还与青瓷盘口壶的催化作用有关，就这个问题探讨如下。

陶质的盘口陶罐或盘口壶在先秦时期就在我国南方广泛流行，汉代釉陶技术出现后釉陶的盘口壶也随之流行起来。三国两晋时期中国南方的制瓷技术成熟起来，浙江的越窑、江西的洪州窑烧造的瓷器都有盘口器（如盘口壶、盘口罐、盘口鸡首壶等），盘口瓷器

---

[1] 涅斯捷罗夫、罗斯梁科夫、捷捷林著，宋玉彬译：《沙普卡山墓地——黑龙江中游中世纪时代遗存》（原载《黑龙江中游金属时代的新资料》，新西伯利亚，1987年），《东北亚历史与考古信息》1992年第1期。
[2] 菊池俊彦等：《黑龙江省萝北县的靺鞨遗迹》，《北方文物》1992年第2期。
[3] 杰烈维扬科等著，王德厚译：《奈费尔德古墓地（下）》，《北方文物》2002年第2期。
[4] 菊池俊彦等：《黑龙江省萝北县的靺鞨遗迹》，《北方文物》1992年第2期。

很受欢迎，所以其产量很大，不仅南方各地普遍发现，在黄河流域也常见。

吉林省集安的高句丽国内城出土一批青瓷器，其中H3有盘口壶，发掘报告认为产自浙江[1]。集安国内城F2（体育场区）出土卷云瓦当有"戊戌年造瓦故记岁"题名，发掘报告考证为338年。F2是地面建筑，建在第4层上，H3开口在第4层下，所以H3的年代早于F2，即在338年以前的4世纪中叶或更早，那么浙江越窑青瓷盘口壶已经在4世纪中叶或以前到达东北的高句丽国都。集安禹山M3319高句丽墓中也出土青瓷盘口壶4件、盘口釉陶鸡首壶1件，根据墓中出土瓦当上的铭文，墓主人亡于355年，发掘者认为墓主人是晋朝平州刺史、东夷校尉崔毖，在319年因"鲜卑袭辽东。东夷校尉平州刺史崔毖奔高句丽"，后来死在高句丽[2]。在集安东大坡M365也出土酱釉盘口罐，长颈，圆腹，肩与腹各有4条弦纹，年代被断在6～7世纪初[3]。这些发现说明青瓷盘口器在高句丽上层的日用器物中有一定数量。而其北邻的三燕国家与中原的关系更加密切，实际生活中也会有盘口青瓷器，只不过目前还没有发现。

东北地区土著陶器中本没有盘口器，在高句丽获得东晋盘口瓷器后，盘口陶器则在高句丽及高句丽周边的北、东、东北三个地区出现了。集安的国内城就发现了灰陶盘口罐，如蔬菜市场发掘区的第3层出土了2件灰陶盘口罐口沿（图三，4、5）[4]。在高句丽之北的辽宁省本溪市东晋时期墓（图三，7）[5]、辽宁省朝阳市北庙M1（图三，6）等出土了鼓肩盘口陶罐，年代在北燕时期（409～436年）[6]。在高句丽之东的俄罗斯滨海边疆区的青石砬子遗址下层发现很多盘口陶器，属于奥列加文化[7]，在该遗址的上层是渤海层，年代被定在5～8世纪[8]。盘口、细颈，盘口的外壁有2道凹弦纹，形成8周凸棱（图三，8～10）。这与集安禹山M3319出土的青瓷盘口壶（图三，1）的口部完全一样。在高句丽之东北的黑龙江三江平原地区，同仁文化[9]和奈费尔德类型的陶器中也出现盘口罐。以上所举的这些盘口器的形态并不相同，但都是在青瓷盘口器输入东北后陆续出现的，应该是受到青瓷盘口器的启发，对当地陶器的口部改革而制作的新样式。若对比波尔采文化喇叭口罐，国内城H3出土的盘口青瓷罐、盘口青瓷壶（图三，2、3），布拉格斯洛文-2的盘口罐，就会发现

---

[1] 吉林省文物考古研究所等：《国内城》，文物出版社，2004年。
[2] 吉林省文物考古研究所等：《洞沟古墓禹山墓区JYM3319号墓发掘报告》，《东北史地》2005年第6期。
[3] 张雪岩：《吉林集安东大坡高句丽墓葬发掘简报》，《考古》1991年第7期，第605页。
[4] 吉林省文物考古研究所等：《洞沟古墓禹山墓区JYM3319号墓发掘报告》，《东北史地》2005年第6期。
[5] 辽宁省博物馆：《辽宁本溪晋墓》，《考古》1984年第8期。
[6] 朝阳地区博物馆等：《辽宁朝阳发现北燕、北魏墓》，《考古》1985年第10期。
[7] 安德烈耶娃：《青石砬子》，远东科学出版社，2002年。
[8] 克鲁沙诺夫主编，成于众译：《苏联远东史——从远古到17世纪》，哈尔滨出版社，1993年。
[9] 黑龙江省文物考古研究所：《黑龙江萝北县团结墓葬发掘》，《考古》1989年第8期；黑龙江省文物考古研究所等：《黑龙江绥滨同仁遗址发掘报告》，《考古学报》2006年第1期。

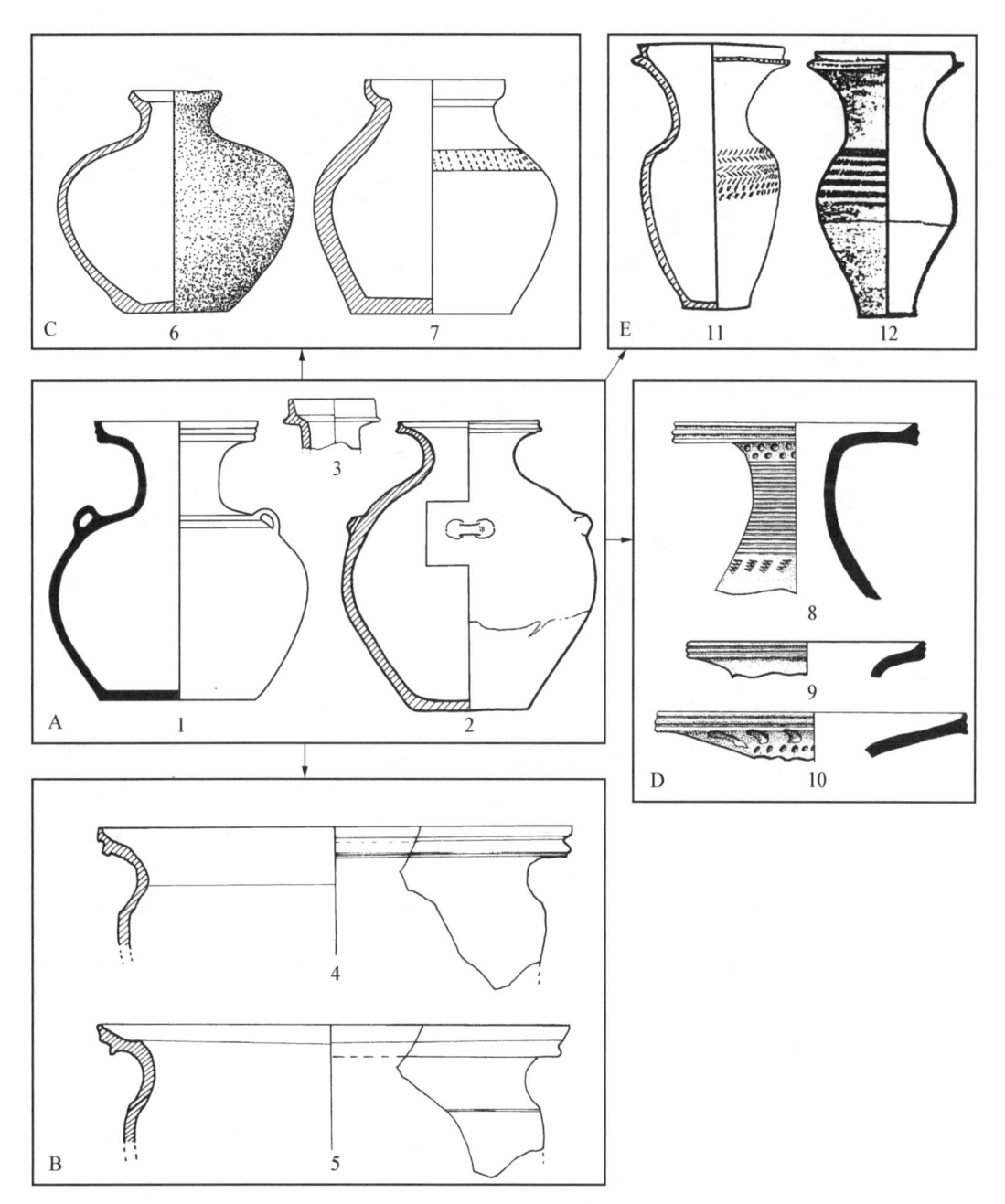

图三　盘口器在东北传播关系推想图

A. 吉林集安发现的青瓷盘口壶（1. 禹山M3319；2、3. 国内城H3）　B. 集安发现的盘口陶器（4、5. 国内城第3层）　C. 辽宁出土的盘口陶罐（6. 朝阳北庙M1；7. 本溪东晋时期墓）　D. 俄国滨海地区出土的盘口陶器口沿（8~10. 青石硷子）　E. 黑龙江中游发现的盘口陶器（11. 绥滨县团结墓地；12. 布拉格斯洛文-2）

布拉格斯洛文-2盘口罐的盘口与国内城H3出土青瓷罐的盘口一致（图四），而大喇叭形的长颈与波尔采文化喇叭口罐类似。所以可以推测奈费尔德类型盘口器的产生是在波尔采文化喇叭口罐基础上，受到青瓷罐盘口的启发发明出来的。

波尔采文化喇叭口陶罐　　越窑青瓷盘口器

1　　2　　3

奈费尔德类型盘口罐

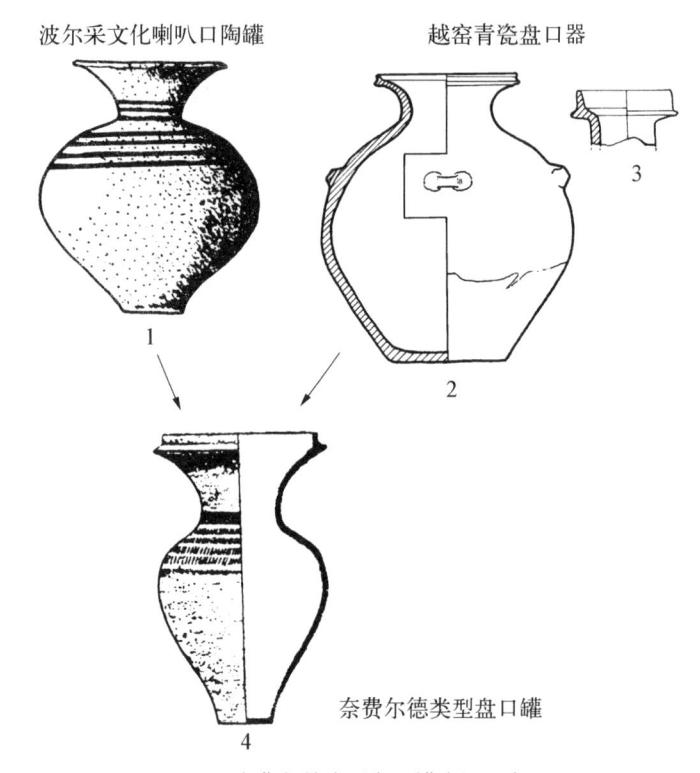

4

图四　奈费尔德类型盘口罐来源示意图

这里有一个疑问，青瓷器没有在三江平原发现，也就是说没有到达三江平原，怎么能影响到当地制陶技术的改变？高句丽是东北亚地区最强盛、最发达之国，与其相邻的三江平原地区的部落必然会经常派人到高句丽进行朝拜、贸易等活动，他们会看到新奇、精美的青瓷器，就产生了信息的交流。他们无法制作技术水平高的青瓷器，但是可以对传统陶器进行改造，制作出盘口陶罐。

在我国境内，与波尔采文化和奈费尔德类型相对应的是蜿蜒河类型和同仁一期文化。研究者普遍认为蜿蜒河类型与波尔采文化属于一个文化[1]，同仁一期文化与奈费尔德类型属于一个文化。蜿蜒河类型发现的遗迹很少，目前仅发表了蜿蜒河遗址发掘资料，陶器资料也不丰富，所以虽然能确定属于一个文化，但不能与波尔采文化详细对比异同。同仁

---

[1] 杨虎、林秀贞：《试论蜿蜒河类型与波尔采文化的关系》，《北方文物》2006年第4期。

一期文化与奈费尔德类型属于一个文化，同仁一期文化发现的资料丰富，与奈费尔德类型相比较二者也存在一些差别，如同仁一期文化的墓葬有台阶，而奈费尔德类型墓就没有台阶。对照两唐书记载，我们认为三江平原地区的靺鞨考古遗迹的族属是黑水部。同仁一期文化属南黑水靺鞨，奈费尔德类型属北黑水靺鞨[1]。

我们曾经对黑水靺鞨从房屋传统的角度进行专文探讨，得出的结论是：同仁一期文化的房址与波尔采文化的房址有明显的继承性，属于一个建筑传统；而与三江平原的滚兔岭文化房址的结构差异很大[2]。与从陶器和房屋的角度得到的分析结果是一致的，所以目前可以得出结论：同仁一期文化和奈费尔德类型（黑水部）的文化主要来源之一是当地的蜿蜒河类型和波尔采文化。

体质人类学的研究成果也给我们一个新的启示。奈费尔德类型的沙普卡山墓地人骨在古代人种类型的划分上接近"古西伯利亚类型"，即与匈奴等比较接近，沙普卡组在颅高和颧宽等特征上所表现出的一系列特征又暗示出该组居民很可能是一个混合人群，受到了来自我国东北地区及俄罗斯滨海地区人群的影响[3]。波尔采文化发现的遗迹基本是房址，没有发现人骨资料，也无法开展体质人类学研究。杰烈维扬科根据陶器风格研究认为波尔采文化向南迁移到滨海形成奥利金文化，到达日本形成虾夷文化，而留居原地的人形成了奈费尔德类型[4]。结合体质人类学的结论，我们有理由推测，在波尔采文化末期，一支从西伯利亚地区迁移来的人群，沿着黑龙江上游河谷地带穿过大兴安岭，到达黑龙江中游，促使波尔采文化人群主体向南迁移，留居的人群与新来的人群混合，形成了黑水靺鞨人。其文化也发生很大的变异，形成同仁一期文化和奈费尔德类型，在形成过程中也吸收了来自南方的汉族文化的某些因素。

附记：本文为教育部人文社会科学重点基地重大项目中期成果（项目批准号：05JJD780003）。

（原载《北方文物》2011年第1期）

---

[1] 冯恩学：《黑龙江中游靺鞨文化的区域性及族属探讨》，《吉林大学学报（社会科学版）》2005年第3期。
[2] 冯恩学：《黑龙江中游沿岸地区的靺鞨房屋》，《边疆考古研究》第6辑，科学出版社，2007年。
[3] 张全超、李有骞、朱泓：《俄罗斯远东地区沙普卡靺鞨墓地人骨研究》，《边疆考古研究》第6辑，科学出版社，2007年。
[4] 杰烈维扬科：《阿穆尔河流域的波尔采文化》，新西伯利亚，2000年。

靺鞨的火焚葬之谜[*]

由于萨满教对火的崇拜，使得古代很多部落都存在着火焚葬。火焚葬是在墓坑内火烧墓主遗骸的下葬方法，不同文化背景下的火焚葬方式也有所不同。贝加尔湖内的萨满岬岛上的新石器时代的谢洛沃文化墓葬是把墓主人的遗体放入墓坑内用火焚烧，火还在燃烧时覆盖上土，所以人的骨架只是部分被严重焚烧。例如萨满岬M17墓主人的骨架腰部、骨盆、股骨处被严重焚烧，在骨盆处还有破碎的陶器[1]（图一）。

图一　谢洛沃文化萨满岬M17的骨架火焚现象

---

[*] 本文作者为冯恩学、王春燕。
[1] 戈尔尤诺娃：《贝加尔湖奥尔洪岛的谢洛沃文化墓葬》，新西伯利亚，1997年。

无论是黑水靺鞨还是粟末靺鞨,其墓葬均以火焚葬最为常见,但是火焚的方式很独特。2004年夏发掘的俄罗斯阿穆尔州特洛伊茨基靺鞨墓地[1],发现了令人难以理解的靺鞨火焚墓,现将M224、M225、M218情况介绍如下。

1. M224,长方形土坑竖穴墓。大部分位于T10内,南部进入T11北隔梁40厘米。开口在第2层下。墓上洼坑强烈下陷,坑内有黑色松软的腐殖土2层(图二)。该墓地有近千个洼坑,发掘了几百个都是靺鞨墓。木椁与土圹之间的填土为黄褐色,质地较紧密。木椁内的填土内含有层状分布的红烧土层,断断续续,有黑色炭粒和木炭块。

土圹长2.7米,宽1.4米,深5.5米。木椁被烧毁,仍能分辨出四框。木椁长2.4米,宽1.15米,椁壁墙保留高度在0.25～0.55米,椁板厚5～7厘米(图二)。

在东北角发现从顶角向下严重倾斜的红烧土层,应该是木质顶盖坠落燃烧所致。在木椁填土的上部发现一些零散的木炭碎条和一小块桦树皮,可能木椁的顶盖是桦树皮。

墓的底面,在东壁下的后部和中部各有一块紫红色的烧土面,烧土面上还保留有一块黑色的木炭条,应该是椁底板残留物。在西壁中部,距离南壁0.6米处,红烧土分布较多,墓底是黄色河砂层,但在该处河砂被火严重烧烤成白黑相间的烧结硬面,证明此处曾经过火的强烈烧烤。在墓的西壁下和北部发现了铁钉,弯头,扁体,应该是木椁上的连接构件。

塌坑内的黑色土中发现2件碎陶片,不是墓内之物,而是墓形成之后的沉积物。木椁内人骨有下颌骨、头盖骨、肢骨,破碎而分布零散,距离墓底面的高度不一(图三)。

木椁填土内的陶片已破碎,一件高16厘米的陶罐倒扣在东北角。东北角上部坠落的木椁盖经火烧形成大片倾斜的红烧土层,上部厚约0.25米,为浅色的红烧土层。其下是厚约0.25米的深红色的分层红烧土,夹杂黑色炭土层。再向下是黄褐色土,相对较纯净,没有发现夹杂红烧土和黑色炭土的现象,说明这个角落没有被火烧,而陶罐就出土于这处较为纯净的黄褐色土层内(图四)。

陶罐西侧发现1件铜条形饰,在中部西侧的肢骨旁有铁条,在西北角有铜蹀躞带带銙、铁带扣。这些遗物也都是分散的,深度不同。

2. M225位于T4西北部和T11隔梁与关键柱内。墓坑长2.05米,宽1.1米,残深0.4米。

在东半部洼坑底部的黑色炭土尚未清理完时,就在东半部的北端发现了一个倾斜的陶罐,口朝南,已经破裂。陶罐位于较硬的黄褐色土中,该土与墓外土无明显差别,所以在发现时,认为它可能是放在墓外的陶器。随后向南发掘,黑色土是墓上陷落的洼坑土,其下是黄褐色土,含有一定的炭灰。后又陆续发现了人骨骼残片和残块,包括头盖骨、肢骨,高低

---

[1] 冯恩学等:《2004年俄罗斯特罗伊茨基墓地发掘的收获》,《边疆考古研究》第5辑,科学出版社,2006年。

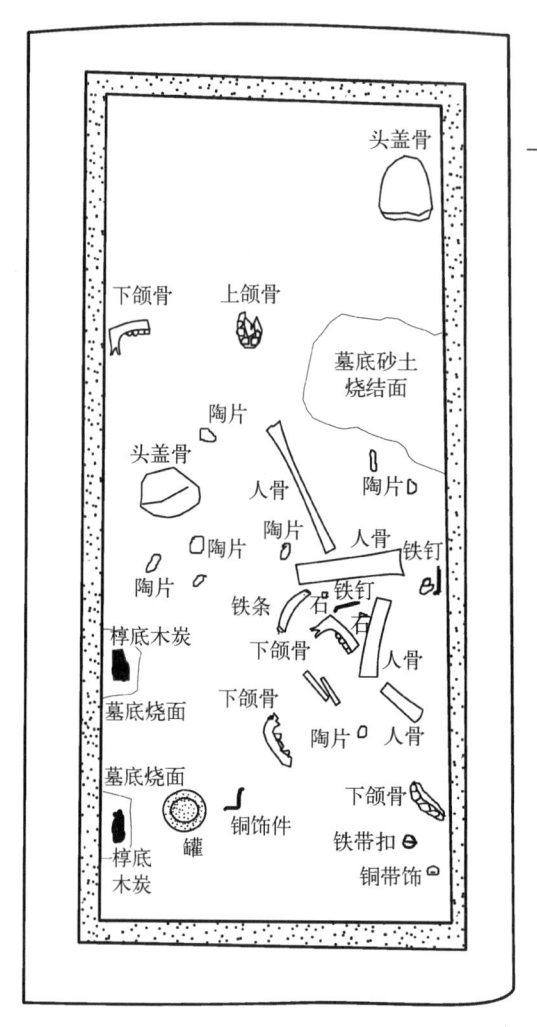

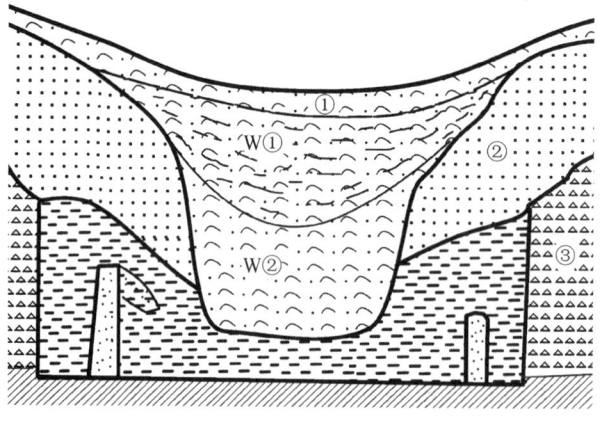

图二　M224平面与堆积剖面图

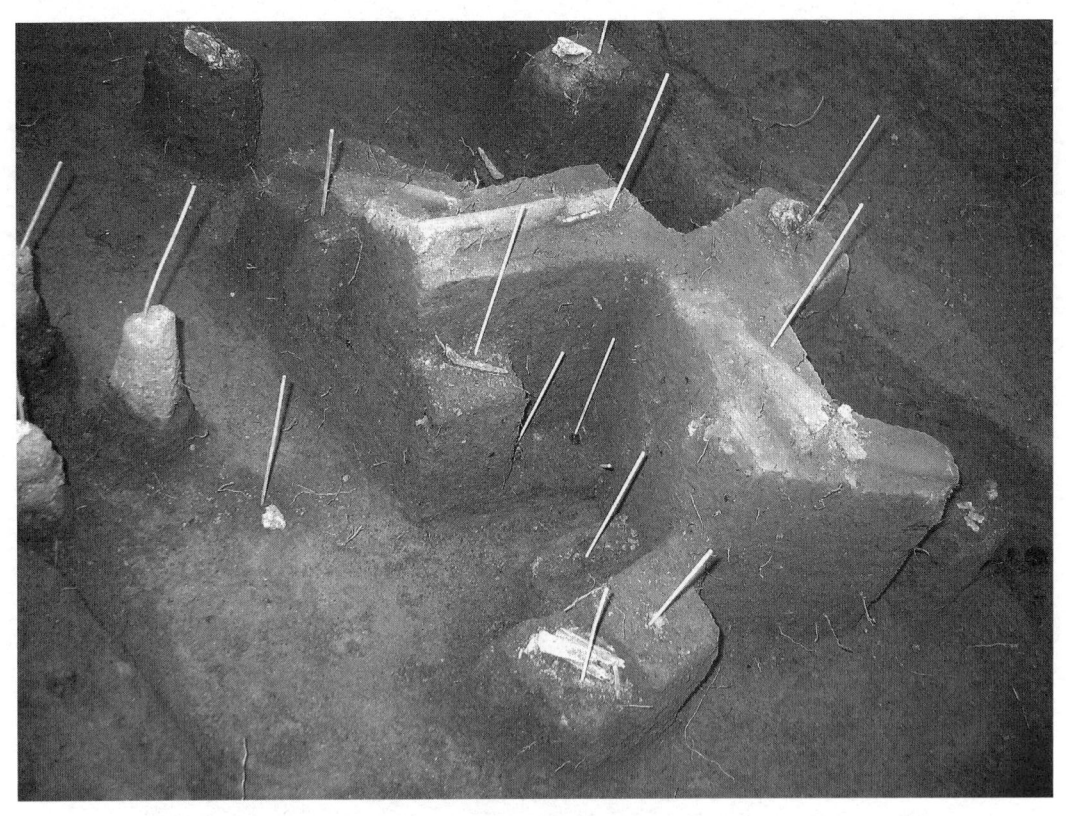

图三　M224人骨与遗物分布状态

错落分布，不在一个水平面上。发掘东半部时，最先出现的是头盖骨，沿着掘坑东边缘从南向北陆续出现4片分散放置的头盖骨片，前3个是后顶骨，凹面朝上。第4个是前顶骨，带有眉弓，凸面朝上（图五，左侧）。在第4个顶骨的西侧，靠近墓坑中部发现第5片头盖骨的一部分，凸面朝上，深度略深，旁侧有一小段管状骨。管状骨之下较低的土层中又发现一片头盖骨。再向下挖，在带眉弓的第4片头盖骨下方很低的位置，发现带牙齿的上颌骨，白色牙齿面朝北（图五，中部）。陶罐位于墓北端。后发掘西半部，又找到一些人骨骼的残片，包括头盖骨、肢骨等。北边、西边、南边的墓壁较直，而且在南部西壁之下找到紫色的木条残块，木条的摆放方向与西壁的走向相同，可能是木椁的残留（图五）。

3. M218位于T2内。长方形土坑竖穴墓，长2.2米，宽1.6米，深1.2米。木椁根据板灰复原，约长1.9米，宽1.2米，高0.65米。木椁被火烧严重，四壁板中南端和北端还部分保留烧烤后留下的炭化木板，土坑壁被严重烧烤呈红黑色，其余壁板已被火烧毁，变成红色土条带。西南角和东北角的顶盖还保留着烧后残留的桦树皮，已经炭化为黑色，呈多块小条状，从顶角向下倾斜，最高处距离墓底约65厘米，最低处距离墓底约58厘米。墓底的边缘地带还有宽20~30厘米的黑色炭化木椁底板灰。

墓底砂层烧结面

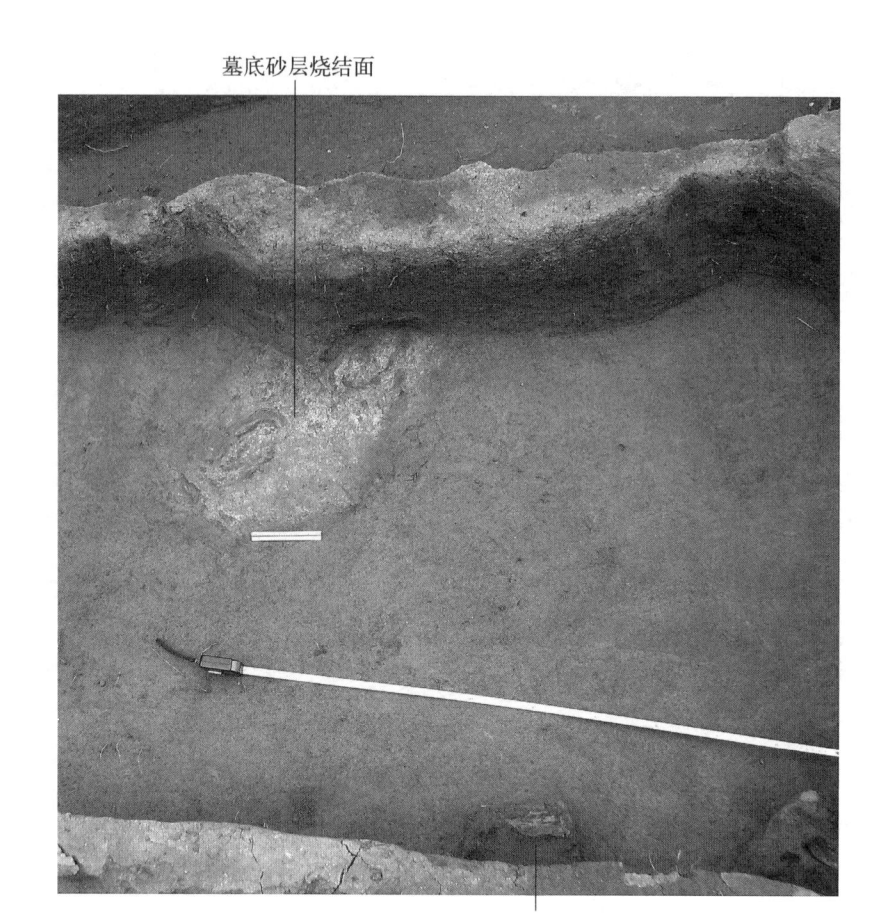

墓底炭化椁板和紫红烧土

图四　M224墓坑底的局部烧结面

木椁内填土中有很多红烧土、炭化木块，特别是墓坑角接近底部有未燃尽的桦树皮和圆棍状的炭化树枝。出土有零散的碎陶片、两端破碎的人肢骨、分为两截的带牙齿的下颌骨、青铜腰带铊尾，分布深度不一，高低相差很多。在墓的西北角，木椁与土圹之间的填土内发现1件青铜腰带上的踝蹬带饰，填土内也含有红烧土。

特洛伊茨基墓地没有被盗掘，墓中遗物的分布保持了原本状态。其人骨分散，与谢洛沃文化的火焚墓不同，后者是一次葬，而鞑靼属于二次葬。一般古墓的二次葬人骨是集中堆放或集中摆放，而特洛伊茨基墓地的二次葬人骨既不集中于一堆，也不处在一个深度，零散破碎，以土间隔。若木椁下葬后不填土，直接点火燃烧，盖顶就会塌落形成一个灰层，不会导致器物和人骨出土于不同深度。若木椁填埋后再被火烧，则椁底和被土覆盖的部分就不会燃烧，而实际上椁底和四壁下部椁板却燃烧了。究竟这种现象是如何形成的，笔者百思不得其解。在发掘期间，国内外多位学者到现场观摩分析，均不能得出合理的答案，特洛伊茨基鞑靼墓葬的下葬方式和决定这种特殊葬俗的观念的确成谜。

《契丹国志》卷二十三载:"父母死而悲哭者,以为不壮,但以其尸置于山树上,经三年后,乃收其骨而焚之。因酌酒而祝曰:'冬月时,向阳食;夏月时,向阴食;我若射猎时,使我多得猪鹿。'其无礼顽嚣,于诸夷最甚。其风俗与奚、靺鞨颇同。"靺鞨二次葬可能是先树葬,而后再收其骨骸土葬。

现场发掘时吉林大学的魏东在反复观察思考后,曾提出"搅拌葬"的设想,作为体质人类学家,他注意到不仅人的头盖骨被分成几片扔在不同地方,而且M224的下颌骨被强力断为两段,一段扔在前部高处,一段扔在后部低处,应是有意而为,在自然的树葬过程中是不会形成这种现象的。所以他认为是下葬过程中遗物与土等混杂、搅拌,才会形成遗物和人骨的碎裂、分散状态。

图五　M225东半部发掘时人头盖骨、颌骨、肢骨、遗物分布状态(北—南)

靺鞨社会流行原始宗教萨满教,下葬形式应该是在当地萨满教思想支配下形成的,因此在推测下葬过程时我们也要考虑萨满教的因素。主持仪式的萨满的思维方式决定了埋葬的形式。不同身份或不同病因、不同季节都有可能成为萨满思考下葬方式的来源,所以方法不统一,有一定的随意性。

在特洛伊茨基墓地发掘完成后的5年时间里,我们仍然没有找到理想答案,只有探索性的推测。除了魏东对M224火焚过程的"搅拌葬"推测外,还有第二种推测,即先挖墓坑,把易燃物放在墓底,支垫起木椁,椁盖不封。举行下葬仪式时,在萨满吟唱神歌和主导祭祀过程中陆续放入易燃物和骨骼。在木椁内先把草、树叶、布帛等易燃物放入,然后放入部分骨骼,再放入草、树叶、布帛等易燃物。北端木椁边上放一个盛放食物的陶罐。点火后,木椁底南部先燃,燃烧时间最久,所以形成了我们发掘见到的"烧结硬面"。火熊熊燃烧时,在萨满的主导下开始扬土撒砂,这些尘土既有宗教象征的意义,又有减缓燃烧速度的意义。陶罐被碰掉,从木椁西北端掉下,坠落在西北角的木椁底下,口朝下倒扣着,很快被扬下的土所覆盖,所以没有烧灰和红烧土。木椁内支撑骨骼的易燃物(如树枝)分层放置，其崩解、塌落速度不同，加上陆续扬撒的砂土沉积，形成了高低不同的分散的骨骼。这应是一个缓慢的过程，四周木椁板厚，燃烧时间长；如果时间很短，火被土压灭，就形成木炭块。最后在墓坑顶部铺上桦树皮，形成盖，再填平土。多年后，桦树皮腐烂塌落，形成深陷的塌坑，秋天树叶、杂草在水冲风刮的自然搬运作用下积聚到坑内，常年积累，形成很厚的黑色松软腐殖土层。

特洛伊茨基M224的墓坑堆积现象清楚，发掘时又采用了留土柱的方法，使得我们能够观察到人骨碎片、破碎遗物所处的既分散又高低不同的位置，能够反复观察多层次又不连续的较乱的炭灰、红烧土等火烧现象，使我们对鞑靼火焚习俗有了更深入的了解。尽管我们还不能圆满地解释现象形成的原因，但结合同墓地其他墓葬（如M225、M218等）呈现的火焚现象，我们推测了其堆积的形成过程，把发掘的一点感想写出来，希望能为研究鞑靼墓葬习俗提供一个新思路，也希望对此感兴趣的师长同仁提出其他的答案以释多年困惑。

（原载《边疆考古研究》第14辑，科学出版社，2013年）

蒙古国出土金微州都督仆固墓志考研

2009年蒙古国与俄罗斯联合考古队在位于蒙古国中央省札马尔苏木土拉河北岸的和日木·登吉古城外发掘了一座古墓[1]，此墓为封土单室洞室墓，墓室前设长约30米的墓道，墓道有3个天井，中间天井带左右壁龛（图一）。墓门用青砖封堵，靠近墓门的天井有1个竖井式盗洞，门外的天井地面放置墓志一盒。墓室虽被盗，仍然出土陶俑、木俑、铜泡钉等100多件遗物。其中，墓志对唐代北部边疆的史地研究具有重要价值。

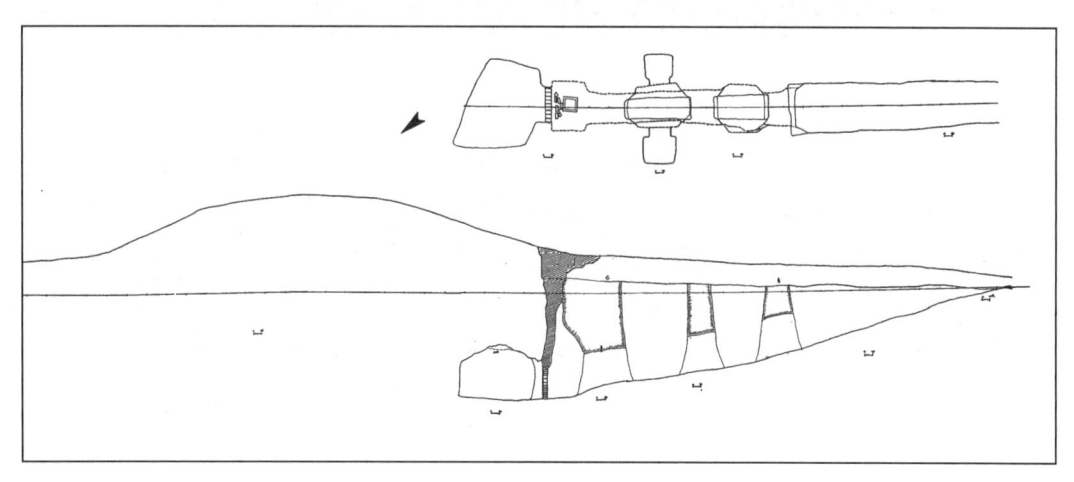

图一 墓平、剖面图

墓志为青石质，方形，边长74厘米，有盖。志盖为盝顶，篆刻"大唐金微都督仆固府君墓志"12字（图二）。墓志刻楷书，28行，满行31字，共774字（图三），录文如下。

大唐故右骁卫大将军金微州都督上柱国林中县开国公仆固府君墓志铭并序」

---

[1] 拉尼洛夫等：《土丘古冢及其在中亚突厥时期考古遗存体系中的地位和意义》，载《蒙古国和西伯利亚贝加尔地区的古代文化国际学术讨论会文集》，乌兰乌德，2010年。

图二　墓志盖

　　公讳乙突，朔野金山人，盖铁勤（勒）之别部也。原夫石纽开基，金峰列搆。疏枝布叶，拥｜鹿塞而推雄；茂族豪宗，跨龙城而表盛。亦有曰碑纯孝，泣画像于汉宫；曰逐输忠｜委睞于蛮邸，求诸史谍代有人焉。祖歌滥扶（拔）延，皇朝左武卫大将军、金｜微州都督。父思匋，继袭金微州都督。并志识开敏，早归皇化，觇风请谒，匪｜独美于奇肱，候日虔诚，本自知于稽颡。公幼而骁勇，便习驰射，弯弧挺妙，浮自乘｜羊之年；矫箭抽奇，见赏射雕之手。及父殁传嗣，还，授本部都督，统率部落。遵奉｜声教，回首面内，倾心尽节。俄以贺鲁背诞，方事长羁，爰命熊罴之军，克剿犬羊之｜众，公遒先鸣制胜，直践寇庭，无劳拔帜之谋，即取搴旗之效。策勋叙绩，方宠懋官，｜诏授右武卫郎将，寻授护军，封林中县开国子。俄除左武卫大将军。至麟德二年，｜銮驾将巡岱岳。既言从塞北，非有滞周南，遂以汗马之劳，预奉射牛之礼。服既荣｜于饰玉，职且贵于衔珠，厚秩载隆，贞心逾励。及东征靺鞨，西讨吐蕃，并效忠勤，丞｜摧凶丑，褒录（禄）功绩，前后居多。寻除右骁卫大将军。依旧都督，加上柱国林中县开｜国公，食邑一千户。频加宠授，载践崇班。迈彼毡裘之乡，参兹缨冕之列。光｜膺启国，既锡茅土之封。趍步升朝，且曳桃花之绶。方谓高情壮志，媲金石而同坚。｜岂图脆质小年，与风露而俱殒。奄辞白日,长归玄夜。以仪凤三年二月廿九日遘」疾终于部落,春秋卅有四。」天子悼惜久之,敕朝散大夫、守都水使者、天山郡开国公麴昭监护吊祭。」赙物三百段,锦袍、金装带、弓箭、胡禄、鞍辔等各一具。凡厥丧葬并令官给,并为立」碑。即以其年岁次戊寅八月乙酉朔十八日壬寅永窆于缅硞原,礼也。生死长乖,」哀荣毕备,深沉若雾,方结惨于松茔,飔飑悲风,独含悽于薤铎。对祁连而可像,寄」方勒而有词,述德表功,迺为铭曰:」

西峙葱山,北临蒲海。土风是系,英杰攸在。叶贯箭锋,花分骑彩。孙谋有裕,祖袭无」改。束发来仪,腰鞬入侍。」大德斯溥,人骨以洎。献款毕同,输忠靡异。

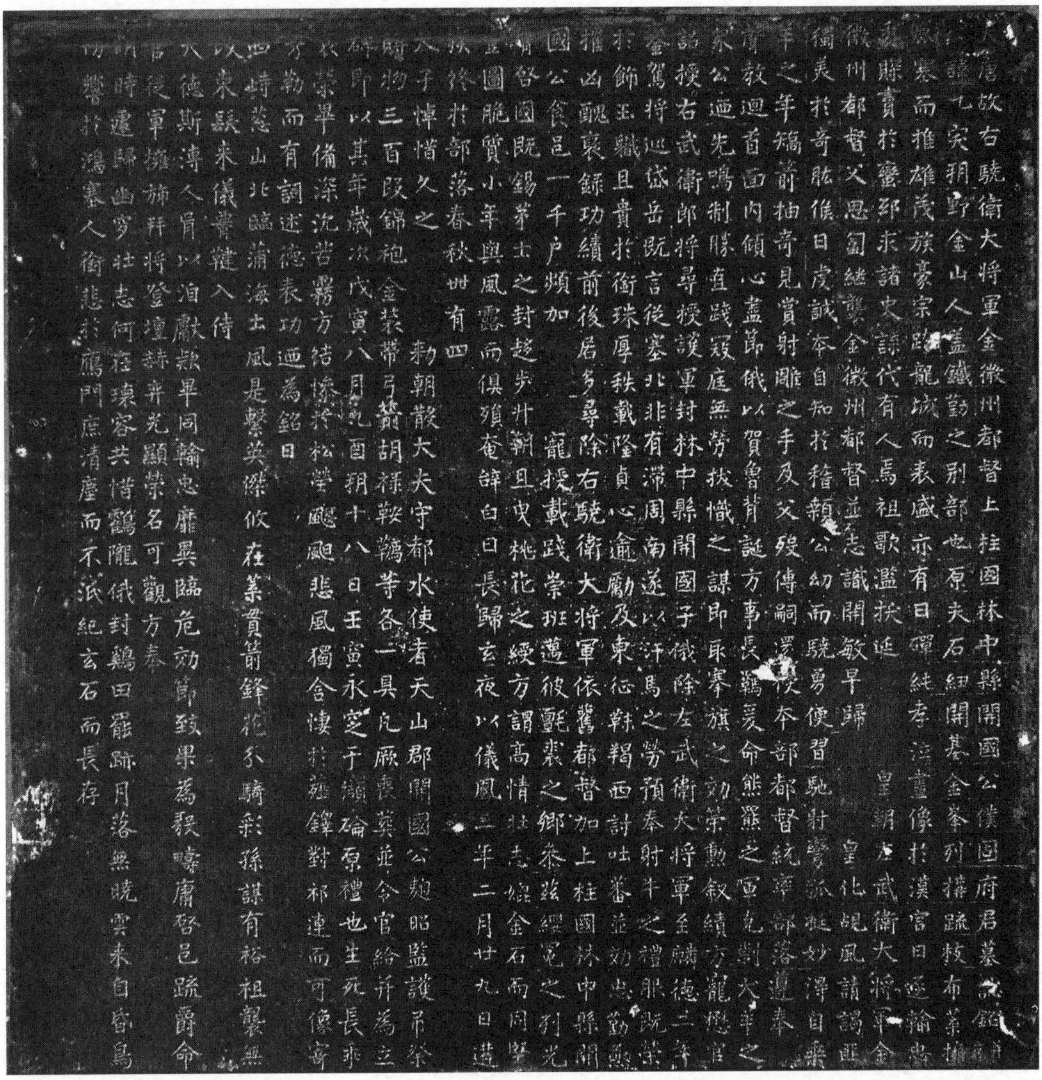

图三 墓志志文

临危效节,致果为毅。畴庸启邑,疏爵命|官,从军拥斾,拜将登坛,赫弈光显,荣名可观。方奉|明时,遽归幽夕。壮志何在,环容共惜。鹤陇俄封,鸡田罢迹。月落无晓,云来自昏。鸟|忉响于鸿塞,人衔悲于雁门。庶清尘而不泯,纪玄石而长存。

一、墓主姓名、族属与生平事迹

墓主仆固乙突,金山人,即今阿尔泰山人。仆固为姓,乙突为名。仆固也作"仆骨",是唐朝蒙古高原九姓铁勒之一,以部名为姓,仆固部为铁勒之别部。祖歌滥拔延,左武卫大将军,金微州都督。父思匐,继袭金微州都督。《新唐书·回鹘下》载:"仆骨亦曰仆固,在多览葛之东。帐户三万,兵万人。地最北,俗梗骜,难召率。始臣突厥,后附薛延陀。延陀灭,其酋婆匐俟利发歌滥拔延始内属,以其地为金微州,拜歌滥拔延为右武卫大将军、州都督。"铁勒九姓中薛延陀最盛,薛延陀被唐军击溃后,薛延陀汗国解体,铁勒九姓归附唐朝,十二部首领在贞观二十年(646年)到京师长安城朝觐唐太宗皇帝,"乞置官司",这十二部首领中就有仆固俟利发歌滥拔延。贞观二十一年(647年)正月,唐廷正式创建漠北地域羁縻府州,凡六都督府、七州,共计十三个行政单位。在仆固地设立的是金微州,歌滥拔延为第一任都督。但墓志记歌滥拔延为唐朝左武卫大将军,与《新唐书》所记为"右武卫大将军"不同,当以墓志文为准。

乙突为唐朝金微州第三任都督。其最后的官职是右骁卫大将军,金微州都督,正三品;勋为上柱国,正二品;爵为林中县开国公,从二品。高宗仪凤三年(678年)二月二十九日病逝,享年44岁。依此可知,乙突生于唐太宗贞观九年(635年)。

志文中有"及父殁传嗣,还,使本部都督,统率部落"及"束发来仪,腰鞬入侍",可知乙突年少时被当作质子到唐朝入侍皇帝。唐太宗在650年去世(当时乙突朔野16岁),高宗即位,贺鲁于永徽二年(651年)正月起兵叛唐,自称沙钵罗可汗。唐高宗发兵征讨。仆固乙突率领仆固军参加了平叛,那么他入侍的皇帝只能是唐太宗,其在唐太宗去世前已经返回仆固部落,继袭金微州都督,成为仆固部的酋帅。

贺鲁,即西突厥阿史那贺鲁,室点密可汗五世孙,贞观二十二年(648年)内附归唐,深得唐太宗器重,被任命为瑶池都督、昆丘道行军总管,迅速收复西突厥各个部落。永徽二年起兵叛唐,后于显庆三年(658年)被俘获至长安,献于昭陵,次年病死,西突厥灭亡[1]。

---

[1] 吴玉贵:《突厥汗国与隋唐关系史研究》,中国社会科学出版社,1998年。

在平叛西突厥贺鲁时,唐先后三次派梁建方、契苾何力、程知节征讨,虽有胜利,仍未克。后派苏定方携回纥兵征讨,于658年平叛成功。当时乙突24岁,正值青年时期,也率领仆固军参加了平叛。墓志载:"公遹先鸣制胜,直践寇庭,无劳拔帜之谋,即取搴旗之效。"言其在平叛中率军攻打到贺鲁王庭。《册府元龟·外臣部·征讨五》记述了此战:"定方乃令副将萧嗣业、回纥婆闰率蕃兵趋邪罗斯川,以追贺鲁,定方与任雅相(燕然都督府的督护)领新附之众以继其后。会大雪,平地二尺,军中咸请停兵候晴,定方曰:'虏恃雪深,谓我不能前进,必当憩息,追之可及;缓以纵之,则渐远难追,省日兼功,在此举也。'于是勒兵冲雪,昼夜兼进,所经收其人众,遂至双河。与弥射、步真相会,两军合势,去贺鲁所居二里布阵长趋,径至金牙贺鲁牙所。时贺鲁集诸众欲猎,定方与弥射纵兵击之,尽破其牙帐,生擒数万人。"由于此战之功,仆固乙突被授以右武卫郎将、护军勋位、林中县开国子,很快又授予左武卫大将军。

唐朝在平定西突厥后的次年,即显庆四年(659年),仆固、同罗、拔野古、思结四部联合反叛,漠北震动。次年唐朝派遣郑仁泰征讨,《册府元龟·外臣部·征讨五》载:"左卫大将军郑仁泰率兵讨思结、拔也固、仆骨、同罗四部落,三战皆捷,追奔百余里,斩其首领而还。"龙朔元年(661年)漠北叛乱再度爆发。次年唐朝再派郑仁泰为铁勒道行军大总管,薛仁贵为铁勒道行军副大总管平叛。郑仁泰指挥的军队因为先胜而孤军冒进,无粮草可食而惨败。薛仁贵部队"三箭定天山"获大胜。《册府元龟·总录部·善射》:"时九姓有众十余万,令骁捷数十人逆来挑战,仁贵发三矢,射杀三人,其余一齐下马请降,仁贵恐为后患,并坑杀之。更就碛北讨其余众,擒其伪叶护兄弟三人而还。军中歌曰:'将军三箭定天山,战士长歌入汉关。'"此处之"天山"乃漠北之山。同时唐朝又派出了出身于铁勒契苾部的名将契苾何力前往招抚。《册府元龟·奉使部·立功》:"契苾何力为左骁卫大将军,高宗龙朔元年,九姓叛,以何力为铁勒道安抚大使,乃拣精骑五百,驰入九姓中。贼大惊,何力谓曰:'国家知汝被诖误,遂有翻动,使我舍汝等过,皆可自新,罪在酋渠,得之则已。'诸姓大喜,共擒伪叶护及设、特勒等同恶二百余人以归。何力数其罪而诛之。"这场大规模的漠北叛乱才归于平息,仆固酋长乙突重新归附于唐,说明仆固部并不是这场叛乱的主角,而是参与者。这段经历墓志隐去未载。

麟德二年(665年),乙突从漠北来准备参加封禅,却未能参加封禅大典。为了不让他有如太史公滞留周南的遗憾,朝廷以有汗马功劳之由,预先让他进献了射牛之礼的用品。封禅泰山在我国奴隶社会和封建社会都被看作是一种极其隆重的典礼。秦始皇、汉武帝等都曾到泰山亲自举行封禅大典,以炫耀他们的文治武功,企盼巩固他们的封建统治。唐太宗曾经想封禅,没有实现。高宗时在武则天的主张下举行了封禅大典。麟德二年十月,唐高宗李治与皇后武则天率领文武百官赴泰山封禅。《资治通鉴·唐纪》:"丙寅,上发东都,从驾文武仪仗,数百里不绝。列营置幕,弥亘原野。东自高丽,西至波斯、乌长诸国。朝会者各帅其属扈从,穹庐毳幕,牛羊驼马,填咽道路。"麟德三年(666年)正月三十日,高宗在泰山南的祭坛上祭祀了昊天上帝;祭毕登山,第二天在山顶的"登封坛"上再度祭天;第三天,"降禅方坛"祭祀地神;第四天,高宗、武后登上朝觐坛,接受朝贺。文武百官、中外使臣奉献贺礼。贺毕,降诏立登封、降禅、朝勤碑。宣布大赦天下,改麟德三年为乾丰元年。然而,乙突并不是在封禅的第四天举行朝贺时进献的贺礼,而是在封禅准备阶段就献给唐朝。墓志强调这一点,表示了朝廷对漠北回纥仆固部的重视。

射牛之礼是天子亲自射杀牛为牺牲,其实唐朝皇帝没有举行过射牛之礼。《旧唐书·礼仪志》记载唐高宗在泰山封禅18年后的永淳二年(683年),欲到嵩岳封禅,"当时又令详求射牛之礼。行伟、守贞等议曰:'据《周礼》及《国语》,郊祀天地,天子自射其牲。汉武唯封太山,令侍中儒者射牛行事。至于余祀,亦无射牲之文。但亲春射牲,虽是古礼,久从废省。据封禅礼,祀日,未明十五刻,宰人以鸾刀割牲,质明而行事。比銮驾至时,牢牲总毕,天皇唯奠玉酌献而已。今若祀前一日射牲,事即伤早。祀日方始射牲,事又伤晚。若依汉武故事,即非亲射之仪,事不可行。'诏从之。寻属高宗不豫,遂罢封禅之礼"。唐高宗嵩岳封禅时大臣们仍不知道射牛之礼如何进行,讨论无果而作罢,可推之在泰山封禅时也没有举行射牛之礼。志文中有"预奉射牛之礼",说明在泰山封禅前已经做了射牛之礼的准备,可能对此礼仪具体程序存在争议而没有实行。

志文载:"及东征靺羯,西讨吐蕃。"靺羯即靺鞨。李玲、东青认为"靺羯"之名出现早于"靺鞨",是介于勿吉和靺鞨之间的称呼,并认为靺羯之词沿用到唐玄宗的开元、天宝年间[1]。本墓志的发现,证实其推断是可信的。

史书没有唐朝廷在这个时期东征靺羯的记载,这个时期有征讨高句丽的大规模战争。其中攻取扶余川与此事件吻合。乾封元年(666年)六月"高丽泉盖苏文卒",诸子分争。其子泉男生继位,但为其弟泉男健驱逐,特遣使者向唐求救。唐高宗派庞同善前去慰纳,为泉男健所拒。同年九月,薛仁贵统兵出征。唐高宗命薛仁贵率军援送庞同善。庞同善行至新城(抚顺的高尔山山城),被高句丽军袭击,薛仁贵得知后,率军及时赶到,击斩敌首数百级,解救了庞同善。庞同善兵进至金山,又为高句丽军袭击,薛仁贵闻讯后,率军将高句丽军打败,斩首5万,乘胜攻占高句丽南苏、木底、苍岩三城,与泉男生相遇。金山之战消灭高句丽的精锐部队,为此唐高宗特下诏慰勉薛仁贵。《旧唐书·薛仁贵传》:"拔其

---

[1] 李玲、东青:《也谈"靺羯"名称之始见》,《北方文物》1997年第2期。

南苏、木底、苍岩等三城……仁贵乘胜领二千人进攻扶余城……遂拔扶余城。扶余川四十余城,乘风震慑,一时送款。"汉魏时期的夫余国分布在第二松花江流域,夫余早期的王城在吉林市的东团山。因外族所逐,王城被迫西迁,后夫余王携妻在494年投奔高句丽,夫余亡。据王绵厚先生考证,高句丽的扶余城是沿用夫余西迁的王城,为吉林省柳河县的罗通山山城,处在第二松花江支流辉发河上源,辉发河的河川谷地是扶余川[1]。罗通山城东距第二松花江只有110公里,不会有40余城,扶余川应该是包括辉发河在内的第二松花江沿岸地区,向北到达高句丽千里长城(德惠老边岗)。扶余川的主要居民是靺鞨人。《新唐书·契苾何力传》:"时高丽兵十五万屯辽水,引靺鞨数万众据南苏城,何力奋击,破之,斩首万级,乘胜进拔八城。"南苏城即今辽宁省铁岭市东南的催阵堡山城[2]。乙突参加了攻打南苏城、扶余川等战斗,守卫的军队是当地的靺鞨兵,又属靺鞨地界,所以墓志说"东征靺羯"也符合实情。

龙朔三年(663年)西域吐谷浑发生内乱,吐蕃趁机大破吐谷浑。吐谷浑可汗逃往凉州。唐高宗在咸亨元年(670年)四月诏令薛仁贵为逻娑道行军大总管,并以阿史那道真、郭待封为副将,率军十余万人,征讨吐蕃。吐蕃将领噶尔·钦陵领兵40万屯驻青海湖附近,伺机迎战。七月,薛仁贵军至大非川,命郭待封掌管粮草等留守,亲自率精锐部队趋兵乌海,初捷。但郭待封未听从命令,率军前行,被吐蕃截获所有军械物资。薛仁贵得知后被迫退兵大非川。吐蕃40万大军与薛仁贵决战于大非川,唐军大败,薛仁贵被迫与吐蕃议和。乙突应该是随薛仁贵从东北调到青海征战。

二、监护使麴昭

墓志言唐高宗派朝散大夫、守都水使者、天山郡开国公麴昭监护吊祭,《新唐书·高昌》载麴昭是麴氏高昌最后的国王智盛的弟弟智湛之子,唐太宗派侯君集灭麴氏高昌,改西昌州为西州,设立安西都护府。侯君集俘智盛君臣献观德殿。智湛"有子昭,好学,有鬻异书者,母顾筐中金叹曰:'何爱此,不使子有异闻乎?'尽持易之。昭历司膳卿,颇能辞章"。由此可见,志文以忠于朝廷为核心,语言华美,引经据典,对仗工整,有可能是麴昭撰文。此外,麴昭是西域豪门麴氏高昌王室之后,又为二品高官,高宗派他去监护吊祭体现了高宗对仆固乙突丧事的重视。

---
[1] 王绵厚:《高句丽"扶余城"与渤海"扶余府"》,载《高句丽与濊貊研究》,哈尔滨出版社,2004年。
[2] 王绵厚:《汉晋隋唐之南苏水与南苏城考》,载《高句丽与濊貊研究》,哈尔滨出版社,2004年。

三、乾陵番酋像仆固乞突即墓主仆固乙突

唐高宗乾陵前立有61尊番酋像，背有题刻官职姓名，现今只有4人题刻可识，其余已经漫漶不清。宋人游公曾经把这些像刻在4个石碑上，元代李好文在《长安志图》"乾陵"条的图说中根据所得宋人游公3个石碑图刻记下39位番酋像的官职、姓名，其中第一位是"故左威卫大将军兼金微都督仆固乞突"[1]。仆固乙突朔野是第三任金微州都督，在高宗仪凤三年（678年）病逝，军政生涯在唐高宗时期，唐高宗卒于永淳二年（683年），仆固乙突早高宗5年去世，与在乾陵前的石像题铭为"故"相符合，所以乾陵番酋像中的仆固乞突就是墓主人仆固乙突。疑墓志"乙"字是"乞"字，可能是简写，或刻写时漏笔所致。墓志记载他曾被封为左武卫大将军，后改封右骁卫大将军，石像题刻左威卫大将军，可补墓志之缺。乙突在高宗朝平定西突厥阿史那贺鲁叛唐之战中立大功，参与东征靺鞨和西征吐蕃，墓志大力称赞其忠心，这也有助于理解其石像被立在乾陵前，陪侍唐高宗的原因。

四、唐朝中兴名将仆固怀恩的世系

仆固部在历史上最有影响的人物是仆固怀恩，他是平定安史之乱的三大名臣之一，怀恩及其朔方嫡系乃是安史之乱的终结者，于唐可谓有再造之功，《旧唐书·仆固怀恩传》载"一门之内死王事者四十六人，女嫁绝域，再收两京"，朝廷赐铁券，以名藏太庙，画像于凌烟阁。然而朝廷却以其功高难赏，借河东势力对朔方勋旅予以牵制，广德元年（763年）怀恩被宦官逼走叛唐，永泰元年（765年）在进军长安途中病死，唐肃宗为之惋惜曰："怀恩不反，为左右所误。"人们每论仆固怀恩家世都引《旧唐书·仆固怀恩传》："仆固怀恩，铁勒部落仆骨歌滥拔延之曾孙，语讹谓之仆固。贞观二十年，铁勒九姓大首领率其部落来降，分置瀚海、燕然、金微、幽陵等九都督府于夏州，别为蕃州以御边，授歌滥拔延为右武卫大将军、金微都督。拔延生乙李啜拔，乙李啜拔生怀恩，世袭都督。"墓志记述歌滥拔延为第一任金微都督，其子思匐，为第二任，其孙乙突是第三任。乙突朔野死于678年，仆固怀恩死于765年，相距87年，其间还应有几辈人任金微都督，特别是在764年怀恩的母亲还

---

[1] 梁子、文军：《乾陵六十一蕃王考述》，《文博》2003年第6期。

在人世,怒其反叛时还能"提刀逐之曰:'吾为国家杀此贼,取其心以谢三军。'怀恩疾走,得免"[1]。所以怀恩不可能是乙突之子,也不会是第四任金微州都督。故疑《旧唐书·仆固怀恩传》编纂时在"拔延生乙李啜拔"的"生"之前有脱落句子,即应为"拔延生思匍,思匍生乙突,乙突生……生乙李啜拔,乙李啜拔生怀恩,世袭都督"。《资治通鉴·唐纪》还记载唐玄宗开元年间先后有仆固都督曳勒歌,仆固部都督勺磨,他们也可能是世袭的金微州都督,若是则可补在乙突朔野之后。

五、结　语

据学者研究,回纥民族构成分内九姓和外九姓,仆固属于外九姓之强[2]。乾元二年(759年)回纥牟羽可汗立,仆固怀恩之女被立为可敦(即王后),此后连续有三位王后出于仆固氏。即仆固公主、崇徽公主、少可敦叶公主。《资治通鉴·唐纪》载:"初,仆固怀恩死,上怜其有功,置其女宫中,养以为女。回纥请以为可敦。夏五月,辛卯,册为崇徽公主,嫁回纥可汗。"《册府元龟·外臣部·和亲二》载:"五月,册仆固怀恩小女为崇徽公主,视同弟十女,下嫁回纥可汗为可敦。遣兵部侍郎李涵兼御史大夫持节于回纥,册可敦,以缯币二万匹遣之。"《新唐书·回鹘上》云:"是岁,可汗为少可敦叶公主所毒死,可敦亦仆固怀恩之孙,怀恩子为回鹘叶护,故女号叶公主云。"开成五年(840年)长期雄霸大漠南北的回鹘汗国(唐德宗时回纥改称回鹘),被黠戛斯所灭,回鹘人分三支西迁,其中一支进入吐鲁番。866年大首领仆固俊打败吐蕃军,建立了高昌回鹘政权,回鹘王室转为仆固系。仆固墓志的出土对研究仆固和回纥历史具有重要意义。

在墓地所在的和日木·登吉古城曾采集到契丹遗物,被断为契丹城[3]。城外古墓出土了墓志,可知和日木·登吉古城原本是唐朝北方羁縻州之一金微州的都督治所,后被契丹沿用。关于金微州都督府的地望史学界有多种说法,此墓志证明了史书记载的独乐水、独乐河就是今天的土拉河,金微州在土拉河流域,这为推定铁勒九姓其他各部的地望提供了可靠的坐标基点。

自从蒙古国青陶勒盖古城发掘后,国外学术界普遍认为此城是辽镇州城。《辽史·地理志》载:"镇州,建安军,节度。本古可敦城。统和二十二年皇太妃奏置。"《辽史·圣宗

---

[1] 司马光:《资治通鉴·唐纪》卷二百二十三,中华书局,1956年。
[2] 杨富学:《〈张淮深变文〉所见"破残回鹘"来源考》,《文献研究》第1辑,学苑出版社,2010年。
[3] 滕铭予译:《和日木·登吉古城》,《边疆考古研究》第5辑,科学出版社,2006年。

纪》载统和二十一年（1003年）"修可敦城"，二十二年（1004年）"以可敦城为镇州，军曰建安"，明确说明镇州是利用可敦城修建而成。然而青陶勒盖古城没有发现回鹘文物，是辽代新建的城。和日木·登吉古城曾经是回鹘三位可敦的娘家城，被称为"本古可敦城"是符合客观事实的。所以和日木·登吉古城才是真正的镇州城。

附记：墓志照片由参与仆固墓发掘的巴图提供，墓志释读得到吉林大学古籍研究所吴良宝和敦煌研究院杨富学的帮助，在此一并致谢。

（原载《文物》2014年第5期）

吐尔基山辽墓墓主身份解读

2003年5月，内蒙古通辽市科左后旗吐尔基山发掘了一座辽墓，因其内涵丰富而引起广泛关注[1]。该墓墓主服饰特殊，在以往考古发现中从未见过，解开墓主身份之谜，是探索该墓的发掘在契丹历史研究中之作用的关键。本文以民族学资料与吐尔基山墓对比分析为基础，试对此墓墓主身份进行初步的解读。

一、吐尔基山辽墓墓主是一位契丹萨满

吐尔基山辽墓墓室内只安葬一位成年女子，墓内随葬马具和银质角号，符合契丹游牧射猎生活，与以往发掘的契丹墓相似，墓主人应该是契丹人。从其特殊的装扮可以认定其身份乃是一位女萨满，理由如下：

第一，墓主头上的"金片圈成的冠帽"乃是较成熟的萨满帽盔。

吐尔基山辽墓墓主是一位青年女性，头上戴的"金片圈成的冠帽"由帽圈、十字梁、顶托、罩形带四部分组成。帽圈是用一条金片绕成。帽圈之上的前后左右各起一条金片，形成半球形十字梁。十字梁交叉处是一个花形圆台式的顶托，顶托中心有一圆形凹窝，可以镶嵌宝珠。帽圈下接罩形带，即在帽圈的右侧伸出一条金片，从右脸颊向下，罩住下颌，再沿左脸颊向上伸，在帽圈的左侧与帽圈缠接。金帽各部位金片焊接，连为一个整体，唯独帽圈左侧与帽带的连接是缠扣式，可以随意开合。这种帽子的基本结构是圆圈加十字梁，我们暂称之为"圆圈十字梁式帽"。

这种形制奇特的冠帽在以往出土的实物中还没有见过，在古墓壁画中也难觅其形象。

---

[1] 王大方：《穿越千年——吐尔基山辽墓彩棺开棺目击》，《中国文物报》2003年6月18日第1版；塔拉、孙建华：《吐尔基山辽墓展览》，《中国文物报》2004年3月24日第5版。

但是在民族学萨满教田野调查资料中，却是常见的形制。现列举五例：

例一，大兴安岭中的鄂温克族1989年奥米那楞祭典上萨满头戴的神帽，由金黄色的铜帽架、内衬布帽胎和垂挂彩条布组成。帽架基本结构由帽圈、十字梁和顶托构成。在黄色帽圈左右各垂一条棕红色的帽带，帽带挽系于颔下。前梁与帽圈结合部还缀挂火焰珠，黑色帽胎有四叶花和龙纹，构成二龙吐珠的图案。在顶托之上立双鹿角，顶托中心有红珠。顶托后部挂彩色布条带[1]。该神帽比吐尔基山辽墓冠帽复杂，但是二者金属帽架基本结构却惊人地相似。

例二，大兴安岭鄂伦春族的萨满帽形式与鄂温克族萨满帽相似，以铜或铁制作圆圈和十字梁[2]。

例三，珲春满族尼玛查哈拉氏（汉姓杨氏）1986年萨满野祭时头戴的神帽也是金黄色的帽架，帽架也是以帽圈、十字梁和顶托为基本构成[3]。帽架内衬红色布帽胎，两侧用红色布帽带系于颔下。顶托上插戴树枝和铜铃等物。现沈阳故宫展出的满族萨满神帽也是由金属的帽圈、十字梁、顶托以及顶托上的附加物组成。

例四，新疆锡伯族1987年萨满祭祀时头戴的神帽架为铁制，也是如此结构，由帽圈、十字梁和顶托构成。内衬褐色软帽胎，没有帽带。顶托上连缀彩色布条[4]。

例五，1999年笔者参观俄罗斯西伯利亚科学分院考古与民族研究所博物馆时看到展品中有伊尔库茨克的科得人萨满神帽，是铁圈上加十字梁，梁顶竖立铁鹿角。

从民族学资料可以看出圆圈十字梁式的金属帽盔是现今北方萨满教萨满神帽的基本帽盔样式，流布甚广。其形似武士头盔，金属质地，光亮而坚硬。萨满在通神过程中不断降魔驱鬼，戴此帽盔能显示出萨满的勇猛威仪。其条片连接结构可随时根据需要插戴多种饰物。这些饰物对萨满祭祀非常重要，因为它们象征着萨满的法力、精灵助手、代表萨满观念等。如例一中鄂温克族的萨满帽在顶托部位带鹿角，前额梁处佩红色火焰珠，与两侧的龙构成二龙吐珠图案。例三中满族萨满帽顶托插着象征宇宙树的树枝，树上挂着铃铛，其帽圈外挂铜镜，帽子顶和后部可以系挂彩色的长布条。跳动是萨满教祭祀仪式中萨满最具特征的表现手法，东北民间现今把萨满教祭祀俗称为"跳大神"。由于帽架是金属制作的，较厚重笨拙，再插戴一些花饰、神偶等，就显得更加笨重。萨满跳动时萨满帽容易脱落，所以常常在帽圈上缠系帽带，帽带绕系于颔下，连系牢固。

吐尔基山辽墓出土的冠帽属于典型的圆圈十字梁式的金属帽盔，现代萨满教中流行

---

[1] 郭淑云、王宏刚：《活着的萨满——中国萨满教》，辽宁人民出版社，2001年，第33页，图51。
[2] 鄂·苏日台：《鄂伦春狩猎民俗与艺术》，内蒙古文化出版社，2000年，第208、209页。
[3] 郭淑云、王宏刚：《活着的萨满——中国萨满教》，辽宁人民出版社，2001年，第48、49页，图73～75。
[4] 郭淑云、王宏刚：《活着的萨满——中国萨满教》，辽宁人民出版社，2001年，第80、81页，图121～124。

的萨满帽就是以这种金属帽为基本帽架,增加一些挂件、鹿角,内衬帽胎。这种圆圈十字梁式的金属帽盔,既不能挡风遮雨,也不能有效抵御利器对头部的攻击,还比较笨重,不适合日常生活使用。辽墓壁画中描绘的各种人物都不戴这种帽。因此,可以推测这种金属帽盔在辽代也是萨满专用的神帽。

第二,墓主衣服腿部缀铃是萨满服饰的重要特征。

萨满服饰中铜铃铛是重要的法器。铜铃铛"有多有少,有大有小,它代表魂魄精灵,也是神。在祭祀的各种响器中,它显得清脆、独特,烘托自然宇宙各种现象的气氛,也象征着神灵的踪迹。人们认为神之行走是有声音的,走到哪,人们看不见,但铜铃一响就知道神来了"[1]。所以,萨满服饰中经常缀挂铜铃,缀挂部位包括神帽、上身正面、身后及腰带、随身神鼓等。挂在腰带上的铜铃叫腰铃,腰铃和手抓扁鼓是东北各族萨满跳神祭祀时必须使用的两种"响器"。新萨满向老萨满学习的主要技术之一就是甩腰铃,以达到模拟各路神灵特有的行走声、飞翔声、与魔鬼打斗声等效果。与吐尔基山辽墓衣服缀铃最为接近的服饰是鄂温克族和达斡尔族的萨满袍服,如鄂温克族1989年奥米那楞祭典上萨满在膝下挂三层圆形小铜铃,1992年都故巴图拍摄的鄂温克族女萨满乌日娜的袍服也是在膝下挂三层圆形小铜铃,1992年郭淑云拍摄的达斡尔族的萨满袍服下部悬挂4层小铜铃,1957年珠荣嘎拍摄的达斡尔族黄格萨满穿的袍服下部也挂着成排的铜铃[2]。吐尔基山辽墓契丹女主人其膝部衣服上发现成串的铜铃约有20个,这与鄂温克族、达斡尔族萨满服缀挂小铜铃铛手法一致,是萨满服饰的重要特征。

神册元年(916年)春二月,辽太祖耶律阿保机在龙化州东筑坛,举行上尊号册封皇帝仪式,建元神册。"初,阙地为坛,得金铃,因名其地曰金铃冈,坛侧满林曰册圣林"[3]。正是因为铃铛在契丹传统宗教信仰中是神灵,金铃是尊贵天神的化身,阿保机才精心策划了筑册封坛时掘土获得金铃之奇事,以示其登基是天神之意,以此使那些信奉萨满教的各族部落在心灵上产生对其最高权力的认可。可见契丹对萨满响器之铃是相当敬畏而尊崇的。

缀挂在契丹女主人衣服上的铜铃是契丹萨满使用的法器,是神灵的体现,具有镇魔辟邪等神奇功能。吐尔基山墓的木棺外悬挂铜铃,也是萨满教铜铃,是棺内萨满的神灵助手,起到驱除邪魔,镇守萨满居所,增强萨满法力的作用。

第三,墓内出土的金片流苏为萨满服所特有。

吐尔基山墓墓主人"头上戴金片圈成的冠帽,还有2件尺状金片,下缀一排成串的流

---

[1] 孟慧英:《中国北方民族萨满教》,社会科学出版社,2000年,第239页。
[2] 郭淑云、王宏刚:《活着的萨满——中国萨满教》,辽宁人民出版社,2001年,第36页,图56;第40页,图63、64;第41页,图65、66。
[3] 脱脱等:《辽史·太祖本纪》卷一,中华书局,1974年,第10页。

苏"。这两件"流苏"在以往辽墓中从未见过,辽墓壁画中的契丹人也从不佩带流苏,所以可以初步判定不是契丹日常服饰。

流苏是现今北方萨满教常见的服饰,郭素云在《原始活态文化——萨满教透视》中总结萨满神帽流苏有10种之多,吐尔基山墓出土的流苏形态与郭素云所列第10种"绒绳流苏"相似。"流苏主要起遮面的作用。其并非装饰之物,而是护己卫神的掩面用具"[1]。现今的萨满服盛行悬缀流苏、彩带、皮条,这些飘动的饰物随萨满跳动而飘摆翻飞,既暗示神灵飞翔的本能、勇猛威武的气势,又能增添神秘性。

根据以上三条可以认定,吐尔基山辽墓的墓主是以萨满装入殓的契丹萨满,契丹信奉的原始宗教是萨满教。

二、吐尔基山辽墓墓主是服务于皇室的"太巫"

有关契丹史料记载中没有"萨满"一词,但是有"巫"。如《辽史》卷五十三《礼志六》云:"正旦,国俗以糯饭和白羊髓为饼,丸之若拳,每帐赐四十九枚。戊夜,各于帐内窗中掷丸于外。数偶,动乐,饮宴。数奇,令巫十有二人鸣铃,执箭,绕帐歌呼,帐内爆盐垆中,烧地拍鼠,谓之惊鬼,居七日乃出。"[2]这里明确记载巫鸣铃驱鬼,考虑到契丹信仰萨满教,铃属于萨满教法器,所以能确认这里的巫就是萨满,是为皇室服务的萨满。正旦一次使用12位萨满驱鬼,可见辽朝侍御萨满之多。

《辽史》记载参加辽皇帝祭祀活动的萨满有巫、太巫,或巫、大巫之分。如皇帝在木叶山举行祭山仪时,"牲用赭白马、玄牛、赤白羊,皆牡。仆臣曰旗鼓拽剌,杀牲,体割,悬之君树。太巫以酒酹牲,……诣祭东所,群臣、命妇从,班列如初。巫衣白衣,惕隐以素巾拜而冠之,巫三致辞。每致辞,皇帝、皇后一拜,在位者皆一拜。……命中丞奉茶果、饼饵各二器奠于天神、地祗位。执事郎君二十人持福酒、胙肉,诣皇帝、皇后前。太巫奠酹讫,皇帝、皇后再拜,在位者皆再拜"[3]。这里太巫与巫并举,在祭山仪式过程中,各有分工。巫负责祝辞祷告,太巫负责向天神敬酒酹祭。辽兴宗皇帝为圣宗皇帝举行丧葬仪时"大行之夕四鼓终,皇帝率群臣入,柩前三致奠,奉柩出殿之西北门,就辒辌车,藉以素裀。巫者袚除之。诘旦,发引,至祭所,凡五致奠。太巫祈禳。皇族、外戚、大臣、诸京官以次致祭"[4]。

---

[1] 郭素云:《原始活态文化——萨满教透视》,上海人民出版社,2001年,第631页。
[2] 脱脱等:《辽史》卷五十三《礼志》,中华书局,1974年,第877页。
[3] 脱脱等:《辽史》卷五十三《礼志》,中华书局,1974年,第834、835页。
[4] 脱脱等:《辽史》卷五十《礼志》,中华书局,1974年,第839页。

当圣宗皇帝灵柩放入灵车时，由巫祭祀驱鬼。之后，灵车到祭祀地，由太巫祭祀祈祷避灾。以上两例都是巫与太巫并举，巫应该是小萨满，太巫是大萨满。契丹在岁除仪中有"巫及大巫以次赞祝火神讫"[1]。这里对岁除仪祭祀过程描述得很简单，但是巫与大巫并举，没有太巫。"大"与"太"通用，所以大巫可能就是太巫，是大萨满。现代萨满教中萨满也分等级，根据法力大小有大萨满和小萨满的区别。辽朝皇家御用萨满至少可以分为太巫（大巫）和巫两个等级，在祭祀时各有职能分工。

契丹皇帝出生也是由太巫接引来到人间，这可以从再生仪中观察到。再生仪每十二年举行一次，"倒植三岐木"（就是把"Y"形的树木倒栽植于地），在请神活动之后，皇帝解去衣服，赤脚，三过木下，卧于木侧，老叟击打箭箙曰："生男矣。""太巫幪皇帝首，兴，群臣称贺，再拜。产医妪受酒于执酒妇以进，太巫奉襁褓、彩结等物赞祝之。"[2]这里的太巫就是大萨满，是神与人之间的使者，岐木代表萨满教的宇宙树，是天梯，同时也象征母亲。在这个仪式中，契丹皇上赤体卧于木旁，象征天神沿着宇宙树降落于地，大萨满用巾覆盖在皇帝头上，表示天神已经被接引到人间，皇帝起来，就完成了转世降生过程。所以契丹皇帝的降生过程是天神在太巫的导引下完成了由神到人的转换过程。契丹皇帝的出生是太巫（大萨满）接引到人间，皇帝驾崩还是由太巫把其灵魂送回天国，太巫对辽朝皇帝的重要性可见一斑。

现在民间萨满使用的圆圈十字梁神帽一般为铁质或铜质，而此墓主人使用金质神帽，显示出其身份高于民间萨满。墓主人不仅头戴金质神帽，而且肩上各有日月图案的金牌一块，胸部丝织品上有墨书契丹大字"天""朝"等文字，表现出她的通神活动与国家命运相关。

综合以上条件，推测此墓的主人是直接服务于契丹皇室的"太巫"。

吐尔基山墓内出土较多贵重的随葬品。其中有一高脚玻璃杯，质地精细，晶莹剔透。辽宋时期中国不产玻璃容器，以往宋塔和辽墓发现的玻璃容器都是来自中亚的伊斯兰玻璃，这件玻璃杯也是伊斯兰玻璃。玻璃器在辽代特别珍贵，是高档的进口产品，只在辽陈国公主墓等极少数皇室国戚墓中出土过[3]。吐尔基山墓还有鎏金提梁银壶、纯金腰牌、银角号等罕见珍贵器物，说明墓主人生前地位特别显贵，可能还是一位皇室成员。萨满教本是产生于母系氏族阶段的原始宗教，萨满是氏族的精神核心，世代在氏族内相传。辽国皇室出于迭剌部耶律氏，服务于皇室的萨满也应该出于耶律氏皇族内。故可推测吐尔基山

---

[1] 脱脱等：《辽史》卷四十九《礼志》，中华书局，1974年，第838页。
[2] 脱脱等：《辽史》卷四十九《礼志》，中华书局，1974年，第879页。
[3] 内蒙古文物考古研究所等：《辽陈国公主墓》，文物出版社，1993年，第175～189页。

墓主人是一位来自皇室的大萨满。

萨满教产生于母系氏族社会阶段,母系社会以女子占主导地位,萨满也是由女子担任。进入父权社会以后,男子居于社会的主导地位,男萨满开始出现,并逐渐成为主体。这一发展过程在不同的部落表现不一样。吐尔基山辽墓墓主人是女萨满,可能是一位能参与皇室重要祭祀的大萨满,说明在辽朝契丹萨满教体系中,女萨满仍然占据重要地位。

三、结　　语

吐尔基山墓墓主人着萨满装,完全可以肯定其身份是萨满。从随葬大量珍贵器物、穿戴金质帽盔等特点观察,初步确定是服务于皇室的大萨满。这从考古研究方面证实契丹人的原始宗教信仰是萨满教,《辽史》中的"巫"就是萨满,"太巫"是大萨满,为追索北方民族萨满教的历史奠定了一块可靠的基石。

契丹建国后,皇帝大力提倡佛教和道教,以适应皇权统治,但是契丹皇帝始终没有放弃萨满教信仰,萨满教与佛教、道教共同构成辽朝的宗教信仰体系。皇帝举行萨满教仪式对维护其统治、巩固皇帝地位有积极意义。萨满教祭祀是辽朝国俗,根深蒂固,每年都要举行各种各样的萨满教祭祀仪式,如凡举兵出征则"以青牛白马祭告天地、日神"[1],春捺钵则举行头鹅荐庙仪式[2]等。在以国制治契丹、以汉制待汉人的统治政策下,契丹萨满教文化在辽代继续发展。吐尔基山辽墓的精美独特的萨满装就是契丹萨满教文化得到发展的有力证明。

（原载《民族研究》2006年第3期）

---

[1] 脱脱等:《辽史》卷三十四《兵卫志》,中华书局,1974年,第397页。
[2] 脱脱等:《辽史》卷三十二《营卫志》,中华书局,1974年,第374页。

北京赵德钧墓
——辽帝默许的"皇陵"

在已发现的辽墓中,形制特殊者以辽代赵德钧墓为最,他采用了九室的皇陵级的墓葬形制。赵德钧墓为其子赵延寿所建,他为什么按照皇陵制度建造赵德钧墓?为什么辽太宗耶律德光能容忍他僭越?考究史料,与五代军阀割据混战,耶律德光巧妙利用赵德钧父子"自立为帝"幻想的特殊历史背景有关,现简要分析如下。

一、赵德钧墓的等级为皇陵级

该墓位于北京崇文区永定门外西马场,为仿木构建筑的砖室壁画墓,分前、中、后三正室,每个正室都分别筑左右两个侧室(图一)。位于中心的正室最大,是放置棺的主室,右后室是粮仓,左后室是钱库,所出完整的汉唐铜钱就达73 000余枚,为古墓所罕见。该墓早年被盗严重,在该墓前曾发现了赵德钧妻子的墓志,志题为"辽故卢龙军节度使太师中书令北平王赠齐王天水赵公夫人故魏国夫人种氏合附墓志铭"(以下简称《魏国夫人种氏墓志》)。赵德钧在后唐同光三年(925年)任卢龙节度使,镇幽州,后唐明宗时封北平王,后降辽,发掘者根据墓志确定这是赵德钧和种氏的合葬墓[1]。

辽代墓葬墓室的数量存在等级制度。最高等级是皇陵,为三正室四侧室的七室墓。如位于内蒙古巴林右旗的庆陵是辽圣宗永庆陵、兴宗永兴陵、道宗永福陵的总称,庆陵的三座皇陵都是前、中、后三正室,前室和中室又各带二个侧室的七室墓[2](图二)。第二等级墓是前、中、后三正室,二个侧室的五室墓,属于皇族特殊的亲王级墓。如赤峰大营子

---
[1] 北京市文物工作队:《北京南郊辽赵德钧墓》,《考古》1962年第5期。
[2] 田村实造、小林行雄:《庆陵》,京都座右宝刊行会,1952年,第40页。

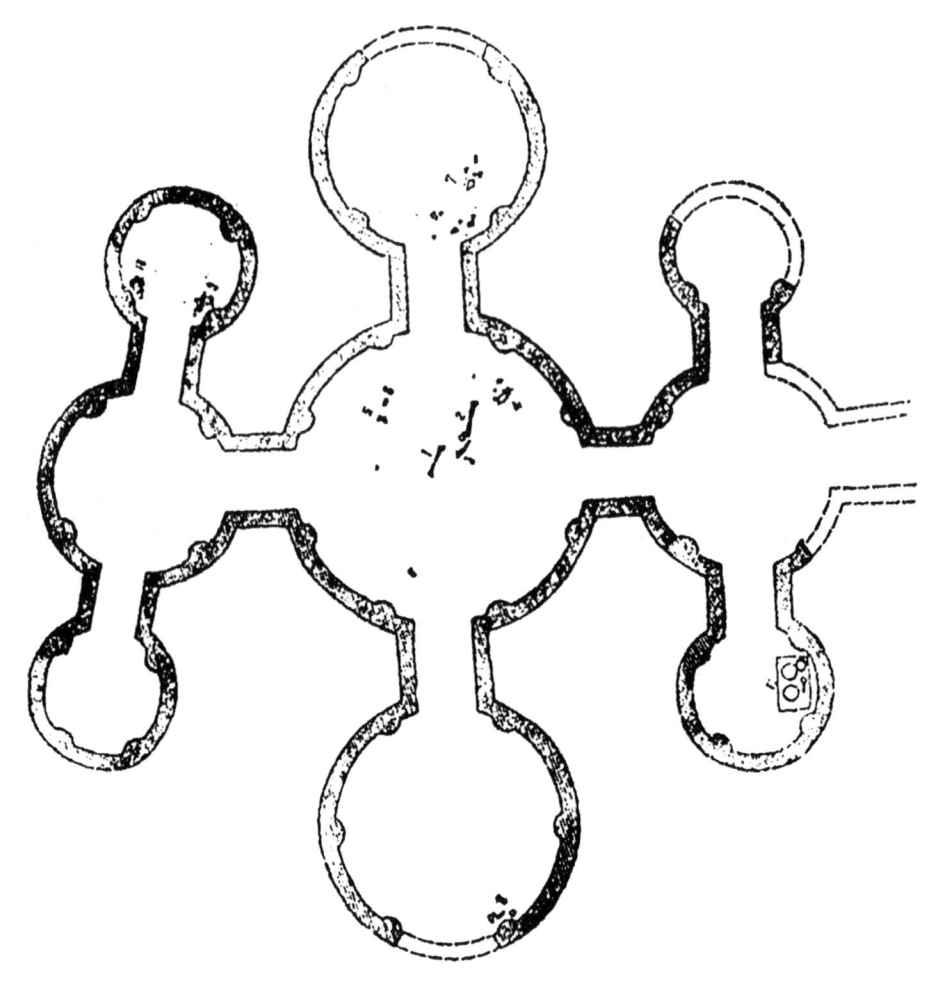

图一　赵德钧墓平面图

辽驸马墓,墓主萧沙姑死后追赠为"卫国王",其墓使用了这种五室墓[1]。而发现的其他亲王、郡王的墓是二正室二侧室的四室墓,如辽朝一代名臣耶律仁先被封为"十字功臣",尊为"尚父",封为宋王,也不过是这种四室墓[2]。赵德钧在降辽之前的实职是节度使,而同在北京发现的辽代节度使韩佚的墓是单室大墓,这是辽代汉人节度使的墓制级别。赵德钧在后唐时被封为北平王,墓志中的"赠齐王"应该是他降辽去世后辽朝给他的追封,因此他可以享受王级待遇,但是他是汉人降将,其墓制应该是前后二正室带二侧室的四室墓。而他的墓实际采用了九室墓,九乃数之最尊,墓室数量超过了七室的契丹皇帝陵,所以他的墓在辽墓等级上是皇陵级,是严重僭越。

---

[1] 前热河省博物馆筹备组:《赤峰县大营子辽墓发掘报告》,《考古学报》1956年第3期。
[2] 冯永谦:《发掘北票莲花山辽耶律仁先族墓的收获》,《辽金契丹女真史研究动态》1984年第3、4期合刊。

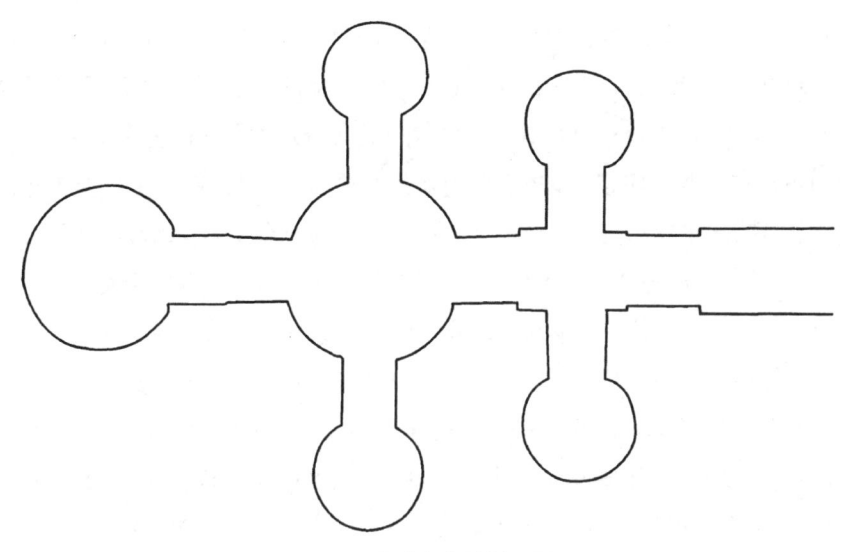

图二　庆陵之东陵平面图

辽朝和唐宋一样,对高级官员和贵戚的追赠与葬礼仪式有着等级规定,并派相应等级的官员负责监葬。辽萧义墓的墓志记:"皇上闻讣震悼,敕有司稽宠典以赠,官积休功而定□。其仪祭引,则中大夫守鸿胪少卿充史馆修撰韩纲承诏以领之。备礼窆夅则中大夫大理少卿张公孝奉命揔之。"[1]《秦晋国大长公主墓志铭》记载耶律观音女的丧事:"仍诏保静军节度使王英秀充祭葬使","特遣枢密使兼侍中南阳韩公绍雍夙夜襄事,一以如仪"[2]。赵德钧死后被辽朝廷追赠为齐王,说明辽朝皇帝耶律德光对他的丧事很重视,按礼,朝廷还要赐赠一些置办丧事的财物,并派官员参加葬礼,进行监葬,遗憾的是墓志被盗遗失,这些情况都没有文字可考。其墓规模宏伟,工程量大,墓葬形制的僭越行为朝廷不可能不知道,显然耶律德光对其采用皇陵级形制下葬是默许的。

二、赵德钧对幽州的经营

中央集权的唐王朝被颠覆后,中国进入了激烈动荡的群峰并立、割据混战的五代十国时期。907年梁王朱温称帝于汴州(开封),建立后梁。与梁并峙的还有很多割据势力,不断混战。其中东北方有卢龙节度使燕王刘守光盘踞幽州,刘守光909年称燕王,911年七月称帝,定国号"大燕"。西北方有河东节度使晋王李克用父子占据山西一带,李克用是沙陀

---
[1] 温丽和:《辽宁法库县叶茂台辽萧义墓》,《考古》1989年第4期。
[2] 郑绍宗:《秦晋国大长公主墓志铭》,《考古》1962年第8期。

胡人，908年卒，其长子李存勖于太原即位，他向东扩张，913年十一月拔幽州灭燕，刘守光被俘后死于太原。923年四月庄宗李存勖称帝于魏州，国号"唐"，十月灭梁，迁都洛阳。

赵德钧，本名行实，幽州人也，为幽州刘守光的将校，《旧五代史·晋书·赵德钧传》记，"署为幽州军校。及唐庄宗伐幽州，德钧知其必败，乃遁归庄宗。庄宗善待之，赐姓，名曰绍斌，累历郡守，从平梁，迁沧州节度使。同光三年（925年），移镇幽州。明宗即位，遂归本姓，始改名德钧"。《辽史·太宗纪》记，天显六年（931年）十二月"遣人以诏赐唐卢龙军节度使赵德钧"，可知赵德钧镇幽州的实际官职是卢龙军节度使。《新五代史·四夷附录》载："自唐末幽、蓟割据，戍兵废散，契丹因得出陷平、营，而幽、蓟之人岁苦寇钞。自涿州至幽州百里，人迹断绝，转饷常以兵护送。契丹多伏兵盐沟，以击夺之。庄宗之末，赵德钧镇幽州，于盐沟置良乡县，又于幽州东五十里筑城，皆戍以兵。及破赫邀等，又于其东置三河县。由是幽、蓟之人始得耕牧，而输饷可通。"《旧五代史·唐书·明宗纪》载："（长兴三年，932年）六月壬子朔，幽州赵德钧奏：新开东南河，自王马口至淤口，长一百六十五里，阔六十五步，深一丈二尺，以通漕运，舟胜千石，画图以献。"这些史料都记载了赵德钧在幽州加强军事防务，取得成效，使得幽州百姓能够免受契丹侵扰，安居乐业；还开凿了运河，发展水运，使经济得到发展。《旧五代史·赵德钧传》言："甚有善政，累官致检校太师，兼中书令，封北平王。"《魏国夫人种氏墓志》则记，"齐王（赵德钧）附翼皇唐，策勋清庙"，皇唐即后唐，他在后唐治理幽州的十年间政绩显著，民望高，得到朝廷的肯定与奖赏。

三、赵德钧父子称帝企图的破灭

《新五代史·四夷附录》载："其子延寿，本姓刘氏，常山人也。其父阮为蓨县令，刘守文攻破蓨县，德钧得延寿并其母种氏而纳之，因以延寿为子。延寿为人，姿质妍柔，稍涉书史。明宗以女妻之，号兴平公主。"皇室与其联姻后，赵德钧父子更被朝廷倚重。赵延寿官至宣武军节度使、枢密使，镇守许州。唐明宗李嗣源还把另一个女儿永宁公主嫁给石敬瑭。在契丹、吐浑入侵北边时，驸马都尉石敬瑭在赵延寿等人的推荐下，被任命为河东节度使、大同彰国振武威塞等军蕃汉马步军总管，掌握了太原的兵权。后唐应顺元年（934年）末帝李从珂（李嗣源的养子，原名王二十三）登基于洛阳。李从珂与石敬瑭当初在李嗣源手下皆以勇力过人著称，彼此存有竞争之心。因此李从珂即位后，对石敬瑭愈发猜忌，而石敬瑭亦有谋反之意。清泰三年（936年），石敬瑭以调镇他处试探，而李从珂果真将石敬瑭改任天平节度使，石敬瑭因此于936年五月在太原拥兵自立。李从珂命各镇联合讨伐。张敬达发兵军逼太原。石敬瑭则遣使契丹，请求耶律德光援助扶持建国。《资治通鉴·晋纪》载:"石敬瑭遣间使求救于契丹,令桑维翰草表称臣于契丹主,且请以父礼事之,约事捷之日,割卢龙一道及雁门关以北诸州与之。""表至契丹,契丹主大喜,白其母曰:'儿比梦石郎遣使来,今果然,此天意也。'"耶律德光亲率大军直扑太原解围。

后唐末帝同时也命赵延寿讨伐石敬瑭。赵德钧认为后唐政局不保,他在幽州的根基稳固,趁乱自立的时机已经到来,所以赵德钧自请带幽州镇兵讨伐石敬瑭。后唐末帝察其有异志,命赵德钧北出张家口的飞狐岭,攻打敌后,而赵德钧不听君命,向南进军,与赵延寿兵汇合,末帝李从珂只好封赵德钧为诸道行营都统,赵延寿为太原南面招讨使。《旧五代史·赵德钧传》载:"时范延光领兵二万军于辽州,德钧欲并其军,奏请与延光会合。唐末帝谕延光,疑其奸谋,不从。"这条记载反映了赵德钧企图扩大军队实力,吞并范延光部队没有得逞。赵德钧自潞州引军至团柏谷。又多次向皇帝提出任命赵延寿为镇州节度使,末帝怒斥说"德钧父子握强兵,求大镇。苟能破契丹而取太原,虽代予亦可。若玩寇要君,恐犬兔均毙耳",不许,派遣使者催促进军太原。赵德钧在扩充军队实力的计划连连受挫的情况下,开始谋划仿效石敬瑭的做法,争取契丹的支持。《旧五代史·赵德钧传》载:"德钧持疑不果,乃遣使于契丹,厚赉金币,求立以为帝,仍许晋祖长镇太原,契丹主不之许。"关于此事,《资治通鉴·晋纪》有详细记载:"闰月,赵延寿献契丹主所赐诏及甲马弓剑,诈云德钧遣使致书于契丹主,为唐结好,说令引兵归国;其实别为密书,厚以金帛赂契丹主,云:'若立己为帝,请即以见兵南平洛阳,与契丹为兄弟之国;仍许石氏常镇河东。'契丹主自以深入敌境,晋安未下,德钧兵尚强,范延光在其东,又恐山北诸州邀其归路,欲许德钧之请。帝(石敬瑭)闻之,大惧,亟使桑维翰见契丹主,说之曰:'大国举义兵以救孤危,一战而唐兵瓦解,退守一栅,食尽力穷。赵北平父子不忠不信,畏大国之强,且素蓄异志,按兵观变,非以死徇国之人,何足可畏,而信其诞妄之辞,贪豪末之利,弃垂成之功乎!且使晋得天下,将竭中国之财以奉大国,岂此小利之比乎!'契丹主曰:'尔见捕鼠者乎,不备之,犹或啮伤其手,况大敌乎!'对曰:'今大国已扼其喉,安能啮人乎!'契丹主曰:'吾非有渝前约也,但兵家权谋不得不尔。'对曰:'皇帝以信义救人之急,四海之人俱属耳目,奈何二三其命,使大义不终!臣窃为皇帝不取也。'跪于帐前,自旦至暮,涕泣争之。契丹主乃从之,指帐前石谓德钧使者曰:'我已许石郎,此石烂,可改矣。'"石敬瑭争取契丹支持的最主要条件是割给契丹燕云十六州,并臣属契丹,赵德钧提出的条件则是"厚赉金币",没有割地和臣属的内容,对契丹没有什么实质的好处,这是契丹拒绝之主因。至此,赵德钧自立称帝已经没有希望。

936年九月契丹军队大败张敬达,石敬瑭出太原城北门与耶律德光会面,约为父子。张敬达退守晋安寨,被契丹军围困。后唐末帝又命令赵德钧父子支援张敬达,赵德钧父子却屯兵不动。十一月,耶律德光扶立石敬瑭称帝,建立后晋,割燕云十六州给契丹。长期被困的张敬达苦守粮绝,没有盼到援军而兵变被部下所杀,全军投降契丹。赵德钧父子从团柏谷退走潞州,军心涣散导致溃败,投戈弃甲,自相腾践,死者万计。随后耶律德光军队追到潞州,赵德钧父子率军投降,幽州之地归入契丹。《旧五代史·赵德钧传》载:"时契丹主问德钧曰:'汝在幽州日,所置银鞍契丹直何在?'德钧指示之,契丹尽杀于潞之西郊,遂锁德钧父子入蕃。"石敬瑭与契丹大军得以顺利南下进逼京师洛阳,后唐末帝自焚而死,后唐亡。

赵德钧父子投降后没有得到契丹人的善待,也没有得到一般俘虏的待遇,而是被锁入北去,还遭到奚落嘲讽。《资治通鉴》记,太后问曰:"汝近者何为在太原?"德钧曰:"奉唐主之命。"太后曰:"汝从吾儿求为天子,何妄语耶!"又自指其心曰:"此不可欺也。"又曰:"吾儿将行,吾戒之云:'赵大王若引兵北向榆关,亟须引归,太原不可救也。'汝欲为天子,何不先击退吾儿,徐图亦未晚。汝为人臣,既负其主,不能击敌,又欲乘乱邀利,所为如此,何面目复求生乎?"德钧俯首不能对。太后又问:"田宅何在?"曰:"俱在幽州。"太后曰:"属我矣,又何献也?"《契丹国志》:"德钧郁郁不多食,逾年而死。德钧既卒,国主释延寿而用之。"《旧五代史·晋书·赵德钧传》:"未几,契丹主以延寿为幽州节度使,封燕王,寻为枢密使兼政事令。"这些史料说明了赵德钧长期经营幽州,梦想当皇帝,现在皇帝梦破灭,幽州又失,委屈于异族,次年(937年)因心情抑郁而死。从锁德钧父子而去和述律皇后傲慢地羞辱他们看,这时的耶律德光还没有笼络、利用赵德钧父子。他死之后,耶律德光开始重用赵延寿,对其待遇发生重要转变,赵德钧才能被追赠齐王。

四、赵延寿称帝幻想被契丹利用

赵德钧、赵延寿虽然投降契丹,但是内心深处仍然抱有"寻找时机,回归幽州,称帝立业"的幻想。《魏国夫人种氏墓志》载:"长子枢密使、中京留守、承德军节度使、太师、守侍中、兼政事令、大丞相、燕王延寿,□□归□,志在霸秦。"耶律德光看重延寿的才能和在汉人中的雄厚人脉基础,也知道他的幻想,因此就利用他的称帝梦想,侵占中原,灭掉后晋。为了拉拢他给予高官王爵,燕王赵延寿为南京留守,总山南事,即燕山以南的事物皆归他负责管理。《魏国夫人种氏墓志》记载辽太宗还与他"执手相欢"。

942年石敬瑭死,后晋出帝即位,次年后晋与辽国的依附关系破裂。《新五代史·四夷附录》载:"德光尝许赵延寿灭晋而立以为帝,故契丹击晋,延寿常为先锋。"《旧五代史·赵德钧传》载:"天福末,契丹既与少帝绝好,契丹主委延寿以图南之事,许以中原帝之。延寿乃导诱蕃戎,蚕食河朔。"耶律德光许愿给赵延寿,灭晋立以为中原帝,赵延寿信以为真,特别卖力。第一次攻晋失利,耶律德光战败逃回,"至幽州,其首领大将各笞数百,独赵延寿免焉"。赵延寿得到特殊的待遇。第二次攻晋时,赵延寿使用了诈降计策,以陷虏久而思归为由引诱后晋出兵接应,后晋杜重威中计被围粮绝,遂举军降。"晋军既降于中渡,戎王命延寿就寨安抚诸军,仍赐龙凤赭袍,使衣之而往。谓之曰'汉儿兵士,皆尔有之,尔宜亲自慰抚'"。按汉人礼仪,龙袍是天子专用礼服,赵延寿穿龙凤袍是严重的僭越,耶律德光赐给赵延寿以龙凤赭袍,让他穿着龙凤赭红袍安抚投降的晋军,是为消除汉人士兵对契丹人的敌视心理,暗示契丹虽然占领汉地,但是未来直接统治者是汉人赵延寿,契丹只是控制扶持而已。

后晋出帝投降,后晋灭亡。《新五代史·四夷附录》载:"德光已灭晋,而无立延寿意,延寿也不敢自言。"于是当耶律德光攻克汴京城时,延寿托李崧向辽太宗请求封他为皇太子,以此提醒耶律德光曾经有灭晋后立他为中原帝的许诺,幻想能够兑现此事。"'吾于燕王无所爱惜,虽我皮肉,可为燕王用者,吾可割也。吾闻皇太子是天子之子,燕王岂得为之?'乃命与之迁秩。翰林学士张砺进拟延寿中京留守、大丞相、录尚书事、都督中外诸军事。德光索笔,涂其'录尚书事、都督中外诸军事',止以为中京留守,大丞相"。辽太宗把他升迁为中京留守,大丞相,但是圈去"录尚书事、都督中外诸军事",实际是明升暗降,削去他的兵权,并使他离开幽州老巢。赵延寿出生入死为之奋斗的称帝理想化为泡影。

赵延寿经过这次打击后仍不死心,抱着幻想等待时机。耶律德光从汴京城返回草原途中突然病逝于栾城杀胡林。随行大臣有其侄子永康王兀欲(辽世宗)、燕王赵延寿等人,他们都进入镇州城。赵延寿感觉有机可乘。《新五代史·四夷附录》载:"延寿自称权知军国事,遣人求镇州管钥于兀欲,兀欲不与。"赵延寿左右的人劝说,"契丹大人聚而谋者讻讻,必有变,宜备之。今中国之兵,犹有万人,可以击虏;不然事必不成"。赵延寿犹豫不决。兀欲设宴软禁赵延寿,籍其家赀。赵延寿企图掌握兵权而发动兵变称帝,在萌芽中被摧毁,赵延寿称帝之幻想彻底破灭。次年(948年)赵延寿卒。

由于赵德钧墓的墓志被盗丢失,妻子种氏在应历八年(958年)附葬于赵德钧墓,种氏墓志未写赵德钧下葬年代,所以不能确定准确的建墓年代,但根据史料记载可以推测。937年赵德钧死,次年即会同元年(938年),以赵延寿为枢密使,升幽州为南京,赵延寿在太宗会同三年(940年)赴任幽州节度使,旋即升为南京留守,不会把其父亲遗体长期留在契丹地,应该同时或不久把其父遗骨从契丹本土运回燕京安葬。943年冬耶律德光率诸部南下,赵延寿开始击晋。故赵德钧墓应为太宗会同三年到会同六年(940~943年)赵延寿初归燕京时所建。

按照中国古代礼制,皇帝登基后,如果父亲不是皇帝,一般要追封父祖为皇帝,如赵匡胤登基后追封其父为武昭皇帝,庙号宣祖,建永安陵。赵延寿以为自己能在灭晋之后被扶植称帝，所以他按照皇陵的形制修建了赵德钧墓，圆了其父生前称帝的梦想，也表达继承其父的遗志。此时正值赵延寿刚刚被重用，还没有施展拳脚之时，他对辽太宗耶律德光是否真心扶持他称帝，应该存在疑虑。按照皇陵级别设计和修建其父的墓葬，也可能成为他试探辽太宗真实意图的一步棋——辽太宗是否阻止他这种超前的"皇帝待遇"的僭越行为。实际上太宗对其修建"皇陵"之墓的容忍或默许，以及后来赐给赵延寿龙凤赭袍，并让他穿着龙凤袍受降后晋兵将，都是不断向赵延寿发出未来立其为帝的假信号，以此为诱饵，让其竭力帮助太宗获取中原，以坚定他的斗志罢了。模仿皇陵的赵德钧墓是五代与契丹错综复杂关系的特殊产物。

附记：本文研究获得教育部新世纪优秀人才支持计划资助。

（原载《庆祝张忠培先生八十岁论文集》，科学出版社，2014年）

辽墓反映的契丹人汉化与汉人契丹化

辽朝虽然实行番汉分俗而治的政策,但民族之间的融合仍然得到一定发展,契丹人汉化与汉人契丹化的社会现象深入到诸多方面,也是辽史研究中的重要课题。学界以往对此问题的研究以文献史料为主,但考古发现的辽墓内涵丰富,对探讨这一问题提供了大量实物资料。本文拟从考古学研究视角,对辽墓所反映的契丹人汉化与汉人契丹化问题进行初步探讨。

一、辽代契丹墓与汉人墓的一般特征

(一)契丹墓的一般特征

契丹墓主要发现在今内蒙古东南部、辽宁北部和西部,即以辽上京城与中京城为中心的辽西地区。契丹墓的一般特征有以下几点:1. 契丹墓形制上以砖室墓为多,也有少量的石室墓和土坑竖穴墓。砖室墓和石室墓中,墓室常有木护壁[1]。木护壁有两种形式:第一种是木护壁的枋木紧贴墓室的内壁构筑,如奈曼旗的陈国公主墓是四室的砖室墓,后室是主室,为圆形,紧贴墓壁砖墙是一层木护壁,用木条围成圆形,顶用木板起券[2]。第二种是木护壁距墓壁有较窄的空隙,如赤峰驸马赠卫国王墓是五室的砖室墓,中室是方形主室,有方形的木护壁,木护壁距墓壁有较窄的空隙[3]。第二种木护壁在平面形式上也可能与墓室的平面形式不一致,如解放营子墓,是单室砖室墓,墓室为圆形,而木护壁为八角

---

[1] 韩宝兴、李宇峰、王爽:《辽宁建平县丰山村辽耶律霞兹墓地发掘简报》,《辽金历史与考古》第1辑,辽宁教育出版社,2009年,第42页。
[2] 内蒙古自治区考古研究所、哲里木盟博物馆:《辽陈国公主墓》,文物出版社,1993年,第14页。
[3] 前热河省博物馆筹备组:《赤峰县大营子辽墓发掘报告》,《考古学报》1956年第3期,第9页。

形[1]。木护壁与墓壁之间一般无任何物件,仅阿鲁科尔沁旗乌兰哈达墓在石墓壁与木护壁之间的西北角和东北角各放一件鸡冠壶[2]。2. 部分契丹砖室墓中有雕砖壁画装饰,壁画往往有游牧、出猎、山林、髡发契丹人、鞍马、驼车、旗鼓仪仗、煮肉、托鹰等反映游牧射猎生活的内容。3. 契丹人信奉萨满教,认为人的灵魂寓于尸骨躯壳内,采用尸骨葬,直肢,头东向或东北向。部分墓葬的墓主使用金属面具、金属网络、金属靴底笼罩尸体,以便长期保持人的形态。一般没有棺具,而是陈尸于棺床之上。如陈国公主墓,公主和驸马都是头东脚西直接陈放在棺床之上,没有发现任何木质葬具痕迹。少量墓葬有木棺或石棺。4. 契丹墓中常见有马具和兵器,兵器以箭镞(包括鸣镝)为主,这是契丹人重视骑射的反映。马具和兵器不但在男性墓和夫妇合葬墓中有,女性墓中也常见,如吐尔基山墓[3]、南皂力营子M1[4]、叶茂台M7[5]都是仅安葬一位成年女子的墓葬,墓内都出土了成套的马具,有的还有号角或兵器。5. 随葬的陶瓷器中,契丹墓中常见有鸡冠壶、盘口穿带壶、穿带扁壶等具有游牧文化色彩的辽瓷。6. 契丹式贵族墓中普遍随葬串饰,质地以玛瑙、琥珀、水晶最为常见。金丝球饰,形状有铅坠形和一端为圆头的长管形。

(二)汉人墓的一般特征

辽代的汉人墓主要发现在今北京、山西大同、河北宣化、辽宁、内蒙古东南部等地区,其中以燕云地区为主。汉人墓的一般特征有以下几点:1. 以砖室墓、小型土坑竖穴墓为主,墓的规模一般偏小,有的边长或直径只有1米。砖室墓没有木护壁。2. 砖室墓多数有壁画、雕砖装饰,以仿木构建筑、家内生活为主。3. 一般骨灰盛于棺具之内,也有把骨灰直接撒在骨灰坛上的。如沈阳大学院内发掘的辽墓是砖室墓,在墓室后部偏西处有砖砌筑的长方形的坛,坛的四面都不与墓壁相连,与契丹墓的棺床依靠墓壁修建不同,骨灰坛上撒放未烧尽的残骨渣[6]。宣化的张世卿墓等则把骨灰放入木偶人内腔。张世卿墓志记载墓主亡后,"遵令依西天荼毗礼,毕。得头骨与舌,宛然不灭"[7]。龚祥墓志言墓主"亡始未旬有二妇人所梦皆同,见祥秉卢鲜服,处道场中,徊翔举步,皆金莲,捧足言曰:'余得生净土矣!'告讫,乃隐隐正西而去"[8]。可见,汉式墓流行火葬,是墓主信佛,按照"西天荼

---

[1] 翁牛特旗文化馆等:《内蒙古解放营子辽墓发掘简报》,《考古》1979年第4期,第330页。
[2] 王建国、马俊山:《阿鲁科尔沁旗乌兰哈达辽墓》,《内蒙古文物考古》1986年第4期,第76页。
[3] 内蒙古文物考古研究所:《内蒙古通辽市吐尔基山辽代墓葬》,《考古》2004年第7期,第50页。
[4] 辽宁省文物考古研究所等:《阜新南皂力营子一号辽墓》,《辽海文物学刊》1992年第1期,第54页。
[5] 辽宁省博物馆:《法库叶茂台辽墓纪略》,《文物》1975年第12期,第40页。
[6] 沈阳市文物考古研究所:《沈阳大学院内辽墓的发掘》,《边疆考古研究》第5辑,科学出版社,2006年,第340页。
[7] 河北省文物管理处等:《河北宣化辽壁画墓发掘简报》,《文物》1975年第8期,第37页。
[8] 尚小波:《辽宁省朝阳市发现辽代龚祥墓》,《北方文物》1989年第4期,第56页。

毗礼"火化躯体以求灵魂升入西天极乐世界。辽代佛教兴盛，汉人崇佛尤甚，死后多效仿佛祖火化涅槃方式，流行火葬。4. 由于流行火葬，棺具一般较小。有木棺、石棺、石函、瓮棺。5. 汉人墓中随葬的陶瓷器以灰陶明器（冥器）为特色，陶明器种类复杂多样，有代替铁器的鏊子、鼎、剪刀、熨斗，有代替柳编器的箕、水斗，有代替瓷器的注壶、盖罐，还有象征储粮的仓、镇墓的塔形器。

二、契丹人的汉化

从辽建国初期到末期的契丹墓葬都有较多发现，为观察契丹的汉化现象提供了可靠的文物基础。契丹汉化主要表现在以下几个方面：

（一）墓葬形制的汉化

唐代契丹人墓属于简陋的土坑竖穴墓。辽初土坑墓仍然占有一定比例，但是砖室墓、石室墓已经成为新的时尚。阿鲁科尔沁旗宝山M1是砖室墓，上筑歇山顶门楼，属于仿木构建筑，是典型的汉式墓葬形制。该墓墨书题记"天赞二年……"[1]可知是辽太祖天赞二年（923年）下葬，距离辽建国的907年仅16年，说明至少在辽初，部分契丹贵族已经使用汉人流行的仿木构建筑的砖室墓。辽代中期时砖室墓成为主流，石室墓较少，土坑竖穴墓没有发现。早期契丹砖室墓的墓室平面是方形或圆形，在中期出现了墓室平面为多角形（六角形、八角形）的墓，到晚期多角形墓成为墓室的主要平面形式。这种墓室平面的演变趋势与中原地区五代北宋墓的演变趋势是一致的。辽代中期最早的多角形墓是汉人的墓葬，如太平八年（1028年）李知顺墓是平面八角形的砖室墓[2]。可以确定契丹多角形墓是在辽代汉人墓的影响下出现的。

（二）墓葬装饰表现出的汉化

契丹砖室墓中往往有雕砖壁画，饰以壁画的做法显然是仿汉俗的结果。契丹墓壁画内容丰富，有仿木构建筑、家内生活、出行、射猎、山林风景、星象神怪、人物故事。从壁画中可以观察到契丹人生活汉化是非常明显的。契丹本为游牧民族，逐水草而居，以车马为家。建国后，契丹贵族拥有一定的汉人、渤海人等人口，他们从事农耕和手工业生产，居

---

[1] 内蒙古文物考古研究所等：《内蒙古赤峰宝山辽壁画墓发掘简报》，《文物》1998年第1期，第73页。
[2] 李逸友：《辽李知顺墓志铭跋》，《内蒙古文物考古》1981年第1期，第85页。

住于城内或村落,契丹人既住帐篷,也在城内建有府邸建筑。墓葬中出现仿木构建筑是这种居住习俗出现汉化现象的反映。宝山M1是砖室墓,墓室内还有一座石房子,石房子内有棺床,墓主是14岁的男子。墓室壁画有髡发契丹人、犬羊、鞍马等反映契丹人生活的壁画。石房子内壁画则完全是另外的风格。西壁高逸图中戴硬角幞头的高士坐于山石之中,墨书"刘楚",反映的主题是汉人的隐士思想。东壁绘汉武帝拜见西王母,四仙女驾五彩祥云,上墨书"西王母",汉武帝坐在云榻上。宝山M2年代在太宗天显年间,M2结构与M1相似,墓室内也有石房子。石房子北壁绘"杨贵妃教鹦鹉颂经图"。壁画右上角墨书题诗为:"雪衣丹觜(嘴)陇山禽,每受宫闱指教深。不向人前出凡语,声声皆[是]念经音。"杨贵妃饲养的岭南所献白鹦鹉名为雪衣娘,因为夜梦雪衣娘被鹰击而亡,贵妃教它念《多心经》以免灾祸。后贵妃随皇帝出于别殿观看射猎,贵妃置雪衣娘于步辇竿上,与之同去,鹦鹉方戏于殿上,忽有鹰搏之而死。上与贵妃叹息久之,遂命瘗于苑中,为立冢,呼为鹦鹉冢。唐代周昉以此故事创作"贵妃教鹦鹉图",此壁画即是以其为粉本[1]。南壁绘寄锦图,画面表现思夫心切的苏娘把写有回文体相思诗的锦帛交给丁宁的场面。图左上角墨书诗词一首:"□□征辽岁月深,苏娘憔[悴]□难任。丁宁织寄迥[文][锦],表妾平生缱绻心。"壁画中的人物服饰为五代汉人装束,壁画是以五代画为粉本绘制的。叶茂台7号墓墓主是一位契丹女子,墓葬年代在景宗时期。主室内有棺床小帐,棺床小帐内的东西山墙板上原挂有两幅绢画。其中《深山会棋图》是山水画,画主仆三人到深山之中赴琴棋酒会,描绘了汉人士大夫崇尚的世外佳境、闲弈无争的隐逸生活。从画风可以断定该画出自汉人画家之手[2]。这三座墓反映了辽代早期的契丹少年、女子爱慕汉人的艺术与文化,不仅收藏汉人高雅的绘画作品,甚至以家中悬挂汉人绘画名品为时尚,汉人喜爱的故事也在契丹人中广为流传。

屏风是汉人家中厅堂常设的隔具,汉人墓中壁画常有屏风,契丹墓在晚期也出现屏风壁画。如康营子墓是圆形的单室墓,甬道两壁为备食备酒图,墓室前半部画侍者随从图,墓室后半部画花卉屏风图[3],暗示出辽晚期契丹居室内已有习汉俗布置屏风的现象。辽代早中期壁画中流行的鞍马图只有马夫牵着鞍辔齐全的马,无仪仗,这同游牧生活相适应,是契丹人礼俗简易实用的表现。辽晚期契丹贵族墓葬出行图中除了鞍马外增加了仪仗,特别是在高官墓中出行图人物众多,仪仗变得复杂。法库的萧义墓墓道有鞍马驼车出行图。库伦1号墓中的出行图,队伍前部是前导、二伞和五旗五鼓仪仗。库伦8号墓道壁

---

[1] 吴玉贵:《内蒙古赤峰宝山辽壁画墓"颂经图"略考》,《文物》1999年第2期,第81页。
[2] 杨仁恺:《叶茂台辽墓出土古画的时代及其他》,《文物》1975年第12期,第37页。
[3] 项春松:《辽代壁画选》,上海人民美术出版社,1984年,第20页。

画中残留仪仗队伍,南壁出行图中有二人荷伞、一人负椅、四人持剑、一人托挂串珠木架的仪仗。北壁残留有五旗杆和一面大鼓,旗鼓应配套使用,推测可能是五旗五鼓仪仗[1]。辽代晚期出行人物增多,出行仪仗变复杂,反映契丹高官受汉仪影响日益加深,出行时注重表现身份地位和排场。

(三)葬具表现出的汉化

契丹墓发现的葬具有小帐和棺。小帐是小型的木构房屋,小帐内放棺或直接放遗体。曹汛先生考证认为:用房屋的小木作建筑作为择地下葬之前暂时安置灵柩之所,是汉族古来的传统。唐代的章怀太子墓、懿德太子墓、永泰公主墓、韦泂墓等,棺外均设仿木石造小建筑,是这种制度的考古实证[2]。但是唐、五代和宋代的墓中都没有发现木构小帐,说明汉人习俗是木构小帐并不埋入墓中。契丹墓中使用小帐来源于唐代汉文化,很可能多数情况是把亡者遗体先直接暂存于小帐中,下葬时把小帐一并埋入墓中,构成了具有契丹特色的丧葬文化。考古发现的契丹墓很少使用棺,而发现的有限的几个石棺上却有雕刻或壁画。其中叶茂台M7的石棺外壁按照方位雕刻四神。辽圣宗统和四年(986年)的耶律延宁墓石棺也有四神图[3]。耶律霞兹墓志石的边缘刻有十二时神(十二生肖)图,陈国公主墓出土的白玉佩上也有十二时神(十二生肖)图,说明汉文化中的四神观念、十二时神(十二生肖)观念已被契丹人广泛接受。

(四)随葬品表现出的汉化

早期契丹墓中兵器和马具都十分丰富。如呼斯淖墓为土坑竖穴墓,是等级较低的墓葬,出土了47件镞和2套马具等[4]。驸马赠卫国王墓虽被盗两次,仍然出土了8套马具、30枚鸣镝、20枚铁镞,还有刀、矛等兵器。到辽代中期时随葬兵器数量明显减少,而高等级墓又甚于低等级墓。陈国公主墓只有2套马具、1张木弓、1支木鸣镝,若与早期的驸马赠卫国王墓相比,可谓天壤之别。马具在辽代晚期明显减少。大安五年(1089年)的静江军节度使萧孝忠墓只有马镫2件[5],甚至有的墓已经不用马具和兵器随葬。马具减少的重要原因是人们的观念发生了变化。鸡冠壶是契丹人马上使用的盛水器。早期的鸡冠壶都是下身肥大的矮体鸡冠壶,重心一左偏、一右偏,便于搭在马背携带。中期分化向两个方

---

[1] 林沄:《辽墓壁画研究两则》,载《林沄学术文集》,中国大百科全书出版社,1998年,第426页。
[2] 曹汛:《叶茂台辽墓中的棺床小帐》,《文物》1975年第12期,第49页。
[3] 辽宁省博物馆文物工作队:《辽代耶律延宁墓发掘简报》,《文物》1980年第7期,第18页。
[4] 张柏忠:《科左后旗呼斯淖契丹墓》,《文物》1983年第9期,第18页。
[5] 雁羽:《锦西西孤山辽萧孝忠墓清理简报》,《考古》1960年第2期,第36页。

向发展：一个方向是为适应马上携带向扁体发展；另一个方向是适应屋内生活需要，向圆身圈足发展，形成以高体、高提梁的圆身圈足鸡冠壶为主体。到辽晚期扁体鸡冠壶一件也没有发现。扁体鸡冠壶从随葬品中消失，令人深思。从鸡冠壶的演变可以感知到契丹人越来越依恋汉式的"定居"生活。"契丹旧俗，其富以马，其强以兵，纵马于野，弛兵于民"[1]。随葬兵器和马具的锐减反映了契丹族的思想意识发生了转变，重视骑射观念开始淡化。造成此种状况的原因是多方面的，主要原因可能有三：其一是经济原因。契丹人经济生产发生了变化，出现了春种秋来收的粗放农业。其二与战争减少有关。"太祖、太宗经理疆土，摆甲之士岁无宁居"[2]。自世宗之后，契丹对外战争减少。自澶渊之盟后，宋辽之间和平相处，辽与其他民族的战争也减少，战争规模很小，紧张的武备思想渐弛，追求享乐奢侈之风滋生蔓延。其三与汉化加深有关。在辽统治者的意识中，精于骑射是契丹称雄建国之根本。为了保持契丹人精于骑射的优势，曾经限制汉族、渤海等民族从事与骑射相关的某些活动。如重熙十二年（1043年）"禁关南汉民弓矢"[3]，"时禁渤海人击球"[4]。另一方面又限制契丹人参加科举，以免契丹人因过分习文而影响骑射之术的训练。耶律蒲鲁在"重熙中，举进士第，主文以国制无契丹试进士之条，闻于上，以庶箴擅令子就科目，鞭之二百。寻命蒲鲁为牌印郎君，应诏赋诗，立成以进。帝嘉赏，顾左右曰'文才如此，必不能武事'"[5]。兴宗的忧心反映了汉化习文之风对契丹人骑射传统的冲击。契丹重骑射的观念逐渐淡化，使骑射技术下降，加之政治的腐败，辽末契丹军的战斗力已与建国时不可同日而语。

三、汉人的契丹化

文化的影响是相互的，在契丹人汉化的同时，汉人也发生或多或少的契丹化倾向。辽墓呈现的汉人契丹化主要表现在以下三方面：

（一）汉人穿契丹袍、络缝靴

从辽墓壁画中的人物服饰，可以看出辽代汉人与契丹人在服装和发式上有明显的区

---

[1] 脱脱等撰：《辽史》卷五十九，中华书局，1974年，第923页。
[2] 脱脱等撰：《辽史》卷六十一，中华书局，1974年，第935页。
[3] 脱脱等撰：《辽史》卷十九，中华书局，1974年，第228页。
[4] 脱脱等撰：《辽史》卷八十一，中华书局，1974年，第1285页。
[5] 脱脱等撰：《辽史》卷八十九，中华书局，1974年，第1351页。

别。汉人男袍为右衽,左侧腰下开气(即分叉),袍下部呈前后两片,袍较长,袍的下边沿往往搭抚鞋面。契丹袍是左衽,不开气,下部呈筒状,较短,袍的下边沿过膝,露出靴子。汉人穿鞋,契丹人穿靴子。契丹人最流行的靴子是络缝靴,其底为向上弯弧的拱形,尖头,左右两侧的直缝从靴沿直贯到靴底。在宣化的张世卿墓壁画中,有大量的汉人男侍者穿着契丹袍和络缝靴。在宣化的韩师训墓[1]壁画中,也有部分汉人男侍穿着契丹袍和络缝靴。宣化城是辽的归化州,介于南京(今北京)与西京(今大同)之间,隶西京管辖。宣化辽墓反映了燕云地区的汉人服饰已经接受契丹影响,那么辽上京和中京附近的汉人服饰接受的契丹影响会更大。1089年北宋苏辙出使辽朝出燕山时曾感慨作诗《出山》:"燕疆不过古北关,连山渐少多平田。奚人自作草屋住,契丹骈车依水泉。橐驼羊马散川谷,草枯水尽时一迁。汉人何年被流徙,衣服渐变存语言……"[2]诗中所言汉人在穿着方面的契丹化现象与考古发现基本符合。

(二) 汉人使用驼车

驼车是契丹特有的出行工具,因驾以骆驼而称为驼车。辽墓壁画中所见较多,如库伦M1、萧义墓、解放营子墓、白塔子墓等。从壁画中可以看到驼车有两个高大的红色木车轮,车厢宽大分前后两节。后节车厢为庑殿顶,车厢以布帛封闭,前为车门,悬软帘,后留窗户。车厢前后附加可以调节高低的凉棚,前凉棚很长,前端与车辕头平齐,对辕驼也起到一定保护作用[3]。苏辙《龙川别志》载:"契丹有求和意,朝廷知之,使供奉官曹利用使于兵间。利用见房母于军中,与蕃将韩德让偶在驼车上坐。利用下车,馈之食,共议和事。"[4]可见驼车因适宜草原沙漠地区的长途出行,不仅契丹平民和贵族乘坐,皇后征战时也乘坐。在大同市郊的汉人墓和宣化的韩师训墓壁画中都有驼车,车的形制与契丹墓壁画中的驼车相同,驾一峰骆驼。契丹墓壁画中的驼车,高等级墓驾以两峰骆驼,一般贵族墓驾一峰骆驼或两峰骆驼。大同市郊的汉人墓和宣化的韩师训墓的墓主人都是地主富户,使用单驼车出行,符合契丹习俗。苏辙出使辽国时曾写了《赵君偶以微恙乘驼车而行戏赠二绝句》,其一:"邻国知公未可风,双驼借与两轮红。他年出塞三千骑,卧画辎车也要公。"其二:"高屋宽箱虎豹裀,相逢燕市不相亲,忽闻中有京华语,惊喜开帘笑杀人。"[5]从诗中可知在辽南京城内,

---

[1] 河北省文物研究所:《宣化辽墓壁画》,文物出版社,2001年,第87页。
[2] 苏辙:《栾城集》,《四部丛刊》卷十六,商务印书馆,1929年,第14页。
[3] 冯恩学:《辽墓壁画中的车》,载《青果集——吉林大学考古系建系十周年纪念文集》,知识出版社,1999年,第333页。
[4] 苏辙:《龙川别志》,中华书局,1982年,第72页。
[5] 苏辙:《栾城集》,《四部丛刊》卷十六,商务印书馆,1929年,第14页。

汉人也有乘坐驼车者。这些都反映出燕云地区汉人已经接受契丹乘坐驼车出行的习俗。

（三）个别汉人高官葬俗契丹化

在辽代中期某些汉人高官墓实行了契丹葬俗。辽宁朝阳的耿延毅墓有木质小帐、石椁、木棺。该墓被盗扰，石椁前发现有银丝手套，木易考证认为是银丝网络[1]。壁画中的侍者多为髡发的契丹人，随葬品有兵器、水晶串珠，在棺床后面还放一对鸡冠壶，在葬俗上是全面契丹化的典型代表。河北迁安的韩相墓和辽宁的梁援墓都是尸骨葬，有辽瓷和马具随葬，没有汉人墓中常见的灰陶冥器。辽宁朝阳的商家沟M1等虽然使用火葬，但是有木护壁，随葬鸡冠壶，也明显契丹化了。在这里有必要分析一下这些墓主的身份和血统。据韩相墓志可知，他是辽开国元勋韩知古之孙。韩德让与萧太后关系特殊，被赐姓耶律，系横帐，位在亲王之上，韩相是韩德让的侄子。他这一系虽没有被赐国姓，本人41岁就病死，官只是"辽兴军衙内马步军都指挥使"，但他的母亲是"兰陵夫人萧氏"，他的续妻也出自兰陵萧氏[2]。可见，他是汉人显贵家族中已经混有契丹血统的成员，生活上大概也相当契丹化。从梁援墓志来看，他的祖先没有韩家那样显赫，但他的曾祖父和辽景宗"有龙潜之旧"。景宗即位后"诏养母夫人孟氏为之妻，并以大水泺之侧地四十里，契丹人凡七户，皆赐之"，官至宁远军节度使，又"奏乞医巫闾山之近地永为别业，上嘉其内徙，命即赐之"[3]，他就把祖坟也迁去了。所以到梁援的祖父梁延敬，居官不过是"内供奉班祇侯"，却娶了人皇王耶律倍之子荆王的女儿为妻。因而，不仅是梁援的祖上已表现出契丹化的明显倾向，他本人也有一定的契丹血统。他很有才华，进士出身，不断升迁，最后封六字功臣、赵国公，食邑一万户，并追赠中书令，成为显贵高官。耿延毅的官职没有梁援高，墓志中也没有家族与契丹直接通婚的记述，但耿延毅墓志自称"三代将门"，其祖父"累赠太师，假相印"，属显贵家族。而且耿延毅的母亲是"陈国太夫人耶律氏"，即赐姓耶律的韩德让的亲姐妹，而齐天皇后是他的姨兄妹。耿氏家族既与契丹化的后族通婚，本身自然也会有很强的契丹化倾向。商家沟墓地中发现的赵匡禹墓和赵为干墓的墓志记载该墓地属卢龙赵氏家族墓地，卢龙赵氏在辽地汉人四大望族之列[4]。商家沟M1的墓志漫漶过甚，对墓主身世和官位无从考证，至少可说明汉人中的勋阀世家比寻常百姓更多地攀附契丹，仿效契丹。

---

[1] 木易：《辽墓出土的金属面具、网络及相关问题》，《北方文物》1993年第1期，第33页。
[2] 河北省博物馆文管处：《河北迁安上芦村辽韩相墓》，《考古》1973年第5期，第276页。
[3] 薛景平、冯永谦：《辽代梁援墓志考》，《北方文物》1986年第2期，第33页。
[4] 邓宝学等：《辽宁朝阳辽赵氏族墓》，《文物》1983年第9期，第30页。

四、结　语

　　契丹人的汉化、汉人的契丹化实质上都是民族文化融合的体现。辽西地区和燕云地区由于历史传统和民族构成的差异,在民族文化融合上显现出不同特点。总体观之,辽西地区民族文化融合强烈。辽西地区是契丹腹地,契丹人有归葬故乡之俗,所以契丹人绝大多数的墓葬都分布在辽西地区。辽西地区发现的契丹墓葬反映的汉化是整体性的变化,在墓葬构筑形制、装饰壁画、葬仪、随葬品的演变等方面都透露出契丹人的汉化日益加剧,是历史演变趋势。尽管统治者曾经在某些政策上限制契丹人汉化,也没有阻挡住历史发展的潮流。辽朝存续二百年,契丹人在接受汉化过程中本民族的文化特色也得到继承和发展,如使用木护壁、金属网络笼罩尸体、随葬实用器物等。国俗与汉俗的结合发展构成了辽代契丹文化二元结构的特色。辽西地区的汉人墓葬中,部分高官墓呈现出强烈的契丹化倾向,甚至完全契丹化。这与辽朝统治者重用汉人参政、汉人权贵攀附契丹统治阶层有直接关系。燕云地区民族文化融合相对较弱,汉人平民墓地和高官墓在葬俗上没有契丹化,保留了强烈的民族个性,但在日常的服饰、出行方式上出现了契丹化。杂居和通婚是民族文化融合的必要条件。宣化张世卿墓志记述张世卿的长孙娶契丹耶律氏为妻。张世卿本人官不算很大,只是国子监祭酒,儿子张恭诱不过在"北枢密院勒留承应"。可见辽末契丹和汉人通婚在中下层中更为普遍。但是也应注意到,这种通婚的存在,并未造成该地区的张氏家族墓地中出现特别契丹化的墓葬。辽朝实行"以国制治契丹,以汉制待汉人"的分俗而治政策,没有强制推行汉化或契丹化,所以文化的融合是自主的行为。汉人在服饰等方面的契丹化与契丹为统治民族,契丹文化上升到"国俗"地位有直接关系。

（原载《吉林大学社会科学学报》2011年第3期）

辽代的女真文化

辽代女真文化是金朝女真文化的前身,可以称为早期女真文化,对研究女真人的历史具有重要价值。女真建立了金朝,女真又是满族的先世,而满族建立了清朝,女真考古也是中国历史考古的重要组成部分。我国考古发掘的辽代女真资料主要是绥滨县3号墓地发掘的14座墓[1]。黑河卡伦山墓地也发掘了,但是没有资料发表。而俄罗斯境内黑龙江中下游发现的墓地有40余个(图一),发掘并公布比较详细的资料的墓地有科尔萨科沃墓地[2]、纳杰日金斯科耶墓地[3]、波克罗夫卡墓地[4]、奥利金墓地[5]、杜鲍夫墓地[6]、鲁达尼科瓦亚岗墓地[7]、维杰利斯基墓地[8]、博朗墓地[9],其中麦德维杰夫1982年在大乌苏里岛(黑瞎子岛,又称抚远三角洲)的科尔萨科沃墓地发掘了300多座墓。这些资料成为研究女真文化的主要资料,但是这些都是俄文资料,我国学术界对其知之甚少,制约了对女真文化的深入研究。本文以俄罗斯境内发现的女真墓地资料为主,综合已经发表的辽代女真考古资料,探讨早期女真文化的面貌。

一、封堆与洼坑

考古发现的早期女真墓属于土坑墓,奥利金墓地、鲁达尼科瓦亚岗墓地等地面上发现

---

[1] 干志耿、魏国忠:《绥滨三号辽代女真墓群清理与五国部文化探索》,《考古与文物》1984年第2期。
[2] 麦德维杰夫:《乌苏里岛中世纪遗存》,新西伯利亚,1982年。
[3] 麦德维杰夫:《阿穆尔河的女真文化(10世纪末~11世纪)》,新西伯利亚,1977年。
[4] 瓦西里耶夫:《波克罗夫文化葬俗(9~13世纪)》,符拉迪沃斯托克,2006年。
[5] 麦德维杰夫:《阿穆尔河沿岸的古冢》,新西伯利亚,1998年。
[6] 瓦西里耶夫:《波克罗夫文化葬俗(9~13世纪)》,符拉迪沃斯托克,2006年。
[7] 瓦西里耶夫:《波克罗夫文化葬俗(9~13世纪)》,符拉迪沃斯托克,2006年。
[8] 瓦西里耶夫:《波克罗夫文化葬俗(9~13世纪)》,符拉迪沃斯托克,2006年。
[9] 瓦西里耶夫:《波克罗夫文化葬俗(9~13世纪)》,符拉迪沃斯托克,2006年。

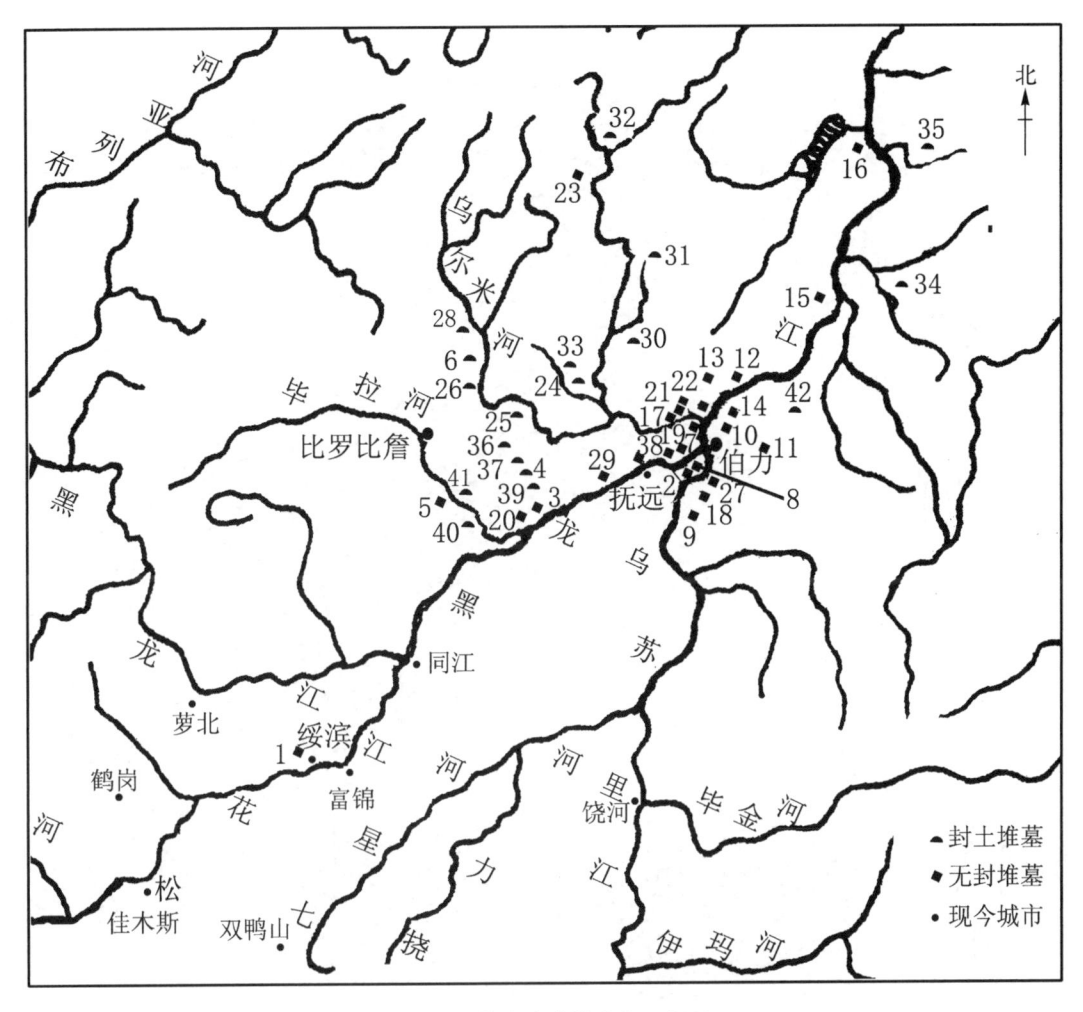

图一　早期女真墓地分布示意图

1. 绥滨3号墓地　2. 科尔萨科沃　3. 纳杰日金斯科耶　4. 奥利金　5. 杜鲍夫　6. 鲁达尼科瓦亚岗　7. 格梁兹奴辛斯基　8. 卡灭奴什卡　9. 奇尔基　10. 扎鸥结尔内　11. 别列佐夫斯基　12. 拿扎伊切夫斯基　13. 巴达列娃　14. 切普奇基　15. 嘎列奇娜亚·果萨　16. 巴伦斯基　17. 达尼洛夫斯基　18. 戈立佳奇卡　19. 波克罗夫卡　20. 莫恰尼辛斯基　21. 埃梁科萨　22. 大湖　23. 五湖　24. 述基诺　25. 台基诺　26. 巴尔松　27. 奥西诺河　28. 恰尔布赫　29. 科拉斯内·崖　30. 科拉西欧库洛夫斯基　31. 哈伊尔　32. 优科塔坎　33. 乌里卡　34. 阿元斯基　35. 维尔西尼·涅尔盖　36. 斯灭多维奇　37. 巴罗托夫斯基　38. 普罗托卡·贝斯特拉亚　39. 维杰里斯基　40. 杜巴沃娃　41. 两湖　42. 彼得罗巴甫洛夫卡

有封土堆（冢），而绥滨3号墓地、科尔萨科沃墓地则没有发现封土堆。

封堆的平面形状以圆形、椭圆形为主，个别由于封土相连形成葫芦形、长条形。如鲁达尼科瓦亚岗墓地围绕岗包分布4个墓区，其中东区91座封土堆，中区31座封土堆（图二），南区19座封土堆，西区88座封土堆。西区的封土堆直径4~14、高达1.4米。东区封堆中最大的是第7号冢封堆，长13、宽10米。最小的是第22号冢a封堆，封堆直径3米。

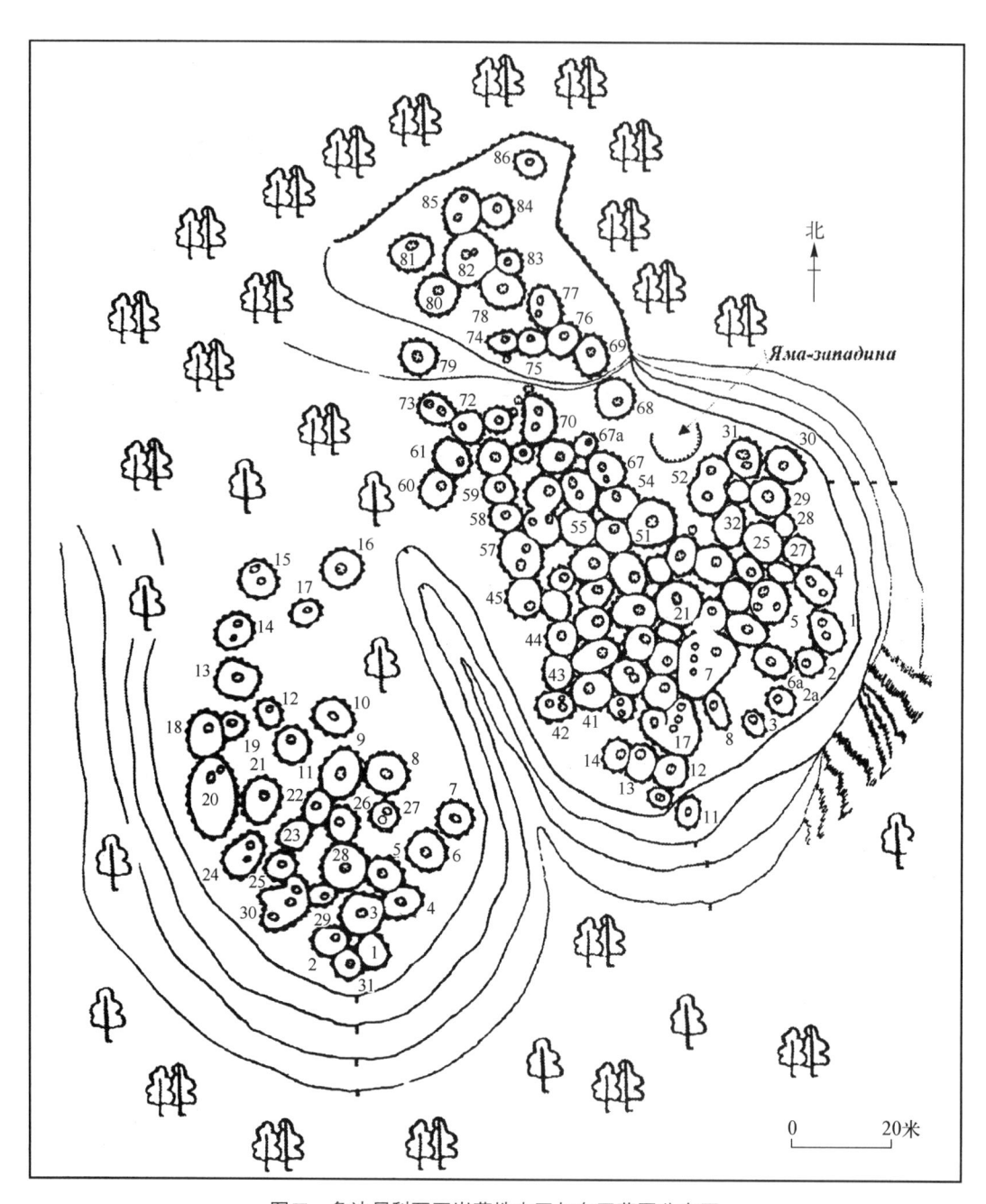

图二　鲁达尼科瓦亚岗墓地中区与东区墓冢分布图

一个圆形或椭圆形封堆下经常有一个墓坑，个别也有2个或3个墓坑。如鲁达尼科瓦亚岗墓地东区第5号冢封堆下有2个墓坑，编号为M1、M2（图三）。

墓坑上方的封堆表面有相对应的洼坑，无论是封堆墓还是无封堆的墓，如果处在荒原，表面没有破坏，墓坑上的地表普遍有洼坑，则说明这些洼坑是墓穴棺具塌陷和填土沉

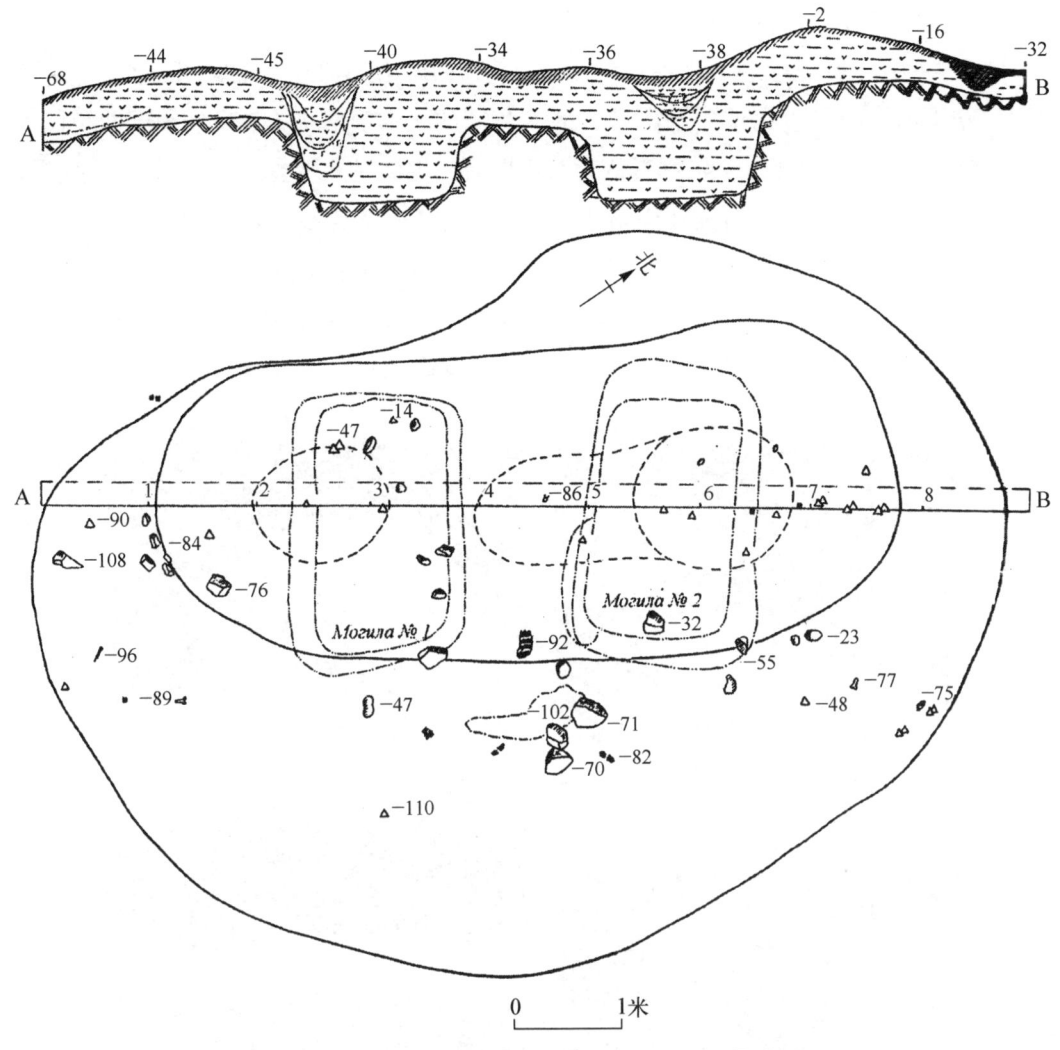

图三　鲁达尼科瓦亚岗墓地东区第5号冢M1、M2平、剖面图

降所致。封堆上的洼坑深30~40厘米，有的深达1米，形似漏斗。坑内有树叶和草腐烂形成的腐殖土层，如鲁达尼科瓦亚岗墓地西区第16号冢的洼坑内有很多土层，这些土层是在墓穴封闭之后形成的，每年秋天凋零的草和树叶往漏斗状的坑内积聚，其上又被风、水搬运的土覆盖。

少量的墓冢洼坑底部有遗物。在鲁达尼科瓦亚岗墓地东区第30号冢的封堆洼坑的底层发现了轮制陶器的完整的圜形底，平放（图四，1）。在西区第1号冢的封堆洼坑的底层发现一个完整的陶器底，器底上有人形标志符号，人头呈三角形，手臂和腿脚伸展开（图四，2）。西区第4号冢的洼坑底部有一件接近完整的轮制陶壶（图四，3）。这些器物是有意放置的。

辽代女真墓葬封堆内还常有火烧的炭灰渣，有的还留下灰烬堆。灰烬堆面积有大有小，大者直径在4米以上，例如鲁达尼科瓦亚岗墓地西区第75号冢封堆底部的灰烬层平面分布接近圆形，面积达18～19平方米。第39号冢的灰烬层是9×5.4米。小者面积仅为22×15厘米或30×20厘米。发掘者认为灰烬层或灰堆面是在下葬后墓坑封埋时举行篝火仪式的遗留。在鲁达尼科瓦亚岗墓地东区第39号冢封堆洼坑的底部铺有一层桦树皮（图四，4）。在优科塔坎墓地的第226号冢的3号墓的洼坑底部也铺有桦树皮。个别墓葬的封土堆内还散布着河卵石和自然石块，石块排列没有统一的规则。彼得罗巴甫洛夫卡墓地-I的第4号冢的石块排列最规矩，密集的石块积聚，大体呈长方形的方框。

图四　鲁达尼科瓦亚岗墓地封堆洼坑底部发现的遗物
1. 东区第30号冢器底　2. 西区第1号冢器底　3. 西区第4号冢陶壶　4. 东区第39号冢桦树皮

一部分墓在封堆的底部，墓坑外围地带有环绕墓坑的浅沟，形状不规则，多为弧形。这些浅沟至少一部分是封土堆的取土沟，有些沟内有陶片。

二、立 柱 遗 迹

在纳杰日金斯科耶M64墓坑的外边附近有3个圆形坑洞,直径0.17~0.9、深0.18~0.53米,在1号坑洞的底部发现了被烧过的木柱,残长20厘米。墓坑填土中还发现有木炭和烧焦的木头。发掘者推测这些现象和火焚葬有关。

科尔萨科沃墓地的M287附近发现了3个小坑。

科尔萨科沃墓地的M208墓坑上口为1.85×1.6米,底为1.8×1.58米,在坑底有4个小柱洞,直径17~22、深23~48厘米。立柱可能是承托棺木之用。在M239的墓坑底也有类似的2个坑洞,尺寸为长28、宽15、深92厘米,以及长24、宽26、深80厘米。这些木柱也与火焚葬有关。

三、葬 具

有的墓坑内有火烧的木炭,有的棺具被火烧毁,炭化的板壁仍能清楚观察到,甚至有的墓还保留棺的部分顶板,铁棺钉也是常见之物,因此可以肯定辽代黑龙江地区的女真墓有木质葬具。多数葬具已经朽无,有的墓葬棺椁的残迹保留下来,但没有保存完整的,所以具体形式只能根据残迹或保留的木炭、木板复原。可以确定有窄长的长方体的箱式木棺或接近方形的木棺。具体形式又有不同,有四壁的端头相接的木棺(图九、图十一),也有的前后壁板突出于左右壁板,如鲁达尼科瓦亚岗第16号冢M3(图五),底板前宽尾窄,底板的前后两端立壁板,板长度与底板宽度相同,左右侧壁的板子立在里面,留出底板边缘。棺内葬一人,头上有2件陶器,胸部肋骨处有3件绳系的钟形铜铃,腹部有铁刀。

四、墓主的葬仪与葬式

(一)一次葬

一次葬有单人葬、双人葬和多人葬。

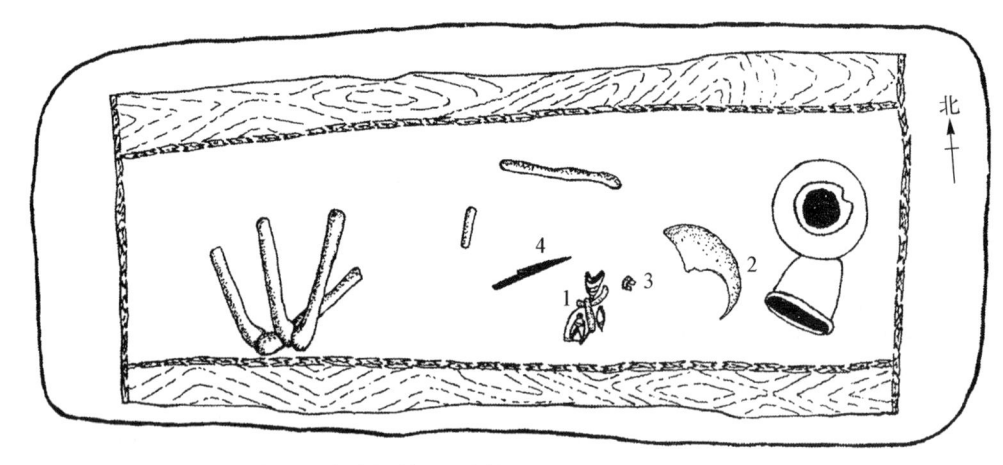

图五　鲁达尼科瓦亚岗第16号冢M3的木棺示意图
1. 3件绳系钟形铜铃　2. 陶器　3. 人牙齿　4. 铁刀

1. 单人葬

女真单人葬以仰身屈肢葬和侧身屈肢葬为主，头朝东，腿部支起，膝盖向上，膝部弯曲强烈（图六），头侧有砾石、箭镞，上身附近有铁镞、铁刀、铁扣，股骨头附近有铁火镰。

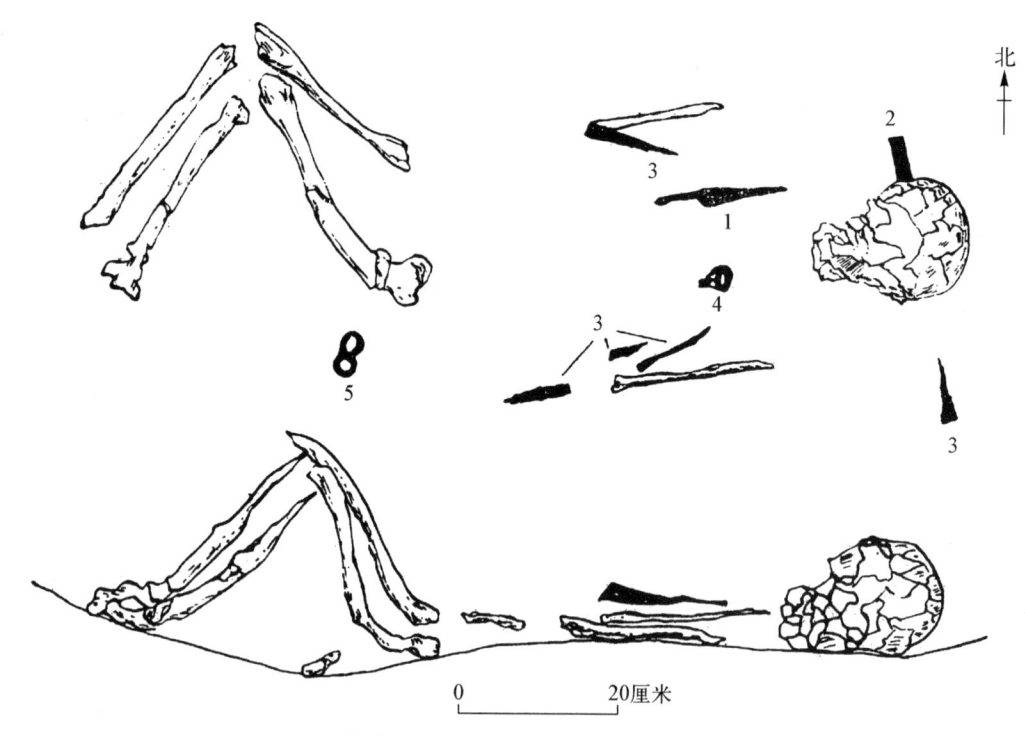

图六　纳杰日金斯科耶墓地M21单人仰身屈肢葬
1. 铁刀　2. 砾石　3. 铁箭镞　4. 铁扣　5. 铁火镰

纳杰日金斯科耶墓地M100，在深56厘米处有骨架。骨架单人仰身屈肢葬，腿部支起，膝部弯曲强烈，头东向略偏南（图七）。骨架保留下颌骨、部分颅骨、上肢的右肱骨、下肢的股骨和腓骨。在头部附近摆放3个陶器，其中2件是轮制的小口灰陶器，1件是手制陶器。在下颌骨边缘发现有2件青铜的项饰，弧状，端头朝向墓底，其下还残留1小块皮子。在右侧有2件青铜耳环，其中1件还穿挂着1个圆板形的玉片坠。显然，耳环是挂在右侧耳上的。没有找到墓坑的原始底面。

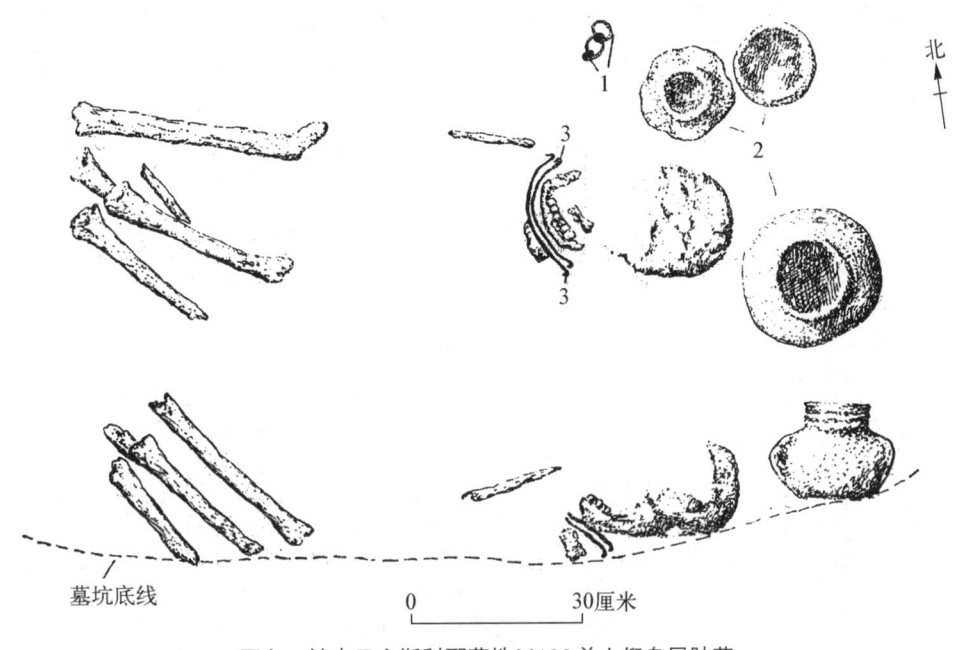

图七　纳杰日金斯科耶墓地M100单人仰身屈肢葬
1. 耳环　2. 陶器　3. 项饰

鲁达尼科瓦亚岗墓地西区第2号冢M1是单人葬，木棺，头部位置的棺底向下凹。头骨两侧有耳环一对，肩部有珠子，头端附近有3件立置的泥质灰陶罐。上肢骨和胸部的骨骼以及骨盆已经朽无，下肢左卧折弯几近平行。腰部右配铁刀，左携长剑与箭囊、铁镞，镞尖朝上，股骨处有马衔镳（图八）。墓主人是男性。这种膝盖距离棺后壁较远的单人侧卧葬较多。

鲁达尼科瓦亚岗墓地西区第80号冢也是单人葬，木棺，头部和脚部位置的棺底向下凹。头距离棺的前壁较远，头上放陶器。骨盆处左有铁刀，右有箭镞，镞尖朝下。侧卧屈肢葬，膝盖接近棺的后壁（图九）。这种膝盖距离后壁近的单人屈肢葬数量较少。

仰身直肢葬以鲁达尼科瓦亚岗墓地西区第8号冢M3为代表，头朝东，右臂伸直，左臂弯曲，左手放在胸前（图十）。没有随葬品。

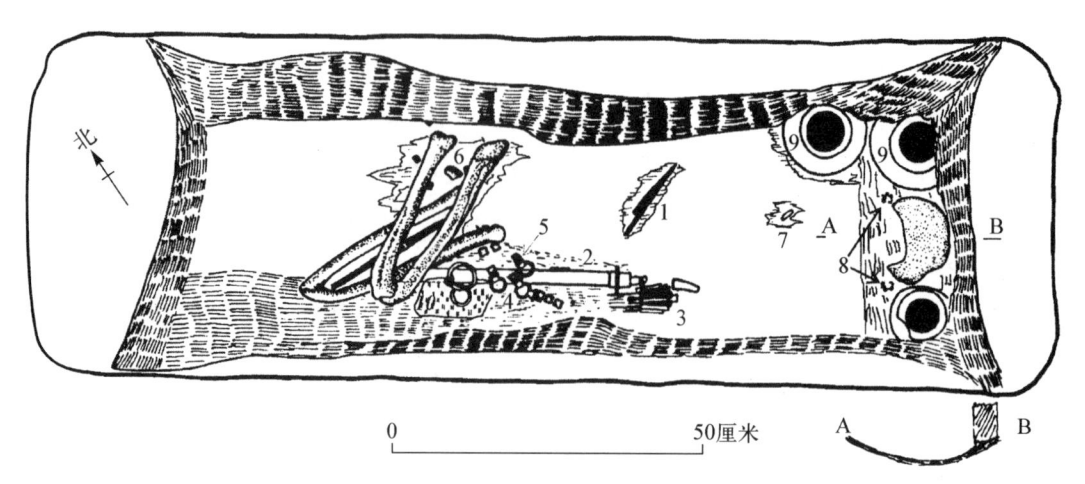

图八　鲁达尼科瓦亚岗墓地西区第2号冢M1单人侧身屈肢葬
1. 铁刀　2. 铁剑　3. 铁箭镞　4. 马衔镳　5. 系带链　6. 鞋上的装饰　7. 珠子　8. 耳环　9. 陶器

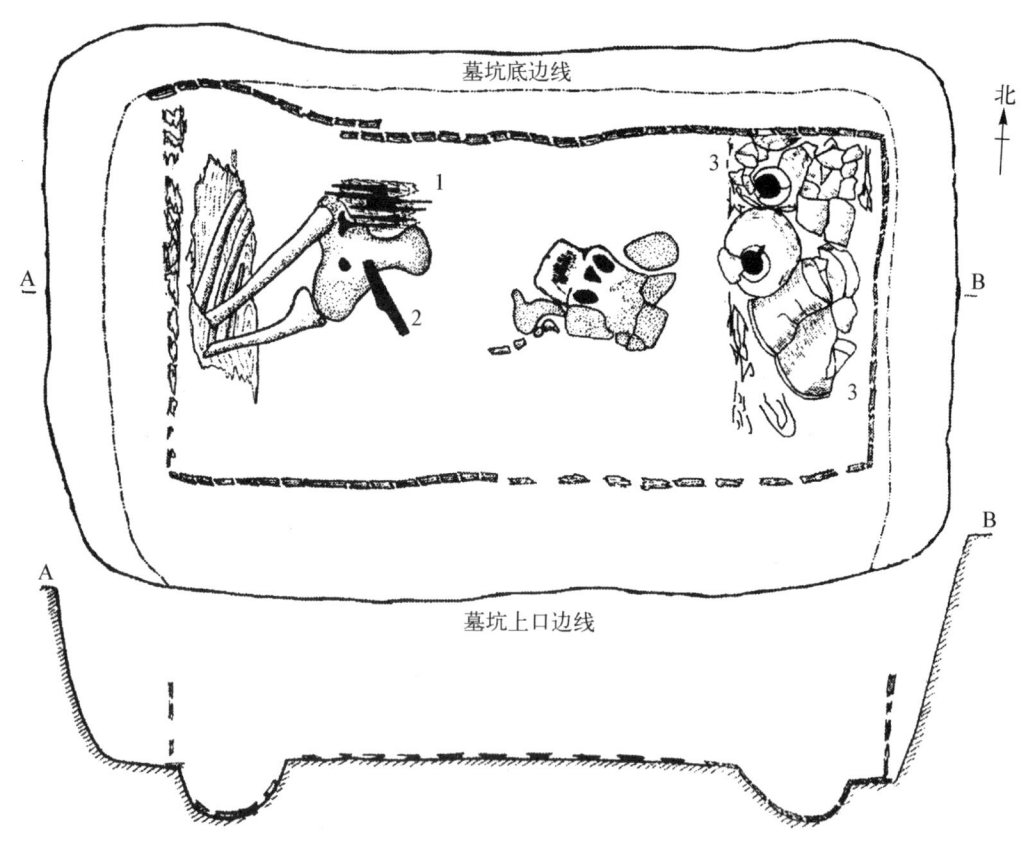

图九　鲁达尼科瓦亚岗墓地西区第80号冢平、剖面示意图
1. 箭镞　2. 铁刀　3. 陶器

2. 双人葬

纳杰日金斯科耶墓地M26是双人侧卧屈肢葬。土坑竖穴墓，墓坑呈圆角长方形，大约2×1.3米，坑壁边缘不明显，难以确定四壁。在向下挖20～30厘米时发现了较小的含炭夹层，夹杂着被火烧过的细小动物骨骼碎块。在70厘米深的墓坑底部发现了2具骨架。男右，女左，头东向。男子50～60岁，靠近北壁，右侧卧，屈下肢，手沿着腹部伸展。头右侧有9件铁镞（尖头朝向东方）和1件横置的铁斧。腹部和腰部有10件铁环连接铁板的挽具部件（挂件），1件铁刀，青铜的十字形腰带牌饰。腿部下端有6件器物——2个珠子、3件圆形铃铛、1个钟形铃铛，都与鞋有关。男子头左侧前方正放轮制陶罐1件和铁吊锅1件，吊锅上放有2件马镫，而且2件马镫形制不同，一为曲梁马镫，一为短柄马镫。

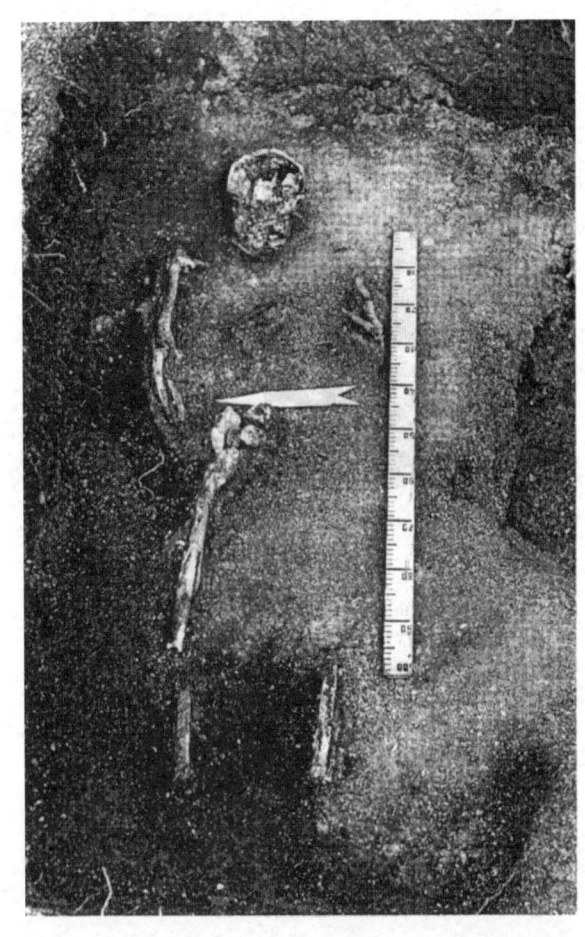

图十　鲁达尼科瓦亚岗墓地西区第8号冢M3仰身直肢葬

女子年龄在20～30岁，侧身屈肢，面朝右（面向男子）。女子的头左前方也正放轮制瓜楞罐1件，腹部有对称的2件瘤状耳。在脊柱下部顺着脊柱的方向排列着方形腰带牌饰，其上下边缘呈齿状。在牌饰西侧底下有钟形铜铃（图十一）。

鲁达尼科瓦亚岗墓地西区第38号冢M1也是双人葬，长方形木棺，四壁木板保留清楚，东南角还保留少量的棺盖木板残迹。2具骨架保存不好，胸部和盆骨已经朽无，腿部强力屈肢，左侧卧。头部之上各有1件泥质灰陶轮制的罐（图十二）。

3. 多人葬

科尔萨科沃M87，在一个近方形的墓坑内有3个骨架，头向西北，1号骨架位于东侧，颅骨前有2件陶器，铁矛头放在左臂外侧，尖端朝上，此外还随葬有箭镞、蹀躞带。2号骨架有2件陶器，还有铁镞、带扣、火镰等。3号骨架上部骨骼很少而凌乱分散，下肢还保留，可能是二次葬，有铁刀、箭镞等遗物。另外在2、3号骨架之间还发现了头盔和铠甲的甲片（图十三）。

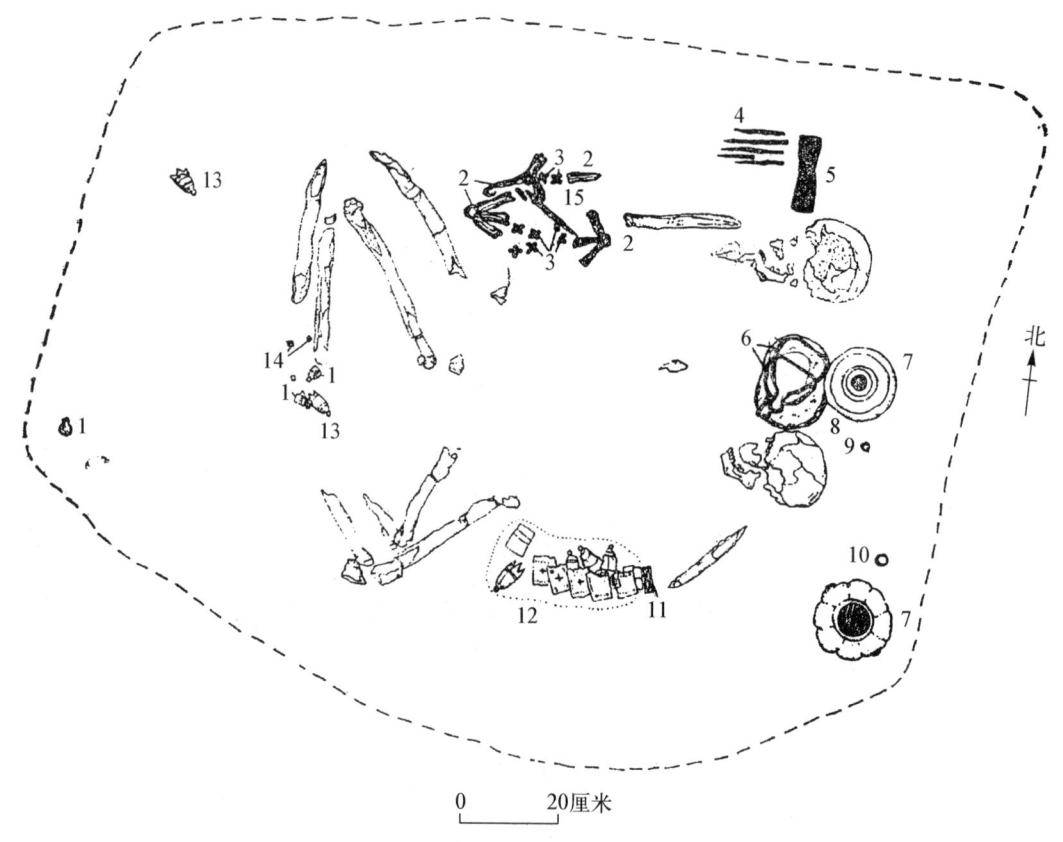

图十一 纳杰日金斯科耶墓地M26平面图

1. 圆形铜铃 2. 挽具部件 3. 牌饰 4. 铁镞 5. 铁斧 6. 铁马镫 7. 盘口陶壶 8. 铁锅 9. 环
10. 银耳环 11. 腰带铊尾 12. 腰带牌饰和铜铃 13. 钟形铜铃

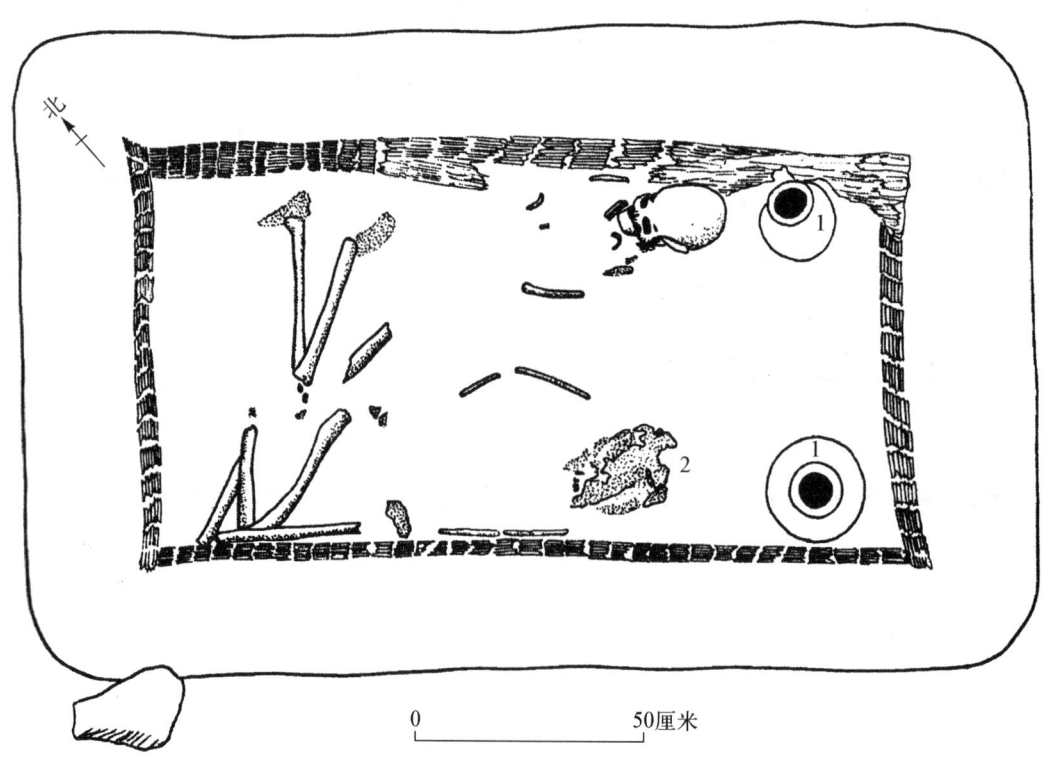

图十二 鲁达尼科瓦亚岗墓地西区第38号冢M1双人葬

1. 陶罐 2. 朽烂的骨头

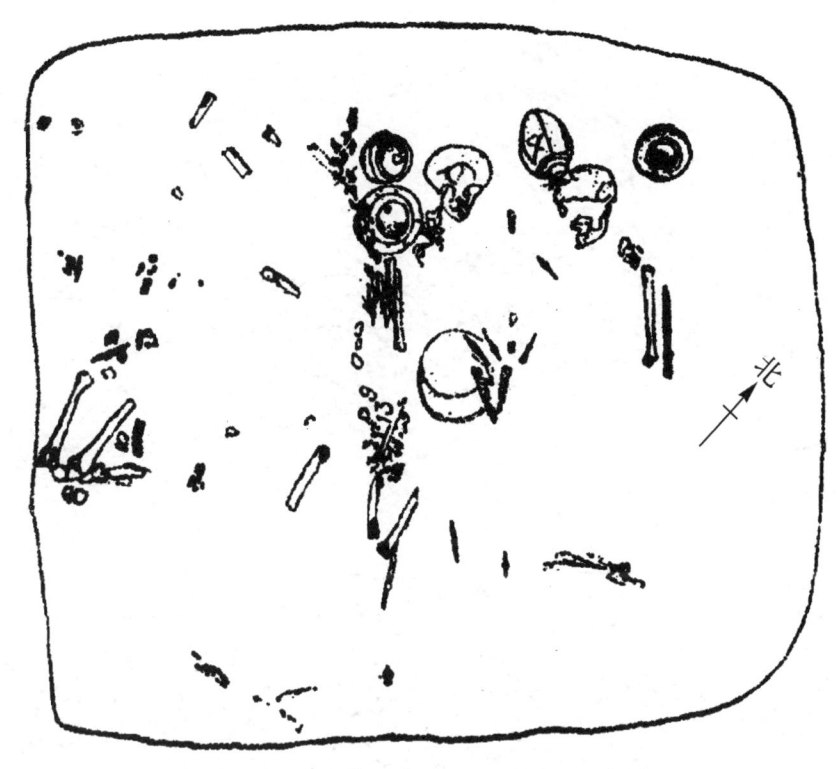

图十三　科尔萨科沃M87三人葬平面示意图

（二）二次葬

二次葬骨骼残留很少，骨骼分散，随葬的遗物也较分散。

纳杰日金斯科耶墓地M37，墓坑2.5×1.08米。在深35厘米处发现被火烧过的木棺上部，尺寸为1.6×0.7米。木棺板厚3～4厘米，沿着墓坑边的木棺高度达45厘米。炭块尺寸不一，分布在墓坑内不同高度。在距离墓口56厘米处发现木板的宽度为23厘米。东北角有被砸碎的头骨，在细碎的骨片下面还有下颌骨。头骨的西北，断骨之上有1件大石块，砧石形，17×13×11厘米。据发掘者推测，这个在火中被烧过的石块是用来打碎人头骨的砧石。除了头骨外，还有被火强烈烧过的股骨（长26厘米）和大块的胫骨。在头骨东侧有铁镞，在其北还有被破坏的火烧过的骨环，在右腿股骨有玉髓串珠和玉髓块，左脚旁有铁锅（图十四）。

科尔萨科沃M19，在墓坑的边缘有木棺椁的残留，内有2具二次葬摆放的骨架，骨骼凌乱。右侧的骨骼头骨在北端，附近有箭镞、铁砍刀断片、悬挂着铃铛的腰带铜牌，肢骨附近有方形牌饰，骨骼之外的南部有箭镞。左侧人骨只有肢骨和骨盆的一部分，北端有陶器，中部有火镰和牌饰。

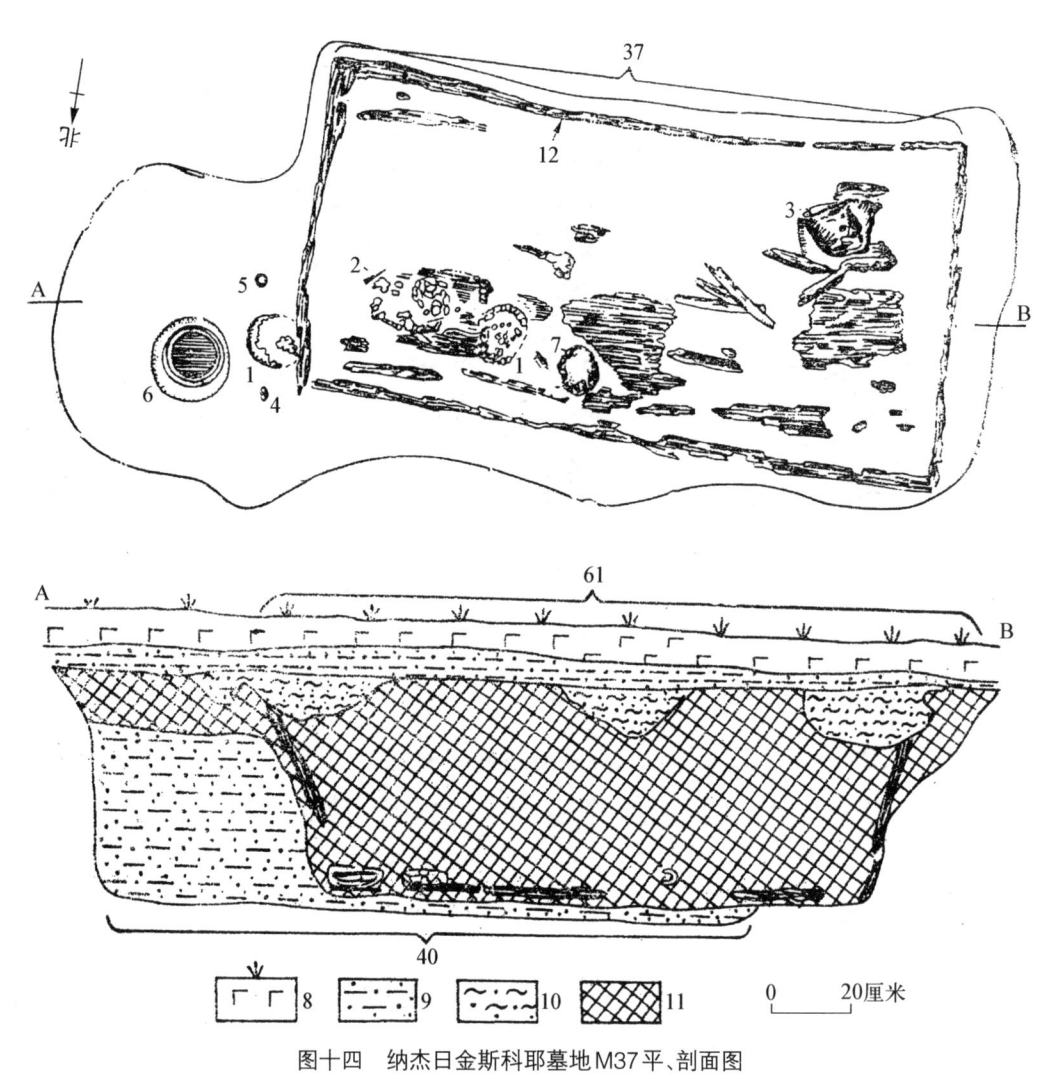

图十四 纳杰日金斯科耶墓地M37平、剖面图

1. 头骨（2个） 2. 箭镞 3. 铁锅 4. 串珠 5. 耳环 6. 陶器 7. 石块（砥石） 8. 草根层 9. 含腐殖土的深棕色砂土 10. 深灰色砂土 11. 炭灰土 12. 烧过的棺木

五、随 葬 品

墓内普遍有随葬品，主要有陶器、兵器与狩猎工具、马具、铁锅、装饰品等。

（一）陶器

陶器有轮制的泥质灰陶罐和壶，夹砂的陶罐、碗、盆。无论是夹砂陶还是泥质陶，都是平底器。手制夹砂大口罐是炊器，轮制泥质灰陶罐(壶)是盛食器，两类组合最常见(图十五)。

图十五　陶器

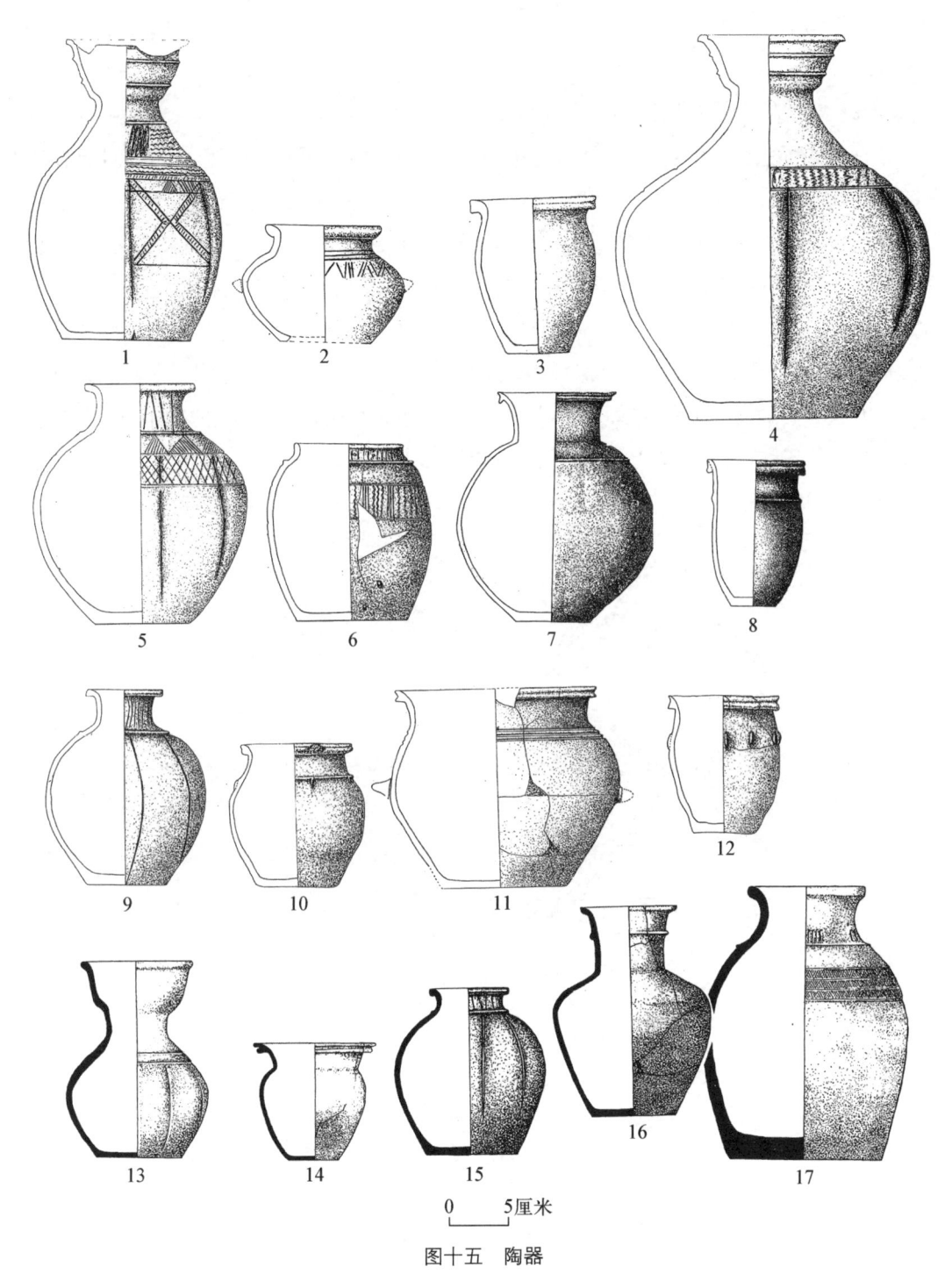

1~4. 科尔萨科沃 M48　5~8. 科尔萨科沃 M279　9~12. 科尔萨科沃 M4　13. 奥利金 M13　14. 奥利金 M4　15. 奥利金 M1　16、17. 奥利金 M7

（3、7、8、10、12、14为手制夹砂陶，余为轮制泥质陶）

少量墓是泥质陶壶与泥质陶罐组合，如纳杰日金斯科耶M26盘口壶和泥质瓜楞罐组合（图十六，1、2）。

大口罐的基本形态是重唇的筒形罐（图十五，3、8），部分罐在肩部有凸起的一周凸弦纹，个别有小的瘤状突或把手，如科尔萨科沃M4出土的3件手制夹砂罐，其中1件是在肩部有小的瘤状耳（图十五，12），1件是腹最大径偏下，有相对的2个把手（图十五，11）。科尔萨科沃M103的手制夹砂罐是双唇，下唇在附加泥条上压印花纹，颈部有交叉的暗纹，肩部有一周凸起的弦纹，其下有压印的"人"字纹，肩部两侧有相对的柱状把手（图十六，3）。奥利金M4的夹砂罐为敞口、高领、鼓肩，仍带有重唇特点（图十五，14）。科尔萨科沃M279的罐特点与之类似，只是器身为球形腹（图十五，7）。横耳器很少，在科尔萨科沃M325出土的夹砂扁腹罐有双横耳（图十六，4）。科尔萨科沃M106出土的罐不仅有3个横耳，还有一个流，流嘴的孔道上还有2只"眼睛"（图十六，5）。

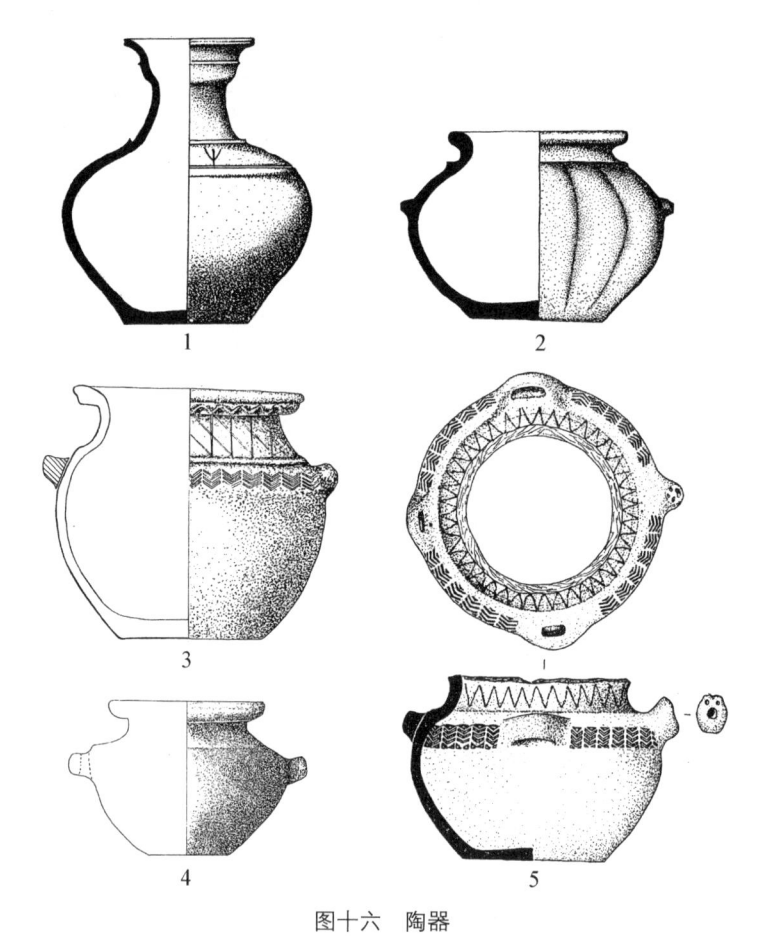

图十六　陶器

1、2. 纳杰日金斯科耶M26盘口壶和瓜楞罐　3. 科尔萨科沃M103把手罐　4. 科尔萨科沃M325双横耳罐　5. 科尔萨科沃M106带流横耳罐泥质灰陶罐（壶）火候高，表面打磨光滑，形态较多，以盘口（或杯口）、瓜楞腹、肩部多纹饰为主要特色。盘口较深，外壁素面多，少数有1或2条凸弦纹。盘口壶的颈部或卷沿罐的颈部常有竖向打磨的暗纹。肩部以压印的几何纹、刻划的折线、竖线、网纹、三角内填平行线等为特色。个别器物有瘤状突，如纳杰日金斯科耶M2的瓜楞罐有2个瘤状耳（图一六，2）。很多器底有刻划的符号。

（二）兵器与狩猎工具

墓中发现的兵器与狩猎工具主要是铁器，有矛头、铁刀、长剑、箭镞、甲胄、火镰。其中箭镞发现的数量最多，有燕尾、凿形、锥形、双翼、三翼等多种形态。其次是火镰，以"B"字形、触角形为多（图十八，16～18）。奥利金第3号冢出土的1件是"B"字形，穿孔。

铁刀有三种。第一种是生活用铁刀（小铁削）。生活用铁刀，单面刃，无护手（格），刀身紧接一棍状插条，箍在插条上的木把手已经腐朽掉。通长6～20、刀身宽1～1.4、一般长9～11厘米。分直背刀和弧背刀二型。第二种是匕首，刀身长，有的有金属护手。通长22～32、刀身宽1.5～2厘米。第三种是腰刀，刀身紧接一棍状插条，箍在插条上的木把手已经腐朽，木把手前有格，后有首片，刀身单面刃，直背。纳杰日金斯科耶墓地出土的2件短腰刀，一件长42、宽2.5厘米，另一件残长46、宽3.5厘米，把手后端有钉帽形的首。纳杰日金斯科耶墓地M54出土的腰刀残长45、宽3厘米，把手有套筒式的帽首。科尔萨科沃墓地出土者完整，通长72.5、宽2.5厘米，有齿边格。把手的前后两端都有套筒形的帽（图十七，2）。鲁达尼科瓦亚岗墓地西区第29号冢出土的腰刀，刀身长54.3、宽3～3.3厘米，厚5～7毫米，把手长19厘米，铁把手上有几何花纹（图十七，3）。共出36个箭头，还有马衔和马镫。

铁剑很少，鲁达尼科瓦亚岗墓地西区第23号冢发现1件剑，双面刃，长74.6、宽3.3厘米，厚5～6毫米（图十七，1）。

甲胄发现极少，个别墓有零散甲片发现，只有纳杰日金斯科耶墓地M87出土了能大体复原的铁胄和上衣甲，胄由长条铁片拼合连缀而成。

（三）马具

马具发现很少，有铁马镫和马衔镳。马镫有曲梁和柄上穿孔两类。

（四）铁锅

铁锅发现很少，有三梁吊锅，适合野外炊煮。

（五）装饰品

装饰品丰富，有首饰、胸和腰部装饰等。

首饰主要有钗、耳环、项饰、手镯。其中耳饰常见，钗极少，钗是铜质，双腿，钗头有6条瓜纹棱。科尔萨科沃M277出土1对（图十八，1）。耳饰有银或铜的耳环，有的耳环穿挂圆片形玉坠，多为1环1坠，个别有多环多坠的，如科尔萨科沃M277出土2环2坠、3环2坠耳环（图十八，2、3）。项饰以各种珠子为主（图十八，6）。手镯为青铜质，是用扁状长条制作，一般没有花纹。

胸和腰部装饰有踝躞带、带栓、方形镂孔牌饰、铃铛、护身符雕像、狼的獠牙等。

踝躞带，有方形和半圆形的腰带牌饰，科尔萨科沃M285出土一套，牌饰镶钉的皮腰带还保存下来。科尔萨科沃M361出土的踝躞带牌饰是半圆形的，牌饰镶钉的皮腰带也保存下来（图十八，5）。

带栓是悬挂在踝躞带下具有挂钩功能的部件。科尔萨科沃M279出土的带栓是青铜质，上有长方形穿孔，中部为圆环，下部为垂花头（图十八，8～10）。科尔萨科沃M90出土的带栓是其变体，中部圆环消失，下部呈锚形（图十八，11）。青铜带扣以科尔萨科沃M90出土者花纹最为复杂（图十八，7）。

方形镂孔牌饰是具有特色的腰带牌饰，形状和花纹复杂，上边缘多为简化的一排鸟头像，上部有长条形或十字形透孔，有横向的直线或波浪线，下部近底边有小透孔，多数下边缘有2个悬挂铃铛的扣眼。有些墓出土的铜牌饰上还挂着铃铛，一副腰带上的牌饰也不一样，如科尔萨科沃M323出土的悬铃镂孔牌饰，花纹有多种形式，大小尺寸也有出入，还出土了圆形的镂孔牌饰（图十八，19～24），带扣呈舌形，表面有复杂的花纹（图十八，25）。

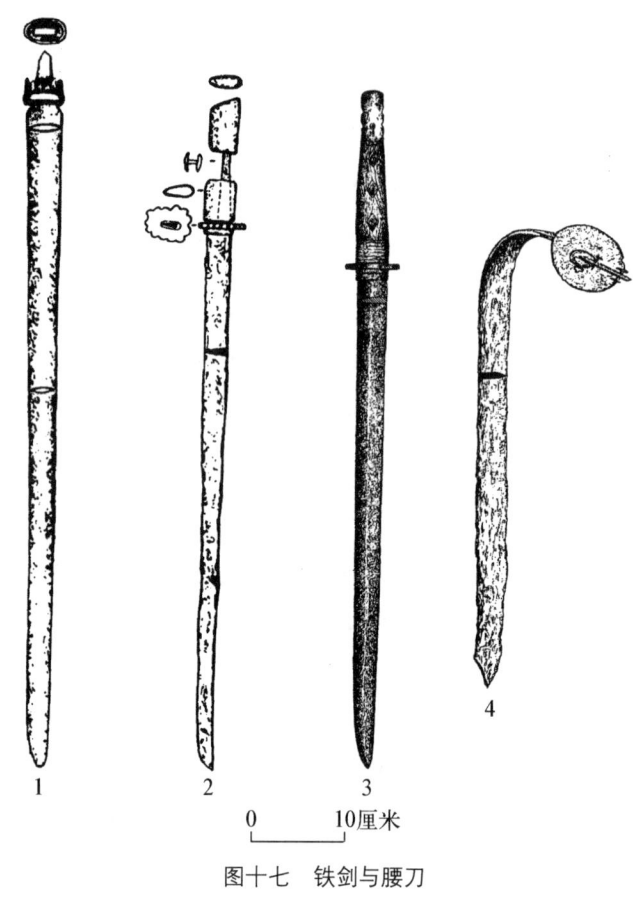

图十七　铁剑与腰刀
1. 鲁达尼科瓦亚岗墓地西区第23号冢　2. 科尔萨科沃M319
3. 鲁达尼科瓦亚岗墓地西区第29号冢　4. 纳杰日金斯科耶墓地M56

图十八 装饰品与火镰

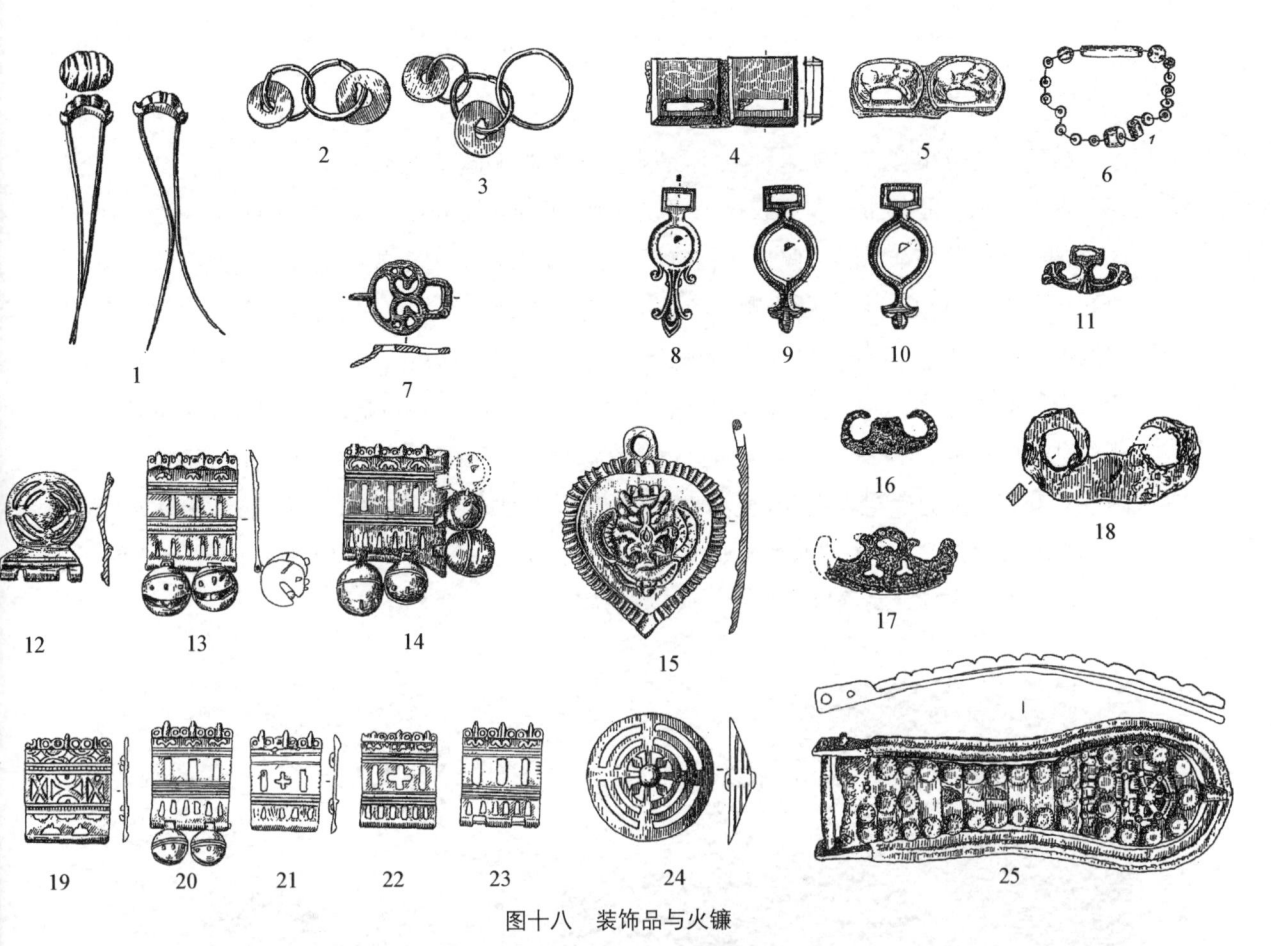

1. 钗（科尔萨科沃M277） 2、3. 耳环（科尔萨科沃M277） 4. 蹀躞带（科尔萨科沃M285） 5. 蹀躞带（科尔萨科沃M361） 6. 珠饰（科尔萨科沃M90） 7. 带扣（科尔萨科沃M90） 8~10. 带栓（科尔萨科沃M279） 11. 带栓（科尔萨科沃M90） 12. 鱼形悬铃牌饰（科尔萨科沃M28） 13、14. 悬铃牌饰（科尔萨科沃M320） 15. 腰带吊饰（科尔萨科沃M320） 16. 火镰（科尔萨科沃M63） 17. 火镰（科尔萨科沃M90） 18. 火镰（科尔萨科沃M320） 19~23. 悬铃牌饰（科尔萨科沃M323） 24. 圆形牌饰（科尔萨科沃M323） 25. 带扣（科尔萨科沃M323）

科尔萨科沃M28出土的鱼形牌饰的下边缘也有2个悬铃的扣眼，横针脱落，形成2个缺口（图十八，12），其上部与圆形镂孔牌饰相同。其中最复杂的是科尔萨科沃M320悬铃镂孔牌饰，在一副腰带上的一块牌饰上悬挂了5件铜铃铛，2件挂在底边，3件挂在侧边（图十八，13、14），还有1件心形的吊饰，吊饰中部有神秘的抽象纹饰（图十八，15）。这类牌饰与挂件属于萨满文化的产物。

骑士像。杜巴沃瓦村M18出土骑士像3件，其中1件是银质，2件是青铜质[1]。

---

[1] 麦德维杰夫：《杜巴沃瓦村墓地——阿穆尔河中游的女真遗存》，载《北亚考古的史料》，新西伯利亚，1980年，第160页。

(六）随葬品的分布

随葬品的分布有一定规律可循，但是规律性不强，随意性也较大。

常见的随葬品分布是陶器放在头部或头前，个别陶器放在脚下。腰带牌饰、手镯、耳环、项链、珠子等装饰品随身佩带在相应部位。工具类的铁刀多放在腰部或胸侧。铁矛顺放在身旁，矛头朝上。铁剑贴身顺放在腰部左侧。箭镞一般是放在箭囊内，置于腰部或腹部两侧，有的箭镞尖锋朝上顺放，有的朝下逆放。马镫放在头前或腰旁。铁锅放在头前。

陶器高低放置。科尔萨科沃M154有4件陶器的器底所处高度不同，其中3件罐立放在墓底的低处，1件盘口陶壶口朝上正放在高处，其底的位置在卷沿罐颈的高度处（图十九），我们推测这个处于高位的盘口壶下葬时可能摆放在一个木架或木凳上，掩埋时砂土填满木架内的空间，木架腐烂不见了，盘口壶下沉就被土托撑。如果我们的推测正确，则可以得出女真墓内陶器有的放在墓底，有的放在木架上的结论。

图十九　科尔萨科沃墓地M154的陶器出土状态

(七）毁器习俗

墓内有毁器习俗，主要是毁坏陶器，其次是铁砍刀（腰刀）。

在鲁达尼科瓦亚岗墓地南区第4号冢的墓内1件倒扣的手制大口筒形罐是完整的，其旁北侧有1件正放的轮制灰陶壶被从腹部打成一堆碎片，1件手制大口筒形罐被尖状器打击下腹部，下腹成碎片，上腹破裂。而1件正放的泥质灰陶壶接近完整，口略残，它的北侧平放着1件轮制灰陶器的器底（图二十，1）。在该墓坑边外的浅沟内有1件轮制灰陶罐被

图二十 陶器毁器现象
1. 鲁达尼科瓦亚岗墓地南区第4号冢墓内陶器 2. 鲁达尼科瓦亚岗墓地南区第4号冢墓外陶器

打碎撒在沟内,分布长度达120厘米(图二十,2)。这种现象只能是因故意毁器所为,陶器是盛食器,下葬时被打碎。

铁器也有毁器现象,主要是长的铁刀被折弯或折断成多块,铁矛头被折断。例如科尔萨科沃M54的铁矛头靠近尖锋的前部断掉,铁腰刀的前部也被折断,这2件武器的尖头没有下葬。科尔萨科沃M277的铁腰刀的刀身前部被折断,前部缺失。科尔萨科沃M143的铁矛头有矛身部分前后两段,中段缺失,后段连接的銎完好。科尔萨科沃M73、M285都是用铁腰刀刀身的1段断片随葬。科尔萨科沃M175则是随葬2段腰刀的刀身断片。铁腰刀有的被折弯下葬。科尔萨科沃M115的腰刀尖部被折弯,尖峰贴在刀身。纳杰日金斯科耶墓地M56的铁腰刀刀身后部被折弯(图十七,4)。

(八)遗留的谷(粟)粒

在个别女真火焚墓内,有时在腰带金属牌饰和皮条之下有谷粒。在脚部、头部附近也发现有较多的谷粒(粟)。

在科尔萨科沃的M19、M78,谷粒发现于牌子下。M19土坑墓,墓坑是圆角长方形土坑,只是东北角不是圆角。长1.9、宽1.6米。填土有炭灰。沿着南壁,在深58~75厘米处有火烧的木板，木板宽15厘米。人骨骼在85～90厘米深处。随葬品有2件腰带上的青铜牌饰，上下叠压。上面的牌饰边缘悬挂着1件球形铃铛，下面的牌饰边缘悬挂着2件球形铃铛，牌饰之间和牌饰之下都有谷粒。M78在腰带牌饰之下有谷粒和皮带的遗迹。

科尔萨科沃M320和M323的谷粒是发现在钟形铃铛的内腔。M320在墓主身上还找到了2条镶牌饰的腰带。皮腰带残留的皮块还保留下来，其上镶缀牌饰，总共收集了20件牌饰。有5个牌饰下边悬挂着2件圆铃铛，1件牌饰悬挂着5个铃铛（2个在下边缘，3个在右边缘）。此外在腰带的圆铃铛右侧，有4件钟形铃，钟形铃内部发现有黍的籽粒，钟形铃的穿孔被破布堵塞住。黍的籽粒在某些圆形铃铛内也有发现。M323也在腰带牌饰悬挂的钟形铃内有谷粒，用块状物封闭。

在鲁达尼科瓦亚岗墓地西区第42号冢（M42）木棺底板处发现了谷粒堆（图二十一），经鉴定是粟[1]。

若作为粮食随葬，谷（粟）应该放在盛储器内，置于墓内适当位置。但这些粟粒的位置特殊，是被火焚烧后因压在牌饰下、头骨下或棺木板下而没有燃烧成灰，得以保留。所

图二十一　鲁达尼科亚岗墓地西区第42号冢出土谷粒堆

---

[1] 瓦西里耶夫：《波克罗夫文化葬俗（9～13世纪）》，符拉迪沃斯托克，2006年。

以我们推测有的墓在焚烧时可能是使用带穗的谷物燃烧,或者是在焚烧时有意扬撒谷粒所致。而有些是被有意装在萨满腰铃的铃铛内,更具有萨满祭祀的意义。

六、结　语

生女真在黑龙江流域的崛起导致了称雄草原二百年的辽帝国的灭亡,也导致了繁华如梦的北宋汴梁城易主换旗。辽代女真文化研究是辽代考古的重要课题,也是认识金代女真文化必不可少的重要资料。文献记载的辽代女真分布广泛,黑龙江省、吉林省、辽宁省的南部都有分布,但是考古仅在三江平原一带发现了女真墓葬资料,其中俄罗斯境内的发掘墓葬数量大,为目前对辽代女真文化研究的主要资料。本文综合俄罗斯境内辽代女真考古的主要发现给予梳理总结,为国内学界研究提供方便。今后若三江平原以外地域也寻找出辽代女真遗迹,将对辽代女真考古起到重大的推动作用,希望能引起东北考古学者的重视。

（原载《边疆考古研究》第18辑,科学出版社,2015年）

对完颜希尹墓地出土"铁券"性质的新认识

  吉林省舒兰市区东南小城镇的完颜希尹家族墓地分为5个墓区,吉林省文物工作队在1979年和1980年夏进行了考古调查和发掘,取得重要收获。在第2墓区的石室墓M2有5个石函,在北侧的大石函前平放一件板状铁块(图一),当时被认定为金太宗赐给完颜希尹的"铁券"[1],实乃未经仔细考证的误定。由于长期没有学者对这个认识提出异议,所以这个错误认识被普遍接受。虽然发掘报告没有发表,但是1985年出版的《舒兰县文物志》等出版物采纳了这个认识,影响很大。2009年10月笔者在完颜希尹墓地研讨会上提出是误定,现把笔者的考证过程书于下。

图一　完颜希尹墓地石室墓出土"铁券"

---

[1] 达文:《金史考古的新发现——完颜希尹墓》,《吉林日报》1980年12月7日。

为了抢救三峡地下文化遗产，笔者在2001年主持发掘奉节县宝塔坪墓地，研究生王乐文负责发掘唐代土洞墓（M1006），墓主人头朝洞口，在墓主人头前正中位置放一枚长方形铁牌[1]（图二），但是铁牌锈蚀严重，看不清上面是否有文字。该墓墓室狭小，宽仅0.8米，随葬品贫乏，为平民墓葬，不可能有免死铁券，推测应该是表现墓主身份的牌位或买地券。随后在另一个小型土洞墓（M1010）中又发现一件相同的长方形铁牌。当时我就联想到完颜希尹墓地石室墓出土的"铁券"，对是否真是"铁券"感到可疑，但无暇探究。

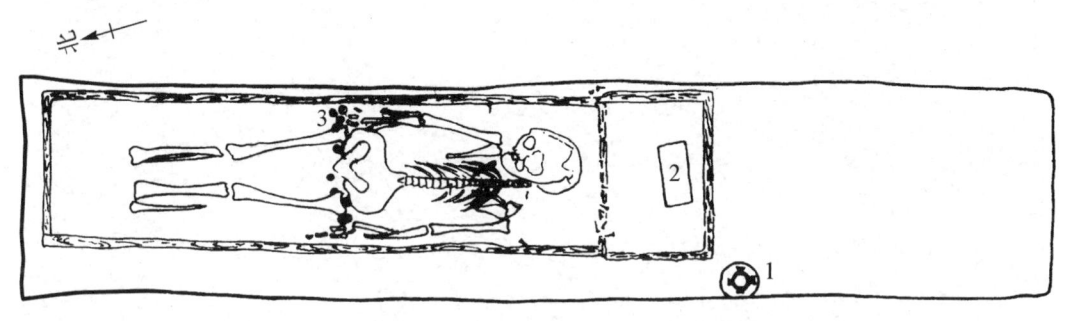

图二　宝塔坪2001 I M1006平面图
1. 青瓷盘口壶　2. 铁牌　3. 铜钱

2009年5月，舒兰中学退休特级教师尤德峻先生到吉林大学，商议在舒兰召开完颜希尹墓地开发与学术研讨会之事，并邀我参加会议，为了参加这个会议，暑假我开始收集资料对"铁券"性质进行分析研究。

铁券起源于汉高祖刘邦赏赐给功臣的铁契，《汉书·高帝纪下》载："又与功臣剖符作誓，丹书铁契，金匮石室，藏之宗庙。"《汉书·高惠高后文功臣表》云："使黄河如带，泰山若厉，国以永存，爰及苗裔。"《后汉书·祭遵传》记载铁契的内容是："……世无绝嗣，丹书铁券，传于无穷。"刘邦皇帝是想把赐给功臣的免死等隆恩惠及其子子孙孙，把这些盟誓丹书于铁契之上。由于丹书于纸上容易损坏，难以"传于无穷"，至少从唐代开始改为刻写于"铁券"（字口内填金），赐功臣世守。铁券要写明赏赐人的官职、赏赐的原因和皇帝的誓盟之言。

中国现存最早的铁券是钱镠铁券（图三），现藏中国国家博物馆。唐末藩镇割据，天下大乱。钱镠与董昌都是浙江临安一带的起事首领，剿灭过黄巢农民起义军。895年董昌称帝，建元顺天，国号罗平。钱镠反对他这样做，先是规劝，后则征讨。钱镠本来是董昌麾下的一员骁将，董昌僭称尊号，封他为两浙都将，而钱镠并没有接受董昌的任命，却反戈

---

[1] 吉林大学边疆考古研究中心等：《奉节宝塔坪2001年唐宋墓葬发掘简报》，载《重庆库区考古报告集（2001年）》上卷，科学出版社，2007年，第439页。

图三 唐乾宁四年（897年）钱镠铁券照片

一击，擒董以献朝廷。唐昭宗时，地方藩镇的势力远远大于朝廷的势力，朝廷的号召力渐微。钱镠的这一举措使他很高兴，他要把钱镠当作一个榜样树立起来，赐以铁券，券文诏书称钱镠的功劳"虽钟繇刊五熟之釜，窦宪勒燕然之山，未足显功"。所以"锡其金板，申以誓辞：长河有似带之期，泰华有如拳之日，惟我念功之旨，永将延祚子孙。使卿长袭宠荣，克保富贵。卿恕九死，子孙三死，或犯常刑，有司不得加责"。关于钱镠铁券的形制，文献记载较多，如明沈德符的《万历野获编》说："形如覆瓦，面刻制词，底刻身及子孙免死次数。质如绿玉，不类凡铁，其字刻用金填。""以建初尺度之，高一尺三寸，广二尺一寸五分，厚一分半，重一百三十二两。"[1]钱氏后人钱听涛在博物馆看到此铁券，将其描述为"是一块如瓦片一样的铁质文物"，券文鎏金322字，今铁券字迹漫漶，大致三分之二已看不清了[2]。

明太祖朱元璋灭元建立大明帝国，天下归于一统。洪武二年（1369年）八月，朱元璋仿效古代帝皇表彰开国功臣的殊勋，对他们"赐以铁券，以申河山带砺之誓"，命礼部官员

---

[1] 华中钱镠文化研究会、华中钱氏宗亲联谊会《钱氏家乘》编委会：《钱氏家乘壹》第五卷，2013年，第251页。
[2] 钱听涛：《钱镠铁券千年播迁记》，《炎黄春秋》2002年第12期。

拟订铁券的形制规模。朝臣向朱元璋奏说：唐昭宗曾经给钱镠赐过铁券，钱的子孙现多住在台州，其第十五世孙钱尚德，元朝的时候做过青田教谕，听说这件宝物现在还藏在他的家里。朱元璋立即下了道圣旨，叫钱尚德将铁券送至京师。钱尚德接到圣旨后，把钱氏铁券和钱氏五王画像送赴京城。朱元璋会同丞相李善长、礼部尚书牛亮、礼部主事王肃等一道观赏。观赏后命礼部用木依样雕一木券，留作格式，以备制作。而后命有司设宴招待钱尚德一行，仍将铁券并五王像交钱氏带回临海以世代宝藏。明代皇帝赐给很多功臣以铁券，样式赐文都是模仿钱镠铁券。

如现收藏于青海省档案馆的明英宗颁给李文的铁券，生铁质，半弧形覆瓦状（图四），左右长37.5厘米，上下高21.2厘米，厚0.25厘米，重1 300克。凸面镌明英宗诰命制文，共206字，阴文嵌金，分17行，行13字，每字大1平方厘米。凸面文曰："维天顺二年，岁次戊寅，三月戊子朔越十八日乙巳，皇帝制曰：国家于武臣之有劳绩者，必封爵以贵之，此报功勋能之圣典也。尔右军都督府右都督李文负资忠义，秉志纯良，将略素闲，战功克著。兹朕复位之初，受以边防之寄，因胡虏之侵犯，遂克敌以成功。顾兹茂勋，宣隆恩典，特封尔为奉天翊卫宣力武臣，特进荣禄大夫、柱国、高阳伯，食禄一千石。仍与尔誓：除谋逆不宥外，其余若犯死罪，免尔本身一次，以酬尔勋。吁戏！爵禄有加，用尽报功之义；忠勤不替，方资事上之诚。朕既不忘尔勋，尔亦毋忘朕训，往励尔节，益懋徽猷。钦哉！"凹面竖排1行，共10字："若犯死罪，禄米全不支给。"右上角还刻一"右"字[1]。

明代的铁券分为二通，一副颁给受封大臣，一副贮存于朝廷之内府，需要赦免时两副合一才能生效，和战国时期调兵所用的"虎符"类似。万历《大明会典》卷六记载："凡功臣铁券，……左右各一面，右给功臣，左藏内府。"《明史·职官志》记载：铁券的券文由翰林起草，中书舍人书写，铁券的保管、勘验则由内廷宦官机构中的印绶监掌管。

图四　明英宗颁给功臣李文的免死铁券

---

[1] 樊树志：《揭秘：明太祖"免死铁券"不免死》，《东方早报》2009年3月23日。

李文铁券上面刻有"右"字,是藏在受封者李文家中的铁券[1]。

晚唐和明代这两件铁券都是瓦形,明时仿唐制作,金朝的铁券是仿照什么样子制作的,还需要探讨。宋太宗太平兴国三年(978年),第五代吴越国王钱弘俶主动纳土归宋,和平统一。钱弘俶率领王族子孙近亲一千多人,由杭州迁居汴京开封,以示忠顺。晚年受封邓王,死于南阳,归葬洛阳。钱弘俶迁河南时,将这具铁券及历代皇帝所赐的竹册、玉册、诏诰等家传文物藏在杭州吴越国宗庙内。宋太宗淳化元年(990年),杭州地方官将铁券等全部吴越旧物运到汴京献给皇帝。宋太宗为了安抚钱氏,下诏将铁券等归钱弘俶子安僖王钱惟浚保管。过了30多年,宋仁宗即位,惟浚已经去世,其弟惟演,官拜翰林学士,历任工、刑、兵部侍郎尚书,这批文物就转归惟演保管。惟演这一支钱氏子孙在宋代与皇室、后族六世联姻,惟演死后谥文僖公,追封思王。其子钱晦,娶献穆大长公主的女儿。铁券归钱晦保管。宋仁宗知道他家存有铁券,曾索观,后又归还[2]。可见北宋太宗和仁宗都曾经观看过钱镠铁券,索观的目的是仿照样子制作铁券,宋代铁券也是模仿唐代铁券。金代赏赐铁券应该是承继北宋的铁券,所以推测也是瓦形。

铁券形状从汉到明都是瓦形,其特殊形状可能与最初产生的时代背景有关,铁券创制于汉高祖刘邦,当时还没有书写用的纸张,书写材料以简牍、帛为主,常见存放的形式是卷筒状,因而铁券为半卷的瓦形。铁券的形状、文书内容与格式被以后历代沿袭。完颜希尹墓地石室墓出土的铁牌是长方形的片块形状,不是瓦形,可以从形制的角度推测不是铁券。从性质分析,把免死铁券带入墓中就失去了对其子孙免罪的功能,所以一般不会随葬入土。对于完颜希尹墓地出土的铁牌是什么牌,还不能确定,可以参考的资料是金代黑龙江阿城的齐国王完颜晏墓出有银质牌和木牌(图五),银质牌置于棺盖板中部,平而近似扁平幢形,由三部分组成。顶部呈荷叶形,两端翘起,叶中央连着一朵盛开的仰莲花;中部为长方形牌身,自上而下压印有"太尉开府仪同三司事齐国王"的阳文,共12字;底部为一仰莲花形银托,上饰莲蓬。银质牌位于棺上,表示墓主的身份,有代替墓志之功能。木牌横置于棺内枕后,券文上端在男墓主一侧。房券整体呈长方形,上部抹角,正面墨书"太尉仪同三司事齐国王",背面墨书"房一坐",木牌有代替买地券的功能[3]。完颜希尹墓地2号墓区石室墓出土的铁牌,位于大石函前的地面[4],可能也是代替墓志或买地券的铁牌,那么M2的主人就不会是完颜希尹。我把这个观点在2009年10月的完颜希尹墓地开发与学术研究会上提出,得到多数学者的认可。

---

[1] 李文君:《存世的三张明朝"免死铁券"》,《寻根》2008年第2期。
[2] 钱听涛:《钱镠铁券千年播迁记》,《炎黄春秋》2002年第12期。
[3] 赵评春、迟本毅:《金代服饰——金齐国王墓出土服饰研究》,文物出版社,1998年,第3页。
[4] 国家文物局编:《中国文物地图集·吉林分册》,中国地图出版社,1993年,第141页。

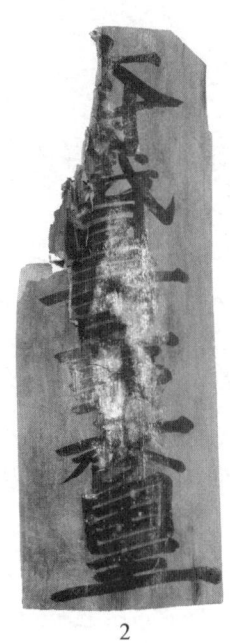

图五　齐国王墓出土银牌和木牌
1. 银牌　2. 木牌正面　3. 木牌背面

这个问题的认识过程使我感到，考古发现的重要遗存，在没有明确的证据，没有做细致分析求证的前提下，不要轻易下结论，以免以讹传讹，给学术研究增添许多弯路。

（原载《边疆考古研究》第9辑，科学出版社，2010年）

北宋熙春阁与元上都大安阁形制考

大安阁是元上都中最重要的宫殿,"宫城之内不作正衙,此阁岿然遂为前殿矣"[1],道出大安阁实际起到正衙的作用。大安阁与北宋的熙春阁有渊源关系,本文在前人研究基础上对大安阁及其前身熙春阁的形制再做进一步探索。

一、大安阁遗址

元上都遗址位于内蒙古自治区锡林郭勒盟正蓝旗上都河镇东北20公里处。城南临蜿蜒的闪电河(滦河上游),城北地势渐高为东西横卧的龙岗。元上都城分为宫城、皇城、外城三重城墙;中央为宫城,围绕宫城之外者为皇城,外城在皇城西、北两面,呈半包围式。宫城为元上都的主要建筑,位于皇城中部偏北处,略呈长方形,与皇城呈回字形结构。东墙长605米,西墙长605.5米,北墙长542.5米,南墙长542米。宫城设有三门,分别位于宫城东、西、南三墙之中部。宫城内留有大型建筑遗迹40余处,其中最醒目的建筑遗址是1号和2号建筑址。1号建筑址在宫城正中,通往三个城门的大街相汇之处,是一座大型的长方形建筑址。2号建筑址是宫城北墙正中位置的"阙式"建筑,夯土台基高大,台基与城墙等高,为宫城内最大的建筑。

对大安阁遗址的认定有两种观点。第一种观点认为最高最大的建筑即2号建筑是大安阁[2]。第二种观点认为2号建筑是穆青阁,1号建筑址是大安阁[3]。

元人周伯琦诗云:"北阙岩峣号穆清,北山迢递绕金城。四时物色图丹壁,翠辇时临

---

[1] 周伯琦:《是年五月扈从上京宫学纪事绝句二十首》,载杨镰主编《全元诗》,中华书局,2013年。
[2] 石田干之助:《关于元上都》,载《元上都研究文集》,中央民族大学出版社,2003年,第9页。
[3] 陈高华、史卫民:《元上都》,吉林教育出版社,1988年;李逸友:《元上都大安阁址考》,《内蒙古文物考古》2001年第2期;魏坚:《元上都的考古学研究》,吉林大学博士学位论文,2004年,第38页。

喜太平。"[1]明确说明宫城北的高耸陡峻的阙式建筑名为"穆清"。元人虞集在《道园学古录》中有对王振鹏所绘大安阁图的跋文，跋文为："世祖皇帝在藩，以开平为分地，即为城郭宫室。取故宋熙春阁材于汴，稍损益之，以为此阁，名曰'大安'。既登大宝，以开平为上都，宫城之内不作正衙，此阁岿然遂为前殿矣。规制尊稳秀杰，后世诚无以加也。"[2]从"此阁岿然遂为前殿矣"的位置可以推测大安阁不会是依北墙修建的2号建筑址。1号建筑址处于宫城中心，南面大街直通正门御天门，从其占有中心的特殊位置分析1号建筑址肯定是大安阁址。

1259年七月蒙哥汗在四川钓鱼山战死。十一月忽必烈的幼弟阿里不哥谋立为大汗，皇后遣使密报给在湖北攻宋的忽必烈，请速还。1260年三月忽必烈回到开平，召开忽里台大会即汗位。随后阿里不哥在哈剌和林称汗，双方争斗4年。1260年五月忽必烈建立年号，建元中统。1263年升开平府为上都。1264年七月阿里不哥归降，八月改燕京为中都，改中统五年为至元元年，大赦天下。1266年十二月建大安阁于上都。1267年开始营建北京的大都。以大都为正都，上都为陪都。1271年忽必烈废除"蒙古"号，定国号"大元"。忽必烈用12年时间，通过建年号、定都城、修建施政的宫殿、营建二都、建国号等系列步骤，实现了建立符合汉式传统的朝廷的目的。可见，建大安阁是忽必烈在彻底战胜争夺汗位的阿里不哥势力之后，作为上都处理朝政的中心建筑修建的，是由蒙古大汗向汉式皇帝形象转变的一个重要步骤，是完善两都制的重要举措。把大安阁选择在上都城的中心，阁前大街直通宫城正门御天门，也符合唐宋宫城之制。

二、熙春阁的形制

（一）北宋的熙春阁是大安阁的前身

元人周伯琦在诗后自注曰："右咏大安阁，故宋汴熙春阁也，迁建上京。"[3]明确说明大安阁是把北宋汴京的熙春阁迁到元上都重新修建的建筑，虞集在《跋大安阁图》中也有同样记载。要认识大安阁的形制，首先应从分析熙春阁形制入手。

刘祁《归潜志》载："（金）南京同乐园，故宋龙德宫，徽宗所修，其间楼阁花石甚盛。每

---

[1] 周伯琦：《是年五月扈从上京宫学纪事绝句二十首》，载杨镰主编《全元诗》，中华书局，2013年。
[2] 虞集：《道园学古录》卷十"跋大安阁图"条，文渊阁四库全书别集类。
[3] 周伯琦：《是年五月扈从上京宫学纪事绝句二十首》，载杨镰主编《全元诗》，中华书局，2013年。

春三月花发,及五六月荷花开,官纵百姓观。虽未再增葺,然景物如旧。(金哀宗)正大末,北兵入河南,京城作防守计,官尽毁之。其楼亭材大者,则为楼橹用;其湖石,皆凿为炮矣。迄今皆废区坏址,荒芜,所存者独熙春一阁耳。盖其阁皆杪木壁饰,上下无土泥,虽欲毁之,不能。世岂复有此良匠也。"[1]北宋的汴京,金称南京。熙春阁本是北宋汴京龙德宫的主要建筑,为木构多层建筑。北宋元符三年(1100年)正月宋哲宗病逝,哲宗无子,皇太后立神宗的第十一子端王为皇帝,即徽宗。同年二月徽宗把他美丽的端王府宅邸名为龙德宫[2]。汴京城由外城、里城和宫城三重城组成,在里城北城墙景龙门外开掘的护城河叫景龙江。龙德宫位于景龙江北岸,是园林建筑群,宫内不仅有楼阁,还有花竹池沼,其间散起庐舍。在金兵大举进攻的形势下,宋徽宗在宣和七年(1125年)退位给钦宗,以道君太上皇的名号,出居龙德宫[3]。靖康二年(1127年)二月金军逼徽宗和钦宗就范,占领汴京城,北宋灭亡。金朝时龙德宫仍保存完好,改名为同乐园,每年春天花开季节官府允许百姓到园中观赏。金朝没有对同乐园进行修补,熙春阁仍然保留北宋时原貌,所以元人虞集和周伯琦把熙春阁称为"故宋汴熙春阁"。

《归潜志》说金哀宗正大末年,蒙古兵攻入河南,金南京官府拆毁同乐园内建筑,楼阁木材用于修城墙上的楼橹,湖石被用作炮石。熙春阁因为是全木结构,十分坚固而没有拆除成功,独自保留下来。为何一座木构建筑能坚固到不能拆除的程度而独存令人生疑,《金史》的有关记载为我们揭开此谜提供了线索。正大九年(1232年),正月初五占领河中府的蒙古军队在河清县白坡渡过黄河,东趋郑州、汴京。正月十三金哀宗下诏"修京城楼橹及守御备",次日"大元游骑至汴城",旋即离去,京师逃过一劫,正月十九日金朝改元开兴[4]。金末正大九年只有一次突然增修外城之楼橹,即正大九年正月十三至十八日。当蒙古军队过黄河兵锋直指汴京时,京城出现极度恐慌心理,官府下令大拆距离外城北墙较近的同乐园内建筑是这种恐慌心理的直接结果。次日蒙古游骑至汴城,随后离去,汴城内的恐慌自然消解,拆取同乐园建筑材料的行动也就停止。拆撤活动先从小型易毁建筑开始,熙春阁因为高大难拆而留后,则幸免独存。

(二)熙春阁的形制

王恽的《熙春阁遗制记》是复原的主要依据。其文记载至元二十三年(1286年)有一位被世人称为良匠的木工钮氏,把界画熙春阁拿给王恽观看,并讲述熙春阁的规模和架

---

[1] 刘祁:《归潜志》,中华书局,1983年。
[2] 脱脱:《宋史》卷十九《徽宗本纪》,中华书局,1977年。
[3] 脱脱:《宋史》卷二十二《徽宗本纪》,中华书局,1977年。
[4] 脱脱:《金史》卷十七《哀宗本纪上》,中华书局,1975年。

构,王恽曾经三次登临熙春阁,听钮氏讲述后撰写《熙春阁遗制记》。《熙春阁遗制记》对熙春阁的描述应该是基本可信的。其文曰:"构高二百二十有二尺,广四十六步有奇,从则如之。虽四隅缺角,其方数纤余。于中下断鳌为柱者五十有二。居中阁位与东西耳。构九楹而中为楹者五,每楹尺二十有四焉。其耳为楹者各二,共长七丈有二尺。上下作五檐覆压。其檐长二丈五尺,所以蔽亏日月而却风雨也。阁位与平座叠层为四。每层以古座通藉,实为阁位者三。穿明度暗而上,其为梯道凡五折焉。世传阁之经始二子掖醉翁过前,将作者曰:'此即阁之制也。'取其成体故两翼旁构,俯在上层栏槛之下止一位而已。其有隆有杀,取其缥缈飞动上下崇卑之序,此阁之形势所以瑰伟特绝之称也。予因念汴自壬辰兵后,故苑芜没,惟熙春一阁岿然独存。昔尝与客三至其上,徙倚周览,虽怅然动麦秀黍离之感,且诧其巍业壮丽如神营鬼构,洞心骇目有不可端倪者。至不藉井干,不阶峻址,飞翔突起于青霄而鬓上,又似夫鳌掀而凤翥也。"[1]下面依据此文对熙春阁的形制进行推测。

1. 熙春阁的高度与广度

魏坚先生对熙春阁的高度与广度进行推算。以国家博物馆收藏宋铜尺31.6厘米计算,熙春阁高为220尺,合69.52米。宋代1步为5尺[2],"四十六步"为230尺,合72米[3]。

2. 平面形状

"四隅缺角,其方数纤余"。熙春阁平面总体是方形,四角有缺而形成数次弯转。这样的形制与河北省张北县元中都城址中的西南角台建筑台基相同,元中都西南角台是方形,角部作三级转折(图一)[4],以此实例可以推测熙春阁四隅可能是三级直角转折。

3. 层数、平座

"阁位与平座叠层为四。每层以古座通藉,实为阁位者三"。这里平座和古座是正确理解句意的关键。以往学者把平座理解为基座,因而得出熙春阁是3层建筑的错误认识。平座是阁屋建筑下带铺作的座,楼阁是垂直的聚合建筑,习用平座作为上下层的联系、过渡[5]。阁层带平座可以从同时代的全木构叠层建筑得其形制,如山西应县木塔(建于辽清宁二年,1056年,相当于北宋仁宗嘉祐元年)为5层楼阁式塔,除底层外,向上4层都带平

---

[1] 王恽:《熙春阁遗制记》,《秋涧集》卷三十八,文渊阁四库全书别集类。
[2] 《宋史》卷一百四十九:仁宗天圣五年,内侍卢道隆上记里鼓车之制,"以古法六尺为步,三百步为里,用较今法五尺为步,三百六十步为里"。
[3] 还可以有其他的计算方法。如《元典章》载:"庶人墓田,四面去心各九步,即是四围相去一十八步。按式度地,五尺为步,则是官尺每一向合得四丈五尺,以今俗营造尺之,即五丈四小尺。"这里的元代1官尺=1.2营造尺,1营造尺≈0.834≈26.333厘米。以元营造尺进行计算,熙春阁高220尺合57.93米。元官尺5尺为1步;1步=5官尺=31.6厘米×5=1.58米。则熙春阁宽四十六步合72米,与大安阁遗址实际宽度相差一倍。
[4] 张春长:《元中都考古与初步研究》,吉林大学硕士学位论文,2000年,第51、68页。
[5] 陈明达:《中国古代木结构建筑技术(战国—北宋)》,文物出版社,1990年。

图一　元中都西南角台建筑台基的转角（采自张春长文）

座[1]（图二）。天津蓟县独乐寺观音阁为辽统和二年（984年）重建，外观2层阁，上层阁带平座[2]（图三）。平座的上顶和下底铺板，形成暗层（或叫夹层）。"每层以古座通藉，实为阁位者三"，每层以古字形的座与下层相通连，座实际是3个暗阁层。藉：践踏、坐垫，指坐于下一层上。古座即上句中的平座。平座是古代重叠建筑中作为上下层联系、过渡的结构层，以加强多层建筑结构的强度和稳定性。上句平座是指外观而言，此句古座是从内部结构而言。座从内部观之实际是3个暗阁层（或称夹阁层）。熙春阁外观4层，内有3个暗阁层，所以是7层建筑。

4. 房檐层数

"上下作五檐覆压。其檐长二丈五尺，所以蔽亏日月而却风雨也"。熙春阁外观有5层房檐。房檐向外伸展2丈5尺，所以遮住了阳光和月光的直射，但是能够有效挡住风雨对阁体的侵蚀。熙春阁外观4层，却有5层檐，第一层应该是重檐。一层重檐是高等级建筑的房檐形式，与熙春阁为皇家建筑的身份相符。以往认为熙春阁外观3层，则与5层檐

---

[1]《中国建筑史》编写组：《中国建筑史》，中国建筑工业出版社，1982年，第105页。
[2]《中国建筑史》编写组：《中国建筑史》，中国建筑工业出版社，1982年，第96页。

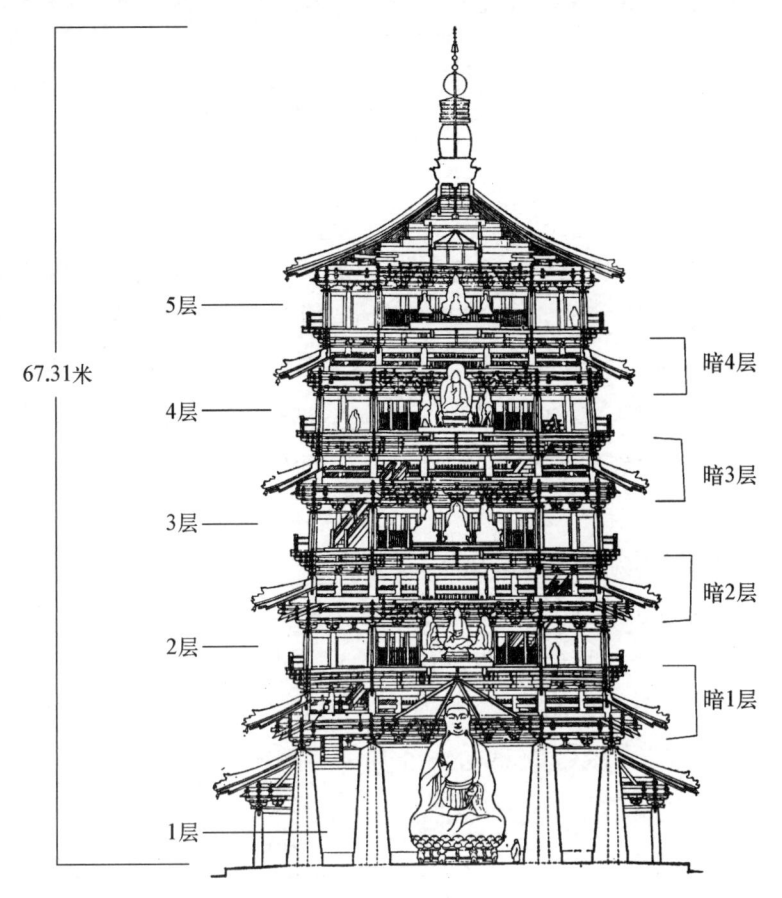

图二　山西应县辽代木塔结构图（采自《中国建筑史》）

不合。

5. 围栏

平座外围下接外伸的房檐，上承绕阁体一周的可眺望风景的围栏。同乐园是在春天花开时对百姓开放，王恽"昔尝与客三至其上，徙倚周览，虽怅然动麦秀黍离之感，且诧其巍嶪壮丽如神营鬼构，洞心骇目有不可端倪者"。意为我绕转四周凭倚栏杆观览景致，虽然有如麦穗摇动黍粒要脱落掉的眩晕的不舒适感，且惊诧其高崇壮丽好像是神鬼建造的，站在上面向下看心惊目旋，但又说不出其中原由。此句可以证明各层有外探的围栏。

6. 梯道

"穿明度暗而上，其为梯道凡五折焉"。熙春阁内部除了阁屋外，还有上下的梯道。梯道穿过明阁层、度过暗阁层，共5次转折。5次转折，应该有6段梯道。从1层为起点，每上一层有1段梯道，到7层正合6段梯道（图四）。5折梯道与7层建筑相合。

图四 梯道5折示意图

7. 整体气势

"缥缈飞动"是"此阁之形势所以瑰伟特绝之称也"。明确道出其最大的特点是飞动。

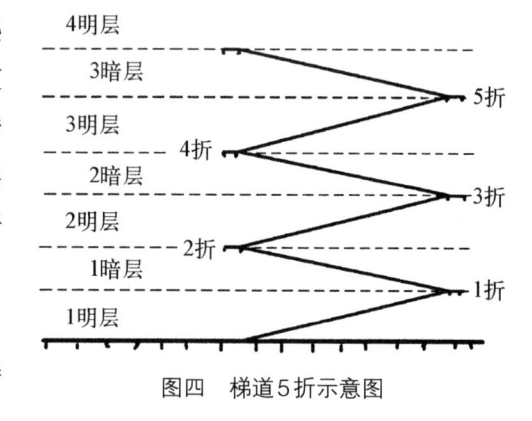

"昔尝与客三至其上，徙倚周览，虽怅然动麦秀黍离之感，且诧其巍嶪壮丽如神营鬼构，洞心骇目有不可端倪者"。此句通过登上最高层，倚栏杆向下望而有眩晕的感觉，来说明其兀立崇高的特点。"洞心骇目"是下望的感觉，并不是该建筑的外观面貌令人可怕。

"飞翔突起于青霄而矗上，又似夫鳌掀而凤翥也"，在天空中飞翔突起，矗立其上，又好似大海龟抛掀而起，凤凰向上飞升。这是结尾句，用形象的比喻总结熙春阁建筑之崇高和飞动的气势。

熙春阁飞动的气势可以从武汉黄鹤楼的复原建筑得到启示。黄鹤楼为3级转角，现代复原建筑中每隅都有3个檐脊头上翘，形成强烈的飞动气势（图五）。所以方形平面的角部呈3级转折能够增加房檐和房脊的数量与密度，从而增强楼阁建筑的飞动气势。

熙春阁高为69.52米，长宽为72米余。应县木塔高67.31米，八角形平面，底直径30米。熙春阁体量比应县木塔还大。应县木塔是9层结构（外观5层，暗层4层），塔顶还有11米的塔刹，熙春阁是7层结构（外观4层，暗层3层），每层举架都要比应县木塔高得多。第1层是重檐，举架比其他层高。超高的举架，增加了选材和建造的难度。"中

图五　武汉黄鹤楼复原建筑

国古代的多层木建筑是若干单层木构架(其间施以暗层、斜撑等加固措施)的重叠。其关键是上下层柱的交接"[1]。宋代有叉柱造和缠柱造的交接方法,流传下来的建筑只有叉柱造,"其法将层檐柱底部十字开口,插在平座柱上的斗栱内,而平座柱则叉立在下檐斗栱上,但向内退进半柱径"[2]。熙春阁向上每层的收分也应该是半柱径,不会有大的缩进。

---

[1] 陈明达:《中国古代木结构建筑技术(战国—北宋)》,文物出版社,1990年。
[2]《中国建筑史》编写组:《中国建筑史》,中国建筑工业出版社,1982年,第176页。

三、大安阁的建筑形制

元人谓大安阁是"故宋汴熙春阁也,迁建上京"。作为上都处理朝政的中心建筑,决定了大安阁不能完全照旧重建。虞集在大安阁图跋文中说"取故宋熙春阁材于汴,稍损益之,以为此阁,名曰大安",是符合实际的。那么何处损益?是进一步了解大安阁形制结构的关键。

(一)平面规模缩小

1996年和1997年两次对1号建筑基址发掘,其上层堆积为明清时期的喇嘛庙,下层是方形建筑基址,即大安阁的地基。地基的边缘平铺石条,东西宽36.5米。根据部分揭露的东边地基和钻探等迹象推测南北长度也在36米左右。地基的东侧和西南角处,有成排的木柱,是筑地基时打下的"木钉"。底层砂岩质石条地基长0.9~1.4米,宽0.5米,石条之间凿有燕尾槽。在南边的东西两角发现高大的汉白玉浮雕龙纹角柱[1]。

大安阁遗址的台基东西宽36.5米,南北长也在36米左右,与熙春阁"广四十六步有奇"(约合72米)相差较大。

(二)平面形状与气势的改变

大安阁遗址为方形台基,与熙春阁"四隅缺角,其方数纤余"的曲折角方形不同。

曲折角增加了四隅墙体的变化,增加了角部檐脊的数量,从而增加了建筑的飞动气势。大安阁改变熙春阁的四隅结构,失去"飞动"的特点,所以在元代诗人描写的大安阁诗中只有赞美其高、突出因高而寒特点的诗句,没有言其飞动之势的诗句。如"大安御阁势岩亭,华阙中天壮上京。虹绕金堤晴浪细,龙蟠粉堞翠冈平"[2](皇帝所在的大安阁是气势如山峰的高亭,华丽的穆青阁宫阙高耸入半天空,给上京增添了雄壮气势。城南滦河如彩虹盘绕金堤,翻腾着亮丽的波浪,城北龙盘蝶舞的翠绿冈阜地势缓平)。"层甍复阁接青冥,金色浮图七宝楹"[3](层层屋檐复叠屋阁接近青天,金色的佛像和七宝供奉于楹堂)。"大安阁是广寒宫,尺五青天八面风"[4](大安阁因高而寒如月亮中的广寒宫,所占据的五

---

[1] 魏坚:《元上都的考古学研究》,吉林大学博士学位论文,2004年,第38页。
[2] 周伯琦:《次韵王师鲁待制史院题壁二首》,《近光集》卷一,文渊阁四库全书别集类。
[3] 周伯琦:《是年五月扈从上京宫学纪事绝句二十首》,载杨镰主编《全元诗》,中华书局,2013年。
[4] 许有壬:《竹枝十首和继学韵》,《至正集》卷二十七,文渊阁四库全书别集类。

尺青天八面有冷风）。

为什么大安阁要改变熙春阁飞动的气势特点？熙春阁本是宋徽宗龙德宫内建筑，宋徽宗是历史上少有的迷恋艺术的玩乐皇帝，飞动别致的熙春阁是满足其风雅嗜好而设计的。虞集《跋大安阁图》"规制尊稳，秀杰后世，诚无以加也"说出要改变气势的原因，大安阁作为正朝使用的大殿要"规制尊稳"，故而变曲折角方形为方形，改飞动之势为平稳，以符合规制之稳。把阁名"熙春"改为"大安"表达了忽必烈的内心愿望，就是希望这幢象征元朝皇权的建筑永远安稳，国家永远安稳。皇帝圣意变成了建筑设计的理念：舍飞动求平稳。

（三）转角增加龙纹石柱

熙春阁"皆杪木壁饰，上下无土泥"，墙壁是全木结构，没有使用石材的记载。在大安阁遗址台基转角发掘出2件高大的汉白玉石柱，其中出土于西南角的石柱完整高2.1米，在正面和西侧分别竖向浮雕一条对称的五爪龙，并配以牡丹、菊花和荷花。石柱上的龙纹具有4个鲜明的时代特征：其一，龙的上嘴唇横宽而长大，宋、辽、金龙都没有这个特征，是元代新出现的。其二，龙有獠牙，粗壮而弯曲，而元以前的龙纹中从未见过獠牙。其三，龙角后的鬣毛密集，呈4缕火焰状弯转前冲。北宋的龙纹鬣毛稀疏而后飘，以定窑瓷碗龙纹为典型[1]。在北京房山金陵M5出土的磁州窑陶罐上的龙纹才出现前冲的鬣毛，M5出土了金章宗铸造的泰和重宝钱，年代在金晚期[2]。与大安阁石柱最类似的龙纹鬣毛见于江西永新县元代窖藏出土的影青瓷碗上的龙纹[3]（图六）。其四，石柱龙爪为轮状五爪，这与宋、金鹰爪不同，而是元代新出现的式样。因此可以确定这些龙纹石柱是建大安阁时新增添的构件。元代五爪龙是只有皇帝能使用的特殊龙纹，在台基的四角设立高大的五爪龙柱以体现皇帝的至尊。

熙春阁"不阶峻址"，说明没有很高的台基。大安阁台基被明清时期的喇嘛庙破坏，所留只是最下面的部分，台基的实际高度可以根据石柱高2.1米推测。西南石角柱在南侧面和西侧面分别竖向浮雕龙纹和花卉，这两个面是朝外的，两个没有花纹的侧面是埋在台基内的里面，台基应该与石角柱等高或略高。

（四）大安阁立面结构

大安阁立面结构有两种设想，第一种结构是保持北宋熙春阁的结构，即明4层暗3层

---

[1] 妙济浩、薛增福：《河北曲阳北镇发现定窑瓷器》，《文物》1984年第5期。
[2] 北京市文物研究所：《北京市房山区金陵遗址的调查与发掘》，《文物》2004年第2期。
[3] 杨后礼：《江西永新发现元代窖藏瓷器》，《文物》1983年第4期。

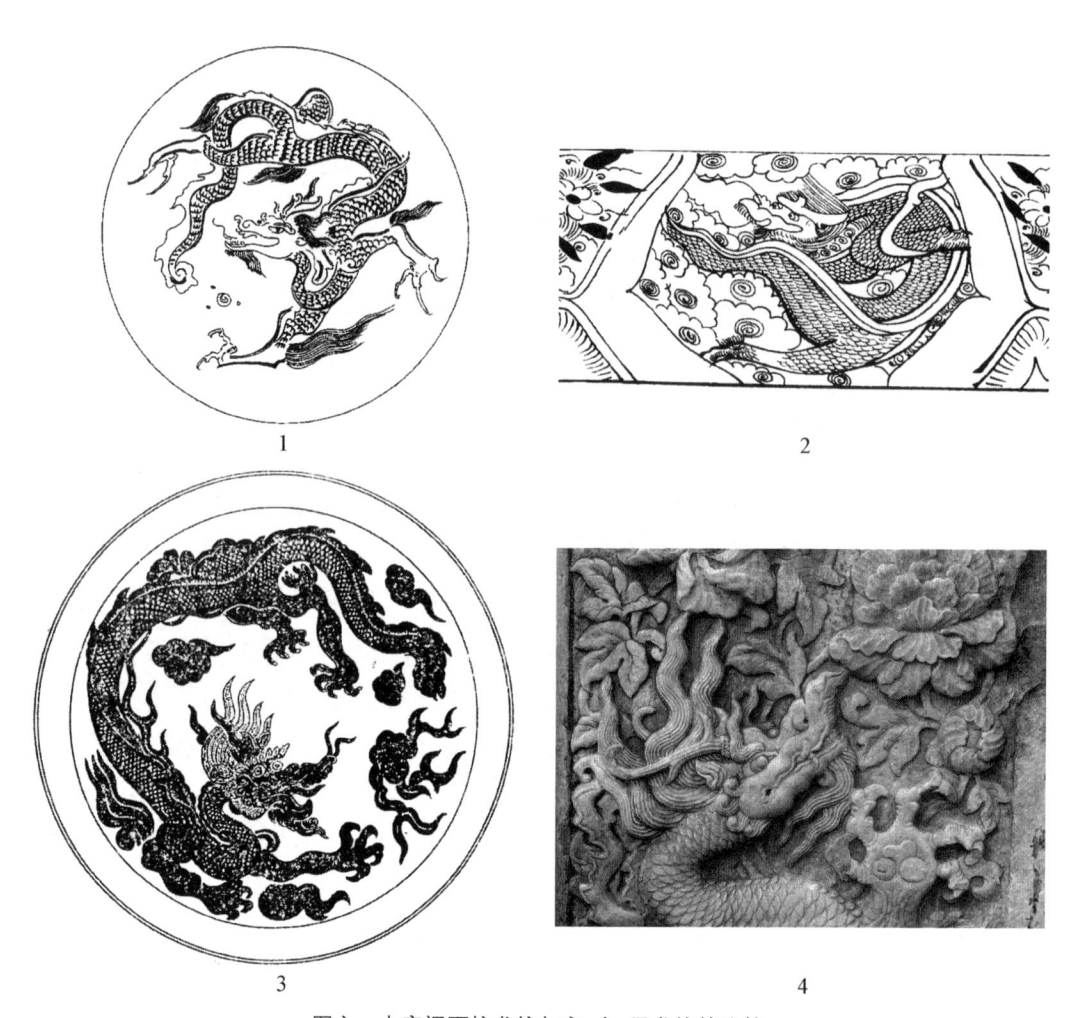

图六　大安阁石柱龙纹与宋、金、元龙纹的比较

1. 曲阳北镇出土北宋定窑碗的龙纹　2. 房山金陵遗址M5出土瓷罐上的龙纹　3. 江西永新窖藏元代瓷碗上的龙纹　4. 大安阁石柱上的龙纹（魏坚摄）

的7层结构，第二种结构是因为边长减少一半，而变成明3层暗2层的5层结构。根据元诗中称赞大安阁耸高如山峰、可上接青天、楼上因高而寒的特点推测，第一种结构最有可能。

（五）平座围栏

大安阁每层外观都是上有房檐、下有平座围栏。平座的主要作用是加固上下明层之间的木柱连接，内有斜撑等构件，上下铺楼板形成暗层。据《元史·阿沙不花传》载，康里人阿沙不花14岁入侍忽必烈，初到上都上早朝时，因为宫城草多露水，而光着脚行走，"帝御大安阁，望而见之，指以为侍臣戒。一日，故命诸门卫勿纳阿沙不花，阿沙不花至，诸门卫皆不纳，乃从水窦中入。帝问故，以实对，且曰：'臣一日不入侍，身将何归？'帝大悦，更谕诸门卫听其出入"。可知在大安阁四周有大内围墙,设多个门,围墙下有水涵洞。同时也说明在大安阁上可以居高远眺墙外的上都风景,为有平座围栏之旁证。

大安阁基本形制可以推测为:边长36、高69米左右的7层(外观4层,暗层3层)高阁建筑。第1层重檐,以上3层单檐,每层带围栏。建筑平面为方形,基座的转角设立五爪龙纹石柱。内设楹堂隔室和5折6段梯道。以往中国古都正衙建筑皆为单层结构的大殿建筑,而大安阁是多层的楼阁建筑,不符合"正衙"建筑制度,所以元上都不把大安阁称为"正衙",而把它称为"前殿",但是从实际发挥的作用分析大安阁完全起到了正衙的作用。它开创了避暑陪都宫殿建筑规划的新特点——礼制与实用相结合。

(原载《边疆考古研究》第7辑,科学出版社,2008年)

中国烧酒起源新探

中国古代酒类分为发酵酒、烧酒和配制酒。发酵酒出现早，黄酒、果酒属于发酵酒，夏商周都有广泛的生产，而烧酒出现较晚。中国烧酒（又称白酒）是以谷物为原料，加酒曲固体发酵后，用蒸馏工艺制取酒精含量在40%以上的酒，可以点燃，故称烧酒。在世界六大蒸馏酒中，中国烧酒（白酒）工艺最复杂，其起源在世界蒸馏酒史上占据重要地位。中国烧酒起源是学界长期争论的话题，众说纷纭，涉及两个重要问题：其一是中国蒸馏酒起源于何时？其二是中国的蒸馏器或蒸馏技术是从外国传入的，还是本国发明的？英国科学史家李约瑟院士主编的《中国科学技术史》中说："确实，这可能是中国化学和食品科学史上最具挑战性的悬而未决的问题。"[1]关于中国烧酒起源之争，在时间上有汉、唐、宋、元多种观点，在来源上有外来说和本土起源说两种，以元代外来说流传最广[2]。2012年5月吉林大学边疆考古研究中心考古队通过考古调查确认吉林省大安酒厂旧址发现的遗存是辽金酿酒遗存[3]，这对中国烧酒起源研究具有重大价值。经过一年多的研究和模拟试验，我们对烧酒起源问题有了新的认识，现简要论述如下。

一、汉、唐、宋起源说的是与非

蒸馏酒生产离不开蒸馏器，汉代已经有专用的小型蒸馏器。上海博物馆收藏一件东汉青铜蒸馏器，由甑、釜、盖三部分组成，盖丢失（图一，1），该蒸馏器通高53.9厘米，在甑内壁的下部有一圈环形槽，可积累蒸馏液，由排出管导流至外，釜的肩部有一条朝上的回

---

[1] 李约瑟、黄兴宗：《中国科学技术史》第6卷第5分册《发酵与食品科学》，科学出版社，2007年，第166页。
[2] 李华瑞：《中国烧酒起始的论争》，《中国史研究动态》1990年第8期。
[3] 冯恩学、吴敬：《吉林省大安辽金酿酒遗址调查》，载魏坚、吕学明主编《东北亚古代聚落与城市考古国际学术研讨会论文集》，科学出版社，2014年。

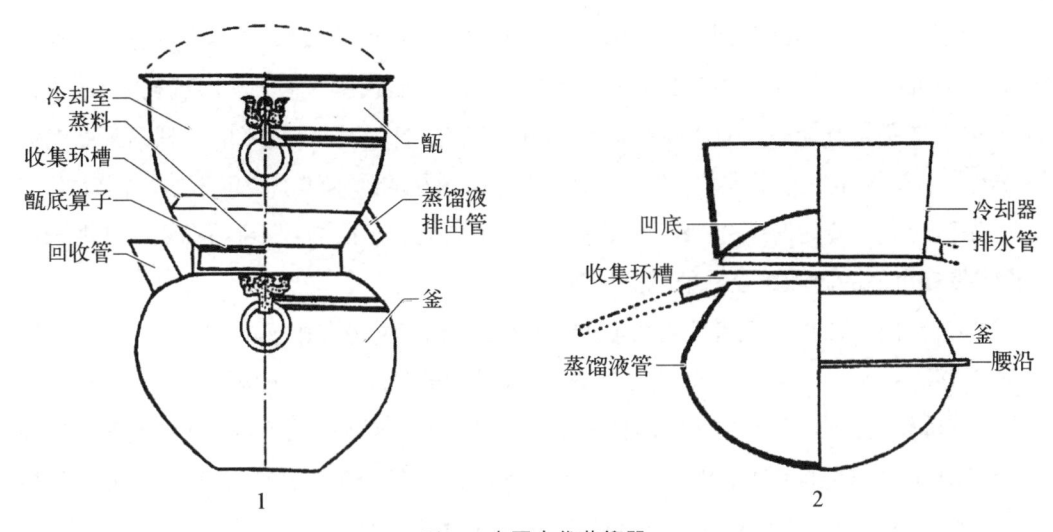

图一　中国古代蒸馏器
1. 上博藏蒸馏器　2. 河北青龙蒸馏器

收管。上博的马承源先生主持了4次系列蒸馏实验。第一次以上海七宝大曲酒厂的发酵糯米酒醅为原料,得到20～27度的酒。第二次以51.1度的酒为原料蒸馏,得到79.4度的酒,用15.5度酒蒸馏得到42.5度的酒。第三次做蒸馏香水实验,把上下管连接,连续蒸馏,用肉桂蒸馏得到肉桂油,用茴香蒸馏得到了茴香油[1]。从实验可以证明汉代已经有蒸馏技术,但是东汉的蒸馏器还不能用固体酒醅蒸馏出烧酒。

东晋葛洪《神仙传》记载东汉桓帝时王远修道成仙,他又度蔡经成仙,一次他和蔡经回到蔡经家,对蔡家的人说"吾欲赐汝辈酒,此酒乃出天厨,其味醇酿,非俗人所宜饮,饮之或能烂肠,今当以水和之,汝辈勿怪也"。乃以一升酒合水一斗,搅之,以赐经家人,人饮一升许,皆醉[2]。这里描述的酒似为高度蒸馏酒的特征,考虑到汉晋时期炼丹术的发达,在炼丹中偶然获得蒸馏酒是有可能的,即使有些道士偶然用米酒为原料蒸馏可以获得少量的蒸馏酒,也是作为"丹药"偶尔为之。《神仙传》多夸张想象之语,不能作为信史资料,即使蒸馏酒稀释十倍后也只有4～6度,饮一升也不能皆醉,在没有可靠证据的支持下,汉晋时期道士是否获得了液体蒸馏酒只能存疑。

唐代出现"烧酒"之词,如白居易(772～846年)的"荔枝新熟鸡冠色,烧酒初开琥珀香。欲摘一枝倾一盏,西楼无客共谁尝"[3]。唐代房千里的《投荒杂录》"南方酒"条载:"南方饮酒,即实酒满瓮,泥其上,以火烧方熟,不然不中饮。既烧即揭饼,曲虚泥固犹

---
[1] 马承源:《汉代青铜蒸馏器的考古考察和实验》,《上海博物馆集刊》1992年第6期。
[2] 葛洪撰,胡守为校释:《神仙传校释》,中华书局,2010年,第94、95页。
[3] 白居易:《荔枝楼对酒》,载《白居易集》卷十八,中华书局,1979年,第393页。

存。"[1]显然这不应是酒的蒸馏操作,而是对发酵酒的加热灭菌、促进酒陈熟的方法。这在宋代《北山酒经》中称为"火迫酒",是指把几个发酵酒坛放在一个大甑内蒸煮[2],故唐代的"烧酒"还不是蒸馏酒。有人认为西安韩森寨出土2件口径3.5厘米的小杯是喝蒸馏酒的酒盅[3]。单以杯小为证是靠不住的,因为俄罗斯图瓦的阿尔然王陵出土的金杯口径3.9厘米,王陵年代是公元前9~前8世纪,这个时期不可能有蒸馏酒[4]。目前在文献和考古上还没有发现可靠的唐和唐以前的烧酒证据。

北宋已经有蒸馏酒,笔者认为可靠的文献仅一条,即《物类相感志》中《饮食》篇"酒中火焰,以青布拂之自灭"[5]。只有蒸馏酒才能燃烧,推测此应为蒸馏酒。《物类相感志》旧本题北宋苏轼著,今经考证是北宋高僧赞宁撰写[6]。赞宁是浙江德清人,在杭州龙兴寺为僧,吴越国时期已经担任两浙僧统,太平兴国三年(978年)60岁随钱氏归宋,入北宋后担任两浙僧正,83岁辞世,卒年为宋真宗咸平四年(1001年,即辽圣宗统和十九年)。依此可以认为,10世纪中国已经有蒸馏酒。

南宋杨万里(1127~1206年)《新酒歌》被当作南宋时期有蒸馏酒的证据广泛引用,乃误。诗文:"酸酒齑汤犹可尝,甜酒蜜汁不可当。老夫出奇酿二缸,生民以来无杜康。桂子香,清无底,此米不是云安米,此水只是建邺水。瓮头一日绕数巡,自候酒熟不倩人。松槽葛囊才上榨,老夫脱帽先尝新。初愁酒带官壶味,一杯径到天地外。忽然王山倒瓮边,只觉剑铓割肠里。度撰酒法不是依,此法来自太虚中。酒经一卷偶拾得,一洗万古甜酒空。酒徒若要尝依酒,先挽天河濯渠手。却来举杯一中之,换君仙骨君不知。"[7]诗言"一杯径到天地外"和"只觉剑铓割肠里"的形容是喝蒸馏酒的感觉,但是描述制作方法是"松槽葛囊才上榨,老夫脱帽先尝新"(意为把发酵的醪糟用布包裹放到松木槽中压榨酒汁才流出,我就迫不及待脱掉帽子先尝尝新酒),这是发酵酒中的清酒(如黄酒)的制作方法。发酵酒度数从几度可以到24度,如甜酒在10度以下,黄酒一般以15~16度为最佳。杨万里酿造出的酒不会超过24度,是甜酒的一倍以上,他已经感觉新奇得不得了,证明南宋时高度蒸馏酒在市面上是见不到的,蒸馏技术仍处于萌芽状态。这时距离《物类相感志》已经一二百年了。"此法来自太虚中,酒经一卷偶拾得"阐明是从道士处获得的秘方。以此观之,东晋葛洪《神仙传》天厨酒描述的也可能是较高度数的发酵酒。

---

[1] 房千里:《投荒杂录》,载陶宗仪《说郛》卷二十三,文渊阁四库全书本,第47页。
[2] 朱肱:《北山酒经》卷下"火迫酒"条,文渊阁四库全书本。
[3] 张厚墉:《由唐墓出土的烧酒杯看我国烧酒出现时间》,《陕西中医》1987年第4期,第31页。
[4] 格梁兹诺夫:《阿尔然——王谷中的史料》,载《图瓦的考古发现》,圣彼得堡,2004年。
[5] 苏轼:《物类相感志》,载《丛书集成初编》,中华书局,1975年,第4页。
[6] 赵美杰:《赞宁〈物类相感志〉研究》,华东师范大学硕士学位论文,2008年。
[7] 杨万里:《新酒歌》,载杨万里撰,辛更儒笺校《杨万里集笺校》,中华书局,2007年。

从技术角度分析，东汉已经出现技术性较高的小型蒸馏器，假如有人把当时流行的发酵酒（果酒、米酒或黄酒）或酒醪放在蒸馏器内蒸馏，就能够得到蒸馏酒。这种方法是液态蒸馏法，蒸馏的原料是液体状的酒液和糟渣的混合物。中国传统的烧酒方法是固态发酵蒸馏，即把主料高粱粉碎成碴子，大约1∶1加水浸泡，加酵母和辅料，入窖或缸内发酵，得到的是没有汁液的松散的颗粒状酒醅。固态发酵是适应蒸馏酒工艺出现的，也就是说，先有蒸馏酒出现，后有固体发酵工艺的发明，烧酒工艺才走向成熟。《北山酒经》是北宋末记载酿酒发酵工艺的专著，书中详细记述了发酵酒的制作工艺，只字未提固体发酵烧酒工艺，可知北宋仍然延续几千年的液态发酵方法，固态发酵还没有出现。当时少数僧道可能是用液态蒸馏法获得少量蒸馏酒。

二、元代起源说的误解

元代起源说最早见于李时珍的《本草纲目》："烧酒，非古法也，自元时始创其法。"[1] 此说长期被很多学者认同。化学家袁翰青院士在1956年发表《酿酒在我国的起源和发展》，将烧酒起始的时间上推到唐代[2]，从而引起旷日持久的关于中国烧酒起始的论争。1988年黄时鉴在《阿剌吉与中国烧酒的起始》一文中分析了唐宋有关资料后认为，烧酒始于唐、始于宋的说法均无可信的证据，而多种元代资料则可以证明，烧酒在中国确实始于元代，阿剌吉是它的最初名称，源自阿拉伯语，传自西亚，后渐在元朝境内制造。阿剌吉在中国的传播乃是中外物质文化交流史的一个重要篇章[3]。2008年罗丰发表《蒙元时期的酿酒锅与蒸馏乳酒技术》[4]，重申了这个元代传入观点，可见其影响之大。

元代起源说有两个疑问令人费解：其一，技术的传播动力来源于需求，阿拉伯人由于宗教限制没有饮酒的习惯，但是他们提纯酒精用于医学，那么他们就没有制作生产性饮用酒的设备。其二，蒙古人如果在西征之前没有饮用高度酒的习惯，何以能向阿拉伯人学习蒸馏饮用酒的技术？

《本草纲目》在"烧酒"条释名说"火酒，阿剌吉酒"，在集解中说："烧酒，非古法也，自元时始创其法，用浓酒和糟入甑，蒸令气上，用器承取滴露，凡酸坏之酒，皆可蒸烧。近

---

[1] 李时珍：《本草纲目》卷二十五《谷部四》，清光绪十一年张氏味古斋刻本，吉林大学图书馆藏，第42页。
[2] 袁翰青：《酿酒在我国的起源和发展》，载《中国化学史论文集》，生活·读书·新知三联书店，1982年，第73～100页。
[3] 黄时鉴：《阿剌吉与中国烧酒的起始》，《文史》第31辑，中华书局，1988年。
[4] 罗丰：《蒙元时期的酿酒锅与蒸馏乳酒技术》，《考古》2008年第5期。

时惟以糯米或粳米或黍或秫或大麦蒸熟,和曲酿瓮中七日,以甑蒸取。其清如水,味极浓烈,盖酒露也。"[1]该书撰成于万历六年(1578年),距离明朝建国(1368年)已经二百余年,"近时"应该是指明代中后期。这里说烧酒法是元代发明的,元代是用酸坏的发酵酒蒸烧得到浓烈的烧酒,明代中后期才用发酵的谷物蒸酒。考古发现元代已有固体蒸馏工艺的酒窖,证明《本草纲目》对烧酒的起源解释是错误的。如1997年河北徐水的刘伶醉酒厂平整厂区时出土的小口黑花四系瓶、鸡腿瓶、残矮足杯等,都具明显的金元时期文化特征,1998年考古发掘出古井内的文物,确定该酿酒遗址时代为金元时期[2]。再如2002年江西进贤县李渡酒厂在改造车间时发现了元代的烧酒作坊遗址,有两排13个地缸酒窖[3]。

《中国科学技术史》说"阿剌吉酒是从成品酒而非发酵醅蒸馏而来"[4]。罗丰在《蒙元时期的酿酒锅与蒸馏乳酒技术》一文中详细论证了阿剌吉酒是重酿酒,其主要依据文献除上文《本草纲目》外还有以下二条:元代忽思慧《饮膳正要》:"阿剌吉酒,味甘、辣,大热,有大毒。主消冷坚积,去寒气。用好酒蒸熬,取露成阿剌吉。"[5]叶子奇《草木子》:"法酒,用器烧酒之精液取之,名曰哈拉基,酒极浓烈,其清如水,盖酒露也……此皆元朝之法酒,古无有也。"[6]朱德润在《轧赖机酒赋·序》中说轧赖机(阿剌吉)"盖译语谓重酿酒也"[7]。"至此,我们已经非常清楚阿剌吉是一种以酒为原料,采用蒸馏法制造的所谓重酿酒,熊梦祥的《析津志》中有葡萄酒、枣酒'烧作哈剌吉'"。罗丰先生考证李时珍《本草纲目》的烧酒和叶子奇《草木子》的法酒都是阿剌吉酒,阿剌吉酒是重酿酒。所谓重酿酒就是用酒提纯为高度酒或酒精,这种方法来源于阿拉伯。元代除了阿剌吉酒外还有其他的蒸馏酒。李时珍关注酒的重点在于药性,对起源没有深入考证,加之与元朝相隔二百余年,没有记录烧酒起源的著述可供参考,误以为元朝忽思慧《饮膳正要》的"阿拉吉酒"是最早的烧酒。

三、辽金起源新说与蒸酒器构造

1975年承德市青龙县发现的蒸馏器对白酒起源研究起到了推动作用。该蒸馏器出

---

[1] 李时珍:《本草纲目》卷二十五《谷部四》,清光绪十一年张氏味古斋刻本,吉林大学图书馆藏,第42页。
[2] 何伟:《刘伶醉古烧锅约有八百年历史》,《光明日报》1998年11月27日。
[3] 江西省文物考古研究所:《江西进贤县李渡烧酒作坊遗址的发掘》,《考古》2003年第7期。
[4] 李约瑟、黄兴宗:《中国科学技术史》第6卷第5分册《发酵与食品科学》,科学出版社,2007年,第188页。
[5] 《饮膳正要》卷三,载张元济等辑《四部丛刊续编》,上海商务印书馆,1934年,第6页。
[6] 叶子奇:《草木子》卷三下,中华书局,1959年,第68页。
[7] 《存复斋文集》卷三上,载张元济等辑《四部丛刊初编》,上海商务印书馆,1934年。

于窖穴内，最先报道其时代是金代的[1]，后在距离窖藏4米处发掘一探沟，根据出土滴水的年代判定可以晚到元代[2]。蒸馏器由甑锅和冷却器两部分组成，通高41.6厘米，甑锅最大腹径36厘米，环槽深1厘米，宽1.2厘米（图一，2）。在承德酒厂师傅指导下进行了两次烧酒实验，第一次是8斤料，出0.9斤9.4度酒，第二次是6斤料，出0.56斤9.7度酒。承德市避暑山庄博物馆认定该蒸馏器是烧酒锅，影响广泛。笔者认为，从实验结果分析，这件小型蒸馏器不是蒸酒器，因为出酒量过少，酒度太低，未达到40度。

青龙县蒸馏器的发现推动了探寻元以前蒸馏酒技术的研究。我国现代微生物酿造学开拓者方心芳院士毕生从事酿造学研究，曾经系统调查和研究我国各地酒厂保留的传统酿酒技术，他在1987年发表的《关于中国蒸酒器的起源》一文中把我国传统蒸酒器分为"锅式"和"壶式"，二者都是在地锅上安装一桶形大甑，甑上罩盛凉水的冷却器，冷却器为锅者命名为锅式蒸酒器，冷却器为锡壶者命名为壶式蒸酒器。锅式蒸酒器在天锅下悬置盘、勺形收集器，酒露从天锅底中心滴落到收集器内，引管把收集到的酒液引流到甑外，如1933年山西杏花村汾酒厂的蒸酒器（图二，1）。壶式蒸酒器的冷却器底是向上凹的半球形底，酒露沿着球形底流淌到边沿的环形槽内，再从环形槽流到甑外，如1931年唐山酒厂的蒸酒器（图二，2）。方心芳论证无论是"锅式"还是"壶式"，其起源都与我国古代蒸饭用的甑、甗和道家炼丹术中的蒸馏器有关，得出结论"中国传统蒸酒器是有自己渊源的，并非自国外传来"。至于我国蒸馏酒究竟起源于何时，他认为，"虽然我们所掌握的材料主要是南宋的，也还不能断言南宋以前一定没有蒸馏酒"[3]。

《中国科学技术史·发酵与食品科学》分册复原了元代《居家必要事类全集》描述的阿剌吉酒蒸馏器图（图三，2），指出其与大英博物馆收藏的9～10世纪阿拉伯曲颈瓶的工作原理相同。《居家必要事类全集》中是这样描述的："南番烧酒法（番名阿里乞）。右件不拘酸甜淡薄，一切口味不正之酒，装入分一甏，上斜放一空甏，二口相对。先于空甏边穴一窍，安以竹管作嘴，下面安一空甏，其口盛住上竹嘴子。向二甏口边，以白磁碗楪片，遮掩令密，或瓦片亦可，以纸筋捣石灰厚封四指。入新大缸内坐定，以纸灰实满，灰内埋烧熟硬木炭火二三斤许下于甏边，令甏内酒沸，其汗腾上空甏中，就空甏中竹管内却溜下所盛空甏内。其色甚白，与清水无异。酸者味辛，甜淡者味甘。可得三分之一好酒。此法腊煮等酒皆可烧。"《中国科学技术史》的作者认为这种装置的原理和阿拉伯曲颈瓶蒸馏器（图三，1）一致，其工作原理是蒸汽升腾后由顶罩侧面的管子导流，导流过程自然降温凝结

---

[1] 承德市避暑山庄管理处：《河北青龙县出土金代铜烧酒锅》，《文物》1976年第9期。
[2] 林荣贵：《金代蒸馏器考略》，《考古》1980年第5期。
[3] 方心芳：《关于中国蒸酒器的起源》，《自然科学史研究》1987年第2期。

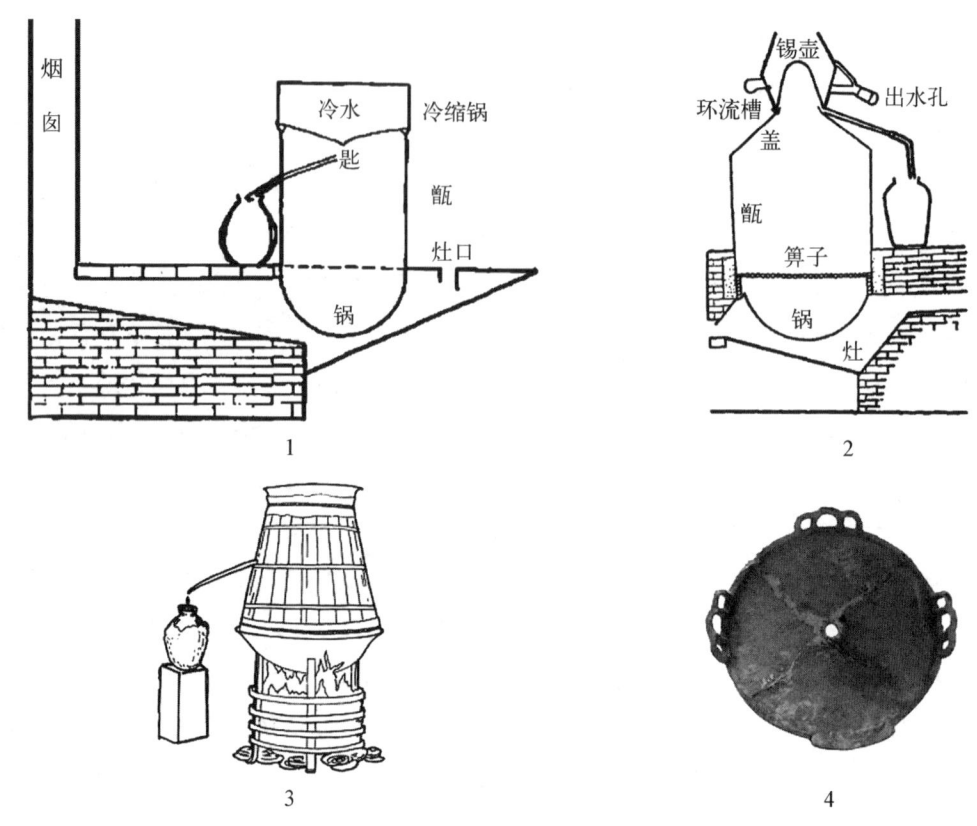

图二 中国传统蒸馏制酒图

1. 锅式蒸酒器（杏花村汾酒厂） 2. 壶式蒸酒器（唐山酒厂） 3. 蒙古焖蒸馏制酒（巴尔虎博物馆） 4. 收集器（大安酒厂博物馆）

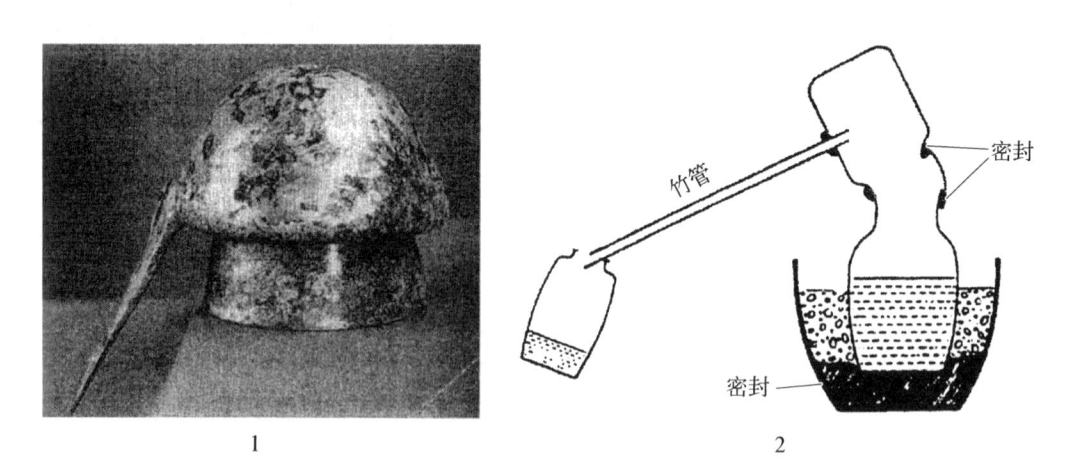

图三 阿拉伯式蒸馏

1. 9～10世纪阿拉伯曲颈瓶 2. 元代《居家必要事类全集》中阿剌吉酒蒸馏复原图

成酒滴。在详细分析文献、酒厂的传统技术、考古发现后得出的结论是:"这种被方心芳称为'锅式'的中国式蒸馏器,是一种本土的发明。正如《饮膳正要》中记载的,尽管这种装置可以较方便的应用于阿剌吉酒的蒸馏,但是,它不可能是从西方传来的。"并推测蒸馏酒是汉代炼丹时发明的,道士秘不示人,技术没有扩散到民间。唐代和宋初是用青铜和陶制造大型的蒸馏器,成本高,蒸馏酒是稀有和昂贵的商品。但是到宋代,诞生了一种新型蒸馏器,使元初的蒸馏技术得以革新,开始广泛应用于蒸馏酒的商业化生产[1]。

2006年吉林省大安酒厂在厂区南部基建盖楼时发现锅灶和一批铁器,有铁质的大锅、六耳锅、三足锅、勺形器、盘(残留一角),还有1件大瓷瓮以及三百余件炉灶石。2012年春吉林大学边疆考古研究中心对该遗址进行了考古调查,确定是辽金时期的酿酒遗址,瓷瓮内样本经北京大学实验室碳十四测定为1035±25年,碳样树轮校正年代在1030至1190年间(辽圣宗太平年间至金世宗大定年间),骨骼的年代是1150±40年,校正后年代是1160至1280年间(金海陵王正隆年间至元世祖至元年间),与依靠遗物特征判定的年代基本吻合。

大安的炉灶是石块砌筑的圆形贴地灶,两个并列,尺寸相等,低矮的锅台优点是可以降低烧锅装置的总高度,便于安装天锅和更换天锅水,适合酿酒蒸馏。大锅直径146厘米,深仅25厘米,不适合家庭厨房使用,也不适合军队使用。作为烧酒地锅,直径大装料多,腹很浅沸腾快,生产效率高。此锅盘口,沿宽5厘米,辽金元时期的生活用金属锅、行军用金属锅都不是盘口,唯独此锅是大盘口,适合木甑扣坐在盘口沿上,应与便于密封不漏气的特殊要求有关。

根据大安酒厂的发现,参照近代酒厂的传统蒸酒器,笔者做了复原图(图四)。图中的天锅是采用了遗址所出的六耳锅,这是辽金时期常见的锅。方心芳文中介绍茅台酒厂和泸州老窖酒厂的蒸酒器都是柏木制作,推测古代常用木甑,巴尔虎博物馆展览的蒙古制酒焖蒸馏也使用木甑,而且天锅口径小(图二,3),参考之。承接酒露的收集器形态多样,汾酒厂蒸酒器的收集器是匙形,匙柄为一管。茅台酒厂蒸酒器的收集器是圆盘形(称"天盘"),中心一孔,下接导管。大安酒厂博物馆收集到一件铁质收集器,也是圆盘形,直壁,浅圜底,底心一圆孔,口径48厘米,壁内高1.7厘米,外高2.7厘米。口沿到器底孔外表面深3.5厘米,底孔直径3厘米。平沿上立4个对称的耳,耳高5厘米,耳宽12厘米(图二,4)。

大安酒厂按照复原图的设想,制作一套蒸酒器,经过模拟实验,成功烧制出烧酒。在地面挖筑低矮的贴地灶台,地锅内装水深20厘米,用木柴烧火致水冒气约10分钟,扣上木甑,装入发酵的预热过的酒醅料,然后安装天盘和天锅,天锅放入冷水,5分钟后导管开始流出清澈的酒液。头锅酒头高达70度,待天锅内的水热冒气时,导管的酒流变小,给天

---

[1] 李约瑟、黄兴宗:《中国科学技术史》第6卷第5分册《发酵与食品科学》,科学出版社,2007年,第180~187页。

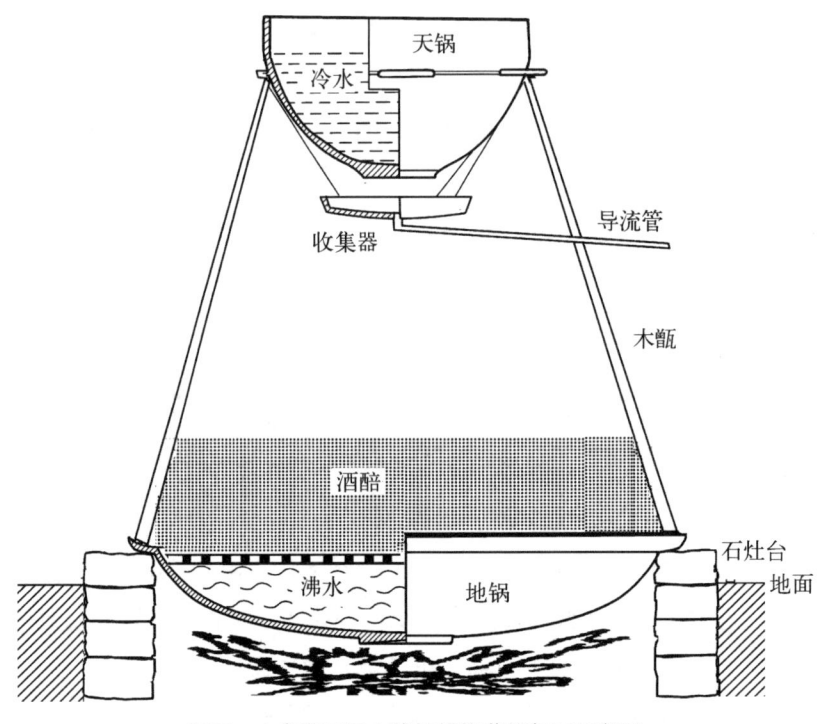

图四 大安酒厂辽金烧锅模拟蒸馏复原示意图

锅更换冷水,酒流变大,冬季水中加冰块,效果更佳。二锅酒头在60度,酒尾已经无酒味。第一次实验用发酵酒醅200斤(高粱黄米原料约50斤,加水发酵为200斤),出酒18斤。第二次实验用发酵酒醅400斤(原料约100斤),出酒40斤。实验表明,大安的锅灶适合酿酒蒸馏,且有出酒快、效率高的特点。

大安在辽代属于长春州,州治在其西一百公里的城四家子古城,在金代属于肇州,州治在其东20公里的塔虎城。长春州因辽皇帝每年到这一带进行三个月的春捺钵而设立,城内设有"盐铁、转运、度支、钱帛诸司,以掌出纳",手工业和农业经济因此发达起来。辽道宗时"春州斗粟六钱",因米贱而载入《辽史》[1]。蒸馏酒的原料应该是谷物,故可认为,辽金时期已经有商业生产的谷物蒸馏酒。

辽代佛道十分兴盛,北宋液体蒸馏酒的玄秘技术也可能随之传到东北地区。烧酒制作工艺并不难,东汉已经有蒸馏器,具备制作烧酒的技术基础。然而烧酒在北宋初时(辽中期)才开始出现,直到南宋还没有大规模的商业生产,这可能与南方人没有形成饮用烧酒的习俗有关。明代李时珍在《本草纲目》中说烧酒:"气味辛甘,大热有大毒,主治消冷积寒气。""烧酒纯阳毒物也,面有细花者为真,与火同性,得火即燃,同乎焰消。北人四时饮

---

[1] 脱脱等撰:《辽史》卷五十九,中华书局,1971年,第925页。

之,南人只暑月饮之。"[1]疑"暑月"是"数月"之误。从这条记载可以知道,在明代晚期,北方人一年四季都饮用烧酒,南方人只是几个月饮用烧酒,饮用习俗南北差别巨大,可见南北气候差异对烧酒需求影响之大。春捺钵地区从10月到次年4月都处于寒冷或低温天气中,制作发酵酒受限制。契丹四时游猎,皇帝春捺钵时正月到达长春州,卓帐冰上,凿冰钩鱼,踏雪围猎,烧酒有驱寒舒筋活血功效。因此烧酒一旦在东北出现,就能迅速传播流行。需求推动技术发展,通过技术革新,发明固态发酵技术,改进蒸馏设备,出现口径达140厘米以上的大型酿酒锅,从而大幅提高产能,满足市场需求。大安酒厂遗址是双锅并置,日产可达千斤,可见市场需求之大,这与同时或更晚的南宋对烧酒的需求形成强烈的反差。

辽金时代的女真和室韦(蒙古)都是起源于东北的民族,也有饮用蒸馏酒的习俗,蒙古南下灭南宋后,饮用烧酒的习俗也就扩展到南方。蒙古西征后,喜饮烧酒的蒙古人接触到阿拉伯医用高度酒的技术(成品酒提纯的阿剌吉酒),习之而传入内地。

四、结　语

《物类相感志·饮食》篇"酒中火焰,以青布拂之自灭"的记载说明至少在北宋早期已经有蒸馏酒。在刘伶醉酒厂、李渡酒厂、大安酒厂改造基建的过程中,元代及元以前蒸馏酒作坊遗迹的相继发现,可以确定元代不仅有以酒蒸馏的阿剌吉酒,还有以发酵谷物固体蒸馏的烧酒。大安酒厂辽金烧酒蒸馏灶锅遗存的发现和模拟实验,证实方心芳等学者推测的正确性。锅式蒸馏器一直是中国传统技术烧酒的主要蒸馏器,它起源于中国传统的蒸煮炊器——锅与甑,彻底否认了长期流传的烧酒由阿拉伯传入之说,证明我国是世界上最早进行商业生产蒸馏酒的国家。

中国东汉已经有成熟的小型蒸馏器,蒸馏酒的技术并不比蒸馏花露水、水银等难度大多少,但是迄今南北朝和唐代并没有可靠的资料证明有蒸馏酒出现。至少在北宋早期(辽中期)已经有僧道制作的蒸馏酒(可能是用发酵酒蒸馏所得),秘不示人,没有形成商业性的生产,还没有摆脱萌芽阶段,可能与南方炎热,认为高度酒"大热有大毒"的认识有关。辽金地处北方,契丹春捺钵,冬季寒冷的气候使北方人有饮用烧酒驱寒的需求,促使蒸馏酒进行商业生产,产生了以发酵谷物为原料的固体蒸馏酒方法。

(原载《吉林大学社会科学学报》2015年第1期)

---

[1] 李时珍:《本草纲目》卷二十五《谷部四》,清光绪十一年张氏味古斋刻本,吉林大学图书馆藏,第48页。

美术考古篇

东北平底筒形罐区系研究

一、前 言

近年来,我国考古学文化区系类型的研究取得了重大进展。但研究的重心多在黄河流域和长江流域,东北地区的研究相对来说比较薄弱。然而从新石器时代开始,在我国东北及其邻区实际上存在一个面积相当广大的独立文化区。引人注目的事实是,在我国东北境内目前发现的新石器时代较早的遗存,如兴隆洼文化、小珠山下层文化、新开流文化、左家山文化和后洼下层文化的陶器几乎全是平底器,而平底器中又以筒形罐占绝大多数,有的占90%以上,不见三足器、圆底器和尖圆底器。而在西面的贝加尔湖地区,从新石器时代的伊萨科沃文化(公元前4000年)到青铜时代的格拉兹科沃文化(公元前1800～前1300年)都是尖圆底和圆底陶器。在东面的日本列岛,新石器时代的陶器也是圆底和尖圆底器。在东南面的咸镜北道和平安北道以南的朝鲜半岛上,新石器时代的陶器也是尖圆底器。在西南面的黄河流域,新石器时代的陶器复杂多样,在老官台文化—裴李岗文化时代圆底器、尖圆底器、三足器就已出现。从这粗略的对照中已可确定,陶器平底并以筒形罐为主是东北地区新石器时代遗存的一个突出特征。而且在后继的青铜时代,这一特征在东北地区作为地域性文化传统继续有所反映,在东部地区甚至到汉唐还可以看到这种传统的影响。因此,可以根据这样两个条件:A. 在新石器时代陶器群中起初只有平底器且以平底筒形罐占绝对优势;B. 在后继的史前文化陶器群中仍保持平底筒形罐传统,从而划出一个独立的考古学文化区,可称之为"平底筒形罐文化区"。这一考古学文化区并不以我国现在的东北为限,还包括了现今苏联境内的黑龙江中下游地区和滨海州地区及朝鲜的平安北道和咸镜北道。从自然地理的角度来看,这一文化区的范围大体是:东到鄂霍次克海、日本海沿岸;北抵外兴安岭;西达大兴安岭;南面大体以燕山南麓、渤海、清川江为界。总体上形成以松辽平原、三江平原为中心,四周由高大山脉和海洋包围的相对独立的地理单元。这种地理上的相对独立性,当然和文化上的相对独立性是有联系的。

根据各地区平底筒形罐纹饰的异同,可以把平底筒形罐文化区分为三大区:南区,西起燕山东到日本海,南起清川江,北达松花江、乌尔吉木仑河,以之字纹、席纹、人字纹、内填斜线的三角纹、横线纹为特征;东区,包括三江平原、黑龙江下游地区、锡林霍特山地,以黑龙江编织纹(即压印密集的菱形格,其格底不平)、鱼鳞纹、螺旋纹、人面纹和篦点之字底纹为特色;北区,指嫩江平原到黑龙江中游地区,以多周平行凸起的附加堆纹、纺织物纹、绳纹、几何篦纹(即用缠绕线或细绳的棍或轮滚动压出的几何纹饰)为特点。

二、南　区

南区根据筒形罐的形态和纹饰可以分为六小区。

(一)燕山以南地区

主要有二型。

A型　大口,小底,外弧壁。分四式。

Ⅰ式:厚圆唇,外突明显,口径等于器高。如平谷北埝头F5∶1[1](图一,1)。

Ⅱ式:厚圆唇,外突小,口径稍大于器高。如平谷县上宅T0707⑤∶14[2](图一,3)。

Ⅲ式:厚唇消失,口径大于器高。如迁安县安新庄H1∶17[3](图一,4)。

Ⅳ式:体更扁,圆尖唇。如迁安县安新庄采:22(图一,6)。

B型　大口,小底,直壁或壁略内弧。分三式。

Ⅰ式:厚圆唇,外突明显。如平谷县上宅T0407⑦∶5(图一,2)。

Ⅱ式:厚唇消失,圆唇。如迁安县安新庄H1∶13(图一,5)。

Ⅲ式:圆尖唇。如迁安县安新庄采:10(图一,7)。

各型式对应关系见图一。

本区筒形罐可分四段。

Ⅰ段出AⅠ、BⅠ式。北埝头F2木炭碳十四测定为距今6 220±110年(未经校正)。

---

[1] 北京市文物研究所等:《北京平谷北埝头新石器时代遗址调查与发掘》,《文物》1989年第8期。
[2] 北京市文物研究所等:《北京平谷上宅新石器时代遗址发掘简报》,《文物》1989年第8期。
[3] 河北省文物管理处:《河北迁安安新庄新石器遗址调查和试掘》,《考古学集刊》第4集,1984年。

上宅⑦层木炭碳十四测定为距今6 540±100年（未经校正）。Ⅰ段时代约在距今6 500年左右。

Ⅱ段出AⅡ式。上宅⑤层木炭碳十四测定为距今6 000±105年和6 340±200年（未经校正）。Ⅱ段约在距今6 000年左右。

Ⅲ段出AⅢ、BⅡ式。共出陶器有红顶钵和彩陶。时代约与红山文化中晚期相当。

Ⅳ段出AⅣ、BⅢ式。时代在Ⅲ段之后。

本区平底筒形罐在形态上以矮体壁直底大为特色。在纹饰上以抹压斜条纹、压印之字纹为特色。演变趋势由厚圆唇到圆唇，再到尖圆唇。体形由高到矮。纹饰由严谨规整到粗放疏朗。

在磁山文化中，作为炊器的盂，口径与底径相等，直壁、矮体，有的饰篦点纹或之字纹。应是本区平底筒形罐南传之变体。

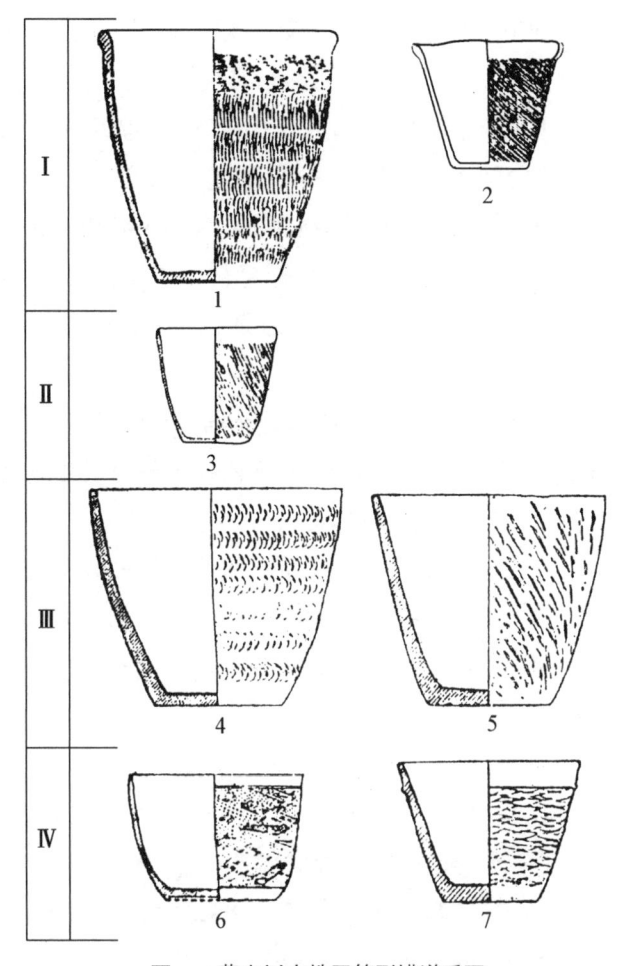

图一　燕山以南地区筒形罐谱系图

1. 北埝头F5∶1　2. 上宅T0407⑦∶5　3. 上宅T0707⑤∶14
4. 安新庄H1∶17　5. 安新庄H1∶13　6. 安新庄采∶22
7. 安新庄采∶10

（二）西辽河流域

主要有四型。

A型　大口，小底，斜直壁。分四式。

Ⅰ式：厚圆唇，外突显著，通体饰压印纹。以敖汉旗兴隆洼T123④∶77为代表[1]（图二，1）。

Ⅱ式：薄唇，外突小，通体饰压印纹。以巴林左旗金龟山出的1件为代表[2]（图二，5）。

---

〔1〕 中国社会科学院考古研究所内蒙古工作队：《内蒙古敖汉旗兴隆洼遗址发掘简报》，《考古》1985年第10期。
〔2〕 徐光冀：《富河文化的发现与研究》，载《新中国的考古发现和研究》，文物出版社，1984年。

Ⅲ式：厚唇消失，饰刻划纹。以克什克腾旗富顺永村和瓦盆窑所出为代表[1]（图二，8）。

Ⅳ式：素面为主，有的仅在口下有一周人字纹，有瘤状耳。以翁牛特旗石棚山28号墓所出的2件罐为代表[2]（图二，15）。

B型　口径与底径基本相同，有不明显的颈部。

Ⅰ式：厚圆唇，外突明显，通体饰压印纹。以兴隆洼T123④：79为代表（图二，2）。

Ⅱ式：叠唇，唇上有刻划的点状纹，腹部不饰纹。林西所出的罐属此式[3]（图二，16）。

C型　大口，小底，高体，上腹部较直，下腹部斜收。分二亚型。Ca型主要分布在西拉木伦河以南地区。Cb型分布在西拉木伦河以北地区。

Ca型　南支。分四式。

Ⅰ式：厚圆唇，外突明显，通体饰压印纹，以附加堆纹为界，分上下两部分。兴隆洼T3②：48属该式（图二，3）。

Ⅱ式：厚唇，外突，外突程度比Ⅰ式小，通体饰纹。如敖汉旗赵宝沟F106②：12[4]（图二，9）。

Ⅲ式：厚唇，外突小，上腹部饰纹。以牛河梁所出的2件罐为代表[5]（图二，12）。

Ⅳ式：饰绳纹。敖汉旗小河沿公社白斯朗营子H16：1属此式[6]（图二，17）。

Cb型　北支。分三式。

Ⅰ式：厚圆唇，外突小。以巴林左旗富河沟门一期罐为代表[7]（图二，13）。

Ⅱ式：圆唇。以富河沟门二期罐为代表（图二，14）。

Ⅲ式：方唇。以富河沟门三期罐为代表（图二，18）。

D型　大口，小底，微敛口或直口，壁外弧。分二亚型。

Da型　主体纹饰为刻划的篦齿纹或横压竖向之字纹带，之字纹的弧度大。分三式。

Ⅰ式：厚唇，外突明显。如奈曼旗大沁他拉镇乌根包冷Wa：010[8]（图二，4）。

Ⅱ式：厚唇，略外突。如赤峰西水泉H18：20[9]（图二，7）。

---

[1] 内蒙古自治区文化局文物工作组：《内蒙古自治区发现的细石器文化遗址》，《考古学报》1957年第1期。
[2] 李恭笃：《昭乌达盟石棚山考古新发现》，《文物》1982年第3期。
[3] 内蒙古自治区文化局文物工作组：《内蒙古自治区发现的细石器文化遗址》，《考古学报》1957年第1期。
[4] 中国社会科学院考古研究所内蒙古工作队：《内蒙古敖汉旗赵宝沟一号遗址发掘简报》，《考古》1988年第1期。
[5] 辽宁省文物考古研究所：《辽宁牛河梁红山文化"女神庙"与积石冢群发掘简报》，《文物》1986年第8期。
[6] 辽宁省博物馆等：《辽宁敖汉旗小河沿三种原始文化的发现》，《文物》1977年第12期。
[7] 徐光冀：《富河文化的发现与研究》，载《新中国的考古发现和研究》，文物出版社，1984年。
[8] 朱凤瀚：《吉林奈曼旗大沁他拉新石器时代遗址调查》，《考古》1979年第3期。
[9] 中国社会科学院考古研究所内蒙古工作队：《赤峰西水泉红山文化遗址》，《考古学报》1982年第2期。

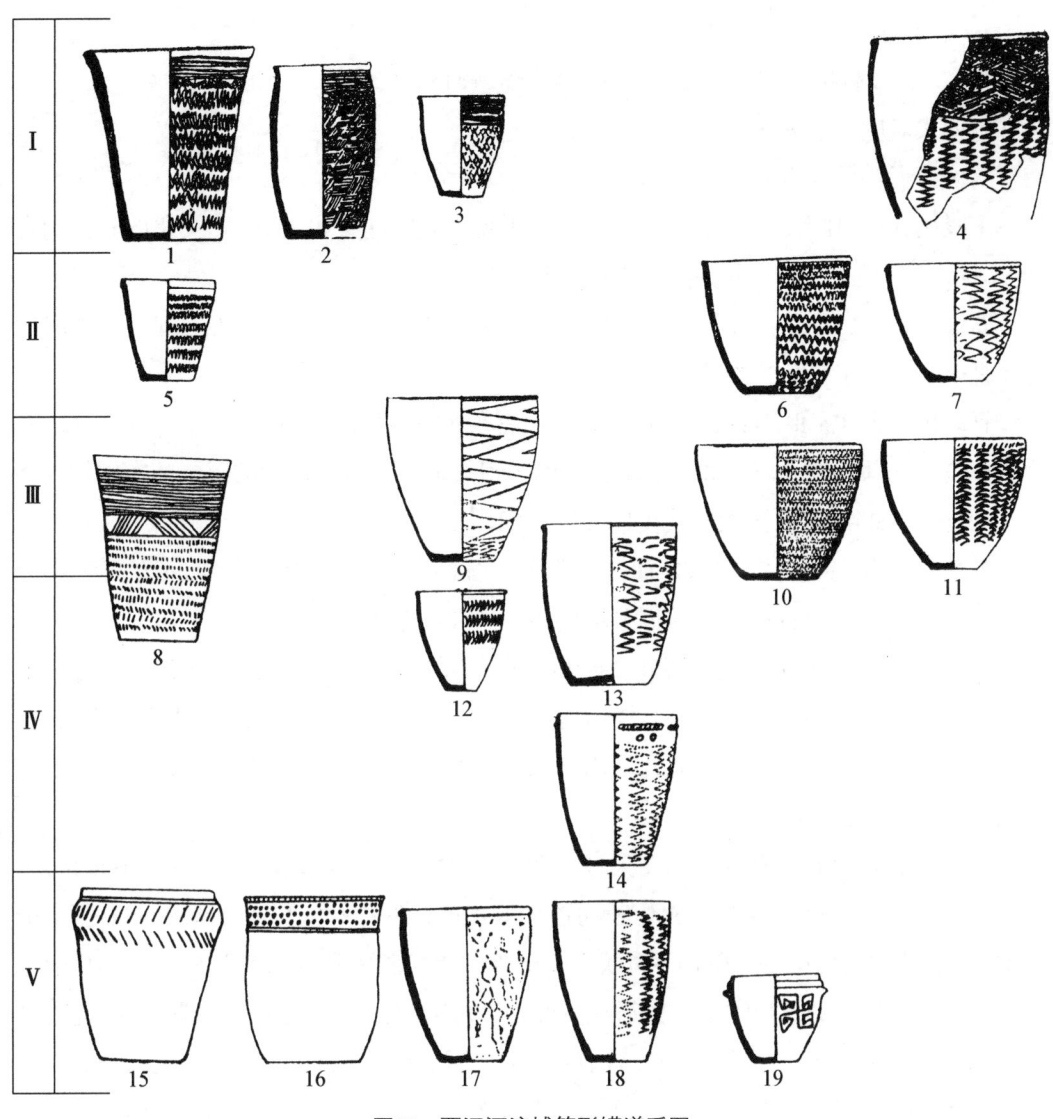

图二　西辽河流域筒形罐谱系图

1～3. 兴隆洼（T123④：77、T123④：79、T3②：48）　4. 大沁他拉Wa：010　5. 金龟山　6. 小山F1②：10　7、11. 西水泉（H18：20、F13：31）　8. 富顺永　9、10. 赵宝沟（F106②：12、F104②：6）　12. 牛河梁H1　13、14、18. 富河　15、19. 石棚山（M28、M52：1）　16. 林西　17. 白斯朗营子H16：1

Ⅲ式：厚唇消失。如西水泉F13：31（图二，11）。

Db型　主体纹饰为竖压横向之字纹或折线几何纹。与Da型相比，底较大，体较矮。分三式。

Ⅰ式：厚唇，外突小。如敖汉旗小山F1②：10[1]（图二，6）。

---

[1] 中国社会科学院考古研究所内蒙古工作队：《内蒙古敖汉旗小山遗址》，《考古》1987年第6期。

Ⅱ式：厚唇消失。如赵宝沟F104②∶6（图二，10）。

Ⅲ式：出现瘤状耳，尖唇。如翁牛特旗石棚山M52∶1（图二，19）。

各型式对应关系见图二。

本区筒形罐可分为5个阶段。

Ⅰ段出AⅠ、BⅠ、CaⅠ、DaⅠ式。前三者见于兴隆洼文化，兴隆洼文化的时代约在距今7000年以前，Ⅰ段的时代也应在这一时期。

Ⅱ段出AⅡ、DaⅡ、DbⅠ式。参考小山和赵宝沟的碳十四数据可推定此阶段的时代约在距今6 500～6 000年之间。

Ⅲ段出AⅢ、CaⅡ、DaⅢ、DbⅡ式。时代应在Ⅱ段与Ⅳ段之间。

Ⅳ段出CaⅢ、CbⅠ、CbⅡ式。属Ⅳ段的牛河梁遗址和富河遗址的碳十四数据均在距今5 500～5 000年之间，Ⅳ段时代也应在这之间。

Ⅴ段出AⅣ、BⅡ、CaⅣ、CbⅢ、DbⅢ式。石棚山人骨碳十四测定的数据为距今3 955±135年、4 135±120年。所以Ⅴ段的时代约在距今4 000年。

本区筒形罐演变规律是厚唇外突明显，到厚唇外突不明显，再到厚唇消失。早期形态、纹饰风格接近，晚期分化明显。纹饰由统一、规范、严谨向自由、豪放、华丽演变，再向简化方向发展。由多种纹饰带复合使用向用一种纹饰发展，施纹面积由通体施纹到纹饰带缩小，最后发展成素面。

本区平底筒形罐具有复杂的多元性。例如A、Db型与燕山以南地区的A、B型接近，只是形体较后者为高。裴李岗文化莪沟遗址所出的2件之字纹平底筒型罐与Da型十分近似，只是莪沟的罐虽是厚唇但不外突[1]，显然二者有亲缘关系。Db型唇下凹痕作风也见于沈阳新乐遗址的筒形罐上。值得注意的是，小山文化以Db型Ⅰ、Ⅱ、Ⅲ式为特征，含有Ca型。红山文化以Da型为特征，含有Ca型。富河文化以Cb型为特征，且只分布在西拉木伦河以北地区。小山文化、红山文化、富河文化均不见有A、B型，而兴隆洼文化的主体是A型Ⅰ式，那么小山文化、红山文化、富河文化可能都不是兴隆洼文化的主体直接后继者。以富顺永村和瓦盆窑所代表的遗存出有A型Ⅱ式罐，与兴隆洼文化有明显的继承关系。如富顺永村AⅡ式的罐形体厚重，纹饰仍保持了AⅠ式的构图格局。此外在该遗存中有"附加堆纹、网格纹、人字纹和不规则圆点戳纹和锄形石器"，"在兴隆洼第Ⅹ地点也采集到与瓦盆窑相似的纹饰陶片"[2]。因此富顺永村和瓦盆窑所代表的遗存应是兴隆洼文化的主体后继者。

---

[1] 河南省博物馆、密县文化馆：《河南密县莪沟北岗新石器时代遗址》，《考古学集刊》第1集，1981年。
[2] 杨虎：《试论兴隆洼文化》，载《中国考古学研究》，文物出版社，1986年。

（三）辽东—清川江地区

本区包括旅大、本溪、丹东和朝鲜的平安北道。

主要有三型。

A型　口径与底径相差不大或相等。分二亚型。

Aa型　直壁。分二式。

Ⅰ式：通体饰压印纹，底折角圆缓。以小珠山T3⑤：23为代表[1]（图三，1）。

Ⅱ式：下腹不饰纹，底折角分明。东沟县大岗T2：1属此式[2]（图三，2）。

Ab型　直壁，近底处急收。

Ⅰ式：侈唇，饰压印纹，下腹不饰纹。后洼下层T1：1属此式[3]（图三，3）。

Ⅱ式：小斜沿，假圈足。后洼上层罐属此式[4]（图三，11）。

Ⅲ式：素面叠唇。双房石棺墓出土1件[5]（图三，16）。

B型　大口，小底，外弧壁。分二亚型。

Ba型　深腹。分四式。

Ⅰ式：饰压印纹。如小珠山T1⑤：20属此式（图三，4）。

Ⅱ式：饰刻划纹，纹带宽，往往超过器表的1/2。如朝鲜平安北道土城里下层所出之罐[6]（图三，7），就属此式。

Ⅲ式：饰窄带刻划纹。以郭家村ⅡT2⑤：16为代表[7]（图三，9）。

Ⅳ式：素面，有瘤状耳。如郭家村ⅡT5③：24（图三，12）。

Bb型　浅腹。分五式。

Ⅰ式：直口，压印宽纹带常超过器表的1/3，如小珠山T2⑤：15（图三，5）。

Ⅱ式：直口，饰刻划纹，纹带窄，并上移至口部。如郭家村ⅠT1F2：1（图三，10）。

Ⅲ式：敛口，饰刻划纹，纹带更窄，有瘤状耳。如郭家村73T1③：240（图三，13）。

Ⅳ式：敛口，口下有附加堆纹，柱耳。如郭家村ⅡT2②：15（图三，15）。

Ⅴ式：敛口，叠唇，多数唇上有刻压纹。如郭家村F1：212和尹家村石棺墓所出罐[8]

---

[1] 辽宁省博物馆等：《长海县广鹿岛大长山岛贝丘遗址》，《考古学报》1981年第1期。
[2] 辽宁省博物馆：《辽宁东沟大岗新石器时代遗址》，《考古》1986年第4期。
[3] 丹东市文化局文物普查队：《丹东市东沟县新石器时代遗址调查和试掘》，《考古》1984年第1期。
[4] 许玉林：《后洼遗址》，载《辽宁省本溪、丹东地区考古学术讨论会文集》，本溪市文化局，1985年。
[5] 许玉林、许明纲：《新金双房石棚和石盖石棺墓》，《文物资料丛刊（7）》，文物出版社，1983年。
[6] 宫本一夫：《中国东北地方にさつは为先史土器の编年と地域性》，《史林》第六十八卷第二号，1985年。
[7] 辽宁省博物馆等：《大连市郭家村新石器时代遗址》，《考古学报》1984年第3期。
[8] 许玉林等：《旅大地区新石器时代文化概述》，《东北考古与历史》第一辑，1982年。

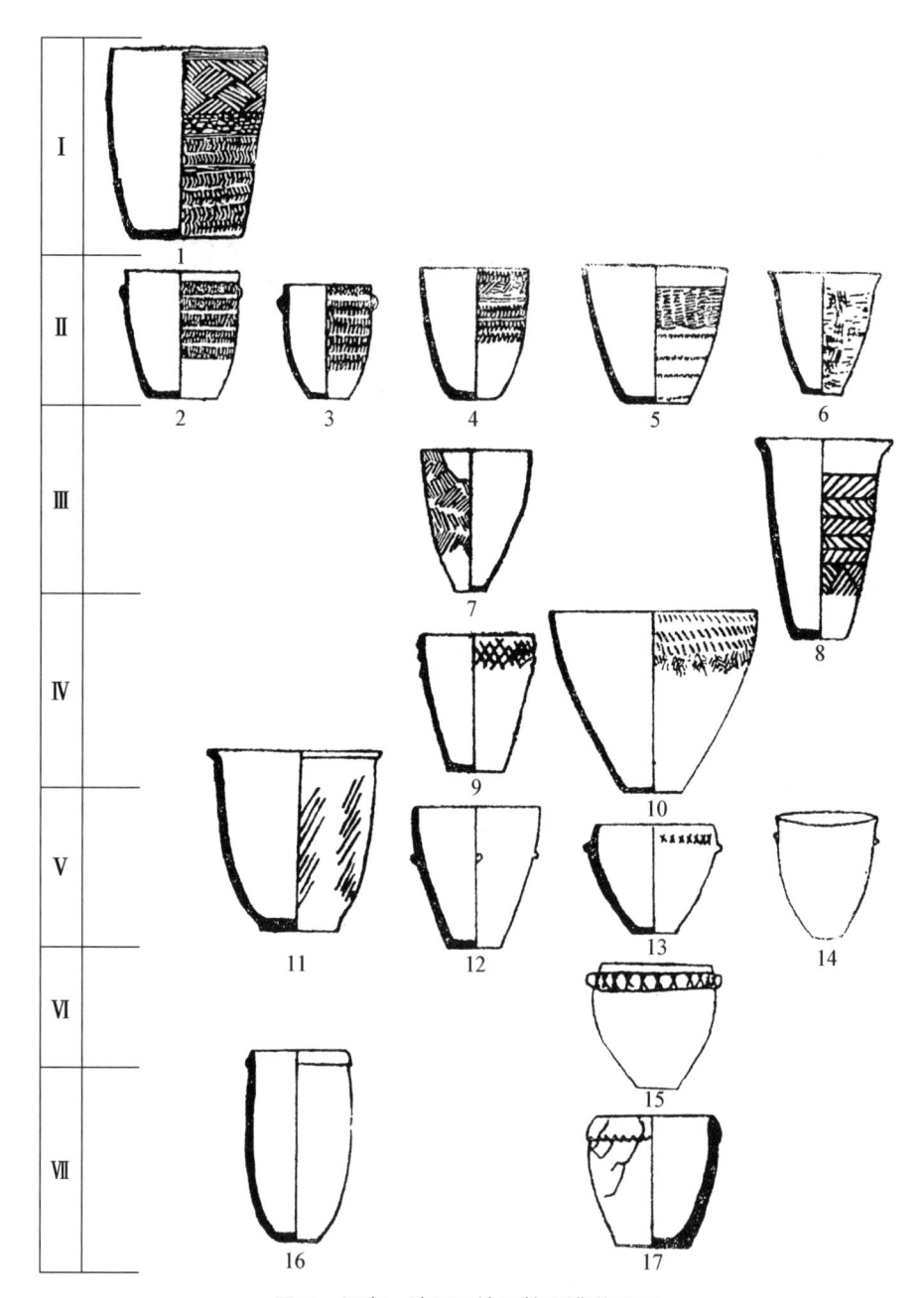

图三 辽东—清川江地区筒形罐谱系图

1、4~6、8. 小珠山　2. 大岗　3. 后洼下层　7. 土城里　9、10、12~15. 郭家村　11. 后洼上层　16. 双房　17. 尹家村

（图三,17）。

C型　侈唇,大口,小底。分三式。

Ⅰ式:通体饰纹。如小珠山T1⑤：27（图三,6）。

Ⅱ式:部分饰纹。如小珠山T4③：59（图三,8）。

Ⅲ式:素面,出现不明显的颈部。如郭家村ⅡT9③：17（图三,14）。

各型式对应关系见图三。

本区筒形罐可分为七个阶段。

Ⅰ段出AaⅠ式。形态、纹饰都与兴隆洼文化、新乐文化、左家山T16④的筒形罐近似。时代也应与之接近。

Ⅱ段出AaⅡ、AbⅠ、BaⅠ、BbⅠ、CⅠ式。时代应在Ⅰ段与Ⅲ段之间。

Ⅲ段出BaⅡ、CⅡ式。属于Ⅲ段早期的小珠山④层5个碳十四数据在距今6 500～5 900年之间。Ⅲ段时代可能在距今6 000年左右。

Ⅳ段出BaⅢ、BbⅡ式。属于此段的吴家村碳十四测定为距今5 379±100年。可作为本段年代的参考。

Ⅴ段出AbⅡ、BaⅣ、BbⅢ、CⅢ式。时代在Ⅳ段与Ⅵ段之间。

Ⅵ段出AbⅢ、BbⅣ。郭家村②层碳十四数据为距今4 430±140年和距今4 505±135年。代表了本段的上限。双房石棺墓与筒形罐共出的东北系青铜短剑属AⅠ式,时代在西周末至春秋初。而尹家村的石棺墓已进入战国时期。

Ⅶ段出AbⅢ、BbⅤ式。双房石棺墓与筒形罐共出的东北系青铜短剑属AⅠ式,时代在西周末至春秋初。而尹家村的石棺墓已进入战国时期。

本区筒形罐以双竖耳和火柴式席纹最富区域特色。有规整的线形之字纹,不见箆点之字纹。这与其他流行之字纹的地区有明显差异。演变规律是底折角由圆缓到直折再到假圈足。纹饰由通体饰压印纹,到大部饰压印纹再到大部饰刻划纹,随后刻划纹带变窄并逐渐上移,最后变成素面。

（四）下辽河流域

主要有二型。

A型　直壁,近底处弧收。分二式。

Ⅰ式:厚唇,外突,口下有凹纹带,通体饰压印之字纹或横线纹。如新乐F2：2[1]（图四,1）。

---

[1] 沈阳市文物管理办公室:《沈阳新乐遗址试掘报告》,《考古学报》1978年第4期。

Ⅱ式：叠唇，唇上常有刻划纹，腹部饰竖向泥条堆纹或几何形堆纹。如东高台山80T1⑤：18[1]（图四，4）。

B型　大口，小底，弧壁。分四式。

Ⅰ式：厚唇外突，口下有凹纹带，通体饰压印之字纹或横线纹。如新乐T1：1（图四，2）。

Ⅱ式：厚唇消失，饰刻划折线几何纹。如东高台山80T1M80填土所出之罐（图四，3）。

Ⅲ式：叠唇，饰泥条堆附的竖向条纹。如偏卜子所出之罐[2]（图四，5）。

Ⅳ式：素面，有瘤状耳。如东高台山S7401：2（图四，6）。

各型式对应关系见图四。

本区筒形罐可分四段。

Ⅰ段出AⅠ、BⅠ式。属新乐下层文化，时代在距今7 000年左右。

Ⅱ段出BⅡ式。与Ⅰ段有较大缺环。东高台山M80填土：3上的折线几何纹呈二方连续的∽形"骨"式结构，显然是赵宝沟F104②：6的发展形式，其年代应较之为晚。

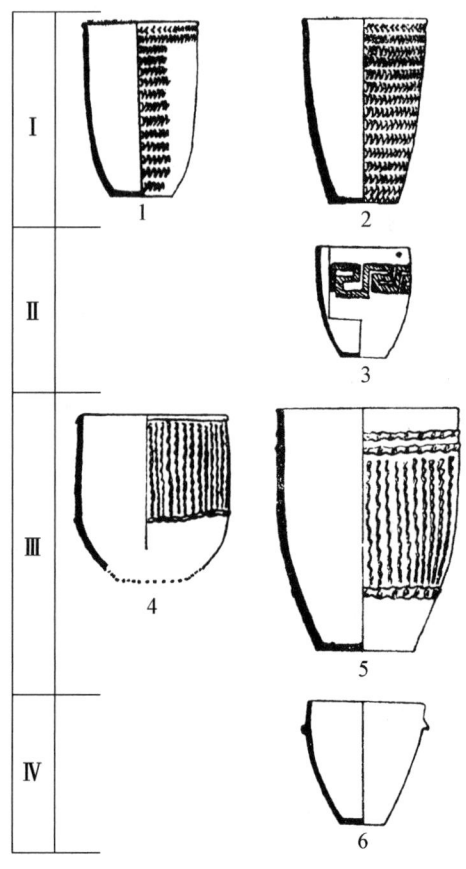

图四　下辽河流域筒形罐谱系图
1、2. 新乐　3、4、6. 东高台山　5. 偏卜子

Ⅲ段出AⅡ、BⅢ式。属偏卜子类型。偏卜子类型的壶与小河沿的壶相近，流行的竖向堆附的泥条纹也见于大甸子夏家店下层文化陶鬲上[3]。所以其时代应在新石器时代之末。

Ⅳ段出BⅣ式。见于高台山文化。高台山文化有大量的三足器，碳十四测定为距今3 600±135年，已进入青铜时代中期。

本区筒形罐特征是：早期以唇下有凹痕为特色，晚期以堆附的几何纹和竖向泥条为特征。演变趋向是唇由厚唇到直口或叠唇。纹饰由压印到刻划，再到堆附，由横向纹带到竖向纹带，由通体饰纹到部分饰纹，再到素面。

---

［1］沈阳市文物管理办公室：《新民东高台山第二次发掘》，《辽海文物丛刊》创刊号。
［2］东北博物馆文物工作队：《辽宁新民县偏堡沙岗新石器遗址调查记》，《考古通讯》1958年第1期。
［3］刘观民：《试析夏家店下层文化陶鬲》，载《中国考古学研究》，文物出版社，1986年。

（五）第二松花江流域

主要有三型。

A型　大口，小底，弧壁。分五式。

Ⅰ式：厚唇，外突明显。如左家山T16④：6[1]（图五，1）。

Ⅱ式：厚唇，外突小。如左家山T16③：5（图五，3）。

Ⅲ式：薄唇，微外突，底折角圆缓。如左家山T2②：1（图五，5）。

Ⅳ式：薄唇，直口，底折角圆缓。如左家山H2：2（图五，7）。

Ⅴ式：方唇，直口，底折角分明。如左家山T9②：13（图五，9）。

B型　大口，小底，直壁。分三式。

Ⅰ式：侈唇，微外凸，底小，底折角圆缓，纹带超过器表1/2。如左家山T14③：4（图五，6）。

Ⅱ式：侈唇，微外凸，口下无纹。如左家山H2：3（图五，8）。

Ⅲ式：直口，底大，底折角分明，素面或有窄带刻划纹。如左家山T10③：10（图五，10）。

C型　侈口，小斜沿。分三式。

Ⅰ式：沿面与腹壁夹角小，方唇。如左家山T16④：1（图五，2）。

Ⅱ式：沿面与腹壁夹角变大，圆唇。如左家山T16③：7（图五，4）。

Ⅲ式：沿面与腹壁夹角更大，尖唇。如左家山T9③：8（图五，11）。

各型式对应关系见图五。

本区筒形罐可分四段。

Ⅰ段出AⅠ、CⅠ式。其唇外突和纹饰构图风格与兴隆洼文化、新乐文化相近，时代也应与之相仿。

Ⅱ段出AⅡ、AⅢ、BⅠ、CⅡ式。左家山T11③蚌壳经碳十四测定为距今6 755±115年。此段在距今6 500年左右。

Ⅲ段出AⅣ、BⅡ式。与Ⅱ段有较大缺环。

Ⅳ段出AⅤ、BⅢ、CⅢ式。左家山H17炭化骨头经碳十四测定为距今4 870±180年，已在新石器时代之末。

本区筒形罐演变趋向是由侈唇较厚、外突明显到略侈薄唇，再到外突不显，最后到直口。底由小变大。底折角由圆缓到直折。纹饰由压印纹为主到全部为刻划纹，由宽纹带

---

[1] 吉林大学考古教研室：《农安左家山新石器时代遗址》，《考古学报》1989年第2期。

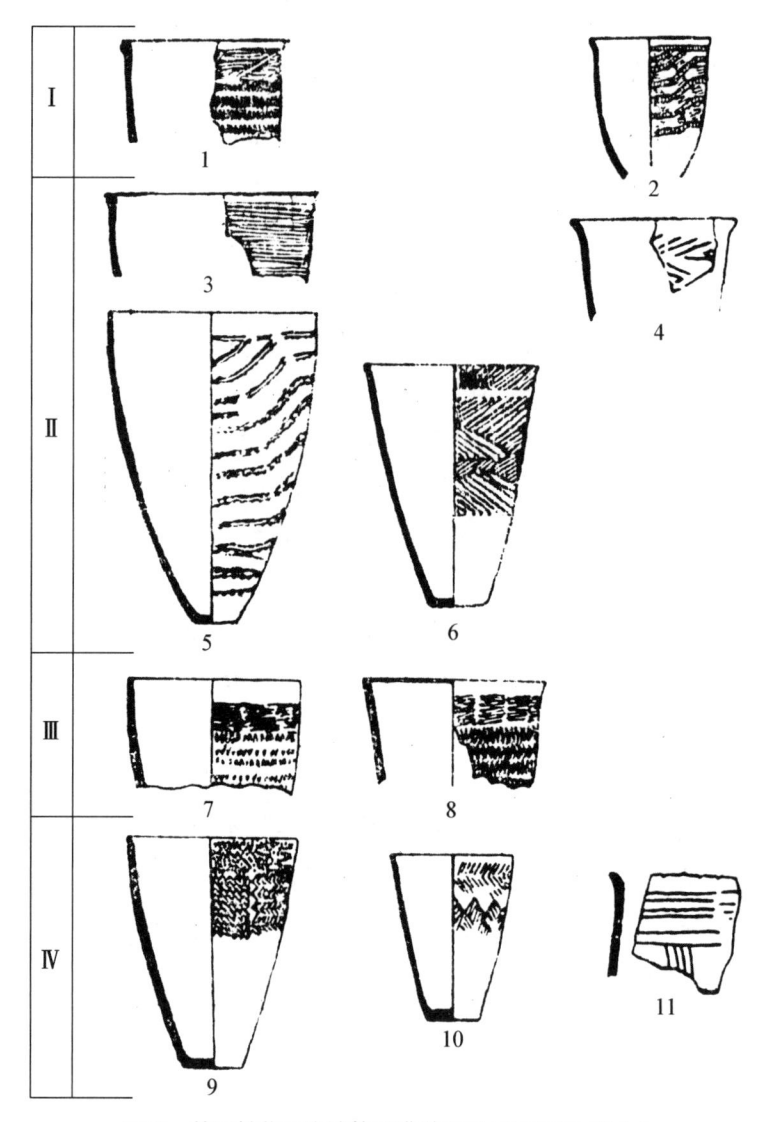

图五　第二松花江流域筒形罐谱系图（均出自左家山）

到窄纹带再到素面。

本区筒形罐的特征是早期均为小平底，为其他地区不见；纹饰中以扭曲纹和梯形纹带最富区域特色。戳刺纹、横压竖向的之字纹、篦点之字纹与西辽河流域有亲缘关系。发达的刻划纹和内填斜线的三角纹则又与辽东—清川江地区、牡丹江和图们江流域联系密切。侈唇作风不见于辽河流域及其以西地区，而广见于其南邻和东邻地区。

（六）牡丹江与图们江流域

主要有三型。

A型　形体矮胖，敛口。分二式。

Ⅰ式：底折角圆缓，口下饰纹。以西浦项一期层出土的为例[1]（图六，1）。

Ⅱ式：底折角分明，口下有空白带。以西浦项四期层出土的为例（图六，4）。

B型　形体瘦长。分三亚型。

Ba型　弧壁，直口或敛口。分四式。

Ⅰ式：口下饰纹，底折角圆缓。如金城采C∶1[2]（图六，2）。

Ⅱ式：口下有空白带，底折角圆缓。西浦项三期层出土1件（图六，5）。

Ⅲ式：素面，底折角分明，有的有小瘤状耳。以柳庭洞F1∶1为代表（图六，9）。

Ⅳ式：素面，假圈足，有的有大柱状耳。以虎谷洞六期层出土的为例[3]（图六，12）。

Bb型　侈唇。分二式。

Ⅰ式：中腹饰纹。查伊桑诺夫卡F1出土[4]（图六，6）。

Ⅱ式：素面，有柱状耳。如大城子F2∶12[5]（图六，13）。

Bc型　直壁。分三式。

Ⅰ式：中腹饰纹。以查伊桑诺夫卡F1所出为代表（图六，7）。

Ⅱ式：素面，有瘤状耳。以大六道沟所出为代表[6]（图六，10）。

Ⅲ式：素面，有柱状耳。以一松亭所出为代表[7]（图六，14）。

C型　侈口。

Ⅰ式：口下饰纹，底折角圆缓。以西浦项二期层所出为代表（图六，3）。

Ⅱ式：口下留有空白带，底折角分明。查伊桑诺夫卡F1出土（图六，8）。

Ⅲ式：叠唇，假圈足。以西浦项六期层所出为代表（图六，11）。

以上各型式对应关系见图六。

本区筒形罐可分四段。

Ⅰ段出AⅠ、BaⅠ、CⅠ式。时代难以确定。

Ⅱ段出AⅡ、BaⅡ、BbⅠ、BcⅠ、CⅡ式。与筒形罐共生的壶上有螺旋纹和折线几何纹，AⅡ式上也常有折线几何纹，属新石器时代晚期特征。黑龙江下游的孔东遗址也出有

---

[1] 朝鲜社科院考古研究所编，李云铎译：《朝鲜考古学概要》，黑龙江省文物出版编辑室，1983年。
[2] 吉林省文物考古研究所：《吉林汪清金城古墓葬发掘简报》，《考古》1986年第2期。
[3] 黄基德：《茂山虎谷洞发掘报告》，《考古民俗论文集·六》，1975年。
[4] 安得烈耶夫：《在大彼得湾沿岸及其岛屿上发现的公元前第二至第一千年的遗迹》，《考古学报》1958年第4期。
[5] 林沄：《论团结文化》，《北方文物》1985年第1期。
[6] 吉林省文物考古研究所：《延边大六道沟遗址》，《博物馆研究》1982年第1期。
[7] 林沄：《论团结文化》，《北方文物》1985年第1期。

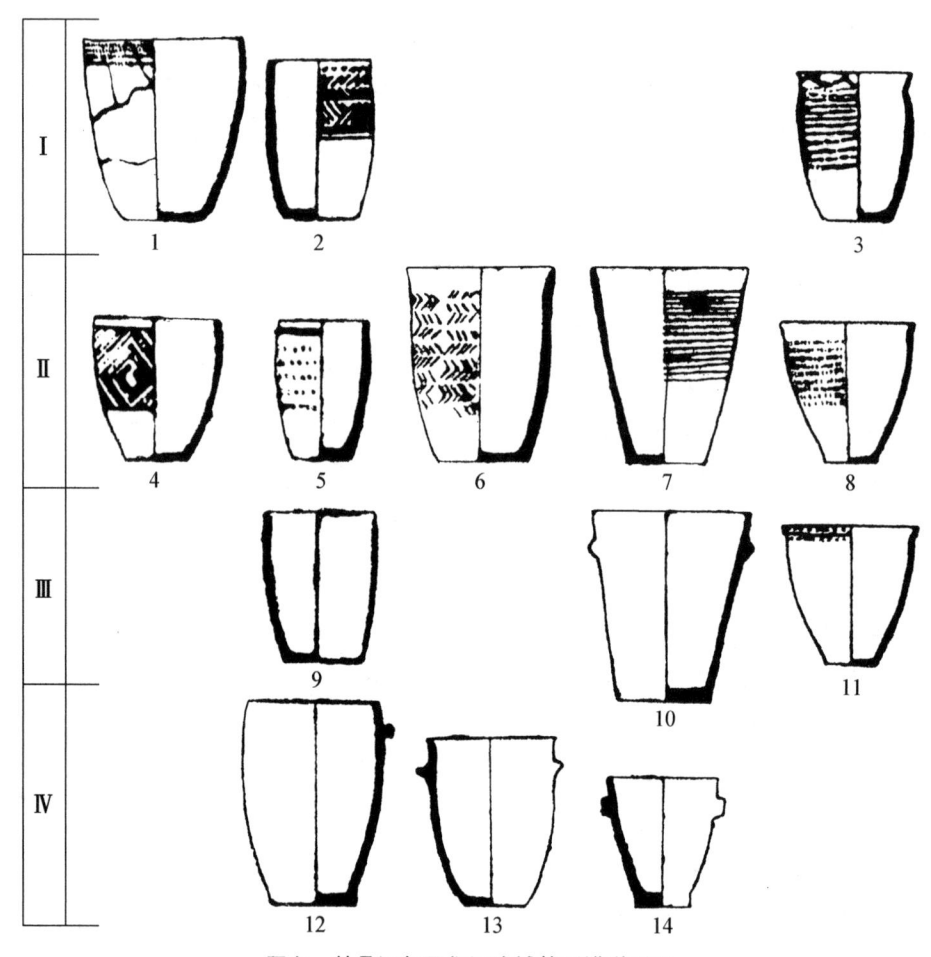

图六　牡丹江与图们江流域筒形罐谱系图

1、3~5、11. 西浦项　2. 金城墓地采集　6~8. 查伊桑诺夫卡　9. 柳庭洞　10. 大六道沟
12. 虎谷洞　13. 大城子　14. 一松亭

螺旋纹,该遗址碳十四测定为距今 4 250±80 年[1]。可作为第Ⅱ段绝对年代的参考。

Ⅲ段出 BaⅢ、BcⅡ、CⅢ式。与Ⅱ段有较大缺环,与Ⅳ段接近,时代也应与Ⅳ段相近。

Ⅳ段出 BaⅣ、BbⅡ、BcⅢ式。属团结文化遗存。团结文化时代约在两汉时期,Ⅳ段年代也应在两汉。

本区筒形罐演变趋向为:由底折角圆缓到底折角分明,再到假圈足。由口下施纹到中腹施纹,再到素面。由小瘤状耳到柱状耳。本区刻划纹发达,折线几何纹较多。新石器时代以后,筒形罐的数量仍很大。在演变趋向、纹饰和造型上都与第二松花江流域存在着

---

[1] 奥克拉德尼科夫:《康当古代居民的陶器》,1983 年。

密切联系。

三、东　　区

主要有三型。

A型　敛口。分二亚型。

Aa型　口径与底径相差大。分三式。

Ⅰ式：厚唇，底折角圆缓，最大径在口部。以新开流Y10∶1为例[1]（图七，1）。

Ⅱ式：底折角分明，饰典型螺旋纹，通体饰底纹。以孔东F2出的罐为代表[2]（图七，2）。

Ⅲ式：下腹斜直或内弧收成假圈足，饰变体螺旋纹，底饰缩小。孔东F7所出（图七，3）。

Ab型　口径与底径相差不大。分三式。

Ⅰ式：下腹外弧收。如新开流M3∶1（图七，4）。

Ⅱ式：下腹斜直收，底折角较Ⅰ式明显。孔东F9所出（图七，5）。

Ⅲ式：下腹内弧收，底折角更分明。如孔东F1所出的1件（图七，6）。

B型　直口，侈唇，口径基本与底径相等。分三式。

Ⅰ式：微侈唇，最大腹径在下腹。如新开流M14∶1（图七，7）。

Ⅱ式：侈唇，最大腹径在中腹。孔东F2所出（图七，8）。

Ⅲ式：大侈唇，外突明显。孔东F8所出（图七，9）。

C型　大口，小底，弧壁，有领。分二式。

Ⅰ式：饰典型螺旋纹，通体饰底纹。孔东F7所出（图七，10）。

Ⅱ式：饰变体螺旋纹，底纹缩小。孔东F3所出（图七，11）。

各型式对应关系见图七。

本区筒形罐可分五段。

Ⅰ段出AaⅠ式。见于新开流文化早期。Ⅱ段出AbⅠ、BⅠ式。见于新开流文化晚期。新开流文化晚期的M5人骨经碳十四测定为距今6 080±130年。Ⅱ段时代在距今6 000年左右。Ⅰ段与Ⅱ段相去不远。

---

[1] 黑龙江省文物考古工作队：《密山县新开流遗址》，《考古学报》1979年第4期。
[2] 奥克拉德尼科夫：《康当古代居民的陶器》，1983年。

图七　东区筒形罐谱系图
1、4、7. 新开流　余为孔东出土

Ⅲ段出AaⅡ、BⅡ式。Ⅳ段出AaⅢ、AbⅡ、BⅢ、CⅠ式。Ⅴ段出AbⅢ、CⅡ式。Ⅲ段与Ⅱ段之间缺环较大。Ⅲ、Ⅳ、Ⅴ段联系紧密,同见于孔东文化。孔东文化的一个碳十四数据是距今4 250±80年,可作为此三个阶段时代的参考。

本区筒形罐演变趋向是:底折角圆缓到底折角分明,再到假圈足。早期纹饰排列整齐密集,晚期纹饰疏朗。早期多压印三角纹、黑龙江编织纹、鱼鳞纹,晚期多刻划螺旋纹。比Ⅴ段更晚的筒形罐形态尚不清楚,但在后三段中,素面和叠唇已开始出现,纹饰简化的趋向也开始显露出来。底折角的演变和纹饰由早期以压印纹为主,到晚期以刻划纹为特征,这与南区是类似的,体现了同属平底筒形罐文化区的共性。本区早期独具特色的黑龙江编织纹、鱼鳞纹和晚期的螺旋纹、之字底纹,又体现出东区强烈的个性和作为低一层次文化区的相对稳定性。侈唇、弇口和横压竖向篦点之字纹可能暗示了与南区东部存在着文化交流。

四、北　区

又可分为嫩江流域和黑龙江中游流域。

(一) 嫩江流域

概指呼兰河以西、松花江以北的平原地域。本区新石器时代平底筒形罐未见有完整器。青铜时代三足器的兴起,使得作为炊器的夹砂筒形罐消失,作为容器的夹砂筒形罐绝大部分分化成各种鼓腹器,所以夹砂筒形罐近于消失。作为容器的小型泥质黄褐陶平底筒形罐,却得以延续发展。材料所限,暂把筒形罐分为夹砂和泥质二型。

A型　夹砂。分二亚型。

Aa型　直口或敞口。分三式。

Ⅰ式:圆唇,上腹饰多条平行的凸线纹,凸线纹之上施以各种压纹或刻纹。昂昂溪胜利三队1号址出土[1](图八,1)。

Ⅱ式:叠唇,唇上有捺压指甲纹。昂昂溪遗址采集[2](图八,3)。

Ⅲ式:方唇,素面,或有断续附加堆纹一周。如白金宝F1∶10[3](图八,5)。

Ab型　敛口。分二式。

Ⅰ式:圆唇,中腹饰凸线纹,其上有压纹。昂昂溪胜利三队1号址出土(图八,2)。

Ⅱ式:叠唇,口上有捺压指纹,素面。昂昂溪遗址出土(图八,4)。

B型　泥质。分三式。

Ⅰ式:侈口,最大径在下腹近底处。如白金宝H1∶18(图八,6)。

Ⅱ式:大折沿,最大径在下腹偏上。汉书M102出土[4](图八,7)。

---

[1] 李龙:《昂昂溪胜利三队一号址清理简报》,《黑龙江文物丛刊》创刊号。
[2] 梁思永:《昂昂溪史前遗址》,载《梁思永考古论文集》,科学出版社,1959年。
[3] 黑龙江省文物考古工作队:《黑龙江肇源白金宝遗址第一次发掘》,《考古》1980年第4期。
[4] 吉林大学考古专业等:《大安汉书遗址发掘的主要收获》,《东北考古与历史》第一辑,1982年。

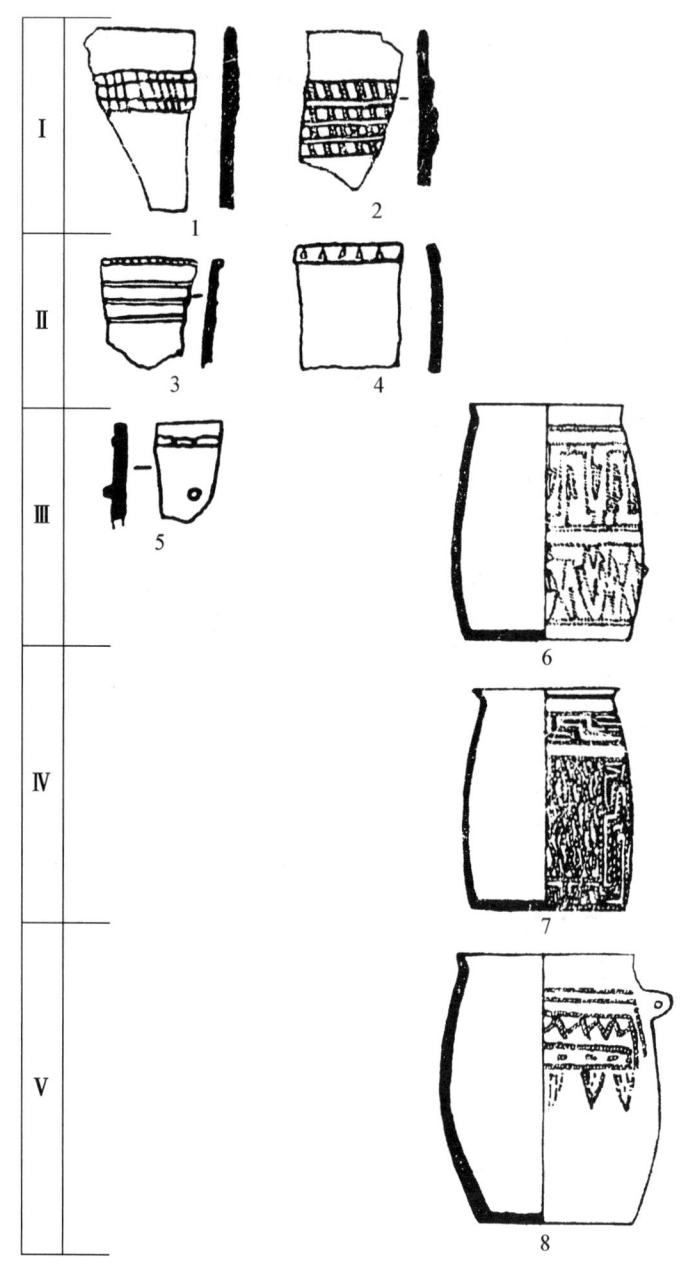

图八 嫩江流域筒形罐谱系图

1、2. 昂昂溪胜利三队1号 3、4. 昂昂溪 5、6. 白金宝 7. 汉书
8. 二克浅

Ⅲ式：最大径在中腹偏上。讷河二克浅M8出土[1]（图八，8）。

---

[1] 安路、贾伟明：《黑龙江讷河二克浅墓地及其问题探讨》，《北方文物》1986年第2期。

各型式对应关系见图八。

梁思永先生早年发掘的2座墓各出1件带流的平底筒形罐。带流罐在西辽河流域见于红山文化晚期的四棱山遗址，在黑龙江下游见于孔东遗址。在第二松花江流域的左家山T8③层也发现有带流器之流。另外昂昂溪的一座墓中还出有折线几何纹的罐腹。因此可以确认，昂昂溪类型的时代应在新石器时代末期。本区Ⅱ段属于昂昂溪类型，Ⅰ段与Ⅱ段联系紧密，时代也不会相距太远。

Ⅲ、Ⅳ段属于白金宝文化。属于Ⅲ段的白金宝H1木炭经碳十四测定为距今2 900±100年，属于Ⅳ段的汉书F5木炭经碳十四测定为距今2 405±105年。可知Ⅲ段相当于西周时期，Ⅳ段相当于春秋时期。Ⅴ段属于望海屯类型。在汉书遗址出有铁器，说明Ⅴ段已进入战国时期。

本区筒形罐演变趋向是：A型由圆唇到叠唇，再到方唇。B型由纹饰复杂到纹饰简化，腹最大径位置上移。本区最主要的特点是存在泥质陶"几何箆纹"筒形罐。其次是夹砂陶的凸线纹发达，有少量的绳纹。

（二）黑龙江中游流域

本区未发现完整的筒形罐，根据口沿分为三型。

A型　直口。分二式。

Ⅰ式：斜唇。格罗马吐哈二期层出土[1]（图九，1）。

Ⅱ式：平唇。格罗马吐哈三期层出土（图九，3）。

B型　敛口，侈唇。分三式。

Ⅰ式：唇略外突。格罗马吐哈二期层出土（图九，2）。

Ⅱ式：重唇。谢尔盖耶夫卡出土[2]（图九，4）。

Ⅲ式：叠唇。奥西诺夫湖出土[3]（图九，7）。

C型　敛口。分三式。

Ⅰ式：唇外突出部分较宽，唇上有压刺的纹饰。格罗马吐哈三期层出土（图九，5）。

Ⅱ式：重唇，唇下有纹。谢尔盖耶夫卡出土（图九，6）。

Ⅲ式：圆厚唇。奥西诺夫湖出土。（图九，8）。

各型式对应关系见图九。

---

[1] 奥克拉德尼科夫：《格罗马图哈文化》，1977年。
[2] 奥克拉德尼科夫：《格罗马图哈文化》，1977年。
[3] 杰烈维扬科：《阿穆尔河沿岸的早期铁器时代》，1973年。

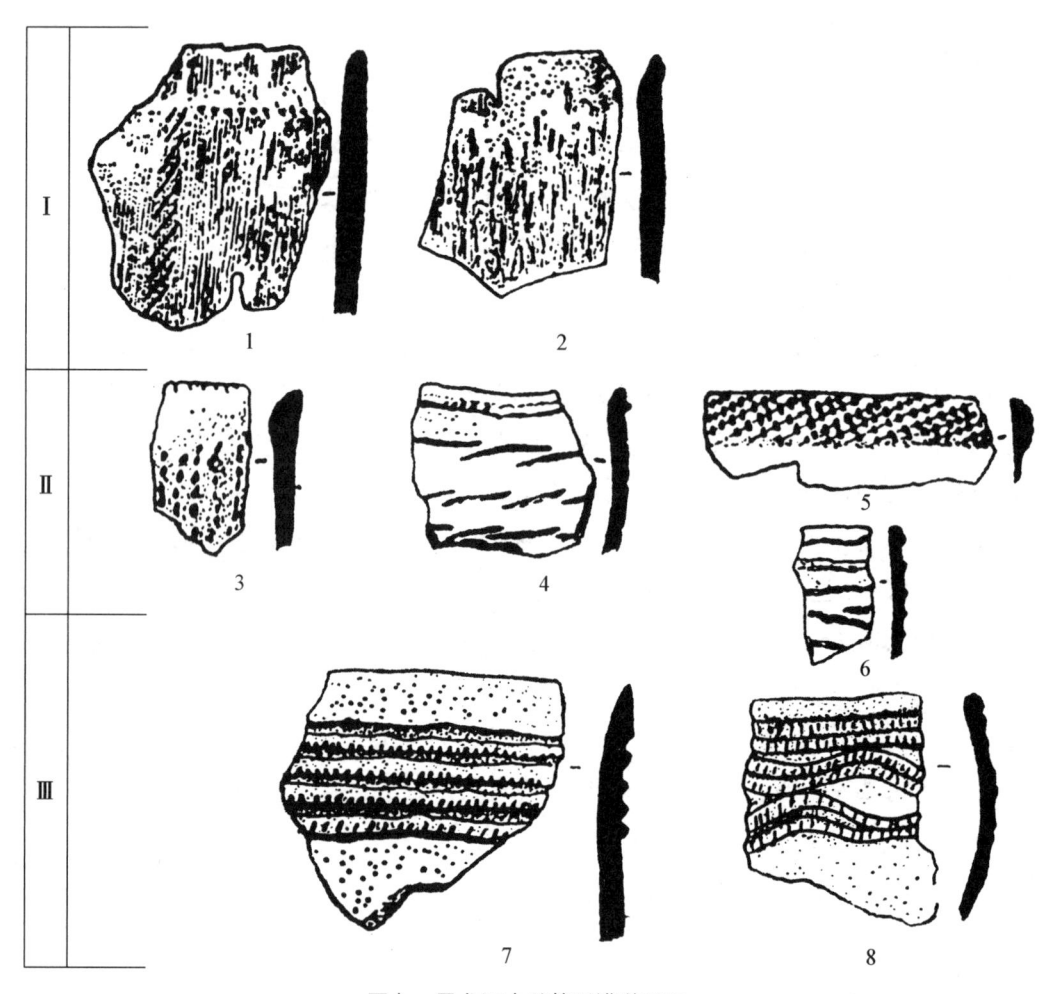

图九 黑龙江中游筒形罐谱系图

1、2. 格罗马吐哈二期层　3、5. 格罗马吐三期层　4、6. 谢尔盖耶夫卡　7、8. 奥西诺夫湖

本区可分为三段。Ⅰ、Ⅱ段属格罗马吐哈文化,该文化被定为公元前第5千纪至公元前第4千纪前半叶。Ⅲ段属奥西诺夫湖文化,该文化被定在公元前第2千纪。

本区罐的演变趋向是：早期纹饰密集而规整,晚期则疏朗,富于变化。由线纹、细绳纹、方格纹为主到以凸线纹为主。由直口到厚唇。本区最富特征的纹饰是线纹(或称为编织物纹)、细绳纹、小方格纹、三角纹、圆点纹。叠唇发达。本区的波浪式细凸线纹、三角纹与黑龙江下游—三江平原区的同类纹饰相近。方格纹、长条纹又与外贝加尔地区陶器纹饰相同。凸线纹、绳纹以及用缠绕草或细线的工具压印纹饰的做法也见于嫩江流域。

在黑龙江中游和下游流域,青铜时代的陶器还不了解,早期铁器时代的乌里尔文化筒形罐数量很少,其陶器有发达的附加堆纹,在鞑靼陶罐上仍保留在口下和肩部饰附加堆纹的遗风。

五、结　语

南区、东区和北区各期段筒形罐的对应关系见下表：

年代距今	南区						东区	北区	
	燕山以南地区	西辽河流域	辽东—清川江地区	下辽河流域	第二松花江流域	牡丹江与图们江流域		嫩江流域	黑龙江中游流域
7000	Ⅰ	Ⅰ	Ⅰ Ⅱ	Ⅰ	Ⅰ Ⅱ				Ⅰ
6000	Ⅱ	Ⅱ Ⅲ	Ⅲ		Ⅲ		Ⅰ Ⅱ		Ⅱ
5000	Ⅲ Ⅳ	Ⅲ Ⅳ	Ⅳ Ⅴ	Ⅱ Ⅲ	Ⅳ	Ⅰ	Ⅲ Ⅳ	Ⅰ	Ⅲ
4000		Ⅴ	Ⅵ	Ⅳ		Ⅱ Ⅲ	Ⅴ	Ⅱ	
3000			Ⅶ					Ⅲ Ⅳ Ⅴ	
2000						Ⅳ			

各区平底筒形罐尽管各有特点，但都大致经历了类似的三个发展阶段。

第一阶段，以压印纹为主的阶段。约在距今6 000年以前。在各文化中筒形罐数量多，形式单一，相互差别小，具有一定的模式性。一般为大口，小底，厚唇，壁较直，呈截圆锥形。通体饰纹，纹饰规范严谨，主要以模仿编织物的席纹、之字纹、黑龙江编织纹、绳纹、线纹为特征。与之有不同起源地和文化传统的外贝加尔、日本和朝鲜的新石器时代早期陶器与早期筒形罐有很强的一致性，即呈口大、壁较直的圆锥形，因此可推测口大、壁较直的近于圆锥形的形态可能是早期陶器的原始形态。这种形态大概与原始模制法制陶术有关。用模具制陶，在陶器成型后要摘掉模具，如果模具口小或壁的弯曲度大就会摘不下模具。用模具制陶的资料在考古学中有过发现，如贝加尔湖沿岸的早期陶器表面有完整的而不见有叠压的网格和网结印痕，经奥克拉德尼科夫研究认为是用尖底网兜作模具制作的遗痕[1]。民族学中也有这样的例证,亚利加拉制陶术就是把一块黏土塞到一个粗糙的近似于器皿的模具中,直接做出雏形,再用手握着石头所衬垫的位置来拍打定型[2]。正因为摘模具要倒扣,才启发原始陶工们在不用模具制陶时,也从口部开始制作[3]。在今天的傣族制陶中,即使是平底器也是从口部开始制作。最初不用模具时,意识中陶器形态概念已根深蒂固,所以陶器的形态仍以原有的形态为榜样,甚至还拍印出与原陶器模痕类似的"花纹",以求得视觉和心理上的满足。不同地域的人们共同体所选用的模具是有差别的,因而陶器在开始出现时就存在区域差别。平底筒形罐的形态和花纹都酷似编织的筐,其起源很可能是:最初先用平底编织物作为模具制出原陶器(陶器的原始雏形),后来人们脱掉外模具,开始模仿原陶器制成平底筒形罐,制作遗痕也变成满足视觉与心理需要的装饰花纹,同时,费工费时的压印纹还具有把陶胎压实的效果。随着时间的推移,单一的形态开始分化,向实用发展,纹饰的装饰意义也日益增强,筒形罐逐渐摆脱其自然形象。目前所发现的早期筒形罐,已是脱离原陶器很久的成熟时期的制品,但还未完全摆脱其模仿性。从这个意义上说,可称这阶段为平底筒形罐的成熟期。

第二阶段,以刻划纹和复杂几何纹为代表的阶段。约距今6 000~4 000年。本阶段筒形罐形式多样,富于变化。纹饰的主要作用在于装饰意义,刻划的手法很流行,作风豪放,不拘一格。纹样丰富多彩,出现华美的复杂几何图案。因此可称这阶段为筒形罐的发达阶段。

刻划纹的涌现,打破了统一、严整、规范的陈旧作风,也增加了制作纹饰的速度,为精美图案的创造提供了条件。值得注意的是,刻划纹最发达的地区是辽东—图们江流域。这些地区与朝鲜半岛为邻。朝鲜半岛在新石器时代,陶器花纹几乎全是刻划纹,因而又把新石器时代称作梳齿纹陶时代。其纹样与辽东—图们江流域刻划纹近似,反映了二者有着密切的文化联系。左家山遗址发现了由压印之字纹变成刻划之字纹,再到人字纹的序列,说明之字纹应是人字纹的来源之一。内填斜线的三角纹也可能是由变体席纹简化而来。

这一阶段在纹饰上的突出成就是复杂几何纹的出现。各区复杂几何纹的差异较大。主要有两大系统:一是南区西部压印的复杂几何纹,二是东区的刻划流畅的螺旋式几何纹。晚期各区普遍出现的刻划规整的折线几何纹应是从两大系统发展而来。此外,在下

---

[1] 奥克拉德尼科夫:《伊萨闻夫时期》,《苏联资料与研究》第18卷,第168~177页。
[2] 俞伟超:《中国早期的"模制法"制陶术》,载《文物与考古论集》,文物出版社,1986年。
[3] 林声:《云南傣族制陶术调查》,《考古》1965年第12期。

辽河流域存在别具一格的堆附几何纹和在嫩江流域青铜时代的几何篦纹当另有来源。复杂几何纹的广泛使用,使筒形罐的装饰艺术达到顶峰。

第三阶段,素面为主的阶段。约在距今4 000年以后。筒形罐数量剧减,形式上多向鼓腹发展,纹饰以素面为主,口外或口下常饰附加堆纹和瘤状、柱状耳。筒形罐在器形和纹饰上都走向消亡。因而可以把这一阶段称为筒形罐的消亡阶段。

各区筒形罐的消亡时间是不同的。在燕山以南地区,基本没到第三阶段就消亡了。辽西、辽东、下辽河和第二松花江地区,在战国以前的青铜时代筒形罐很少,战国以后则不见。在图们江流域青铜时代筒形罐很多,在两汉时期仍有一定数量。在嫩江流域青铜时代夹砂筒形罐数量锐减,而泥质筒形罐却很发达。可见各区结束的时间向东向北呈梯度递减。这种递减性也表现在各区筒形罐的演变速度上。也就是说,各区在演进程序上是类似的,而在演进速度上不是同步的。如左家山文化筒形罐演进程序与小珠山文化筒形罐的演进程序基本相同,但其速度明显慢于小珠山文化筒形罐的演进速度。红山文化筒形罐型式多样,而其北部的富河文化筒形罐型式单调,过于定制,显得原始。这二种递减性是与各地区接受黄河流域文化影响的时间不同和程度强弱决定的。一般说来,越往北往东,受黄河流域影响的时间越晚,影响的程度越小。如南区的西部、中部有鬲、鼎、豆。南区东部只有豆,不见三足器。在嫩江流域只有鬲,不见鼎和豆。黑龙江中下游流域鬲、鼎、豆皆不见。黄河流域的陶器种类繁多,型式变化更替快,是其社会、经济、文化和思想意识变化更替快的反映。其文化因素的向东北传播,不但给东北带来新的器形,也带来了新的信息,对土著文化的发展起到了催化作用,从而造成平底筒形罐文化区西部比东部发达、南部比北部进步的不平衡性。这种不平衡性导致各区人们共同体进入阶级社会初期的民族扩张时期的时间不同,从而直接影响了中国北方历史的发展。因为东北民族集团与中原民族接触了几千年,这种接触不是通过一个民族接触了几千年,而是浪潮式的。一族兴起,在南进中壮大,在碰撞中解体;另一族继起,又在南进中壮大,在碰撞中解体。如此一浪接一浪。显然这与各人们共同体进入民族扩张时期的时间差和黄河流域的政治经济文化发达有直接关系。

各区平底筒形罐演变程序上的类似性,说明东北平底筒形罐文化区是相对稳定的文化区,并有自己独特的发展轨道。平底筒形罐的消亡并不是被黄河文化截然取代,而是筒形罐自身异化的结果,黄河流域文化的渗入只是起到促其发展、加快消亡的催化作用。在第一阶段筒形罐各型式在形态上差别不大,在器类中占绝大多数,其用途是多样的。随着时间推移,制陶术的提高和专门需要的增加,平底筒形罐越来越分化,出现各种型式,并不断异化出新的器类。其异化方式有两种:一种是无外来文化影响产生的异化器类。如红山文化中的深腹钵、盆、斜口器、带流器、无底筒形器等（图十，1～3）。另一种是受中原文化影响产生的异化器类。如西团山文化的鬲、鼎，团结文化的甑，望花类型的甗，分别是当地筒形罐受到中原鬲、鼎、甑、甗的影响后，对底部加以改革的产物（图十，4～9）。值得注意的是，在商至周初，从燕山南北到松嫩平原，普遍出现一种筒腹鬲[1]（图十一，1～6），其口外或口下常贴附泥条堆纹或有小器耳，这与筒形罐第三阶段的作风接近，二者存在渊源关系，而与中原系统的以鼓腹为特征的商式鬲和周式鬲截然有别。时代更早的夏家店下层文化陶鬲也以敞口束腰的筒腹鬲为主要特色[2]（图十一，7）。而整个黄河流域，从龙山时代到夏代的陶鬲都是以鼓腹为特征，因此可以肯定地说，筒腹鬲是继承了筒形罐筒腹之特征，从而成为东北地区青铜时代考古学文化的重要区域特征之一。消亡了的平底筒形罐通过这两种异化而改头换面或脱胎换骨，以新的形态活跃于各考古学文化之中。

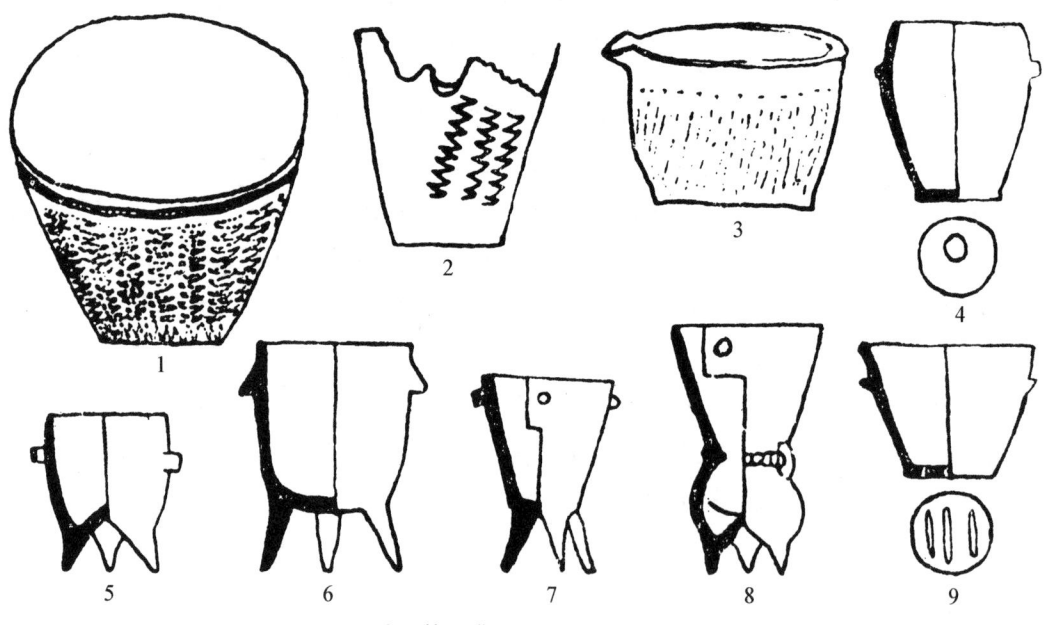

图十　筒形罐异化出的新器类举例

1. 斜口器（西水泉）　2、3. 带流器（四棱山、昂昂溪）　4、9. 甑（大城子）　5. 鬲（长坨山）　6、7. 鼎（猴石山、长蛇山）　8. 甗（孙家子）

---

[1] 抚顺市博物馆：《从考古新发现看抚顺地区早晚两类青铜文化》，载《辽宁省考古博物馆学会成立大会会刊》，1981年；郭大顺：《西辽河流域青铜文化研究的新进展》，载《中国考古学会第四次年会论文集》，1983年；谭英杰等：《松嫩平原青铜文化刍议》，载《中国考古学会第四次年会论文集》，1983年；拒马河考古队：《河北省易县涞水古遗址试掘报告》，《考古学报》1988年第4期。

[2] 刘观民：《试析夏家店下层文化陶鬲》，载《中国考古学研究》，文物出版社，1986年。

图十一 商至周初筒腹鬲举例

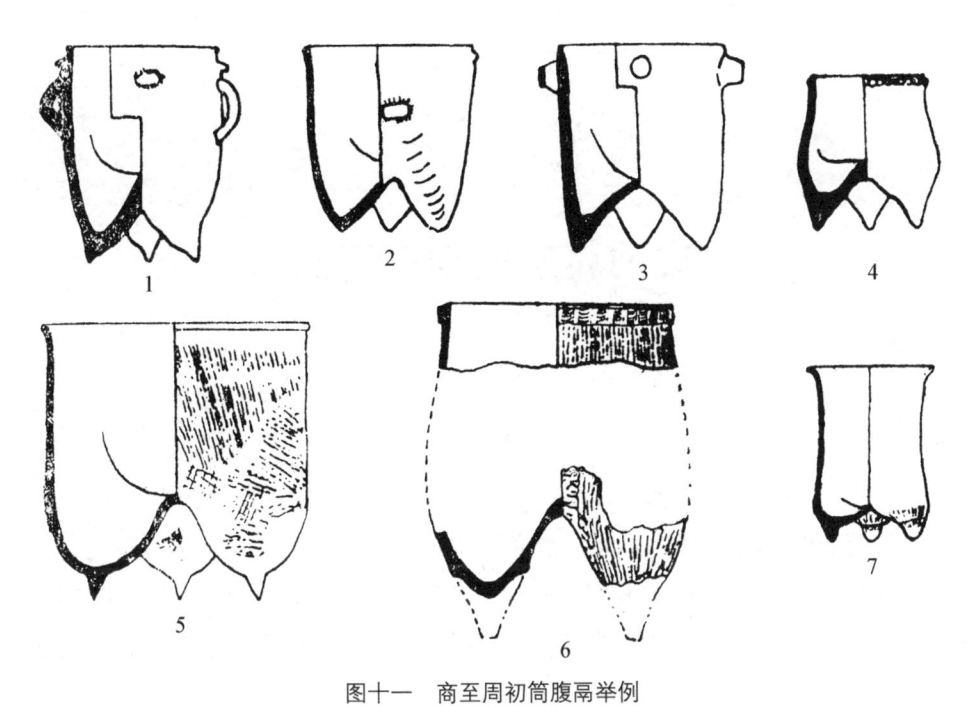

1. 平安堡出土 2. 小青岛出土 3. 大甸子出土 4. 喀左后坟出土 5. 白金宝出土 6. 涞水炭山出土 7. 房山刘李店出土

附记：本文是在1987年本科毕业论文基础上修改而成，在写作过程中多蒙导师林沄先生指教，特此致谢！

（原载《北方文物》1991年第4期）

史前特殊的渔猎工具
——假鱼和弯体穿孔镖

1997年第1期《北方文物》公布了黑龙江省肇源县小拉哈遗址出土的假鱼和弯体穿孔镖。假鱼是诱捕鱼的工具，在我国尚属首次发现，应当珍视。骨鱼镖虽发现较多，但弯体穿孔者甚罕，1930年梁思永先生在昂昂溪发掘新石器时代墓葬时得到一件[1]。现征之于民族学资料，浅识这两种特殊工具的用法。

小拉哈遗址出土了3件蚌壳制作的假鱼，发表的一件出于T333第3层（图一，1），扁体，整体为流线形，一侧面为原始的蚌壳面；另一侧面刻划出网状纹，象征鱼鳞。一端钻透孔，为鱼眼。背部钻双孔，一孔未透。长9.1、宽4.2厘米。苏联人类学与民族学博物馆西伯利亚分部收藏着爱斯基摩人的假鱼（图一，2），这是亚洲东北角楚克奇地区冬季捕鱼的一种工具。爱斯基摩人从冰窟窿中捕鱼使用特制的工具，钓鱼竿长50厘米，端头悬挂6米长的钓丝，钓丝用鲸鱼须制成，钓丝末端系上用海兽牙制成的假鱼和骨鱼钩。假鱼既是钩坠，又是诱饵。

1930年苏联民族学家卡普林对西伯利亚原始森林中的埃温基人做民族学调查时也征集到骨质假鱼（图一，3），并观察学习了使用方法。冬天埃温基人在河的冰面上搭设小型桦树皮帐篷，帐篷要建在冰窟窿之上，冰窟窿的直径是帐篷的2/4或3/4。帐篷内是昏暗的，目的是不让鱼从水中看见阳光。假鱼腹部穿孔系上破布头，代替鱼之腹鳍，背上穿孔系着绳索，绳子穿过一块木板后拴于短木棍上。在冰面上固定好短木棍，把假鱼放入水中。在冰窟窿周围设置好鱼叉。再把一个大的鱼形麦糠放入水中，麦糠用皮条拴牢。晃动木板，使假鱼游动。当真鱼游来时，就用最近的鱼叉击刺[2]。

埃温基人在冰窟窿之上建帐篷遮光，爱斯基摩人虽未设置帐篷，但楚克奇地区靠近北

---

[1] 梁思永：《梁思永考古论文集》，文物出版社，1959年。
[2] 奥克拉德尼科夫：《贝加尔湖沿岸的新石器时代和青铜时代》，《苏联考古材料与研究》第18期。

图一

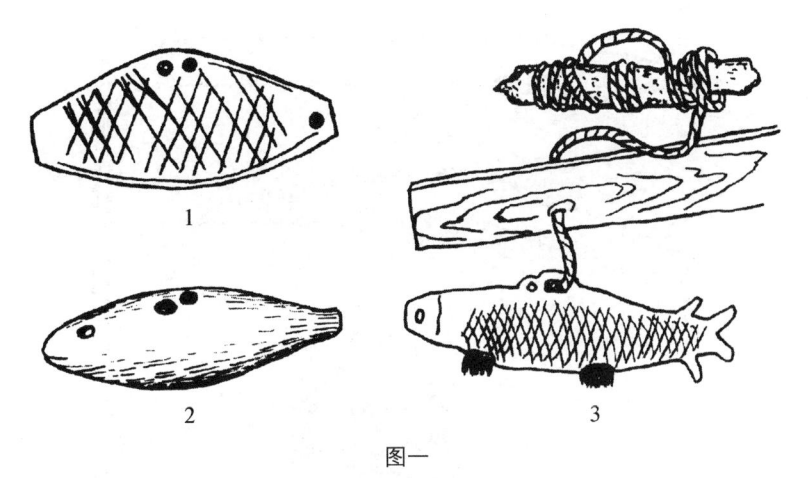

1. 小拉哈遗址出土　2. 爱斯基摩人的骨诱鱼具　3. 埃温基人的诱鱼具

极圈,冬季光线很暗淡,假鱼又处在水下6米深处,能见度很低。尽管鱼在水中视力强,但因水下十分昏暗,外形似鱼的假鱼完全可以以假乱真,所以能够起到诱鱼作用。可见假鱼是专用于冬季冰窟窿捕鱼的一种诱鱼器。小拉哈遗址出土的假鱼亦应是此种用途。

弯体的鱼镖亦出在小拉哈遗址第3层(图二,1)。骨质,尖端的一侧有菱形凸,其上有穿孔,通体磨光,尾残,残长11.5厘米。此件与昂昂溪新石器时代墓葬所出穿孔镖类似(图二,2),都是长柄镖的头部。19世纪中叶以前,穿孔鱼镖和矛是爱斯基摩人的主要武器(图二,3～5)。鱼镖主要用于猎捕海象等水兽。火药枪传入后,鱼镖仍为辅助工具。爱斯基摩人的鱼镖是在长柄的前部安装一个可以脱离的骨质镖头。镖头上有穿孔,孔上系绳,绳末拴一个浮标。浮标是用海豹皮充气而成,可以防止击中的海兽沉没。为了不使充气的浮标影响投掷鱼镖的准确性和杀伤力,连接浮标和鱼镖头的绳子较长[1]。昂昂溪遗址和小拉哈遗址都位于古大湖的岸边,水兽也应是人们捕猎的对象。这两件形体较大的骨镖,可能也是猎捕水兽的专用工具,穿孔可能用于拴系浮标。用于水上搜寻目标、追击和收捞猎物的灵巧小船则是必不可少的配套设备,爱斯基摩人就是用兽皮小船猎捕海兽。如此,嫩江流域用船捕鱼的历史便可上推到新石器时代的昂昂溪文化。

昂昂溪文化的2件大鱼镖是弯体的,尖端偏离长柄的中心轴线,颇让人难以理解。这样的鱼镖,制作费工费时,又多耗骨料,必有其实用性。弯体似乎与光的折射有关。当把一根直的筷子插入水盆内,则会观察到,筷子没入水中部分与未浸没于水的部分不在一条直线上,反映了光通过两种介质时产生折射。因此,人们观察到水中目标比其实际所处位置低。若用直体鱼镖,应凭经验向目标下方击刺。若用弯体鱼镖,尖端偏下,可直接刺向

---

[1]《西伯利亚民族》,莫斯科,1956年。

图二

1. 小拉哈遗址出土直镖 2. 昂昂溪墓葬出土直镖 3. 出海的爱斯基摩人 4. 海豹皮充气的浮标 5. 爱斯基摩人的鱼镖

所视目标。

这两种特殊渔具反映了嫩江流域史前渔猎文化的独特性，是当时渔猎生产已达到很高水平的历史见证。

（原载《文物天地》1998年第2期）

中国境内的北方系东区青铜釜研究

一

北方系青铜釜是与中原系青铜炊器相对举的概念。它是指欧亚草原地区各族共有的一种青铜炊器,其突出特征是一般有两个对称立于口上或贴在口外的耳孔相对的耳,多数带有高圈足。它与中原系青铜炊器有明显差别,后者在先秦时代主要是三足器,有鬲、鼎、甗,在秦汉以后流行架在固定灶上的汉式釜。汉式釜的特征是浅腹、圜底、无足,有耳孔平行的双耳。各地区所出的北方系釜并不完全相同,就目前材料分析,至少可以分为4区,即以里海—黑海北岸草原为中心的西区,以米努辛斯克盆地为中心的北区,以中亚锡尔河流域为中心的中区,以蒙古高原为中心的东区。新疆所出的釜与锡尔河流域釜接近,可归入中区。我国所出的北方系釜,有的学者称为铜鍑[1]。鍑与釜通用,这种称谓与汉式釜相混,也没有指示出东区釜与其他区釜的差别。有的学者称为鄂尔多斯式釜[2]。实际上鄂尔多斯地区所出的釜并不比其他地区多,现今没有发现能说明这类釜起源于该地的资料。本文采用北方系东区釜之名,以示它与中原系炊器截然不同,又与北方系其他区釜有别。

早在20世纪30年代,日本学者曾对采集品进行过研究。随着发掘品的积累,80年代以来我国学者又进行了研究。但是,以往的研究仍存在诸多问题。本文拟以型式划分的重新研究为起点,对其断代、分期、演化趋势进行探讨,通过其与国外釜的较详细比较研究,来阐明其自身特点和与其他地区之间的文化联系。

---

[1] 刘莉:《铜鍑考》,《考古与文物》1987年第3期。
[2] 顾志界:《鄂尔多斯式铜(铁)釜的形态分析》,《北方文物》1986年第3期。

二

我国境内的东区釜主要见于甘肃秦安以东,吉林榆树以西,河南、陕西以北地区。本文以有明确年代依据的20余件釜作为型式研究的基本材料,列表附于文后。

(一) 分型

江上波夫等按釜足有无分型,有足者为A型、无足者为B型[1],田广金等沿用这一分法[2]。顾志界按腹部形态分型,浅圆腹为A型、长圆腹为B型、敛口有肩为C型[3]。那么如何分型才比较符合实际？先秦时代还没有发现无足的。西汉晚期—东汉早期的老河深墓地既有高圈足釜,又有无足釜。北燕的冯素弗墓高圈足釜与无足釜共出。因此至少从西汉晚期到南北朝高圈足釜与无足釜是并存的两类,江上波夫等分型的基本依据是正确的。现把高圈足釜定为A型,无足釜定为B型。在这两类之外还有矮圈足釜和短足釜。矮圈足釜发现2件,另皮窑墓所出的釜年代在十六国晚期—北魏早期,二兰虎沟墓出的釜年代在东汉中晚期,而内蒙古东胜县补洞沟墓地所出的仿铜铁釜中有1件是矮圈足釜,其时代在西汉晚期—东汉初[4]。因此矮圈足釜应是与A、B型釜并存发展的又一类型,定为C型。短足釜共发现3件,都是采集品,在形态上难以把它归入以上3型中,单列一型,定为D型。

在数量最多的A型釜中,从早至晚又存在筒腹(口径略大于或等于腹最大径,腹壁较直)与鼓腹(口径小于腹最大径,腹壁外鼓)的差别。如先秦时代的甘峪墓出的釜和上马村M2008出的釜是筒腹,而李家庄墓和上马村M13出的釜为鼓腹。西汉晚期—东汉早期的老河深M56和扎赉诺尔墓地所出的釜为鼓腹。汉代的筒腹釜没有发现,但是属于十六国—北魏时期的袁台子壁画墓、冯素弗墓、美岱村墓出的釜是筒腹,由此可知汉代也会有筒腹釜。因此腹壁的形态也有分型意义。依此认识把A型釜分为Aa型——筒腹高圈足釜,Ab型——鼓腹高圈足釜；把D型釜分作Da型——筒腹短足釜,Db型——鼓腹短足釜。顾志界按腹形分型,却没有把筒腹和鼓腹分开。

---

[1] 江上波夫、水野清一:《内蒙古·长城地带》,1935年。
[2] 田广金、郭素新:《鄂尔多斯式青铜器》,文物出版社,1986年。
[3] 顾志界:《鄂尔多斯式铜(铁)釜的形态分析》,《北方文物》1986年第3期。
[4] 田广金、郭素新:《鄂尔多斯式青铜器》,文物出版社,1986年。

(二) 分式

顾志界按足上镂孔的有无,把其A型釜分作2式,按圈足的有无把其B型釜分作2式。从分型的讨论中已经知道以圈足的有无作为分式的依据是不妥当的。江上波夫和田广金等依据环耳、扁平纽状耳、方耳把全部釜统分作3式。这种分法也有问题,首先所谓的"环耳""扁平纽状耳""方耳"术语缺乏明确定义,界限不明。其次,这三种耳不能概括现有的多种多样的耳形。再者,方耳在春秋末—战国初就已出现,而扁平纽状耳则出现于汉代。

在Aa型中春秋早中期的甘峪墓出的釜是高圈足无镂孔、平折沿、沿上立耳。较之更早的西拨子窖藏出的釜也应归入Aa型中,因为其他7件明确定为先秦时代的釜都有高圈足,而且汉及汉以后无足者都是平底,而这件是圜底。西拨子釜也是平折沿,沿上立耳。春秋晚期—战国初的上马村M2008出的釜,其圈足上有小孔、斜折沿,沿上立耳。十六国—北魏早期的袁台子墓、美岱墓、冯素弗墓的釜,足上镂孔很大、无沿或微折沿,口外贴附耳。由此可得出Aa型釜的逻辑发展趋势是:1. 高圈足由无孔到小孔,再到大孔。2. 口沿由平折沿到斜折沿,再到无沿或微折沿。3. 耳与口的连接方式由立于沿面上,到口沿外贴附。这一趋势也被Ab型釜证实,如在Ab型釜中春秋早期以前的东社采集的釜是无孔、平折沿上立耳。春秋晚期—战国初的温庄出的釜有小孔。西汉晚期至东汉初的榆树老河深M56出的釜为窄梯形孔,无沿,口外贴耳。与之同时的蒙古诺音乌拉M6出的釜其孔为窄梯形,贴附耳。这两件釜孔小于北魏早期的美岱墓釜,在俄罗斯图瓦地区发现的1件属8世纪下半叶至9世纪初的仿Aa型的铁釜(图一,5),其镂孔特大呈扁方形,这指示了A型釜镂孔由小变大的事实。基于以上认识把A型釜分式如下:

Aa型　分四式(图一)。

Ⅰ式:足无孔,平折沿,沿上立耳。有西拨子窖藏和甘峪墓葬出的釜,凤翔东指挥村采集1件,《内蒙古·长城地带》(以下简称《内·长》)收录1件[1]。时代在西周晚期—春秋早期。

Ⅱ式:足有小孔,斜折沿,沿上立耳。上马村M2008的釜属此式。时代在春秋晚期。

Ⅲ式:足有窄梯形孔,无沿或微折沿,贴附耳。袁台子墓的釜属此式。时代在西汉晚期—十六国时期。

Ⅳ式:足有宽梯形孔,贴附耳。冯素弗墓和美岱村墓各出1件,甘肃秦安采集1件[2],

---

[1] 江上波夫、水野清一:《内蒙古·长城地带》,1935年,图113,1。
[2] 秦安县文化馆:《秦安县历年出土的北方系青铜器》,《文物》1986年第2期。

图一 Aa型釜

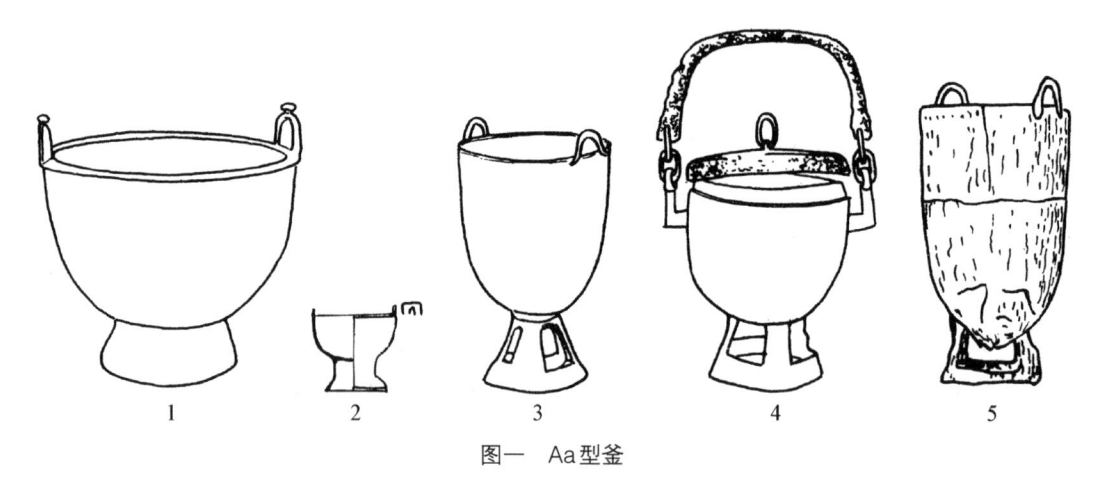

1. Ⅰ式（宝鸡甘峪墓） 2. Ⅱ式（新乐上同村墓） 3. Ⅲ式（朝阳袁台子墓） 4. Ⅳ式（冯素弗墓） 5. 俄罗斯图瓦突厥墓所出铁釜

《内·长》收录4件[1]。时代约在十六国晚期—北魏。

Ab型 分四式（图二）。

Ⅰ式：足无孔，平折沿，沿上立耳。东社采集1件，李家庄墓出1件。时代在春秋前后。

Ⅱ式：足上有小孔，斜折沿，沿上立耳。上马村M13、陕西延安[2]、温庄墓[3]各出1件。时代在春秋中期—战国早期。

Ⅲ式：足上有窄梯形孔，贴附耳。老河深M56、扎赉诺尔墓地出的釜，内蒙古博物馆

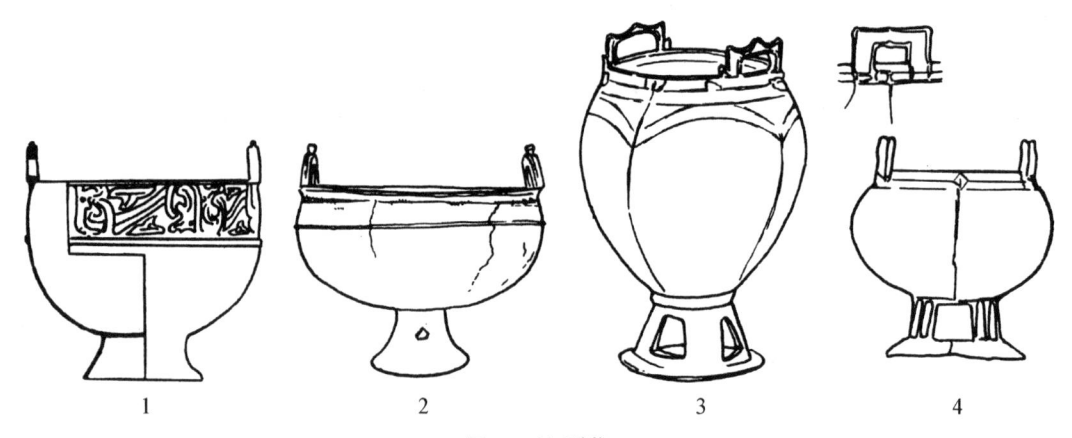

图二 Ab型釜

1. Ⅰ式（凤翔东社墓） 2. Ⅱ式（延安） 3. Ⅲ式（榆树老河深M56） 4. Ⅳ式（《内·长》收录）

[1] 江上波夫、水野清一：《内蒙古·长城地带》，1935年，图113，2、6；图105，1；图106，1。
[2] 姬乃军：《延安地区文管会收藏的匈奴文物》，《文博》1989年第4期。
[3] 1973年河北省博物馆展品。

收藏1件[1]，《内·长》收录1件[2]。时代在西汉晚期—东汉早期。

Ⅳ式：足上有宽梯形孔，贴附耳。《内·长》收录2件[3]。根据其镂孔与AaⅣ式同，推定其时代在十六国—北魏。

Aa型釜之腹部有逐渐变深的趋势。Ab型釜之腹部由浅圆腹变为长圆腹，再变为扁圆腹。

B型釜中，西汉晚期—东汉早期的老河深M97、蒙古诺音乌拉M4出的釜形体瘦高[4]，415年下葬的冯素弗墓所出的釜形体矮胖，腹深已小于器高，而四川省双流县的一座南朝墓出1件北方系B型釜，其形体为扁方形[5]。因此可得出B型釜的逻辑发展趋势是由瘦高向矮胖、由小鼓肩向大鼓肩发展。据此把B型釜分为四式（图三）。

Ⅰ式：形体瘦高，小鼓肩。老河深M97、二兰虎沟墓地、嘎呀河砖厂窖藏各出1件，吉林省永吉县学古大队墓[6]、陕西省神木县马家盖沟[7]、内蒙古鄂尔多斯各采集1件[8]，

图三　B型釜

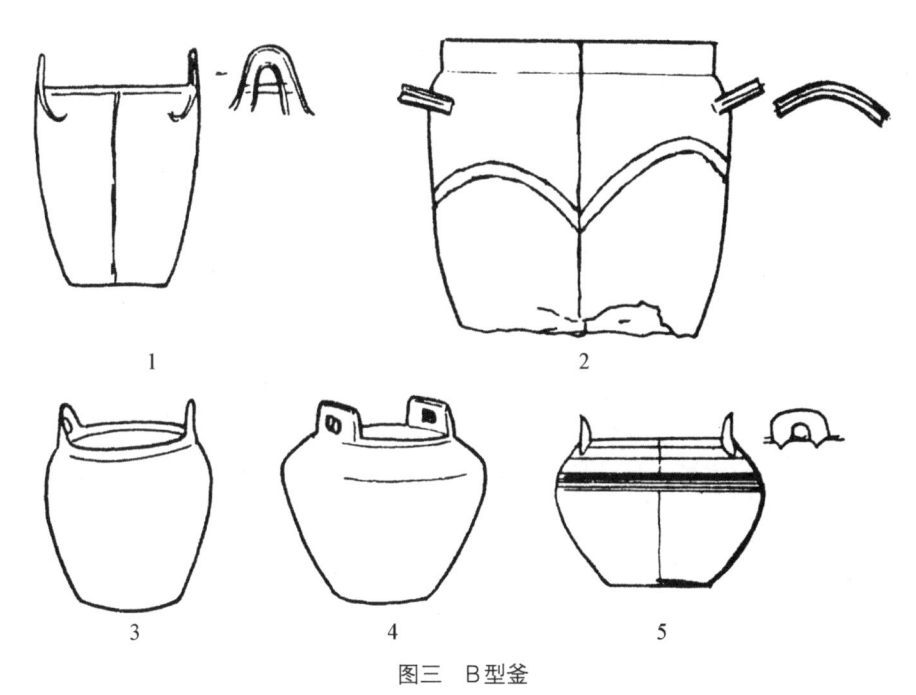

1、2. Ⅰ式（鄂尔多斯、《内·长》收录）　3. Ⅱ式（集安）　4. Ⅲ式（冯素弗墓）　5. Ⅳ式（《内·长》收录）

[1] 田广金、郭素新：《鄂尔多斯式青铜器》，文物出版社，1986年。
[2] 江上波夫、水野清一：《内蒙古·长城地带》，1935年，图105，2、3。
[3] 江上波夫、水野清一：《内蒙古·长城地带》，1935年，图113，2。
[4] 道尔吉苏荣：《在呼尼河诺音乌拉山匈奴墓地发掘》，《蒙古考古文集》（俄文），1962年。
[5] 四川省博物馆：《四川牧马山灌溉渠古墓清理简报》，《考古》1959年第8期。
[6] 吉林省文物志编委会：《永吉县文物志》，1985年，第203页。
[7] 戴应新、孙嘉祥：《陕西神木县出土匈奴文物》，《文物》1983年第12期。
[8] 田广金、郭素新：《鄂尔多斯式青铜器》，文物出版社，1986年。

《内·长》收录3件[1]。年代在西汉晚期—东汉。

Ⅱ式：形体较高，鼓肩较大。吉林省集安县太王乡墓、浑江市东甸子墓[2]各出1件。年代约在东汉晚期。

Ⅲ式：形体矮胖，近于方形，大鼓肩。冯素弗墓出1件，湖北省鄂城县[3]出1件。年代在魏晋时期。

Ⅳ式：形体矮扁，鼓肩更大。巩县芝田窖藏出1件，《内·长》收录1件。时代在南北朝时期。

C型釜发现2件，D型釜发现3件（图四），由于资料过少，暂不分式。

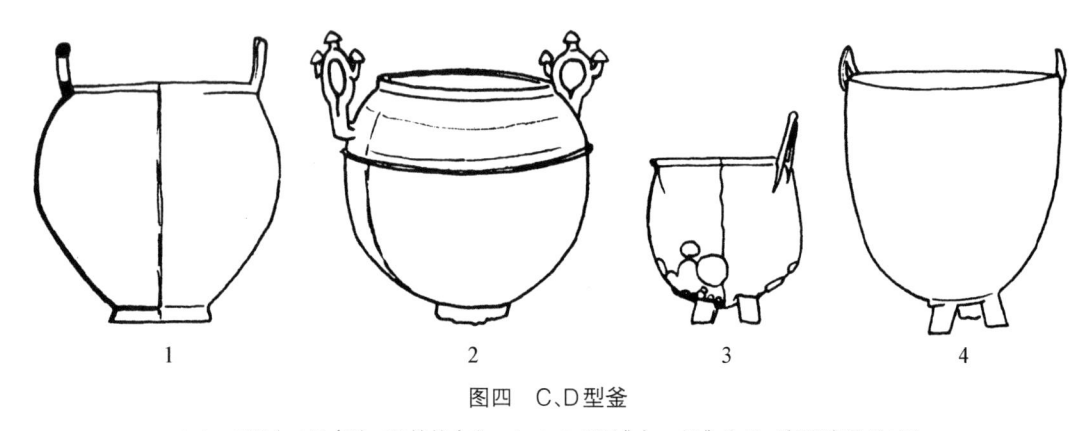

图四　C、D型釜
1、2. C型（二兰虎沟、和林格尔）　3、4. D型（《内·长》收录、陕西淳化关庄）

（三）分期

北方系青铜釜可分为早晚两期。早期在战国早期以前，特点是沿上立耳，耳形简单，浅腹，高圈足，足上无孔或有小孔。早期还可分为前后二段，前段在春秋早期以前，只有A型Ⅰ式，半环耳，足无孔。后段在春秋中期—战国早期，出现A型Ⅱ式，有斜折沿、方耳、大喇叭形足和小镂孔等新因素。

晚期在西汉晚期以后，其特点是：口外贴附耳，耳形复杂；腹有深有浅；高圈足者必有大镂孔，此外又出现平底无足、矮圈足和短足釜；耳、腹、足皆富于变化。也分前后二段，前段为西汉晚期—东汉，A型釜的镂孔呈窄梯形，较小；B型釜器身瘦高、小鼓肩。后段为魏晋—南北朝，A型釜的镂孔呈宽梯形，较大；B型釜矮胖，大鼓肩。

早期与晚期之间存在较大缺环，从战国中期至西汉中期是由早期向晚期的过渡时期。

---

[1] 江上波夫、水野清一：《内蒙古·长城地带》，1935年，图113，5、7～9。
[2] 吉林省文物志编委会：《浑江市文物志》，1987年，第68页。
[3] 鄂城县博物馆等：《湖北鄂城发现古井》，《考古》1978年第5期。

属于过渡期的材料在我国还未见诸报道。但是在早期后段,过渡的迹象已显露出来,如圈足上有的已有小孔出现。

三

釜耳是青铜釜上很有特色的重要部件,历来为研究者所重视。釜耳与釜身的连接方式有4种:立于沿上、贴附在口外、横附在肩部、支附在肩部。在分式讨论时已看出立于沿上的耳与贴附在口外的耳有承继关系,故把二者合为一类,称为第一类耳。我们把支附在肩外的耳称为第二类耳,横附在肩部的耳称为第三类耳(图五)。

第一类耳的耳形繁杂,就其主体形状可分为环状耳、方耳和梯形耳。环耳和方耳各有自己的发展谱系,分别称为A、B型。梯形耳介于二者之间,单列为C型。

A型耳根据耳上有无突再分为Aa、Ab两个亚型。Aa型耳,耳上缘有突起,有的有帽,年代约在西周晚期—春秋中期,更晚的标本尚未发现。Ab型耳,耳上无突,分三式:Ⅰ式,立于沿上,呈半圆形或近于半圆形,年代在春秋中期—战国初。Ⅱ式,贴附在口外,大部分是小于半圆的弧形耳,边缘常有边框,耳截面多为"Ⅰ"形或矩形,时代从西汉晚期至北魏。Ⅲ式,贴附在口外,截面为新月形,时代在东汉末—北魏。

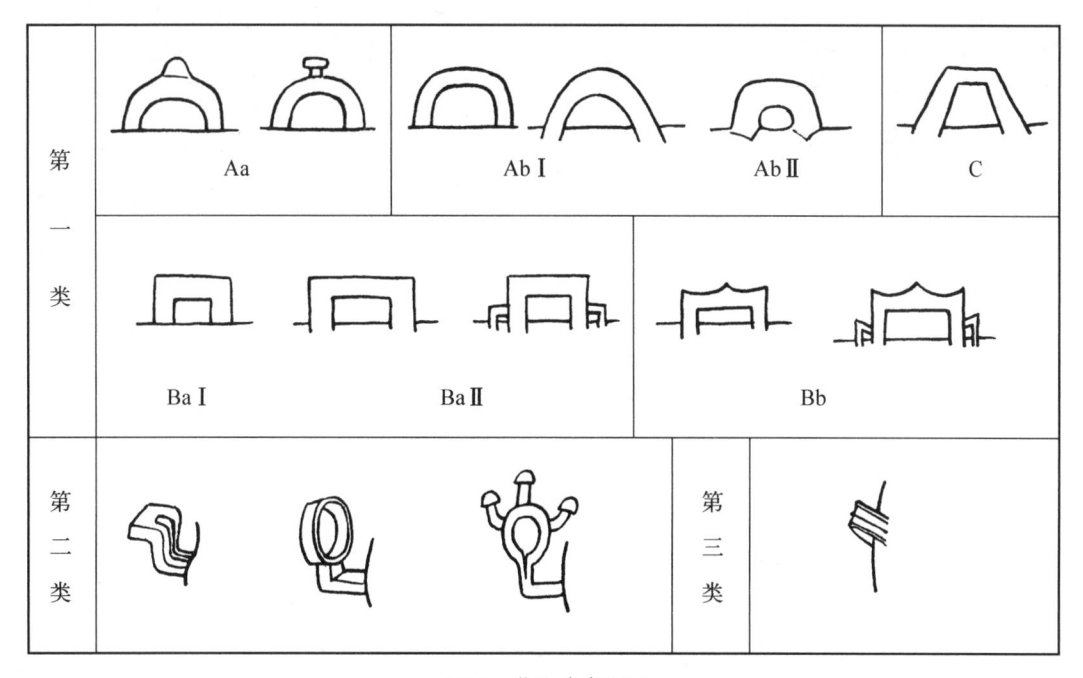

图五 釜耳分类图示

Aa型耳来源于商周时代北方系青铜器中的有突环首刀柄。有突环首刀柄分布范围与有突釜耳的分布范围大致相同，其造型也十分相似。北京延庆县军都山墓地也出有突环首柄的刀[1]，表明这种刀柄在春秋时仍有存在。而西拨子和东社所出釜的时代在西周晚期—春秋早期，其耳为Aa型。再者，据西周中期的师同鼎铭文可以把釜的上限提到西周中期。该铭文有："……孚（俘）戎金胄卅，戎鼎廿，铺五十，铃（剑）廿，用铸兹障（尊）鼎……"[2] 铺字以甫为声符，甫以父为声符，釜也是以父为声符，故铺和釜是同音通假字。汉式铜釜在战国才开始出现[3]，这里的戎铜釜只能指北方系铜釜。一次征战获釜50件，可见当时北方系铜釜在"戎"中很流行。那么，有突环首刀与釜有很长时间的重合期。为了固定的需要，受有突环首刀柄的影响而产生有突釜耳是完全可能的。里海—黑海北岸草原[4]、中亚[5]、米努辛斯克盆地[6]的釜都以环状耳作为基本耳形（图八～图十），A型耳与这些地区的釜耳存在着密切的文化联系，同时也有自己的特点，如有弧状耳、弓形耳，却不见全环耳、大半环耳、马蹄形环耳、活动式环耳。

B型耳，根据耳上缘平直和耳上缘呈山字形耸起的差异把方耳分作Ba、Bb两个亚型。Ba型分两式：Ⅰ式，立于沿上，时代在春秋晚期—战国早期。Ⅱ式，贴附于口外，边缘常有边框，有单体和复体之别，存在于整个晚期。Bb型亦可分为单体山字耳和复体山字耳二种，也存在于整个晚期。

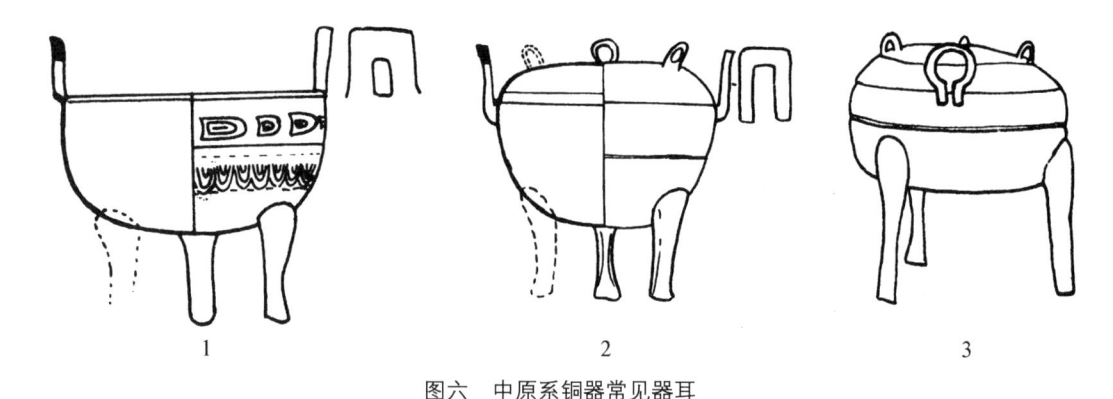

图六　中原系铜器常见器耳

1、2. 侯马上马M4078、M2148　3. 信阳长台山M1

---

[1] 北京市文物研究所：《北京延庆军都山东周山戎部落墓地发掘简报纪略》，《文物》1989年第8期。
[2] 李学勤：《师同鼎试探》，《文物》1983年第6期。
[3] 叶小燕：《试论巴蜀文化的铜器》，载《中国考古学研究》，文物出版社，1986年。
[4] 博孔维科：《东欧萨尔马特时代青铜釜类型》，《苏联考古学》1977年第4期；克里夫措娃：《青铜时代晚期的伏尔加草原和黑海沿岸》，《苏联考古学材料与研究》第46卷。
[5] 别尔什塔姆：《锡尔河与天山的主要文化时期》，《苏联考古学》第Ⅺ卷。
[6] 契连诺娃：《塔加尔文化起源和早期史》，1967年。

B型耳在汉代以前只见于中国北方地区和蒙古。商周时代中原系铜器耳就有很多是立于沿上的方耳（图六，1），Ba型Ⅰ式耳是在这类中原系方耳的影响下产生的。江上波夫等认为方形耳（相当于本文的BaⅡ式、Bb型耳）是对秦汉时期方形支附鼎耳的借用。今天看来，Ba型Ⅱ式是从Ba型Ⅰ式发展而来的。Bb型在耳体上继承了Ba型Ⅰ式，同时也接受了Aa型耳耳上起突作风的影响。在新疆[1]、南西伯利亚[2]和东欧[3]所见的方耳铜釜，被认为是匈奴人的遗物。釜上的方耳在当地找不到祖型，而与Ba型和Bb型耳有着明显的形态遗传特征，在外贝加尔的恰克图市沙拉郭勒镇发现一件釜耳[4]（图七，2），其形式介于山字形耳与蘑菇突方耳之间，可能暗示了二者之间的嬗变关系。

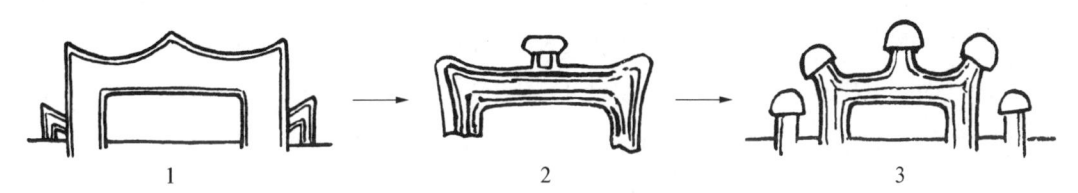

图七　蘑菇突山形耳来源推想图

C型耳数量极少，是Aa型与BaⅡ式交互影响而产生的混合形式。C型耳存在于晚期。

第二类耳发现3件，分2种形式。一种是方形支附耳，发现1例，应是对中原系方形支附耳的借用（图六，2）。另一种是环形支附耳，有2例，即冯素弗墓和另皮窑各出1件。冯素弗墓所出的釜耳是对中原系同类器耳的借用，这种耳在中原系铜器中出现于战国中期，汉及汉以后广泛流行（图六，3），另皮窑所见的釜耳上有3个蘑菇突，应是环形支附耳的变体形式。从第二类耳可以看出中原系铜器耳从早期到晚期时断时续地对北方系釜耳产生影响。

第三类耳仅见《内·长》收录的1件釜上（图三，2）。这种横附耳在中亚一带是常见的釜耳形式，但是这件釜的釜身却是东区釜的典型形式，显然该釜是借用了中亚釜的釜耳。

四

北方系东区釜的釜身按壁与底的差别可分为筒腹圜底、鼓腹圜底、鼓肩平底三类。

---

[1] 王博：《新疆近十年发现的一些铜器》，《新疆文物》1987年第1期。
[2] 江上波夫、水野清一：《内蒙古·长城地带》，1935年。
[3] 江上波夫、水野清一：《内蒙古·长城地带》，1935年；加里亚伊诺夫：《南乌拉尔山洞中的匈奴墓葬》，《苏联考古学》1980年第4期。
[4] 科诺百诺夫：《关于若干匈奴青铜器搜集品》，《苏联考古学》1980年第4期。

筒腹圜底是Aa、D型釜的釜身。西汉以前筒腹仅分布在中国北方、蒙古和俄罗斯的图瓦、南外贝加尔等，欧亚草原地带的其他地区基本不见。因此说，筒腹是中国北方—蒙古高原地区富有地方特色的釜身。该釜身以中国北方地区发现的最多，时代也最早，西拨子窖藏出的釜时代在西周晚期—春秋早期，很可能筒腹圜底的釜身是起源于我国北方地区。在多瑙河中下游的匈牙利、罗马尼亚等地发现过数量很多的筒腹釜，其特点是：方耳，耳上常有大蘑菇突；深筒腹，饰以珍珠纹；圜底，圈足无孔（图十一）。根据共生遗物，这类釜被定为4世纪以后的遗物。这类釜在当地找不到祖型，而若向东寻找，则在黑海北岸、乌拉尔谷有这类釜，再往东走可追踪到新疆。说明这类釜确是起源于东方筒形釜的匈奴釜，它与Aa型釜还有明显差别，如耳上常有蘑菇突、身有珍珠纹、足无孔，可以认为，匈奴人携方耳筒形釜西迁过程中，曾在中亚对它进行过较大的改造，从而形成一支新类型釜。

B型釜的釜身特点是平底鼓肩。该釜身早期没有，晚期存在于中国北方和蒙古，在欧亚草原地带的其他地区基本不见，所以它是中国北方—蒙古高原特有的釜身。

鼓腹圜底是Ab、C、D型釜的釜身。它与米努辛斯克盆地、中亚、里海—黑海北岸草原地带的铜釜釜身都是以腹壁外鼓、圜底为特征，体现出各区北方系铜釜的密切联系。然而东区釜的鼓腹圜底釜身与上述地区铜釜之釜身也存在差别，分别对比如下：

米努辛斯克盆地釜（图八）以尖圜底为多，我国则多为圆圜底。前者常有绳索纹，而

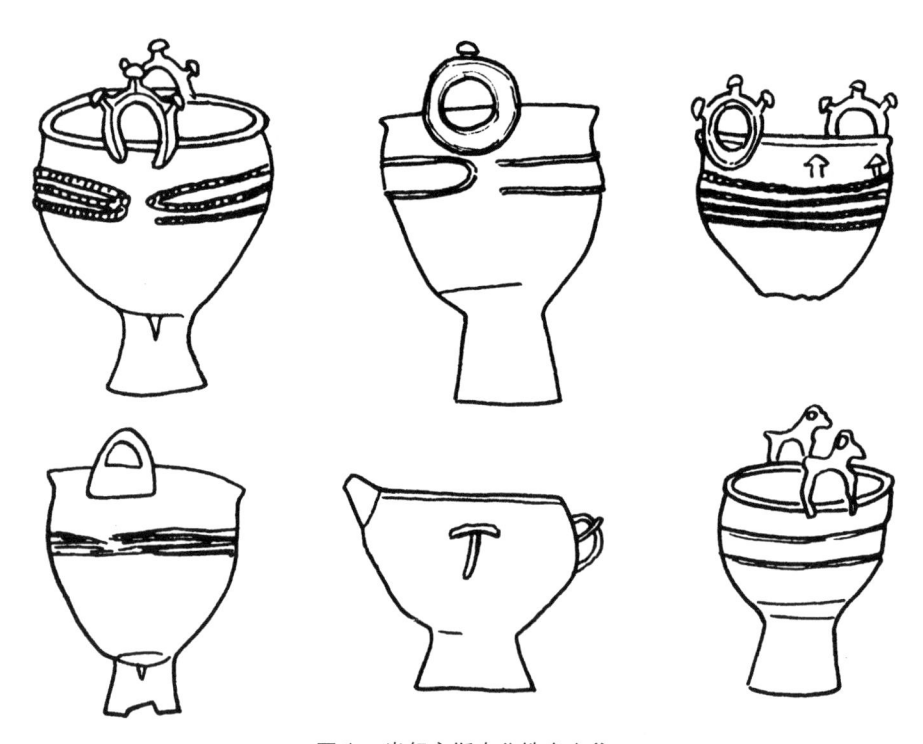

图八　米努辛斯克盆地出土釜

后者常有弦纹、连续弧形纹、连续的梯形纹。前者有带流腹,后者有大敛口鼓肩腹。

里海—黑海北岸草原地区的釜以大敛口、圆圜底、扁体或球状体腹为主(图九),这与我国的Ab型Ⅳ式釜的釜身、另皮窑所出的C型釜釜身相似,但是其华丽的纹饰为我国不见。而其钵式釜和锻造釜亦为我国所不见。

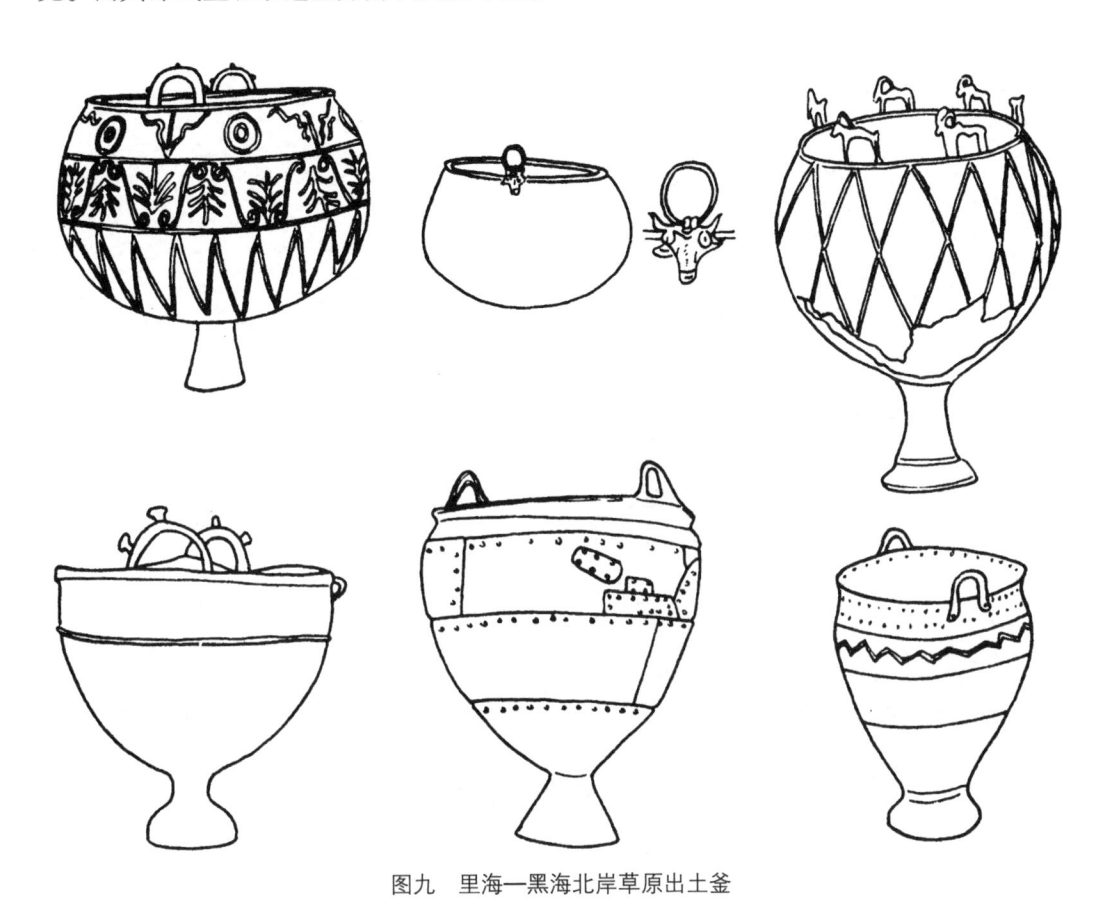

图九　里海—黑海北岸草原出土釜

中亚釜以圜底小敛口浅腹最为流行,也存在少量的钵式釜(图十),而我国除了有与之类似的釜身外,还有大敛口扁圆腹、深腹鼓腹釜,不见钵式釜。

鼓腹圜底釜在各地区所表现出的共性与差异的原因是复杂的,既有起源上的原因,也有各地文化传统的原因,其复杂的文化关系只有在充分注意其共性与差异的条件下,才有可能在未来资料充实的基础上得以解决。

东区釜的足有高圈足、矮圈足和短足三类。早期只有高圈足,而以无孔的占绝大多数。无孔高圈足也见于其他区。这时期的釜足与其他地区的面貌相近。晚期以有孔高圈足为主,也有极少的短足、矮圈足。有孔高圈足只见于我国的北方、蒙古和外贝加尔南部,短足只见于我国北方,矮圈足在国外其他地区都有少量存在,因此,晚期东区釜的釜足自

图十　中亚出土的釜

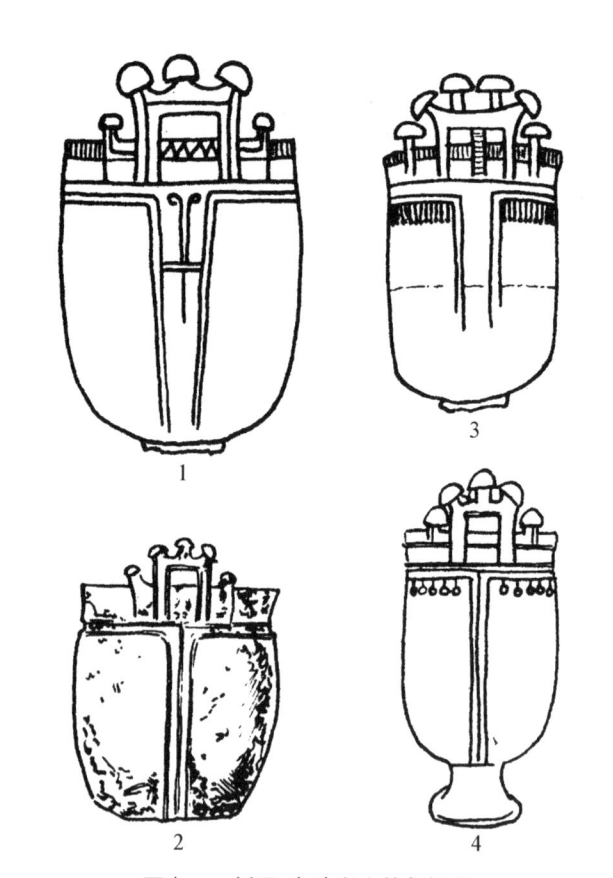

图十一　新疆、东欧出土的匈奴釜
1. 新疆　2. 南乌拉尔的奥伦堡州　3. 匈牙利
4. 罗马尼亚

身特点十分显著,与其他地区铜釜的足差别很大。

五

根据上述分析可以把东区釜归纳出三条主要特征:1.有发达的方形耳。2.筒腹和平底鼓肩腹是主要的釜身。3.存在着独特的镂孔圈足和短足。东区的范围主要是在中国北方及蒙古高原,即在南起河南、陕西,北越蒙古达外贝加尔的南端,西起甘肃、蒙古的乌兰固木,东到吉林的榆树、内蒙古的海拉尔。

东区釜在发展过程中,一方面以相似的鼓腹圜底、环耳、短圈足等文化因素与其他地区的草原铜釜存在着密切联系,部分方耳筒形釜在新疆一带被改造后,随匈奴人西迁而携至中欧的多瑙河平原。另一方面,东区釜也不断受到中原系铜器的影响,如方耳、支附耳的出现,东社采集的釜有双头回顾式龙纹,李家庄墓出的釜像铜豆,北辛堡墓出的釜像铜簋,晚期后段的扁圆腹造型可能是接受了汉式铜釜外形的影响。

东区釜流行于西周中期—北魏,至少存在1 300余年。在这漫长的历史时期中,先后活跃于北方草原地带的较大民族有戎、狄、匈奴、乌桓、鲜卑、柔然、丁零、突厥等族。刘莉认为早期釜属戎与狄的看法是可信的。晚期釜的族属更为复杂。在内蒙古补洞沟匈奴墓地出有3件仿铜铁釜,蒙古诺颜乌拉匈奴墓地和外贝加尔伊伏尔加匈奴古城都有北方系东区釜,因此,匈奴族使用东区釜是毫无疑问的。匈奴西迁之后,鲜卑占据匈奴故地。在扎赉诺尔、二兰虎沟、另皮窑、美岱村的鲜卑墓中发现了东区釜,说明鲜卑也使用釜,并喜欢用釜随葬。北燕汉人冯素弗墓出有6件东区釜,可知鲜卑化了的汉人也是用东区釜的。老河深的夫余墓、浑江和集安的高句丽墓也出有东区釜,那么,松辽平原的夫余族和辽东的高句丽族也是使用东区釜的,但是高句丽只见B型釜。丁零、柔然族的考古遗存没有发现,史载其文化习俗与匈奴接近,推测他们也用东区釜作炊器。汉以后是民族大融合时期,鲜卑、匈奴等草原民族成为当时北方的统治民族,一些游牧民族的文化习俗也被汉族接受,湖北鄂城发现的三国时期制造的1件B型釜上还有官款,这是B型釜被汉人广泛使用的有力佐证。在鲜卑族之后,称霸于北方草原地区的民族是突厥族,我国北方草原地带突厥考古文化还不清楚。在俄国图瓦地区的艾梅尔雷格3号古墓群5号墓组1号墓中所出铁釜是东区铜釜Aa型Ⅳ式的发展形式[1](图一,5)。这反映了东区釜对蒙古高原上草原民族炊器有着深远的影响,同时也表明它在草原民族中的最后消亡可能是被仿制的铁

---

[1] 奥甫琴尼科娃:《中亚图瓦的古代突厥武士墓》,《苏联考古学》1982年第3期。

釜取代的结果。耐人寻味的是,这类铁釜在图瓦只流行于回纥族统治图瓦的时期,这可能意味着发源于叶尼塞河流域的突厥本族传统是不用这类釜的,而发源于蒙古色楞格河—鄂尔浑河流域的回纥人则使用这类釜。可见,在我国北方草原地带的突厥族是否使用这类釜还有待今后的考古发现。

关于北方系东区釜的起源问题,学术界存在二种截然相反的观点：一种观点认为起源地在中国,并由此传向西伯利亚等地；另一种观点认为是从西伯利亚等地传入中国的。因此,东区铜釜的起源问题关系到北方系釜的起源问题。从前文讨论中,我们已知道至少Aa、B、D型釜是本地起源的,早期标本集中发现于中国的长城地带,特别是北京西拨子窖藏和陕西东社采集的釜,年代下限在公元前8世纪初,上限在9世纪中叶。这样早的年代确切的实物在国外还没有发现。根据师同鼎铭文记载,北方系釜的上限还可以推到公元前10世纪。因此,长城地带在研究东区釜的起源和演变以及北方系釜的起源上占有突出地位。由于我国更早的实物标本还未发现,由于国外其他地区釜的产生时间、最初形态、编年体系都没有明确,仅凭现有的资料作出先起源于中国、后传到国外,或先起源于国外、后传到中国的结论都还为时过早,同时也把问题简单化了。

附表　有明确年代的铜釜一览

出 土 地 点	通高(厘米)	年　　代	资 料 出 处
北京市延庆县西拨子村窖藏	残	西周晚期—春秋早期	《考古》1979年第3期
陕西省凤翔县东社采集	18.6	西周晚期—春秋早期	《考古与文物》1987年第3期
陕西省宝鸡市甘峪秦墓	21	春秋早期—中期	《考古与文物》1987年第3期
山西省侯马市上马村M2008	6	春秋晚期	《文物》1989年第8期
山西省侯马市上马村M13	7.5	春秋中期偏晚	《考古》1963年第5期
河北省行唐县李家庄墓	21	春秋晚期—战国初	《文物》1963年第4期
河北省新乐县上同村墓	5.5	春秋晚期—战国初	《文物》1985年第6期
河北省怀来县北辛堡墓	50.5	春秋晚期—战国初	《考古》1966年第5期
河北省唐县温庄公社墓	不详	春秋晚期—战国初	河北省博物馆展品
吉林省榆树县老河深M97	26	西汉晚期—东汉初	《榆树老河深》
吉林省榆树县老河深M56	25	西汉晚期—东汉初	《榆树老河深》
吉林省舒兰县嘎呀河砖厂窖藏	21.5	东汉	《舒兰县文物志》
吉林省集安县太王乡墓	13	高句丽	《集安县文物志》,第203页
河南省巩县芝田公社窖藏	26	东汉以后	《考古》1974年第2期
河南省安阳大司空村墓	不详	西晋	《考古通讯》1958年第7期

(续表)

出土地点	通高(厘米)	年代	资料出处
内蒙古自治区呼伦贝尔市扎赉诺尔墓	残	西汉晚期—东汉早期	《文物》1961年第9期
内蒙古和林格尔县另皮窑墓	52	西汉晚期—东汉早期	《内蒙古文物考古》第3期
内蒙古察右后旗二兰虎沟墓	16	东汉中晚期	《内蒙古文物资料选集》
内蒙古土默特旗美岱村墓	19.7	北魏早期	《考古通讯》1959年第2期
辽宁省北票县西官营子冯素弗墓	A型：16.5 B型：12.2	415年下葬	《文物》1973年第3期
辽宁省朝阳县袁台子村壁画墓	20	后燕	《文物》1984年第6期

（原载《青果集：吉林大学考古专业成立二十周年考古论文集》，知识出版社，1993年）

谈三星堆出土神树的性质

1986年广汉三星堆发现两个祭祀坑，出土铜树、铜人、铜面具等一批珍贵的蜀国宗教文物。学术界对铜树的性质颇有争议，笔者试从萨满教实例入手，谈谈自己的看法。

2号祭祀坑发现的青铜神树在3棵以上，高者达4米以上，矮者亦在2米以上。主要结构是有一个三脚架座，挺拔直立的主干，有三层枝叶，每层枝上有立托，枝下有挂环。树枝立托上的饰物大都脱落，从林向先生《巴蜀文化新论》中的一件高度为3.9米的铜树复原图上，可以看到每层有三根树枝，每根树枝上的花果托上站着一只鸟[1]（图一）。在《中国青铜器全集·巴蜀》的铜树下段照片上看，青铜神树上还有果实、玉璧、动物、人像等，树旁还附着一条蜿蜒俯冲的长须怪蛇。

三星堆神树分层和树上有鸟的做法，与金代古城出土的一件女真萨满头饰完全相同。该头饰是萨满神帽上的饰件，青铜质，十字形花托，托上是弯曲的树枝，分两层，每层都有鸟[2]（图二）。

20世纪初，苏联民族学家曾拍摄了哈巴罗夫斯克（伯力）的奥洛奇人萨满教祭坛。该祭坛位于村外的森林中，属于古老的野祭传统。祭坛有两层台，台旁和台上立置雕刻花纹的柱子，木柱的上端雕成人头或动物头，上层台还有两根高达6米的神竿，竿顶有鸟，鸟体长1米[3]。三星堆祭祀坑的神树高大挺拔，树上有鸟，还伴出修长的神像、动物像、面具（图二），与奥洛奇人萨满教祭坛的组合十分类似。

萨满教根深蒂固的神树通天观念与它的信仰核心——宇宙观密不可分。匈牙利的著名萨满教专家迪欧塞吉撰写《不列颠百科全书》（1980年版）"萨满教"条时，对萨满教的宇宙观作出了如下概括：

---

[1] 林向：《巴蜀文化新论》，成都出版社，1995年。
[2] 冯恩学：《考古所见萨满之腰铃与饰牌》，《北方文物》1998年第2期。
[3] 苏联科学院"米科鲁合·马科拉雅"民族研究所：《西伯利亚民族》，莫斯科，1955年。

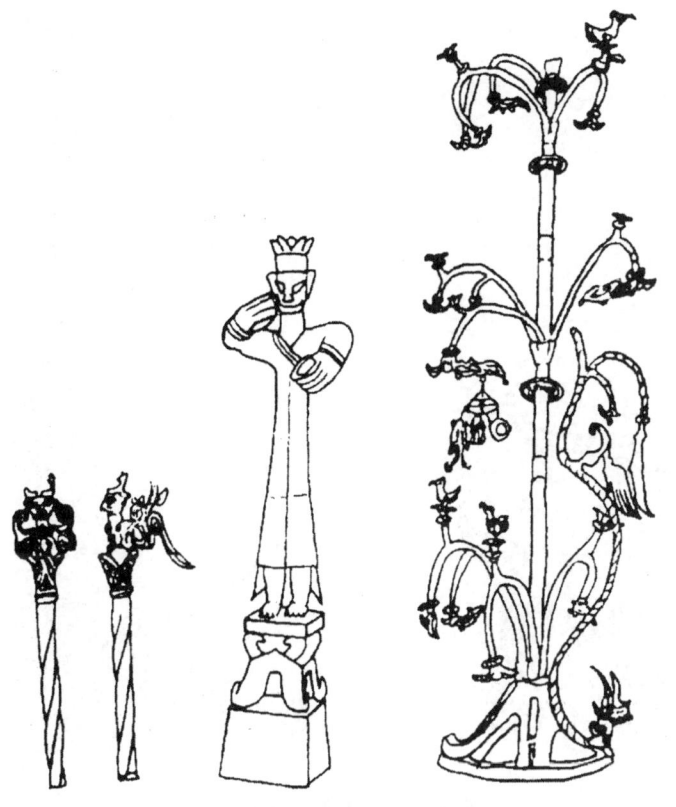

图一　三星堆的铜人像和铜树

宇宙典型的萨满教世界观见于东北亚民族中。在他们看来，宇宙充满了居住灵体的众天体。他们自己的世界是圆盘形的，像个浅碟子，中部有一孔通向下层世界。上层世界位于中层世界即地球之上，它有一个比中层世界大许多倍的拱顶……地球上有一高柱子与上层世界相接。上层世界有许多层——三层、七层、九层或十七层。地球中心长着一棵"宇宙树"，上接上层世界诸神灵的居所。

满族萨满教认为宇宙分为三界九层，上界为天界，又称光明界，可分成三层，为天神、日神、月神、星辰神、风神等自然神、动物神、植物神、氏族祖先英雄神所居。中界亦分三层，是人、禽、动物及弱小精灵繁衍的世界。下界为土界，又称地界、暗界，亦分三层，是地母神、司夜神、恶魔居住与藏身的地方。吉林珲春满族那木都鲁氏供奉的宇宙神偶是椭圆形桦皮盒，盒外部绘云朵、水和柳叶，盒底有一圆孔，盒内放创世三女神偶。祭祀者称，这桦皮盒便是世界之一层，圆孔是各层世界沟通联系的路径，柳叶象征着女阴创造生命，三女神在云、水、雷感中产生。满族萨满神谕："登天云，九九层，层层都住几辅神。"满族萨

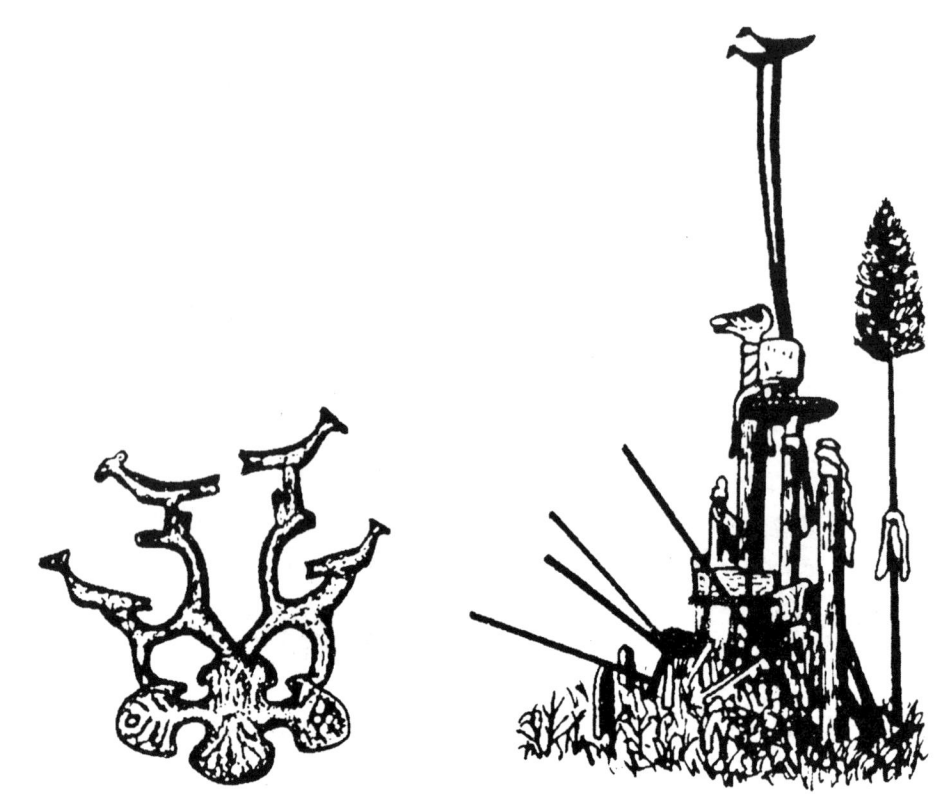

图二　女真的萨满帽饰、奥洛奇人萨满祭坛

满祭天礼仪的神竿是用九杈的高树干,象征着九层天[1]。

在萨满教意识中,自然中的人是没有能力升入浩渺的上层宇宙的,各层世界的使者是蛇、鸟、萨满灵魂。最初宇宙各层的孔洞通道是蛇钻通的,后来蛇神主要负责中界与地界各层的来往。鸟类有双翼,有无比的凌空本性,所以鸟神是可以飞往于各层的信使,是沟通各层世界的主要使者。萨满的灵魂在鸟的帮助下,在太阳光的照耀下,沿着宇宙树攀升降落,来往于各层世界,成为神人沟通的使者。各层之间路途遥远,还有恶神阻拦,故萨满还需要其他神灵的帮助,才能战胜一个又一个恶神,到达目的地。这就是萨满为什么在祭祀时(俗称"请神")需要长时间的打斗表演(俗称"跳大神"),需要在衣服上绘制象征各种动物的奇特神秘纹饰,需要在祭坛上陈设各种神灵雕像或象征物。

三星堆出土的神树与金代女真萨满的树鸟帽饰、奥洛奇人的萨满祭坛和满族祭天的九杈神竿性质是一致的,是象征多层世界的宇宙树,是天人相接的神梯,突出多层、通天、鸟为使者、众神帮助的萨满教的核心意识。三星堆宇宙树表现得更加具体形象,不仅有主

---

[1] 富育光、孟慧英:《满族萨满教研究》,北京大学出版社,1991年。

干,还有树杈和树叶果实;不仅有鸟,还有一条长蛇。蛇位于下部,呈现俯冲的姿势,正象征着蛇通地界各层。树上挂着铜质的玉璧,既有礼天性质,也有象征着天上星辰的意义。树上还曾挂着动物和神人的头像,则是居于各层世界的神灵的表现,也与《淮南子·坠形》:"建木在都广,众帝所自上下,日中无影,呼而无响,盖天地之中也"相符。

2号坑出土的铜树有三棵以上,而不是一棵,对于此现象的原因,笔者认为有以下两种可能。萨满教是以氏族为基本信仰单位的,各姓氏各有自己的一脉相传之萨满,各有自己的祭祀用具,满族今天仍有许多姓氏供奉本姓的神树。部落或族又构成大的信仰单位,国或部落联盟则是更大的信仰单位,都有相应的祭祀组织和专有的祭祀用具。三星堆祭祀坑中的各种祭器是被有意毁坏后埋入地下的。雕像中人种和发式、服饰的多样复杂似乎也暗示了坑中器物的主人并不是一个。可能属于被征服的属部、属族或属国的祭器,被强行毁坏后集中埋于地下。埋藏坑用夯土封闭,以防备其使用者的族人盗走。而埋藏坑地点选在三星堆古城外的祭坛旁,则可能是用自己的宗教神力压住被征服者的神灵,使其部众永远臣服。另一种可能是,萨满不同时间或不同仪式使用不同的神树,满族今天有些姓氏的神竿是从山之最高处砍树制成,用后放到水中漂走,或放于山之清洁处,或存于院中特置地方。

(原载《中华文化论坛》1998年第1期)

胡风扁壶的时代风格

陶瓷扁壶是携带水、酒等液体的一种陶瓷容器。自东汉以来不断烧造。考古发现数量虽少，但其以独特的实用造型，富有历史内涵的装饰，引人瞩目。汉文化与周边多元文化互动是形成扁壶装饰艺术不断发展的动因。东汉三国两晋时期的扁壶是产自南方越窑的青瓷扁壶，装饰古朴简素，带有农耕文化的情愫。例如江苏金坛县惠群村出土的东吴青瓷扁壶，两肩上各塑一只小老鼠为耳，腹部刻一个草人图案[1]。粮仓中必有鼠活动，竖立草人防鸟雀啄食也是农田常见景观，所以这件扁壶带有浓厚的农耕文化气息。北朝时期开始有大量的西域胡人迁居到华北和内地一带，北方瓷窑开始烧造有异域风韵的陶瓷扁壶，他们是模仿西域胡人携带来的西亚、中亚文化传统的金属器，创造出具有强烈西域胡风装饰的扁壶，可称之为"胡风扁壶"。胡风扁壶从北朝到唐延续400余年，随着时间推移，形式也发生变化，本文试对胡风扁壶的时代风格演变做初步探讨。

一、北朝扁壶

北朝扁壶有纪年者是两例5件扁壶，都出在北齐纪年墓中。1971年河南省安阳县范粹墓出土4件[2]。壶高20、口径6、宽16.5厘米（图一，1）。白胎，通体施黄褐色釉，垂腹，形如皮囊。肩部有两个用来穿绳携带的圆孔，肩与颈部交接处饰一周联珠纹，壶身两面似为同模印出的"胡腾舞"图案。乐舞者的形貌与着装均为胡人形象。一人在莲花座上翩翩起舞，四人站立伴奏（右边一人吹笛，一人作拍打状；左边一人弹奏琵琶，

---

[1] 张东：《中国陶瓷名品珍赏丛书·越窑青瓷》，上海人民美术出版社，1998年，第2页。
[2] 河南省博物馆：《河南安阳北齐范粹墓发掘简报》，《文物》1972年第1期。

一人双手击钹）。五人皆高鼻深目，穿窄袖广衫，戴胡帽，足蹬靴。舞者所表演的正是后来流行于中土的"胡腾舞"。1975年发掘的河北磁县北齐高润墓出土1件扁壶[1]，高12.5厘米，土黄胎，小盘口微敞，溜肩，鼓腹，肩上有双耳，假圈足。颈部两侧亦有联珠纹（图一，2）。

范粹墓下葬年代是北齐武平六年（575年），高润墓下葬年代是武平七年（576年）。这5件北齐的扁壶，具有共同的特征是小盘口、垂腹或鼓腹，中等直径的圈足，颈围一周联珠纹，形如珍珠项链。这种扁壶是随着北朝时期大量的西域胡人迁徙到中国北方地区，把中亚和西亚的文化和审美观念带到中原地区而形成的新体系。垂腹的壶身，是来自胡壶的影响，颈部有项链式联珠纹，都与宁夏固原北周天和四年（569年）李贤墓出土的萨珊鎏金银壶[2]相似（图一，5），而该壶器身是连环画式的六组人物浮雕图，北朝扁壶的主体纹饰也是以人物画为主，应该是受其艺术设计思想启发形成的具有自己特色的新形式。杯形口加项链式的珍珠纹也是萨珊文化胡瓶的常见形态，如俄罗斯埃尔米塔什博物馆藏胡瓶[3]（图一，3）。

1956年山西省太原市玉门沟车站出土胡人驯兽青瓷扁壶。高28、口径5.7、宽16.5厘米。模制而成，壶体横剖面呈椭圆形，小口、细颈，有圈足，胎体致密结实，施青釉。口沿下饰联珠夹莲瓣纹，肩部饰覆莲纹，腹印胡人驯兽图，此壶的造型与装饰均仿自具有波斯风格的银器。在壶腹中央，有一胡人站立，深目高鼻，身穿开领长衫，腰间系带，足蹬长筒尖头靴，双手抚在两只狮子的头上，狮子均为蹲立状，在面带微笑的胡人的抚摸下，凶相全无，十分温和顺从。在狮子背后，左右各有胡人戏象，扁壶两侧为大象头部特写，壶棱脊充当象鼻，象耳耷在狮头之上。大象丰耳巨鼻，神态安详，有一人手擎宝球置于象头之下戏弄（图一，4）。在整个画面的两侧及下侧，用联珠纹围绕成边框，圈足亦饰联珠、莲瓣纹。《文物》1963年报道时断为唐代[4]，根据器物是长体，口部有两周联珠纹，座上有一周联珠纹，外来特征浓厚分析，更可能是北朝时期。

北朝时期是民族大融合时期，随着西域胡人大量向中原和长城地带迁徙，萨珊文化等中亚、西亚文化强劲渗透到黄河流域传统文化中，出现了具有域外文化风格的胡风扁壶，开启了陶瓷扁壶装饰艺术的第二个发展时期。目前笔者收集到的年代可靠的扁壶是北齐，为北朝之末，而北魏等再早的扁壶是何特点，还有待研究。

---

[1] 磁县文化馆：《河北磁县北齐高润墓》，《考古》1979年第3期。
[2] 宁夏固原博物馆：《固原历史文物》，科学出版社，2004年。
[3] 林梅村：《青海都兰的大食锦》，载《松漠之间——考古新发现所见中外文化交流》，生活·读书·新知三联书店，2007年，第198页，图三，1。
[4] 高寿田：《太原西郊出土唐青釉人物狮子扁壶》，《文物》1963年第5期。

图一 北朝扁壶及萨珊金银器

1. 北齐范粹墓出土扁壶 2. 北齐高润墓出土扁壶 3. 俄罗斯埃尔米塔什博物馆藏萨珊银瓶
4. 太原市玉门沟车站出土胡人驯兽青瓷扁壶 5. 北周李贤墓出土萨珊鎏金银壶

二、隋代扁壶

本文收集到的年代可靠的考古出土的隋代扁壶有3例。大业四年（608年）陕西西安李静训墓出土1件青瓷小扁壶，高8.8、口径2.5厘米[1]（图二，1）。河北邢窑遗址发掘的隋代瓷器中获得了扁壶标本，有两种形式。其一是梯形口花卉舞人扁壶（图二，2），具体尺寸不详，线图口唇的外轮廓呈梯形，束颈，双系，联珠纹构成开光的外框，边绕缠枝花枝，中部有2人面向中心作吹奏乐器状，有朵花分布在空隙处[2]。其二是直口小扁壶（内T2H4：10），直口，青黄釉，双耳，假圈足，高6厘米[3]。联珠纹的边框不规矩，与其是小玩具有关（图二，3）。H4出土很多器物，根据共出的器物断代在隋代。这3件时代明确断为

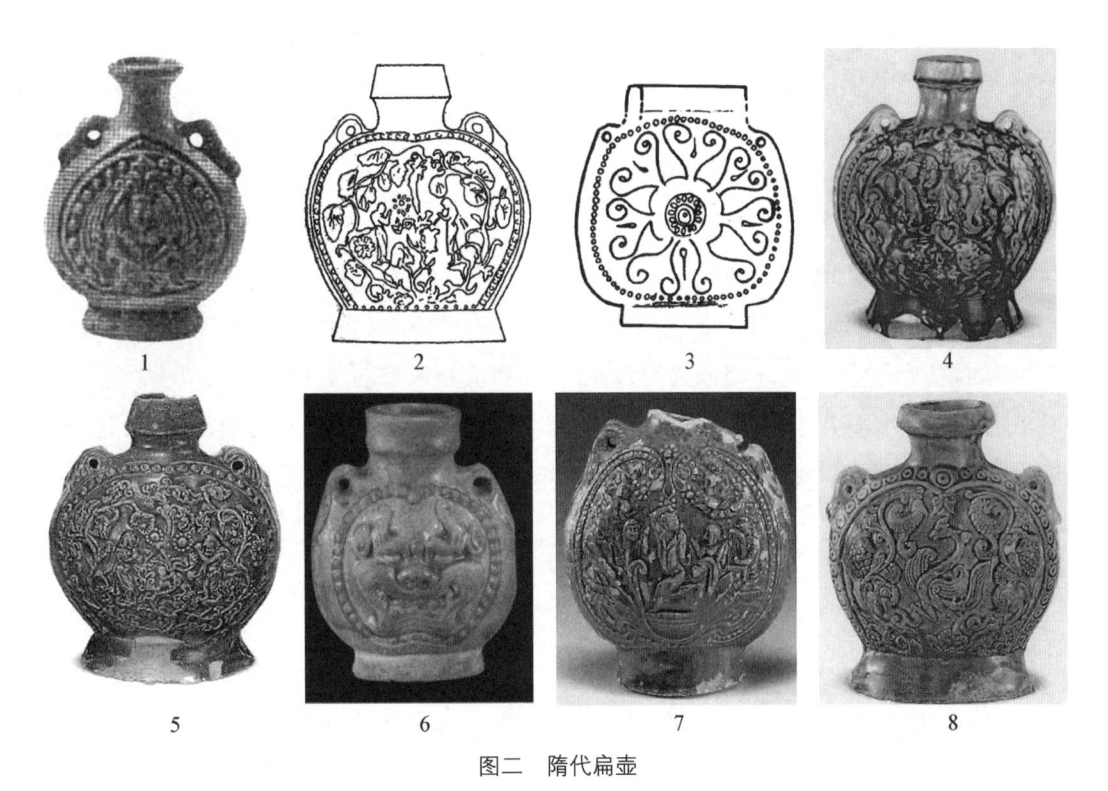

图二 隋代扁壶

1. 李静训墓出土　2、3. 邢窑址出土　4、5.《千年邢窑》收录黄釉扁壶　6. 邯郸采集兽面黄釉扁壶
7. 固原出土绿釉扁壶　8.《千年邢窑》收录栾城出土青釉扁壶

---

[1] 唐金裕：《西安西郊隋李静训墓发掘简报》，《考古》1959年第9期。
[2] 内丘县文物保管所：《河北省内丘县邢窑调查简报》，《文物》1987年第9期。
[3] 河北省文物考古研究所、内丘县文物保管所、临城县文物保管所：《邢窑遗址调查、发掘报告》，《考古学集刊》第14集，文物出版社，2004年，第208页。

隋的扁壶,造型分别属于3种类型,但是装饰特点具有共同性,项链式联珠纹消失,流行联珠纹边框。

1986年固原原州区粮食局工地出土扁壶(图二,7),黄陶胎,绿釉,残高11.3厘米,宽9.5厘米,圈足底径4.7～5.4厘米。双耳,扁腹,两侧起脊。壶身造型是垂腹的梨形。联珠纹构成的左右对称的弧形外框,保持了苹果形的外框特点,弧形的上端点相汇合处呈自然弯转下垂,形成垂花,围绕垂花四周有四朵梅花。边框内下部是三个胡人在舞蹈。中间人穿翻领大衣,右手上扬,左手向后甩,腾跳于铺垫之上,两侧人侧身相合而舞。左右和上方两侧共有四人跪坐在铺垫上奏乐。间隙有梅花状的朵花。此器最初被定为与范粹墓扁壶年代相当,即北齐(550～577年)[1],后来则定为北魏(386～534年)[2]。笔者认为,器物的造型和舞人的形象与范粹墓扁壶相同,但是扁壶胡腾舞一直延续到唐代;而开光内出现树、朵花装饰,颈部没有北齐流行的横向一周的项链式联珠纹,而是联珠纹构成苹果形的开光外框,都与隋代扁壶风格相同;其年代可能晚到隋,定为北魏似嫌过早。

《千年邢窑》收录的多件博物馆藏的扁壶[3](图二,4、5、8)。没有横向一周的联珠纹,而是开光边框用联珠纹,繁密的葡萄藤,鼓肩,梯形口,宽大的假圈足,这些都与邢窑的隋代扁壶相同,与北齐的扁壶有异,朵花装饰还见于唐墓扁壶,所以,其年代可能也是隋到唐初。

隋代扁壶装饰风格胡风仍然是主体,胡腾、花树、葡萄藤等西域文化因素盛行,同时汉文化因素也开始出现。邯郸采集的扁壶[4](图二,6)具有新的意义:杯形口出现,开启唐代扁壶的新风。边框内为一格硕大的兽面占据,兽面是典型的汉文化元素,具有辟邪的意义,在各种器物、门、瓦当上常使用。邢窑直口小扁壶的构图出现了中心对称手法,卷云纹也与云纹瓦当有相似风韵。这两件扁壶的装饰上胡风减弱,汉风占主体。

三、唐代扁壶

唐代出土扁壶较多,以装饰华丽的三彩扁壶最引人注目,现撮举几例。

河北廊坊文安县唐咸亨三年(672年)董满墓出土三彩凤鸟纹扁壶[5],高29、口径7.8、

---

[1] 马东海:《固原出土绿釉乐舞扁壶》,《文物》1988年第6期。
[2] 宁夏固原博物馆:《固原历史文物》,科学出版社,2004年。
[3] 赵庆钢、张志忠、李恩玮:《千年邢窑》,文物出版社,2007年。
[4] 邯郸市文物研究所:《邯郸文物精华》,文物出版社,2005年,第216页。
[5] 曲金丽:《唐三彩凤鸟纹扁壶》,《文物春秋》2009年第5期。

底径13厘米，模制而成。壶体呈扁圆形，短束颈，肩上部有花叶垂卷状双提系。大鼓肩，假圈足较高，平底。器身两面模印相同的凸起纹饰。边框联珠纹一圈，腹中下部用双重凸线作四方圆角开光，内饰一凸起乳钉纹，下方雕塑高冠曲颈的凤鸟一对，凤鸟上方塑一蟾蜍，作欲跃之势，花卉蔓草纹，枝叶肥厚，连绵缠绕，果实丰硕（图三，1）。

1996年6月发掘的洛阳杨文村墓[1]出土三彩驯狮扁壶（C5M1045∶9）[2]，椭圆小口，厚唇，颈内收，腹部扁鼓，假圈足外撇。肩部有花叶垂卷状双提系。白胎上施黄、绿色釉

图三　唐代扁壶

1. 廊坊唐咸亨三年墓出土三彩扁壶　2. 洛阳杨文村墓出土三彩驯狮扁壶　3. 西安出土白釉叶纹扁壶　4. 陕西甘井乡出土三彩舞人扁壶　5. 北大赛克勒考古与艺术博物馆藏绿釉舞人扁壶　6. 连云港出土三彩牡丹扁壶

[1] 洛阳市文物工作队：《洛阳杨文村唐墓C5M1045发掘简报》，《考古与文物》2002年第6期。
[2] 钱公麟：《苏州市郊出土唐三彩扁壶》，《考古》1985年第9期。

彩，不及底。扁壶两面图案相同，主体画面为浅浮雕，绿色珍珠地并衬以高浮雕瑞云。画面左侧为一驯狮者，头戴胡帽，着赭黄色上衣，袒露右肩，帔帛从胸前上折披于左肩头，腰间束带，下着裤，足蹬黄色高筒靴。跨步张臂，右手举至头顶，左手执绳于腰际，面部不施釉彩。右侧为一肥壮的雄狮。通体施赭黄色釉彩，颈系绳，怒目圆睁，张开巨口，四蹄腾空，翘尾，仿佛正扑向驯狮者，场面紧张生动，富有极强的动感。高20、口径5.4、最大腹径14、腹短径11.5厘米（图三，2）。该墓为直背刀形土洞墓，报告根据墓葬形制及出土器物的特征确定年代属盛唐时期。

陕西合阳县甘井乡出土三彩舞人扁壶，高15厘米。杯形口，大鼓肩，花叶垂卷状双提系，高足外撇。壶面两胡人翩翩起舞，外绕缠枝花卉[1]（图三，4）。

1957年江苏连云港市出土三彩牡丹扁壶，高18.9厘米。花形口，细高颈，扁圆腹，高足，肩有花叶垂卷状双提系，腹侧用弧卷的花叶构成开光外框，内填鱼子纹，正中央是宝相花牡丹，两侧各半朵牡丹。通体黄、绿釉相间搭配[2]（图三，6）。

苏州市郊唐墓出土的三彩扁壶也是盘口，大鼓肩，假圈足，肩有花叶垂卷状双提系，两侧装饰缠枝花，高16厘米[3]。

北大赛克勒考古与艺术博物馆收藏1件扁壶（图三，5），高15.2厘米，白胎绿釉，剥釉严重。正反面模印图案相同，为一胡人裸上身挥扬披帛跳舞，外绕忍冬花纹为外框。这件扁壶被断为"隋代初年"[4]。从器形和花纹比对分析，盘口，大鼓肩，没有联珠纹，都暗示出与隋代扁壶不同，与唐三彩扁壶风格相同。轮廓造型、花叶垂卷状双提系都与洛阳杨文村墓、陕西甘井乡出土的三彩扁壶相同，而且人物弯转的姿势也与杨文村墓三彩扁壶相似，故其年代可能属于唐代。

西安出土邢窑白釉扁壶（图三，3），《古代陶瓷大全》定为北齐[5]，宋文佳《魏晋十六国北朝陶瓷初步研究》认为根据釉色判断年代不会早于隋[6]，《千年邢窑》则归为唐[7]。笔者认为其外轮廓仍是苹果式，也没有联珠纹边框，以垂叶纹为装饰，疏朗大气，应该是唐代。其双肩有蘑菇状纽，很有特色。

大体上标本集中在中唐和盛唐时期。器形的变化不大，主要在装饰上，唐三彩装饰艺

---

[1] 陆明华：《中国陶瓷名品珍赏丛书·唐三彩》，上海人民美术出版社，1998年，第29页；阎存良：《古陶珍宝——唐三彩》，百花文艺出版社，2005年。
[2] 小山富士夫编：《世界陶瓷全集·隋唐卷》，日本小学馆，1977年。
[3] 钱公麟：《苏州市郊出土唐三彩扁壶》，《考古》1985年第9期。
[4] 曹宏：《北京大学赛克勒考古与艺术博物馆收藏的几件瓷器》，《文物》2007年第5期。
[5] 何政广、许礼平：《古代陶瓷大全》，艺术家出版社，1989年。
[6] 宋文佳：《魏晋十六国北朝陶瓷初步研究》，吉林大学硕士学位论文，2008年。
[7] 赵庆钢、张志忠、李恩玮：《千年邢窑》，文物出版社，2007年。

术被应用到扁壶的装饰中,流光溢彩,增加了扁壶的富贵色彩和视觉冲击力,使扁壶更接近金银器的华丽艺术风格。装饰题材中缠绕的葡萄纹、朵花、宝相花等植物纹应用广泛,但是较隋代变得疏朗明快。胡人乐舞仍然常见,是唐代西域胡人文化兴盛的表现。西域胡风元素仍然是扁壶装饰的主流,但是联珠纹边框渐趋消失。胡风扁壶主要产于中原地区,隋代发现的胡风扁壶集中在黄河流域,唐代分布地域向南扩大,甚至扬州、苏州等地也出土唐三彩扁壶。胡风扁壶在隋唐发展过程中汉化也在加深。

(原载《北方文物》2013年第2期)

特罗伊茨基靺鞨墓地的陶器来源

特罗伊茨基墓地位于俄罗斯远东地区的阿穆尔州伊万诺夫卡区,墓地坐落在别拉亚河下游南岸的台地上。特罗伊茨基墓地是目前发现的最大的靺鞨墓地,大约有近千座古墓。苏联学者在1969～1975年对该墓地发掘过5次,揭露了210座墓葬[1]。2004年吉林大学边疆考古研究中心与西伯利亚科学分院考古与民族研究所再次对该墓地进行发掘,又获得一批新资料。特罗伊茨基墓地的陶器对研究其文化性质与文化来源具有重要意义,本文就该墓地陶器的来源做初步探讨。

一、特罗伊茨基墓地的年代

杰烈维扬科在1977年出版的《特罗伊茨基墓地》报告中推定墓地年代在7～9世纪。1989年出版的《苏联远东史》又把特罗伊茨基墓地的年代确定为6～9世纪[2]。而涅斯杰罗夫则认为"特罗伊茨基靺鞨可能在大约8世纪后半叶从满洲来到阿穆尔河沿岸的结雅—布列亚河地区",M93的年代在12～13世纪[3]。

特罗伊茨基墓地出土的马镫是平首短柄式,与南北朝时期东北的三燕马镫、高句丽马镫相差甚远,也与唐早期的圭首形柄马镫不同,是唐中晚期到辽初的式样[4]。墓地出土的陶罐中不见靺鞨早期流行的刻划纹大口深腹罐,所以其年代大约在唐代中晚期。2004年发掘时在地层内发现了辽代早期的契丹灰陶瓜棱壶的残片,为泥质灰陶,厚

---

[1] 杰烈维扬科:《特罗伊茨基墓地》,新西伯利亚,1977年。
[2] 克鲁沙诺夫主编,成于众译:《苏联远东史——从远古到17世纪》,哈尔滨出版社,1993年,第165页。
[3] 涅斯捷罗夫著,王德厚译:《中世纪早期黑龙江沿岸的民族》,《东北亚考古资料译文集》第5辑,《北方文物》杂志社,2004年,第133～144页。
[4] 冯恩学:《辽代契丹马具的探索》,《考古学集刊》第14集,文物出版社,2004年。

唇、鼓肩,在肩与颈的交界处有凸弦纹,墓地可能已经延续到辽初。特罗伊茨基墓地的M44人骨、探方上层和下层木炭、M93桦树皮进行了碳十四测定年代,其数据分别是:785±30、775±65、830±40、830±100、1 150±100年。最后的数据已经是金代中期,此数据明显过晚,应当排除。其他数据在8~9世纪,综合考虑墓地年代应在唐代中期到辽初。

二、与吉林市查里巴墓地陶器的联系与差别

1984年季娅科娃对黑龙江沿岸的陶器进行了深入分析,首次把特罗伊茨基墓地陶器从靺鞨文化陶器中分离出来,提出特罗伊茨基类型的概念。涅斯捷罗夫在1998年出版的《中世纪早期黑龙江沿岸的民族》一书中论证了特罗伊茨基类型是从松花江流域迁徙到黑龙江中游结雅河流域的渤海人,其主要证据之一是在吉林市查里巴墓地出土了很多特罗伊茨基类型陶器[1]。涅斯捷罗夫的研究揭示了这两个相距遥远的墓地具有较多文化联系的客观事实。

查里巴墓地位于吉林市北的第二松花江岸边,发掘45座墓葬[2]。出土的器物中有唐代的蹀躞带(穿孔的青铜质腰带牌饰)、属于靺鞨罐中晚期类型的大口深腹罐等陶器。吉林市杨屯遗址[3]、珠山遗址[4]、榆树县大坡遗址[5]所见到的肩部有各种纹饰的大口深腹罐是靺鞨罐早期类型。在查里巴墓地没有发现早期类型的靺鞨罐,但发现了唐代开元通宝钱,所以查里巴墓地的年代应该在唐代中期前后。乔梁在对靺鞨陶器进行类型学研究时,把靺鞨陶器分为4期9段。查里巴M2出土的陶器经类型学排序后定在中期6段内,年代大约在唐中期[6]。查里巴M10的碳十四测定的数据是距今1 545±95年,校正后年代是距今1 480±105年,此数据明显比实际年代偏早。查里巴墓地的年代大约与特罗伊茨基墓地的早期相当。

对比特罗伊茨基墓地与查里巴墓地的陶器,二者的相似性是明显的,主要表现在

---

[1] 涅斯捷罗夫著,王德厚译:《中世纪早期黑龙江沿岸的民族》,《东北亚考古资料译文集》第5辑,《北方文物》杂志社,2004年,第110页。
[2] 吉林省文物考古研究所:《吉林永吉查里巴靺鞨墓地》,《文物》1995年第9期。
[3] 吉林市博物馆:《吉林永吉杨屯大海猛遗址》,《考古学集刊》第5集,中国社会科学出版社,1987年;吉林省文物工作队等:《吉林永吉杨屯遗址第三次发掘》,《考古学集刊》第7集,科学出版社,1991年。
[4] 吉林省文物工作队:《吉林舒兰黄鱼圈珠山遗址清理简报》,《考古》1985年第4期。
[5] 吉林省文物考古研究所:《榆树老河深》,文物出版社,1987年。
[6] 乔梁:《靺鞨陶器分期初探》,《北方文物》1994年第2期。

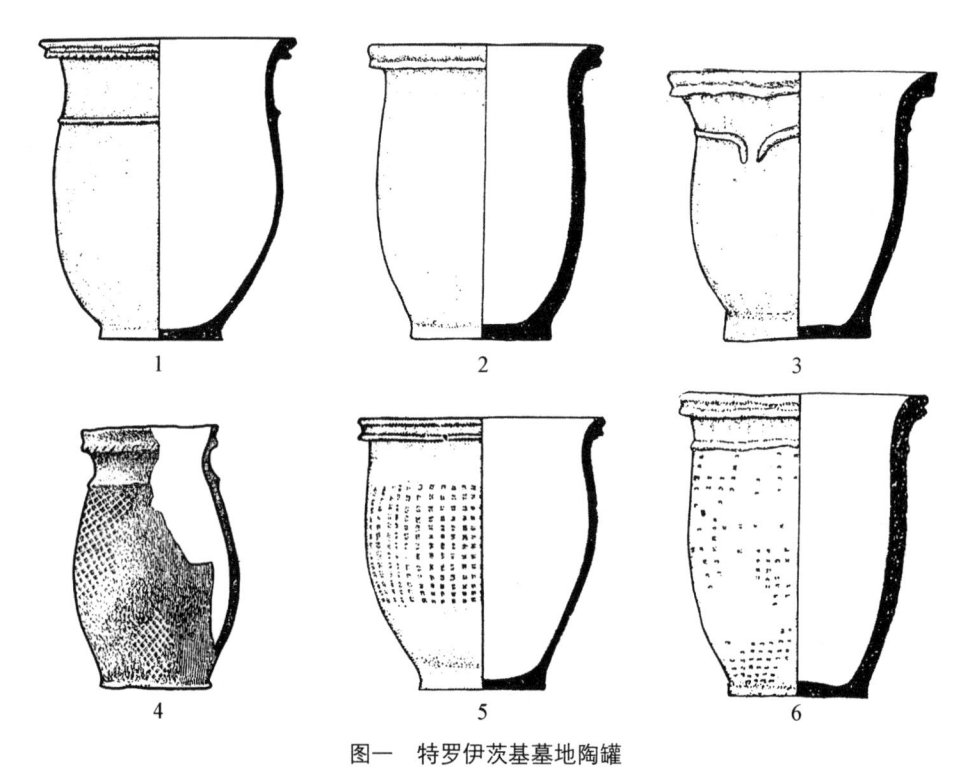

图一　特罗伊茨基墓地陶罐
1、5. 小底深腹罐　2、3、6. 筒形罐　4. 小口深腹罐

3点。1. 都有重唇筒形罐(图一,2、3;图二,1~4;图三,7),而且数量较多。2. 陶器装饰简单,以附加泥条堆纹和素面为主。3. 都有断开式垂头附加泥条堆纹(图一,3;图二,3),虽然两处墓地发现这种纹饰极少,但是这种罕见的特殊纹样能在两个墓地出现,说明了二者存在文化上的联系。因此可以确认特罗伊茨基墓地陶器受到了查里巴墓地为代表的松花江流域粟末靺鞨陶器的显著影响。

两处墓地的陶器差别也是很明显的。主要表现在:1. 器类组合差别大。查里巴墓地的陶器器类复杂,特罗伊茨基墓地陶器器类简单。在查里巴墓地的陶器中除了有筒形罐外,还有壶、小口束颈罐、小口直颈罐、带把杯、瓶、盂、小口钵、大口钵(图二,5~17),而这些器类在特罗伊茨基墓地内都没有。特罗伊茨基墓地中有1件鼓腹圆身束颈罐(图三,10),其特点与查里巴墓地的小口束颈罐形态接近,但是其口径略大于底径,属于侈口罐类;查里巴出土者口径小于底径,属于小口罐类。特罗伊茨基墓地的陶碗是大口小底,腹壁斜直,假圈足如饼状座(图三,11、12),这种碗在查里巴墓地也没有发现。特罗伊茨基墓地中大口小底的深腹罐很流行(图三,8、9),这种罐在查里巴墓地不见。2. 器物纹饰有差别。如特罗伊茨基墓地中陶罐有些是方格纹罐,或通体施方格纹,或先施方格纹再部分抹平(图一,4~6)。查里巴陶罐上不见方格纹,却有特罗伊茨基没有的多条弦纹、弦

图二 查里巴墓地陶器

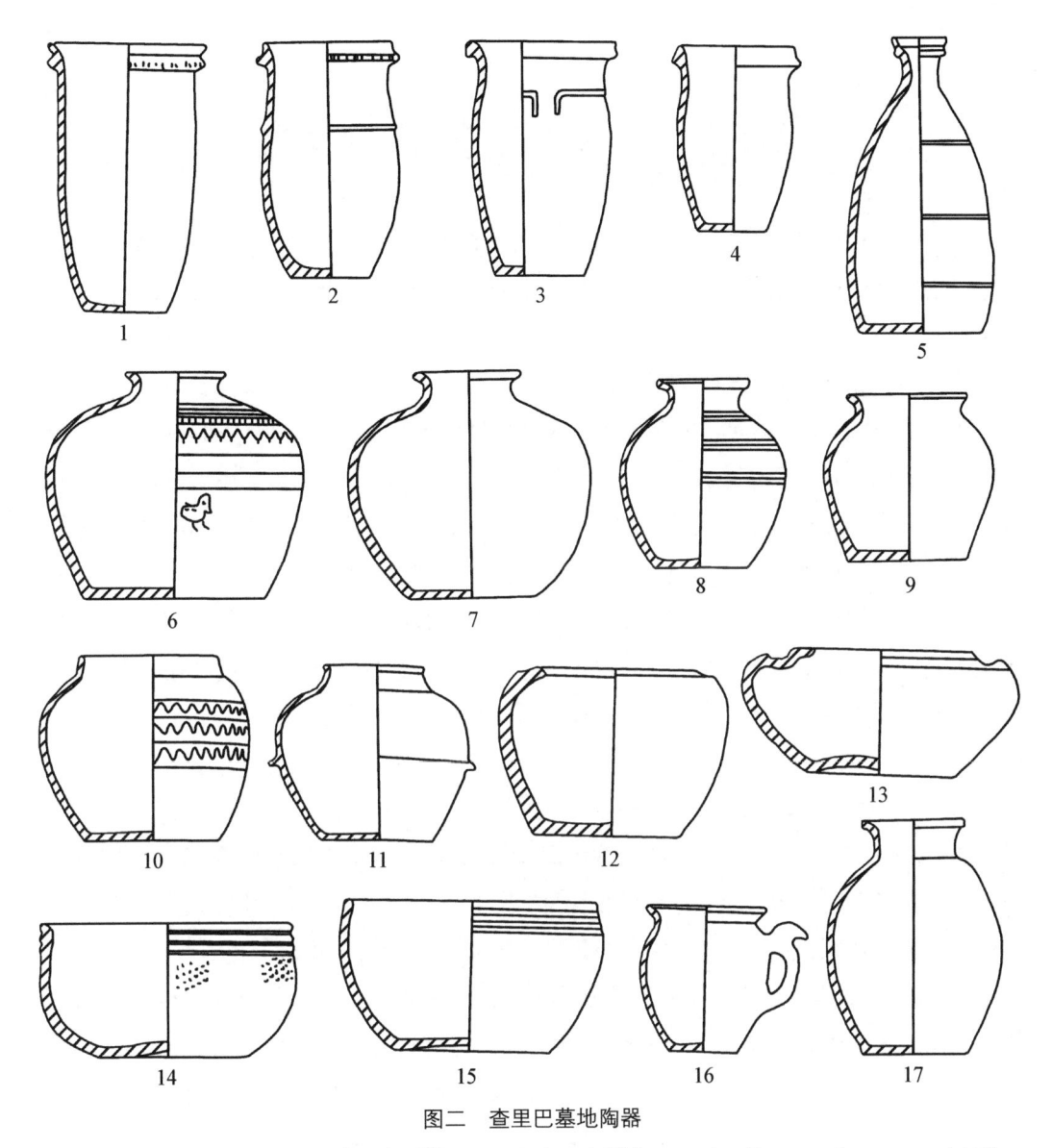

1~4. 筒形罐 5. 瓶 6~9. 小口束颈罐 10、11. 小口直颈罐 12. 小口钵 13. 盂 14、15. 大口钵
16. 带把杯 17. 壶

纹加波浪纹和鸟纹。3. 器物造型风格存在一定差别。特罗伊茨基墓地陶器底折角基本是锐角或直角，只有个别陶器是钝角。而查里巴墓地陶器底折角都是钝角。在第二松花江流域的长春榆树县大坡遗址上层、吉林永吉杨屯遗址上层的早期靺鞨陶器底折角也都是钝角。可以确定底折角为钝角的陶罐是粟末靺鞨陶器的传统风格。特罗伊茨基墓地底折角为锐角或直角的陶器风格与查里巴墓地陶器完全不同，不会是从第二松花江流域传播过去的，当另有渊源。

三、与奈伊费尔德类型陶器的联系

在黑龙江中游地区，比特罗伊茨基类型为早的靺鞨文化是奈伊费尔德类型。其主要墓地有奈伊费尔德墓地[1]、沙普卡山墓地[2]、科奇科瓦特卡墓地[3]，其年代在南北朝晚期到唐早期。

特罗伊茨基墓地陶器与奈伊费尔德类型相比，差别是主要的，如奈伊费尔德类型中的盘口罐、高领罐以及发达的纹饰在特罗伊茨基墓地中不见。但是如果仔细对比，不难发现二者的继承性。其主要继承性体现在以下七方面：1. 底折角为直折或锐折的作风。奈伊费尔德墓地中已经有少量陶器底折角为直角，如 M21 的筒形罐（图三，1）、M32 的鼓腹罐、M41 的弧腹罐。在沙普卡山墓地中底折角为直角的假圈足罐比例更高。在布列亚河的塔拉坎遗址发现的奈伊费尔德类型陶罐底折角也是直角式。特罗伊茨基墓地陶器继承并发扬了这个传统，陶器底折角以直角和锐角为最盛。2. 大口小底的深腹罐。在特罗伊茨基墓地的大口深腹罐有相当一部分是小底器，口底相差较大（图三，8、9）。在奈伊费尔德类型陶器中可以寻找到这种小底深腹罐的来源，如科奇科瓦特卡墓地、沙普卡山墓地中就有小底的大口深腹罐（图三，2、3），其整体形态与特罗伊茨基墓地出土者非常接近。3. 筒形罐。在奈伊费尔德类型中已经有少量的筒形罐。如奈伊费尔德墓地 M21 出土 1 件筒形罐（图三，7），与特罗伊茨基墓地流行的筒形罐形态类似（图三，1）。4. 斜壁碗。特罗伊茨基墓地有两种斜壁碗，这两种斜壁碗在奈伊费尔德墓地和沙普卡山墓地也有发现（图三，5、6、11、12）。5. 矮体鼓腹罐。特罗伊茨基墓地有鼓腹束颈侈口罐，形态矮胖（图三，10），在科奇科瓦特卡墓地也有类似的罐（图三，7）。6. 底外侧按压指窝纹。2004 年在特罗伊茨基墓地发掘到这种陶片，陶器在底外侧用手指按压窝坑纹一周。这种陶器的装饰做法也在奈伊费尔德类型中找到源头，如奈伊费尔德墓地 M41 陶罐也是在底外侧用手指按压一周窝坑，沙普卡山墓地发现的 1 件器物也有类似做法。7. 方格纹装饰。特罗伊茨基墓地有少数陶器施方格纹。方格纹是黑龙江流域早期铁器时代到靺鞨时期普遍存在的陶器纹饰，在米哈伊洛夫文化陶器上为最多。奈伊费尔德类型陶器纹饰中也有少量的方格纹，如在沙普卡山墓地就有方格纹陶器。

---

[1] 杰烈维扬科等著，王德厚译：《奈费尔德古墓地（下）》，《北方文物》2002 第 2 期，第 107 页。
[2] 涅斯捷罗夫等：《沙普卡山墓地——黑龙江中游中世纪时代遗存》，载《黑龙江中游金属时代的新资料》，新西伯利亚，1987 年。
[3] 杰烈维扬科：《阿穆尔河中游的靺鞨遗存》，新西伯利亚，1975 年。

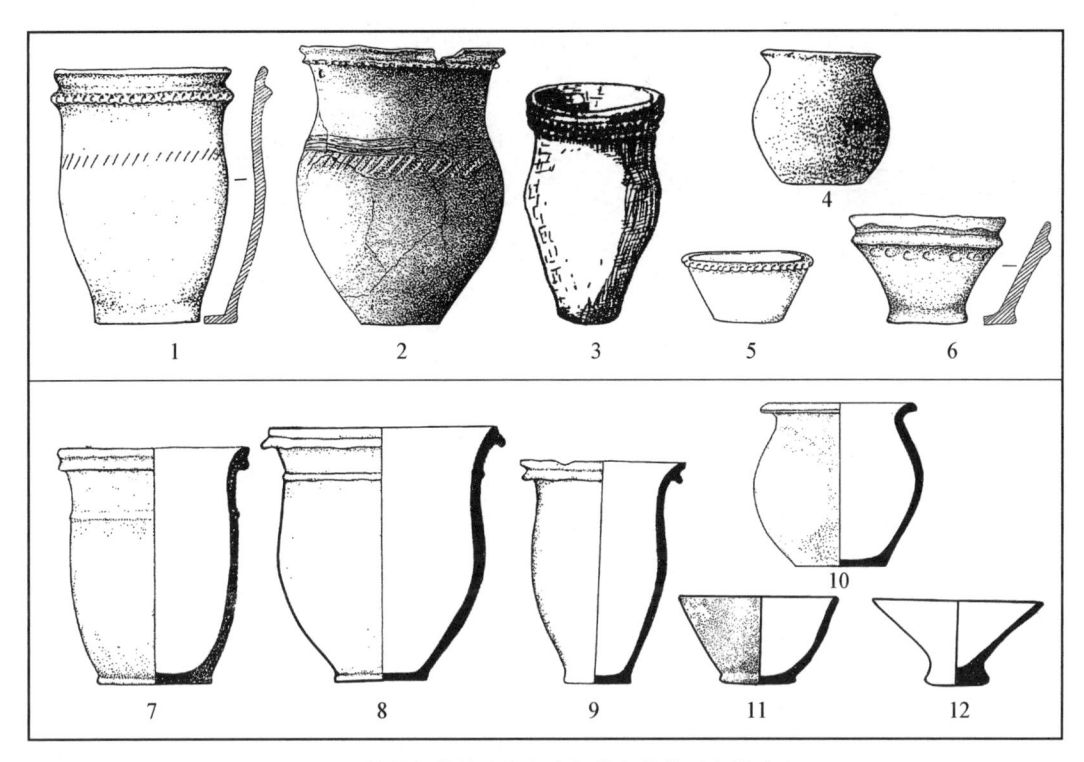

图三　特罗伊茨基陶器与奈伊费尔德类型陶器对比
1、6. 奈伊费尔德　2、4. 科奇科瓦特卡　3、5. 沙普卡　7～12. 特罗伊茨基

因此,特罗伊茨基墓地的陶器主要是在黑龙江中游的奈伊费尔德类型陶器的基础上演化而来。大口深腹陶罐和筒形罐的演变趋势是口下附加的锯齿状堆纹演变成重唇,器腹纹饰由丰富多样走向简素,以只在肩部围绕一条光滑的泥条(或挤捏的凸棱条)为主,或器身没有任何装饰。这种变化规律与第二松花江、牡丹江等地的"靺鞨罐"变化规律是一致的[1]。在演变过程中继承并发扬了底折角为直角或锐角的作风。而在陶器近底处按压指窝纹、斜壁碗的造型则基本保留了奈伊费尔德类型的传统。

根据以上分析,特罗伊茨基墓地陶器的基本要素应该是在黑龙江中游奈伊费尔德类型陶器中孕育成长,在发展过程中受到了以查里巴为代表的第二松花江流域粟末靺鞨文化的影响,构成了具有地域特色的特罗伊茨基类型陶器。粟末靺鞨在靺鞨各部中最为兴盛,并于698年建立渤海国,享有海东盛国之誉。远在结雅河流域的特罗伊茨基墓地受到粟末靺鞨文化的影响,揭示了粟末靺鞨文化能够影响靺鞨其他各部的事实。根据特罗伊

---

[1] 乔梁:《靺鞨陶器分期初探》,《北方文物》1994年第2期;胡秀杰、刘晓东:《渤海陶器类型学传承渊源的初步探索》,《北方文物》2001年第4期。

茨基墓地陶器的特点不能确定其族属是粟末靺鞨或渤海人。

附记：本文是教育部人文社会科学重点基地重大项目中期成果（项目批准号：05JJD780003）。

（原载《北方文物》2006年第4期）

黑水靺鞨的装饰品及渊源

靺鞨是6到10世纪活跃于东北亚地区的一个部族，分布于长白山到黑龙江流域。北朝和初唐时靺鞨诸部或附于高丽，或臣于突厥。后分化为二支，分布在松花江流域的粟末靺鞨建立了渤海国（698～926年），分布于黑龙江中下游的黑水靺鞨尤称劲健，每恃其勇，恒为邻境之患。唐朝对黑水靺鞨实行羁縻州管理，黑水靺鞨多次朝唐。《新唐书·黑水靺鞨传》记载黑水靺鞨的装饰极简略："俗编发，缀野豕牙，插雉尾为冠饰，自别于诸部"，"以溺盥面，于夷狄最浊秽"。从这种令人惊异的猎奇性记述中，无法了解黑水靺鞨真实的装饰习俗。对黑龙江中游两岸的黑水靺鞨墓地的考古发掘，陆续出土了一些装饰品，对其梳理使我们能够对黑水靺鞨装饰有比较全面的认识，并能从一个侧面窥视黑水靺鞨的文化渊源。

考古出土的黑水靺鞨装饰品有耳环、腰带牌饰、野猪牙缀饰、玉环、玉璧等。若以文化因素分析法剖析，这些装饰品可以划分为A、B、C三系，以下将分别阐述。

一、A系装饰品

黑水靺鞨文化的A系装饰品主要种类有组合式耳环、镂孔牌与腰铃、野猪牙缀饰。

（一）组合式耳环

组合式耳环由环圈和悬坠组成。环圈多为银丝，少数用铜丝。环圈的银（铜）丝的端头略宽，并有1个穿孔。多数圈丝端头相对接，少数圈丝端头叠压相接。悬坠以玉石质的圆片形坠为常见形态。圆片坠大小不一。小者直径不足1厘米，类似扁珠。大者直径达4厘米（图一，7）。此外还有很少的特殊形态的悬坠，如阿穆尔州特罗伊茨基墓地[1]M37出

---

[1] 杰烈维扬科：《特罗伊茨基墓地》，新西伯利亚，1977年。

土2件耳环是银圈悬挂着棒槌形银坠（图一，9）。M112出土1件耳环是银圈悬挂着双连璧形玉坠（图一，8）。在滨海边疆区的莫纳斯特卡靺鞨墓地[1]中也发现少量的组合耳环，其中1件的悬坠竟然是唐朝开元通宝铜钱。

特罗伊茨基墓地出土的组合式耳环为最多。在210座墓葬中有24座墓发现有组合式耳环，在墓葬中出现的频率为11%。地层中还出土5件。在同时代的松花江、牡丹江流域的粟末靺鞨墓葬中，在唐墓和突厥墓等周围地区都没有发现这类耳环，所以组合式耳环是唐代黑水靺鞨具有地方特色的装饰品。

（二）牌饰与铃

黑龙江中游靺鞨墓地出土的牌饰有长方形镂孔牌、圆形镂孔牌、盔形牌以及鸟形牌。

长方形镂孔牌，整体近似长方形，其上有长条形、三角形、四边形等多个镂孔和浮雕式的线。俄国犹太自治州杜鲍夫墓地[2]和奈伊费尔德墓地[3]各出土1件青铜牌饰，上部有2个长条形竖孔，孔边缘带有短的横线，下部有钟摆形纹和"V"形镂孔（图一，5、6）。在沙普卡山[4]M6出土此类牌饰的残边，长条形竖孔的边缘也有短的横线。此类牌饰分布较广，如第二松花江流域的永吉县杨屯墓地[5]、查里巴墓地[6]都有发现。此外特罗伊茨基墓地第3层出土1件罕见的铜牌饰，方体，其上有4个等大的近方形的大镂孔（图一，3）。

圆形牌饰也有镂孔，孔呈中心对称布局。在特罗伊茨基墓地发现2件，M96出土者完整，圆形牌上有镂空花纹，花纹以十字梁四等分圆牌，每个部分有2条弧形镂孔和左右并列的"L"形镂孔（图一，4）。永吉杨屯墓地出土了与之相同的圆形牌饰。

盔形牌是圆形身，下部伸出3个圆，犹如一个圆形牌挂着3个圆铃铛（图一，13）。特罗伊茨基墓地M29出土2件。

鸟形牌为简略的鸟展翅之形，在特罗伊茨基墓地M13、M17发现了鸟形牌饰（图一，10~12）。

在特罗伊茨基墓地4座墓内出现A系牌饰，在墓葬内的出现频率为1.9%。

铜铃形态较丰富，有环纽球形铃、管纽球形铃以及铎形铃（图一，14~16）。这三种铃在特罗伊茨基墓地均有发现。

---

[1] 季亚科娃著，裘石译：《滨海地区的靺鞨》，《东北亚考古资料译文集》第5辑，《北方文物》杂志社，2004年。
[2] 王培新：《靺鞨—女真系铜带饰及相关问题》，《北方文物》1997年第1期。
[3] 杰烈维扬科、博格丹诺夫、涅斯捷罗夫著，王德厚译：《奈伊费尔德古墓地》，《北方文物》2002年第1、2期。
[4] 涅斯捷罗夫等：《沙普卡山墓地——黑龙江中游中世纪时代遗存》，载《黑龙江中游金属时代的新资料》，新西伯利亚，1987年。
[5] 吉林市博物馆：《吉林永吉杨屯大海猛遗址》，《考古学集刊》第5集，中国社会科学出版社，1987年。
[6] 吉林省文物考古研究所：《吉林永吉查里巴靺鞨墓地》，《文物》1995年第9期。

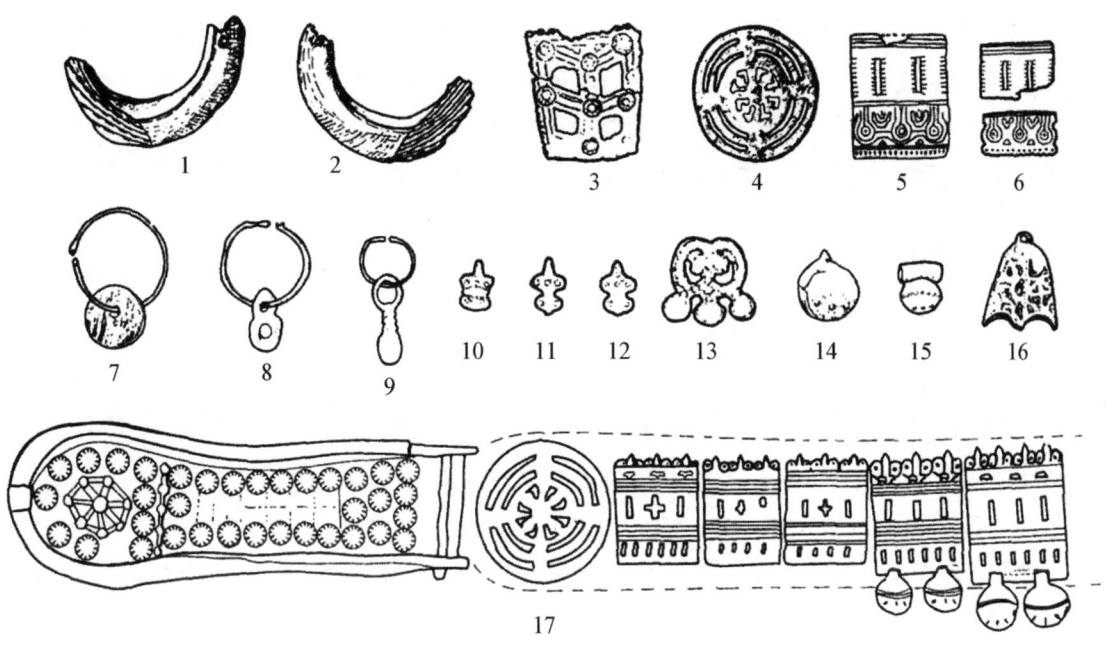

图一　黑水靺鞨文化的A系装饰品

1、2. 野猪牙饰　3~6. 镂孔牌饰　7~9. 耳环　10~12. 鸟形牌饰　13. 盔形牌饰　14~16. 铜铃　17. 腰带牌饰

（1、2. 沙普卡山靺鞨墓地出土；3~17. 特罗伊茨基靺鞨墓地出土；18. 科尔萨科沃女真墓地出土）

由于黑水靺鞨的牌和铃铛出于二次葬或地层内，不能根据位置判断其佩带于身体何处。但是在黑水靺鞨的后裔辽代黑龙江女真墓葬中已经发现铃铛仍悬缀于腰带牌饰下缘的实例，如俄罗斯科尔萨科沃墓地出土的腰带牌饰，圆形与方形牌并列分布，其中一部分牌下连缀着铜铃[1]（图一，17）。黑龙江省绥滨县五国部墓葬第3号墓中出土了一条猪皮腰带，腰带上缀有19块青铜的方形牌饰，牌下端系着圆球形铜铃15个[2]。再如在黑龙江省嫩江流域的平洋鲜卑墓地M167人骨架的腰下有小铜铃，其铃应是挂在腰带上。可以推测黑水靺鞨的牌饰是腰带上所饰，铃铛是悬挂在腰带上的腰铃。根据满族萨满法器等民族学资料，可以确认这类牌饰和腰铃是萨满跳神时使用的法器[3]。女真时期牌饰的上边缘多作鸟形，鸟是萨满升天请神的重要助手，靺鞨鸟形牌也是萨满使用的法器。

长方形和圆形镂孔牌饰在松花江、牡丹江等地也有发现，说明是靺鞨文化共有的文化因素。靺鞨镂孔牌饰的来源，似可追溯到匈奴、鲜卑流行的透雕腰带牌饰。在外贝加尔的

---

[1] 麦德维杰夫著，姚凤译：《阿穆尔河沿岸地区女真居民的生业》，《东北亚历史与考古信息》1994年第2期。
[2] 孙秀仁、干志耿：《论辽代五国部及其物质文化特征》，《东北考古与历史》第一辑，文物出版社，1982年。
[3] 王培新：《靺鞨—女真系铜带饰及相关问题》，《北方文物》1997年第1期。

德列斯图依38号墓中,墓主人为老年女性,其腰际发现了一排透雕动物牌饰(双马牌与虎形牌)和圆形镂孔牌饰,牌下发现铜铃3枚,所以早在匈奴时期的腰带上,就已经在透雕铜牌上悬挂铜铃铛了[1]。透雕铜牌悬挂铜铃铛的习俗,在靺鞨时期得到发展,成为靺鞨文化具有民族特色的文化因素,后来被其后裔女真、满族所承继。

(三)野猪牙缀饰

在俄罗斯的布列亚河流域的沙普卡山墓地M187发现了2个野猪牙缀饰。野猪牙缀饰是把一个野猪獠牙纵向劈裂成2半后加工而成。体为弧形,两端残断,靠近牙尖端有1个钻孔,用于穿绳悬缀。这与《新唐书·黑水靺鞨传》的记载相印证,可见文献记载不虚。但是仅发现这一例,说明并不是黑水靺鞨人普遍佩带的装饰品。

黑水靺鞨到辽代改称女真,天聪九年(1635年),皇太极废女真号,改称满洲,辛亥革命后称满族。满族是黑水靺鞨的后裔,在满族的民族学资料中我们能找到佩带野猪牙的深层背景。

满族萨满服饰的"骨饰有数百年的野猪牙、鹿角,以及獐、熊脚掌骨等。猪骨象征勇猛,鹿角象征长寿"[2]。满族佟佳氏萨满神本记载柳祭的经过:在萨满请柳神(主宰生育之神)时先是鹰神降临,随后是野猪神降临,降临神坛后"用嘴拱土,象征野猪神为诸神开道,又用猪牙击树、推石,象征野猪神清路。族人欢呼,因为野猪神是开路大力神,它们的降临,意味着柳神佛托妈妈就要降临"[3]。野猪牙是象征野猪神的圣物,是勇士的标志,其佩带者的资格和得到的方式可以从满族萨满教资料窥其一斑:

> 东海窝稽部女真屯寨中,还有斗熊、斗野猪、斗蟒蛇习俗。其中斗野猪最为惊险,非遇重大族事不办。部落长或大萨满以斗野猪或熊卜岁,或驱避瘟邪,或氏族间因得失、围鱼和水源的复仇,举行时,由萨满或部落首领或选出的猎手承担与野兽拼斗,即所谓"神验"。兽毙则吉,人伤曰凶。其时先由萨满请神,族众呐喊为斗者助阵。斗者赤胸赤脚,只持一把石匕,立于木栅内,在神案前磕头焚香,萨满击鼓唱神歌迎神。忽尔,一人突开窨笼,千斤野猪獠牙如刃,窜向斗者。斗者猛从神案前跃起,如醉如狂,跳上野猪身,野猪惊吼震耳,獠牙豁地成沟。斗者挥石匕刺瞎猪眼,野猪疼痛,张口扑来,斗者早仰卧猪下刺向猪心窝,很

---

[1] 冯恩学:《考古所见萨满之腰铃与饰牌》,《北方文物》1998年第2期。
[2] 王宏刚、于晓飞:《大漠神韵——神秘的北方萨满文化》,四川文艺出版社,2003年,第38页。
[3] 王宏刚、于晓飞:《大漠神韵——神秘的北方萨满文化》,四川文艺出版社,2003年,第76页。

快掏出心肺,猪死,击掉獠牙,伸神案前为大吉大顺。野猪双牙,由萨满穿孔授予斗者。[1]

佩带野猪牙是勇士的象征,同时野猪牙也是野猪神的象征,能给佩带者以力量和勇气,保护他战胜敌人。已经发掘黑水靺鞨的墓葬500余座,只有1座墓出野猪牙,与只有胆艺超群的勇士才能佩带野猪牙的遗俗相合,该墓内有铁刀和铁的铠甲片,其墓主应该是勇士。黑水靺鞨到唐朝朝贡者可能是劲健的勇士,佩带着野猪牙,中原人视为奇俗而载入史书。

佩带野猪牙源自东北亚狩猎经济为基础的古老习俗,在靺鞨分布区的史前时代已经有以野猪牙为佩饰的习俗。如在俄国滨海边疆区的新石器时代遗址鬼门洞穴遗址、青铜时代青树林遗址也发现野猪牙饰[2],在野猪牙的一端雕刻出弦纹和穿孔。吉林的青铜时代西团山文化石棺墓中亦常随葬野猪牙饰[3]。东北地区东部因为狩猎经济的长期存在,萨满教文化的稳固传承,使得这些土著文化传统长期延续,黑水靺鞨继承了勇士佩带野猪牙的古老传统,并传递给其后裔满族。

二、B系装饰品

B系装饰品有带具中的带銙、玉环、玉璧。带銙分为长方形、梭形两种,无透孔,多为素面,有的表面有浅浮雕式的纹饰。特罗伊茨基墓地M84的一组4件长方形铁带銙,其中一个铁带銙的表面有9个浅浮雕菱形块纹,菱形块纹排列方式是8件位于四边,长轴方向首尾衔接,1件位于中心(图二,1)。M45有3个梭形铁带銙,素面,其中1件在腰部边缘作上下对称的凹形。带銙在特罗伊茨基墓地出土于3座墓内,在墓中的出现频率为1.4%。

带銙、玉环、玉璧是具有中原文化特点的装饰品,唐朝规定带銙的质料和数量表示等级,如三品之服,金玉带銙十三;四品之服,金带銙十一;五品之服,金带銙十;六品、七品之服,皆银带銙九;八品、九品之服,石带銙八;流外官及庶人之服,铜铁带銙七。黑水靺鞨中的B系装饰品来源于唐文化,特罗伊茨基墓地出土长方形铁带銙,且每套在4件以下,符合唐制。《新唐书·渤海传》载,渤海第二代王大武艺(719~737年)向外扩张,"斥

---

[1] 富育光、孟慧英:《满族萨满教研究》,北京大学出版社,1991年。
[2] 冯恩学:《俄国东西伯利亚与远东考古》,吉林大学出版社,2002年,第241、366页。
[3] 东北考古发掘团:《吉林西团山石棺墓发掘报告》,《考古学报》1964年第1期。

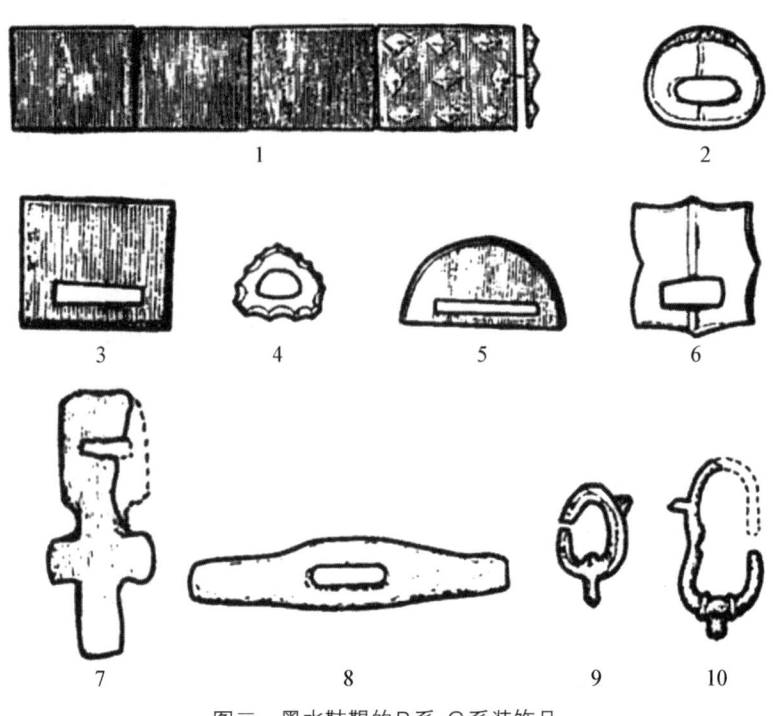

图二 黑水靺鞨的B系、C系装饰品
1. 带銙 2~6. 蹀躞带牌饰 7、8. 蹀躞带吊栓 9、10. 耳环
（特罗伊茨基靺鞨墓地出土）

大土宇,东北诸夷畏臣之"。黑水靺鞨感到前所未有的威胁,被迫主动与唐接近以求政治庇护。《新唐书·黑水靺鞨传》载,开元十年(722年)黑水"酋倪属利稽来朝,玄宗即拜勃利州刺史"。《旧唐书·靺鞨传》载"开元十三年(725年)安东都护薛泰请于黑水靺鞨内置黑水军。续更以最大部落为黑水府,仍以其首领为都督,诸部刺史隶属焉。中国置长史,就其部落监领之"。唐王朝与黑水靺鞨更建立了一种新的关系。仅自开元二十九年(741年)至天宝十一年(752年)黑水靺鞨就朝唐五次。B系是唐文化特色的装饰品,在黑水靺鞨文化中流行与黑水靺鞨受唐朝的羁縻式管理密切相关。

三、C系装饰品

黑水靺鞨文化的C系装饰品有联体式耳环、蹀躞带牌饰和吊栓。

（一）联体式耳环

黑水靺鞨的联体式耳环有金、银和青铜三种质地,环体为C形,其底部和上部有突起,犹如C形耳环上缀挂饰件，突起与环体是一次铸造而成（图二，9、10）。特罗伊茨基墓地联体式耳环共见于4座墓，在墓葬中出现的频率为1.9%，远低于A系耳环。

突厥石人广泛分布在中亚山地—草原地带，包括蒙古国、俄罗斯的图瓦和阿尔泰、中国的新疆、哈萨克斯坦和吉尔吉斯，年代多属于7～9世纪。突厥石人多为男子形象，左手握一盏杯或小壶。多数石人穿着袍服，有腰带，腰带上挂着战刀等武器。值得注意的是部分突厥石人的耳上悬挂耳环，其耳环的样式属于联体式耳环。在一些7～9世纪的突厥墓葬中也经常发现联体式耳环[1]。在呼伦贝尔草原的室韦墓葬中也发现有这种耳环，是其向东传播到内蒙古草原东端的证据[2]。特罗伊茨基墓地的C系耳环是突厥式耳环向东传播至黑龙江中游的结果。

（二）蹀躞带牌饰与吊栓

蹀躞带是在腰带上垂引小带，用于随身携带刀子、火石、巾袋之物。由于年久皮革部分已经朽掉，考古发现时腰带往往仅保留包缀在腰带外面的金属牌饰，其牌饰上有1个长方形的横孔，用于穿引下垂的小带。特罗伊茨基墓地出土的青铜蹀躞带牌饰有以下5种类型：方形，半圆形，椭圆形，齿边半圆形，人字形边方形（图二，2～6）。特罗伊茨基墓地蹀躞带出土于6个墓葬、1个地层内，计7个单位，在墓葬中出现的频率是2.9%。方形和半圆形的蹀躞带具最早见于阿尔泰山地区的巴泽雷克文化，在该文化的尤斯坦特墓地出土较多的木质方形蹀躞带具，年代大约在公元前3世纪左右[3]。7世纪以后在欧亚草原地带广为流行的金属蹀躞带具应该起源于阿尔泰的巴泽雷克文化。穿孔的金属蹀躞带具在阿尔泰山和萨彦岭地区的突厥墓地是常见的器物，有方形穿孔式、半圆形穿孔式、椭圆形、桃形穿孔式等多种形式。特罗伊茨基鞑鞨墓地出土的方形、半圆形、椭圆形蹀躞带具完全承继了突厥带具的形式，齿边半圆形、人字形边方形是在前者的基础上演绎出的新类型。

蹀躞带吊栓是下垂小带的一种棍状带头，便于拴系携带之物。在特罗伊茨基墓地出土3件骨质的穿孔吊栓，有两种类型。无柄横棍式栓，两端细中间粗，中部有一个长方形穿孔（图二，8）。长柄十字式栓，柄上有1个长方形穿孔（图二，7）。阿尔泰山与萨彦岭突厥墓地出土的吊栓也是骨质的。其形态是横棍式，下部边缘平缓，上部隆起，中部偏上有1个扁长方形穿孔[4]。远东鞑鞨墓地出土的吊栓基本保留了突厥吊栓的

---

[1] 普列特涅娃主编：《中世纪时代的欧亚草原》，莫斯科，1981年，第127页。
[2] 中国社会科学院考古研究所等：《海拉尔谢尔塔拉墓地》，科学出版社，2006年。
[3] 多布赞斯基：《亚洲游牧人的饰牌腰带》，新西伯利亚，1990年，第117页。
[4] 普列特涅娃主编：《中世纪时代的欧亚草原》，莫斯科，1981年，第122页。

特点。

突厥兴起于6世纪中叶,建国前居住在金山(阿尔泰山)一带。552年突厥首领土门击败柔然,模仿柔然官制建立突厥汗国。后来突厥汗国分为东突厥与西突厥两个体系。东突厥统治阿尔泰山以东草原地区,契丹、奚、室韦等草原民族,中原和北方割据势力也都归附突厥。《旧唐书·靺鞨传》载靺鞨"东至于海,西接突厥,南界高丽,北邻室韦。其国凡为数十部,各有酋帅,或附于高丽,或臣于突厥"。幽州之北的内蒙古草原是突厥突利可汗的牙帐驻地,西辽河流域的契丹、奚也归附突厥突利可汗,所以靺鞨能西接突厥,臣服于突厥突利可汗。突利可汗在贞观三年(629年)十二月正式脱离东突厥汗国,降唐。半月之后,靺鞨遣使向唐朝入贡,唐太宗说"靺鞨远来,盖突厥已服之故也"。突利可汗在629年降唐后,靺鞨摆脱对突厥的依附关系。强大的突厥汗国虽然昙花一现,但是突厥文化的影响却波及很远。蹀躞带具不仅在突厥驰骋的草原扩散,而且流传到周边地区。唐朝规定武官五品以上佩蹀躞七事,唐永泰公主墓石椁壁的雕像中,有多位侍者,腰系蹀躞带[1]。北宋沈括《梦溪笔谈》载:"中国衣冠,自北齐以来,乃全用胡服。窄袖、绯绿短衣,长勒靴,有蹀躞带,皆胡服也。"靺鞨曾臣服于突厥,有接受该文化的基础,唐朝对蹀躞带的推崇,促使靺鞨流行实用的蹀躞带。在粟末靺鞨墓中也发现有蹀躞带,如吉林的查里巴墓地就有出土。

四、结　　语

从考古发现分析,黑水靺鞨装饰品体系由A系、B系与C系组成。A系具有土著特色,B系来源于唐文化,C系来源于草原文化。A系主要有组合式耳环、镂孔腰牌与腰铃、野猪牙缀饰。C系有联体式耳环、蹀躞带、穿孔吊栓。黑水靺鞨人喜欢佩带耳环,以A系的组合式耳环为多,C系联体式耳环为少。日常佩带的腰带饰件中,以C系为最多。C系源于突厥文化,蹀躞带便于户外狩猎生产时携带工具用品,实用性强。加之唐朝对蹀躞带的推崇,故在黑水靺鞨中最流行。A系带牌饰源于匈奴,改头换面已经成为土著特色的带具,特殊造型包含了萨满教之护身寓意,佩带于身安全感强,因而A系带牌饰略多于B系。B系源于唐文化,唐人没有佩带耳环的习俗[2],所以B系没有耳环。在唐设立羁縻州而正式纳入唐版图后,造型简洁的唐带铐,也为黑水靺鞨所喜爱。而《新唐书》记述的野猪牙缀

---

〔1〕 陕西文物管理委员会:《唐永泰公主墓发掘简报》,《文物》1964年第1期。
〔2〕 黄正建:《唐代的耳环——兼论天王戴耳环问题》,《陕西历史博物馆馆刊》第13辑,2006年。

饰是东北史前习俗的遗留，仅为少数勇士才能佩带。黑水靺鞨装饰品的多元结构从一个侧面反映了黑水靺鞨文化的多元性。

附记：本文系教育部人文社会科学研究基地重大项目中期成果（项目批准号：05JJD780003）。

（原载《华夏考古》2011年第1期）

俄罗斯远东南部古代艺术品与中国的联系

俄罗斯远东濒临太平洋西岸,其南部(外兴安岭以南地区)与我国东北毗邻,至少从新石器时代开始,就已经与我国古代文化艺术产生密切联系,到靺鞨—渤海时期文化艺术的联系跨入新阶段。现择几个与艺术相关联的考古实例材料简要分析如下。

一、新石器时代陶器造型艺术

新石器时代人们遗留下来最多的遗物是石器和陶器,二者相比较,石器因石材本身宁碎不弯的坚硬天性,使得人们在修理或制成工具时难以表达人的情感和审美情绪,所以石器工具形态体现的主要是功能性。陶器则不然,泥坯的可塑性很大,制作者对形态和表面装饰都可以尽情施展自己的技艺,创造自己喜欢的作品,是功能性与艺术性能够比较充分结合的产物。在某种意义上,陶器是人的情感观念的物化形式,所以陶器成为考古学研究文化艺术最醒目的对象。

远东南部新石器时代陶器的基本造型是平底器,其中占主体的器形是简洁的平底筒形罐,最早的陶器出土于黑龙江下游的加夏遗址,属于奥西波夫卡文化。在遗址的最下层的奥西波夫卡文化层中发现了陶片,厚胎,火候很低,疏松易碎,该层绝对年代测定的碳十四数据是距今12 960±120年[1]。加夏遗址获得一件能接近复原的陶器(图一),是厚胎大口平底罐。陶器火候很低,质地十分疏松,分层剥落。高25～26厘米,腹径25厘米,壁厚1.2～1.7厘米,底厚1.5～1.7厘米。外表面有纵向的细沟纹,内表面也有类似的沟纹。沟纹宽约0.15～0.2厘米。发掘者认为沟纹可能是用贝壳的齿边划刮表面形成的。直到新石器时代晚期的孔东文化(孔东遗址的一个碳十四数据为距今

---

[1] 杰烈维扬科、麦德维杰夫:《加夏遗址研究(1986～1987年)》,新西伯利亚,1994年。

4 250±25年)都是平底器[1]。可见平底的艺术造型是远东南部新石器时代陶器最基本的造型范式。

平底器的优越性是放置在地面具有稳定性，这可以成为远东几千年都使用平底器的理由，但是这并不是唯一的理由。因为亚洲大多数地区新石器时代陶器不是平底器占绝对优势，甚至有些地区根本就没有平底器。例如其西北相邻的西伯利亚贝加尔湖地区，从伊萨科沃文化到谢洛沃文化的陶器都是蛋形陶器，器物上多见网印纹、戳坑、珍珠纹（圜底器和尖圜底器，图二）[2]，不见一件平底器。在与隔日本海相望的日本列岛以及朝鲜半岛中南部地区的新石器时代陶器，是以蛋形陶器为主流，朝鲜半岛弓山文化的蛋形陶罐上施以梳齿纹（图三）[3]。我国关内的黄河流域、长江流域则是多种器形并行，圜底器、尖底器、平底器、圈足器、三足器并存发展，尤以三足器（鼎、鬲、三足瓮等）最为独特。我国东北新石器时代陶器也是以平底器为基本造型，如1991年笔者在内蒙古

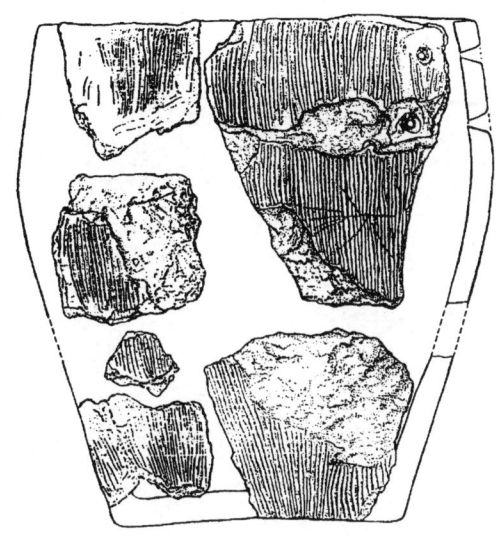

图一　远东南部最早的陶器（采自《加夏遗址研究》）

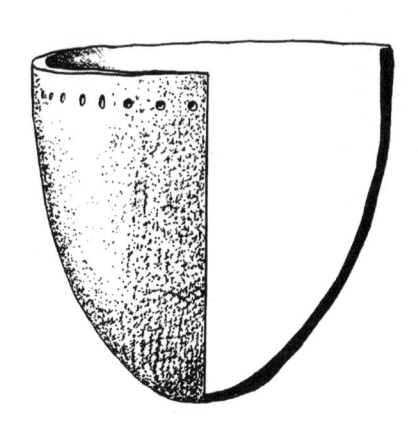

图二　西伯利亚新石器时代伊萨科沃文化陶器（采自《贝加尔湖沿岸的新石器时代和青铜时代》）

图三　朝鲜半岛新石器时代弓山文化的蛋形陶罐（采自《朝鲜考古学概要》）

---

[1] 冯恩学：《俄国东西伯利亚与远东考古》，吉林大学出版社，2002年，第222页。
[2] 奥克拉德尼夫：《贝加尔湖沿岸的新石器时代和青铜时代》，《苏联考古学材料与研究》1950年第18期。
[3] 朝鲜社会科学院考古研究所编，李云铎译：《朝鲜考古学概要》，黑龙江省文物出版编辑室，1983年，第29页。

林西县白音长汗遗址发掘到的小河西文化陶罐是迄今发现东北最早的陶器,为平底筒形[1](图四,1),厚胎,火候很低,疏松易碎,年代大约在距今9 000年左右。该遗址的兴隆洼文化南台地类型,距今8 000年左右,筒形陶罐火候高,质地高于小河西文化陶器,出现发达的纹饰(图四,2),又与远东隔江相邻。因此可以认为远东南部新石器时代陶器的基本造型范式和我国东北相同,而与其他相邻近的地区迥异,反映了两地具有相同的艺术底色。从考古学文化的角度分析,远东南部与我国东北构成了一个大的文化区,即"平底筒形罐文化区"[2]。"平底筒形罐文化区"的范围大致在:西起大兴安岭—燕山,东到日本海西岸,南从燕山南麓(北京滦河流域)—渤海湾—清川江(北朝鲜起),北达外兴安岭。总体上是以松辽平原、三江平原为中心,四周有高大山脉和海洋包围的相对独立的地理单元。由于受到发达的黄河流域新石器时代文化的影响,形成"平底筒形罐文化区"西部比东部发达、南部比北部进步快的特点。辽西地区是这个文化区的西部,受到黄河流域文化的影响最大,所以发展最快,成为"平底筒形罐文化区"中最繁荣的地区。其代表性的传统器物——平底筒形罐消失得最早,在新石器时代之末就逐渐消亡了。彩陶、圜底器、三足器等黄河流域的常见器物或多或少,或先或后传入辽西和辽东半岛。而远东南部地区距离黄河流域十分遥远,受到影响也很小,平底筒形罐为主的局面一直持续到辽代。

在东北和远东南部地区,在距今10 000年左右,陶器的出现是划时代的技术发明,是从旧石器时代走出的标志,是人类知识积累上升到一个新高峰的表现,该地区内各地最早的陶器都呈口大底小的造型,透露着最初的发明是以平底的口大底小的编制框为模具,外敷泥成型,脱模后修整,然后烧成陶器。只有口大底小才能脱掉模具框。这一技术在这个广大的区域内传播便形成了区内具有共同造型特征的早期陶器风格,大约距今8 000年左右,制陶技术改革出现新的飞跃,泥圈套接法成型技术取代模具贴塑法,陶器的形态完全

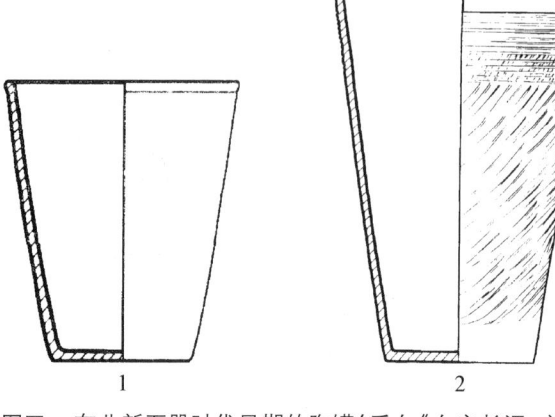

图四 东北新石器时代早期的陶罐(采自《白音长汗:新石器时代遗址发掘报告》)

---

[1] 内蒙古文物考古研究所:《白音长汗:新石器时代遗址发掘报告》,科学出版社,2004年。
[2] 冯恩学:《东北平底筒形罐区系研究》,《北方文物》1991年第4期,第28~42页。

摆脱模具形态的束缚,可以自由发展。平底筒形的造型,因简单而实用,在人们的头脑中已经成为传统陶器的标准范式,得以长期延续,从而形成以平底筒形罐为主体的区域特色,构成了东北文化区的基础。

二、远东南部新石器时代陶器装饰艺术

(一)源于捕鱼业的装饰纹饰

远东南部新石器时代是以定居的捕鱼业为经济基础。鱼是人的食物和家畜、家禽的上等饲料,鱼皮可以被加工成衣服、帽子、手套、鞋、兜子及其他容器,鱼的脂肪还可以做照明灯油。人们对捕鱼业的依赖产生了相关的艺术思维和艺术形式。陶器上细密的鱼鳞纹、宛如水流浪花的螺旋纹、绞索纹、阶梯纹,倾诉着主人对捕鱼劳作的情感。

最为流行的是所谓"黑龙江编织纹",即拍印的错位排列的菱形块,块内的凹底呈褶皱状不平整,如哈巴罗夫边疆区的孔东遗址出土的陶片[1](图五)。"黑龙江编织纹"纹饰的定名,被认为它是模仿筐篓的编织纹样,符合艺术来源于生活的认知方法,但是编织纹样与其相差较大,而当地近现代土著人生活中流行的鱼皮制品,却给我们更多的灵感。

在结雅河(精奇里江)、松花江、乌苏里江于中游汇入黑龙江后,黑龙江水量激增。黑龙江中共有120多种鱼类栖息在黑龙江流域,其中包括7种洄游性的太平洋鲑鱼和2种鲟鱼。大马哈鱼属于鲑鱼中的一种,为冷水性溯河产卵洄游鱼类。原栖息于太平洋北部,以鄂霍次克

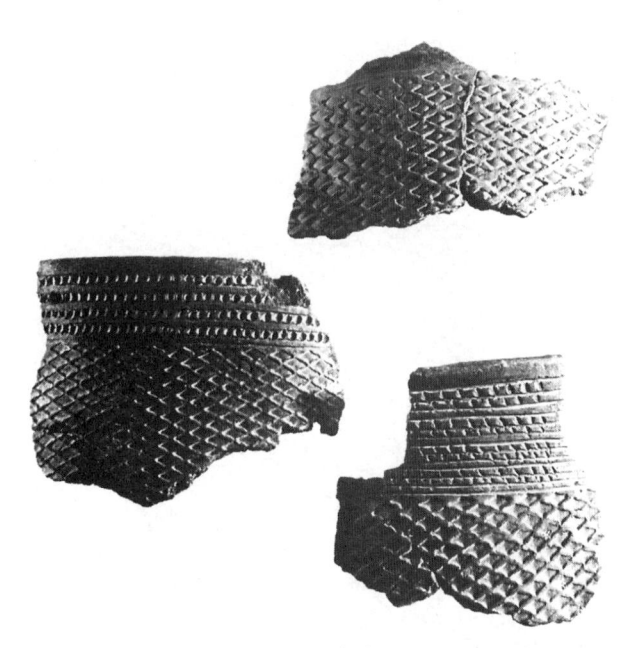

图五 黑龙江下游孔东遗址出土陶片纹饰

---
[1] 奥克拉德尼科夫:《孔东古代遗址的陶器》,新西伯利亚,1984年。

海、白令海等海区数量最多。它们在海里生活4年之后,到每年八九月间性成熟时,成群结队地从外海游向近海,进入江河,涉途几千里,回到出生地——黑龙江。进入黑龙江生殖洄游的亲鱼根据溯河时间可分为两个生物群,夏型和秋型。每年秋季由鄂霍次克海经萨哈林岛成群进入黑龙江,上溯200公里至中国境内的只是秋鲑,大多数是在下游产卵,到达上游产卵的仅为少数。在乌苏里江和黑龙江产卵时间在10月下旬至11月中旬。成鱼进入黑龙江后便不摄食,选择水质澄清、水流较急、水温5~7℃、底质为石砾的地方产卵。在产卵场,雌鱼不断用尾鳍借助水流向四周发动,形成一个直径约1米长,0.3米深的圆坑,将卵产在坑内,然后雌鱼反复用尾鳍拨动砂砾将卵埋好,亲鱼则徘徊于产卵场周围保护产床。产卵后亲鱼身体瘦弱,7~14天死亡。终生只繁殖1次。受精卵孵化后,100多天后,小鱼才从卵中孵出,仔鱼喜潜伏在石砾间黑暗的地方,来年春天,长至50毫米,它们顺流而下,又游向大海。4~5年性成熟,又会历经千难万险,游回家乡。最大的个体达7.5克。土著的那乃人、奥罗奇人利用这种丰富的渔业资源,在秋季大规模捕捞、加工和秋储。"鲑鱼皮适合做袍子和护膝;狗鱼与细鳞鱼鱼皮适合做鞋子,折乐鱼皮可以做鞋子和护膝"[1]。远古的居民也必然会利用这个得天独厚的渔业资源,秋季大规模捕捞从海洋源源不断涌来的成群的大鱼,也会以鱼皮作为加工服装、包兜的原料。鱼皮上的鱼鳞痕迹为错位排列的菱形块,这在远东土著人的鱼皮萨满袍上仍可以清晰看到[2](图六、图七),与陶器上错位排列的菱形块纹饰基本相似。所以,陶器上的纹饰是模仿他们日常最熟知的、对他们生活很重要的鱼皮花纹。因此与其叫"黑龙江编织纹",还不如称"鱼鳞痕纹"或

图六 鲤鱼去鳞后的鱼鳞痕迹

---

〔1〕 杰烈维扬科著,林树山、姚凤译:《黑龙江沿岸的部落》,吉林文史出版社,1987年,第58页。
〔2〕 Okldnikova. *Ancient Art of the Amur Region about Rock Drawings, Sculptuer and Pottery*, Leningrad, Avrora Art Publishers, 1981.

图七　黑龙江土著人萨满鱼皮袍上的鱼鳞痕底纹（采自《黑龙江地区古代艺术》）

"鱼皮纹"更接近历史真实。

我国东北东部也有"鱼皮纹"陶器,在黑龙江省的新开流文化中就有。新开流文化位于乌苏里江流域的兴凯湖旁,遗址有储存鱼的鱼窖,也反映了新石器时代渔业的发达。模仿鱼皮制品上鱼鳞痕的菱形纹饰广为流行,反映了当时鱼皮制品使用广泛的事实。在鲁德那亚文化中,菱形纹发生变形与简化,出现错位排列弧形纹等新形式,这是艺术来源于生活又高于生活的又一实例。

（二）源自黄河流域彩陶的螺旋纹装饰艺术

黑龙江下游的孔东文化属于新石器时代晚期,《孔东古代遗址的陶器》中报道了一个孔东遗址采集的标本,其测定的年代数据为距今4 250±25年（公元前2570年）[1]。孔东文化陶器的螺旋纹发达（图八）,以苏丘岛遗址出土者为最早,分有底纹和无底纹两类,底纹

---

[1] 奥克拉德尼科夫:《孔东古代遗址的陶器》,新西伯利亚,1983年。

图八 苏丘岛遗址出土孔东文化陶罐上的螺旋纹（采自《黑龙江地区古代艺术》）

为篦点之字纹。其主题纹样的演变如图九所示，由规矩紧凑型向灵活疏朗型发展。实际上这种螺旋纹在当地的古老文化中找不到来源，很可能是受外来影响出现的。

朝鲜咸镜北道雄基的西浦项遗址，位于图们江入海口的南侧，在该遗址的第Ⅲ期层出土的小口鼓腹陶罐与陶壶上，有刻划简单而标准的螺旋纹或勾连螺旋纹[1]（图十），这些勾连螺旋纹，有四个特征与孔东文化螺旋纹的常见特征一致：第一，两朵螺旋纹之间有斜线连接，像有连带的滑轮一样，是孔东文化螺旋纹最基本的特征。第二，陶罐上的螺旋纹呈勾连状，勾连式的螺旋纹也见于孔东、纳霍德卡文化（位于黑龙江口）。第三，两朵螺旋纹之间的空处有三角纹做间隔，这种做法也见于孔东遗址。第四，有纹饰带的边缘线，即在螺旋纹的上下边缘有横向直线。二者之间的演变关系是显而易见的。二者的传播路线现在还不清楚，但是，处于二者之间的滨海地区也发现了标准的单螺旋纹陶片，没有底纹。西浦项遗址第Ⅲ期层的年代在公元前5000年[2]，比孔东文化年代早得多。因此，孔东文化早期的螺旋纹是从图们江流域经过滨海地区传入的。

西浦项第Ⅰ期层和第Ⅱ期层陶器，两者只有手制的粗糙的平底筒形罐，第Ⅲ期层突然出现火候高的泥质磨光的小口鼓腹罐和壶，而且小口罐和壶上的螺旋纹纹饰也是新见的。韩国白弘基在《东北亚平底土器的研究》中，论证了西浦项第Ⅲ期层的螺旋纹来源于辽东旅大地区的小珠山中层彩陶之勾连纹。我们认为他的论证是正确的。在新石器时代，中国东北俄罗斯远东南部、朝鲜的北部是平底筒形罐文化区，陶器以土著的平底筒形罐为基本器形，本没有陶壶。陶壶技术从黄河流域传入辽东，出土新石器时代陶壶的遗址，断续分布于从鸭绿江口到图们江口的中国与朝鲜交界地区，表明陶壶是沿鸭绿江东行传入图们江流域的。黄河流域新石器时代彩陶向东传入辽东地区，小珠山中层的彩陶就是黄河

---

[1] 朝鲜社会科学院考古研究所编，李云铎译：《朝鲜考古学概要》，黑龙江省文物出版编辑室，1983年，第38页。
[2] 白弘基：《东北亚平底土器的研究》，学研文化社，1994年，第54页。

图九　孔东文化螺旋纹演变示意图(采自《俄国东西伯利亚与远东考古》)
1～3. 苏丘岛遗址出土　4～7. 孔东遗址出土

流域彩陶东传的结果。西浦项第Ⅲ期层陶壶与罐上的螺旋纹滑轮式的勾连螺旋纹样、上下加纹饰带的刻划边缘线、有三角纹填于间隙的做法,都见于小珠山中层彩陶纹样,传承效仿的痕迹十分明显。小珠山中层的4个测定数据在距今5 810～5 210年,与西浦项第Ⅲ期层的时间相同或略早,在时间上也吻合。所以,大汶口文化彩陶的勾连螺旋纹随着陶壶的东传而向东传播,并在传播过程中由彩绘螺旋纹变为刻划螺旋纹。

黄河流域的新石器时代彩陶以西阴文化为最盛。西阴文化又称为庙底沟文化、仰韶文化庙底沟类型,以陕晋豫交界地带为中心。彩陶向东传播到山东和江苏北部的大汶口文化刘林期,经胶东地区的白石类型,从海路传播到辽东半岛的小珠山中层文化。余西云研究西阴文化的彩陶纹样认为"彩陶所使用的绘画语言可以分解为阳纹弧线三角、阴纹弧线三角、圆点这样三个最基本的语素。三种基本语素互相结合,

图十　朝鲜西浦项遗址出土陶壶上的螺旋纹(采自《朝鲜考古学概要》)

形成多种不同的语符"[1]。从河南陕县庙底沟遗址陶盆（H10∶131）[2]，到江苏邳县大墩子墓地陶盆（M30∶9）[3]，再到大连市小珠山第4层彩陶片[4]，可以观察到彩陶花纹在向东传播过程中演变为勾连彩绘纹样的线索（图十一）。庙底沟的弧线三角纹进一步细化，发展成大墩子的双弧相对勾连，弧内含珠，有如二龙戏珠的意韵，形成了"含珠式"勾连纹。勾连螺旋纹的基本形态已经具备，这是一个具有重要意义的转变。但庙底沟的圆点纹"基本语素"仍保留。小珠山的彩绘纹样则舍去圆点纹这一"基本语素"，是进一步的简化形式，是质变的演化。西阴文化的彩绘是有一定寓意的神圣标志，是社会精神与宗教观念的艺术表现。在向东北的传播过程中，受到异质文化观念所阻，不得不改变固有程式，形成新的变体。新纹样在新的文化环境中应该具有新的寓意，才具备了新的生命力。小珠山中层文化彩陶的勾连螺旋纹随着陶壶的东传而向远东传播，并在传播过程中由彩绘螺旋纹变为刻划螺旋纹，形具备而手法易，又发生了新的质变。变异是艺术形式传播的必然结果，螺旋纹在适应中求发展，形式的转换适应了当地居民的审美取向，与其存在的渔猎生活背景相协调，表现出强大的适应力。有人认为西阴文化是"中国文明的滥觞"，其文化标志是彩绘之花，"其以绚丽多姿的彩绘'花'纹为旗帜，开启了'华'夏族群浩荡洪流的先河"[5]。若果真如此，那么，远东螺旋纹就是华夏文明洪流初起时的飞溅之滴。

孔东遗址3号房址（F3）内出土遗址中唯一的女子陶塑雕像（图十二）。额头有孔，应插戴饰物，暗示有特殊身份。高颧骨、直鼻梁、柳叶弯眉、樱桃小口，具有东方美女之特征。凤眼双眯，作冥想或灵魂出窍之状。而且这个房址内没有发现任何灶的遗迹，所以，这个房子是与原始宗教祭祀有关的特殊用途的房子。在F3中出土的陶器以螺旋纹陶器最多，特别是完整器物中7件有6件是带底纹的螺旋纹。F3陶片中还有大量的内填篦点的变体螺旋纹。这暗示在孔东时代螺旋纹流行有着原始宗教信仰的背景。在近代的赫哲族——阿依努人的纹饰中仍广泛流行涡轮形的螺旋纹，阿依努人的口承文学记载，这种纹饰并不单纯是一种装饰，它被称为"神眼纹饰"，是族人的守护神，可以避免外敌和江浪的侵袭[6]。孔东文化流行螺旋纹，该文化的拥有者不只是将其作为一般的陶器装饰，而是把它看作保护神纹饰。螺旋纹在孔东文化人们心目中，似云、似花、似浪、似水流、似旋涡、似精灵之毛发、似神怪之眼睛，富于变化，又充满神秘。

---

［1］余西云：《西阴文化——中国文明的滥觞》，科学出版社，2006年，第226页。
［2］中国科学院考古研究所：《庙底沟与三里桥》，科学出版社，1959年。
［3］南京博物院：《江苏邳县四户镇大墩子遗址探掘报告》，《考古学报》1964年第2期。
［4］辽宁省博物馆等：《长海县广鹿岛大长山岛贝丘遗址》，《考古学报》1981年第1期。
［5］余西云：《西阴文化——中国文明的滥觞》，科学出版社，2006年，第231页。
［6］村上秀信著，贺文章译：《阿伊努族与赫哲族的渊源关系》，《北方文物》1990年第1、2期。

西阴文化	1
大汶口文化	2
小珠山中层文化	3 4 5 6

图十一 勾连彩陶纹的演变

1. 河南陕县庙底沟遗址出土　2. 江苏邳县大墩子墓出土　3～6. 大连小珠山遗址出土

三、远东中世纪文化

唐朝时期远东南部的历史发生重大改变,迅速跨进文明时代。唐朝时远东的滨海边疆区大部分属于渤海国的疆域,渤海国为粟末靺鞨建立的地方政权,是唐朝的属国。其北的黑龙江中下游地区为黑水靺鞨所居,唐朝在贞观十四年(640年)于其地设置黑水州,这是黑龙江下游建置州一级行政机构的开始(《唐会要》卷九十六"靺鞨"条记载,唐贞观十四年"黑水靺鞨遣使朝贡,以其地为黑水州")。《旧唐书·靺鞨传》记载唐玄宗开元十年(722年)在今伯力设勃利州,开元十三年(725年)由于安东都护薛泰的建议置黑水军。十四年(726年)又在黑水靺鞨中最大部落的所在地建置黑水州都督府,仍旧以其首领为都督,统辖其属下各州刺史,"中国置长史,就其部落监领之"。开元十六年(728年),唐玄宗赐黑水府都督姓李氏,名献诚,授云麾将军兼黑水经略使。唐朝直接对黑龙江流域进行羁縻州管理。朝贡、赏赐、征战、贸易、移民等形式多样的交流活动,促使远东南部与内地的文化交流进入一个新的历史时期。

图十二 孔东遗址出土陶塑女神像(采自《黑龙江地区古代艺术》)

中世纪,远东出土的文物可以归为土著品与外来品两大类,所承载的历史信息不同。现各举3例说明如下。

(一)土著品

1. 陶罐

唐朝时期内地日常餐具中,瓷器已经取代陶器,而在远东的黑龙江流域的靺鞨人仍然使用陶器,不见瓷器。靺鞨陶器以罐为主,有少量的斜壁碗。陶器仍然恪守新石器时代的平底器造型传统,不见圜底器、尖底器及圈足器。器形仍然以筒形罐为主体(图十三),面对这些万年有余的陶器传统,远东陶器造型艺术传统之根深蒂固令人惊叹。

阿穆尔州的特罗伊茨基墓地出土的靺鞨陶罐有少量的方格纹,其中有1件罐上压印的方格呈错位排列(图十三,4),有可能与当地的新石器时代流行的错位排列的菱形块纹有渊源关系[1]。

2. 斜口器

靺鞨陶器中还有形态特殊者——斜口器,也是平底,口部倾斜。如犹太自治州的布拉戈斯洛文遗址出土的斜口器,平底,大口小底,鼓腹,上部口平,下部口呈凹字形,口下有一

---

[1] 杰烈维扬科:《特罗伊茨基墓地》,新西伯利亚,1977年。

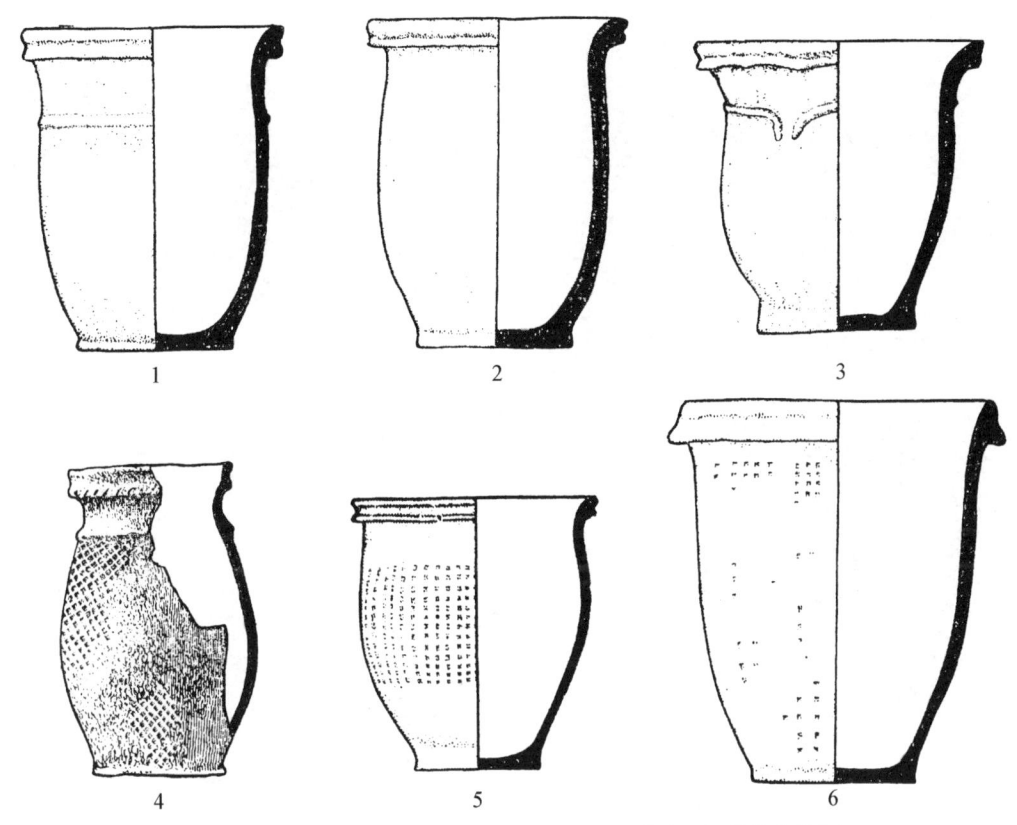

图十三　特罗伊茨基墓地出土靺鞨陶罐（采自《特罗伊茨基墓地》）

弧形的附加泥条[1]（图十四,3）。靺鞨斜口器在我国的黑龙江省绥滨县的同仁遗址房子内也有出土。

年代最早的斜口器发现于沈阳市内的新乐遗址[2]，深腹筒形罐状，上部平口，下部凹形口，体饰之字纹。赤峰地区的水泉遗址出土赵宝沟文化的斜口器6件，分2型，A型5件，F9②：8上腹平直，下腹斜收，上部平口，下部凹口。平口部分素面无纹，凹口部分有之字纹。B型1件，上部平口，下部弧形口，上口边有2个后补缀的钻孔，下口边有11个后补缀的钻孔[3]。

白音长汗遗址的红山文化西荒山类型灰坑内发现的斜口器，属于口下部为弧形的类型，下口的边缘有乳丁纹。器体饰成组的划纹和之字纹。内蒙古巴林左旗的富河沟门、吉林省农安县左家山遗址[4]从新乐文化（7 000年前）到红山文化西荒山类型（4 000年前）

---

[1] 季雅科娃：《苏联远东中世纪的陶器》，莫斯科，1984年。
[2] 辽宁省文物考古研究所：《沈阳新乐遗址试掘报告》，《考古学报》1978年第4期。
[3] 内蒙古文物考古研究所：《内蒙古林西县水泉遗址发掘简报》，《考古》2005年第11期。
[4] 吉林大学考古教研室：《农安左家山新石器时代遗址》，《考古学报》1989年第2期。

图十四　斜口器

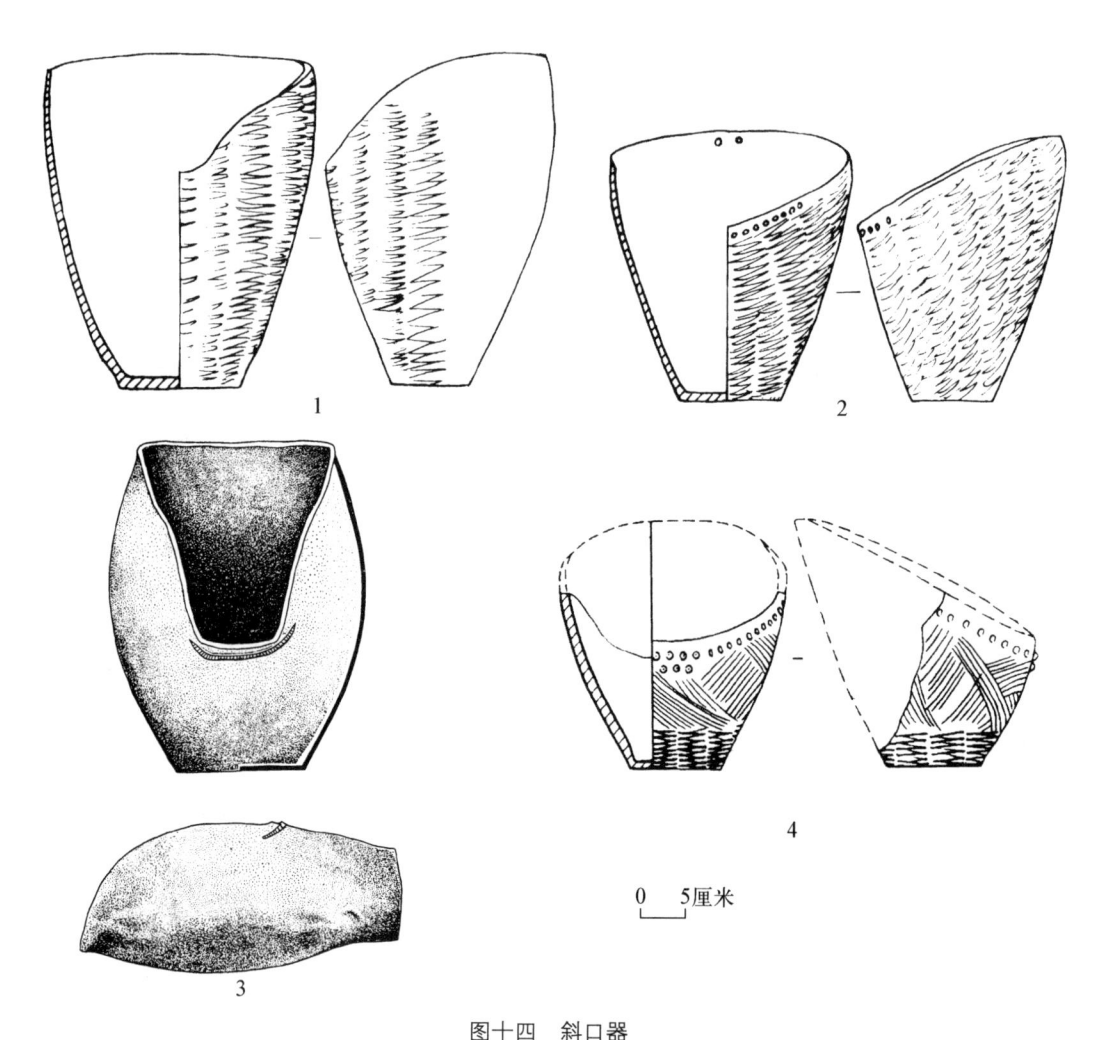

1、2. 赤峰市水泉遗址出土　3. 布拉戈斯洛文遗址出土　4. 赤峰市白音长汗遗址出土

延续达3 000年,说明斜口器在东北地区新石器时代曾经广泛流行。靺鞨斜口器和新石器时代斜口器的基本形态相同,下口边缘都有特殊加饰的习惯,因此应该有渊源关系。东北西部的新石器时代的斜口器在消失后,偏远闭塞的黑龙江流域的某支土著文化中还保留着,到靺鞨时期又再度发展起来。斜口器既然有如此的生命力,当有实用的性能。内蒙古富河沟门遗址的富河文化斜口器出土在灶旁,暗示斜口器与灶火有关,报告作者推测是保存火种之器[1],都兴智则认为是撮灰的"灰簸箕"[2]。

同仁遗址F2是半地穴木构建筑。因火灾而崩塌,房子内的布局保持着生活时的原

---

[1] 中国科学院考古研究所内蒙古工作队:《内蒙古巴林左旗富河沟门遗址发掘简报》,《考古》1964年第1期。
[2] 都兴智:《关于之字纹陶器的几个问题》,《北方文物》2006年第4期。

貌，大部分木构部件被火烧炭化后保留下来，对了解房子的基本结构提供了较详细的资料，发掘者对其做了复原[1]（图十五）。同仁遗址F2的斜口器横放在北边木床上，是室内冬天最冷的角落，因此笔者推测此器可能是床上取暖的火盆。笔者在东北黑龙江农村长大，对农村的习俗仍记忆犹新。那时村子里有冬天于炕上放火盆取暖的习俗。火盆为泥

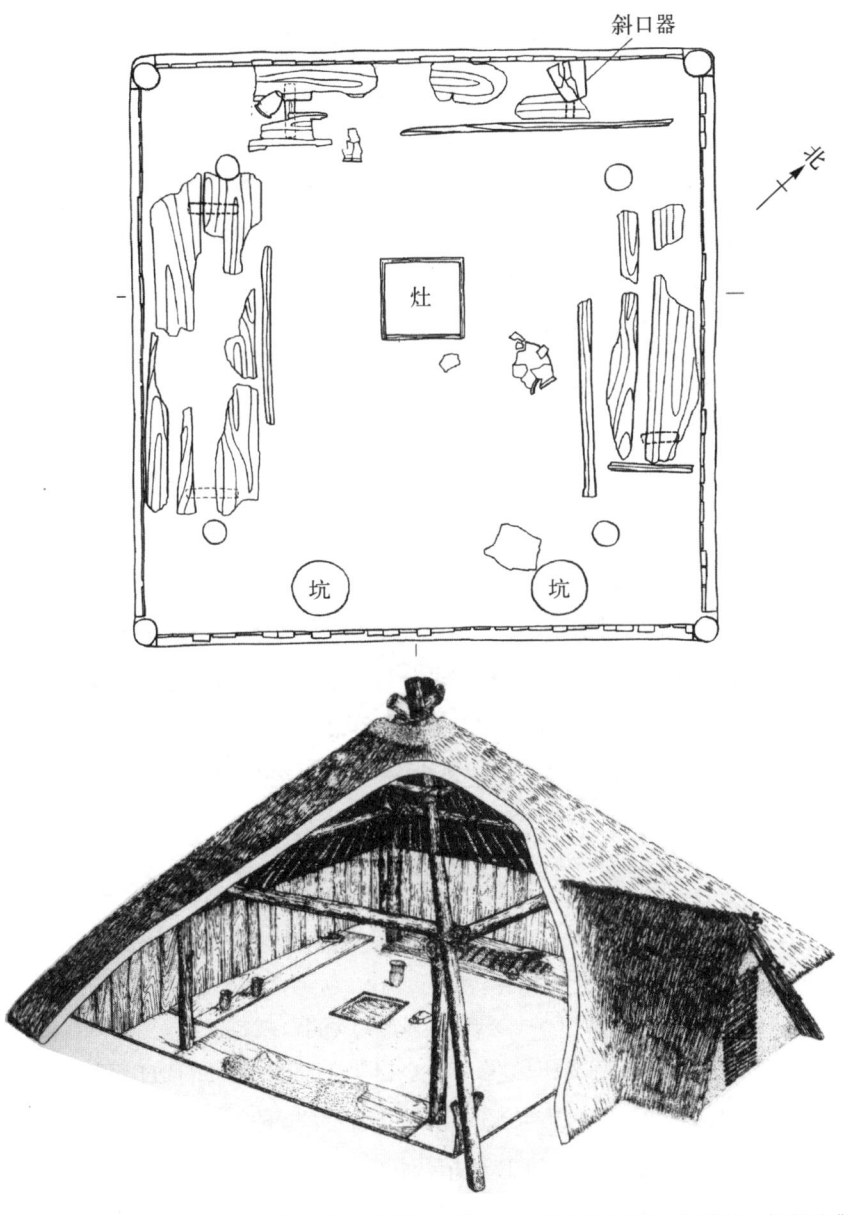

图十五　同仁遗址靺鞨房址内（F2）斜口器的位置（采自《黑龙江绥滨同仁遗址发掘报告》）

[1]　黑龙江省文物考古研究所等：《黑龙江绥滨同仁遗址发掘报告》，《考古学报》2006年第1期。

做的土盆，内放炭火，令其阴燃不冒烟。那时的冬天比现在雪大寒冷。室内北墙最凉，有时上霜。放火盆于北炕，可以持续增加室内温度。在寒风刺骨的冬日，从室外回来，刮拨火盆内的浮灰，就裸露出红色炭火，烤手或脚，几分钟便使冻得麻木僵硬的手指或脚趾恢复灵活。火盆一般不用铁盆，不仅是为了省钱，土盆壁厚，质地疏松，散热慢，炭火保留时间长。斜口器是陶质的，具有土盆的特点。偏斜的口，横向平放状如簸箕，便于从灶里扒炭火入火盆。然后横放或立置于床或炕上，炭火少时也可以平放。因为是放在床或炕上的器物，所以新石器时代的斜口器多有纹饰修饰，赤峰地区的水泉遗址出土赵宝沟文化的A型斜口器（F9②：8），上部平口，下部凹口。平口部分器壁素面无纹，凹口部分的腹壁有之字纹，也指示出器物经常是横放平置，用法如撮箕，所以其功能考虑为撮灰的簸箕是很有道理的。但是陶器容易破碎且笨重，作撮箕是不实用的，远不如编制的簸箕，而且簸箕的成本也比陶器低得多。所以在黑龙江以前的农村，扒灶灰主要使用簸箕或筐。斜口器还有平底可立置、深腹、不怕火的特点，作火盆是适合的。总而言之，斜口器可以作撮箕，可以作火盆，是适合东北与远东寒冷气候的实用之器。

3. 刻纹的马掌骨

远东靺鞨文化中的特罗伊茨基类型墓葬中经常出土刻纹的马掌骨，其上多有刻划的特殊符号或花纹，如有的在腰下部刻划带状交叉纹，有的上部刻人形，下刻一排竖道（图十六，1、2）。

马在远东出现得较晚，目前最早的马骨就是靺鞨墓地出土的，最早的马具也出在靺鞨墓地。特罗伊茨基出土的铁马镫是短柄，柄上有穿孔，窄踏板。远东多平原和山地，东临太平洋，气候湿润多雨。野马的习性是选择气候干凉的地域开阔的草原生活。远东靺鞨时期的马应该是从东北西部引入的，引进的时间至少是在北朝时期，因为远东靺鞨文化最早的奈费尔德类型的时代在北朝至隋唐时期。马和马具的传入，对当地生活和战斗力的提高起到重要作用。《旧唐书·靺鞨传》："而黑水靺鞨最处北方，尤称劲健，每恃其勇，恒为邻境之患。"《新唐书·靺鞨传》："唯黑水完强，分十六落，以南北称。"黑水靺鞨以勇战而著称于史，应该与马的利用密切相关。

靺鞨人的原始信仰是萨满教，马掌骨上刻划奇特的符号，又随葬于墓中，可能是占卜使用的神具。选用马掌骨，应该和马在人们心目中的神秘敬畏的地位有关。靺鞨人的萨满神具中有骑士像，如吉林省永吉县杨屯墓地出土的青铜骑士像（图十六，3），强调马高昂的弯颈，长长的尾，而简化马飞奔必须依靠的四肢，因为此马是飞的形象，不必强调长腿，骑士是萨满，马是萨满通神的助手[1]。类似的铜骑士像在远东的沙伊金古城也有发现。

---

[1] 王培新：《靺鞨—女真系铜带饰及其相关问题》，《北方文物》1997年第1期。

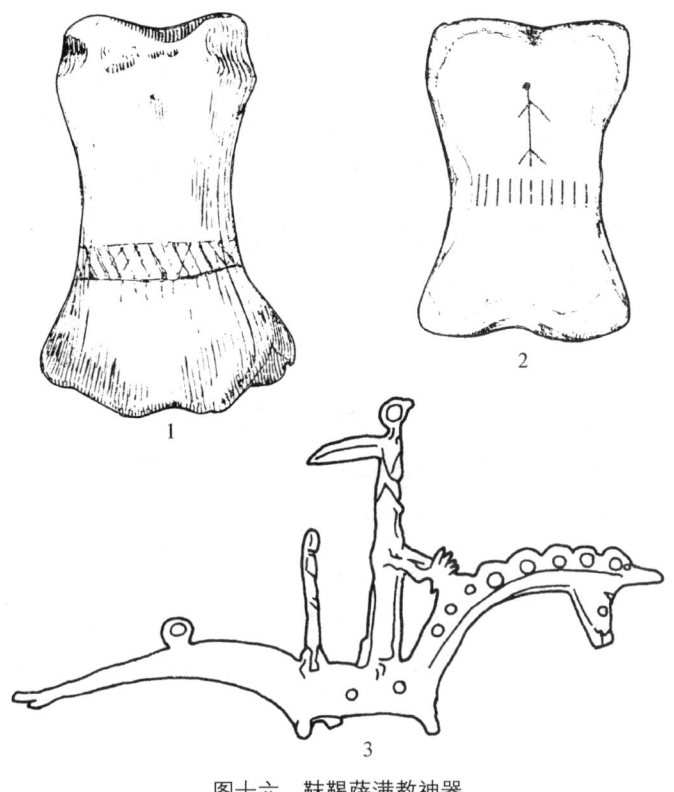

图十六　靺鞨萨满教神器

1、2. 特罗伊茨基墓地出土　3. 杨屯墓地出土

以简约概括的外形表达出通神使者乘神马飞腾的深刻内涵。简单而变形夸张的造型，萨满教象征意义的内涵，构成了这类靺鞨艺术的特点。

（二）外来品

1."开元通宝"

在滨海边疆区的莫纳斯特尔卡靺鞨墓葬中曾经发现有唐朝铸造的"开元通宝"，是挂在一个金属环上的[1]（图十七）。以金属环穿吊圆形玉片是远东黑龙江中游靺鞨墓中常见的耳坠形式，所以这件器物实际是一套耳坠。

唐建国后，为适应其统治需要，于高祖武德四年（621年）七月着手整顿货币，颁诏废五铢钱，改铸统一的开元通宝。钱文为唐初大书法家欧阳询制词及书，文字庄重、隽

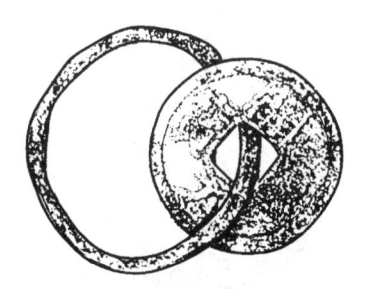

图十七　远东靺鞨墓出土"开元通宝"耳坠

---

[1] 季雅科娃：《滨海地区靺鞨遗存》，海参崴，1998年。

秀、挺拔，时称其工。其字在篆隶之间，其钱文先上后下，次右左读之。开元意指开辟新纪元；通宝意指通行宝货。铜钱名曰通宝，反映了当时人们对货币作用有了进一步的认识，以钱为宝，则意味着货币即财宝观念的增强和人们对其崇拜的程度。唐代开元通宝的铸制与流通，在我国钱币形制发展史上有着划时代的意义。开元通宝的产生，有着深刻的社会原因。经济决定金融，开元通宝是当时商品生产和商品交换逐渐扩大的产物。开元通宝的出现，开元宝、通宝方孔圆钱之先河，宣告了自秦以来流通了八百多年的铢两货币的结束。从此，我国的方孔圆钱多以通宝、元宝相称，亦即宝文钱的开始。它的文字、重量、形制均成为后世铸钱的楷模。

货币的功能在于流通买卖货物，而远东滨海的靺鞨人把"开元通宝"铜钱悬挂在耳朵下，完全丧失了货币功能。开元通宝是通过赏赐还是其他途径流入远东靺鞨地，我们不得而知。但是从作为耳坠可以知道当时乡村的靺鞨人的商品交换是不发达的，处于以物易物阶段，不需要货币。在他们心中这是来自最繁华的唐朝内地的珍奇之物，自然可以把开元通宝铜钱当作罕见的珍贵首饰佩带。存在环境的变化导致唐铸"开元通宝"形不变而功能异，在靺鞨人的眼中，摇曳在靺鞨人耳下的"开元通宝"只不过是外圆内方的新奇的铜形饰物，欧体钱文也成了神秘的花纹。

2. 金刚杵

佛教艺术品中当首推一件有刻款的佛教文物——金刚杵，出自克拉斯诺亚罗夫斯基古城。克拉斯诺亚罗夫斯基古城位于滨海边疆区乌苏里市向南5公里处，金刚杵是在内城区的宫殿遗迹群内发掘时获得的（图十八）。杵长21.5厘米，用白色青铜制作。中部是六棱形的握杆，长8厘米，直径2厘米，分为5段[1]。笔者曾经在远东民族、历史、考古所观察此器。金刚杵的头分三股，中股是握杆的延续，为四棱形。握杆的端头正反两面是类似狮子的兽面。左右伸出龙头，龙头上贴有附角，龙口衔着两侧股，侧股呈相合围的弧弯形。金刚杵头后部似弯弓，中股似箭，金刚杵杵头整体犹如拉满的弓箭。天龙和狮子都是佛教护法神灵，龙为长圆形头，上有角。

金刚杵也称降魔杵。金刚杵是佛教尤其密宗常用的法器，原为古印度的一种兵器，它是神话中陀罗王所持之武器。佛教密乘用金刚杵作为法器后，金刚杵的杵端锋利状有了很大的改

图十八　远东出土的金刚杵

---

[1] 阿尔捷米耶娃：《出自克拉斯诺亚罗夫斯基古城的佛教权杖》，《欧亚考古学刊》2005年第1期。

变。金刚杵按等级可分为：上、中、下三等。《诸部要目》载：杵长16指为上，12指为中，8指为下（以握时4指的宽度为基数，实测大约30、22、16厘米）[1]。不持金刚杵，无以得成就。按其形制可分为：独股、三股、五股、七股、九股杵。金刚杵的形状不同，其作用也有不同之处。独股杵象征独一法界，是最古老的形式，其锋颇长，为密迹金刚力士所持。千手观音四十手之金刚杵及金刚藏王菩萨一百零八臂中之一手亦持独股杵。三股杵象征三密三身。三密即身结印契，口诵真言，心作观想；三身即生身、法身、应身。三股杵常称"缚日罗"。五股杵称五智金刚杵，其五锋系表五智五佛，五智为大圆镜智、妙观察智、平等性智、法界体性智、成事智；五佛为东方药师佛、南方宝生佛、西方阿弥陀佛、北方不空佛、中为大日佛。

远东出土的这件金刚杵在握杆上有雕刻的题记："临潢府□□司造。"字迹潦草。临潢府遗迹在内蒙古西拉木伦河上游的巴林左旗林东镇辽上京城址。这里以前是辽朝的上京城，神册三年（918年）辽太祖在此地建城，名曰皇都，作为辽国初期的统治中心。辽灭渤海之后，国土扩大，国家大业已经稳固，经济有了新的发展，皇都城规模较小，所以太宗天显元年（926年）在皇都兴建宫室，扩展郛郭，至天显十三年（938年）更名为上京，设立临潢府。临潢府城内建有天雄寺、安国寺、龙寺、贝圣尼寺、节义寺等著名寺院，有盐铁司、内省司、八作司等管理机构。金占领后仍然设置临潢府。辽代佛教兴盛，这件器物的杵头形式与辽宁西上台辽墓出土的金刚杵[2]风格最近，可能是辽代制作的。

作为佛教密宗法器金刚杵，这件辽上京临潢府制作的佛教法器在远东城内"宫殿建筑群"中发现，是远东金代佛教受到辽代上京佛教影响的直接证据，同时也反映了金代远东佛教与密宗有所关联。远东原始宗教是萨满教，从渤海时期开始佛教进入远东南端，遗留下一些佛教遗迹。其中唐代渤海的杏山寺遗址发掘后，根据建筑遗迹和坍塌的瓦、鸱吻等建筑构件的分布，曾经复原了该佛寺的建筑，为重檐建筑。从这些遗迹、遗物可以感受到中世纪远东滨海地区佛教的兴盛。

3."尚食局"瓷器

远东没有本地制造的瓷器，从渤海时期开始有外来的瓷器，辽金元时期已经很多。其中滨海阿纳耶夫斯克耶城址30号房子出土了罕见的"尚食局"铭文定窑瓷器[3]。"尚食局"白瓷器的产地是河北曲阳定窑，是为皇宫需要制作的瓷器。"尚食局"是北宋皇宫

---

[1] 韩国祥：《朝阳西上台辽墓》，《文物》2000年第7期。
[2] 李雁芬：《佛教密宗的金刚杵》，《中国文物报》2005年1月5日第8版。
[3] 彭善国：《俄罗斯滨海地区出土定窑瓷器的探讨》，《考古》2007年第1期。

内的六尚局之一,负责皇帝御膳,位于东京城(今河南开封)宫城内东北部。金朝入主中原后,沿北宋之制,宫内也设尚食局,金中都在今北京。传统观点认为"尚食局"瓷器是北宋瓷器,近来有学者考证认为是金代产品[1]。远东金代城出土的"尚食局"瓷器,无论是定在北宋,还是断在金代,皇宫内的瓷器缘何流落到偏僻的远东小城,都是个历史之谜。

这些艺术品反映了自唐代靺鞨时期开始,远东与中国腹地的联系越来越紧密,由以往的间接联系,发展到直接联系。这些外来的产品,进入远东的途径各不相同,身世各异,但是它们以其特有的艺术魅力,对远东带来新观念、新思想,给予启迪、幻想和动力,动摇千古传统观念,其精神层面的影响远大于物质层面的作用。

(原载《艺术与科学(卷九)》,清华大学出版社,2009年)

---

[1] 深圳市文物管理委员会:《宋辽金纪年瓷器》,文物出版社,2004年,第161～164页。

辽代鸡冠壶类型学探索

鸡冠壶是辽墓中经常遇到而器形变化甚敏感的器物，是辽陶瓷类型学研究的重点对象。自李文信先生始，中外学者对鸡冠壶型式的研究不断取得进展。本文在前人研究基础上再加以探索。

一、分　型

李文信把鸡冠壶分为矮身单孔式、扁身双孔式、扁身提梁式、圆身提梁式、矮身横梁式，但未进而讨论诸式之间有无相承演变关系[1]。冯永谦提出矮身横梁式应属另一序列，已意识到诸式不是单线演进的关系[2]。李宇峰明确提出可分为两个序列，一是穿孔序列，一是提梁序列[3]，并指出提梁式由矮身发展到扁身，再发展到圆身。冯永谦原拟想矮身提梁式后来演变为矮身鸡形壶，经李红军对辽宁省博物馆所藏鸡形壶进行实际观察，鸡形壶是结构特殊的底内倒流壶，不属于鸡冠壶[4]。后来，杨晶、梁淑琴又进一步把鸡冠壶分为单孔、双孔两型，各成序列[5]。杨晶还把单孔型又分成正视呈长方形和正视呈梯形两个亚型。我认为在单孔的鸡冠壶中，余粮堡墓[6]出土的那种形态自有特点，其冠峰无尖突而轮廓浑圆，冠峰和流之间的空隙较宽，有不同于其他单孔鸡冠壶的起源，应单列为一型。故本文把全部鸡冠壶分为四型：

---

[1] 李文信：《辽瓷简述》，《文物参考资料》1958年第2期。
[2] 冯永谦：《叶茂台辽墓出土的陶瓷器》，《文物》1975年第12期。
[3] 李宇峰：《辽代鸡冠壶的初步研究》，《辽海文物学刊》1989年第1期。
[4] 李红军：《白釉铁锈花鸡形"鸡冠壶"辨》，《辽海文物学刊》1993年第2期。
[5] 杨晶等：《辽陶瓷器的分期研究》，载《青果集——吉林大学考古专业成立二十周年考古论文集》，知识出版社，1993年；梁淑琴：《辽瓷的类型与分期》，《北方文物》1994年第3期。
[6] 哲里木盟博物馆：《内蒙古通辽县余粮堡辽墓》，《北方文物》1988年第1期。

A型　提梁型

B型　双孔无突型

C型　单孔有突型

D型　单孔无突型

A型的流有两类，一类粗短，一类细长。从发表的图中可以看出，细长流者流内腔与器身交界处有一周凸棱，使流的内腔颈变得更细小，倾注壶内液体甚难。推测在功能上二者有所不同。因此，把A型又分为两个亚型：Aa型为粗短流，Ab型为细长流。C型依杨晶分作亚型方法分为：Ca型，器身正视近于梯形；Cb型，器身正视近于长方形。

二、分　式

A型

西安唐墓[1]和辽会同四年（941年）耶律羽之墓[2]所出A型鸡冠壶都是矮体的，器身正视图的长宽比大体相等，有皮条装饰，无圈足。义县清河门M1（兴宗重熙年间）[3]出土的为高体，器身长宽比约为1.5，有皮条装饰，有圈足。清河门M2（道宗清宁三年，即1057年）出土的为瘦高体，器身长宽比为2，无皮条装饰，有圈足。以此为线索，可把Aa型分为5式（图一，1～5）。

Ⅰ式：包括耶律羽之墓、后刘东屯M1[4]、白玉都墓[5]出土者，《辽瓷简述》亦收录1件。矮身（器身长宽比不超过1），凹底，有皮条装饰。其中耶律羽之墓所出者和《辽瓷简述》收录者，从正视图上看，器壁外鼓。后刘东屯M1、白玉都墓所出者，从正视图上看，器壁较直。这种现象以下各式均有，不具分式之意义。

Ⅱ式：包括海力板墓[6]、上烧锅M1[7]出土者（陶质无釉），体稍高，凹底，有皮条装饰。

Ⅲ式：包括巴扎拉嘎M1[8]、广德公墓[9]出土者，体稍高，下身肥度大减，凹底或平底，

---

[1] 李知宴：《唐代瓷窑概况与唐瓷的分期》，《文物》1972年第3期。

[2] 齐晓光：《内蒙古发现契丹皇族耶律羽之墓》，《中国文物报》1993年1月31日。

[3] 李文信：《义县清河门辽墓发掘报告》，《考古学报》第8册，1954年。

[4] 张少青：《辽宁康平县后刘东屯辽墓》，《考古》1986年第10期。

[5] 袁海波：《辽宁阜新县白玉都辽墓》，《考古》1985年第10期。

[6] 李宇峰：《阜新海力板辽墓》，《辽海文物学刊》1991年第1期。

[7] 项春松：《上烧锅辽墓群》，《内蒙古文物考古》1982年第2期。

[8] 苏日泰：《科右中旗巴扎拉嘎辽墓》，《内蒙古文物考古》1982年第2期。

[9] 项春松：《内蒙古翁牛特旗辽代广德公墓》，《北方文物》1989年第4期。

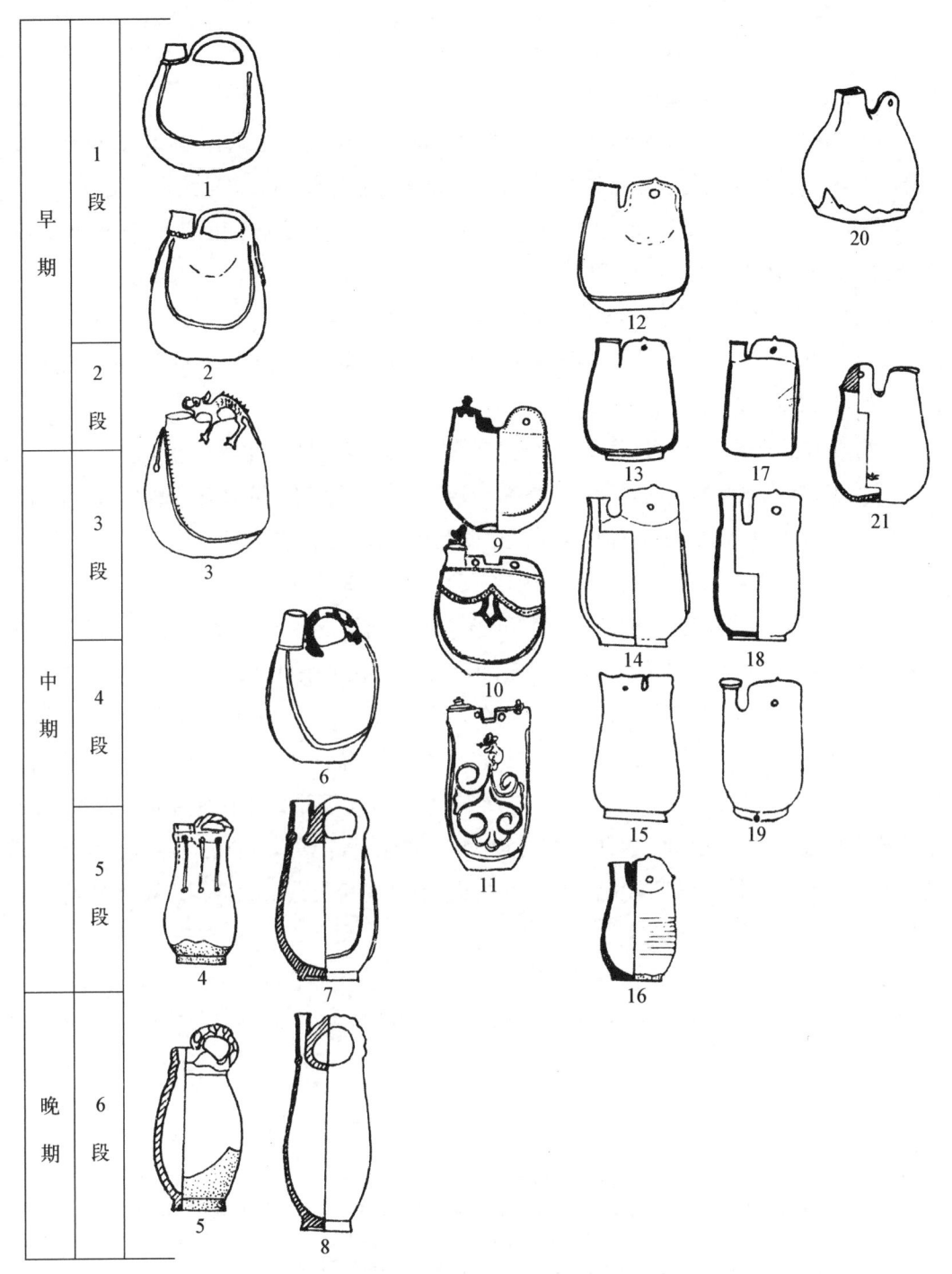

图一 鸡冠壶型式演变分期图

Aa型：1. 后刘东屯M1（Ⅰ式） 2. 海力板墓（Ⅱ式） 3. 广德公墓（Ⅲ式） 4. 查干坝M11（Ⅳ式）
　　　5. 乌兰哈达墓（Ⅴ式）
Ab型：6. 菜园子墓（Ⅰ式） 7. 清河门M1（Ⅱ式） 8. 清河门M2（Ⅲ式）
B型：9. 叶茂台M7（Ⅰ式） 10. 安辛庄墓（Ⅱ式） 11. 耿延毅墓（Ⅲ式）
Ca型：12. 海力板墓（Ⅰ式） 13. 驸马墓（Ⅱ式） 14. 小塘土沟M1（Ⅰ式） 15. 商家沟M1（Ⅳ式）
　　　16. 清河门M4（Ⅳ式）
Cb型：17. 沙子沟M1（Ⅰ式） 18. 巴扎拉嘎M1（Ⅱ式） 19. 道尔其格墓（Ⅲ式）
D型：20.《辽宁省博物馆藏辽瓷选集》（Ⅰ式） 21. 余粮堡墓（Ⅱ式）

个别已无皮条装饰,多作龙形提梁。

Ⅳ式:包括北岭M4[1]、查干坝M11[2]、西山村M4[3](图三,3)出土者,高体,正视有明显颈部,有圈足,有简化的仿皮条装饰(常在条带终端处加小圆饼饰),多见绞索形矮提梁。

Ⅴ式:包括柴达木墓[4]、乌兰哈达墓[5]出土者,高体,正视无流下束颈,有圈足,无仿皮条装饰,多为捏环梁。

依同一演变趋向,可把Ab型分为3式(图一,6～8)。

Ⅰ式:包括木头营子M1[6]、菜园子墓[7]、锦什坊街墓[8]出土者,体稍高,下身肥度大减,平底,有仿皮条装饰。

Ⅱ式:包括清河门M1、大营子M3出土者[9],高体,有圈足,有仿皮条装饰。

Ⅲ式:包括清河门M2、北岭M3、巴图营子墓[10]、骆驼岭墓[11]、解放营子墓[12]所出者,高体,有圈足,无皮条装饰,多为捏环梁。其中骆驼岭墓出土者,器身长宽比达2.2,细长流,流内腔仅有米粒大小的孔隙,已失去实用性,年代较晚(图三,5)。

Aa型Ⅰ式,年代在辽初太祖太宗时期,其生产时间早于辽。Aa型Ⅲ式在广德公墓与B型Ⅰ式共存,其年代约在景宗前后。那么Ⅱ式年代约在世宗到穆宗时期。清河门M1出土墓志有缺文,据李文信考证,该墓年代当在兴宗重熙十三年(1044年)以前。故推测Ab型Ⅰ式年代约在兴宗时期。Ab型Ⅰ式与Ⅱ式联系紧密,推测年代当在圣宗时期。清河门M2出土墓志的纪年是道宗清宁三年(1057年),所以,Ab型Ⅲ式年代应在道宗时期。Aa型Ⅳ式有仿皮条纹饰,圈足,这些特点与Ab型Ⅱ式同。Aa型Ⅴ式的仿皮条纹已消失,圈足,这与Ab型Ⅲ式同。参照Ab型的年代,把Aa型Ⅳ式断为兴宗时期,把Aa型Ⅴ式断在道宗时期。

B型

B型发现较多。在景圣之交的叶茂台M7出土者体较矮,下身肥大,后峰高大,前孔位

---

[1] 武家昌:《喀左北岭辽墓》,《辽海文物学刊》创刊号。
[2] 董文义:《巴林右旗查干坝十一号辽墓》,《内蒙古文物考古》1984年第3期。
[3] 孟建仁等:《突泉县西山村辽墓》,《内蒙古文物考古文集》第一辑,中国大百科全书出版社,1994年。
[4] 齐晓光:《阿鲁科尔沁旗柴达木辽墓》,《内蒙古文物考古》1986年第4期。
[5] 王建国等:《阿鲁科尔沁旗乌兰哈达辽墓》,《内蒙古文物考古》1986年第4期。
[6] 内蒙古文物工作队:《内蒙古哲里木盟奈林稿辽代壁画墓》,《考古学集刊》第1集,中国社会科学出版社,1981年。
[7] 刘莉:《凌源近年出土的陶瓷器及其相关问题的探讨》,《辽海文物学刊》1994年第2期。
[8] 北京市文物管理处:《近年来北京发现的几座辽墓》,《考古》1972年第3期。
[9] 前热河省博物馆筹备组:《赤峰县大营子辽墓发掘报告》,《考古学报》1956年第3期。
[10] 冯永谦:《辽宁省建平、新民的三座辽墓》,《考古》1960年第2期。
[11] 段一平:《吉林双辽骆驼岭辽墓清理简报》,《考古与文物》1983年第6期。
[12] 翁牛特旗文化馆等:《内蒙古解放营子辽墓发掘简报》,《考古》1979年第4期。

低而后孔位高[1]。开泰六年(1017年)韩相墓[2]、开泰九年(1020年)耿延毅墓[3]、太平七年(1027年)耿知新墓[4]所出者都是体较高,扁身,侧视近于长方形,前后峰等高,流口有外凸唇。可见B型是体形从矮变高,从肥变扁;冠峰由后峰高变为后峰与前峰等高,由后孔高变为后孔与前孔等高。安辛庄墓[5]、囫囵村墓[6]出土的B型鸡冠壶,体形矮,下身肥大,与叶茂台M7同。但是,冠峰的后峰低矮,两孔高度相当,流有外凸唇的特点则又与韩相墓、耿延毅墓所出相同。因此,安辛庄墓和囫囵村墓所出应是介于中间的过渡形态。故把B型鸡冠壶分为3式(图一,9～11)。

Ⅰ式:叶茂台M7、广德公墓所出,矮体,下身肥大,侧视为近于等腰三角形;前峰低矮,后峰高大,穿孔前低后高。

Ⅱ式:安辛庄墓和囫囵村墓所出,矮体,下身肥大,侧视近于等腰三角形;前后峰变成等高,出现外凸唇。

Ⅲ式:韩相墓、耿延毅墓、耿知新墓、二林场墓[7]、水泉M1[8]、张家营子墓[9]、前窗户墓[10]、小吉沟墓[11]、北岭M1、张扛M3和M4[12],以及北京海王村墓[13]、天津营房村墓[14]均有出土。特点是高体,扁身,前后峰等高,双孔高度相等,外凸唇。

B型仿皮条装饰始终都较发达。Ⅰ式还有仿针线缝合的细密针眼纹饰,Ⅱ式仿针眼纹饰变稀疏,出现简化趋势。Ⅲ式则只偶尔见到稀疏之仿针线眼纹饰。Ⅰ式的主题纹饰图案简略,有的没有。Ⅱ式则趋于复杂,鸡冠壶两面流行人字形构图的花纹。Ⅲ式的纹饰华丽,流行刻花卷草纹、火焰纹(图三,2),亦有少量的贴猴、划葡萄纹等。Ⅲ式中花纹左右对称的构图、涡形线条都是从Ⅱ式中的纹饰发展而来。从纹饰变化看,Ⅰ式已接近所仿皮囊。

B型器底基本为凹底或平底,据报道,上芦村墓所出B型Ⅲ式有圈足,则是很少见的。

---

[1] 冯永谦:《叶茂台辽墓出土的陶瓷器》,《文物》1975年第12期。
[2] 河北省博物馆文管处:《河北迁安上芦村辽韩相墓》,《考古》1973年第5期。
[3] 朝阳地区博物馆:《辽宁朝阳姑营子辽耿氏墓发掘报告》,《考古学集刊》第3集,中国社会科学出版社,1983年。
[4] 朝阳地区博物馆:《辽宁朝阳姑营子辽耿氏墓发掘报告》,《考古学集刊》第3集,中国社会科学出版社,1983年。
[5] 北京市文物研究所:《北京顺义安辛庄辽墓发掘简报》,《文物》1992年第6期。
[6] 河北省张家口地区文物保护管理所:《河北尚义囫囵村发现辽代石棺墓》,《文物春秋》1990年第4期。
[7] 张柏忠:《内蒙古通辽县二林场辽墓》,《文物》1985年第3期。
[8] 辽宁省博物馆等:《辽宁北票水泉一号辽墓发掘简报》,《文物》1977年第12期。
[9] 冯永谦:《辽宁省建平、新民的三座辽墓》,《考古》1960年第2期。
[10] 靳枫毅:《辽宁朝阳前窗户村辽墓》,《文物》1980年第12期。
[11] 张秀夫:《河北平泉小吉沟辽墓》,《文物》1982年第7期。
[12] 刘谦:《辽宁锦州市张扛村辽墓发掘报告》,《考古》1984年第11期。
[13] 北京市文物管理处:《近年来北京发现的几座辽墓》,《考古》1972年第3期。
[14] 赵文刚:《天津市蓟县营房村辽墓》,《北方文物》1992年第3期。

B型Ⅲ式的纪年墓例较多，主要流行于圣宗后期，即开泰和太平年间。那么，Ⅱ式的年代定在圣宗前期（即统和时期）较为合适，Ⅰ式的年代也可上推到景宗时期，叶茂台M7为景圣之交，应是B型Ⅰ式中流行较晚的墓例。

C型

Ca型鸡冠壶见于卧凤沟墓[1]、海力板墓、驸马墓[2]、小道虎沟墓[3]、小塘土沟墓[4]、商家沟M1[5]、清河门M4。前4处出土的鸡冠壶都有仿皮条装饰，且冠峰上的尖突均显著。后3处出土的无皮条装饰，且冠峰尖突有的变小。卧凤沟和海力板墓出土者均为半高体，冠峰上还有仿缝合线的纹饰，无圈足。商家沟M1等均为高体有圈足。驸马墓和小塘土沟墓出土者体较高，既有仿皮条装饰，又有圈足，呈现过渡状态。所以把Ca型分为4式（图一，12～16）。

Ⅰ式：包括卧凤沟墓、海力板墓出土者，凹底无圈足，有仿皮条装饰，釉到底。

Ⅱ式：以驸马墓为代表，已出现圈足，仍有仿皮条装饰，釉到底。

Ⅲ式：以小道虎沟墓、小塘土沟M1出土者为代表，有圈足，无仿皮条装饰或皮条装饰只剩残余，釉不到底。

Ⅳ式：包括商家沟M1、清河门M4出土者[6]，体高，有圈足，无仿皮条装饰，冠峰变形或不对称，尖突变小，釉不到底。

Ⅰ、Ⅱ式多白釉，Ⅲ、Ⅳ式多绿釉。北票牛头沟墓出土4件泥质黑陶鸡冠壶，据报道为："形制略似驸马墓出土者，但壶嘴更大，壶底更肥大，内凹而无圈足。"[7]很可能也是Ca型Ⅰ式的鸡冠壶。清河门M4出土者，器表可见拉坯痕迹，釉层易脱落，显见衰象。

Cb型在驸马墓和Ca型共存，此外出Cb型的还有沙子沟M1、巴扎拉嘎M1、道尔其格墓、平房村墓。前2处出土者，都有仿皮条装饰，平底。后3处出土者都无仿皮条装饰，有圈足。参照Ca型把Cb型分为3式（图一，17～19）。

Ⅰ式：包括驸马赠卫国王墓、沙子沟M1出土者[8]，平底，有仿皮条装饰，釉到底。

Ⅱ式：以巴扎拉嘎M1出土者为代表，有圈足，无仿皮条装饰，釉到底。

Ⅲ式：道尔其格墓[9]、平房村墓出土者，有圈足，无仿皮条装饰，冠峰尖突偏前或偏后

---

[1] 李宇峰：《辽代鸡冠壶的初步研究》，《辽海文物学刊》1989年第1期。
[2] 前热河省博物馆筹备组：《赤峰县大营子辽墓发掘报告》，《考古学报》1956年第3期。
[3] 喀左县博物馆：《辽宁喀左县出土辽代鸡冠壶》，《考古》1988年第9期。
[4] 齐晓光：《宁城县小塘土沟辽墓》，《内蒙古文物考古》1991年第1期。
[5] 邓宝学等：《辽宁朝阳辽赵氏族墓》，《文物》1983年第9期。
[6] 李文信：《义县清河门辽墓发掘报告》，《考古学报》第8册，1954年。
[7] 朝阳地区博物馆：《辽宁朝阳姑营子辽耿氏墓发掘报告》，《考古学集刊》第3集，中国社会科学出版社，1983年。
[8] 敖汉旗文管所：《内蒙古敖汉旗沙子沟、大横沟辽墓》，《考古》1987年第10期。
[9] 丛艳双：《阿鲁科尔沁旗道尔其格发现一座辽墓》，《内蒙古文物考古》1992年第1、2期合刊。

且不对称,釉不到底。

平房村的Cb型Ⅲ式鸡冠壶冠峰上的孔位置特别靠下,已低于冠峰和流之间凹裆的底线,在Ca型Ⅳ式中也有类似现象,如清河门M4的那件鸡冠壶孔也明显偏下。有可能是年代晚的特征。

驸马赠卫国王墓出Ca型Ⅱ式,该墓为穆宗应历九年(959年),所以Ca型Ⅰ式年代应在穆宗以前,Ⅱ式年代约在穆宗时期。商家沟M1出Ca型Ⅳ式,该墓为圣宗统和二十年(1002年),所以,Ⅲ式年代约在景宗和圣宗前期。Ⅳ式除见于商家沟M1外,还见于清河门M4。该墓出土的影青瓷碗为薄底矮足,而道宗清宁三年(1057年)的清河门M2出土的一批影青瓷碗为厚底高足,更晚的咸雍八年(1072年)的萧府君墓的影青瓷碗为薄底高足[1]。辽墓中的影青瓷碗的早晚变化与景德镇湖田窑发掘品的排比结果一致。所以,Ca型Ⅳ式鸡冠壶的年代约在圣宗后期到兴宗时期。

D型

D型发现甚少。《辽宁省博物馆藏辽瓷选集》中著录1件,为矮体,腹部较肥大,无仿皮条装饰,其器身形态与Aa型Ⅰ式相近。呼斯淖墓[2]和余粮堡墓[3]出土者,均为高体,器身上扁下圆,陶质,侧壁上下附穿纽,其中余粮堡墓出土品中有1件还饰仿皮条装饰。器身侧视形态与景圣之交的叶茂台M7出土的B型Ⅰ式同,年代较《辽宁省博物馆藏辽瓷选集》著录者晚。所以把D型分为2式(图一,20、21)。

Ⅰ式:以《辽宁省博物馆藏辽瓷选集》收录为代表,矮体,下身肥大。

Ⅱ式:以呼斯淖墓和余粮堡墓为代表,高体,下身肥大减弱。

Ⅰ式年代约在辽初,Ⅱ式年代约在世宗至景宗时期。

三、各型的起源和相互关系

A、B、C、D四型鸡冠壶既存在着差别,又存在着联系。以往研究过于注意它们之间的联系,而忽视差别的分析。差别是各型特质之表现,不能认清特质,也就难以把握其联系。通过分式和年代的分析,已看出诸型各有自身的演变序列和特定的存在时间范围。若再从诸型鸡冠壶所模仿器物的角度加以剖析,则其特质更为明晰。

---

[1] 内蒙古文物考古研究所等:《宁城县岳家仗子辽萧府君墓清理记》,《内蒙古文物考古文集》第一辑,中国大百科全书出版社,1994年。
[2] 张柏忠:《科左后旗呼斯淖契丹墓》,《文物》1983年第9期。
[3] 哲里木盟博物馆:《内蒙古通辽县余粮堡辽墓》,《北方文物》1988年第1期。

鸡冠壶上的仿皮条装饰是仿皮囊器上的缝合线,这是我们考察各型鸡冠壶所本器形的重要线索。

A型鸡冠壶的两个正视面各有一条仿皮条装饰纹,都是从流下绕至梁之后端,两条线首尾皆不汇合(图二,1),以此可知,A型所仿之皮囊是由两大页皮子作器的大面,再加一长梭形的皮子作器的底和侧面。A型的流与器身的交界处几乎都有一周凸条,说明囊之流是先预制出管状流,再与器身接合。

C型鸡冠壶则不然,仿皮条纹是从流口沿的外侧起,只有1条,向下延伸到近底处则分为两条,绕到另一端时又汇合成1条,向上升延止于冠峰外侧的下端(图二,2)。这表明所本皮囊是由两大页皮子缝合出流和腹身,再加一小片皮子为底。Ca型Ⅰ式,卧凤沟墓所出和海力板墓所出的1件,其冠峰的上缘和侧缘有伪针脚线纹,而冠峰之下缘不见,可能皮囊冠峰也是随大面同时缝合而成,而不是后接的。

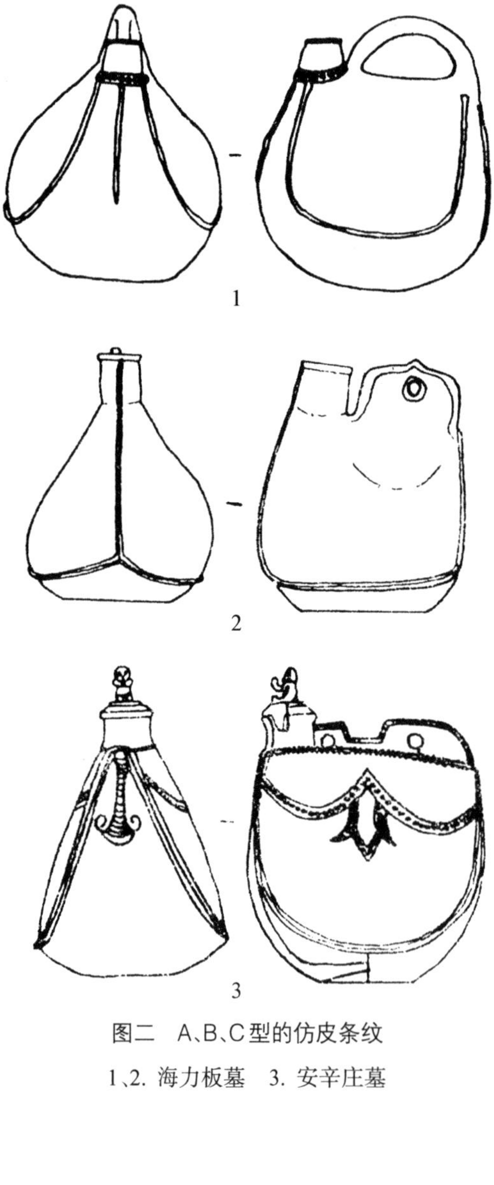

B型鸡冠壶自始至终都有仿皮条装饰,或有针线眼纹饰。其特点是周身只有一条,而与A、C型相异。其走向是:从后冠峰的一侧缘起,向下延到近底处,再沿大面下部横行到另一端,升起至流下后,又转弯穿过窄面至另一大面,再急转直下至底又横行于大面下部,到另一端再扬起上升到冠峰下,但首尾两端不合拢(图二,3)。流与冠峰下都有凸条或针线眼,说明流与峰都是后接在囊体上的。那么,双孔鸡冠壶的仿体也是两大面各为一块皮子,底和两窄面为一块长条皮子缝合而成,这与A型接近,只是细节上有所不同,而与C型相差甚远。如果使用时是用绳索或皮条横系在两冠峰穿孔上,则构成软提梁,那么在使用方法上也与A型相似。

D型鸡冠壶中,年代早的Ⅰ式没有仿皮条装饰,也没有仿针线眼的纹饰,这与A、B、C型年代越早仿皮条或仿针线眼纹饰越具体逼真者截然不同。D型Ⅱ式所见6件标本

图二 A、B、C型的仿皮条纹
1、2. 海力板墓 3. 安辛庄墓

中只有1件有仿皮条装饰，证明Ⅰ式没有仿皮条装饰并不是偶然的。仅有的这件器物上的仿皮条装饰纹又与C型的仿皮条装饰纹样完全一致，所以，这件器物的纹饰可能是受C型影响而出现的（图三，1）。如果此推断不误，则D型不是仿皮囊器。D型Ⅰ式的流口为方形，Ⅱ式的流口为长条形，这与A、B、C型鸡冠壶的流口呈圆形或椭圆形迥异，亦可为旁证。陈国公主墓曾出土1件木质鸡冠壶的1片，为单冠峰，冠峰上无尖突，流口为方形，流与冠峰之间隙宽阔，通体无纹饰，这些特点都与D型鸡冠壶同。因此，可以认为D型鸡冠壶可能是脱胎于木质鸡冠壶。

所以，A、B、C、D型鸡冠壶均有各自渊源，皆为独立序列，从而也证明了前文的分型是可靠的。

学者对卧凤沟墓所出之鸡冠壶的型式归属和源流变化看法歧异最大。李宇峰认为，《辽宁省博物馆藏辽瓷选集》收录的单孔无突鸡冠壶（即本文的D型Ⅰ式）是介于单孔式向双孔式的过渡形态，冠峰与流的空隙大，已留出增加前峰的位置。在它之后，是赤峰卧凤沟墓出土的管口附加穿纽的鸡冠壶（即本文归入Ca型Ⅰ式）。再以后就是叶茂台M7的双孔鸡冠壶（即本文归入B型Ⅰ式）。最近杨晶认为，余粮堡所出的带附加穿纽的鸡冠壶（即本文归入D型Ⅱ式）发展为卧凤沟墓的鸡冠壶，再变为海力板墓的鸡冠壶。随后，梁淑琴在《辽瓷的类型与分期》的图表中，把驸马墓所出之平底直壁鸡冠壶（即本文归入Cb型Ⅰ式）发展为卧凤沟墓的带附加耳的鸡冠壶，再变为叶茂台M7的双孔鸡冠壶。之所以产生上述种种看法，是因为B、C、D型在具体细节上存在着某些相似之处，卧凤沟墓的标本具有特殊性（图三，4），同时也反映了诸位学者治学的态度是严谨认真的。从他们的看法中可以看出B、C、D型之间存在着相互影响现象。实际上，鸡冠壶各型之间在发展过程中都存在着相互影响的现象，有的还较复杂。

目前所发现的无釉的陶质鸡冠壶，无论属于哪一型，均有附加穿纽。如余粮堡墓和呼斯淖墓发现的6件D型Ⅱ式鸡冠壶，北票县牛头沟墓发现的4件Ca型Ⅰ式鸡冠壶，上烧锅M1出土的4件A型鸡冠壶都是如此。陶器鸡冠壶的火候低而硬度差，在骑乘颠簸时仅靠冠峰或提梁负担全器之重是难以胜任的，所以才在器身附加穿纽。余粮堡墓所出火候较高的一对灰陶鸡冠壶附加了3只穿纽，而火候低的磨光黑陶鸡冠壶则附加了4只穿纽（图三，1），便是明证。呼斯淖墓所出之器在穿纽位置上有竖向的绳索磨槽痕，可见使用时是用条带穿过纽孔而兜住器底。尽管如此保护，余粮堡墓和呼斯淖墓所出鸡冠壶的多数冠峰穿孔之上仍然残去。正因为陶质鸡冠壶有此弱点，所以辽景宗以后便消失了。卧凤沟墓的Ca型Ⅰ式鸡冠壶是仅见的既挂釉又附加穿纽的特例，应是受无釉陶质鸡冠壶的影响所致。因此，带穿纽的鸡冠壶并不是单独一型：呼斯淖墓是土坑墓，余粮堡墓和牛头沟墓是单室小墓，可能无釉陶质鸡冠壶仅为早期低等级墓使用，这应与辽代早期瓷器生产还不

图三

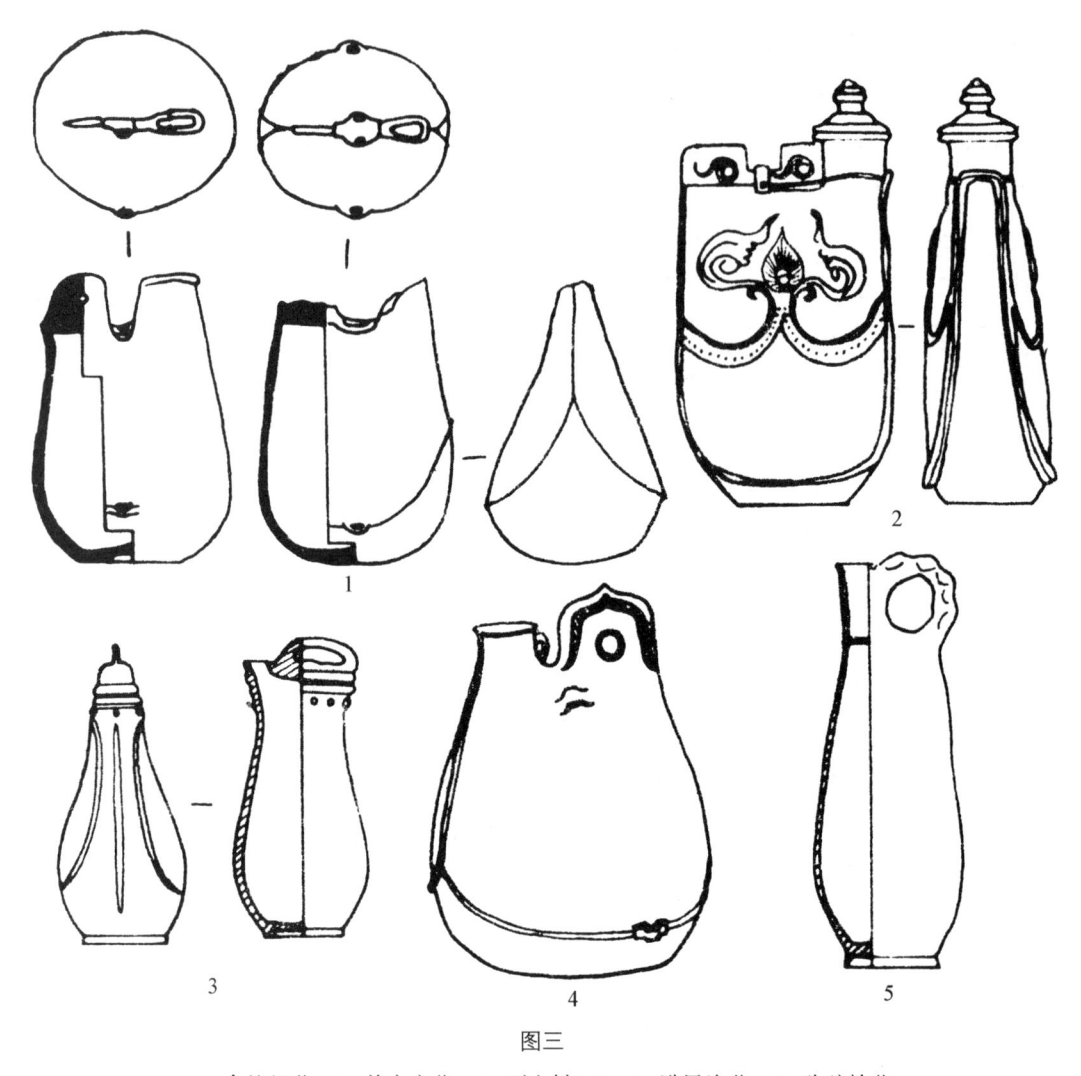

1. 余粮堡墓 2. 前窗户墓 3. 西山村M4 4. 卧凤沟墓 5. 骆驼岭墓

太发达有关。

A型出现最早,在唐代邢窑遗址和唐墓中都有类似品出土,均为白瓷,仿皮条装饰也与Aa型Ⅰ式同。

受A型的启发,辽初又发明了C型和D型鸡冠壶,它们分别模仿另一类皮囊壶或木质鸡冠壶。

B型出现较晚,约在景宗时期。B型Ⅰ式的后峰高大,呈圆舌之状,无尖突与D型冠峰同;前峰小巧,附于流后又似乎与卧凤沟墓所出C型Ⅰ式者的流后附加穿纽有一定联系;而双孔若用绳索相连则为软提梁,使系于一孔之重力分解两处,同时也便于提拿,显然又吸收了A型提梁之优点。因此,B型是受到D、C、A型的影响启发而创造的又一新形式。B

型不是三者的简单混合,而是始终保持了独树一帜的特色。例如,所发现的B型鸡冠壶绝大多数都有配套的器盖伴出,而其他型鸡冠壶则只是偶尔见到使用配套器盖。B型除了有仿皮条装饰和缝针眼之纹饰外,还流行划花卷草纹、葡萄纹、猴纹、几何纹等图案纹饰,而其他型则基本只见仿皮条装饰和缝针眼纹饰。B型向扁身发展也甚为特殊(图三,2～5)。

各型均有程度不同的增高趋势,以A型表现得最为明显。而圈足在穆宗时已在Ca型中诞生,随后扩及Cb型。B型在圣宗后期可能有个别者借用了圈足。A型在兴宗时及其以后广泛地采用了圈足。

四、分　期

辽代鸡冠壶的演变和发展大致可分3个时期、6个阶段(图一)。

早期约在太祖到穆宗时期,是鸡冠壶初步发展期,有A、C、D三型,皆制作规整,装饰朴素,形态较原始。其中,第1段(约太祖到世宗)鸡冠壶为无足、矮体、下身肥胖。第2段(约穆宗左右)器体已显露增高迹象,Ca型已出现了圈足。

中期约在景宗到兴宗时期,是鸡冠壶的繁荣时期。型式变化十分活跃,注重装饰,各部位造型富于变化。早期釉色较单调,以白釉为主,有褐釉等。中期釉色以绿色为主,白釉、褐釉、黄釉也有发现,还出现白釉铁锈花、白釉加绿彩等双色釉器。其中,第3段(约在景宗到圣宗早期)B型开始出现. A型出现了龙形提梁,C型的仿皮条装饰衰减。第4段(约在圣宗后期)装饰华丽的B型Ⅲ式异军突起,发现数量最多;A型变化迟缓,但出现了Ab亚型,又有白釉铁锈花提梁者;C型渐渐衰落。第5段(兴宗时期)时,B型突然衰落,而Aa型和Ab型的数量猛增,形态则变成瘦高加圈足的新形式。第5段已开始向晚期过渡。

晚期约在道宗时期,是鸡冠壶的衰落时期。形制单一,唯A型独霸天下,B、C型基本不见。A型虽然发现数量多,但是造型缺乏大的变化,纹饰基本消失。骆驼岭墓的鸡冠壶流内腔只有米粒大小,已非实用之器。

(原载《北方文物》1996年第4期)

蹀躞带
——契丹文化中的突厥因素

契丹在发展过程中,除积极地向汉族学习外,也曾接受了其他民族文化的影响。契丹北走黑车子室韦,始学作车帐;因突厥而称皇后曰"可敦";据回鹘文而创契丹小字,故契丹文化也是一个多元的文化。在契丹考古研究中,把契丹考古材料同汉族文化之外的其他文化进行对比研究,还是一个有待深入开拓的研究领域。本文仅就契丹考古文化中蹀躞带的来源问题进行肤浅讨论,以期抛砖引玉。

蹀躞带是带蹀躞的腰带。所谓蹀躞是指从腰带带铐的穿孔引出的下垂小带。宋沈括《梦溪笔谈》载:"带衣所垂蹀躞,盖欲佩带弓、剑、帉帨、算囊、刀砺之类。自后虽去蹀躞,而犹存其环。环所以衔蹀躞,如马之鞦根,即今之带铐也。"沈括所说的"环"就是考古中经常见到的穿孔带铐,因穿孔多形似"古"字而俗称为"古眼"。马之鞦根是指鞍马之鞦带根部(即马鞍后翅)设置的飘垂小带,小带上端也是穿入形如带铐的金属牌饰之穿孔内。宋代时蹀躞早已消失,但带"古眼"带铐仍然存在。与北宋对峙的北方辽国,蹀躞仍流行。

蹀躞带起源于俄国阿尔泰地区,早在公元前5世纪的巴泽雷克2号墓中就出土了一条衔蹀躞的银铐腰带,带铐上有属于斯基泰野兽风格的图案,带铐下部出现"古眼",穿系着小皮带[1](图一,1)。在尤斯坦特第XII地点的26号墓发现了类似的腰带,带铐上有"古眼",其中一件带铐悬系着蹀躞,其上穿挂着鹤嘴锄、弯角锥等工具(图一,3)。该墓属于巴泽雷克文化,年代被断在公元前4～前1世纪[2]。早期的蹀躞带发现数量很少,形制也简单。主要表现在带"古眼"的带铐少,一般在携带物品时才佩小带,小带上没有带铐、铐尾等牌饰,小带下端也不见带扣、吊环等部件。尤斯坦特第XII地点的26号墓腰带之下垂小带的带身有割孔,鹤嘴锄直接插于割孔内,反映了早期蹀躞带的不完善性。

---

〔1〕 鲁坚科:《斯基泰时代阿尔泰山地的居民文化》,莫斯科、列宁格勒,1953年。
〔2〕 多布赞斯基:《亚洲游牧人的饰牌腰带》,新西伯利亚,1990年。

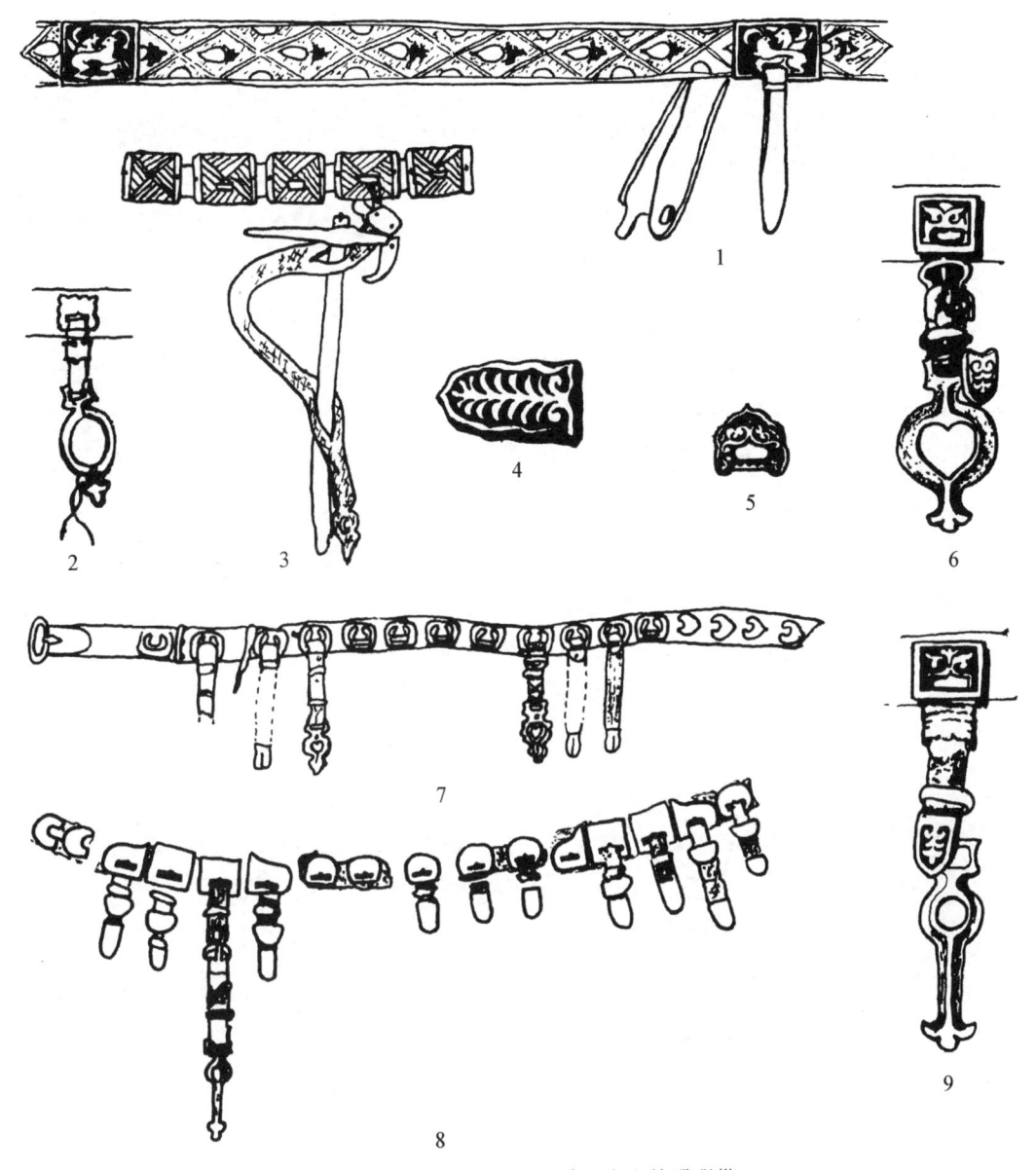

图一 俄国阿尔泰和图瓦地区出土的蹀躞带

1. 阿尔泰巴泽雷克2号墓出土　2. 阿尔泰尤斯坦特7号突厥墓出土　3. 阿尔泰尤斯坦特第Ⅻ地点26号墓出土　4、6、9. 阿尔泰库拉伊第Ⅳ地点1号突厥墓出土　5. 阿尔泰乌阻台突厥墓出土　7. 图瓦突厥墓出土　8. 阿尔泰吐埃特科塔4号突厥墓出土

突厥时期（6～10世纪），蹀躞带迅速发达起来，在阿尔泰、图瓦等地的突厥墓葬中发现了大量形式多样的蹀躞带。在阿尔泰、图瓦、蒙古、新疆发现的突厥墓葬的石人像上，蹀躞带更是屡见不鲜。突厥腰带常有数量很多的带銙，下垂的蹀躞已成常制，以备随时系挂武器、工具等。蹀躞之下端还设置了小带扣、吊环等带头部件，使之更加牢固，使用更方

便。蹀躞的装饰被重视,小带上也缀以精美的带銙和銙尾。阿尔泰地区的库拉伊第Ⅳ地点的1号突厥墓出土一副蹀躞带带具[1],仅腰带部分就缀有30件带銙,其中有"古眼"的带銙多达21件,用于小带端头的小銙尾17件,小带扣1件,"竖琴形"带头2件,说明下葬时该腰带悬挂着20或21条蹀躞,已超过实际使用所需的数量,其中有些蹀躞是专为装饰美观而设。在突厥墓中,根据蹀躞带与伴出的随葬品和骨骼性别分析,蹀躞带是男子武士所佩之腰带。当武士催马驰骋时,向后飘摆的蹀躞能为骑士增威。

突厥汗国的强盛为蹀躞带的广为传播创造了条件。在新疆乌鲁木齐市南郊的盐湖南岸发现一座唐墓,出土了一条蹀躞带,皮鞓上缀连13块方形铜带銙,其中有7块带銙的"古眼"中尚穿系着小革带或革绳,小革带上缀有半月形小带銙34件[2]。该墓葬是殉马墓,殉马是突厥墓葬的重要葬俗,因此,该墓受突厥风俗影响较大。陕西西安的唐郑仁泰墓出土的骑猎俑[3]、山西金胜村7号唐墓壁画之马夫[4]都腰束蹀躞带,这是唐代内地已使用蹀躞带的实证。《旧唐书·舆服志》载:"武官五品已上佩鞊鞢七事,七谓佩刀、刀子、砺石、契芯真、哕厥、针筒、火石袋等也。至开元初复罢之。"契芯真、哕厥应是游牧人常用之具,可能是突厥语名称的汉语译写。蹀躞一词在《辽史》中写作鞊,可能都是突厥语称的汉语译写,与蹀躞一词本意"小步貌"无关。故可认为唐内地的蹀躞来源于突厥文化。蹀躞带是适合游牧生活需要而产生的一种带式,对农业社会生活而言并不适用。唐朝虽然把它列入官服之制,但在开元年间又不得不罢去。在民间也很快消失,宋代已不复见。

蹀躞带在以游牧为业的契丹人中则是另一种境遇。辽代契丹墓中,蹀躞带是常见随葬品。不但见于大营子驸马赠卫国王墓[5]、奈曼旗陈国公主与驸马合葬墓[6]等契丹大贵族墓中,而且也见于通辽县余粮堡墓[7]、双辽县骆驼岭墓[8]等契丹小墓中。鞍山峦峰的画像石墓[9]是一座小型单室墓,画像中的侍者右手持骨朵,左手持鸡冠壶,腰束蹀躞带,带上还系挂刀子等物。克什克腾旗二八地1号墓是一座单室墓[10],石棺画中的马夫也佩系蹀躞带。可见辽代低等身份的契丹人也束蹀躞带。

陈国公主与驸马合葬墓出土的蹀躞带保存最好。该墓有两副银铤蹀躞带,因以银

---

[1] 耶夫丘霍娃、吉谢列夫:《萨颜—阿尔泰考古队1935年工作纲》,《国立历史博物馆文集》,1941年。
[2] 王炳华:《盐湖古墓》,《文物》1973年第10期。
[3] 陕西省博物馆等:《唐郑仁泰墓发掘简报》,《文物》1972年第7期。
[4] 《中国美术全集》编辑委员会:《中国美术全集·墓室壁画》,文物出版社,1989年,彩版一○四。
[5] 前热河省博物馆筹备组:《赤峰县大营子辽墓发掘报告》,《考古学报》1956年第3期。
[6] 内蒙古自治区文物考古研究所等:《辽陈国公主墓》,文物出版社,1993年。
[7] 哲里木盟博物馆:《内蒙通辽县余粮堡辽墓》,《北方文物》1988年第1期。
[8] 段一平:《吉林双辽骆驼岭辽墓清理简报》,《考古与文物》1983年第6期。
[9] 鸟居龙藏:《辽代の画像石墓》,《鸟居龙藏全集》第5卷,昭日新闻社,1977年。
[10] 项春松:《辽代壁画选》,上海人民美术出版社,1984年。

片代替革鞓，故保存完好。共出的丝鞓蹀躞带经复原与束于驸马腰部的蹀躞带结构相同（图二，12）。可知辽代契丹蹀躞带与突厥蹀躞带的构成形式基本相同，都是单带扣、单铊尾，腰带和小带上设带銙和铊尾牌饰，小带端头设置葫芦形带头等部件。

辽代蹀躞带之带銙形式在突厥带銙中可以找到相似者或源头。方形带銙、花边方形带銙、桃形带銙是突厥和契丹墓中常见的蹀躞带带銙形式。在赤峰市敖汉旗大横沟辽墓[1]发现的带銙中有一种形式较特殊，外形似桃形，在与尖端相对的顶部强烈凹陷，暂称之为"空顶桃形带銙"（图二，6）。在图瓦的突厥墓和哈萨克斯坦的突厥墓出土的蹀躞带上都见到与之相似的空顶桃形带銙，是用于带"古眼"带銙旁侧，尖端朝向外侧[2]（图一，7）。突厥空顶桃形带銙的凹陷比辽代的小，辽代的凹陷大，发展成空心。阜新市海力板墓[3]出土一副玛瑙质蹀躞带銙，有方形（图二，2）、马蹄形（图二，4）、不规则形（图二，3）。其中的不规则形带銙有固定造型模式，由两个直边相交构成直角，其余边缘为曲线，为论述方便暂称为"直角—流线形"。三种带銙都有"古眼"，并镶鎏金铜铆钉、背面有铜隔板。在库伦旗奈林稿乡木头营子2号墓出土了一副蹀躞带[4]，带"古眼"的带銙也是由方形、马蹄形和直角—流线形组成，还伴有不带"古眼"的桃形带銙。这种组合的蹀躞带在突厥墓中亦存在，如阿尔泰山地的吐埃特科塔4号墓出土的腰带[5]（图一，8）。其带銙的排列方式亦可作为海力板辽墓和木头营子2号墓蹀躞带带銙排列方式之参考。直角—流线形带銙和空顶桃形带銙都是形状特殊的带銙，在突厥墓和契丹墓中都存在，必是文化交流的结果。

葫芦形带头是辽代蹀躞带下端常见的部件，考古报告中称之为"葫芦形带饰"或"倒悬葫芦形带饰"（图二，9~12）。图瓦的突厥墓出土的蹀躞带亦有葫芦形带头（图一，7），其上也有心形透孔，只是下端是尖的。而海力板辽墓、余粮堡辽墓出土的葫芦形带头下端也是尖的，与之更为近似。葫芦形带头可能来源于突厥的"七弦竖琴形"带头。其上部是一个近于方形的穿柄，系于小带上，中部是一个心形环或圆形环，下部是一个花状垂头（图一，2、6、8、9）。中部的环与下部的垂头之间为或长或短的细颈，垂头的两肩平而略上翘，系挂物品则不易脱落。中部的环有吊环功用。所以这种带头是一件很实用的系挂物品的部件，其上并无华丽装饰。当中部的环收缩变小，下部垂头变大，两肩变圆缓，就形成了葫芦形带头。一方面，透孔变小，垂头两肩变圆缓；另一方面，器物实体部分面积加大

---

[1] 敖汉旗文管所：《内蒙古敖汉旗沙子沟、大横沟辽墓》，《考古》1987年第10期。
[2] 多布赞斯基：《亚洲游牧人的饰牌腰带》，新西伯利亚，1990年。
[3] 李宇峰：《阜新海力板辽墓》，《辽海文物学刊》1991年第1期。
[4] 内蒙古自治区文物工作队：《内蒙古哲里木盟奈林稿辽代壁画墓》，《考古学集刊》第1集，中国社会科学出版社，1981年。
[5] 多布赞斯基：《亚洲游牧人的饰牌腰带》，新西伯利亚，1990年。

图二　辽代契丹墓出土的蹀躞带

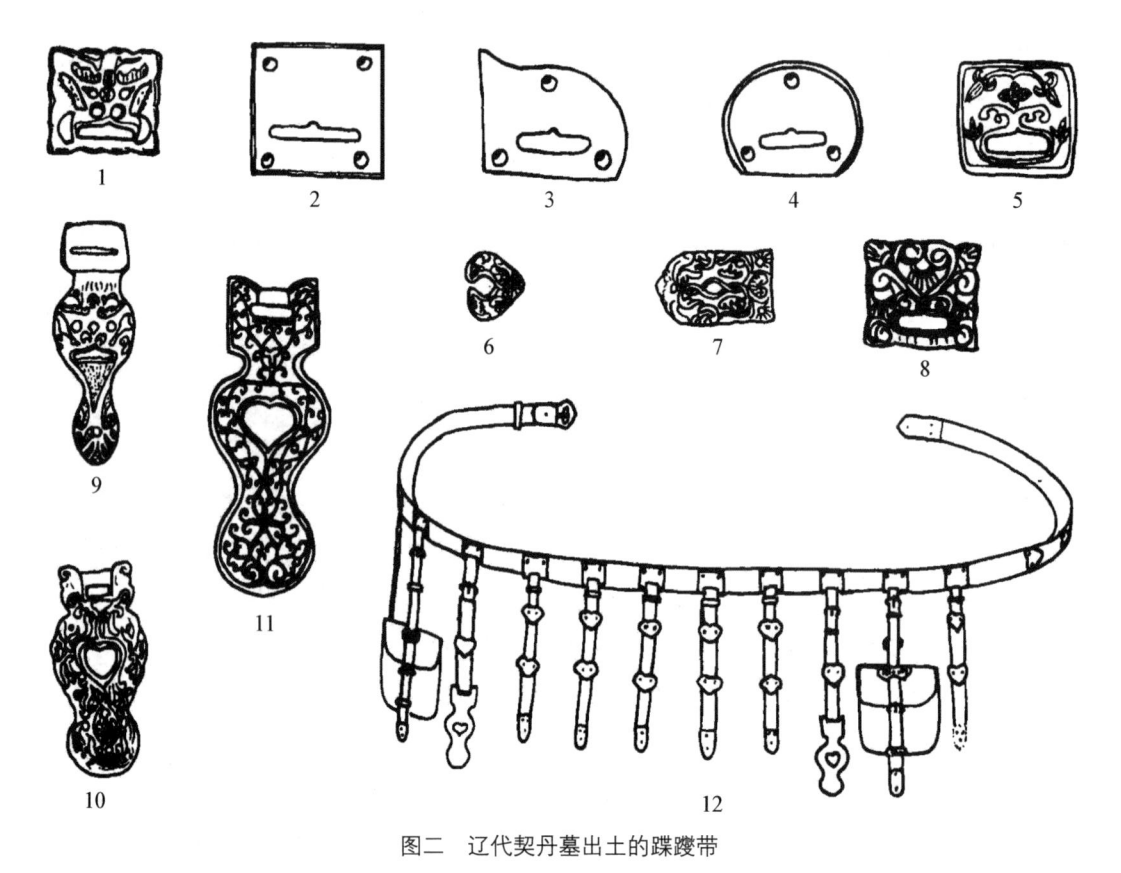

1、9、11、12. 陈国公主墓出土丝鞓玉銙带　2~4、8. 阜新海力板墓出土　5. 通辽余粮堡墓出土　6、7、10. 敖汉旗大横沟墓出土

变宽,并出现华丽的纹饰,反映了该器物实用性逐渐减弱,装饰性日益增强的变化。陈国公主墓驸马萧绍矩身上束的蹀躞带佩有两件金质葫芦形带头,上部的透孔已消失,錾刻兽面纹,圆眼竖眉,眉间刻一"王"字,已成纯装饰性佩件(图二,9)。

契丹是游牧民族,在6世纪中叶被突厥击败后,曾经被突厥控制。契丹与突厥经常发生军事冲突。《辽史·营卫志》"隋契丹十部"条载:"(北齐时)又为突厥所逼,以万家寄处高丽境内。""(隋开皇四年)又别部臣附突厥者四千余户来降。"《辽史·太祖纪》载:"(神册元年)亲征突厥、吐浑……俘其酋长及其户万五千六百。"结合前面的实物分析,可以认为契丹的蹀躞带应直接取法于突厥。《辽史·仪卫志》"汉服"条:"五品以上,……武官鞢鞢七事:佩刀、刀子、磨石、契苾真、哕厥、针筒、火石袋。"与《旧唐书·舆服志》所记唐开元之前的武官蹀躞七事完全相同。辽朝是因俗而治,官制分为南、北两套体制,"以国制治契丹,以汉制待汉人"[1]。辽代汉官服的武官鞢七事是仿照唐朝制度而设,并不与契丹蹀躞

---

[1] 脱脱等:《辽史·百官志》,中华书局,1974年。

带来源于突厥相矛盾。

辽代契丹蹀躞带在结构上基本继承了突厥带的形式,但在花纹上却形成了独特风格。突厥腰带常见题材有三类,即野兽纹——群狼、回首豹、卧兔、奔鹿等;几何纹——圆圈、菱形、复合图案等;植物纹——简单的写实花草(图一,4~6、9)。辽代则以植物纹为主,有很少的兽面纹,不见野兽纹和几何纹。通辽余粮堡辽代墓出土带铐上的植物纹构图简单,形象较写实(图二,5),与突厥腰带上的植物纹风格比较接近。辽代更为盛行的是繁缛的变形植物纹,枝柔叶卷,或尽情攀缠,或自由弯转伸延(图二,6~8、10、11)。辽代契丹蹀躞带的变形植物纹也是由突厥的植物纹发展而来的,在阿尔泰的库拉伊突厥墓和乌阻台突厥墓[1]出土的铊尾、带铐上,其植物纹已显露出卷叶柔枝之端倪(图一,4、5)。陈国公主墓的银鎏蹀躞带上佩金质带铐,正面錾刻兽面纹,圆眼竖眉,双眉间刻"王"字,口为透孔,形成兽口衔蹀躞,完全是借用了汉族文化的传统装饰手法,而与野兽纹不同。缺乏亚洲游牧人长期沿用的野兽风格装饰是契丹之特点,这与辽代马具、陶瓷、金银器、丝织品上的装饰是一致的。所以契丹装饰艺术是游牧人的温情艺术。

(原载《文物季刊》1998年第1期)

---

[1] 多布赞斯基:《亚洲游牧人的饰牌腰带》,新西伯利亚,1990年。

辽代契丹马具探索

马具是辽代契丹墓中常见的随葬品,少数汉人官吏,如耿知新[1]、梁援[2]等也使用马具随葬。随着大量辽墓被发掘清理,逐步积累起丰富的辽代契丹马具资料。不但出土了大量的镫、衔、镳、牌饰等金、石质马具构件,还发现了一些难以保存下来的马具部件。如赤峰大营子驸马墓南侧室第4组马具中的络头、项带、鞧带等皮革仍存,皮革表面还有缠裹的黄色织物残片和连缀其上的节约、牌饰、带扣[3]。辽宁法库叶茂台墓[4]发现了绣花障泥。内蒙古哲盟奈曼旗陈国公主墓[5]和阿鲁科尔沁旗道尔其格墓[6]各发现一副保存较好的马鞍。而陈国公主墓出土的两套以长条银片代替革带的马具,是研究马具组装的珍贵资料。不仅如此,辽墓有发达的写实壁画,壁画中常有鞍辔齐全的马,从中可以睹见实物标本中缺无的鞍袱、鞯、缨拂等部件,而且还为认识形式多样的马具组织结构提供了丰富的形象资料。传世的辽代绘画也有这方面的参考价值。综合上述资料,能够基本认识辽代契丹马具的面貌。

契丹马具是中国古代马具发展的中间环节,又是北亚草原马具的一部分,因此,研究辽代契丹马具有着重要意义。目前辽代契丹马具尚未得到应有重视,没有研究文章面世。本文试就辽代契丹马具的形制特点、渊源流向和在马具发展史中的地位进行初步探索,以期抛砖引玉。

一、衔　镳

衔含于马口,镳位于衔之两端,二者配合使用。现发现的辽代衔和镳基本为铁质的,

---

[1] 朝阳地区博物馆:《辽宁朝阳姑营子辽耿氏墓发掘报告》,《考古学集刊》第3集,中国社会科学出版社,1983年。
[2] 薛景平等:《义县四道岔子辽梁援墓》,《辽金契丹女真史研究动态》1984年第2期。
[3] 前热河省博物馆筹备组:《赤峰县大营子辽墓发掘报告》,《考古学报》1956年第3期。
[4] 辽宁省博物馆:《法库叶茂台辽墓纪略》,《文物》1975年第12期。
[5] 内蒙古文物考古研究所等:《辽陈国公主墓》,文物出版社,1993年。
[6] 丛艳双:《阿鲁科尔沁旗道尔其格发现的一座辽墓》,《内蒙古文物考古》1992年第1、2期合刊。

仅驸马墓发现过铜马镳和"木包银"镳各1副,应与墓主特殊身份有关。依据衔和镳的形制和结合方式,可把辽代衔镳划分为四类。

A类是复孔式衔,长体镳,镳穿于衔。复孔式衔是指衔的外侧有双穿孔,其中靠内者用于插镳,靠外者用于套接挂缰绳的圆活环。辽代复孔式衔都是垂交复孔式,即靠内侧孔与靠外侧孔的平面呈垂直相交。衔体为双节直棍型。辽宁阜新南皂力营子M1[1]、北京顺义安辛庄墓[2]、驸马墓、陈国公主墓等都有出土(图一)。

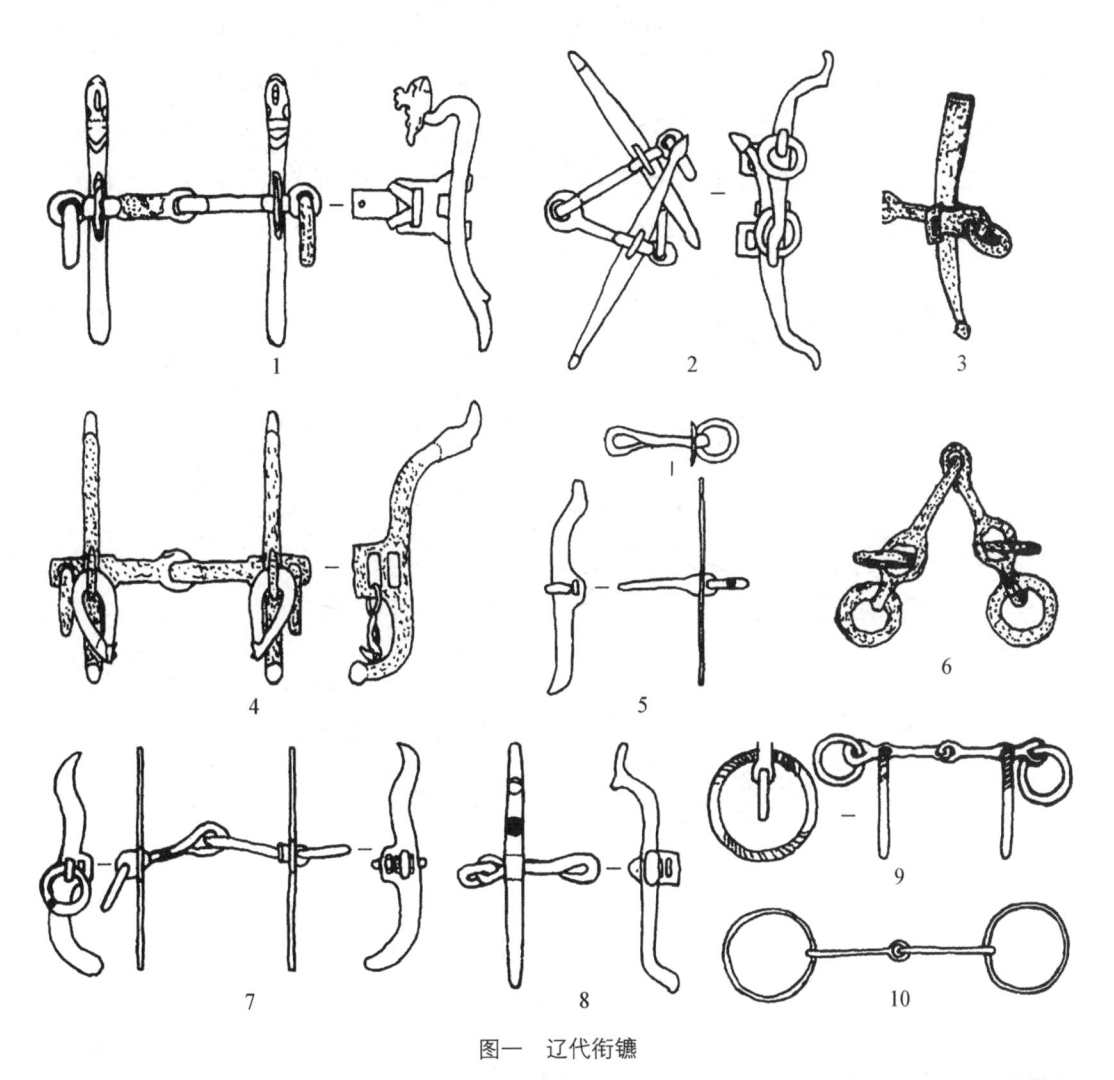

图一　辽代衔镳

1~3. A类(陈国公主墓出土、南皂力营子M1出土、驸马墓出土)　4、5、7、8. B类(陈国公主墓出土、大横沟M1出土、北岭M1出土、沙子沟M1出土)　6、9. C类(小塘土沟M2出土、北岭M1出土)　10. D类(西山村M4出土)

[1] 辽宁省文物考古研究所等:《阜新南皂力营子一号墓》,《辽海文物学刊》1992年第1期。
[2] 北京市文物研究所:《北京顺义安辛庄辽墓发掘简报》,《文物》1992年第6期。

垂交复孔式衔来源于平列复孔式衔。平列复孔式衔的外侧双孔则是平行并列的,它从青铜时代后期始流行于西起黑海、东到我国东北的欧亚草原地带,沈阳郑家洼子春秋墓[1]出土的马衔是典型的一件(图二,1)。在域外的草原地区沿用到5世纪以后,如在俄罗斯黑海北岸草原的诺沃罗西斯克市杜尔索河5世纪墓葬[2]中发现了较多的平列复孔式衔(图二,2、3),其挂缰绳的活环呈长条形,与我国同时期的鲜卑、高句丽马具上的挂缰活环一致。我国在汉及汉以后虽然很少发现这种衔,但在吉林杨屯的靺鞨墓[3]中仍出土了平列复孔式衔,说明在东北直到6、7世纪时仍在使用。约在8世纪左右,平列复孔式衔演变成垂交复孔式和"8"字形复孔式。在黑龙江中游的特罗伊茨基靺鞨墓[4]以及南西伯利亚[5]、图瓦[6]等地区的墓葬中,这两种衔都有较多发现(图二,4、5)。我国的新疆盐湖唐墓[7]中也出土1副垂交复孔式衔。辽代契丹墓出土的复孔衔都是垂交复孔式,且未发现绞索纹[8],具有鲜明的时代特色和地域特点。

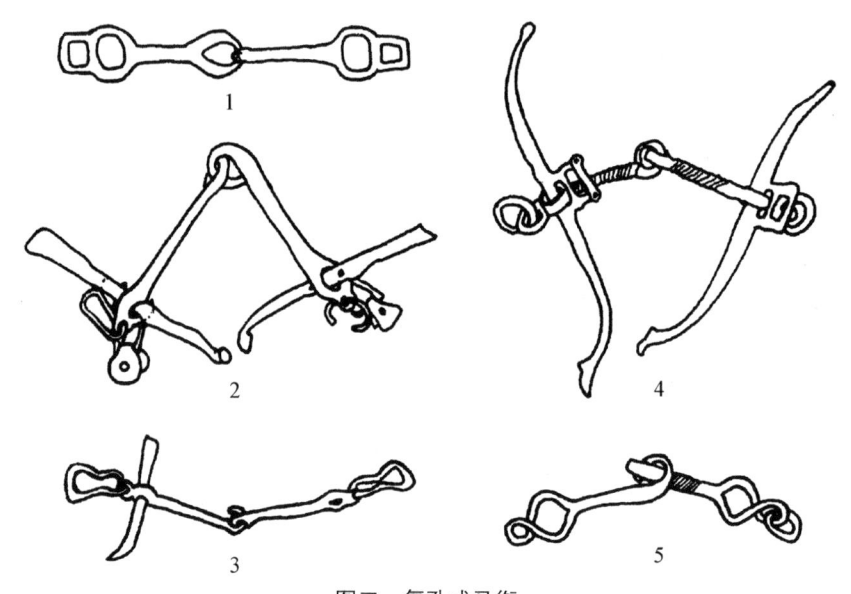

图二 复孔式马衔
1. 沈阳郑家洼子春秋墓出土   2、3. 俄罗斯黑海北岸草原杜尔索河5世纪墓出土
4、5. 俄罗斯图瓦地区9～10世纪墓出土

---

[1] 沈阳故宫博物院等:《沈阳郑家洼子的两座青铜时代墓葬》,《考古学报》1975年第1期。
[2] А. В. Дмитриев, Погребения всадников и боевых коней в могильнике эпохи переселения народов на р. Дюрсо близ Новороссийска. Советская Археология. 1979. No4.
[3] 吉林市博物馆:《吉林永吉杨屯大海猛遗址》,《考古学集刊》第5集,中国社会科学出版社,1987年。
[4] Е. И. Деревянко, Мохэские памятники Среднего Амура. 1975.
[5] 胡佳科夫、王清民:《论中世纪时代外贝加尔与南西伯利亚的文化联系》,《北方文物》1996年第1期。
[6] Л. Р. Кызласов, Курганы тюхтятской культуры в Туве. Советская Археология. 1983. No1.
[7] 王炳华:《盐湖古墓》,《文物》1973年第10期。
[8] 新疆盐湖唐墓马衔和图瓦9～10世纪的秋赫江斯基文化的马衔都有绞索纹。

长体镳可大致分为角形镳和曲身镳两种。

角形镳上粗下细,体向一侧弧弯,形如牛角。角形镳是最古老的镳式之一,辽代角形镳的特点是细端有圆状突,通长约在15～25厘米。辽宁建平张家营子墓[1]的角形镳有错金纹饰是极少见的。驸马墓除9副典型的角形镳外(图一,3),还有1副被称为"鹤嘴状"镳,可视为角形镳的变体。

曲身镳是指镳体有两个以上弯曲者。唐代的曲身镳比较统一,辽代的曲身镳式样较多,富于变化。陈国公主墓出土者最为精美,凤首,昂颈,分叉长尾(图一,1)。

辽承唐制,长体镳与衔的固定是依靠方形双脚铁卡实现的。将镳插入衔孔,令衔位于镳身两孔之间位置,再把铁卡双脚插入镳身的孔内,卡脚端头砸平,则衔镳连为一体。铁卡上还有一个长条状穿孔,是拴系颊带之用。

已公布的辽代长体镳都是辽早期和中期的,但辽晚期仍在使用,如宣化天庆七年(1117年)张世卿墓[2]壁画中有弧弯状的角形镳,敖汉旗北三家子M1[3]壁画中有水波状的曲身镳。

B类是单孔式衔,长体镳,衔穿镳。衔也是两节直棍型,但衔外侧只有一个孔,用于穿套挂缠的活环。镳多为曲身镳,扁体,在宽面的中腰处有竖向长条状孔。一般B类马衔外侧部分变扁平,扁平部分穿过镳身孔后,再套上圆形活环。因而活环不但用于悬挂缰绳,还能起到阻挡镳向外移动的作用。衔节靠内侧部分粗厚,镳也不会向内侧方移动(图一,4、5、7)。镳身中腰处起方鼻,鼻上有长条孔,用以连接络头之颊带。

仅就衔穿镳而言,似可上溯到西周。在河南平顶山出土的应国青铜器[4]中就有单孔衔,衔杆穿透近圆形的鹰首镳。在鲜卑和高句丽马具中有衔杆穿过圆板形镳者[5]。但辽代的B类衔镳使用的镳是长体镳,与上述者有很大之不同。其形状为圆突头,分叉尾,身作波曲,与唐代的"S"形镳较接近。唐代"S"形镳的上下弯曲程度大致相等,弯曲处较圆缓,如永泰公主墓[6]、韦洞墓[7]马俑上的镳和新疆盐湖墓的镳皆如此(图三,1~5)。辽代衔镳造型较唐代衔镳自由,既不讲究上下弯度相称,折度也大小钝锐不一,首端富于变化(图一,4、5、7、8)。

C类的衔也是垂交复孔式,与A类的衔同,但镳为圆环。圆环镳有大有小。辽宁喀左北岭M4[8]的衔长18厘米,挂缰活环直径约4.4厘米,而圆环镳直径9厘米,约等于单节衔

---

[1] 冯永谦:《辽宁省建平、新民的三座辽墓》,《考古》1960年第2期。
[2] 《中国美术全集》编辑委员会:《中国美术全集·绘画编12·墓室壁画》,文物出版社,1989年。
[3] 邵国田:《内蒙古昭乌达盟敖汉旗北三家子辽墓》,《考古》1984年第11期。
[4] 平顶山市文管会:《河南平顶山市出土西周应国青铜器》,《文物》1984年第12期。
[5] 董高:《公元3至6世纪慕容鲜卑、高句丽、朝鲜、日本马具之比较研究》,《文物》1995年第10期。
[6] 陕西省文管会:《唐永泰公主墓发掘简报》,《文物》1964年第1期。
[7] 陕西省文管会:《长安县南里王村唐韦洞墓发掘记》,《文物》1959年第8期。
[8] 武家昌:《喀左北岭辽墓》,《辽海文物学刊》创刊号。

长,是活环的二倍(图一,9)。赤峰市宁城县小塘土沟[1]的圆环镳却很小,直径约在4~4.2厘米,与活环大小相当(图一,6)。

小塘土沟M2被盗严重,北岭M4保存较好。据共出的鸡冠壶、盏托等可将北岭M4断在辽兴宗时期,即中期偏晚。C类并非辽代所创,在俄罗斯特罗伊茨基的靺鞨墓中已有发现(图三,7)。此外,在黑龙江阿城市金胜村的金初女真墓中也有出土(图三,6)。

D类的衔是单孔式两节衔,外端穿孔所套接的活环很大,直径与衔单节长度相若,甚

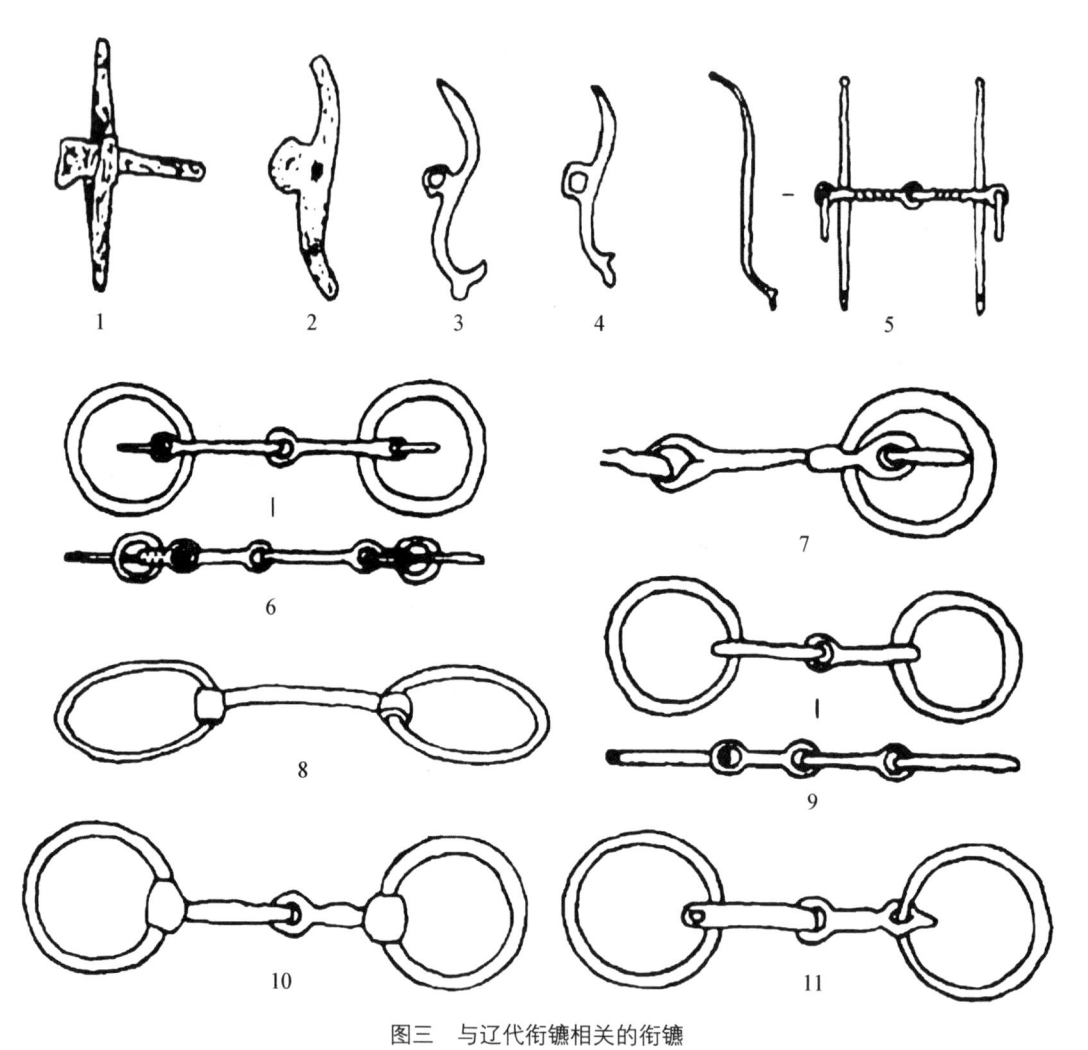

图三 与辽代衔镳相关的衔镳

1、2、6、7. C类(唐永泰公主墓出土、唐永泰公主墓出土、阿城金胜村金初女真墓出土、俄罗斯特罗伊茨基靺鞨墓出土) 3~5. A类(唐韦泂墓出土、唐韦泂墓出土、盐湖M2唐墓出土) 8~11. D类(准格尔旗西夏窖藏出土、阿城金胜村金初女真墓出土、俄罗斯金元时期赛加城出土、俄罗斯金元时期赛加城出土)

---

[1] 齐晓光:《宁城县小塘土沟辽墓》,《内蒙古文物考古》1991年第1期。

或比衔单节还长。如内蒙古突泉县西山村M4[1]的衔单节长7厘米，活环直径为7.7厘米（图一，10）。宁城县小刘仗子M1~M3[2]的衔上活环直径达10厘米。在尺寸上，D类衔镳活环比辽代A~C类衔镳仅用于挂缰的活环大二倍，而与C类衔镳较大的圆环镳相同。再者，也未见长体镳与之共出，所以，可以确定D类衔镳的活环应该是镳，同时还用于系挂缰绳和连接颊带。库伦M2[3]和M7[4]壁画中的主人鞍马所用的衔镳就是D类（图四，1、4）。

西山村M4出土了提梁高体鸡冠壶，年代可定在辽道宗时期；小刘仗子M1~M3共出较多的辽三彩盘、碟，亦是典型的晚期墓。据此推测D类是辽代晚期才流行的新形制。

D类出现时间晚于C类，又都以圆环作镳，可以认为D类是由C类演变而来的，即C类在发展过程中，减去挂缰的小活环，结构变得简单而适用。俄罗斯滨海边疆区的赛加古城[5]属于金和东夏国时期。该城出土的一副马衔，在外端还遗留曾用于穿套小活环的穿孔，证明了D类衔镳是从C类衔镳脱胎而来的（图三，11）。

在阿城金胜村金墓和俄罗斯奥里米城、赛加城等金元时期遗存中发现的马衔皆为D类（图三，9~11）。内蒙古准格尔旗的西夏窖藏[6]发现的马衔虽为单节式，但也是两端各挂圆形大活环（图三，8）。吉林省博物馆藏的金代张瑀《文姬归汉图》，人物发式为女真人形象，是依金代女真人习俗绘制的。图中仅文姬的马还保留使用长体马镳，其余随从皆使用D类衔镳。可见，由于D类衔镳结构简单，适用性强，在辽之后迅速流行，逐渐淘汰了其他各种衔镳，从而结束了长期以来多种衔镳并存的局面。

二、络 头

络头又称辔头，是由纵横的皮条带和缀连的带扣、带箍、节约、饰件等构成。下面阐述各种络头的基本结构，带扣、牌饰等部件将在后文探讨。

位于马头两侧的竖向颊带是络头中的关键部件。颊带下端与镳相连，上端延伸到马耳后系结，其他各条带都与颊带相连接。

陈国公主墓墓道西侧壁画中的马络头较复杂。在颊带的前面，上有额带、下有鼻带

---

[1] 孟建仁等：《突泉县西山村辽墓》，《内蒙古文物考古文集》第一辑，中国大百科全书出版社，1994年。
[2] 内蒙古自治区文物工作队：《昭乌达盟宁城县小刘仗子辽墓发掘简报》，《文物》1961年第9期。
[3] 王健群等：《库伦辽代壁画墓》，文物出版社，1989年。
[4] 内蒙古文物考古研究所等：《内蒙古库伦旗七、八号辽墓》，《文物》1987年第7期。
[5] Э. В. Шавкунов, Культура чжурчжэней удигэ XII - XIII вв. и проблема происхождения Тунгуоских народов Дальнего Востока. Москва. 1990.
[6] 伊克昭盟文物工作站：《准格尔旗发现西夏窖藏》，《文物》1987年第8期。

图四 陈国公主墓墓道西壁壁画中的马络头及各部分名称

与之横向相连。在颊带的后面，上有项带和咽带，下有下颌带与之相连（图四）。这种诸带皆全的络头在壁画中很少见到，所见最多的乃是减去下颌带的络头，如库伦M2、M7墓道壁画（图五，1、4）和敖汉旗北三家子M1墓道壁画、宣化张世卿墓前室壁画中的马络头皆是减去下颌带。陈国公主墓出土的两副保存尚好的络头和驸马墓复原的络头都没有下颌带，可见，前举壁画中的络头无下颌带并不是漏绘，而是辽代最流行的络头形制。

辽墓壁画和辽代绘画展现的络头还有减额带、减项带、减咽带等诸多形制。例如陈国公主墓墓东壁壁画中的络头则是减去咽带（图五，2）。库伦M7墓道西壁壁画中的马络头既无额带，又无项带（图五，4）。台北故宫收藏的李赞华（即东丹王耶律倍）的《射骑图》、作者佚名的《契丹人骑马出猎图》[1]中的络头（图五，3）也都是减去额带，后者的马配双咽带，颇为特殊。可见辽代络头组织结构不拘一格。

图五 辽墓壁画和传世辽画中的各式络头

1. 库伦M2壁画　2. 陈国公主墓墓道东壁壁画　3.《契丹人骑马出猎图》　4. 库伦M7壁画

在马面上贴当卢的做法到辽代仍有使用。辽宁建平张家营子墓曾出土一件心形鎏金银当卢，素面，顶嵌一折页，下端有一透孔，长12厘米，宽7.2厘米。二八地M1石棺壁画牧

---

[1] 田村实造：《庆陵の壁画》，同朋舍，1977年。

马图[1]之马，库伦M2墓道壁画中的马也使用了当卢（图五，1）。

三、鞍

陈国公主墓和道尔其格墓出土的木鞍结构基本相同。鞍座板两块，前后顺置，中间分开，前后各有沟槽，嵌入前桥和后桥，并穿皮绳（或铜片）加固。桥为上小下大圆拱形，下缘的中部向上作拱形凹陷。前桥直立，后桥倾斜。后翅即坐板在后桥槽之后的部分有一排透孔（图六，1）。鞍长52～56厘米，宽41～46厘米。形状结构与新疆盐湖唐墓出土的木鞍和日本奈良向山神社收藏的"唐鞍"[2]相似。后桥倾斜的马鞍在我国于6世纪中叶开始出现，544年的西魏侯义墓[3]陶俑上已显示得很清楚。

辽代马鞍表面装饰有多种方式。驸马墓、陈国公主墓等都发现了金属包片。一副鞍的包片共计6件，即前桥包片和后桥包片各1件，半月形的前翅包片和刀形的后翅包片各1对。朝阳前窗户墓[4]的鞍残件上髹黑漆，漆下刻花纹，鞍翅面还嵌有鎏金铜饰。霍林郭

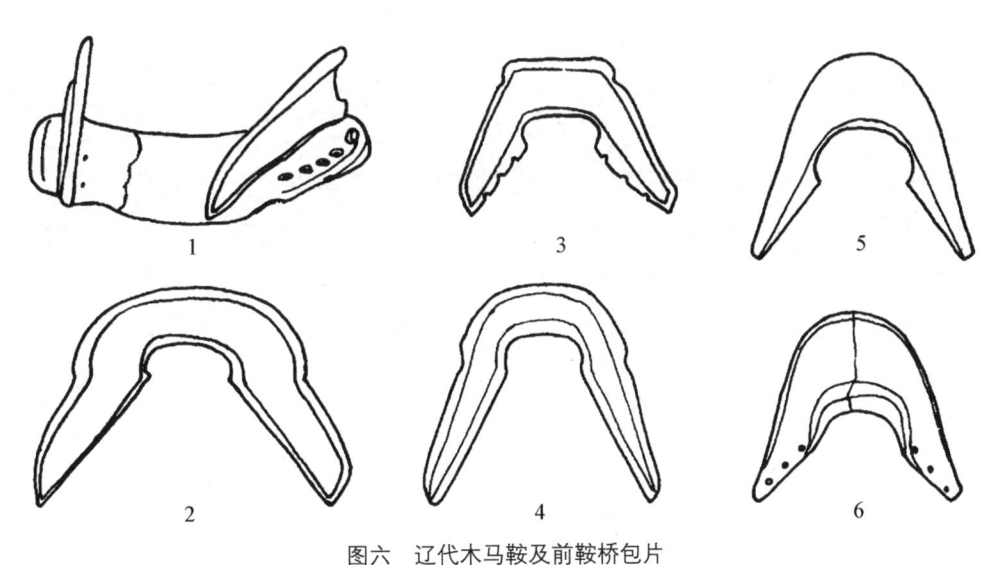

图六　辽代木马鞍及前鞍桥包片

1. 木马鞍（道尔其格辽墓出土）　2、3. Ⅰ式前鞍桥包片（驸马墓出土、二八地M1出土）　4. Ⅱ式前鞍桥包片（陈国公主墓出土）　5、6. Ⅲ式前鞍桥包片（敖瑞山辽墓出土、双辽骆驼岭辽墓出土）

[1] 项春松：《辽代壁画选》，上海人民美术出版社，1984年。
[2] 杨泓：《宋代的马珂之制》，《文物》1987年第9期。
[3] 咸阳市文管会等：《咸阳市胡家沟西魏侯义墓清理简报》，《文物》1987年第12期。
[4] 靳枫毅：《辽宁朝阳前窗户村辽墓》，《文物》1980年第12期。

勒墓[1]发现的木鞍残块上有紫红漆。道尔其格墓的木鞍是目前发现最完整的辽代木鞍，却未发现明确的涂漆迹象，可能表面未涂漆，其后翅也嵌着铜饰。

驸马墓南侧室发现了近千件马具，衔、镳和镫均为9副，可知该室应下葬了9套马具。但该室发现的马鞍金属包片计30件，分属于5副鞍。依墓主身为驸马赠卫国王的特殊地位，每副鞍都应有华贵的装饰，那么，另4副鞍可能使用了皮革等易朽材料进行装饰。

马鞍的金属包片只见于砖室或石室墓内，土坑墓未见。呼斯淖墓[2]、长岗墓[3]都是土坑墓中出土物较丰富者，虽有较多的马具金属部件出土，却不见金属包片。前面列举的霍林格勒墓和道尔其格墓的木鞍装饰都很简素，代表了土坑墓阶层马鞍装饰的一般特点。

辽代马鞍金属包片以银质或鎏金银质最多，铜质和鎏金铜质较少，不见纯金者。驸马墓所出6副皆为银质，其中3副在花纹和周边鎏金。陈国公主墓出土2副，1副是银片上贴金花，另1副是银片上通体鎏金。法库叶茂台墓和建平张家营子墓的包片也都是鎏金银鞍包片。铜包片仅在通辽骆驼岭墓[4]出1副，鎏金铜鞍包片在敖瑞山墓[5]和耶律羽之墓[6]各出1件。可见契丹有尚银鞍之俗。《旧五代史·晋书》："德钧乃以所部银鞍契丹直三千骑至镇州。"当赵德钧被俘降辽时，"契丹主问德钧曰：'汝在幽州日，所置银鞍契丹直何在？'德钧指示之，契丹尽杀于潞之西郊"。赵德钧把降顺的契丹人组建骑兵，号称"银鞍契丹直"是契丹有尚银鞍之俗的佐证。

有辽一代，鞍桥包片的形状是发展变化的。尤其前桥包片的变化最为明显，可以将辽代前桥包片分为三式。

Ⅰ式的上顶横向宽阔（即上端两肩的距离较大），纵向较窄（即上顶部的上缘与下缘之间的距离较小）。上缘微鼓或平，下脚外张较大。以驸马墓和二八地M1所出鞍桥为代表（图六，2、3）。

Ⅱ式的上顶横向变窄，纵向仍较窄。上缘比Ⅰ式外鼓程度加大，下脚外张变小。以陈国公主墓出土的2副鞍桥为代表（图六，4）。

Ⅲ式的上顶横向变得更窄，上缘外鼓较甚，下脚外张较小。上顶纵向变宽强烈。以阿鲁科尔沁旗敖瑞山墓和双辽县骆驼岭墓所出鞍桥为代表（图六，5、6）。

从二八地M1出土的瓜棱壶和石棺画的人物发式可把该墓定为辽代早期。驸马墓是穆宗应历九年（959年）下葬的，亦属于辽代早期。陈国公主墓是圣宗开泰七年（1018年）

---

[1] 哲里木盟博物馆：《内蒙古霍林郭勒市辽墓清理简报》，《北方文物》1988年第2期。
[2] 张柏忠：《科左后旗呼斯淖契丹墓》，《文物》1983年第9期。
[3] 崔福来等：《齐齐哈尔市梅里斯长岗辽墓清理简报》，《北方文物》1993年第1期。
[4] 段一平：《吉林双辽骆驼岭辽墓清理简报》，《考古与文物》1983年第6期。
[5] 赤峰市博物馆等：《赤峰市阿鲁科尔沁旗温多尔敖瑞山辽墓清理简报》，《文物》1993年第3期。
[6] 内蒙古文物考古研究所等：《辽耶律羽之墓发掘简报》，《文物》1996年第1期。

下葬，属于辽代中期。敖瑞山墓是多角形墓，共出的影青瓷器是高足，为辽墓晚期流行样式，该墓应属于辽晚期。骆驼岭墓出土的鸡冠壶为提梁高体素面，也是辽代晚期墓，所以，Ⅰ～Ⅲ式代表了辽代前鞍桥早、中、晚三期的特点。Ⅰ～Ⅲ式是连续变化的。

辽代鞍桥包片的特点有四：1. 属于整片型，即通体是一个整片。2. 上窄下宽。3. 两脚的内尖低，外尖高。4. 上顶的下缘有一个向上的凹缺。

我国4～5世纪的鞍桥的金属包片发现较多，其特点是：1. 属于组合型，即由"上部呈马蹄状的主体部分和下部左右相连或不连的翼形片"组合构成[1]。我国发现的鞍桥包片多已分散，而日本藤之木古坟[2]出土了保存完整的鎏金包片，主体和翼形片是用压条加铆钉连接的。新罗"天马冢"所出鎏金铜包片亦如此（图七，3）。2. 上宽下窄或上下等宽。3. 两脚的外尖低，内尖高。经对比，辽的鞍桥包片与中国早期的包片相差甚大，应属于两种类型。与辽代鞍桥包片形状最相近的实物标本发现于与新疆毗邻的阿尔泰地区库德尔盖东突厥墓，时代约在6～7世纪初。前鞍桥包片为骨质，也是整片型，上窄下宽，脚的外尖高，内尖低，只是下缘没有向上凹缺[3]。唐代的鞍桥包片未见报道，盐湖唐墓所出木鞍前后桥已是上窄下宽，下缘有向上凹缺，形状与辽代Ⅰ式鞍桥包片十分接近；因此，可推测唐代鞍桥包片与辽代契丹鞍桥包片属同一类型。果真如此，则填补了突厥与辽之间的时间缺环。从而可以认为唐和辽的鞍桥包片主要来源于突厥，同时也继承了北朝时代鞍桥包片的一些特点，如向上的拱形凹缺是继承了集安高句丽墓[4]鞍桥翼形片的特征

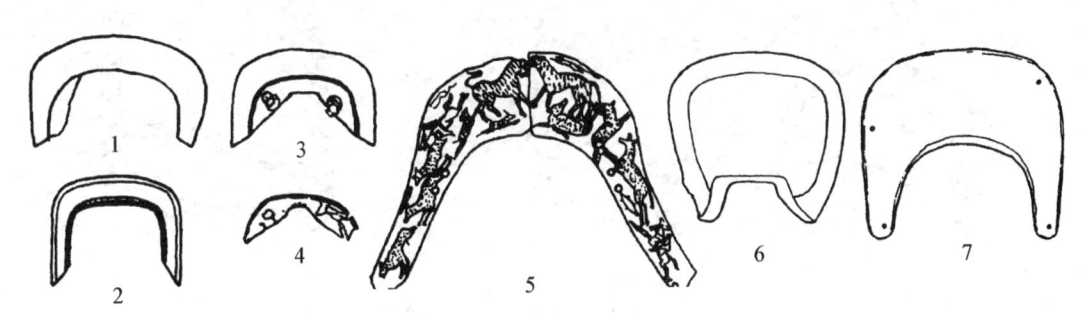

图七　辽代以前及金元时期前鞍桥包片、前鞍桥

1、3、6、7. 前鞍桥包片（袁台子北燕墓出土、韩国新罗"天马冢"出土、乌兰沟蒙元时期墓出土、俄罗斯金末赛加城出土　2. 前鞍桥包片主体部分（七星山M96高句丽墓出土）　4. 前鞍桥翼形片（万宝汀M78高句丽墓出土）　5. 骨质前鞍桥包片（俄罗斯阿尔泰库德尔盖突厥墓出土）

---

［1］ 魏存成：《高句丽马具的发现与研究》，《北方文物》1991年第4期。
［2］ 奈良县立橿原考古学研究所：《斑鸠藤の木古坟概报》，吉川弘文馆，1989年。
［3］ А. А. Гаврилова, Кудыргэ. Ленинград. 1951.
［4］ 吉林省博物馆文物队：《吉林集安的两座高句丽墓》，《考古》1977年第2期。

(图七，4）。再如，4世纪的安阳孝民屯M154[1]和朝阳袁台子墓[2]的鞍桥包片为上宽下略窄，5世纪的集安七星山M96[3]等的鞍桥包片则变为上下等宽，即上部变窄。辽代鞍桥包片上部不断收缩变窄也是这一演变趋势的延续。辽晚期即Ⅲ式鞍桥包片的顶部收缩已达极限。在俄罗斯滨海边区的赛加古城和内蒙古锡林郭勒盟镶黄旗乌兰沟蒙元时期的土坑墓[4]所见前桥包片已是上下等宽或上宽下窄的形状（图七，6、7）。乌兰沟墓的后鞍桥包片仍作上窄下宽之状。

金元的鞍桥包片上顶纵向都较辽代宽。辽代Ⅰ、Ⅱ式鞍桥包片上顶纵宽约7～8厘米，晚期的Ⅲ式前桥包片上顶纵宽增加到12厘米。而乌兰沟墓的纯金的前桥包片上顶纵向宽约16厘米。内蒙古伊克昭盟伊金霍洛旗成吉思汗陵[5]供奉着成吉思汗的生活马具、狩猎马具和征战马具（图八）。三套马具的马镫皆为梁穿孔，双蟠首，踏板为宽阔的长圆形且边缘向上起凸棱，与齐齐哈尔市梅里斯区的清代公主墓[6]所出马镫形制装饰一致，因此可确定这批供奉马具可能是清代蒙古人出于纪念成吉思汗的需要制作的，代表了更晚的蒙古人的马具特征。三副马鞍虽然前桥上端式样和花纹有所不同，但共同的特征是前桥高耸，垂直高度超过后桥。可见，自辽代晚期始，前桥包片的上顶不断增高，最后使前桥高于后桥。前桥上顶的纵向增高与横向变宽可能是出于骑者把扶鞍桥的方便。

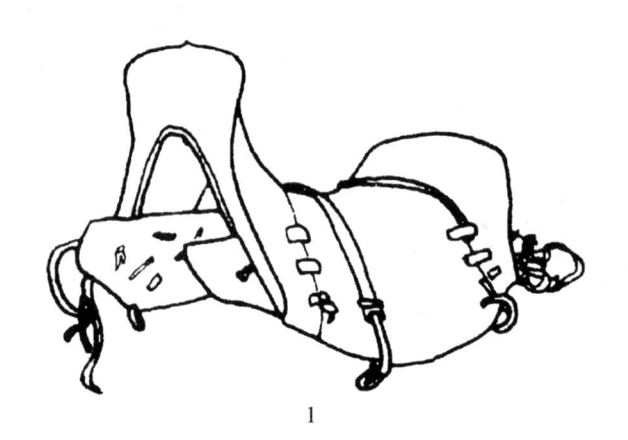

图八　成吉思汗陵供奉的马具
1. 生活马鞍　2. 征战马镫

---

[1] 中国社会科学院考古研究所安阳工作队：《安阳孝民屯晋墓发掘报告》，《考古》1983年第6期。
[2] 辽宁省博物馆工作队：《朝阳袁台子东晋壁画墓》，《文物》1984年第6期。
[3] 集安县文物保管所：《集安县两座高句丽积石墓的清理》，《考古》1979年第1期。
[4] 内蒙古博物馆等：《镶黄旗乌兰沟出土一批蒙元时期的金器》，《内蒙古文物考古文集》第一辑，中国大百科全书出版社，1994年。
[5] 内蒙古博物馆编：《内蒙古历史文物（赴日展品图录）》，内蒙古博物馆，1987年。
[6] 崔福来等：《黑龙江省齐齐哈尔市梅里斯音钦清代墓群调查简报》，《北方文物》1989年第4期。

辽代鞍桥包片和鞍前后翅包片上常饰以精美的花纹。主题花纹有双龙戏珠、双凤戏珠、云纹、卷草飞鸟、缠枝牡丹等。地纹有云纹、鱼子地、海水纹等。鞍桥包片花纹布局约分两种：第一种以驸马墓鞍桥包片为代表，有很窄的边带，中心纹带宽阔，饰以双龙戏珠、双凤戏珠等。第二种是以陈国公主墓鞍桥包片为代表，分上、中、下三栏布置。其中一副鞍桥是中栏宽，上栏和下栏稍窄。中栏饰双凤戏珠，是主题纹饰；上栏和下栏布置疏朗云纹，是陪衬纹饰。另一副鞍桥包片则是上栏较宽，中、下栏相对较窄，皆布置鱼子地卷草飞鸟纹，三栏纹饰带已无主次之分。

辽代契丹马鞍包片的装饰艺术基本取法于发达的唐宋装饰艺术，尚看不到独创成分。龙凤装饰来源于唐文化，龙的造型尚未摆脱兽形龙的窠臼，尾缠绕一条后腿也是沿用唐龙造型的艺术定式（图九，1）。陈国公主墓的鞍桥包片上的卷草小鸟纹（图九，2）与江西南宋墓[1]纺织品上的"卷叶相思鸟纹"（图九，3）极其相似，只不过陈国公主墓的鞍桥包片增加了鱼子地，这是金银器上常见的地纹装饰手法。相思鸟属于画眉科，分布于我国南部多山地区，常成群生活，辽地不产。陈国公主墓鞍桥包片上，前桥有40只鸟，后桥有50只鸟，"画眉"特征明显，相互顾盼，展翅飞翔于缠枝卷草之中，把相思鸟的生活习性生动地表现出来，所以也是卷草相思鸟纹。这种纹饰可能取法于宋代南方产的纺织品纹样。

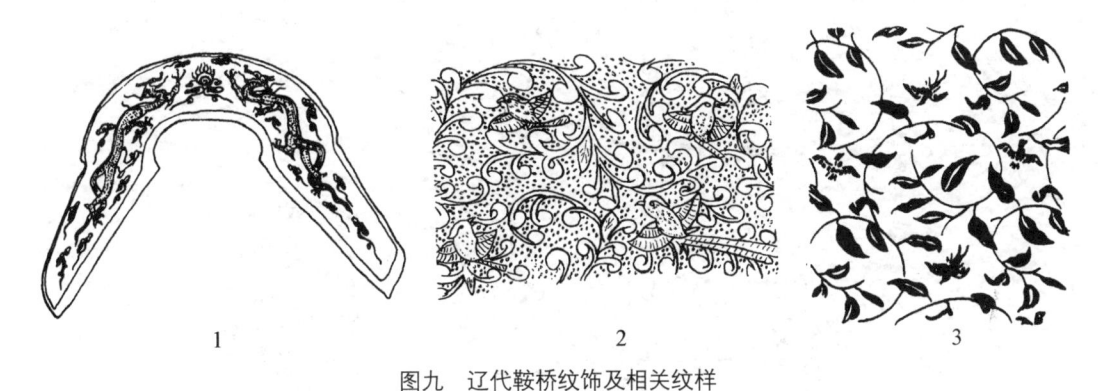

图九　辽代鞍桥纹饰及相关纹样

1. 鞍桥包片上层纹饰（辽驸马墓出土）　2. 鞍桥纹饰局部（辽陈国公主墓出土）　3. 纺织品纹样（江西南宋墓出土）

四、胸带、鞦带和躁蹀带

马鞍的固定是依靠肚带、胸带和鞦带的牵拉作用实现的。肚带作用最大，但尚未发现

---

[1] 江西省文物考古研究所：《江西德安南宋周氏墓清理简报》，《文物》1990年第9期。

肚带的实物标本和图像资料,故略而不论。

胸带又称攀胸。辽代胸带较特殊,属于套桥式,具体形制可分三种。

A种胸带以陈国公主墓所出的两副胸带为代表。由长短两条带相接构成周长170厘米的封闭环形,在上部的短带两侧又岔出小带,用以连接镫带(图十,1)。在庆陵之东陵壁画[1]、陈国公主墓墓道东壁壁画(图十一,4、5)、宣化韩师训墓[2]前室壁画中也有A种胸带,上部套于直立前桥之后,被坐垫掩覆压盖。实物与壁画相互参照可知上部套在前桥之后,左右坠连马镫。上部仅为一环套,当一足踏镫用力时,不会很稳固,所以,实物还应有其他附件用于加固。

B种比A种胸带复杂,根据库伦M1、M2和张世古墓[3]、张世卿墓壁画中所显露的部分胸带(图十一,1~3、7),可推知B种胸带的上部可能是兜状套,即圆环状的胸带围绕于马颈,上部向后歧出的半环状带挂于前桥之后,用一条翻越前桥的上搭带把二者连接起来

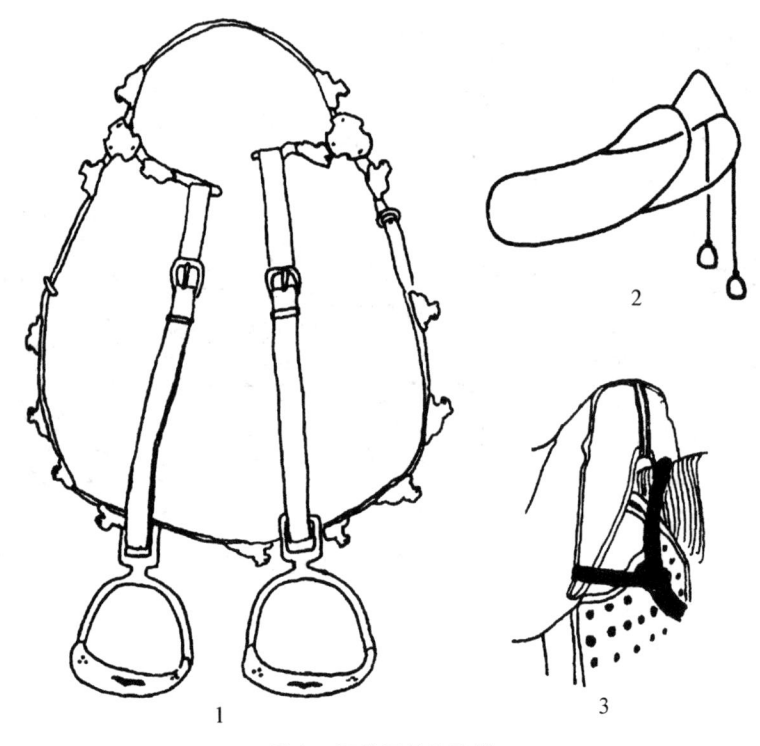

图十　辽代马具的胸带

1. A种(陈国公主墓出土)　2. B种推想图　3. C种(北三家子M1壁画)

---

[1] 田村实造:《庆陵》,东京座右宝刊行会,1952年。
[2] 张家口市宣化区文物保管所:《河北省宣化下八里辽韩师训墓》,《文物》1992年第6期。
[3] 张家口市宣化区文管所:《河北宣化辽代壁画墓》,《文物》1995年第2期。

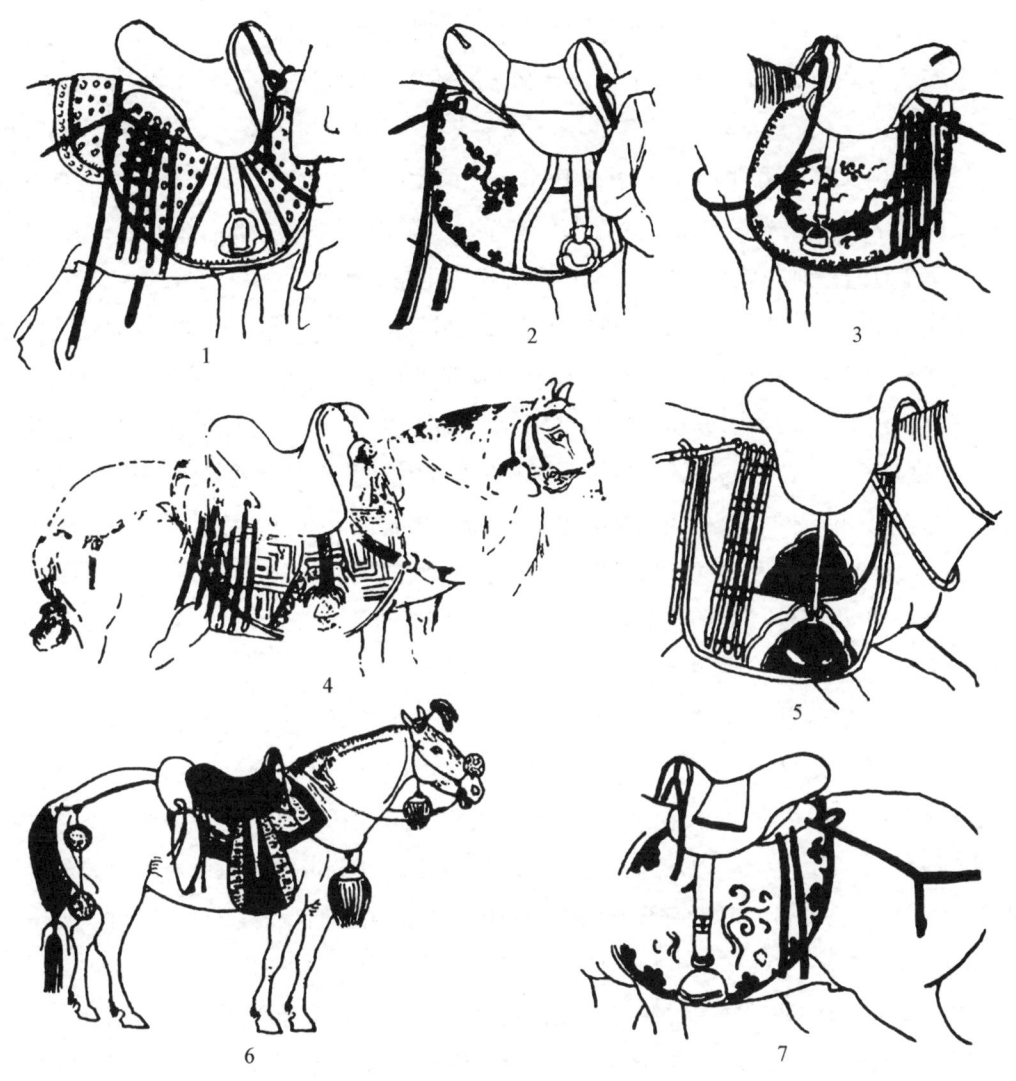

图十一　辽代墓葬壁画与传世绘画中的鞍具
1. 库伦M1壁画　2. 库伦M2壁画　3. 张世卿墓壁画　4. 庆陵壁画　5. 陈国公主墓墓道东壁壁画
6. 李赞华《射骑图》　7. 张世古墓壁画

（图十，2）。B种胸带实物虽未发现，但壁画中所见最多。

C种是介于A、B之间的胸带形式，在敖汉旗北三家子M1墓道壁画上可以清楚地看到，其胸带上部也是分为两个半环形带，一个位于桥之前，一个套于桥之后，但二者之间没有上搭带相互连接（图十，3）。

胸带的作用主要是防止鞍向后移动，鞦带的作用是防止鞍向前移动，套桥式胸带能够起到这样的效用。

套桥式的胸带与鞍的连接方式较特殊。既不同于鲜卑和高句丽把胸带挂系在前桥翼形片上[1]，也不同于日本向山神社收藏的"唐鞍"那样，把胸带系于鞍前翅板上。成吉思汗陵供奉的马鞍也是在鞍的前翅上设穿系胸带的环鼻。据推测，"唐鞍"的制作时代相当于我国的南宋[2]，嘉元四年（相当于我国元成宗大德十年）经过大修。真正的唐代马具可能还没有采用这种方法，因为新疆盐湖唐墓出土的木鞍在前桥和鞍前翅板上都没有发现供挂系胸带的环鼻或穿孔迹象。唐代郑仁泰墓出土的骑猎俑的胸带上部也是分为两股，与北三家子辽墓壁画的胸带相同，可能唐代的胸带也是套桥式。

辽代鞦带有单线式和网状式两种。单线式鞦带以陈国公主墓出土的两副完整的鞦带为代表，由一条长320厘米的长带和两条长15厘米的短带相接组成。两条短带分别系于鞍的两个后翅板的最后孔，长带分别与之相挽结，所余部分拖垂较长，达80厘米。网状式鞦带以驸马墓出土者为代表，该墓发现了保存较好的用于鞍后马背的带网，由纵横两条带组成。经复原，在带网之下是绕马臀的主带。网状鞦带在北朝时曾盛行，唐代时已越来越少，辽代壁画中还没有发现，所以，可以认为到辽代时已进入尾声。

在鞦带和鞍后翅上还垂有跺躞带。跺躞带本指腰带上垂悬的小带，马具上垂悬的小带亦借用此名。辽代马具中的跺躞带有三种。

第一种是胯部跺躞，每侧一条，处于马胯部，上端系于鞦带上，一般较短，陈国公主墓所出的胯部跺躞长28厘米。在辽墓壁画中，几乎所有的鞍马都在胯部设此带，反映此带不仅仅是饰物。庆陵、张世古墓、张世卿墓、库伦M1和M2等墓的壁画中鞦带都画作"V"形，胯部跺躞带正位于"V"形的尖端处，说明鞦带是因跺躞带的坠压而弯沉。胯部跺躞带虽短，但也和其他带一样缀有金石饰件，如陈国公主墓的胯部跺躞带上缀3件马形玉雕和3件狻猊形玉雕，上端与鞦带相接处还钉三角形鎏金铜节约，所以较沉重，能把鞦带坠弯。单线鞦带没有背网的控制，在马行进奔跃时容易下移位置，影响马的正常速度。所以单线鞦带才绕于马臀丰处之上的尾根部，并设跺躞以坠压，以使鞦带在马行进时仍能保持适度的紧绷状态。为了美观，胯部跺躞还可加饰其他饰物，如李赞华的《射骑图》中的胯部跺躞上缀挂两个绒球（图十一，6）。

第二种是鞍翅跺躞，即在鞍的两个后翅上有穿孔，悬挂着下垂的带子。陈国公主墓发现的鞍后翅包片上有五个穿孔（图十二，1），最后一孔系鞦带，前四孔挂系着四条跺躞带，长度在56～61厘米，由于翅上的透孔是倾斜排列的，越往后位置越高，所以四条带的下端

---

[1] 齐东方在《关于日本藤之木古坟出土马具文化渊源的考察》(《文物》1987年第9期)中已指出，孝民屯M154晋墓中的弯头形鞍饰和万宝汀M78卷云形鎏金铜鞍饰都是翼形片，前者每片中都有两并列穿孔，后者也有斜向长方孔，应是悬挂胸带的穿孔。
[2] 杨泓：《宋代的马珂之制》，《文物》1987年第9期。

在同一水平线上。朝阳前窗户墓[1]发现的漆鞍没有使用金属包片，据报道在鞍面上嵌鎏金铜扣8枚（图十二，2、3），这些"铜扣"的形状与腰带衔蹀躞带的带銙相同，也应是嵌在鞍翅透孔处衔蹀躞的。鞍翅蹀躞在宋代被称为"鞦根"。北宋沈括《梦溪笔谈》云："带衣所垂蹀躞，盖欲佩带弓、剑、帉帨、算囊、刀砺之类。自后虽去蹀躞，而犹存其环。环所以衔蹀躞，如马之鞦根，即今之带銙也。"沈括所比拟的"马之鞦根"就是前窗户辽墓所见的以铜扣衔蹀躞的形式。

　　第三种是鞘带接头处的余带蹀躞。陈国公主墓所出鞘带之长带长达320厘米，与短带挽结后仍余80厘米，余带自然下垂，形似蹀躞。余带蹀躞在库伦M1、M2和张世卿墓、陈国公主墓等壁画中也显示得非常清楚（图十一，1~3、5）。

　　鞍翅蹀躞和鞘带接头的余带蹀躞可统称为鞍后蹀躞。辽代鞍后蹀躞一般是每侧五条。陈国公主墓、库伦M1等墓主人身份很高的马具使用五条，且道尔其格土坑墓墓主人的马鞍翅也有五个透孔，数量与驸马赠卫国王墓的鞍翅包片透孔数相同，说明贵贱通用。也有少于五条的，如宣化张世古墓（图十一，7）、韩师训墓等壁画。仅庆陵壁画中的圣宗御马使用了每侧六条（图十一，4）。金代张瑀的《文姬归汉图》中仅文姬的鞍后蹀躞设六条，随从则设五条。可能辽金时期每侧设六条，合为十二之数，为帝后之制。

　　鞍后蹀躞是域外草原游牧人的发明。我国最早的马具上的蹀躞带形象见于敦煌莫高窟第257窟的北魏壁画，在九色鹿本生故事中，国王的马鞍后飘摆着下垂的四条蹀躞带。但北朝时，内地和东北流行鲜卑系马具；随着鲜卑衰落和突厥向东扩张，蹀躞带传入内地，唐代已十分普及。对于唐宋时的汉人，鞍后蹀躞多流于装饰。对于以游牧、射猎为业的契丹、女真人，鞍后蹀躞则有实用性。辽李赞华的《射骑图》中，主人马鞍之后用蹀躞带拴系毡垫（图十一，6），可能是供野外使用。金张瑀《文姬归汉图》中有四位随从的鞍后用蹀躞带捆系毡毯、包袱或兜袋。

　　元代时鞍翅蹀躞已消失。新疆盐湖元墓出土的木鞍和内蒙古乌兰沟蒙元墓出土的纯

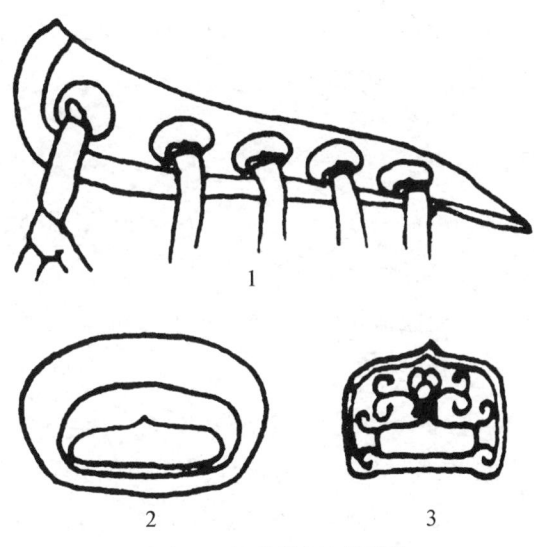

图十二　辽代鞍翅上的装饰
1. 鞍后翅包片（陈国公主墓出土）　2、3. 漆鞍上的鎏金铜扣饰（前窗户墓出土）

---

[1] 靳枫毅：《辽宁朝阳前窗户村辽墓》，《文物》1980年第12期。

金鞍后翅包片上都没有发现蹀躞带穿孔。乌兰沟墓还伴出一些鞍上的钩环等物,可能代替鞍翅蹀躞,用于携带物品。

五、坐垫、鞍鞯、障泥与鞍袱

木鞍质地坚硬,需要在上面设坐垫,下面置鞍鞯。辽代的坐垫和鞍鞯实物尚未发现,但在壁画中却常能见到。

壁画中的坐垫大小与鞍相适合,铺在鞍上前后边缘基本与鞍桥相齐,两侧盖住木鞍,并向下垂延,转角为圆缓曲线。有的鞍坐垫上还增设一小垫,如宣化张世古墓的壁画中,在蓝色鞍垫上设一红色窄长小垫,库伦M2壁画中,浅黄色坐垫之上也有一件黄色窄长小垫(图十一,2、7)。

鞍鞯又称鞍褥,辽墓壁画鞍马上所见较少,可能与辽代流行窄小鞍鞯有关。少数壁画中能看到的鞍鞯可分为二种。一种是以库伦M1壁画中的鞍鞯为代表,庆陵壁画和李赞华《射骑图》中的鞍鞯均属此类(图十一,1、4、6)。纵向较长,镶边,表面有花纹,在鞍之前后有所显露。另一种是陈国公主墓墓道东壁壁画中的鞍鞯(图十一,5),横向很长,在木鞍两侧下垂较多。这是唐代流行的式样,该鞍鞯安置在障泥的外侧也是唐代做法,它突出了鞍鞯的装饰作用,质地和花纹都有充分显露。如唐章怀太子墓出土的三彩马(图十三,2)就是如此。

障泥是悬于马镫与马腹之间的隔垫。南北朝时障泥已很流行,把直角方形的障泥悬在鞯的下面,下部低过马腹。由于马驰奔时空气对障泥形成强大阻力,容易翻折,必须选用硬质材料制作,新罗"天马冢"出土的3副障泥分别是竹制、桦树皮制和漆板制便是证明。这时期的障泥拖垂笨重,马的快速敏捷优势难以正常发挥。唐代已改进为把障泥衬在鞯的里侧,下缘稍过马腹,除直角方形外,也出现圆角方形的新样式(图十三,2)。唐代重视鞯的装饰作用,许多唐墓壁画的马和马俑没有配障泥。

辽代进一步对障泥进行改进。除陈国公主墓壁画和解放营子墓壁画中的障泥仍沿用旧有的方障泥外,其余墓葬壁画中的马都是圆形小障泥。陈国公主墓出土的两副实物障泥也作此状,纵长59厘米,横宽66厘米,上部凹陷,并设左右双孔,孔内穿铜条,双孔位置与共出木鞍座板上的透孔相对应,应是连缀在鞍板下。由墓葬壁画和出土实物观之,主要特点是:下不过腹,能紧贴马身;流线型造型,阻力小;前下角外突稍大,后下角外突较小,这与骑者脚镫摆动幅度相适应,使障泥尽可能变窄,达到体轻、小巧、阻力小的目的。李赞华《射骑图》中的障泥呈上窄下宽的扇形(图十一,6),已把障泥的体积减少到最小

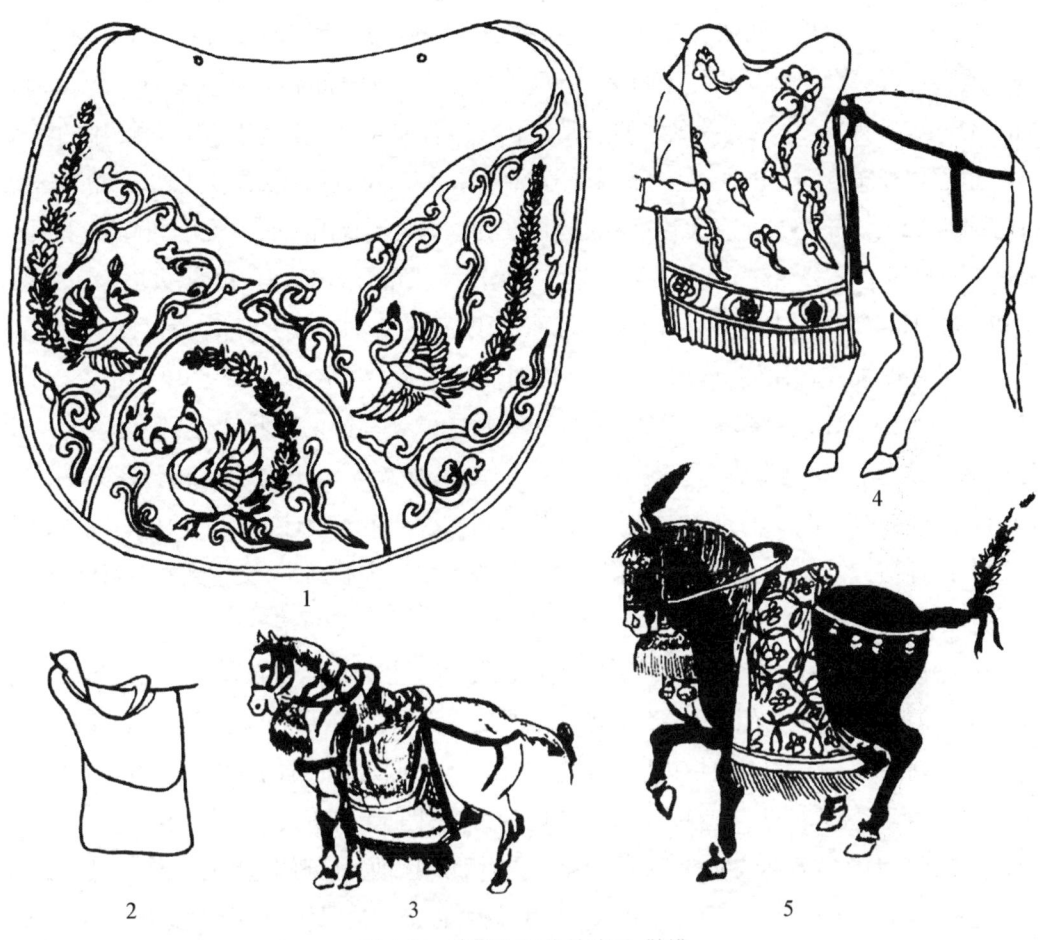

图十三 唐代和辽代的障泥、鞍袱

1. 彩绘银障泥（辽陈国公主墓出土） 2. 三彩马上的鞯与障泥（唐章怀太子墓出土） 3、5. 石棺画中的鞍袱（二八地M1辽墓出土） 4. 壁画中的鞍袱（辽陈国公主墓墓道西壁）

程度。辽代障泥变得小巧，已没有必要使用坚硬的材料制作。陈国公主墓的两副障泥为双层银片焊接而成，表面涂彩。该墓两套马具中的革鞯皆以银片代替，这两副障泥也应是仿拟实用器的明器。而叶茂台墓出土的绣花障泥则是实用障泥。出土实用马具的辽墓始终未发现过金属障泥可为旁证。

辽代十分重视障泥的装饰作用，加之障泥小巧轻便，障泥也就成为辽代马具的常备部件，辽墓壁画中的鞍马几乎都备障泥。绝大多数的障泥是挂在鞍板下，置于鞯的外侧，使障泥上的花纹图案得以充分显露，在装饰地位上已取代了唐代的鞯。《宋史·舆服志》的"鞍勒之制"条多次提到鞯，没有言及障泥，反映宋代是沿唐制，重视鞯的装饰。而《金史·舆服志》关于鞍勒部分则提到障泥，却不言鞯，如亲王"障泥用紫罗，饰以生帛"，三品以上者"障泥许用金花"。反映出金朝是承辽俗，以障泥为重。

辽代障泥上的花纹构图有三种模式：A种是分为前、中、后三部分，相互之间没有分界线。前、后两部分的纹样相同，中间呈上小下大的扇形，或素面无纹，或为新的母题。库伦M1、M2和韩师训墓、庆陵等壁画中的障泥（图十一）皆属A种。李赞华《射骑图》中的障泥花纹也是这样布置的。B种分上、下两部分，在马镫相对位置用连弧线勾圈出三角形区域（或称镫形纹），上部仍是左右大致对称的构图。如陈国公主墓出土的银质彩绘障泥，上顶被鞍板和坐垫覆盖部分涂红褐色，下部偏前处是勾绘的三角形边框，框内绘以火焰珠和凤凰，衬以云纹，框外部分左右各置相对飞舞的凤凰，衬以云纹，左右构图大致相对称（图十三，1）。

三种构图模式相比较可以看出，C种构图仅从障泥本身着想，按一个单元布置，马镫遮挡了图案的主体，二者是对立的。B种构图则考虑到马镫的形状和位置，把镫纳入障泥图案布局之中，使马镫成为图案的构图重心，障泥成为马镫的背景布；镫位图案是独立的，被遮挡时，其余图案仍是完整的。A种构图则按三个单元设计，不但考虑了马镫，还注意到镫带，使三者巧妙地组合成一幅完美图案，既突出了中心马镫，又达到左右对称、统一中有变化的效果。

备好鞍具的马，若不骑乘，有时需要披上鞍袱，以防灰土沙尘落在鞍上。辽代契丹也继承了汉人的这种风习。陈国公主墓墓道西壁画的马背横披一件长大的云纹鞍袱（图十三，4）。克什克腾旗二八地M1石棺内壁的放牧图中，行进在牧群前端的一匹马披着素面鞍袱，鞍袱向后飘动，轻薄似纱，里侧的障泥等物隐约可见（图十三，3）。该石棺内壁的另一幅牧马图中，高头大马披着毯纹鞍袱，下沿的流穗向后随风摆动，前部侧边也被风撩起（图十三，5）。这三件鞍袱的共同特点是比较长大，垂过马腹，鞍镫均被罩住；两端镶横边，下接穗头。北朝和唐代马俑、壁画中常见的一种短鞍袱和把下端扎结的做法在辽代尚未发现。

六、镫

辽代马镫基本为铁质素面，个别装饰华丽的镫仅见于身份特殊的大墓中，如驸马赠卫国王墓有嵌银花铁镫，陈国公主墓有鎏金铁镫和鎏金铜镫。一般镫通高约20厘米，柱截面为圆形，椭圆形突面踏板，踏板背面往往有一至三条加强筋。辽代马镫可分为四型。

A型是短柄镫。柄与梁铸在一起，柄上有穿孔（图十四，1~4、6、7、9、10）。发现数量最多，是辽代马镫的主要类型。此型是唐代马镫的直接延续，与唐相比也有若干变化。唐镫以圭首柄为多，四川万县唐墓[1]鎏金铜镫和陕西郑仁泰墓鎏金镫、韦洞墓铜镫都是圭

---

[1] 四川省博物馆：《四川万县唐墓》，《考古学报》1980年第4期。

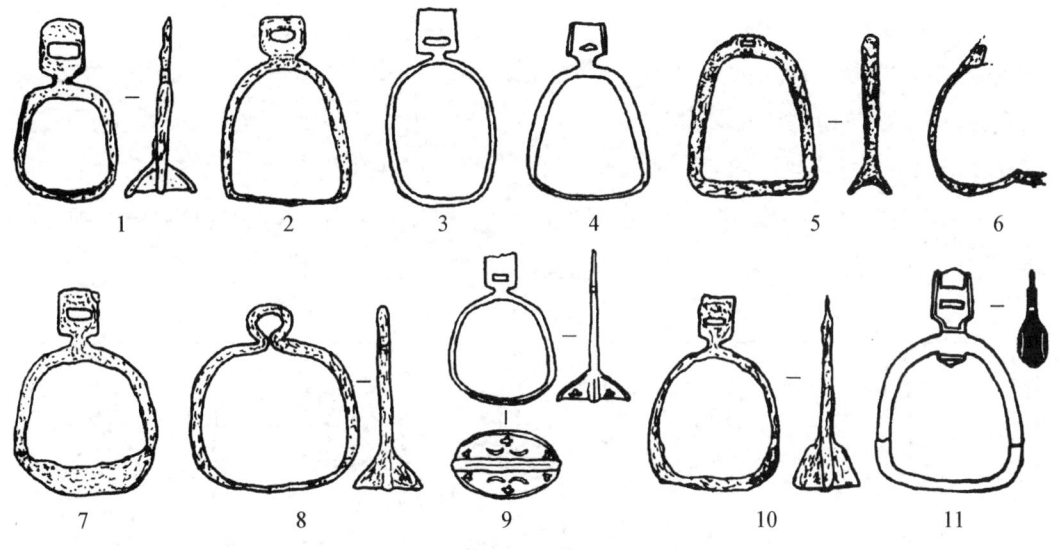

图十四 辽代马镫

1~4、6、7、9、10. A型（海力板墓出土、高力戈墓出土、后刘东屯M2出土、北岭M1出土、道尔其格墓出土、呼斯淖墓出土、沙子沟M1出土、库伦M3出土） 5. D型（敖瑞山墓出土） 8. B型（小塘土沟M2出土）
11. C型（陈国公主墓出土）

首形柄（图十五，5、7、9）。辽代圭首形柄已很少见，柄首为平顶或略下凹的马镫广为流行。原始马镫是木芯包金属皮或皮革，镫轮的折角因而呈现圆形或圆角三角形（图十五，1~4）。唐代金属镫仍继承了圆角形式。盐湖唐墓铁镫的镫轮作圆角方形，唐永泰公主墓铁镫和郑仁泰墓鎏金镫的镫轮近于圆形，这两种镫轮在辽代已基本消失。辽代镫轮早期多为上部比下部略窄的梯形，中期以后则上部变窄者增多。还出现心形和下角转折很锐的镫轮。如朝阳耿知新墓和道尔其格墓各出1件心形镫（图十四，6）。双辽高力戈墓[1]的镫踏板平直，下角锐折（图十四，2）。这为后来马镫最终走向平踏板、直立柱奠定了基础。辽代还有一部分马镫的踏板上有镂孔，如沙子沟M1、安辛庄墓、南皂力营子墓等。唐代实用马镫发现极少，多为马俑上的配镫，形体较小，未见有踏板上设透孔的报道。但唐辽时期北亚草原上的马镫在踏板上常设镂孔。

B型为环柄镫。镫梁在中部向上弯曲成环状柄（图十四，8）。赤峰西水地墓[2]和宁城小塘土沟M2均有发现。从西水地墓共出的长颈陶壶和铜镜判断，该墓年代为辽早期。B型镫在我国发现较少，在吉林市杨屯的靺鞨墓和黑龙江阿城市金胜村金初女真墓中有发现（图十五，15）。在南西伯利亚和外贝加尔地区的8~9世纪遗存中环柄马镫发现较多

---

[1] 吉林省文物考古研究所：《吉林双辽县高力戈辽墓群》，《考古》1986年第2期。
[2] 海燕：《赤峰市红山区西水地发现一座辽墓》，《内蒙古文物考古》1992年第1、2期合刊。

（图十五，11、12）。

C型为转柄镫。陈国公主墓出土一副鎏金铜镫，其梁与柄分铸，再套接相连而成，柄可旋转（图十四，11）。在敖汉旗北三家子M1墓道壁画中的马也配一副转柄镫。陈国公主墓是辽圣宗开泰七年（1018年）下葬的，所以，C型至迟在辽代中期就已被发明出来。北三家子M1的壁画风格和人物的发式属于辽晚期。阿城金胜村金初女真墓也曾发现两副转柄镫（图十五，14），这是最晚的标本。所以C型主要流行在辽代中晚期到金初。

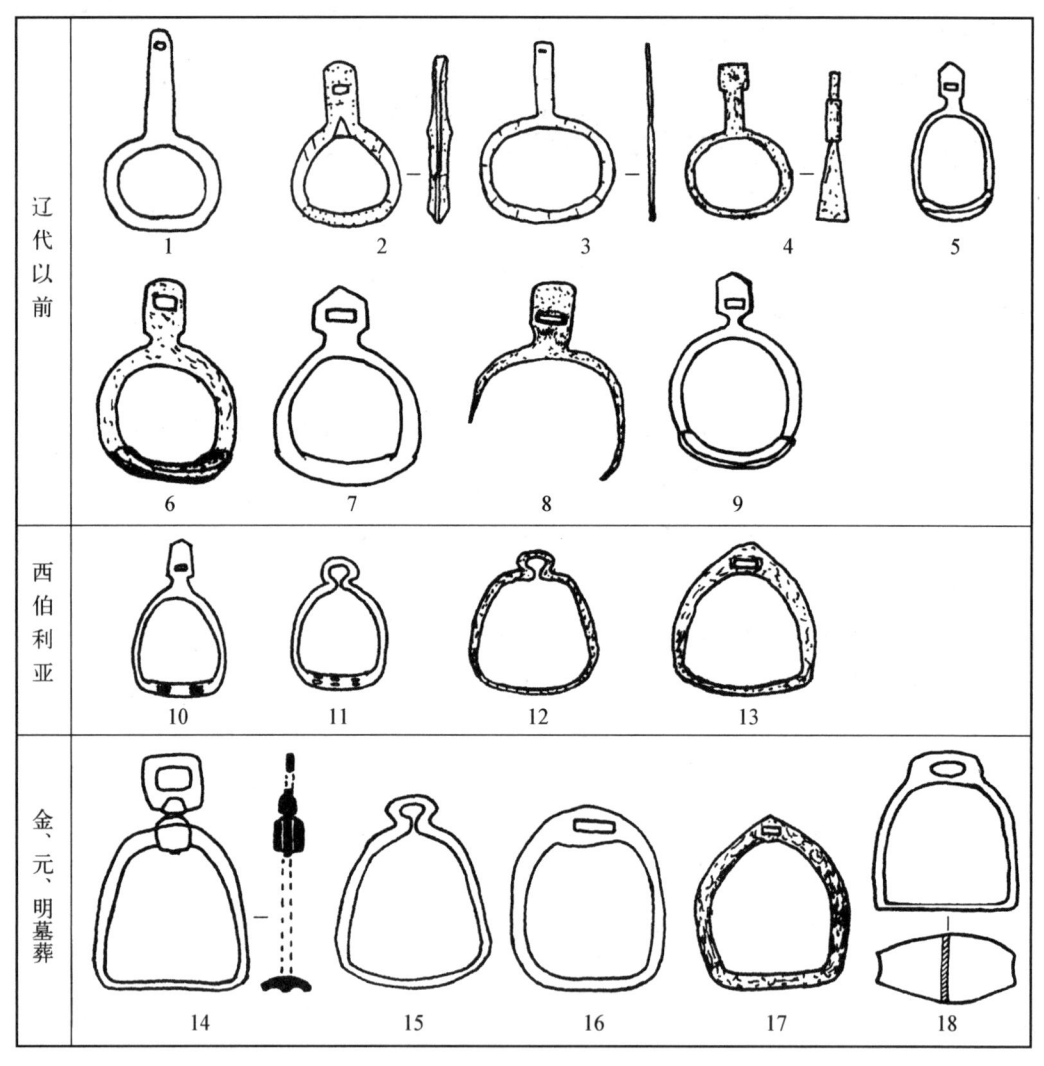

图十五　与辽马镫相关的马镫

1. 安阳孝民屯M154晋墓出土　2. 北票北燕冯素弗墓出土　3. 集安万宝汀M78高句丽墓出土　4. 固原北魏墓出土　5. 万县唐墓出土　6. 唐永泰公主墓出土　7. 唐韦泂墓出土　8. 盐湖唐墓出土　9. 唐郑仁泰墓出土　10、11. 俄罗斯南西伯利亚出土　12. 俄罗斯图瓦出土　13. 俄罗斯北高加索出土（14世纪）　14～16. 阿城金胜村金初女真墓出土　17. 兴和五甲地元代汪古部墓出土　18. 顺城堂明代女真墓出土

D型为梁穿镫。镫无柄,梁中部设穿带孔(图十四,5)。阿鲁科尔沁旗敖瑞山墓、赤峰宁城小刘仗子M1~M3、凌源温家屯墓、梁援墓都有发现。梁援墓为道宗寿昌七年(1101年)下葬,据共出器物判断,其他诸墓均是辽道宗和天祚帝时期。所以D型是辽晚期被创造出来、逐渐流行的新式镫。

C型和D型都是从A型改进而来,唐代短柄镫是由北朝时长柄木芯镫演变而来,柄由长变短,显然在于追求马镫的灵敏适用。C型和D型的发明也是出于这一动力驱使。辽晚期C型和D型迅速流行,在阿城金初墓中,D型已成为最主要的形式,B、C型少量,A型已消失。D型结构简单,最终取代了其他各类型式的马镫。金代中晚期城址和窖藏所见马镫都是D型镫。内蒙古兴和县五甲地元代汪古部墓[1]、顺城堂明代女真墓[2]等所见马镫均属梁穿型(图十五,17、18)。齐齐哈尔市梅里斯的清代公主墓的镫也是梁上设穿孔,但踏板变成平整的圆角长方形,边缘起凸棱,柱直立挺拔,侧棱分明。同时期的欧亚草原地带的马镫变化与我国相同[3]。今天我国东北农村和西伯利亚民族调查见到的镫仍保持了清代那种梁穿镫形式[4]。可见肇始于辽代晚期的马镫变革在马镫发展史上具有划时代的意义。

七、缨、铃、杏叶

缨、铃和杏叶都是马具上悬挂摇曳的饰件。

缨在壁画中所见较多,皆为一马一缨,悬坠于项带或咽带下。李赞华《射骑图》中的马则配二件缨,分别挂在咽带和胸带下。缨是由缨穗(缨拂)、缨罩、串饰、系绳等组成。缨罩发现较少,在驸马墓和敖汉旗大横沟墓发现了鎏金银罩、银罩和鎏金铜罩。皆为覆钵式,有平顶和圆顶二种,顶心有一透孔(图十六,8下)。罩体外表饰精美的卷草飞凤、卷草奔鹿等花纹,也有素面的。伴出的铃形饰有上下相对的透孔,外表亦有与缨罩风格题材相似的花纹,应是位于缨罩之上的串饰(图十六,8上)。

辽墓发现的铃有圆形铃和铎形铃两类。

圆铃有银、铜和鎏金等多种,体作球形,中腰起凸棱,上有纽,底部有"工"字形透音缝,内含游丸,皆素面无纹。辽墓经常是大大小小的圆铃共出,如驸马墓南侧室出土431件鎏金铜铃,最大者高7.6厘米,体直径6.7厘米;最小者高1.7厘米,体直径1.2厘米。敖

---

〔1〕 盖山林:《兴和县五甲地古墓》,《内蒙古文物考古》1984年第3期。
〔2〕 长春市文物管理委员会办公室:《吉林德惠顺城堂明墓清理简报》,《辽海文物学刊》1988年第2期。
〔3〕 В. А. Критер, Средневековые захорония Новокумакского могильника. Советская Археология. 1983. No3.
〔4〕 С. П. Толстова, Народы Сибири. ленинград. 1956.

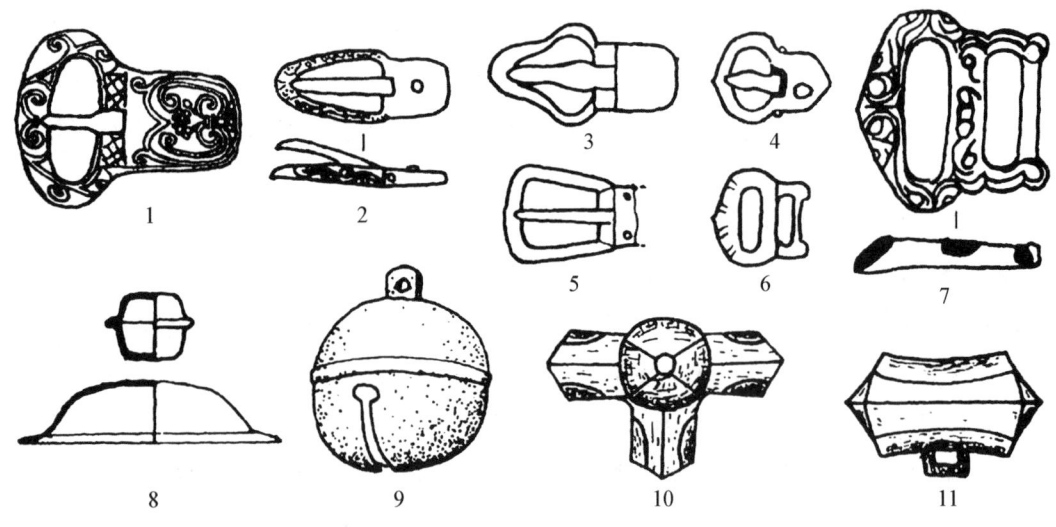

图十六　辽代带扣、缨罩、铃、节约和牌饰

1. 带扣（前窗户墓出土）　2～6. 带扣（陈国公主墓出土）　7. 带扣（海力板墓出土）　8. 缨罩及缨罩上的串饰（大横沟墓出土）　9. 铃（驸马墓出土）　10、11. 节约、牌饰（木头营子M2出土）

汉旗沙子沟M1出13件铃，3件高7.5厘米，5件高4.2厘米，5件高2.3厘米。也有只出尺寸相同的铃，如敖汉旗大横沟墓出的铜铃皆高9厘米。排列方式也有不同，驸马墓出土的一条项带复原后是挂系6件中等的铃，中间系缨饰；另一条项带复原后是悬挂8件大铃和32件小铃，每2件大铃之间缀4件小铃，中间悬缨饰。铃与带的连接方法有两种，一种是在皮带上置金属牌饰，牌的下缘出方鼻（图十七，2、4），把铃系在方鼻上。另一种是把铃鼻直接插入皮带孔内，带后以皮条顺穿。

辽墓发现的铎形铃有两种，一种截面为正方形，双足，巴彦琥绍墓[1]和天津营房村

图十七　辽代变形花草纹牌饰、节约

1～3. 耶律羽之墓出土　4、6. 后刘东屯M1出土　5. 道尔其格墓出土　7、8. 海力板墓出土　9、10. 泉巨涌墓出土

---

[1]　苗润华：《巴林右旗巴彦琥绍辽墓和元代遗址》，《内蒙古文物考古》1994年第1期。

墓[1]都有出土。根据营房村墓铁铃出于墓门外，推测可能是挂在墓门楼上的风铎。另一种是截面为菱形或梭形，四足，所见皆为铜铃，可能是车马上的铃。但尚未发现辽代将此铃用于马具上的直接证据。

垂于胸带、鞘带下的另一类装饰物是杏叶。辽代杏叶实物远没有铜铃数量多，一般长9厘米左右，宽5厘米，上顶有鼻，系挂在胸带或鞘带的带鼻牌上。

与以前各代相比，辽代的杏叶有以下特点：1. 轮廓造型统一，呈纵向较长的桃形。高句丽的杏叶也有桃形的，横向较宽，比较肥胖。唐代杏叶已变瘦，轮廓为起伏较大的花边。辽代杏叶又恢复轮廓齐整的桃形，纵向较唐杏叶长（图十八）。2. 杏叶叶尖随杏叶所处位置变化。高句丽和唐代杏叶叶尖都是垂直向下。辽代杏叶叶尖有向下垂直的，但更多的是叶尖向左弯或向右弯，同一副马具中三种杏叶共出，且弯度也有大小之不同。如二八地M1发现10件杏叶（即报告中的"桃型鞍饰件"）中，1件叶尖垂直向下，4件叶尖向左弯，5件叶尖向右弯。3. 辽代杏叶有凸起边框，纹饰分布在边框内。唐代杏叶没有边框，把纹饰与杏叶轮廓巧妙地结合，形成各种花边形杏叶。4. 辽杏叶花纹装饰来源于唐杏叶，又有自己的风格。辽耶律羽之墓的杏叶有亮翅的凤凰和直立舞爪的狮子。前者与唐懿德太子墓出土的鸾鸟纹杏叶图案十分相似，后者与卢芹斋旧藏双狮纹杏叶[2]的狮子造型如出

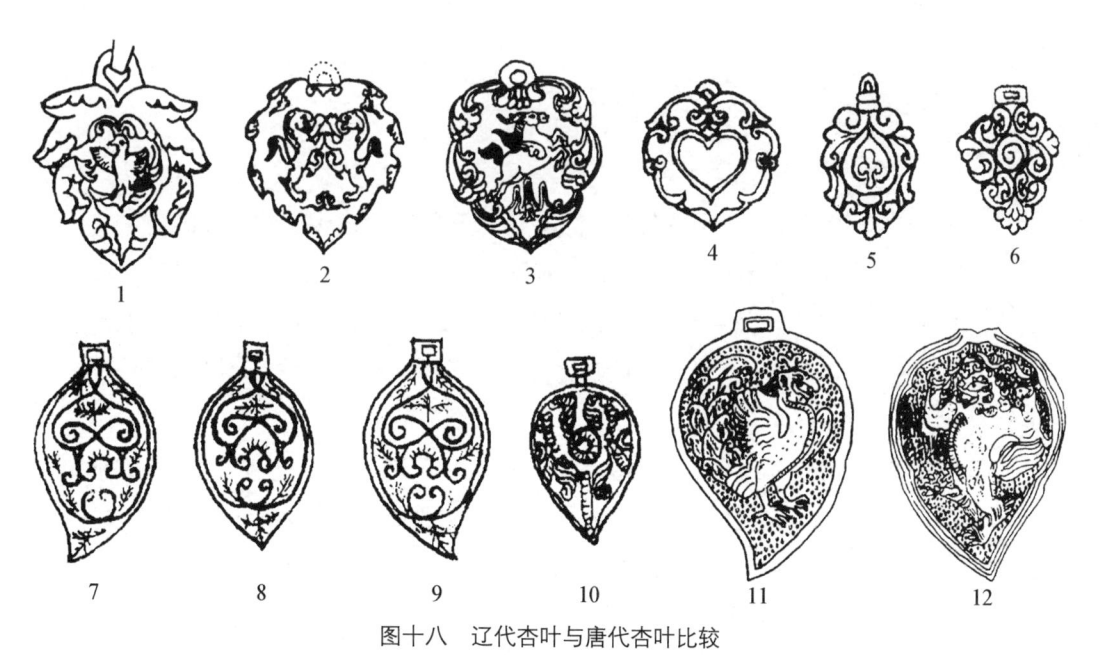

图十八　辽代杏叶与唐代杏叶比较

1. 唐懿德太子墓出土　2、3. 卢芹斋藏　4、5. 唐鲜于庭诲墓出土　6. 唐永泰公主墓出土　7~9. 二八地M1出土　10. 辽驸马墓出土　11、12. 辽耶律羽之墓出土

---

[1] 赵文刚：《天津市蓟县营房村辽墓》，《北方文物》1992年第3期。
[2] 孙机：《唐代的马具与马饰》，《文物》1981年第10期。

一辙,唐辽之间的继承关系甚为明显。植物纹也都是以各种涡沟曲线来表现。但唐代杏叶动物纹是藏于优美的叶纹之内,所占面积相对较小。辽代杏叶动物纹占据整个画面,空处填以鱼子地,主题更加突出。耶律羽之墓杏叶的凤凰口含一珠,与辽瓷凤首瓶之曲喙含珠造型完全一致。凤首瓶之曲喙含珠形象仅见于辽之早期和中期,晚期凤首则退化。耶律羽之墓也是辽早期的,表现了鲜明的时代特征。唐代对狮纹还保持着中亚艺术规范,辽代变为单狮直立,前爪持彩球而舞,别开生面,可能受到流行辽地的驯狮表演艺术影响。二八地M1杏叶在粗壮交缠涡勾纹空间填叶脉也是辽代才出现的新图案。

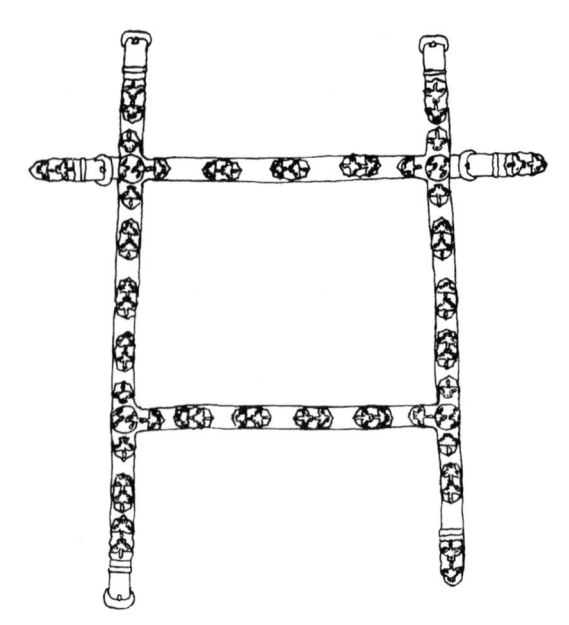

图十九　巴扎拉嘎辽墓雁纹马络头复原图

八、带　　具

这里的带具仅指马具皮带上的带扣、带籢、节约和扣钉于皮带上的牌饰等。

带扣有两类,A类有扣针,单扣环,后部有护板(图十六,1~5)。B类是双扣环,无扣针(图十六,6、7)。据陈国公主墓发现的银片代革鞥的马具可知,B类带扣专用于鞘带连接,即短带一端系于鞍翅穿孔,另一端接B类带扣,长带穿插入带扣的双环后再挽结,余带下垂为蹀躞。

A类带扣有扁圆扣、桃形扣、长形扣、"中"字形扣等多种形状,比较丰富,有的还饰以华丽流畅的曲线、直线、涡纹、植物纹等。这种带护板的带扣从8世纪起就在欧亚草原地带流行。辽以后则发展成活护板的带扣,在赛加城发掘品中,A类带扣已很难见到。

辽代带籢呈方环形,根据驸马墓、陈国公主墓出土项带等可知带籢是用在皮带回头处加固皮带端头的。

皮带交叉处钉金属节约,其他部位也等距离地钉缀同一母题纹饰的牌饰(图十九)。节约和牌饰的背部有钉直透皮带,与底面的托板相连,起到加固皮带的作用。辽代金属节约和牌饰的边缘是波状起伏的花边,整体形状有"凸"字形(节约)、"山"字形、长方形、

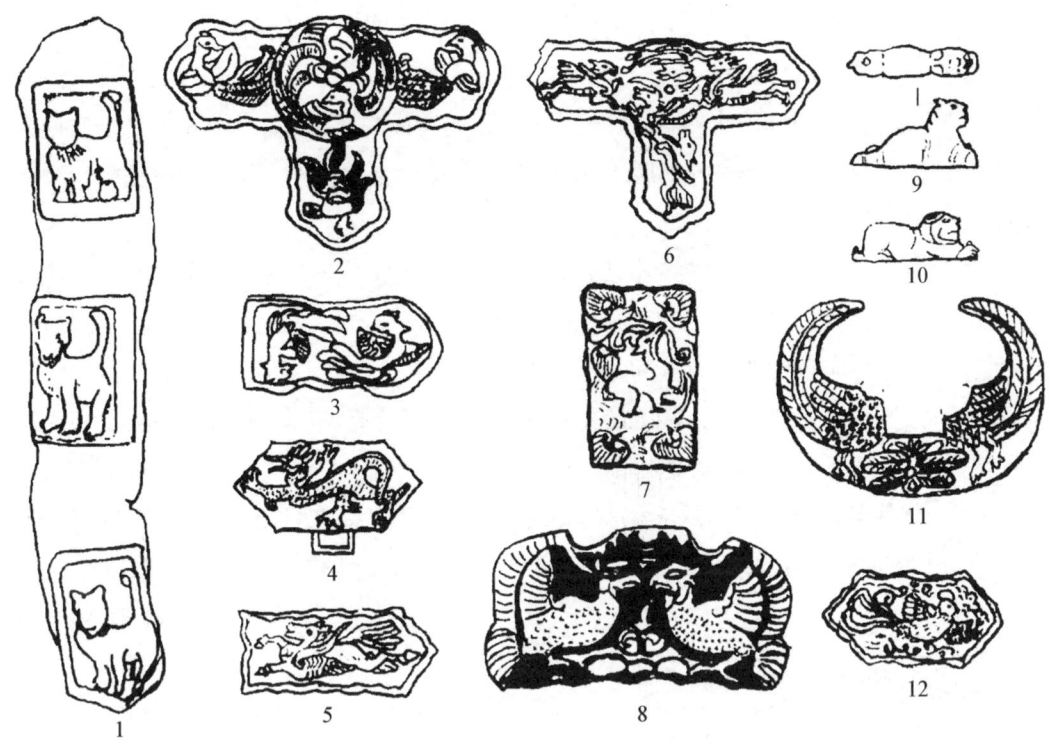

图二十　辽代马具动物纹饰件

1. 库伦M3出土　2、3. 安辛庄墓出土　4、7. 驸马墓出土　5、6. 沙子沟M1出土　8. 张家营子墓出土　9、10. 陈国公主墓出土　11. 巴扎拉嘎墓出土　12. 清河门墓出土（9、10. 玉质，余皆铜质）

心形等。

　　海力板墓和驸马墓还见有晶莹剔透的成套的玛瑙节约和牌饰，边缘齐整平滑。节约由1块圆形牌和3块五边形牌组合成凸字形，其余牌饰为长方形和圭首形。陈国公主墓和驸马墓则使用三花玉节约和圆雕玉饰装饰马具。两套马具共钉缀279件马形玉雕和狻猊形玉雕（图二十，9、10）。叶茂台墓还发现了嵌水晶石的马具。辽代契丹贵族马具装饰之豪华奢侈于此可见一斑。

　　辽代契丹马具的金属节约和牌饰的装饰主要采用浅浮雕，题材丰富，有动物纹和植物纹。个别马具采用了镂雕手法，如齐齐哈尔长岗辽墓出土了一套镂雕卷草花卉的马具饰件。而库伦旗木头营子M2[1]和霍林郭勒墓的马具饰件装饰凭借体表转折的棱线和凹凸变化的精心设计构成简洁的几何形体装饰（图十六，10）。

　　节约和牌饰的动物纹题材可大致分为神灵动物和自然动物两类（图二十）。神灵动

---

[1]　内蒙古文物工作队：《内蒙古哲里木盟奈林稿辽代壁画墓》，《考古学集刊》第1集，中国社会科学出版社，1981年。

物有龙、凤、飞马（又称天马、翼马），动势强烈。如驸马墓的三组鎏金银质龙纹马具，龙或盘屈摆尾，或昂首舞爪，充满活力。龙凤纹当然来源于汉人传统装饰艺术，表示吉祥尊贵。飞马纹见于唐代杏叶上（图十八，5）。吐鲁番出土的唐代联珠纹锦中，带翼飞马是常见的装饰题材，据研究带翼飞马纹的锦属于"中亚锦"，可能产于粟特[1]。飞马纹应是由丝绸之路传入唐，再传到辽[2]。

自然动物有鹿、犬、雁、长尾鸟等，悠闲自在。如驸马墓的一组鹿纹马具，鹿卧于草中，安闲地吃草。王坟梁M3马具上的犬，头偏于一侧，尾高高竖起，尾尖还卷成圈，一副摇头摆尾、洋洋得意之态。巴扎拉嘎墓和张家营子墓的牌饰上是两只长尾鸟作相向展翅之状，中间有花草，构图之意匠与解放营子辽墓壁画中天鹅对鸣图[3]完全相同，该图在繁盛的野草野花背景下，两只天鹅相向展翅鸣舞。

总之，辽代契丹马具装饰缺乏猛禽、猛兽形象，更无直接或间接反映撕咬、拼搏的图案，表现出与过去长期风靡于欧亚草原的野兽风装饰完全不同的风格。野兽风艺术尚勇武牺牲，辽代契丹装饰却追求祥和欢乐。

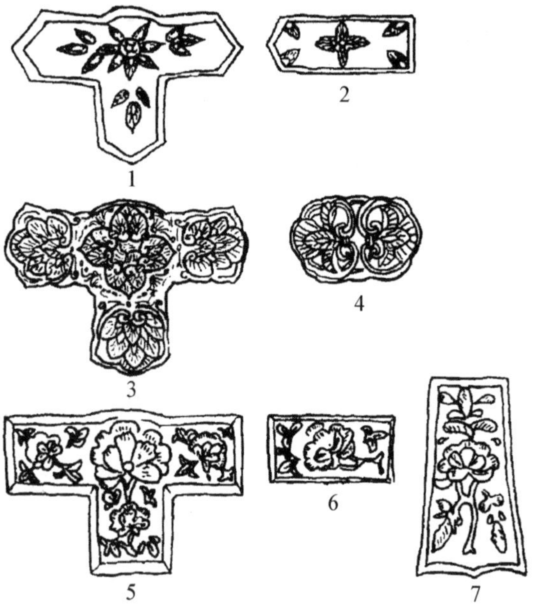

植物纹有写实花草纹和变形花草纹。写实花草纹似可看出早晚变化，早期流行花朵和草叶（图二十一，1、2），中晚期则流行缠枝和折枝花草（图二十一，3、4），如通辽余粮堡墓是辽初的契丹墓，沙子沟M1与驸马墓年代相当，即穆宗时期，牌饰的写实花草都无枝茎。通辽二林场墓是辽中期墓，敖瑞山墓是辽晚期墓，所出牌饰已变成折枝和缠枝花草（图二十一，5～7）。

变形花草纹数量最多，纹样富于变化，基本是以轴线对称或轴心对称进行布局，以流畅的涡勾曲线构成各种变形花草图案（图十七）。

图二十一　辽代马具装饰纹样的演变

1、2. 余粮堡墓出土　3、4. 沙子沟M1出土　5～7. 敖瑞山墓出土

---

[1] 薄小莹：《吐鲁番地区发现的联珠纹织物》，载《纪念北京大学考古专业三十周年论文集》，文物出版社，1990年。
[2] 唐辽飞马纹之飞马与内蒙古扎赉诺尔鲜卑墓和吉林榆树老河深扶余墓牌饰上的马形不是一类，后者虽也有双翼，但鼻梁或前额处生一角，四蹄均作前伸奔跃状。
[3] 项春松：《辽代壁画选》，上海人民美术出版社，1984年。

图二十二　唐代牌饰和俄罗斯中世纪牌饰

1、3、4. 唐永泰公主墓出土　2. 盐湖唐墓出土　5～7. 俄罗斯赤塔州出土

唐代的牌饰造型富于变化，但纹饰较辽代简单，没有边框（图二十二，1～4）。辽代的变形植物纹最繁盛，至金代则衰落。在同我国毗邻的俄罗斯赤塔州[1]发现了与辽代契丹变形植物纹十分接近的马具牌饰（图二十二，5～7），尤其是整束花枝捆系的细节与耶律羽之墓的牌饰完全相同，这表明辽代契丹的马具装饰艺术也传到东外贝加尔地区。

九、结　语

通过上述考察，可以得出以下结论：辽代马具基本继承了唐代马具形式，并受到中世纪北亚草原马具影响，形成辽代契丹马具的风格，在中国古代马具乃至北亚草原马具发展中占有重要地位。同时，辽代契丹马具的变革也对北亚草原马具的发展产生了重要影响。

（原载《考古学集刊》第14集，文物出版社，2004年）

---

[1] 科维切夫、邱立英：《东外贝加尔的中世纪焚尸葬墓及其民族文化的阐释》，《北方文物》1996年第1期。

论《百马图》的创作时代

故宫收藏的古画《百马图》为绢本长卷。画面采用散点透视的方法，从前向后展现水中浴马、野外马群、铡草喂食、调教马性、梳理备鞍五个情节，真实地再现官马饲养的场面，是研究古代养马技术的珍贵资料。百匹骏马姿态各异，具有很高的艺术价值。《百马图》作者佚名，创作时代被定为唐代[1]，从而被认为是研究唐代官方养马方式的重要资料[2]。但根据画面内容考察，笔者认为把此画定为唐代有诸多疑问，现论证于下。

一、马　镳

马镳是鞍马上辔头中的部件，位于马衔的两端。唐代的马镳属于长体类型，基本上可分为角形镳和"S"形镳两种。角形镳一端粗，一端细弯，状如羊角。传世的唐朝阎立本《职贡图》[3]、唐朝韦偃《双骑图》[4]中的马衔所配的马镳皆是角形镳。四川万县唐墓出土的青瓷骑马俑的镳亦为角形[5]。"S"形镳的镳体弯曲如"S"形。传世唐朝张萱《虢国夫人游春图》[6]、唐章怀太子墓壁画[7]和山西金胜村7号唐墓壁画中的马所配马镳皆为"S"形镳[8]。唐永泰公主墓[9]和西安长安县南李王村唐墓出土了佩带于马俑上的"S"形镳（图一，

---

[1]《中国历代绘画图谱》编辑组：《中国历代绘画图谱·人物鞍马》，上海人民美术出版社，1996年，第120～127页。
[2] 李琳：《唐代养马技术初探》，《文博》1998年第5期，第53页。
[3]《中国历代绘画图谱》编辑组：《中国历代绘画图谱·人物鞍马》，上海人民美术出版社，1996年，第23页。
[4]《中国历代绘画图谱》编辑组：《中国历代绘画图谱·人物鞍马》，上海人民美术出版社，1996年，第86页。
[5] 四川省博物馆：《四川万县唐墓》，《考古学报》1980年第4期，第509页。
[6]《中国历代绘画图谱》编辑组：《中国历代绘画图谱·人物鞍马》，上海人民美术出版社，1996年，第59页。
[7] 宿白主编：《中国美术全集·绘画编·墓室壁画》，文物出版社，1989年，第109页。
[8] 宿白主编：《中国美术全集·绘画编·墓室壁画》，文物出版社，1989年，第94页。
[9] 陕西省文物管理委员会：《唐永泰公主墓发掘简报》，《文物》1964年第1期，第12页。

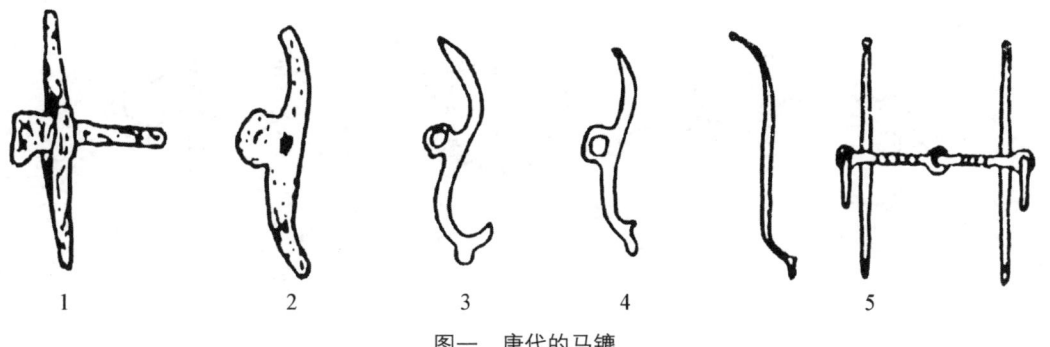

图一　唐代的马镳

1、2. 唐永泰公主墓出土　3、4. 唐韦洞墓出土　5. 盐湖唐墓出土

1~4)[1]。新疆盐湖唐墓还出土了实用的"S"形镳[2](图一,5)。

辽墓发掘成果表明,辽宋时期是马镳变革时期。在辽代早期墓中,所见众多的马镳皆为长体类型的角形镳和"S"形镳,或其变体中呈"鹤嘴状"或蛇形的镳。如穆宗应历九年(959年)的驸马墓[3]、圣宗开泰七年(1018年)陈国公主墓[4]和圣宗时期的北岭1号墓[5]等均出土了角形或"S"形马镳(图二,1)。与长体镳相配合使用的衔是双节,衔之外端各有双孔,外孔连接挂缰活环,内孔用于穿镳。这种衔可称之为双孔衔。在辽兴宗时期,出现了与长体镳完全不同的圆环镳。在辽宁省喀左县北岭4号辽墓出土的一副马衔长18厘米,双节,衔两端配大圆环镳,镳直径9厘米,约等于一节衔长。

不过,这件衔的两端仍然保留着挂缰绳的活环(图二,2)。辽代晚期的赤峰宁城县小刘仗子1、2、3号墓所出双节衔两端仅有一孔,孔内套一个大圆环镳,直径达10厘米,挂缰环已消失[6]。辽宁凌源温家屯辽代晚期墓亦出土了这种结构简单的马衔镳[7](图二,3)。库伦旗2号辽墓属辽代晚期[8],墓道壁画中主人的鞍马佩带这种镳。此后的金元时期墓葬、城址和传世绘画中的马衔镳均是此种单孔衔大圆环镳。长体镳已不复见。从类型演化角度分析,北岭1号辽墓所出带挂缰环的衔镳应是由双孔衔长体镳向单孔衔圆环镳演变的过渡形式。传五代时李赞华(耶律倍)的《射骑图》[9]和传五代时契丹画家胡瓌《卓

---

[1] 陕西省文管会:《长安县南里王村唐韦洞墓发掘记》,《文物》1959年第8期,第17页。
[2] 王炳华:《盐湖古墓》,《文物》1973年第10期,第31页。
[3] 前热河省博物馆筹备组:《赤峰县大营子辽墓发掘报告》,《考古学报》1956年第3期,第9~15页。
[4] 内蒙古自治区文物考古研究所:《辽陈国公主墓》,文物出版社,1993年,第102、113页。
[5] 武家昌:《喀左北岭辽墓》,《辽海文物学刊》1986年第1期,第41页。
[6] 内蒙古自治区文物工作队:《昭乌达盟宁城县小刘仗子辽墓发掘简报》,《文物》1961年第9期,第48页。
[7] 韩宝兴:《凌源温家屯辽墓发掘简报》,《辽海文物学刊》1994年第1期,图版伍,5。
[8] 王健群、陈相伟:《库伦辽代壁画墓》,文物出版社,1989年,彩版四。
[9] 《中国历代绘画图谱》编辑组:《中国历代绘画图谱·人物鞍马》,上海人民美术出版社,1996年,第129页。

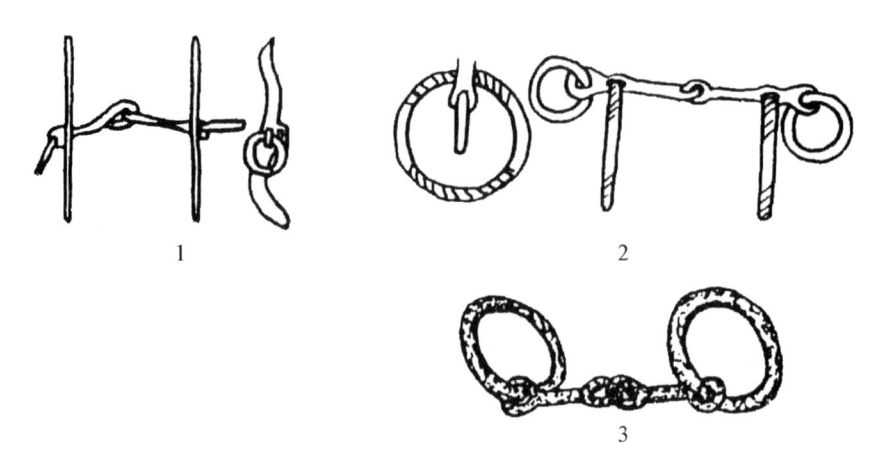

图二 辽代的马衔与马镳
1. 北岭1号墓出土 2. 北岭4号墓出土 3. 温家屯辽墓出土

歇图》[1]中的马衔镳为单孔衔圆环镳(图五),那么,这种衔镳出现的最早时间有可能上推到辽代早期。但有人对《卓歇图》是否为胡瓌的作品提出质疑[2],故五代和辽早期是否出现了这种镳,还有待今后考古工作检验。长体镳一直延续到辽代的晚期,库伦旗1号墓壁画中的马仍佩带"S"形镳。

宋代墓葬中未见马镳实物,不过宋代佚名《太妃上马图》中的马镳已经是大圆环镳。宋代陈居中绘的《骑马图》中的马仍佩带角形镳,可见宋辽马镳是相同的,都处于马镳的变革时期。

在明确唐至元时期马衔镳的变化后,再观《百马图》中的马镳。配有镳的马仅见于画卷调教与备装部分,共计有9匹马,皆为单孔衔大圆环镳(图四)。与库伦旗2号辽墓壁画的马镳相同,唐代流行的长体镳在这里1件也没有发现。

二、马　镫

北朝时期的马镫是长柄马镫,唐代时马镫的柄变短,属短柄类型,柄上有穿孔。从唐代张萱《虢国夫人游春图》、唐代韩乾《牧马图》上看得很清楚(图三,1、2)。新疆盐湖唐墓、四川万县唐墓和唐郑仁泰墓等出土的马镫皆为短柄马镫,柄上端多呈圭首形(图三,3)。五代作品《八达春游图》中的马镫仍是短柄镫。

---

[1]《中国历代绘画图谱》编辑组:《中国历代绘画图谱·人物鞍马》,上海人民美术出版社,1996年,第136页。
[2] 曹星原:《传胡瓌"番马图"作者考略》,《文物》1995年第12期,第89页。

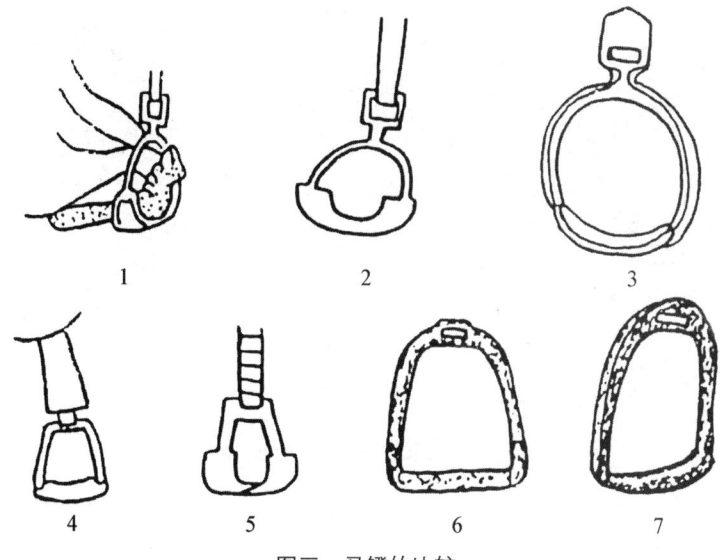

图三 马镫的比较
1. 唐代张萱《虢国夫人游春图》上的马镫 2. 唐代韩干《牧马图》上的马镫 3. 唐郑仁泰墓出土的马镫 4.《百马图》中的马镫 5. 库伦1号辽墓壁画上的马镫 6. 敖瑞山辽墓出土的马镫 7. 温家屯辽墓出土的马镫

辽代仍以短柄马镫为基本形制，只是柄上端一般变为平首，如辽早期的阜新海力板墓出土的马镫[1]和辽陈国公主墓出土的马镫。辽代墓葬晚期开始出现了无柄的马镫，在镫的顶梁上有一穿孔，如内蒙古的敖瑞山墓[2]、辽宁温家屯墓出土的马镫和库伦旗1号墓壁画中的马镫即为此种（图三，5～7）。这种马镫比短柄马镫有更大的灵活性。所以，很快就排挤掉旧式马镫，无柄的梁穿马镫成为基本形制。金元时期已不再有短柄马镫发现。

《百马图》卷末尾是2个拴马桩上各拴一匹鞍马，这两匹马所配置的马镫为无柄梁穿式（图三，5）。那么，单从马镫分析，此画的创作时代是不会早到五代，更不可能早到唐代的。

三、额辫与缨球饰

唐朝受突厥马饰手法的影响，流行三花装饰，即把马颈上的鬃毛剪成前后排列的三束形式。如《虢国夫人游春图》、昭陵六骏石刻、唐章怀太子墓出土的三彩马俑都有三

---

[1] 李宇峰：《阜新海力板辽墓》，《辽海文物学刊》1991年第1期，第115页。
[2] 赤峰市博物馆：《赤峰市阿鲁科尔沁旗温多尔敖瑞山辽墓清理简报》，《文物》1993年第3期，第66页。

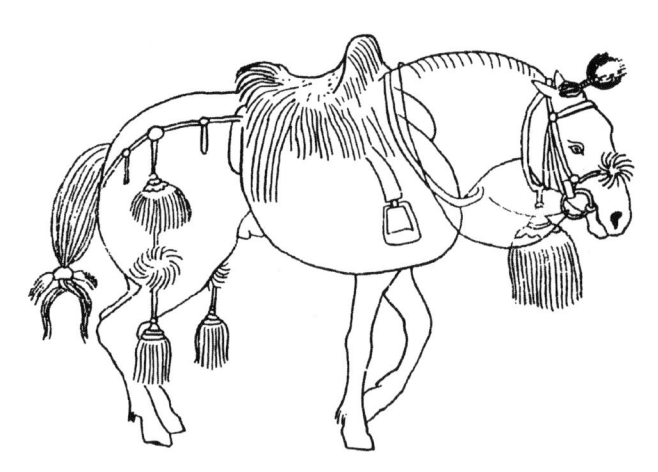

图四　《百马图》中马的装饰

图五　《射骑图》中马的装饰

花马[1]。

　　《百马图》中对鬃的装饰处理手法与唐有异,该马不见三花装饰,却流行额辫,即在马额前梳束一条鬃毛辫子(图四)。图中还有一人正用带坠的绳子系扎额辫。额辫是辽代马最流行的装饰手法,在现今发现的辽代契丹墓壁画中,绝大多数的马都带有额辫。且辽墓马的额辫向前伸,也与《百马图》中的额辫形式雷同。五代李赞华(耶律倍)的《射骑图》中马亦有额辫(图五)。宋朝李唐的《文姬归汉图》[2]是依据契丹人的风俗创作的,画中的契丹发式、契丹旗鼓和契丹驼车可为之证。该图中的马亦多数带前伸式额辫。这些都反映了马饰前伸式额辫应是辽代契丹人喜爱的一种装饰马鬃的手法。在宣化发现的辽

---

[1] 陕西省博物馆等:《唐章怀太子墓发掘简报》,《文物》1972年第7期,第15页。
[2] 邓嘉德主编:《名画经典·李唐文姬归汉图》,四川美术出版社,1998年,第1～16页。

末汉人张世卿墓壁画中，其主人的鞍马亦带有向前下方伸的额鞯，说明当时汉人亦效契丹之俗，马饰前伸额鞯。《百马图》描绘了汉人传统的养马方式，如在河水中洗浴，分槽喂养，为了训练马走步姿势美观而把前后蹄用绳系绊。这些与辽代契丹人把马放之于山野，千百成群，互相嘶啮的养马方式不同。《百马图》中养马场的教习、铡草送料人等皆为汉人，不见契丹人，亦为之证。故此画不可能是辽画，画中马的打扮与辽马相同，只能是受契丹马装饰习尚影响所致。

《百马图》末尾两匹马鞍辔俱全，披挂整齐，缰绳系于拴马桩上。其中下部的那匹马，所饰缨和绒球较多（图四）。特别是在鼻梁上挂系一绒球、鞦带后部两侧各挂一串缨球饰的装饰在古代墓葬壁画和传世画中罕见。五代《射骑图》中的马鼻梁上挂一绒球，鞦带后部挂着绒球串（图五）。故宫藏张择端《清明上河图》中，在桥侧十千脚店门前有一匹鞍马，鞦带两侧各挂一条缨球串，串中部有一个绒球（或缨），串下端是长的缨饰。《百马图》中马的绒球和缨饰与之相同。

四、马 形 体

从大量的唐墓壁画和少量的传世唐画看，初唐以后，受唐代特殊社会环境和文化氛围影响，唐马摆脱了北朝的影响，形成膘圆体壮、骨肉兼济、寓飞扬神骏于雍容华贵之中的艺术模式。由于追求肥壮来表现雄武英杰，传世画和墓葬壁画中的唐马，身体轮廓的宽度等于或大于腿的高度（指蹄到腹的距离）。如张萱《虢国夫人游春图》，韩干《牧马图》《照夜白图》和《神骏图》，韦偃的《双骑图》以及章怀太子墓出猎图中的马，无不是身体轮廓宽度大于腿高。而《百马图》中的马腹线较直，或后直前弯，呈细腰瘦腹之态。《百马图》中还有6匹肋骨清楚可见的瘦马。显然，《百马图》的创作时代已脱离以肥壮为美的唐代。

五、骨 朵

《百马图》在马群与调教部分之间画一人，右手握一柄骨朵（图六，1）。

骨朵是一种复合器具，长柄的前端安装上石质或金属的头。骨朵的头有圆形、长形、蒜头形等多种。骨朵与传统的锤有区别，锤的头大柄短，头重柄轻，骨朵则头小柄长，头的重量比柄的重量轻。在辽萧义墓壁画出行图上，两位前导骑马，双手持缰，其腰带上有皮吊环,把骨朵柄穿入皮环,环卡住骨朵头,骨朵尾端自然下倾,头端上翘,正是骨朵头轻柄重的反映[1]。金属头的骨朵是辽代契丹人常备的基本兵器。《辽史·兵志》记载每位契丹兵自备武器中有骨朵。在辽代墓葬壁画中,门卫、侍从、仪卫等契丹人手持骨朵者屡见不鲜。如宣化的韩师训墓两位髡发契丹门卫手持骨朵站立。辽陈国公主墓前室两位面向后室站立的男侍肩荷骨朵。库伦1号辽墓出行图的中部有旗鼓仪仗,其中负责旗鼓仪仗的旗鼓曳拉亦手持一柄骨朵[2]。该图末尾与主人告别的契丹大臣中也有手持骨朵者。辽墓中还发现了骨朵实物。如朝阳的耿延毅墓和通辽二林场辽墓出土了铁骨朵头。《辽史·刑法志》载:"又有木剑、大棒、铁骨朵之法。"《辽史·耶律乙辛传》载"击以铁骨朵,幽于来州"。综上可以看出,骨朵在契丹人中使用广泛,是深受契丹人喜爱的一种用途多样的器具。

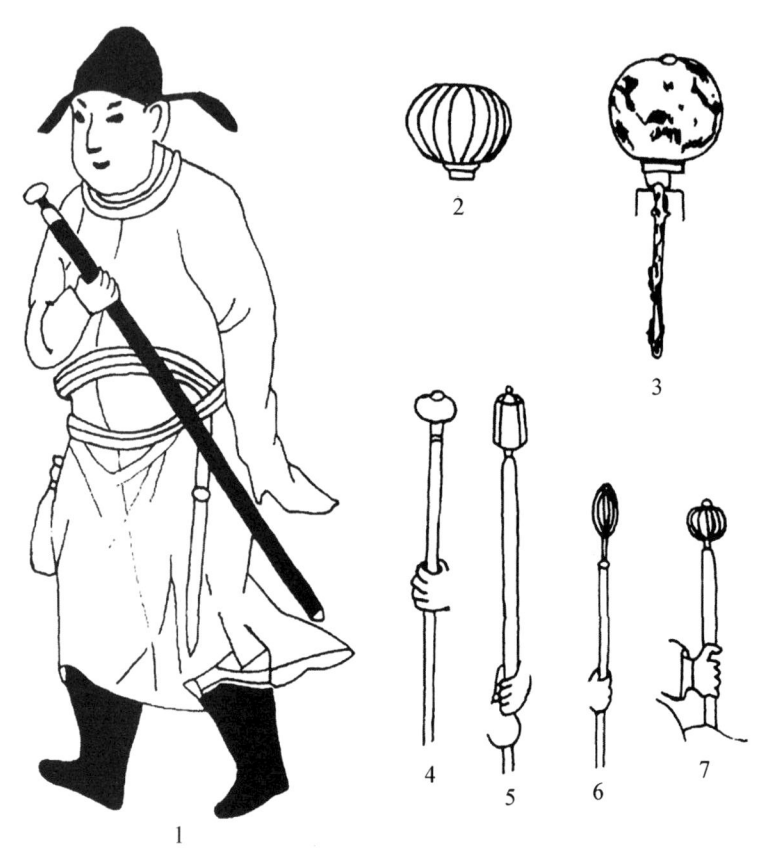

图六　骨朵

1.《百马图》中的骨朵　2、3. 辽耿延毅墓出土骨朵首部　4. 库伦2号辽墓壁画中的骨朵　5. 白沙1号宋墓壁画中的骨朵　6. 库伦1号辽墓壁画中的骨朵　7. 宋画《却座图》中的骨朵

----

[1] 温丽和:《辽宁法库县叶茂台辽萧义墓》,《考古》1989年第4期,第327页。
[2] 王健群、陈相伟:《库伦辽代壁画墓》,文物出版社,1989年,彩版四。

在唐及以前的考古遗存中未见真正的骨朵实物和骨朵图像。而"骨朵"一词最早见于北宋仁宗时期编撰的《武经总要前集》中,并附有骨朵插图。文献记载最早使用骨朵的实例是南宋吴处厚的《青箱杂记》,其中记载五代吴国丞徐温之子曾经"在广陵作红漆柄骨朵,选牙队百余人,执以前导,谓之'朱蒜'"。宋墓壁画和传世画中,亦有骨朵图像。如白沙1号墓门卫手持骨朵,宋代佚名《却座图》中亦有骨朵(图六,7)。故可认为,骨朵本为契丹传入的新式器,似锤非锤,似杖非杖,故汉人随形呼之,称之为骨朵,意为像花骨朵(即花苞)状器。而有的骨朵头有瓦楞纹,状如倒置蒜头,又被称为"蒜头"或"蒜头骨朵"。有的骨朵头状如瓜形,又被称为"金瓜""铁瓜"。

《百马图》的骨朵在头部之下较细,形成细颈。这种细颈骨朵见于北宋《武经总要》插图、白沙1号宋墓门卫壁画、库伦1号辽墓出行图和宋画《却座图》等,是辽宋时期流行的一种骨朵样式(图六)。

综合以上论述,可以确定《百马图》不是唐代作品,应是五代或宋朝作品,画面表现的是五代或北宋的国家养马场,是研究五代和北宋时期官马饲养方式的珍贵资料。

(原载《边疆考古研究》第2辑,科学出版社,2004年)

辽墓壁画所见马的类型

契丹是游牧民族，马是他们赖以生存的工具，游牧、射猎、征战、出行均离不开马。"其富以马，其强以兵。纵马于野，弛兵于民"[1]。始祖传说中男始祖是乘白马而来[2]，故民族祭祀中最高祭礼是马[3]。辽太祖耶律阿保机与李克用会盟也是以"易袍马约为兄弟"[4]。可见马在契丹人的生活中占有特殊地位。在辽代契丹墓中，马是不可缺少的壁画内容，其马写实而画。尤其如奈曼旗陈国公主墓壁画中的马，耳尖处有放血医病的三角口，可知所画的是墓主人生前的坐骑[5]。因此，辽墓壁画中丰富的马图为探索辽代马的类型提供了可靠的研究资料。

辽墓壁画中的马，就其形象差异可以分为3种，即小头细颈马、高头长腿马和小型马。

敖汉旗北三家子1号墓墓道两壁备马图中各有一匹马[6]，一站一走，画技较高。右侧壁的马是最典型的小头细颈马（图一，3）。这种马在辽宁法库叶茂台萧义墓[7]、内蒙古翁牛特旗解放营子墓[8]、库伦旗前勿力不格墓地[9]等的壁画中均有发现。根据对唐章怀太子墓出猎图[10]、太原金胜村7号唐墓壁画[11]中所见部分马匹的实测，测得体长与头长比值的数值区间为3.4～4.06，体长与颈宽比值的数值区间为5.9～6.4。库伦辽墓和北三家子1号墓壁画中马的体长与头长比值的数值区间是4.24～6.57，体长与颈宽比值的数值区间

---

[1] 脱脱等：《辽史·食货志》，中华书局，1974年。
[2] 叶隆礼：《契丹国志》，上海古籍出版社，1985年，第1页。
[3] 契丹以白马青牛为最高祭礼。参见《辽史·礼志》和《契丹国志》。
[4] 脱脱等：《辽史·太祖纪》，中华书局，1974年。
[5] 内蒙古文物考古研究所等：《辽陈国公主墓》，文物出版社，1993年，第146页。
[6] 敖汉旗文管所：《内蒙古昭乌达盟敖汉旗北三家辽墓》，《考古》1984年第11期。
[7] 温丽和：《辽宁法库县叶茂台辽萧义墓》，《考古》1989年第4期。
[8] 项春松：《辽宁昭乌达地区发现的辽墓绘画资料》，《文物》1979年第6期。
[9] 王健群、陈桐伟：《库伦辽代壁画墓》，文物出版社，1989年；内蒙古文物考古研究所等：《内蒙古库伦旗七、八号辽墓》，《文物》1987年第7期。
[10] 宿白主编：《中国美术全集·墓室壁画卷》，文物出版社，1989年，彩版一〇九。
[11] 宿白主编：《中国美术全集·墓室壁画卷》，文物出版社，1989年，彩版一〇四。

图一　辽墓壁画中的马
1. 小型马（北三家子3号墓）　2. 高头长腿马（二八地1号墓）　3. 小头细颈马（北三家子1号墓）

是7.67～9。后者明显高于唐马。传世画中的马也有这种差别。宋代李公麟《五马图》中马的两项数值为3.53、5.45。元代任仁发《出圉图》中马的两项数值是3.3、6.5。而故宫所藏五代契丹《番骑图》之马的两项数值是5、9.9。这种差别似乎不会仅是因为各代画风差别所致，而应与马的品种相关。现藏台北故宫博物院的《番马图》传为五代时契丹画家胡瓌作，该图有北宋人郭雍的跋，跋文曰："……衣裘鞍马皆北狄也，马之颈细而后大者，胡人谓之改马。"[1]可知这种马在当时被称为"改马"。

辽每年有大量的马进入北宋，但宋人对马有传统的赏马观。苏颂《苏魏公文集》卷十三评价辽马："皆不中相法，蹄毛俱不翦剔，云马遂性，则滋生益繁。"中宋人相法之马，不但体形要符合标准模式，而且需进行修饰打扮，翦去蹄毛，还要控制其野性，进行调教。这样中相法的"良马"，野性已失，美观但不善驰骋。而改马虽不太美观，但"后大"，腰背发达，四肢有力，又散放于草原，野性不失，骑乘奔驰远非宋之中相法的"良马"可比。这一点宋人是知道的，郭雍言："千百成群，不相蹄啮，方不御时，皆垂首俯耳，体力如羸，及驰骤，即精神筋力百倍。"[2]辽墓壁画中静立的马虽然不都是垂首俯耳，但精神的确不甚饱满。克什克腾旗热水乡二八地2号墓[3]石棺侧壁的放牧图是一群马、牛、羊行于山间道路上，前部是6匹奔马，其中前2匹是鞍辔俱全的鞍马，紧随其后的是4匹无鞍辔的散马。这6匹马皆精力旺盛，机警聪灵。叶茂台7号墓棺床小帐上的那幅纵马追猎图，虽然是工匠即兴之作的画稿[4]，不如专职画师所绘合比例法度，但却通过艺术夸张充分表现了改马小头和驰奔的特点，三匹马四蹄腾空，疾驰如电，飞逼前方那狂奔逃命之野兽，是精神力百倍

---

〔1〕曹星原：《传胡瓌〈番马图〉作者考略》，《文物》1995年第12期。
〔2〕曹星原：《传胡瓌〈番马图〉作者考略》，《文物》1995年第12期。
〔3〕项春松：《辽代壁画选》，上海美术出版社，1984年。
〔4〕辽宁省博物馆、辽宁铁岭地区文物组发掘小组：《法库叶茂台辽墓记略》，《文物》1975年第12期。

的最好写照。可知改马站立时放松休息,驱策时精神百倍,是其优点,所以才深受善骑射的契丹人喜爱。小头细颈马主要见于契丹墓壁画上,应是燕山之北的主要马种。从这个意义上说,称之为"契丹马"亦无不可。

克什克腾旗热水乡二八地1号墓石棺的前壁内侧有一幅"备马图"[1],绘一位契丹人牵一匹高头马,前面还站一人一犬。从图下方有山石起伏,人物衣角和长发被风吹动的情况看,画面应是表现奴仆在草原上牧马,故称之为"牧马图"更准确些。图中马的特点是头大、颈昂曲、腿修长、身肥壮,虽为静立之姿,却精神十足,威武雄骏,显然与小头细颈马不同(图一,2)。这样的马在辽墓壁画和传世契丹画中都为仅见,却与新疆吉木萨尔北庭故城西大寺遗址出行图中的马相同[2]。该壁画有回鹘文题记,是宋元时期作品。古西域是产优良马的地区,汉武帝曾为得到西域大宛马而作《西极天马歌》[3],甘肃武威雷台出土的著名的铜奔马[4]就是根据西域产的马创作出的,唐代昭陵六骏也与突厥三花马有关[5]。因此,汉唐骏马艺术的生活源泉是来自西域中亚之名马。辽代古西域地区成为其西邻或属部。辽王朝通过贸易或征战经常得到那里产的马匹。如"阻卜进马、驼二万","阻卜诸酋长进良马","沙州回鹘燉煌王曹寿遣使进大食马","阿萨兰回鹘遣使贡名马,文豹","回鹘……贡良马"[6]。所以,推测二八地1号墓石棺牧马图中之矫健骏马应来自古西域地区,或者就是那里所产之"名马""良马"。该图中马的装饰也颇特殊。在马头之上和尾端分别竖缚一根长羽饰,前额贴挂花式当卢,腰身横罩流苏花帛,鞦带和胸带佩铜铃,可见主人对此马格外重视,亦可为名马之旁证。可能正因为如此,该马才由专人牵引放牧。

敖汉旗北三家子3号墓出猎图中仅有一匹小型马[7](图一,1)。该马鞍辔俱全,应是主人坐骑。因其很小,原报告认为"人和马的比例关系不符",以此认为3号墓画技不如1号墓。审视报告中的线图,不难看出,即使画师对人与马的比例掌握不好,也不会有如此悬殊的比例。该马的马鞍、鞘带、马鬃小辫、束尾都画得很细致,并且图中人与人、人身与所佩之物的比例都合法度,所以,此马必是有实物所本,而不会是败笔。原报告未发表壁画上人物和马匹的个体数字。我们以人高1.7米为基数,根据报告线图中猎人与马的比例可换算出马的高度为0.96米,长1.26米。无独有偶,在辽宁法库叶茂台萧义墓出行图中亦画有一匹小型马,被髡发的契丹人骑乘。墓主人萧义身为北府宰相,被尊为"尚父",该

---

[1] 项春松:《辽代壁画选》,上海美术出版社,1984年。
[2] 关蔚然:《丝绸之路》,文物出版社,1986年,彩图78。
[3] 司马迁:《史记·乐书》,中华书局,1959年,第1178页。
[4] 甘博文:《甘肃武威雷台东汉墓清理简报》,《文物》1972年第2期。
[5] 杨泓:《六骏·天马·驹尊》,《文物天地》1990年第1期。
[6] 脱脱等:《辽史·属国表》,中华书局,1974年。
[7] 敖汉旗文管所:《内蒙古昭乌达盟敖汉旗北三家辽墓》,《考古》1984年第11期。

墓规模宏大,建墓所用画师也不会是技艺低劣之徒。该图中还有9位人物、两匹马、两峰骆驼、一辆车,都画得比例适当,形象准确,可以为证。壁画中所见的小型马体长1.8厘米,高1.4厘米,马后持伞的步行人像高为2.4厘米。若仍以人身高为1.7米计,则小型马应高0.99米,体长1.27米,与赤峰敖汉旗北三家子3号墓的小型马大小一致。这不会是偶然的巧合,透露出辽代确有这样的小型马。

《辽史·国语解》:"果下马,马名。谓果树下可乘行者,言其小也。"《三国志·魏书·濊传》:"又出果下马,汉桓时献之。"裴注曰:"果下马高三尺,乘之可于果树下行,故谓之果下。"《魏书·高句丽传》:"出三尺马,云本朱蒙所乘,马种即果下也。"《博物志》:"秽貊国⋯⋯海中出斑鱼皮,陆出文豹,又出果下马,高三尺,汉时献之,架辇车。"可见辽墓壁画中的两例小型马,其高不足1米,可以确定就是文献所说的果下马。但是《辽史·国语解》中的"果下马"条是解释《辽史·仪卫志》中的汉舆"羊车",原文为"羊车,古辇车,赤质,两壁龟文,凤翅,绯幰,络带,门帘皆绣瑞羊,画轮。驾以牛,隋易果下马。童子十八人,服绣,瑞羊挽之"。这里只言隋代以果下马驾辇车,辽代改为驾羊,未言辽人是否有果下马。辽墓壁画中发现两例果下马,说明辽代仍使用果下马的事实,但不是供皇帝驾辇车,而是用于贵族骑乘出行。果下马本产自古秽地,在今朝鲜江原道境内[1],辽代时为高丽辖域。辽早期高丽曾向辽进贡。圣宗时辽三征高丽,迫使其臣服,此后,高丽连年向辽进贡。《辽史·礼志》中还记有"高丽使入见仪""曲宴高丽使仪""高丽使朝辞仪"。另外,辽还在渤海设立互市,以通"高丽之货"[2]。高丽贡品种类和高丽与辽的互市商品种类,史书未详载。但是在辽之前的唐代,百济在"武德四年,其王扶余璋遣使来献果下马"[3],新罗在"玄宗开元中,数入朝,献果下马"[4]。那么,高丽也会把传统的特产贡品——果下马献给辽王朝。萧义为辽王朝的国戚,其次女又"选俪储闱,辅佐于中,周旋有度"[5],因而他官运亨通。乾统二年(1102年)授辽兴军节度使,乾统五年(1105年)拜北府宰相,次年封陈国公,天庆元年(1111年)加守太傅兼中书令。他深得天祚帝器重,尊为尚父,上朝免拜。他府上的果下马很可能是朝廷赐予的高丽贡品。而北三家子3号墓为单室小墓,规格较低,主人身份不会太高。其果下马来源有两种可能,即或从互市贸易所得,或是转赐所得。主人以之为坐骑,死后又画于墓中,可见主人是非常爱惜这匹骑之以为荣耀的外国马。

---

[1] 谭其骧主编:《中国历史地图集释文汇编·东北卷》,中央民族学院出版社,1988年,第19页。
[2] 脱脱等:《辽史·二国外记·高丽》,中华书局,1974年。
[3] 刘昫等:《旧唐书·百济传》,中华书局,1975年。
[4] 欧阳修:《新唐书·新罗传》,中华书局,1975年。
[5] 温丽和:《辽宁法库县叶茂台辽萧义墓》,《考古》1989年第4期。

尽管自《三国志》开始,果下马屡屡见于史籍,但有关果下马形象的资料仅此二例,辽代与高丽交往的文物也甚为罕见。因此,辽墓壁画中的果下马图是弥足珍贵的考古资料,应该引起我们的重视。

总之,辽代至少存在三种类型的马。契丹人大量饲养的是善于驰骋的小头细颈的改马。来自西域的高头骏马和朝鲜半岛所产的矮小的果下马也为契丹贵族所珍爱。汉唐壁画对马的绘制各有艺术定式。辽代壁画中的马同样也倾注了辽代画师的艺术情感,二八地1号墓放牧图中牛羊的构图和形象处理远不如前部的马便是明证。辽墓壁画中的马姿态各异,又能准确地体现品种特征,只不过把马画得更加贴近实际而已,这正是朝夕与马为伴的契丹人对马观察入微的体现,是辽代绘画艺术的特点。

(原载《考古》1999年第6期)

辽墓壁画中的车

契丹是游牧民族,"转徙随时,车马为家",车在生活中占有十分重要的地位。辽墓壁画以写实画风为特色,一毛一发、一草一木皆本实而为,故利用墓葬壁画资料探讨辽代车子的类型是可行的。

辽墓壁画中的车有三类,即筒篷车、轿形车和附加凉棚车。附加凉棚车又有屋形顶车和篷顶车两种。

筒篷车见于赤峰市克什克腾旗热水乡二八地1号墓石棺内壁壁画[1]。此种车高轮长辕,车箱前侧有门,车箱的顶与壁漫卷为一体,没有明显的分界线,前檐向前上方侈出。《辽史·仪卫志》载:"契丹故俗,便于鞍马。随水草迁徙,则有毡车。"上烧锅1号墓的车见于西壁的"放牧图"中,车后拴1头牛,车旁有1只犬、2匹马、6只羊和1个牧人,表现的是契丹人驱车放牧情景。二八地1号墓石棺左壁是契丹驻地图(图一),图中左侧有3个毡帐横向排列,右侧3辆筒篷车前后排列,车辕用支架支撑。图上还有2位女子背着盘口瓶吃力地向前走,这是从附近的泉溪打水回来。一条肥犬在他们面前引路,另一条犬卧于车辕旁的地下,正在看护车帐。石棺右壁壁画是"放牧图",一个契丹牧人扬鞭驱赶着牧群,鞍马、散马在牧群前跳跃奔跑,健壮的牛紧随其后,落于牧群后部的羊边跑边相互嬉

图一 二八地1号墓壁画中的毡车

---

[1] 项春松:《上烧锅辽墓群》,《内蒙古文物考古》1984年第2期。

闹。石棺左右两壁合观,正表现契丹随水草迁徙游牧的情节。从这两座墓的壁画可以认定,筒篷车应该是《辽史》中提到的逐水草迁徙的毡车。从其车箱漫卷形式如毡帐分析,可能以挡风寒的毡子围覆而成。毡车装饰简朴,壁画中还未见到饰以花纹或挂帷幔流苏之类。上烧锅1号墓的车后拴系一牛,可能以牛为驾畜。

毡车是契丹转换游牧营地必不可少的运输工具,也是营地中必不可少的景观,所以出使辽国的宋朝人在描写契丹游牧营地的诗句中常提及车。如苏颂《契丹帐》:"行营到处即为家,一卓穹庐数乘车。千里山川无土著,四时畋猎是生涯。"苏辙《出山》中亦有"契丹骈车依水泉"的诗句。诗中描述为诗人亲眼所见,所以才能入于眼帘而出于笔下。二八地1号墓石棺壁画的契丹营地是三帐三车,车与帐大小与颜色的排列是一致的,显示出车与帐存在着固定组合。一车一帐,也就是在迁移营地时,每帐及帐内物品由固定的某一毡车运走。这与"一卓穹庐数乘车"的营地模式不同。三辆车作前后排列一排的方式也与"骈车"有别。上烧锅1号墓壁画表现的契丹人驱车放牧也是文献中不载的。故这两座墓壁画,不仅给我们展示了契丹毡车形象,还丰富了对契丹使用毡车游牧的认识。

轿形车见于库伦1号墓的"出行图"和大同市郊区十里铺28号和27号墓西壁壁画[1]。轿形车的车箱小巧,形似轿,方形,平顶,前有门。十里铺的两座墓是小型砖室火葬墓,墓主为小地主,壁画中的车很简陋,无华丽装饰。库伦1号墓是多室大墓,墓道"出行图"中有五旗五鼓仪仗,仅次于太子梁王六旗六鼓仪仗,墓主为居高官的大贵族。其壁画中的车甚为华丽,辕头雕螭首,车箱顶缀火焰珠,四角挂流苏,顶的四边还悬短帷(图二)。《辽史·仪卫志》载:"契丹故俗,便于鞍马。随水草迁徙,则有毡车,任载有大车,妇人乘马,亦有小车,贵富者加之华饰。"轿形车车箱小巧,可以认为是"小车"。

轿形车的驾畜有牛、马、鹿。大同市郊的卧虎湾壁画中的轿形车都是驾一匹马。《契丹国志》记契丹女始祖是:"乘小车,驾灰色之牛,浮潢河而下",所以牛也是小车驾畜。库伦1号墓"出行图"中的轿形车车辕旁侧,有髡发的两个契丹男仆牵拉一头雄鹿,正抬辕套车。此车华丽异常,又配以奇特美丽的驾畜,给人以引人注目、招摇过市之感。《辽史·后妃传》中曾记载仁德皇后命工匠把车装饰得华丽异常,行于山中,人望之以为神仙。可见,辽代中晚期契丹贵妇在乘车上比豪华、争新奇之风盛行。

轿形小车车箱小巧,围以布帛,驾以单畜,属于一种轻便的出行车,适于短途出行。《辽史·耶律俨传》所记"天庆中,以疾,命乘小车入朝",便是一例。

---

[1] 山西省文管会:《山西大同郊区五座辽壁画墓》,《考古》1960年第10期。

图二 库伦1号墓中的小车

附加凉棚车在辽墓壁画中所见较多。如萧义墓[1]，解放营子墓、白塔子墓[2]，北三家子3号墓，韩师训墓[3]，库伦1号墓、2号墓、6号墓[4]，新添堡29号墓，卧虎湾1号墓、2号墓等均有。凉棚车在壁画中都是驾以骆驼，故又可称为驼车。其车箱为前后两节，在车箱前后又设凉棚。凉棚车又分两种。第一种是屋形车箱，前凉棚从后节车箱接出。第二种是篷式车箱，前凉棚从前节车箱前端接出。第一种较多，应是通用的基本形制。第二种仅见于翁牛特旗解放营子墓壁画（图三），属于第一种车制与毡车相结合而形成的特殊形制。

车的前凉棚很长，向前一直延伸到车辕的前端，因而前凉棚对驾辕的骆驼和前节车厢都有保护作用。诸墓壁画中车的凉棚或平或斜，反映凉棚可以根据需要调整俯仰高低。车厢前侧设门，门上悬帘，门下前方铺着半圆形铺板。此铺板可折起，也可放平坐人。车轮大辕高，主人从门上下时需要踩踏台，故在库伦2号墓和北三家子3号墓壁画中车辕下方还陈放着二级踏台。后凉棚一般是设在车箱后壁的上三分之一处，可能车箱后壁有窗口，用于通风和瞭望。后凉棚之下亦可坐人，如解放营子墓的驼车前后棚之下各坐一女侍，库伦2号墓车尾还放有包袱。

---

[1] 温丽和：《辽宁法库县叶茂台辽萧义墓》，《考古》1989年第4期。
[2] 敖汉旗文化馆：《敖汉旗白塔子辽墓》，《考古》1978年第2期。
[3] 张家口市宣化区文物保管所：《河北省宣化下八里辽韩师训墓》，《文物》1992年第6期。
[4] 哲里木盟博物馆等：《库伦旗第五、六号辽墓》，《内蒙古文物考古》1984年第2期。

图三　解放营子墓壁画中的驼车

　　一般驼车车箱上的围布都有花纹和其他装饰点缀。宣化的韩师训墓墓主是归化州的汉族地主，其车箱框架使用斜格条带装饰，门挂布帘，车箱内壁面是横线纹（图四）。翁牛特旗解放营子墓壁画中有四旗仪仗，墓主人头戴贴花冠，应为中级官员之墓，其车箱外面饰大朵云纹，前凉棚的边缘缀以窄帷。库伦1号墓"归来图"中也有驼车，车箱后节是庑殿顶，顶脊两端之上立着火焰珠，顶的四边悬挂着流苏，车辕的前头和尾端都雕成螭首。可见，驼车车箱装饰的繁简存在着较大差别，这与墓主人的身份高低和财力大小有关。

　　车子的高贵与否还表现在骆驼上。库伦1号墓、北府宰相萧义墓等大型墓壁画中的车使用两只骆驼驾挽。解放营子墓、韩师训墓等中型和小型墓一般只使用一只骆驼驾挽。凡壁画中的拉车骆驼都有契丹人牵引。一般是步行牵着骆驼走，也有骑着马牵着骆驼的。如萧义墓壁画中的前驼由一步行人牵着走，后驼由一骑马人牵着走。姜夔《契丹风土歌》谓"大胡牵车小胡舞"[1]，当是普遍现象。

　　骆驼有良好的耐饥渴能力，步伐稳健。驼车车箱高大宽敞，有门窗可通风瞭望，附加凉棚又有防护作用，所以适合契丹人长途出行。不仅一般旅行乘驼车，萧太后率军南征时也是乘驼车[2]。辽墓壁画"出行图"中以驼车最常见，反映了驼车受契丹人喜爱的程度。

　　关于契丹车的来源，一般据胡峤《陷北记》"云契丹之先，常役回纥，后背之走黑车子，始学作车帐"，认为契丹向黑车子室韦学得做车。《陷北记》的这段记述乃是胡峤据道听途说而记，并不可靠。《魏书·契丹传》记北魏太和三年（479年）契丹酋长勿于"率其部

---

[1] 陈述辑：《全辽文》，中华书局，1982年。
[2] 苏辙：《龙川别志》载："契丹有求和意，朝廷知之，使供奉官曹利用使于兵间。利用见房母于军中，与蕃将韩德让偶在驼车上，坐利用车下，馈之食，共议和事。"

图四　韩师训墓壁画中的驼车

落车三千乘,众万余口,驱徙杂畜,求入内附"。说明契丹在北魏时已拥有大量的车。河南洛阳出土的北魏画像石中的车带有"篷幕",即在车箱顶上又支前后凉棚,凉棚长度超过车身[1]。契丹与鲜卑有渊源关系,有可能契丹附加前后凉棚的驼车是从北魏带"篷幕"的车逐渐演变而来。

沈括说"契丹之车皆资于奚"[2],但《王沂公行程录》载:"富谷馆居民多造车者,云渤海人。"[3]北宋使臣入辽,受见闻所限,记述难免有片面性。这两条史料只能反映辽国制造车辆主要靠奚和渤海遗民。

男子骑马、女子乘车或骑马是游牧民族普遍的习尚。金朝守边将纳哈买看到蒙古男子惜马力乘车而不骑马时,正确判断这是反常现象,蒙古正准备大举进攻金国[4]。契丹亦为游牧人,也是男子骑马,男子年老体弱或有病时才乘车。《辽史·礼志》载公主出嫁时,给公主赐品有车,给驸马赐品没有车。库伦1号墓"出行图"中,中部是女主人整帽登小车,后部是男主人向家人叮嘱事务,身旁有马夫牵马等待男主人上马。该墓"归来图"中,前部有鞍辔齐全的马,后部有驼车,车前后有女侍取包袱,虽未画出男女主人,但可明确断定归来时男主人骑马,女主人乘车。有人把库伦1号墓壁画总结为"出则以马,入则以驼"或"出马归车"是不对的。除了库伦1号、8号墓的"出行图"和"归来图"场面宏大、队伍

---

[1]　王子云:《中国古代石刻画选集》,中国古典艺术出版社,1957年。
[2]　沈括:《熙宁使虏图抄》,载《西溪集》,《永乐大典》本。
[3]　叶隆礼:《契丹国志》,上海古籍出版社,1985年。
[4]　商辂:《续资治通鉴纲目》,明内府刻本。

较完整外,其他辽墓壁画中的"出行图"和"归来图"都比较简化。一般"出行图"画一鞍马和若干随从,"归来图"画一辆车和若干随从,甚至有的墓只画一马一车。我认为这是取出行和归来队伍中的局部情节来表示出行归来,是以点代面的表现方法。契丹受汉族礼制影响不深,女子地位较高,出行图中画上男主人的乘马,则在归来图中就应画上女主人的乘车,既相互呼应,又不雷同。

辽朝皇帝仿汉族皇帝仪仗,设置了汉舆与国舆仪仗。汉舆仿唐制,"盛唐辇辂,尽在辽廷矣"[1]。随着汉人与契丹民族融合的加深,一些契丹贵族重臣也开始效仿汉人乘车出行。如《辽史·萧严寿传》记"上遣人赐乙辛车",耶律乙辛得到道宗赐车后,变得更加骄横。《辽史·室昉传》载:"许乘辇入朝。"同样,汉人也逐渐有人乘坐契丹所喜爱的国舆。苏辙出使辽国时,曾写了《赵君偶以微恙乘驼车而行戏赠二绝句》,其一:"邻国知公未可风,双驼借与两轮红。它年出塞三千骑,卧画辎车也要公。"其二:"高屋宽箱虎豹祸,相逢燕市不相亲。忽闻中有京华语,惊喜开帘笑杀人。"张家口市宣化区下八里的韩师训墓、大同市郊区的卧虎湾墓和新添堡墓都是辽代晚期的汉人地主墓,墓中壁画都有驼车。这反映了燕京和西京地区汉人已普遍使用契丹国舆。关南汉人聚焦地区尚且如此,在中京、上京地区的汉人乘契丹国舆会更多。辽朝汉人与契丹的民族融合于此可见一斑。

(原载《青果集:吉林大学考古系建系十周年纪念文集》,知识出版社,1998年)

---

[1] 脱脱等:《辽史·仪卫志》,中华书局,1974年。

吐尔基山辽墓萨满金帽的文化溯源

2003年3月,内蒙古通辽市科左后旗吐尔基山采石场发现一座石室墓,它是罕见的没有被盗的契丹贵族墓,具有重大的学术价值[1]。该墓的发掘、开棺过程、头骨容貌复原等得到电视、网络、报纸等媒体的深度报道[2],都曾引起了广泛关注和强烈反响。吐尔基山墓有很多发现是独特的,其蕴藏的文化内涵、传承关系等问题都有待做深入研究,本文仅对墓主头戴金帽的文化渊源做初步的探讨。

一、吐尔基山辽墓的金帽

吐尔基山墓是石室墓,一主室带两耳室,主室为正方形,边长3.92米,规模上属于辽代中型墓葬。根据出土金银器、马具分析,墓葬的年代在辽代早期。墓的主室有一个须弥座彩绘棺床,上承双层木棺。棺内墓主是一位30～35岁的女子,穿11层衣物。头上戴棉帽,棉帽内罩金帽(图一,2),帽外佩带流苏,流苏为左右2件,发现时已经滑落在头的两侧,结构是长方形金片下悬缀5束长铃(图一,1)。此外墓主人的腿部还挂有约20枚圆形铜铃铛[3]。金属条制作的帽、额前配遮挡眼睛的流苏、下身挂铃铛,这三点与现代大兴安岭地区鄂温克族的萨满服[4](图二)极为相似。此种萨满服在达斡尔族、鄂伦春族等也流行。所以墓主人身份可以肯定是一位辽代的女萨满。根据墓中陪葬品的规格之高,肩上有日月装饰,胸前衣服有契丹大字"天""朝",笔者推测墓主是为皇室服务的大萨满,即《辽史》

---

[1] 内蒙古文物考古研究所:《内蒙古通辽市吐尔基山辽代墓葬》,《考古》2004年第7期。
[2] 王大方:《穿越千年——吐尔基山辽墓彩棺开棺目击》,《中国文物报》2003年6月18日第1版;塔拉、孙建华:《吐尔基山辽墓展览》,《中国文物报》2004年3月24日第5版。
[3] 王大方:《吐尔基山辽墓墓主身份的推测——兼述契丹古代社会的"奥姑"》,《中国文物报》2004年1月30日第7版。
[4] 郭淑云、王宏刚:《活着的萨满——中国萨满教》,辽宁人民出版社,2001年,图51。

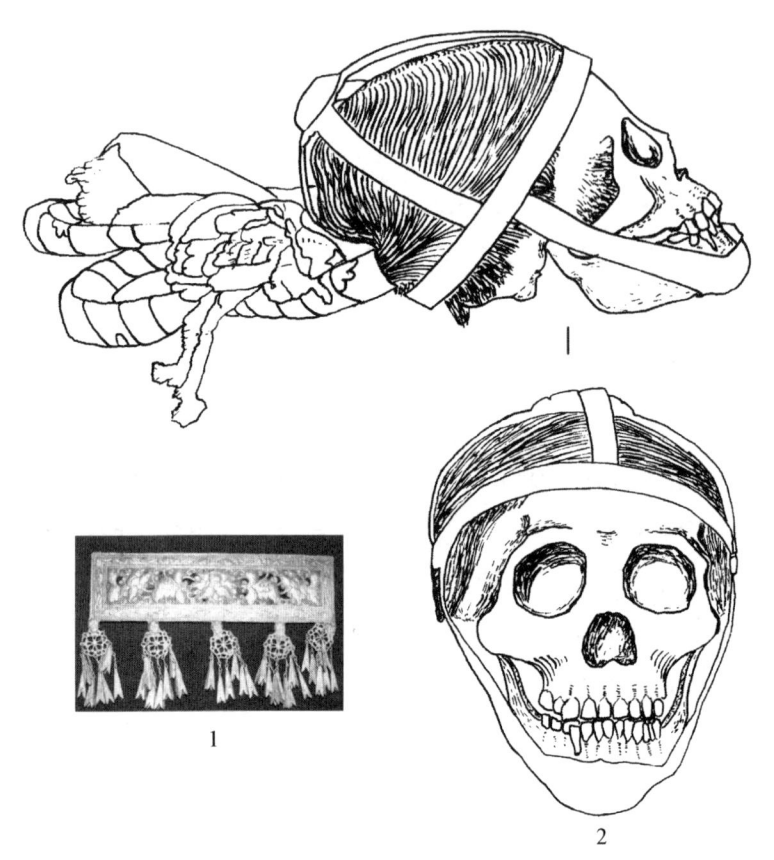

图一　吐尔基山辽墓主人头戴的金帽
1. 金流苏（采自《考古》）　2. 金帽形制示意图（纹饰未临摹）

中的太巫。根据萨满教的萨满是氏族内继承的通例，可以推定她是契丹人，很可能是皇室家族成员[1]。

　　学者对吐尔基山墓主头上戴的金帽有不同的称谓。如王大方先生称为"金片圈成的冠帽"[2]。而发掘简报称其为"金属箍"。笔者曾经观摩这件稀世珍品，金帽的构成特殊，是由帽圈、十字梁、顶托、罩形带4部分组成。帽圈是用一条金片绕成。帽圈之上的前后左右各起一条金片，形成半球形十字梁。十字梁交叉处是一个花形圆台式的顶托，顶托中心有一圆形凹窝，可以镶物。帽圈下接罩形带，即在帽圈的右侧伸出一条金片，从右脸颊向下，罩住下颌，再沿左脸颊向上伸，在帽圈的左侧与帽圈缠接。金帽各部位用金片焊接，连为一个整体，唯独帽圈左侧与帽带的连接是缠扣式，可以随意开合，并能调节松紧。这是

---

[1] 冯恩学：《对吐尔基山辽墓墓主身份的解读》，《民族研究》2006年第3期。
[2] 王大方：《穿越千年——吐尔基山辽墓彩棺开棺目击》，《中国文物报》2003年6月18日第1版；塔拉、孙建华：《吐尔基山辽墓展览》，《中国文物报》2004年3月24日第5版。

比较典型的萨满帽,类似的萨满帽见于满族、锡伯族、达斡尔族、赫哲族等,只不过近代民族的萨满帽架是铜或铁的,没有金属下颌托。称为金冠帽,是从其功能而言;称为"金属箍"是着眼于其构造的特殊性为不封闭的顶,都有其合理性。考虑到它在现代民族学萨满教中的传统名称是萨满帽,我们将它称为金帽,并根据其结构特点称为"圆圈十字梁式帽"。这种圆圈十字梁式的金属帽盔,既不能挡风遮雨,也不能有效抵御利器对头部的攻击,还比较笨重,不适合日常生活使用。辽墓壁画中描绘的各种人物都不戴这种帽,故推测这种金属帽在辽代也是萨满专用的神帽。

二、与鲜卑金步摇冠的关系

吐尔基山辽墓的金帽上部是十字梁,较之为早的类似物是冯素弗墓出土的鲜卑步摇冠。冯素弗为北燕天王冯跋之弟,是鲜卑化的汉人,死于太平七年(415年)。冯素弗墓位于辽宁北票,1965年发掘时出土了1件较为

图二　鄂温克族1989年萨满祭祀时的服饰(摹自《活着的萨满》)

完整的步摇冠[1]。2根长条金片呈十字形交叉,四脚弯垂,前脚较短。上面有6根树枝形顶花,每枝绕3环,每环吊1摇叶。枝干铆在钵形片上,其下通过空心球与十字顶连接。十字交叉连接的金片缝缀在织物帽胎上,边缘还有成对的穿线孔。其前脚短(图三,1),同出1件金铛,整体为长方形,唯上边缘作山字形,可能接在前脚端头,这样前脚被延长,与左右脚端头平齐。与吐尔基山金帽相比较,它没有起固定作用的底圈,四脚的固定方式是缝缀在织物帽的软胎上,所以在四脚有成对的针孔,四脚的主要功能是固定上面的树形步摇。所以冯素弗墓金冠在功能上与吐尔基山金帽不同。

---

[1] 黎瑶渤:《辽宁北票县西官营子北燕冯素弗墓》,《文物》1973年第3期。图依2006年辽宁省博物馆和辽宁省文物考古研究所编印的《辽河文明展文物集粹》彩版临摹。

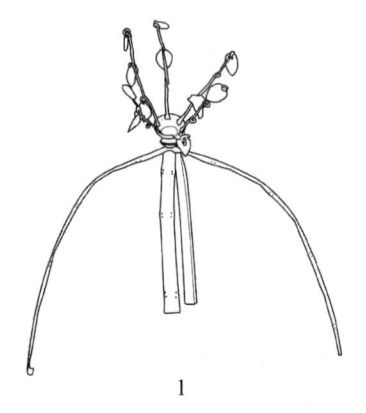

图三　鲜卑金步摇冠与唐墓的金覆面
1. 冯素弗墓出土（摹自《辽河文明展文物集粹》）　2. 史道德墓出土（采自《固原历史文物》）

契丹的起源有多说，以鲜卑后裔说为主流。在族系上鲜卑与契丹都属于东胡族系。在人种上鲜卑与契丹都属于北亚蒙古人种，是以低颅、短颅、高面、阔面相结合为典型特征的人群[1]。《新唐书·契丹传》载："契丹本东胡种，其先为匈奴所破，保鲜卑山。魏青龙中，部酋比能稍桀骜，为幽州刺史王雄所杀，众遂微，逃潢水之南，黄龙之北。"得鲜卑之故地，故又以为鲜卑之遗种。吐尔基山辽代贵族墓葬人骨遗骸线粒体DNA分析结果表明，其与契丹贵族人群遗传距离最近，且在契丹贵族的2个家族中与耶律羽之家族的亲缘关系相对较近[2]。辽代耶律羽之墓志铭曰"其先宗分佶首，派出石槐"[3]。墓志追索耶律羽之家族先祖是汉桓帝时鲜卑首领檀石槐的后裔，虽为攀附之辞，亦反映了辽代时契丹迭剌部自认为来源于鲜卑的事实。认为契丹是鲜卑的别支，至少是和鲜卑人基因关系极为密切的亲缘民族是符合历史的推测。

4世纪中叶契丹出现于历史舞台，势力渐大。《魏书·契丹传》载："契丹国在库莫奚东，异种同类，俱窜于松漠之间。"前燕时期契丹为慕容氏所逐。但朝鲜人金富轼编撰的《三国史记》卷十八载："兽林王八年（378年）秋九月，契丹犯北边，陷入部落。"说明契丹军事力量已经强大。《资治通鉴》第一百一十四卷载晋安帝义熙元年（即北魏天赐二年，405年）"十二月，燕王熙袭契丹。……二年（406年）春，正月……燕王熙至陉北，畏契丹之众，欲还，苻后不听，戊申，遂弃辎重，轻兵袭高句丽"。说明后燕时期契丹与鲜卑为邻，势力已经很大，慕容氏不敢冒犯契丹。在三燕时期契丹与朝阳一带的慕容鲜卑地域相邻，交往接触也不会少。契丹人对鲜卑上层喜好的步摇冠应该是熟悉的，所以契丹有与三燕时期鲜卑步摇冠类似的冠帽是可以理解的。吐

---

[1] 朱泓：《内蒙古长城地带的古代种族》，《边疆考古研究》第1辑，科学出版社，2002年。
[2] 许月、张小雷等：《吐尔基山辽代贵族墓葬人骨遗骸线粒体DNA多态性分析》，《吉林大学学报（医学版）》2006年第2期。
[3] 内蒙古文物考古研究所等：《辽耶律羽之墓发掘简报》，《文物》1996年第1期。

尔基山辽墓萨满金帽上部的基本结构与冯素弗墓步摇金冠相似，应该是继承了鲜卑步摇冠十字交叉的结构形式，又增加帽圈，使帽圈承重，使得金架能够独立佩带。所以吐尔基山辽墓的萨满金帽上部是在冯素弗墓型步摇金冠的基础上改进发展而来。

三、与唐代金属"下颌托"的关系

吐尔基山辽墓帽子的帽带比较奇特，不是2条绳条带，而是一个类似口罩样的金片带，中部是宽形罩兜，兜住下颌，两侧是长条片。我们可以把这种特殊形制的帽带称为"下颌兜形帽带"。类似的物件在唐墓中也有发现，称为下颌托（有人称下颚托）。其中金质的下颌托见于宁夏固原的史道德墓。

史道德墓于1982年发掘，墓主为给事郎兰池正监，葬于唐仪凤三年（678年）。该墓是有7个天井的单室砖墓，墓曾经被盗掘破坏。在墓室前部出土一头骨，其上原有覆面，丝织部分已朽，在额头、眉、眼、鼻、口、耳、太阳穴处覆盖的金片仍保存下来。其中简报所称"金护嘴饰"，为中间开枣核形口，两端各有三节铆接的金片向后延伸，出土时套在上下颌骨上，另有两个柳叶形金片，原来位置不详，口内含外国金币1枚[1]。在《固原历史文物》[2]和固原博物馆网站公布的组合图片中（图三，2），柳叶金片被复原成上下嘴唇，"护嘴饰"放在下颌托的位置，并在文字介绍中改称"护颌"。考虑到各个部件的大小比例关系，特别是柳叶形片长度为5.5厘米和4.8厘米，与人嘴唇的尺寸相符，这种复原是正确的。那么柳叶金片是护嘴唇饰片，中部作枣核形镂空的"护嘴饰"就可能是下颌托。简报中报道其长20厘米，《固原历史文物》报道为长17.3厘米。根据覆面组合照片的护眉、护鼻等的比例关系，测量推算出护颌的通长在46厘米左右。所以可以知道报道中的"长20厘米"或"长17.3厘米，宽1.4厘米"应该是护颌上部两侧带的长度，或者是中部护颌部分的长度。长度46厘米左右符合做下颌托之用，而不符合做护嘴。所以发掘者最后把这件器物认定是护颌是正确的，可能护颌在被盗掘时产生了位移，形成套在上下颌骨上的现象。

《史道德墓志》记载"其先建康飞桥人事，……远祖因宦来徙平高"，所以不是当地土著。对其族属争论较大，有四种说法。1. 史氏是粟特人昭武九姓史姓胡人的后裔[3]。

---

[1] 固原博物馆：《宁夏固原唐史道德墓清理简报》，《文物》1985年第11期。
[2] 宁夏固原博物馆编：《固原历史文物》，科学出版社，2004年，彩版一二四。
[3] 固原博物馆：《宁夏固原唐史道德墓清理简报》，《文物》1985年第11期；李鸿宾：《史道德族属及中国境内的昭武九姓》，《中央民族学院学报》1992年第3期；罗丰：《也谈史道德族属及相关问题——答赵超同志》，《文物》1988年第8期。

2. 十六国时期流寓凉州的汉人史淑后裔[1]。3. 奚族内迁者之后裔。4. 马驰考证墓主是《旧唐书·史宪诚传》记载的史宪诚的祖父史道德。他依据"其先出于奚虏，今为灵武建康人"的记载，考证是奚族内迁者之后裔[2]。粟特人故乡在中亚的锡尔河和阿姆河流域，中国史籍称"昭武九姓"人，主要是因为其先祖旧居祁连山北的昭武城，被匈奴破，西迁分为九国，为康、安、曹、石、米、何、史、火寻、戊地。南北朝隋唐时期大量经商的粟特人进入我国北方地区，特别是东突厥瓦解后突厥降户被安置在灵州、夏州等地，其中有很多是粟特人。唐代到五代时期粟特人在北方的势力影响很大，如发动安史之乱的安禄山身兼范阳、河东、平卢三镇节度使，后晋皇帝石敬瑭等都是粟特胡人。史宪诚曾任安史之乱后河北三镇之一的魏博节度使，本为奚族，在粟特胡人政治势力扩大的形势下，有浪托冒姓为灵武建康之粟特史氏的可能，或曾经为粟特史氏养子。《旧唐书》说"祖道德，开府仪同三司、试太常卿、上柱国、怀泽郡王"，这些官位描述为虚浮不实之词，与固原墓志的史道德为负责牧马的蓝池正监不符，所以二者并不是一个人。从固原发现的史射勿、史索岩等多个史姓墓葬中都有粟特文化的特征分析，罗丰等学者认为是粟特人的结论是可靠的。

粟特人信奉祆教，祆教本名琐罗亚斯德教，又称为"拜火教"，在中国称为"祆教"。认为火、水、土都是神圣的，不得玷污，所以教徒死后只得实行天葬，无尸骨入土。入华粟特人的葬俗早已发生变化，实行土葬。史道德墓的金覆面习俗不是祆教葬俗，罗丰对其来源做过分析，在新疆阿斯塔那高昌墓群40座墓葬中出土30多件各类覆面。高昌也信仰祆教，所以罗丰认为史道德墓口含东罗马金币、使用覆面的习俗来源于高昌葬俗[3]。金下颌托在高昌墓中未见，此墓是唐墓中最早有金属下颌托的墓，墓主为粟特人，可能是北方游牧人的一种特殊葬俗。其起源待考。

唐代墓中还有银或铜的下颌托。有纪年的材料有3个，分列于下。

1975年在湖北郧县发掘了唐太宗第四子李泰家族墓地，濮王李泰的妃子阎婉墓出有银下颌托，具体尺寸不详。根据墓志文阎婉是从邵州迁葬此地，于开元十二年（724年）六月二日下葬于马檀山。据阎婉墓志，知李泰妃阎婉是工部尚书阎立德之长女。墓志铭中称阎婉为"河南人"，溯及阎婉之祖阎毗，《隋书·阎毗传》又云阎毗为"榆林盛乐人"。隋之榆林盛乐，地在今内蒙古和林格尔一带[4]。阎婉墓使用下颌托也可能是受北方少数民族的影响。

河南偃师杏园唐代墓地M5036出土铜下颌托，用铜片锤成薄片状，锤揲出托住下颚

---

[1] 赵超：《对史道德墓志及其族属的一点看法》，《文物》1986年第12期。
[2] 马驰：《史道德的族属籍贯及后裔》，《文物》1991年第5期。
[3] 罗丰：《也谈史道德族属及相关问题——答赵超同志》，《文物》1988年第8期。
[4] 湖北省博物馆、郧县博物馆：《湖北郧县唐李徽、阎婉墓发掘简报》，《文物》1987年第8期。

的凹窝。出土时位于下颚处。全长15厘米,最宽5.4厘米。墓主是沅江县尉郑询,唐代宗大历十三年(778年)下葬[1]。

河南偃师杏园唐代墓地M2003有2件铜下颌托,长26.7厘米,最宽5厘米。中部有凹窝,两侧长条形插入发际。墓主是韦河,偃师县主簿,唐文宗大和三年(829年)下葬[2]。

以上4例唐墓资料,从唐高宗仪凤三年(678年)史道德墓,到唐文宗大和三年(829年)韦河墓,说明唐代中原和北方墓葬使用金属下颌托的葬俗在唐代流行时间很长,已经延续到唐晚期。契丹在唐代已经崛起,唐亡时阿保机则迅速抓住机遇建立起辽国。吐尔基山辽墓是辽早期的墓葬,继承唐代中原和北方的这个特殊的葬俗是完全可能的。目前还不清楚传承的具体脉络,推测有两种可能性:其一,契丹人从唐代汉人处学得使用下颌托的习俗。其二,契丹人从粟特胡人处学得使用下颌托。墓中主人使用覆面的习俗由来已久,春秋以前的玉覆面与唐史道德的金覆面最为类似,都是由目、鼻、口等部件组合而成,二者也可能有文化的继承关系。但是下颌托在我国唐以前还没有发现,唐代为何出现此奇异的葬俗还有待研究。虽然东北唐墓未发现下颌托,但是东北的契丹活动地区也有很多粟特人,如《旧唐书·安禄山传》载安禄山"营州柳城杂种胡人也"。康阿义屈达干是"柳城人,其先世为北蕃十二姓之贵种"[3]。1975年内蒙古敖汉旗李家营子出土2批具有西亚、中亚风格的金银器[4]。调查发现人回忆说,都有骨头伴出,可能是土坑墓,但是这种回忆是不可靠的,也存在是窖藏的可能性。这些遗物可能是唐代营州的粟特人的遗留。契丹与粟特等杂居于辽西,就存在某些粟特人葬用下颌托的做法影响到契丹人的可能性。

值得注意的是,阿富汗提立亚"黄金之丘"的6号墓中出有金质的下颌托,6号墓的墓主也是一位女子[5]。根据出土的汉镜等推断其年代在公元前1世纪到1世纪,属于贵霜帝国前期,族属是来自新疆的大月氏或大夏人。那么金下颌托的起源最远可以追索到汉代丝绸之路上的游牧民族。

四、结　语

吐尔基山辽墓的金帽表现出复杂的文化继承关系。十字梁结构的帽顶来源于鲜卑

---

[1] 中国社会科学院考古研究所:《偃师杏园唐墓》,科学出版社,2001年,第135页。
[2] 中国社会科学院考古研究所:《偃师杏园唐墓》,科学出版社,2001年,第245页。
[3] 颜真卿:《康公神道碑》,《全唐文》卷三百四十二,中华书局,1985年。
[4] 敖汉旗文化馆:《敖汉旗李家营子出土的金银器》,《考古》1978年第2期。
[5] 樋口隆康:《出土中国文物的西域遗迹》,《考古》1992年第12期。

步摇冠(冯素弗墓)。金质的兜形帽带来源于唐代中原和北方存在的金属下颌托,较早的实例可上追到唐仪凤三年(678年)粟特人史道德墓的金覆面。十字梁结构的帽顶与下颌托在改进后,进行新的组合,形成了具有契丹特色的萨满帽。北方地区少数民族的特殊习俗,随着民族大融合趋势的发展,民族交往的频繁,相互影响,相互渗透,吐尔基山辽墓金帽在这方面表现得尤为显著。

附记:在塔拉先生帮助下我能亲自观摩吐尔基山辽墓金帽形制,特此致谢!

(原载《新果集:庆祝林沄先生七十岁论文集》,科学出版社,2009年)

内蒙古库伦6、7号辽墓壁画的人物身份

库伦旗王坟梁6、7号辽墓以大型精美的壁画引人注目,而确定壁画人物的身份对理解壁画内容具有重要意义。本文对6号墓舞乐图中女子的身份和出猎图中"墓主人"的身份,以及7号墓墓道出行、归来图中两位"墓主人"的身份谈些个人看法。

库伦6号墓的舞乐图绘在墓门的门额上,图上有5位女子,舞蹈人居中,挥袖踏足而舞,左右各有两人奏乐。5位女子穿着打扮基本相同,头上挽蝴蝶形双髻,髻上立插一排饰簪。上身穿宽袖衫,下身穿拖地长裙,肩披云肩,浅绿披帛绕胸坠后,腰系大红蔽膝[1]。其中吹觱篥人的双臂又加缀羽形饰(图一,1)。有人认为这是"迎接宾客的欢乐场面……为主人归来的欢乐而载歌载舞,他们大都是被契丹贵族们用各种手段强掠来的或者是族诛者,也是长年被奴役和摧残的奴隶"[2]。有人则认为这幅图是宋辽时期流行的散乐图,其"表演的乐舞当为宗教内容"[3]。

我们把这幅图同该墓的其他壁画,以及同其他辽墓壁画相对照,则不难看出此图有3个特点。首先,整体形象和画风与现实人物不同,却与门神等神灵像的风格一致。辽墓壁画中,凡现实人物皆本实而作,由于拘泥写实,使人物造型缺乏生气,缺乏动感,比较呆滞,这与汉唐墓葬壁画风格不同。辽墓壁画中的神灵人物则富有生气,衣饰繁复,线条流利飘逸。库伦6号墓舞乐图的人物则与后者同,"将妩媚动人的舞乐伎,表现得温柔动人的神情,流转飞舞的飘带,光润流利的线条,衣履有着丝绸纱绢的真实感受,确实是死而复活,其妙无穷"。特别是图中舞蹈人与吹横笛人的衣带翻风和腰肢扭动都与库伦1号墓门神、伽陵频迦[4]的风格雷同。第二,所穿衣服中有云形披肩、羽饰,裙裾拖地较长,这在辽墓壁画中女侍和女主人服装中从未见过。云形披肩和羽饰可能是暗示她们有驾云飞行的本

---

[1] 哲里木盟博物馆等:《库伦旗第五、六号辽墓》,《内蒙古文物考古》1982年第2期。
[2] 郑隆:《库伦旗辽墓壁画浅谈》,《内蒙古文物考古》1982年第2期。
[3] 金申:《库伦旗六号辽墓壁画零证》,《内蒙古文物考古》第2期。
[4] 王健群、陈相伟:《库伦辽代壁画墓》,文物出版社,1989年。

领，是仙女的象征。尤其是羽饰，在高句丽墓壁画中的驾鹤仙人、捧日羲和[1]，以及宋画《送子天王图》中的仙女，都有类似的羽饰。契丹女服皆较短，便于行走骑乘。辽代汉人女服受契丹女服影响，一般也变短，这在辽墓壁画中可以清楚地看到。舞乐图中女子虽穿汉人女服，但很长，不是辽朝时期的服装，亦证不是当时女伎的图像。第三，从发式上看，双髻呈蝴蝶形，簪饰立插成排，亦颇为特殊。在辽墓壁画中，仅在阿鲁科尔沁旗宝山2号墓之仙女故事图中发现5位仙女梳此发式，衣饰亦与之相似[2]（图一，2）。宋代官修的《营造法式》中有建筑彩画飞仙类图样，其中的共命鸟图样作双人连体形象，其头发上也是立插一排饰簪（图一，4）。综合以上分析，库伦6号墓舞乐图中女子皆是仙女，该图是仙女舞乐图，其用意当与陈国公主墓前室上半部画祥云飞鹤图相同[3]，表示墓主人生活在天国仙境之中。

图一
1. 库伦6号墓舞乐图中吹觱栗人　2. 宝山2号墓仙女故事图中仙女　3. 耶律羽之墓出土丝织品中女子团窠图案　4.《营造法式》建筑彩画飞仙类图样

宝山2号墓是辽初太祖时期的契丹大贵族墓，石室壁画中已有大幅的仙女故事图。比之为晚的太宗会同四年（941年）的耶律羽之墓出土丝织品中有一女子团窠图案[4]，女子梳蝴蝶髻、立插簪饰，云肩羽饰，裙脚拖地（图一，3），也是仙女。圣宗开泰七年（1018年）陈国公主墓的两个金冠上有道教仙人之真武和元始天尊的造像。库伦6号

---

[1] 金维诺：《中国美术全集·墓室壁画》，黄山书社，2010年，彩版八二、八四。
[2] 齐晓光：《内蒙古发掘宝山辽初壁画墓》，《内蒙古社会科学（文史哲版）》1995年第2期。
[3] 内蒙古文物考古研究所等：《辽陈国公主墓》，文物出版社，1993年。
[4] 赵丰、齐晓光：《耶律羽之墓丝绸中的团窠和团花图案》，《文物》1996年第1期。

墓是辽末墓葬，因为墓中出有1枚圣宋通宝，该钱是北宋建中靖国年(相当于辽乾统元年，1101年)所铸。这些考古发现证实了在辽代汉人仙道思想始终对契丹大贵族有较大影响。

库伦6号墓墓道北壁是出猎图，共绘5人。前面两人作交谈状，第二人右手架鹰，一犬回首望鹰。中间一人牵一头骆驼，骆驼前峰上骑着一只小猴，驼峰两侧搭挂大包裹，包裹前插大伞，后挂云旗。骆驼之后是一人，他身体左倾，腋下斜撑长杆骨朵，双手擎于胸前。最后是一人牵一匹鞍辔齐全的马。此图中骆驼后面的人，一向被认为是墓主人，双手擎于胸前被解释为主人为出猎祈祷。

统览全图，人物布局分散，没有中心人物，与库伦1号墓出行图男主人傲然而立，周围有侍者躬身小心侍奉不同。该人腋下斜撑骨朵，随从作临时歇脚之状，这与库伦2号墓出行图中的马前侍卫[1]和北三家子3号墓归来图中车前侍卫[2]歇脚方式和姿态完全相同。库伦旗王坟梁墓地是驸马萧孝忠的家族墓地，墓主人是契丹大贵族，属于皇亲国戚。在野外歇脚小憩，理应如传世画《契丹骑马出猎图》那样，主人坐在椅子上。库伦1号墓出行图队伍前端就有一人肩扛雕花椅子，以备途中主人休息而用。或者像传世画《卓歇图》所绘，在荒野上铺一张小毛毯，主人坐在毯子上暂歇。所以把库伦6号墓出猎图中挂骨朵歇脚的人认定为墓主人是不妥的，而应确定为侍卫。从《中国美术全集·墓室壁画》中刊出的彩色照片观察，此人双手擎于胸前，并非为狩猎作"祈祷"，而是右手食指上托一昆虫，左手食指正欲触动昆虫后尾，双目专注，正逗玩得入神(图二)。此图以远山为背景，出行队伍中有猎犬雄鹰、骆驼包裹、云旗阳伞，已暗示出地广人稀、野兽出没的狩猎环境。画师又精心设计侍卫在休息时随手捕捉一昆虫逗玩取乐的生活细节，不仅使画面增加了生气，还使人自然而然地联想到当时草茂虫飞的景象。

库伦旗王坟梁7号墓墓道两壁是出

图二 库伦6号墓出猎图中逗虫之人

[1] 王健群、陈相伟：《库伦辽代壁画墓》，文物出版社，1989年。
[2] 敖汉旗文物管理所：《内蒙古昭乌达盟敖汉旗北三家辽墓》，《考古》1984年第11期。

行图和归来图,发掘报告认为西壁的托帽站立者(图三,1)和东壁的袖手站立者是"墓主人"[1]。姑且不论二者身材高矮和面容长相并不相同,不能认定是同一人之像,仅从他们在画中所处的位置和姿态分析,都应是侍从人员。首先,出行图和归来图的人员都是排列成一排,间距大致相等。这两人在各自的构图中,同6号墓的出猎图一样,没有中心人物,看不出有主从关系。再者,侍从擎帽是辽墓出行图中常见的情节安排。例如,在库伦1号墓出行图中,在昂首挺胸的男主人身边有躬身的侍从3人,一人左手擎砚台,右手拿一支毛笔,另一人双手托一顶皮帽,还有一人拿一口刀。河北宣化张世卿墓前室的出行图刊布于《中国美术全集·墓室壁画》中,图中有5人,一马夫执鞭牵马,马右侧站立4位侍从,从前向后依次为:第一男侍肩扛一把伞,第二男侍手托一顶毡帽(图三,2),第三人胳膊上搭着长巾,第四人头顶大托盘,盘内装着酒注子、酒盏、温酒碗。在库伦2号墓出行图中亦见有捧帽侍从,面向墓室恭敬而立,等待主人出行。故库伦7号墓的托帽人不是墓主人,而是侍从。

图三

1. 库伦7号墓西壁托帽者　2. 宣化张世卿墓前室出行图托帽者

辽墓壁画中,契丹人髡发,却极少裹巾戴帽,反映了契丹人有裸头习尚。但壁画所见男主人或是头戴冠,或是有侍从捧帽冠。如翁牛特旗解放营子墓宴饮图中墓主人戴平顶冠[2],该墓有四旗仪仗壁画,主人应居高官。库伦1号墓男主人身旁的侍从捧毛皮帽,图前部有五旗五鼓仪仗,主人官位很高。所以他们所戴之帽冠都是官服之帽冠。宣化张世

---

[1] 内蒙古文物考古研究所等:《内蒙古库伦旗七、八号辽墓》,《文物》1987年第7期。
[2] 项春松:《辽代壁画选》,上海美术出版社,1984年。

卿位居右班殿直、银青崇禄大夫,侍者手托的毡帽为尖圆顶四瓣毡帽,顶上有火焰状饰物,也应是官帽。库伦7号墓侍从所托之帽与张世卿的侍从所托之帽基本相同,也是四瓣尖圆顶毡帽,顶上有火焰状饰物,可能二者墓主人的官职大小相似。帽冠是代表墓主人身份等级的标志,其执掌人的身份也较一般侍卫人员高。张世卿墓出行图5位侍从中,仅擎帽人头上戴着纱冠,其他人则都戴着交脚幞头,便是证明。

(原载《北方文物》1999年第3期)

河北省宣化辽墓壁画特点

20世纪70年代以来,张家口市宣化的下八里村附近陆续发掘出9座辽代壁画墓。多数墓出土了墓志,知为辽代晚期归化州汉人豪族之墓,墓志的纪年在大安九年到天庆九年(1093~1119年)间,有的墓最后的封闭年代已晚到金初,如张世本墓。这些墓的墓葬形制和随葬品都有鲜明的地方特色,但最引人注目的是壁画,保存完好,绘制精美,内容别具特色,今天仍色彩艳丽夺目,是罕遇的辽代地下艺术画廊。唐以后,北方的五代和宋代墓雕砖装饰日益繁盛,壁画走向衰落。宣化辽墓同其他辽墓一样,承继了唐墓以壁画装饰为主的旧传统,在内容和风格上,又形成了自己的独特面貌。

一

宣化辽墓壁画的重要特点是以家内生活为主。墓室立壁的题材主要有门卫、门神、散乐、备茶、备酒、府库、备经、挑灯、妇人启门、侍者、屏风等家内生活场景。出行图仅见于3座墓中,且都是双室墓,单室墓不见。这3座墓均有墓志,即天庆元年(1111年)韩师训墓[1]、天庆六年(1116年)张世卿墓[2]、天庆七年(1117年)张世古墓[3],都在辽天祚帝时期,出行图显然是受东北契丹墓壁画的影响。

览阅契丹墓壁画,扑面而来的是纵马射猎、打马球、草原放牧、毡帐住地、深山老林、林中走兽、草原花鸟、四季捺钵、以鞍马驼车为中心的出行归来等内容,草原气息浓厚,给人以粗犷、雄魄、心胸开阔之感。辽代汉人墓壁画对室内建筑的精心刻画,对家内生活细节

---

[1] 张家口市宣化区文物保管所:《河北省宣化下八里辽韩师训墓》,《文物》1992年第6期。
[2] 河北省文物管理处等:《河北宣化辽壁画墓发掘简报》,《文物》1975年第8期。
[3] 张家口市宣化区文物保管所:《河北宣化辽代壁画墓》,《文物》1995年第2期。

不厌其烦的描绘,热衷于佛事生活,给人以华丽、富有、琐碎、局促、抑郁之感,流露着低落情绪。契丹墓壁画迷恋牧猎生活,把笑声抛向原野;汉人墓壁画则专注于家内生活,把欢乐留在宅内。这种差别显然与辽朝实行"以国制治契丹,以汉制待汉人"[1]的分俗而治的统治政策密不可分。汉人仍从事农耕和手工业,契丹人仍在草原放牧逐猎,生产方式和生活习惯上的不同,使得审美价值取向上始终存在巨大差异。这还不是原因的全部,因为汉人虽然不以牧猎为业,但他们从事的农耕劳作等方面的题材亦丝毫不见于壁画内,所以,更深层的原因应与两个民族群体境遇不同有直接关系。契丹处于民族发展的急速上升时期,开疆拓土,威服四方,墓葬壁画能够反映主人心态,作画视野自然广阔。辽境内的汉人则处于发展的低潮时期,受制于落后的"北虏",辽朝还"禁关南汉民弓矢"[2]、"禁汉人捕猎"[3],使汉人野外活动受限。因而会产生群体的低落情绪,审美的主要兴趣蜷缩于梁栋之间,以求家庭富有平安、来世幸福为满足。宣化壁画所展示的正是深居高宅、饮酒听乐、诵经拜佛、侍婢往来等家内生活景象。

二

在家内生活图中佛事生活又占重要地位。

宣化辽墓出土了多方墓志,对了解壁画的创作目的和意境有重要作用。从墓志文记述知墓主人都是虔诚的佛教信徒。他们实行火葬是"依西天毗荼礼",把崇佛诵经看作人生最重要的大事。所以,简短志文和铭文内,信佛积善的字句较多,而其他事迹很少,或寥寥无几。张世本"自生之后,不味腥血,日诵法华经致万部"。张世古"自幼及老,志崇佛教,常诵金刚行愿等经、神咒密言,口未尝辍"。张世卿"诵法华经一十万部,读诵金光明经二千部"。长时间读诵经文神咒必口渴喉干,饮茶润喉自然成为主人诵经必不可缺之事。张世卿墓备经图中,高桌上除放置《金刚般若经》《常清净经》、经盒、香炉、花瓶外,还有漆托白瓷盏茶具。张恭诱墓备经图中,桌上放经盒、长柄香炉、花瓶,一女侍正启门端盘而入,盘上放置茶盏,已暗示出诵经必饮茶。备茶图在宣化墓中是最常见的壁画之一,对碾茶、候汤、点茶、送茶等情节都有细致表现,当时备茶的诸多用具在壁画中都有描绘,这在古代壁画中是独一无二的。这些备茶图所表现的意境既不是主人品茶之好,也不是

---

[1]《辽史·百官志》,中华书局,1974年,第685页。
[2]《辽史·兴宗纪》,中华书局,1974年,第228页。
[3]《辽史·道宗纪》,中华书局,1974年,第270页。

风靡北宋朝野的点茶时尚,而是主人佛事诵经生活之一部分。挑灯图是一女子全神贯注地给灯加油,挑拨灯芯。这是女侍在夜晚一次次地给诵经主人加灯油的写照。通过备茶和挑灯,暗示出主人勤奋读经,不舍昼夜的虔诚精神。

张世卿墓墓室立壁上部点缀着瓶花18个,由成组的莲花、牡丹、菊花构成,每瓶置一束。在墓顶下缘也画成组的缠枝牡丹和莲花。初观这些花卉似为壁画装饰图案。读张世卿墓志所举善事中有:"以金募膏腴,幅员三顷,尽植异花百余品","自春洎秋,系日采花,持送诸寺,致供周年"。因而,这些墓室瓶中花卉图应与张世卿买地植花献佛有关。

韩师训墓后室的设香案图,图中高桌上又设几案,上有经卷香炉。桌旁一女子手擎长盒,向桌案走去,盒盖缝有烟气飘出。桌前侧方有侍女双手合十,作祈祷之状。此壁画内容难以明了,可能也与迎经拜佛的佛事有关。

三

宣化墓顶的壁画也比较特殊,蓝色的底色象征着天空苍穹。中心最高处画一朵正视的重瓣大莲花,有的用铜镜代替花芯[1]。围绕莲花设置二十八宿、太阳、月亮,多数再配以黄道十二宫、十二时神、北斗七星等。有很高的天文学史研究价值,已有先辈师长们的专文研究。

墓顶中央画莲花本源于木构建筑的藻井装饰,故常被称为莲花藻井。莲花藻井本意是防止火灾,以压火祥。宋代《营造法式·斗八藻井》引《风俗通义》:"殿堂象东井形,刻作荷菱,菱,水物也,所以厌火。"佛教在中国的广泛传播发展,使莲花藻井又具有宗教的象征含义,所以在佛窟、塔寺建筑和墓葬中大量流行。莲花在佛教艺术中有多种象征意义,如圣洁、吉祥、化生、佛的存在、佛国圣地等。辽宁朝阳发现的辽代龚祥墓志有:"亡始未旬,有二妇人所梦皆同,见祥秉卢鲜服,处道场中,迥(徊)翔举步皆金莲,捧足言曰(日):'余得生净土矣。'"[2]此事虽属虚构,但反映了辽代善男信女希望亡后灵魂能归宿到西天佛土的心愿。宣化张世卿墓志等记述依西天毗荼礼而火葬,当然也希望灵魂进入西天佛土。所以,莲花为中心的天体星空应是象征着灵魂归宿的西天佛土。南宋周瑀墓棺盖内侧面的升天图可为旁证[3]。该图下部为山岳代表的人间,中部和上部布满星宿代表天上。中部绘有幡和节各一件,以示引魂升天。上部正中绘一大朵正视重瓣莲花,莲花上方

---

〔1〕 张家口市文物事业管理所等:《河北宣化下八里辽金壁画墓》,《文物》1990年第10期。
〔2〕 尚小波:《辽宁省朝阳市发现辽代龚祥墓》,《北方文物》1989年第4期。
〔3〕 镇江市博物馆等:《江苏金坛南宋周瑀墓发掘简报》,《文物》1977年第7期,图三。

的左右还绘日、月，下方横亘银河。这里莲花并无压火防灾之意，而是灵魂升天的归宿处（西天）的象征。

张世卿墓、张恭诱墓[1]等墓顶莲花芯以铜镜代替，即在中心悬挂一面铜镜，沿镜外周勾绘莲瓣。这种做法源于道教悬镜避邪思想。宋代成书的《太平御览》引《抱朴子》内篇曰："万物之老者，其精皆能假托人形以炫人，惟镜中不能易其贞形，是以入山道士以明镜径九寸悬于背，有老魅未敢近。"此说流行甚广，像明代李时珍《本草纲目》那样的医学名著也载有："凡人家宜悬大镜，可辟邪魅。"今日城乡民宅仍有于室外门窗之上悬玻璃镜镇宅避邪的，也是此风之流变。十二时神也是道教之神。所以，宣化墓顶的星象壁画体现了以佛土为中心的宇宙观，融佛道中西文化为一体。

四

虽然辽朝是分俗而治，但阶级分化和民族融合在辽代始终存在。宣化辽墓壁画资料反映了辽代晚期民族融合和阶级分化的加剧。

长城沿线以南的汉人墓壁画中，早期和中期未见有契丹人形象，而到了辽代晚期后半段，在宣化和大同地区，髡发的契丹人已比较常见，尤以宣化墓壁画为多。宣化的每座墓几乎都有契丹人形象。如张世卿墓后室门西侧的捧钵人，张恭诱墓备茶图中叉手人和煽风烧汤人，韩师训墓的门卫、跳舞人、驼车之车夫等。辽代自道宗起，政治腐败，天灾频繁，边事不宁，贫富分化加剧，饥民流民增多。仅《辽史·道宗纪》记载的天灾就有旱、蝗虫、水、霜、雪、地震等多种，几乎年年赈济。对契丹下层危害最大的是几场大雪灾。如咸雍八年（1072年）十一月"大雪，许民樵采禁地"；大康八年（1082年）九月"大风雪，牛马多死"；大康九年（1083年）"夏四月丙午朔，大雪，平地丈余，马死者十六七"。到乾统三年（1103年）已"猎人多亡"。官府的有限赈济只是杯水车薪，流民已成为严重的社会动荡问题。大安三年（1211年）二月"以民多流散，除安泊逃户征偿法"。大安四年（1212年）正月"以上京、南京饥，许良人自鬻"，四月"立入粟补官法"。入粟补官法就是让富户纳粮赈济者可入仕为官，宣化张世卿墓志记张世卿就是凭纳粮赈济而做了右班殿直之官。许良人自鬻就是在法律上认可饥民自卖自身，买者自当是富户。从宣化辽墓壁画可以看到有大量的契丹人已卖身到关南汉富之家为奴，而许良人自鬻的良人亦包括契丹人在内，从宣化辽墓壁画可以看到有大量的契丹人已卖身到关南汉富之家为奴。宣化在辽代是南京

---

[1] 张家口市文物事业管理所等：《河北宣化下八里辽金壁画墓》，《文物》1990年第10期。

道所辖之归化州,所以良人自鬻现象也不仅局限于上京和南京,西京也很盛行。宣化壁画正是辽末这一社会问题的真实写照。

随着契丹流民的增加,民族融合速度变快。民族融合现象在宣化墓壁画上亦有反映。壁画中汉人穿契丹服者屡见不鲜。如张恭诱墓备茶图中的男侍所穿之袍,左衽、窄袖、两侧不开衩,是典型的契丹袍。高跟尖头靴也与库伦辽墓契丹人所穿之靴完全相同。这是"衣服渐变存语言"的最好写照。而在辽代中期的关南汉人墓壁画中,还未发现汉人穿契丹服者。晚期个别墓也绘鞍马出行图,韩师训墓还有一辆驼车,这是受契丹墓装饰题材影响而出现的。该墓还有一幅女主人观舞图,女主人坐于墩上,手擎一盏,观看一契丹人独舞,旁有一人用弦琴伴奏。弦琴式样特殊,可能是契丹民族乐器。这种舞乐场面与辽墓常见的散乐图截然不同,散乐皆由汉人演奏舞蹈,乐队由5～12人组成,乐器组合以打击乐器和管乐器为主,有大鼓、腰鼓、拍板、笛、觱篥,复杂者加琵琶等。所以韩师训墓女主人观赏的是契丹民族乐舞。

五

宣化辽墓壁画不仅有丰富的历史价值,还有特殊的艺术风韵,现略举三例。

张世本墓门卫是侧身像,上身穿有弹力的紧身花衣,下身衣襟挽起掖入腰带,露出悬于腰带的贴身前后挡片,前片和后片下垂,下边缘均未达膝处,两片之间有较宽缝隙,使侧面的股臀肌肤显露。该像目视门口,左手持杖,右手抚摸着隆起的肚腹,肩背后倾,挺身而立,活脱脱一副骄横无忌神态。张恭诱墓门卫外穿长袍,袍下身撩起挽掖于腰带,露出长筒裤,双手于胸前正持荆杖,面门侧身站立,姿态端正恭谨。汉人豪门富户是十分讲究儒教仪规的,张恭诱墓门卫是典型的门卫形象,为辽墓中常见模式。张世本墓在门两侧设置裸股袒臀的门卫,实在有悖仪规,简直是画师对封建礼教的极大讽刺。

张世本墓东壁画一高桌,桌上有文房四宝,一女侍右手端一碗,作向桌走来又转身推左掌之状。身后紧跟一小花犬,仰头卷尾。此幅对女侍处理别具匠心,变通常端盘送盏女侍迈步向前姿势为回身推掌,自然使观者产生一连串的追问,是回身掩门? 还是打手势不让外面的人进来? 还是告诉同伴桌上应备的物品没有备上? 小犬亦点缀精妙,它抬头跟进,是依恋主人? 还是惦念碗中美味? 给观者留下丰富的想象空间。

6号墓前室东壁备茶图是展现5位侍者备茶场面[1]。画面中部左右各一高桌,桌前方

---

[1] 张家口市宣化区文物保管所:《河北宣化辽代壁画墓》,《文物》1995年第2期,彩色插页。

地上有两位契丹男侍。左侧者坐于地面正在用茶碾碾茶,此人年少,可看出是个性格倔强的契丹少年。他双眉紧锁,满脸怒气,似乎是到此不久,对身为契丹男儿,不能跃马扬鞭,却日夜为汉人地主碾茶而心中怨怨不平。右侧者跪在地上烧水,不紧不慢地煽风助燃,面无表情,似乎早已习惯了这种生活。高桌之后各站一人。右侧是一汉人女子,一边双手装盘,一边回首望左侧契丹青年男子,似欲言又止状。而契丹男子手捧茶瓶,亦深情地注视这位女子,他的眉尖挑动,两眉尖之间隙过宽,正是眉飞色舞之相。两人身后正中,一位契丹男青年趴伏在茶柜上闭目而睡,对面前两人的眉目传情全然不知。画面构图巧思,情趣盎然。通过备茶侍者的怨气、无奈、无聊闲逗和疲乏困睡,表现出侍候主人备茶已很长时间,从而反衬了主人诵经之虔诚和勤奋。其构思之巧,意境之远令人赞叹。这正是宣化辽墓壁画为人喜爱的重要原因之一。

(原载《北方文物》2001年第1期)

对滴水壶辽墓壁画之商榷

内蒙古巴林左旗的滴水壶辽代墓葬是一个单室八角形墓,西向,小石棺,火葬。墓室壁画内容丰富(图一),保存较好[1],是研究辽史的重要资料。笔者在阅读《简报》后认为,《简报》对于墓室内壁画内容的布局理解与设计意图相反,基于此理解的有关描述和推断也就与壁画所表达的本意相去甚远。现陈于下,向师友请教。

墓为石筑。墓室8个转角皆画1条赭石色立柱,上承梁枋、斗栱,又配有双扇石墓门,是一座标准的仿木构石室墓,所模拟的是墓主人生前所居住的木构建筑,而非"墓主人拟居住在一座华丽的(游牧的)毡帐中"。辽宋八角形墓室形式的出现,是受佛塔平面由方形变为八角形的影响。该墓主信佛,使用八角形的墓室就更属自然之事,与穹庐毡帐无涉。

该墓的甬道绘出行图和归来图。墓室前部是备食图、备汤图,中部左面是备梳妆图,右面是备茶图。墓室后部的三个壁面,绘撩起的帐幔和花卉。从《简报》的线图看,花卉分6个竖条幅的长方形,大小相等,各有边框,乃是一组六幅花卉屏风,而非《简报》所言为一幅"荷花水禽"图。

墓室内后部绘屏风为辽壁画墓中常见。如赤峰的康营子辽墓在墓室后部尸床上的壁面绘出8幅花卉屏风,两端外侧的屏风上还在花卉前绘一仙鹤[2]。宣化下八里的张恭诱墓是六角形墓,在后部的西北、北、东北壁面上各有2幅花卉屏风图[3]。北京的韩佚墓[4]、大同的卧虎湾1~6号墓、大同的新添堡墓、十里铺墓等在墓室的后部都绘出3~6幅花卉屏风图,屏风上画有湖石牡丹、芦苇仙鹤、切枝花、花草等[5]。以上各墓在屏风图之前多有挽起的帐幔。在新添堡M29的北壁不仅绘有帐幔,在下部还有带栏杆的床,屏风立在床头前

---

[1] 巴林左旗博物馆:《内蒙古巴林左旗滴水壶辽代壁画墓》,《考古》1999年第8期。
[2] 项春松:《辽代壁画选》,上海人民美术出版社,1984年。
[3] 张家口市文物事业管理所等:《河北宣化下八里辽金壁画墓》,《文物》1990年第10期。
[4] 北京市文物工作队:《辽韩佚墓发掘报告》,《考古学报》1984年第3期。
[5] 山西省文物管理委员会:《山西大同郊区五座辽壁画墓》,《考古》1960年第10期;大同市文物陈列馆:《山西大同卧虎湾四座辽代壁画墓》,《考古》1963年第8期。

图一 墓室壁画展开图摹本

和床尾后各一幅,立在床侧4幅。该图明显表现的是墓主人的内寝,屏风图是装饰画,供主人在床上欣赏。卧虎湾1~6号墓的屏风图也有挽起的帐幔,并且在屏风前的左右两侧各站一位侍婢,其中4号墓在两位侍婢之间还有一张桌子。其表现的意境也是墓主人的内寝,因为这些屏风都是位于棺床的壁面上,形成包围棺床的关系。在传世的五代《韩熙载夜宴图》[1]上,在韩的内寝里,大床前又设一个小床,小床前摆设桌案,主人坐在小床上,一边饮酒,一边听女子弹琵琶,可见当时在内寝里是可以摆放桌子的。所以滴水壶辽墓的后部壁画也应是表现墓主人的内寝布置,而不可能是表现帐门外(指墓主所居的穹庐毡帐之外)的风光景色。

滴水壶墓的后部三个壁面有挽起的帐幔,帐幔后是屏风,象征着内寝。墓室中部、前部的壁画上部以及墓门上部都是卷起的竹帘,帘下有男仆女佣紧张地为主人准备汤饭、点心、茶水、梳妆,则墓室的中前部(棺床以前)象征着厅堂和与厅堂相连的厨房、茶房等屋,完全符合汉人传统的前堂后寝之制。甬道两壁分别绘出行图和归来图,表现户外生活。统观该墓的壁画布局,是以墓门为基点,墓门之外反映户外生活,墓门之内表现家内生活。从墓的甬道到墓室的后壁,依次表现的是户外、家门、前堂、后寝,次序井然,步步深入。而把墓室后部的帐幔屏风理解为"豁然洞开的帐门,帐外是夏季水草丰美的景观"则次序混乱。

设置在内寝的屏风图,画面内容是与墓主人的审美情趣息息相关的。《简报》中所绘屏风线图,中间的两幅内容不清楚,其余每幅皆有莲花,在右侧第二幅上还有梵文题记,可能是摘取梵文佛经的句子,墓主人肯定是位佛教信徒。在甬道内的顶端发现一个梵文"佛"字,且墓主采用火葬,墓门向西等,与辽代汉人佛教徒墓相同,可为之证。那么,屏风图的莲花所代表的是佛、佛法,是佛教的象征,这与墓主人的生活环境无关,更与契丹"捺钵文化"意趣相反。因为,四时捺钵的重要内容是射猎捕鱼,获得头鹅头鱼要用之祭祀天神和宴饮庆贺,而莲花象征的佛教是主张"不杀生"的。以此壁画的花卉水禽反映"捺钵文化"为立论依据,推断墓主人"是一位经常跟随皇帝巡幸的近臣",就更失之千里。

辽代墓室正壁绘屏风的做法源于唐墓。这种做法在辽代汉人墓葬中很流行,如大同卧虎湾墓地、宣化下八里墓地、北京韩佚墓等。但在契丹壁画墓中则很少发现。滴水壶辽墓是继康营子辽墓之后,第二个发现有屏风图的契丹墓。这两座墓都是多角形,属于辽代晚期墓。屏风图在辽代晚期出现,表明了辽代晚期契丹人汉化程度的加深。滴水壶辽墓墓主人是佛教徒,又说明了辽代统治者提倡信仰佛教的政策在客观上也促进了汉化。

(原载《文物春秋》2001年第6期)

---

[1]《中国历代绘画图谱·人物鞍马》,上海人民美术出版社,1996年。

贝加尔湖岩画与辽代羽厥里部

在贝加尔湖沿岸保留着大量的古代岩画。苏联的奥克拉德尼科夫院士在著作《舍石金岩画——贝加尔湖沿岸古代文化遗存》中,公布了在勒拿河上源的舍石金发现的大量岩画。这些岩画不是一个时期的作品,作者认为这些岩画的时代从旧石器时代到中世纪都有。奥克拉德尼科夫根据岩画的艺术风格和制作技术的特点,把这些岩画划分为若干组,并对每一组进行了年代考订。在这些岩画中有很多骑士像,奥克拉德尼科夫把含骑士像的岩画划分为两组,第一组是马鬃被剪成三花、两花形,属于唐代骨利干人作品。把表现游牧生活的或艺术风格和凿刻方法不同于第一组的含有骑士像的岩画归入第二组。在第二组岩画中,有游牧车帐的岩画,他认为这是古代游牧的蒙古塔塔尔部的遗留作品。舍石金岩画分布在勒拿河上源的河谷山岩上,位于贝加尔湖北段的西岸山谷森林地带,以往是狩猎经济。这些游牧经济生活作品反映新出现了游牧部落,"他们不仅从外贝加尔来,而且还从更遥远的黑龙江(上游)及其支流鄂嫩河河源来到这里"[1]。

奥氏是在1959年发表这部著作的。70年代以来,我国陆续发现了辽代墓葬的壁画,对辽代契丹文化比以前有更加具体而深入的认识。今天再翻检这部著作,对照辽代墓葬资料,则发现被奥氏定为塔塔尔部的岩画有明显的辽代契丹文化的特点。

在该书的第82～85图中,4组岩画中的马都有额前小辫(图一)。特别是第85图岩画位于左侧的骑士像,在马的双耳下,额前,有一个向前伸的小辫,小辫的根部明显细,而末端很粗(图一,左),分明是把马耳附近的马鬃梳理扎系成小辫所致。由于是用绳线缠绕马鬃的下部,所以形成小辫的根部细而末端粗的形状,小辫的梢部向下低垂。

在马的耳根处有向前伸的额前小辫是辽代契丹马的特殊装饰手法,在辽代墓葬壁画中随处可见。例如,在内蒙古自治区哲里木盟奈曼旗青龙山发现的辽开泰七年(1018年)

---

[1] 奥克拉德尼科夫:《舍石金岩画——贝加尔湖沿岸古代文化遗存》,伊尔库茨克,1959年。

图一 《舍石金岩画》中的马

陈国公主墓[1]，在墓道的两壁各绘一匹马，发掘者认为这两匹马分别是陈国公主和驸马生前骑乘的马。这两匹马在耳根处都有向前伸的额前小辫（图二，2）。在内蒙古自治区哲里木盟的库伦旗王坟梁辽代墓地是辽朝大贵族萧孝忠家族墓地[2]，发掘的第1、2、6、7号墓的墓道壁画中，为主人准备的鞍辔齐全的马都有这样的额前小辫（图二，1），这4座墓是辽代晚期的墓葬。在内蒙古自治区敖汉旗北三家子第3号辽墓墓道壁画出猎图中的果下马也有额前小辫[3]。在内蒙古自治区翁牛特旗解放营子辽代墓木椁室壁画的4匹鞍马都有向前伸的额前小辫[4]（图二，4）。克什克腾旗二八地辽墓的石棺画中的高头骏马也有小辫[5]。契丹马的额前小辫的特点是向前伸，其中有的略向斜上方伸，有的向下低垂。

在传世绘画中，五代李赞华的作品《射骑图》绘有一个髡发的契丹人挎弓持箭，身后的骏马也有额前小辫[6]（图二，3）。李赞华是辽太祖耶律阿保机的长子耶律倍的汉名。据《辽史·宗室列传》记载，耶律倍是皇太子，本应继承皇位，但是由于皇太后的支持，他不得不让皇位给其弟耶律德光。耶律德光对他有疑心，他被迫投奔后唐。后唐明宗"赐姓东丹，名之曰慕华，改瑞州为怀化州，拜怀化军节度使、瑞慎等州观察使。复赐姓李，名赞华。移镇滑州，遥领虔州节度使"。耶律倍"善画本国人物，如射骑、猎雪骑、千鹿图，皆入宋秘府"。他的传世作品《射骑图》所表现的正是契丹人和契丹鞍马的装饰习俗，其马的额前小辫向斜上方伸出，梢部向下低垂。

---

[1] 内蒙古自治区文物考古研究所等：《辽陈国公主墓》，文物出版社，1993年。
[2] 王健群、陈相伟：《库伦辽代壁画墓》，文物出版社，1989年；哲里木盟博物馆等：《库伦旗第五、六号辽墓》，《内蒙古文物考古》1984年第2期；内蒙古自治区文物考古研究所等：《内蒙古库伦旗七、八号辽墓》，《文物》1987年第7期。
[3] 敖汉旗文物管理所：《内蒙古昭乌达盟敖汉旗北三家子辽墓》，《考古》1984年第11期。
[4] 项春松：《辽代壁画选》，上海人民美术出版社，1984年。
[5] 项春松：《辽代壁画选》，上海人民美术出版社，1984年。
[6] 《中国历代绘画图谱·人物鞍马》，上海人民美术出版社，1996年，图三十一。

图二　辽墓壁画和传世画中的马鬃修饰
1. 库伦2号墓　2. 陈国公主墓　3. 李赞华《射骑图》　4. 解放营子墓　5. 张世卿墓

契丹的这种装饰马的习尚随着契丹的崛起、强大的辽国的建立而在辽国境内传播开来。例如，在河北省张家口市宣化区下八里村发现了辽天庆六年（1116年）张世卿墓葬。张世卿是辽代归化州的汉人富豪，因在灾年捐粮而被辽道宗封为右班殿直。在其墓葬前室壁画的出行图中，其鞍马也有额前小辫，小辫向下低垂[1]（图二，5）。同墓地的张世古墓壁画出行图的白马也有向下低垂的额前小辫[2]。

把贝加尔湖岩画与辽代墓葬壁画和传世的李赞华《射骑图》相比，可以看出，在马的额前小辫装饰上是完全相同的，所以这些岩画应该是辽时受契丹文化影响的作品。

在奥克拉德尼科夫划分的塔塔尔部的岩画中，带毡车、帐篷的岩画也有契丹文化的影

---

[1]《中国美术全集·墓室壁画》，文物出版社，1989年。
[2] 张家口市宣化区文物保管所：《河北宣化辽代壁画墓》，《文物》1995年第2期。

响。例如，在《舍石金岩画》中第102图的岩画是表现游牧出行的场面（图三），队伍的前端是一匹昂首向前的马，其后是两位武士骑着马走在队伍的前列，再后是举旗骑士、两辆行进的车，车后是护卫的骑士、驻牧的帐篷（毡庐、穹庐）和牧畜。这幅岩画与辽代墓葬壁画出行图有两点相似。

图三 《舍石金岩画》中的出行图

第一，最后一辆车子的形制与辽代契丹的驼车相似，即在车厢的前后各带一个副棚，副棚可以根据需要调节仰俯的高度。岩画中这辆车子的前棚接在车厢的顶部，后棚接在车厢的上部而不是接在车厢的顶部，这一细部特征也与辽代的契丹驼车相同。如在解放营子墓（图四），白塔子墓[1]，库伦旗王坟梁1、2、6号墓，北三家子3号墓，宣化的韩师训墓[2]壁画中的驼车等均有类似的前、后副棚。

第二，在出行队伍的构成和次序上与辽代出行图相似。

这幅岩画表现的出行队伍由4部分组成：1. 前部两个骑马的武士是出行队伍的前导；2. 高举的两面大旗是出行队伍的仪仗；3. 两个车子是出行队伍的女主人的车辆，在车前的骑士较特殊，他的马有专人牵引，应该是出行队伍的男主人，主人的鞍马车辆是出行队伍的核心；4. 车后的骑士是护卫侍从。而车后的帐篷的存在说明这是刚刚启程出发的队伍。

库伦旗王坟梁1号辽墓墓道北壁绘出行始发图，南壁绘归来歇息图。《舍石金岩画》中的这幅出行图与库伦旗王坟梁1号墓墓道北壁出行图都选取了出行队伍始发的情节。王坟梁1号墓墓道北壁出行图的出行队伍人物多，描绘细致。其基本构成也是：1. 前导，

---

[1] 项春松：《辽代壁画选》，上海人民美术出版社，1984年。
[2] 张家口市宣化区文物保管所：《河北省宣化下八里辽韩师训墓》，《文物》1992年第6期。

图四　解放营子辽墓木椁壁画中的车

这部分壁画靠近墓道口，壁画部分脱落，但仍然可以看出有步行的契丹人和骆驼，已开始迈步出发；2. 仪仗，位于前导之后，有1人执椅、2人举伞、5名执掌旗鼓的人员（辽代称为"旗鼓拽剌"）和五旗五鼓，执椅举伞人也已开始迈步出发，身后的执掌旗鼓的人员还叉手恭敬站立，大鼓放在地上，大旗插在鼓边；3. 主人车马，位于仪仗之后，女主人在车旁对着镜子整理帽子，准备上车，男主人站在鞍马的后面，向留在家中的人做最后的叮嘱；4. 护卫侍从，女主人面前有一个侍女为主人擎着镜子，两个契丹男侍正在牵拉倔强的小鹿入车辕套车，1名执杖的男护卫过来帮忙。男主人的身旁有擎笔砚、擎帽冠、拿刀、牵马等护卫侍从。可见王坟梁1号墓墓道北壁出行图与《舍石金岩画》中出行图的构成基本相同。

辽宁省法库县辽萧义墓墓道壁画的出行图较简略。出行队伍的前部是两个并列的骑士组成的前导，骑士的腰带上还挂着骨朵（小圆头细长柄的兵器），骑士后是举伞的仪仗，再后是主人的车子，在车子的两侧各有一个骑士护卫，在车子的后面有一个步行的男侍[1]。辽萧义墓墓道壁画出行图的构成也与《舍石金岩画》中出行图的构成基本相同。虽然萧义墓在墓道的出行图仪仗中没有大旗，但是在与墓道相连接的天井的壁画中有5面大鼓和大旗的残角（由于壁画有脱落，只剩旗角和飘带），据林沄先生考证属于五旗五鼓仪仗[2]。旗鼓仪仗是辽代重要的权力仪仗，皇帝是十二旗十二鼓，太子梁王是六旗六鼓，萧义是北宰相、陈国公，设五旗五鼓。一般的贵族和官员是不能设旗鼓的，但可以设大旗仪

---

[1] 温丽和：《辽宁法库县叶茂台辽萧义墓》，《考古》1989年第4期。
[2] 林沄：《辽墓壁画研究两则》，载《青果集——吉林大学考古专业成立二十周年考古论文集》，知识出版社，1993年。

仗。如在翁牛特旗解放营子发掘的辽墓，在鞍马图和驼车图之前各绘有2人，每人举一面大旗，两图合观属于四旗仪仗。《舍石金岩画》中的这幅出行图有两面大旗仪仗，没有鼓，与解放营子辽墓壁画只有大旗仪仗相同，但等级较后者为低。

在《舍石金岩画》中还发现了两个面具岩画，奥克拉德尼科夫把它们归入骨利干人作品中。这两个面具岩画与新石器时代和青铜器时代流行的鬼脸式的面具岩画不同，没有奇特而神秘的各种花纹（图五），与辽代契丹墓葬常见的金属面具极为类似。这两个面具岩画也可能是受辽代契丹文化影响的作品。

图五 《舍石金岩画》中的面具

贝加尔湖位于辽代上京道的西北，距离辽上京城（今巴林左旗林东镇）约2 600里。辽代实行"分俗而治"的统治政策，设置了许多属部和属国。在西北设置的属国中有羽厥里。羽厥里在《辽史·部族表》中写作于厥里，在《辽史·百官志》中写作于厥里、于厥，在《辽史·地理志》中写作羽厥，在《耶律延宁墓志》[1]中写作羽厥里，在胡峤《陷虏记》中写作妪厥律。羽厥里、于厥里、妪厥律、于厥、羽厥皆为汉语译文之同音异写。关于羽厥里的地望线索，史书有下面一些记载。

《辽史·地理志》"上京道"条下的边防城有镇州、河董城、静边城、皮被河城。

> 镇州，建安军，节度。本古可敦城。统和二十二年皇太妃奏置。选诸部族二万余骑充屯军，专捍御室韦、羽厥等国，凡有征讨，不得抽移。……东南至上京三千余里。
>
> ……
>
> 河董城，本回鹘可敦城，语讹为河董城。……东南至上京一千七百里。
>
> 静边城，本契丹二十部族水草地。北邻羽厥，每入为盗，建城，置兵千余骑防之。东南至上京一千五百里。
>
> 皮被河城，地控北边，置兵五百于此防托（托，校注应为戍）。皮被河出回纥北，东南经羽厥，入胪朐河，沿河董城北，东流合沱漉河，入于海。南至上京一千五百里。

---

[1] 辽宁省博物馆文物工作队：《辽代耶律延宁墓发掘简报》，《文物》1980年第7期。

从《辽史·地理志》的记述可以确定羽厥里部分布在贝加尔湖一带。因为,据静边城、皮被河城、河董城的所在方位和距离上京的里程可推测它们分布在科鲁伦河附近;而镇州较远,分布在向西北更远的地方。说明羽厥里分布在科鲁伦河以北和西北地方,即贝加尔湖周围地区。"镇州"条中,"室韦""羽厥"并称,二者应相距不远。《耶律延宁墓志》记耶律延宁任羽厥里节度使,他"威极北之疆境,押泪掠之失围"。押,看管;失围,室韦的异写。耶律延宁任羽厥里节度使,又能看管失围,也证明了羽厥里与室韦在地域上相邻。室韦的地望在外贝加尔和黑龙江上、中游一带。羽厥里也应在外贝加尔之西的贝加尔湖周围地区。

《新五代史·四夷附录》所录胡峤《陷虏记》中说:"(契丹)西则突厥、回纥。西北至妪厥律,其人长大髡头,酋长全其发,盛以紫囊。地苦寒,水出大鱼,契丹仰食。又多黑、白、黄貂鼠皮,北方诸国皆仰足。其人最勇,邻国不敢侵。又其西,辖戛。"

"妪厥律"是羽厥里的同音异写。它的南方和西南方与突厥和回纥相邻,西方与辖戛相邻。辖戛即辖嘎斯,《辽史·百官志》"北面属国官"条有"辖戛斯国王府"。辖嘎斯分布在叶尼塞河上游,今俄罗斯的哈卡斯共和国与克拉斯诺亚尔斯克边疆区南部及周围地带,以此相推妪厥律也应在贝加尔湖周围地区。贝加尔湖是亚洲腹地最大的湖,宽80公里,长630公里,面积广大,而且又是世界最深的湖,因水大而产大鱼,今天仍经常捕捞到体长4米以上的大鱼。这与妪厥律"地苦寒,水出大鱼"的特征相符。

《辽史·太宗纪》载耶律德光为天下兵马大元帅,"从太祖破于厥里诸部"。羽厥里在辽初太祖时期被契丹征服后,经常向契丹进贡。《辽史·部族表》载太宗天显十一年(936年)"于厥里来贡",会同四年(941年)"于厥里来贡",会同五年(942年)"于厥里来贡",圣宗统和六年(988年)"诏,乌隗、于厥部却贡貂鼠、青鼠皮,止以马牛入贡"。

《辽史·百官志》"北面属国官"条有"于厥国王府","于厥里部族大王府。太宗会同三年,赐旗鼓"。说明辽朝在羽厥里设置了属国的管理机构,并于940年特赐给羽厥里首领重要的权力仪仗"旗鼓"。辽宁出土的《耶律延宁墓志》记载耶律延宁是皇亲,对皇帝特别忠心。景宗死时,愿随景宗死,而被辽圣宗封为"保义奉节功臣、羽厥里节度使",他携夫人赴任,"以统和三年十二月三十日于羽厥里疟疾而薨,年三十九。圣上轸恸,即以令归[本]国。去统和四年十一月十八日,葬于白崖山之礼也"。在他出任羽厥里节度使期间,"公威极北之疆境,押泪掠之失围。闻见归降,例皆森耸,妖讹扫尽,荡灭凶顽,路不拾遗,安人得众"。墓志对耶律延宁的政绩有夸张成分,但反映他在羽厥里进行了富有成效的管理工作是真实的。《辽史·兴宗纪》景福元年(1031年)秋七月"以耶律郑留为于厥、迪烈都详稳"。重熙十五年(1046年)刻的《秦晋国大长公主墓志》记载:"大长公主孙三人:长曰永,娶宋王次子于骨、迪烈桑格麦之女耶律氏。"陈述先生认为,于骨即是于厥、于骨里、羽厥里,桑格麦即是都详稳[1]。那么,辽国的宋王次子也出任了羽厥里的都详稳。这些记载说明了辽朝与羽厥里不仅维持长期的朝贡关系,而且还在羽厥里设置了多层管理机构,由皇亲贵族出任节度使、都详稳等要职。这些契丹人在羽厥里开展了富有成效的管理工作。所以,契丹文化自然也就能传入羽厥里。

综合以上考古与文献资料的分析,我们认为勒拿河上源的舍石金发现的带明显契丹文化影响的岩画,可能就是辽代羽厥里的遗存。

(原载《北方文物》2002年第1期)

---

[1] 陈述辑:《全辽文·秦晋国大长公主墓志铭》,中华书局,1982年,第125、126页按语。

辽墓启门图之探讨

启门图是宋元时代墓葬中常见的壁画内容。宋墓、金墓和元墓中发现的启门图多简单潦草，辽墓中的启门图绘制精美细致，为探寻启门图的作用提供了宝贵资料。笔者现就辽墓中的启门图进行初步整理，探讨启门图在墓葬装饰中的作用、反映的历史意义，以求教于师友。

一、启门图的类型

辽墓所见启门图若以启门人划分有以下三类：

A类，女子启门图，又分为进门图和出门图两种。

第一种，女子进门图。

例1，辽宁法库叶茂台7号墓石棺，棺外壁雕四神。在石棺前和内侧也雕绘有图案，分上下两部分。下部分中间雕有双扇门，右扇门小开，一妇人半露，脚未跨过门槛，为启门欲进门之状[1]。

例2，河北宣化韩师训墓后室北壁影作朱红双扇门，右扇门小开，一妇人半露，脚未跨过门槛，为启门欲进门之状[2]。

例3，宣化张恭诱墓东南壁备经图的后部，影作朱红双扇门，右扇大开，一女子双手端一白色托盘，盘内放着2个瓷茶盏，右脚已经踏入门内[3]。

例4，山西大同市郊区卧虎湾4号墓东壁宴饮图南端，一门半开，一女子开门而入，头

---

[1] 王秋华：《惊世叶茂台》，百花文艺出版社，2002年，第107页，图四十四。
[2] 河北省文物研究所：《宣化辽墓壁画》，文物出版社，2001年，图103。
[3] 河北省文物研究所：《宣化辽墓壁画》，文物出版社，2001年，图82。

以下部分脱落[1](图二,2)。

第二种,女子出门图。

例5,山西大同市郊区卧虎湾6号墓东壁生活图中有一女子半启门而出[2]。

例6,宣化张文藻墓后室西壁,在女子挑灯图之后影作朱红双扇门,一女子正在开锁启门,迈步欲出门进入另一室[3](图一,4)。

例7,宣化6号墓后室西壁影作朱红双扇门,一女子推门欲出[4]。相对的东壁绘一双扇

图一 宣化辽墓壁画启门图

1. 张世卿墓后室东壁南端　2. 张世卿墓后室西壁南端　3. 张世古墓后室东南壁　4. 张文藻墓后室西壁

[1] 大同市文物陈列馆:《山西大同卧虎湾四座辽代壁画墓》,《考古》1963年第8期,图版五,3。
[2] 大同市文物陈列馆:《山西大同卧虎湾四座辽代壁画墓》,《考古》1963年第8期,图版五,4。
[3] 河北省文物研究所:《宣化辽墓壁画》,文物出版社,2001年,图31、32。
[4] 河北省文物研究所:《宣化辽墓壁画》,文物出版社,2001年,图47。

门,右扇微开,上部残掉,但是下部仍保留一女子的一只腿脚,腿脚从门缝中探入门内,该图为女子进门图。

例8,宣化张世卿墓后室西壁南端影作双扇凤门,一女子捧物开门而出[1](图一,2)。

B类,男子启门图。

例9,宣化张世卿墓后室东壁南端,影作双扇凤门,左扇门半开,一男子双手捧盒迈步跨门而入[2](图一,1)。

例10,山西大同卧虎湾4号墓西壁宴饮图南端,一门大开,门帘分拢于左右,一男子头顶托盘,跨门而入[3](图二,1)。

C类,双女启门图。

例11,张世古墓后室东南壁备酒图,一男侍站在高桌旁提酒注倒酒,另一男侍托酒盏接酒。酒桌之后绘朱门一半,门扉大开,门内外各一女子,作躬身托物之状,因壁面残破,托物不明,似正在门口处相互传递物品[4](图一,3)。

二、所启何门

辽墓启门图中的门是多样的,归纳起来大致可以分为两种。

第一种门是位于墓室正壁中部的门,门左右往往站着门卫,门卫面向门而立。这种门应该是主人处理事物的厅堂或主人寝室之门。

如例2中河北宣化韩师训墓后室北壁影作朱红双扇门,门两侧各站一男门卫。1953年北京西郊发现辽墓一座,其后壁彩绘门二扇,敞开,露一床,床上似有人踞坐[5],证明了墓室后壁正中的假门是寝室之门。

例1中法库叶茂台7号墓石棺前和正中,雕刻双扇门,门两侧各站立一男门卫。此门应该是象征墓主人的寝室。

第二种是位于左右侧壁的门,从相关壁画分析,是酒房、读经房、茶房、厨房之类的门,这类门从不设门卫。

例9中张世卿墓后室东壁南端的男子启门图位于备经图之后(图一,1),细审两图内

---

[1] 河北省文物研究所:《宣化辽墓壁画》,文物出版社,2001年,图66。
[2] 河北省文物研究所:《宣化辽墓壁画》,文物出版社,2001年,图62、63。
[3] 大同市文物陈列馆:《山西大同卧虎湾四座辽代壁画墓》,《考古》1963年第8期,图版五,5、6。
[4] 河北省文物研究所:《宣化辽墓壁画》,文物出版社,2001年,图78。
[5] 周耿:《介绍北京市的出土文物展览》,《文物参考资料》1954年第8期。

图二　大同卧虎湾4号墓启门图
1. 西壁宴饮图南端的男子启门　2. 东壁宴饮图南端的女子启门

容细节，不难发现二者存在着密切联系。备经图以高桌为中心，桌上放着黄色盝顶佛经盒、《金刚般若经》《常清净经》、五足宽沿白色香炉、黑漆托白色茶盏。一男侍正把1件盘口白瓷瓶放在桌上。参考张恭诱墓东南壁备经图，这个白瓷瓶应该是插鲜花的花瓶。男侍背后有影作假窗，与窗并列的门，应该是读经房的门。推门而入的男侍手捧之盒也是黄色盝顶盒，形状与高桌上的佛经盒一模一样，所以也是装佛经的函盒。若二者作为一幅图欣赏，则可以悟出：为了主人诵佛经，两个男侍已经把经盒放在诵经书桌上，从经盒中拿出佛经，把敬佛的香炉和鲜花、润喉的茗茶摆好，勤奋虔诚的主人每次要诵念很多佛经，一函佛经不够诵读，所以另一个男侍又捧着一函佛经进门。依此观之，此门是读经房之门。

张世卿墓后室西壁与上图对称分布的是备茶图和女子出门图（即例8，图一，2）。参考东壁壁图的分析，备茶与女子出门可视为一幅图，女子所启之门应该是茶房之门。

例3中张恭诱墓东南壁备经图，图前部和中部是一高桌，桌上摆着佛经盒、香炉、花瓶，桌旁站立2男侍，1人侍擎巾，1人捧唾盂，等待主人吟诵经文。吟诵经文时需饮茶润喉，所以，备茶是主人诵经时必不可少的服侍内容。后部女子开门端茶而入，表示主人即将诵经。桌上的黄色佛经函盒为画面中心，表示出主人欲诵读的佛经书不止一册。精致的莲花造型的银香炉和瓷瓶内插着鲜花，体现了主人对佛的虔诚。侍者为主人准备好擦汗的手巾、盛接唾痰的唾壶、润喉的香茶，暗示出主人不辞辛苦，将要长时间诵经。从画面透视层次观察，桌子遮挡着男侍，男侍遮挡着门，女子跨门，前后层次分明，增加了空间感。综合以上分析，此门是"颂经图"的一部分，是读经房之门。

例11中张世古墓后室东南壁的备酒图与西南壁的备茶图相对称呼应，图中的朱门被酒桌遮挡，门的底部高于墓室墙壁底，并被影作红色立柱遮挡，所以，是备酒图的一部分，妇女所启之门是酒房之门（图一，3）。

例6宣化张文藻墓后室西壁假门，例7宣化6号墓后室西壁和东壁之影作假门，都是上顶梁枋，下接地，位于后壁主门两侧，属于主体建筑次间之门，或左右厢房之门。张文藻墓后室西壁门有锁，女子弯身开锁，似乎这个房子的门经常锁着，果如此，则可能是库房。而6号墓由于女子手部剥落，不知道是否手上持物，该门所在室的功能难以判断。

例10卧虎湾4号墓宴饮图南端之启门男子，头顶托盘，盘中物品以布蒙盖，盘中放的物品应该是宴桌上用的饭菜，其门可能是厨房之门（图二，1）。

三、启门含义

启门图是宋、辽、金、元墓葬中常见的壁画内容，关于妇人启门图的含义众说纷纭。

最先探讨启门图者是宿白先生，他在1957年出版的《白沙宋墓》中曾经对"妇人启门图"进行过精深考释，认为"按此种装饰就其所处位置观察，疑其取意在于表示假门之后尚有庭院或房屋、厅堂，亦即表示墓室至此并未到尽头之意"。并指出妇人倚门是宋元词曲中极为流行的优美动人的情节，同时绘画中也见妇人开门弃物的题材[1]。

1992年《中国文物报》发表了梁白泉先生《墓饰"妇人启门"含义揣测》一文，使人们对这个沉寂近40年的话题又产生了浓厚兴趣。他认为妇人启门题材流行广泛，似反映了一个故事。从故事画认识基点出发，"曾一度努力在一些儒、道、释的典籍中寻找出处，可惜毫无所获"。猜测有二点可能："（一）它也许反映了世俗人们对神仙道术的追求。""（二）它也许反映了死者对墓地安全的考虑，属于民俗信仰观念的表现。"[2]

1993《中国文物报》又发表刘毅先生《妇人启门管见》文章，认为妇人启门图是墓主人生前"豪华生活写真"。从富豪娶妻买妾，妾地位低下思路思考，提出的结论是："'妇人启门'而入也正是反映了别葬的妾希望灵魂无所不至，来到丈夫的归宿地。"[3]

2001年郑绍宗先生在《宣化辽墓壁画综述》中认为宣化辽墓妇人启门之女子有两种，一种是侍女之属，为仆役；一种是姬妾之属，为婢妾[4]。

2002年王秋华在《惊世叶茂台》书中论述叶茂台7号墓石棺的妇人启门图时说："其

---
[1] 宿白：《白沙宋墓》，文物出版社，1957年，注75。
[2] 梁白泉：《墓饰"妇人启门"含义揣测》，《中国文物报》1992年11月8日第3版。
[3] 刘毅：《妇人启门管见》，《中国文物报》1993年5月16日第3版。
[4] 河北省文物研究所：《宣化辽墓壁画》，文物出版社，2001年，第19页。

妇人的身份应该是内宅中的内侍，内侍启门是在迎接主人的归来，而主人的居所，已经不是人世间的宅院，应该是阴宅了。在阴宅宅门两侧，不仅有侍卫保护，同时还有伎乐祈福、飞天接引。因此，墓中的绘画雕刻，不论是四神图像还是妇人启门、飞天、伎乐、侍卫都有一个共同的目的，即保卫、护送、接引墓主人升入天堂。"[1]

这些讨论无疑深化了对启门题材壁画的认识。要弄清启门图含义，首先应分析启门图的性质。从发表的大量墓葬壁画分析，启门图不是故事图，在文献中找不到启门故事的线索，亦证明了这一点。启门图不是镇墓神怪画，辽墓壁画中的镇墓神怪画与传世手卷之唐宋神怪画风格相似，形象夸张而怪异。如韩师训墓门神画成高大雄武、丝绦飘荡、怒目圆瞠的将军样[2]，张文藻墓五鬼图画成骨瘦如柴之丑恶状[3]。启门图人物形象完全写实，从风格看应该是现实生活画，即取材现实生活的一个场景细节，以此象征主人在阴间仍能享受阳世一样的美好生活。辽墓室壁画中的门是墓主人阴宅建筑的组成部分，每个门代表特定的一个房间或院落。

启门人的身份是关系到启门图含义的关键。启门人为妾的说法现在还没有任何直接证据。其依据的间接证据是妻妾的地位不同，买来的妾地位和奴婢相同，死后也不能与夫合葬。果如此，既然妾的地位如此低下，那么在丈夫墓葬装饰上，就不会重视婢妾的感情和希望，也就不能为她们专门设计妇人启门图，以供其与丈夫相会。叶茂台7号墓的石棺内仅葬1人，经性别鉴定为一老妇，门缝的拱手侍立的妇女肯定不会是妾，更谈不上是别葬妾来到丈夫归宿地。B类男子启门、C类多人启门以及A类中女子出门都与此说不合。即使壁画中的奴婢中有妾，现在还没有可靠的依据能把妾从奴婢中区分出来。

笔者认为启门只是利用侍婢出入门表现居宅和家内生活的一种艺术手法，并没有固定统一的含义。辽墓室壁画中的门是墓主人阴宅建筑的组成部分，每个门代表特定的一个房间或院落。从设计意图角度分析，在主人的宅院房门内增加侍婢启门出入细节，意在表现家内生活的"活气"，家的兴旺。从艺术角度分析，墓葬壁画受到空间狭小的限制，建筑和生活图集于一壁，但各为一体。在门图上增加侍婢启门，令静止的建筑增加了生气，变静为动；使人物活动有了场景依托，并促使人联想到门外的事物，给人留下想象的空间，如这个人从何而来？进门要到哪去？门后是房子还是院落？启门图把建筑与生活场景相结合，融为一体，增加了艺术表现力和感染力。宣化6号墓墓室有2幅女子启门图，左图进门，右图出门，相互呼应，左右对称，又不雷同，更为巧妙。启门之人，因场景需要而

---

[1] 王秋华：《惊世叶茂台》，百花文艺出版社，2002年。
[2] 河北省文物研究所：《宣化辽墓壁画》，文物出版社，2001年，图90、91。
[3] 河北省文物研究所：《宣化辽墓壁画》，文物出版社，2001年，图24。

设：既可以是女子，也可以是男子；既可以入门，也可以出门；既可以是端茶人，也可以是送经人；既可以袖手侍立，作等待主人吩咐之状，也可以头顶托盘，呈跨步直奔宴桌之态。

四、辽墓启门图的历史意义

启门图在墓葬中兴起是在五代时期，北宋时期启门图已经成为北方雕砖壁画墓的主要内容之一。

辽墓启门图的墓葬都是辽晚期的，宣化墓葬下葬的年代在辽道宗大安九年（1093年）到天祚帝天庆六年（1116年），大同卧虎湾4号、6号墓年代在辽末。辽关南汉人墓葬的启门图流行显然是北宋墓葬雕砖壁画风俗北传的结果。虽然宣化等墓葬启门图丰富，但是只见于壁画，没有砖雕作品，又体现了与宋不同的特色。

辽墓壁画对启门艺术形式的运用是灵活多样的，没有墨守成规。C类双女启门是辽朝画师大胆的尝试。左右对称配置启门图，也是辽代壁画的特色。A类女子启门与B类男子启门对称配置，左右对比观赏，或男进女出（张世卿墓后室），或左女进右男入（卧虎湾4号墓），增强了艺术感染力。A类的组合使用（宣化6号墓墓室），左壁女子进门，右壁女子出门，给人以联想连环动作的效果。这些，对以后的金元北方壁画启门艺术手法发展影响深远。

辽汉人墓启门图集中发现在河北宣化、山西大同附近。这些墓葬属于关南汉人墓葬，表现出很强的区域性，从中可以窥视出辽代晚期关南汉人与关外汉人在文化方面存在着明显差别。有辽一代虽然实行分俗而治的政策，但是区域文化发展导致即便同为汉人，南北风俗也有别。

值得注意的是，目前契丹墓墓室壁画中还没有发现启门图，其原因可能是辽契丹贵族实行多室墓，1个墓室象征1间房子，没有必要绘制雕刻假门。启门图是仿木构建筑的一部分，没有假门，也就没有设计启门之必要。但是把启门图移到棺上，则为契丹人之新创。法库叶茂台墓地是契丹贵族萧氏的墓地，15号墓墓主人是北府宰相萧义。7号墓出土了马具、鸡冠壶、高翅帽等契丹特色的遗物，石棺内的老妇人也应是契丹人。7号墓石棺之前和的启门图是契丹墓中仅见的启门图。石棺两扇门中间一妇人半露。妇人穿交领长袍，梳高髻，拱手而立，其意在于随时听从主人吩咐，侍奉主人的写照。门扇两侧各立一男侍，是在保护主人家宅的安全。男侍两边有执笛、拍板、排箫的女乐工在演奏。上部图案正中雕一正面展翅朱雀立像，朱雀立于莲台之上，莲台周围布满祥云。朱雀两侧各有一飞天，飘然而来，表示主人离开人间后进入了美好的天堂。这些内容都是汉文化的具体表现,反映了叶茂台7号墓主人是倾慕汉文化的契丹贵妇。说明辽契丹人把棺视为主人寝居之室。棺之前和设双扇门,其代表的寝居之室是定居的房屋。从中可以看出两点:一者,主人生前已经有定居的府宅;二者,主人去世后最后归宿的理想寝居之所不是传统的国俗毡帐,而是汉俗的定居房屋。契丹上层汉化之深,于此可见一斑。

(原载《北方文物》2005第4期)

耶律羽之墓彩绘乐舞人物艺术形象的探讨

耶律羽之墓是1992年十大考古发现之一,该墓由墓道、墓门甬道、东西耳室、主室等组成,全长30余米。主室呈方形,穹隆顶,四壁及顶部采用绿色琉璃砖砌筑。墓室内的两个棺床亦用琉璃砖砌成,分设在主室北壁和东壁之下,已被盗墓者毁掉。原棺床上有柏木小帐,因被盗破坏。在柏木小帐的正壁有彩绘10人的乐队,"各持乐器,吹、弹、拨、击,腾跃起舞,彩带飘逸"。1996年《文物》发表的简报认为:"小帐彩绘乐队别具一格,乐师发型特殊,服饰奇异,与唐、五代、契丹人物迥然有别。耶律羽之自东丹国始,秉政十七年,因此其墓中奇特的彩绘乐舞人物极有可能是渤海乐队的形象。"[1]邵国田先生根据简报仅有的一幅拍击答腊鼓的彩色图片,在2001年发表《耶律羽之墓小帐壁画"伎乐图考"》(以下简称《"伎乐图考"》)中,论定乐师为西域胡人,对胡乐和答腊鼓进行了考释[2]。2004年盖之庸《探寻逝去的王朝——辽耶律羽之墓》书中刊出彩色图片,介绍时称为胡乐[3]。2006年沈阳音乐学院的巴景侃教授发表《辽代乐舞》专著,是目前关于辽代乐舞图像最全的著作,对辽代的乐舞进行深刻系统总结。该书中也刊登了辽耶律羽之墓的乐队人物7幅彩色照片,每幅1人,分别是弹箜篌、弹琵琶、吹笙篥、杖击鼓、拍击鼓、吹排箫人、弹筝人,图幅大,是目前最清楚的图像。书中沿用简报观点,认为乐师为渤海遗民,在诸国乐部分把他们作为渤海乐做了详细介绍和分析[4]。上述的《简报》和文章对耶律羽之墓彩绘乐舞人物的族属有不同观点,且对具体艺术形象细节的辨识也存在一些误读,有再探讨之必要,本文有不对之处,敬请方家指教。

耶律羽之墓的乐队人物都留有胡须,口上的八字形胡须特别醒目,胡须呈弧线形向外飞扬(图一;彩版一、彩版二),我们暂时把这种形式的胡须称为"燕尾式八字胡"。

---

[1] 内蒙古文物考古研究所、赤峰市博物馆、阿鲁科尔沁旗文物管理所:《辽耶律羽之墓发掘简报》,《文物》1996年第1期,第4~32页。
[2] 邵国田:《辽耶律羽之墓小帐壁画"伎乐图考"》,载《中国古都学会2001年年会暨赤峰辽王朝故都历史文化研讨会论文集》,国际华文出版社,2001年,第309~318页。
[3] 盖之庸:《探寻逝去的王朝——辽耶律羽之墓》,内蒙古大学出版社,2004年。
[4] 巴景侃:《辽代乐舞》,万卷出版公司,2006年,第64~67页。

图一　耶律羽之墓乐舞人物形象

1. 弹箜篌人（笔者依照片描绘）　2. 拍击答腊鼓人（笔者依照片描绘）　3. 拍击答腊鼓人（《"伎乐图考"》描绘的线图）

渤海人的形象资料在考古中也有发现,在吉林省和龙的渤海中京城(西古城)附近的贞孝公主墓内发现了人物壁画12个,都是男子像,属于侍卫人员,形象与一般唐墓的汉人装束相似,这些人没有留胡须[1](图二,2、3)。在同一墓地的M10发现一批三彩俑,其中有1件男俑,也没有胡须。简报认为人物俑风格与唐三彩类似,但也存在细微差别,不能确定是唐三彩[2],言外之意可能是渤海三彩。在渤海上京宫城出土的陶砚台上刻画的人像头戴垂脚幞头,应该是男子像,也没有胡须[3](图二,1)。似乎渤海青年男子有不蓄胡须的风尚。

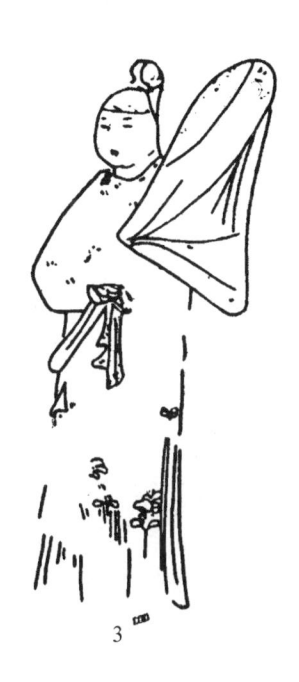

图二　渤海男子形象

1. 渤海上京城出土砚台上的渤海人形象　2、3. 贞孝公主墓西壁壁画男子

在张家口市宣化区的下八里村的辽墓壁画[4]上却找到了燕尾式八字胡的资料,张氏家族墓地壁画中的门卫有三种形象:一是契丹人门卫,如张文藻墓后室拱门两侧的门卫是髡发人;二是汉人门卫,如张世卿墓前室门的西侧门卫(图三,3);三是胡人门卫,如张匡正墓后室拱门两侧的门卫(图三,2)、张世本墓墓室南壁的两侧门卫、M6前后室之间的

---

[1] 魏存成:《渤海考古》,文物出版社,2008年,第257页,图一七九。
[2] 吉林省文物考古研究所、延边朝鲜族自治州文物管理委员会办公室:《吉林和龙市龙海渤海王室墓葬发掘简报》,《考古》2009年第6期。
[3] 魏存成:《渤海考古》,文物出版社,2008年,第102页,图六七。
[4] 河北省文物研究所:《宣化辽墓壁画》,文物出版社,2001年。

甬道两侧门卫。胡人门卫虽然看不出高鼻深目的特点，但是穿着打扮与汉人明显有别。如蓄留燕尾式八字胡，两腕佩带手镯，圆领衫无左袖，对汉人审美观而言简直是怪异。不仅如此，因为夏天炎热而把长衫下部卷起挽在腰间，没有穿裤子，也没有裤头，只穿前后片的短裙，两侧裙缝露出股肉，很不雅观。而张世本墓的两个胡人门卫，裙片开缝很宽阔，臀部之肉都裸露出来，实在有伤风俗。同墓地壁画中的汉人门卫形象则是头戴黑色幞头或巾，小八字胡须，胡须两绺斜下垂，不戴手镯，穿长衫、长裤，衣着整齐。张世卿墓前室门的两侧门卫也是表示夏天值班的情景，只是把袖子挽起，把长衫的前片卷掖到腰带处，露出白色长裤（图三，3）。门卫站在门边值班，家内人员出出入入，对汉人而言，必须恪守封建礼法习俗，有所谓饿死事小，失节事大，袒胸露背都视为不合礼俗，怎敢露股露臀。而胡人礼无法度，以方便舒适为原则，炎热天气可以穿长衫缺一个袖，下部卷起，穿着随便，露股露臀也无羞涩之情。故发掘者认定他们属于胡人是正确的。通览辽墓壁画风格，画师对生活细节观察入微，且本实而绘，一须一发都能体现民族特征，这是辽代壁画写实风格的体现。耶律羽之墓乐舞人物的燕尾式八字胡是胡人的标志，非渤海人的形象。

图三　辽墓壁画中胡人与汉人形象

1. 宝山辽墓的络腮胡须的胡人侍者　2. 宣化张匡正墓的燕尾式胡须的胡人门卫　3. 宣化张世卿墓前室门西侧汉人门卫

耶律羽之墓的每个乐舞人物在腰前和腰后都拖着一条长长的曳地的宽飘带，上端从腰带内伸出，向下垂，落地，带头圆形，向上卷起，为漂浮之态，以显跳跃舞动之姿。吹排箫人的宽带还十分清晰，前部的宽带下垂，把右靴靴后跟挡住，圆头翘起，后部的宽飘带向后甩摆，圆头翘起。弹筝篌人的下部画面略有斑驳，使得画面不太清晰，但也能看出是前飘带卷绕右腿靴子里侧，是在表现跨步跳跃时带子卷入腿内的情节（图一）。类似的饰物也见于辽塔浮雕上的胡人乐舞图[1]。如天津蓟县独乐寺白塔浮雕乐舞人物，该塔于辽圣宗统和年间修建，道宗清宁四年（1058年）重建。独乐寺塔的基座壶门浮雕中，有一个是舞蹈人，头戴尖顶帽，络腮胡须，腕戴手镯，左手叉腰，右手上扬挥巾，腰下前部的飘带也是穿绕右腿，带头落地后上卷，左脚旁是身后的宽飘带，飘带头落地后上卷（图四，1），与耶律羽之墓弹筝篌人的前飘带绕右足的舞步姿势相同。独乐寺塔拍鼓人的腰下身前身后也有宽飘带饰（图四，2），其头戴圆顶卷沿帽，络腮胡须，腕戴手镯，与舞蹈人都是西域胡人的形

1　　　　　　　　　　　　2

图四　独乐寺浮雕乐舞人物

1. 舞蹈人　2. 拍鼓人

---

[1] 巴景侃：《辽代乐舞》，万卷出版公司，2006年，第69～71页。

象。此像飘带的端头为花状，上部有短衣的衣襟相掩，可以确知是单独的饰物。这种形象在庆州白塔上的浮雕也有出现，其乐舞人物也头戴尖顶帽，腰下前部的飘带在两腿间晃动，飘带头落地后上卷，两侧还有向后飘摆的蹀躞带（图五）。辽墓壁画中的汉人和契丹人从未发现过这样的装饰品。此飘带长而拖地，加之身前飘带容易缠足绊脚，不会是日常服装所用饰品，我们推测可能是西域胡人舞蹈服的装饰品。此人双手拍击鼓面，右脚勾起，作踏舞之状。在辽墓壁画中，汉人乐舞图和契丹的乐舞图中的奏乐者都只是奏乐，而不是边奏乐边舞蹈。如宣化韩师训墓的契丹乐舞图，一髡发契丹人跳舞，一老者站在其身边弹奏长柄方形琴鼓的乐器[1]，梅鹏云考证是三弦，是目前所见最早的、年代确凿的三弦图像[2]。耶律羽之墓的奏乐人是边奏乐边跳舞，与独乐寺、庆州白塔上的胡人边奏乐边跳舞的风格一致。所以，可以肯定耶律羽之墓的乐舞图人物不是渤海人的形象，所奏的音乐也不是渤海乐，而是以西域胡人乐队为原型创造的艺术形象。

图五　庆州白塔浮雕乐舞人物

邵国田先生在《"伎乐图考"》得出耶律羽之墓中乐舞人是西域胡人的结论是正确的。由于《"伎乐图考"》仅能利用一幅简报中的拍击答腊鼓图，而耶律羽之墓的乐舞图是分绘在木质小帐的板子上，一些部位漫漶不清，对图像细节的认定还值得商榷，其描绘出的线图与原图相差较大（图一）。主要有三点：

1. 认为"乐伎蓄八字形上唇胡和络腮大胡须，细密而略弯曲"，并认为络腮大胡须是西域胡人的"虬髯"。《辽代乐舞》在描述乐舞人特点时也称"满脸络腮胡须"。细观图像

―――――――
[1]　梅鹏云：《考古出土辽代乐器定名正误》，《边疆考古研究》第8辑，科学出版社，2009年。
[2]　梅鹏云：《辽墓乐舞图像考古学观察》，吉林大学硕士学位论文，2009年。

发现他们都把衣领误认为是络腮胡须（彩版二，2），因为络腮胡须应该与鬓角相连才能形成满脸胡须，这一点可以参看宝山1号辽墓壁画中的西域胡人络腮胡须[1]（图三，1），而耶律羽之墓所有图像月牙形黑色的弯条带伸展到耳后，腮和脸都没有胡须。受络腮胡须的意识支配，在《"伎乐图考"》线图中没把下唇之下的小黑点描绘出来，实际那才是胡须。西域向来是不同种族聚集之地，文化相互融合，人种容貌类型也是多样的。宝山墓的胡人是高颅窄脸、高鼻深目、络腮胡须，带有明显的欧罗巴人种特点，耶律羽之墓的胡人容貌则与之不同，具备蒙古人种特点，与宣化张匡正墓胡人门卫属于一种类型，即蒙古人种，胡须形状以燕尾式八字胡类型为主。另外，黑弯带（衣领）有放射状浓黑笔道，所以我们认为可能是表示毛皮领。

2. 把头发上的装饰认为是珠子，认为与胡腾舞佩带的"珠帽"有联系。从几幅图片观察，并不能确定是珠子，因为形状不固定，大小不一，中间的很大，超过一般珠子的体积。《辽代乐舞》则认为是"白色小珠连成一排束在发上"，是客观的表述。

3. 《"伎乐图考"》认为简报所言"各持乐器，吹、弹、拨、击，腾跃起舞，彩带飘逸"的腾跃起舞是不对的，而是"均为坐势，并非起舞"，并根据唐制的宫廷乐队分为立部伎、坐部伎，把耶律羽之墓乐舞人物认定为坐部胡伎，进而推论上京的繁荣。究竟是腾跃起舞，还是坐着演奏？《"伎乐图考"》实际只看到简报中的一幅拍击答腊鼓图，该图的人腿部分漫漶不清，不能确定一定是坐着。而从吹排箫人（彩版一，1）、弹琵琶人（彩版一，2）、弹箜篌人（彩版一，3）看，并不是坐着，而是腾跃。从腰带悬挂的飘带飘飞，前后宽带子从上向下飘落来分析，也是身体腾跃起来后向下落才能形成。整个乐舞场面是10名乐师边奏乐边随着激烈的节拍一齐跳起，收腿，然后身体下落，彩带漂浮的一刹那情景。双腿勾缩的程度不同，有的勾腿角度比较夸张，形似坐姿。看此图使人不禁想起唐刘言史《王中丞宅夜观舞胡腾》诗句"跳身转毂宝带鸣，弄脚缤纷锦靴软"，李端的《胡腾儿》诗："胡腾身是凉州儿，肌肤如玉鼻如锥。桐布轻衫前后卷，葡萄长带一边垂。"这两首诗描写胡腾舞，也写出西域胡人的舞蹈特点，与耶律羽之墓的乐舞特点何其相符。简报作者掌握全部图并能亲自观摩原图，所得"腾跃起舞"的认识是符合实际的。

图中人物的彩带引起我们的兴趣，红色或白色，腰带、后背、脑后都有，飘带长而柔软，与胡人腰带上悬缀的蹀躞带不同。蹀躞带是在皮腰带下接短皮带，为了悬挂砺石、巾囊、刀子等，多为左右4条，其端头是方形或圆形，飘摆起来也有皮带的硬直感（图四、图五）。此墓人物的飘带都是数多而翻飞，轻盈美丽，端头为尖形，不是蹀躞带的形象。其形式与

---

[1] 内蒙古文物考古研究所、阿鲁科尔沁旗文物管理所：《内蒙古赤峰宝山辽壁画墓发掘简报》，《文物》1998年第1期，第73~95页。

萨满服背部和腰带拴系布条飘带类似。耶律羽之墓乐舞人腰带悬挂很多飘带的形象在辽代为仅见,而与现代萨满教的萨满服饰多饰以飘带类似。萨满服饰上的飘带主要是神帽飘带、肩背飘带和腰部飘带。例如蒙古族的原始信仰是萨满教,16世纪喇嘛教传入蒙古后"博"的影响力逐渐缩小。蒙古语把萨满称为"博",博的宗教神事活动称为"行博"。《活着的萨满——中国萨满教》中收录的一个博的神服是在腰带上披挂很多布条,在做鼓技舞蹈时条带随身旋转飘起[1](图六,1)。黑龙江的赫哲族萨满神裙也是系挂很多条带,萨满讲述:在初领神时有36条,前后各18条,用皮和棉布制作,还缀挂3～7个铃铛。老萨满的神裙前幅有布带20条,皮带4条,后幅有布带22条,皮带4条。还要缀挂铃铛9个,小铜镜5面[2]。锡伯族的萨满服装中腰带悬挂很多彩带条,萨满在击神鼓跳神舞时,彩带随之飘动。1985年拍摄的锡伯族庆祝丰收的祭神活动中的萨满,就是穿着腰带悬挂彩带的神服[3](图六,2)。飘带代表精灵,萨满做法跳动时飞动如风,渲染仙神来往打斗降魔的神秘气氛。无论是渤海,还是契丹,其民族的原始宗教都是萨满教,经常有萨满跳神,墓中的乐舞图的设计意图正是要表现墓主人进入仙境。从北朝和唐代的考古资料中,经常有西

1　　　　　　　　　　　　　2

图六　萨满祭祀时的飘带

1. 蒙古族的博　2. 锡伯族的萨满

---

〔1〕 郭淑云、王宏刚:《活着的萨满——中国萨满教》,辽宁人民出版社,2001年,第24页。
〔2〕 黄任远:《赫哲那乃阿伊努原始宗教研究》,黑龙江人民出版社,2003年,第214页。
〔3〕 黄任远:《赫哲那乃阿伊努原始宗教研究》,黑龙江人民出版社,2003年,第81页。

域胡人乐舞披挂一条长长的披帛,即《胡腾儿》诗中"葡萄长带",披帛随着腾跃舞动而翻飞。耶律羽之墓乐舞人物图没有使用传统的披帛和蹀躞带,而是画出很多条彩带,形成飞翔缥缈、如神如仙的神秘之感。因此笔者认为,这有可能是在披帛、蹀躞带的基础上,吸收萨满跳神使用多条长飘带的做法,创造出来的仙人伎乐图像。

(原载《边疆考古研究》第10辑,科学出版社,2011年)

俄罗斯滨海边区赛加古城出土金代权衡器考

赛加古城位于苏联滨海边区游击队区，坐落在锡霍特—阿林山脉南脉的一座小山上，山之西南是游击队河（即苏城沟）河谷。该城是1891年苏联矿山工程师伊万诺夫发现的。从1963年起，苏联考古工作者开始对赛加城进行大规模发掘，发现了大量的房址、手工业作坊、宫殿式建筑、街道网、城门和众多的遗物。根据出土遗物和城的构造形式，赛加城的年代被认定在12世纪末～13世纪前三分之一[1]，即金代中后期。最近，赛加城发掘的主要参加者沙弗库诺夫撰写了《12～13世纪女真—乌底改文化和远东通古斯民族的起源问题》一书[2]。该书公布了赛加城发现的大量遗物和遗迹。其中十分引人注目的是金代权衡器，其种类有秤杆、秤钩、秤盘和权（图一）。迄今为止，我国境内见诸报道的金代权衡器有4件：北京复兴门外出土1件大定十五年（1175年）的铜砝码[3]，山西吉县结子沟窖藏出土1件铜砝码[4]，山东滕县县城出土1件铁权[5]，黑龙江省五常县窖藏出土1件铁权[6]。这4件均属偶然发现，像赛加城权衡器这样集中出土、种类齐全实属罕见。最早不等臂的提系杆秤实物，以前见诸报道的有2件，即收藏在中国历史博物馆的明万历戥子秤[7]。赛加城出土的5件秤杆（其中3件残）、3件秤钩、1件秤盘是目前已知的最早的衡器实物。

赛加城出土的两件完整的秤杆皆为青铜质，形制相同。重臂之上有两个用于穿提系（文献称提系为"悬毫"）的环状纽，可称之为提纽。重臂臂端之上饰以弯颈马头，重臂臂端之下有一个用于悬挂秤盘和秤钩的环状纽，可称为悬纽。从沙弗库诺夫书中的图上观察到两件秤杆的里侧有一排星准，根据每个秤杆各有两个提纽推测，其秤杆的外侧还有

---

[1] 沙弗库诺夫：《12～13世纪女真—乌底改文化和远东通古斯民族的起源问题》，莫斯科，1990年。
[2] 沙弗库诺夫：《12～13世纪女真—乌底改文化和远东通古斯民族的起源问题》，莫斯科，1990年。
[3] 《中国古代度量衡图集》，文物出版社，1981年，第160页。
[4] 吉县文物工作站：《山西吉县出土金代铜砝码》，《文物》1987年第11期。
[5] 万树瀛：《山东滕县出土金代官印和铁权》，《考古》1984年第8期。
[6] 田华：《黑龙江省五常县窖藏金代文物》，《北方文物》1989年第2期。
[7] 《中国古代度量衡图集》，文物出版社，1981年，第165页。

一排星准。图一，1，杆长17、通长18.6厘米，提纽间距为1.6厘米。图一，2，杆长22、通长23厘米，提纽间距为2.2厘米。另外3件是残断的秤杆。图一，3，青铜质，形制与前两件相同，提纽间距为2.6厘米。图一，5，青铜质，两提纽间距为3.6厘米，纽内穿有铜环。其重臂臂端的装饰物不是马头，沙弗库诺夫称之为"龙头"。图一，4是铁质，只残留马头和悬纽部分。3件秤钩，形制相若。图一，16是青铜质，柄端有环形纽，通高4厘米。图一，15是铁质，柄端弯曲成环，通高4.4厘米。图一，17是铁质，柄端弯曲成环，通高5.6厘米。秤盘1件，图一，14是青铜质，盘口直径4.1、盘高0.6厘米，盘壁有4个等距的透孔，这些孔用来穿丝绳以便把秤盘与秤杆连接在一起。8件权呈7种形状：Ⅰ，方纽（或近于方形的纽）、圆体鼓肩、有圆台形座。图一，7，青铜质，通高4.4厘米。图一，8，铁质，通高4.6厘米。金代这种形状的权也见于山东省滕县、黑龙江省五常县和滨海边区拉佐夫城[1]，其中拉佐夫城出土的铁权通高10厘米，有铭文为"泰和五年"。泰和是金章宗年号，泰和五年当为1205年。这种权是金代普遍使用的一种权形，元代仍很流行。Ⅱ，环形纽、半球形。图一，10，青铜质，纽内穿有"8"字形环，底径2厘米。此类权是宋以前最常见的，宋以后很少见到。Ⅲ，方纽，呈上细下粗的六面体形。图一，6，铁质，通高4.8厘米。这种权与元代最常见的方纽有座六面体权的座以上的部分相同，二者有亲缘关系。Ⅳ，环纽、圆柱形。图一，9，铁质，通高1.3厘米。Ⅴ，环纽、方块形。图一，12，铁质，边长2.2、厚1.2厘米。Ⅵ，算盘珠形、环纽。图一，11，青铜质，通高3厘米。Ⅶ，方纽、圆盘形，图一，13，青铜质，直径2.4、通高1厘米。后四者是罕见的特殊权形。

赛加城出土的这批权衡器，其秤杆细短，秤钩、秤盘小巧，权也很轻，故应是等子秤。

吴承洛曾经对等子秤的名称由来和用途作过考证："戥称一作戥子，亦名等子。其制作据可考者，唐有大两小两之分，唐《六典》谓'合汤药用小两'是即戥称之制作，而无其名。宋景德时，刘承珪制有一两及一钱半二称，是亦戥称之制，仍非其名。至宋元丰时，始有等子之名，李方叔《师友谈记》：'秦少游言邢和叔尝曰，文，铢两不差，非秤上秤来，乃等子上等来也。'是戥称之用，所以秤金珠药物之分厘小数者，故今谓之曰厘戥，明代曰等秤，戥之名清《会典》有其名，清末曰戥称，今仍之，但习俗上仍有戥称、戥子、厘戥之名。"[2]宋代以前的秤，可以从《宋史·律历志》中窥其一斑："太府寺旧铜式，自一钱至十斤，凡五十一，轻重无准。外府岁受黄金，必自毫厘计之。式自钱始，则伤于重。"可见景德以前的秤最小起量是1钱，从1钱到10斤，只有51个分度星准。而北宋刘承珪制作的等子秤有两件，其一钱半秤的起量为0.5钱，分量为1厘，末量是一两，与旧式秤相比已十分精密。《宋

---

[1] 沙弗库诺夫：《12～13世纪女真—乌底改文化和远东通古斯民族的起源问题》，莫斯科，1990年。
[2] 吴承洛：《中国度量衡史》，商务印书馆，1937年，第84、85页。

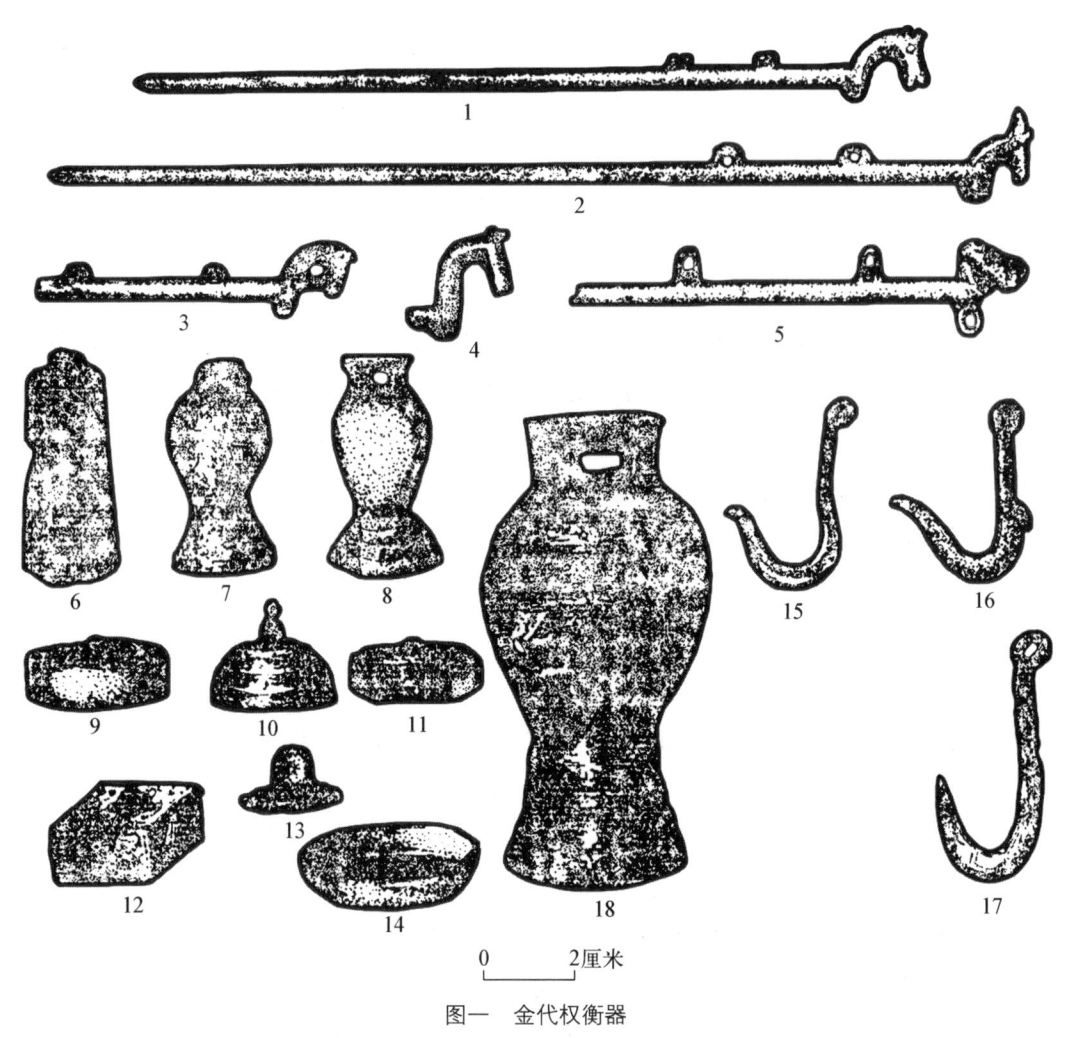

图一　金代权衡器

1～17. 赛加城出土　18. 拉佐夫城出土

史·律历志》对这两件衡具的大小也作了记载,一钱半秤:"其衡合乐尺一尺二寸,重一钱,锤重六分;盘重五分。"一两秤:"其衡合乐分尺一尺四寸,重一钱半,锤重六钱,盘重四钱。"据吴承洛考证,刘承珪创新制所用之乐尺就是太府尺[1],那么这两件秤杆的长度都超过30厘米。中国历史博物馆收藏的两件明万历戥子秤,其中两提系者,秤杆长31.1、秤盘直径为8.5厘米,权高4.7厘米;三提系者,秤杆长42、秤盘直径10.6厘米,权高5.5厘米。而赛加城两件完整的秤杆分别长17、22厘米,即使加上马头的长度,其长度也不过是18.6、23厘米。8件权中最高者仅4.8厘米,最小者仅1厘米高。特别是秤盘的直径仅4.1厘米,盘高仅有6毫米,如此小的秤盘只能称量很小剂量的物品。因此,赛加城出土的权衡器无疑是专门用

---

[1] 吴承洛:《中国度量衡史》,商务印书馆,1937年,第233页。

于称量金银等贵重物品或中药的精密的等子秤。从《汉书》设《律历志》以后，各正史大都沿用此例，记述本朝度量衡和历法。宋、辽、金三史皆由元朝脱脱等人撰写。唯《宋史》有《律历志》，而《辽史》《金史》未设《律历志》，却设《历象志》或《历志》记载本朝的历法，对度量衡未作记载。究其原因，必是辽金承用宋之度量衡制度，本朝无人变革，故而不书。北京所出金代标准权衡器铜砝码，按自铭折合斤数为每斤合634克[1]。北宋标准权衡器"嘉祐铜则"的折合斤数每斤合640克[2]，二者相比仅有6克之差，这证明金朝沿袭了北宋的衡制。从"又置新式于内府外府，复颁于四方"[3]的记载看，刘承珪所制的新式等子秤作为北宋官府的标准权衡器在全国推广使用。而赛加城属金朝恤品路的辖域，那么赛加城出土的精密的等子秤极有可能是金朝仿照北宋新式等子秤制造的。

赛加城出土的秤杆具有明显的地方特点，其提纽和悬纽都是从杆上突起，成附耳之状，秤杆重臂臂端饰有马头等饰件。在南朝画、北魏壁画和元代壁画中的执秤图上的秤[4]，以及两件明万历戥子秤，秤杆上都有穿提系的透孔和用作悬挂秤盘或秤钩的透孔，透孔直接穿透秤杆，这与赛加城秤杆不同，反映了二者在秤杆与提系（或悬挂盘钩的丝绳）的连接方式存在差别。这些秤杆的端头也无任何饰件。赛加城秤杆上的弯颈马头造型与该城出土的铜骑士像的马头造型相同，这种铜骑士像在滨海地区发现较多[5]（图二），在苏

1　　　　　　　　　2

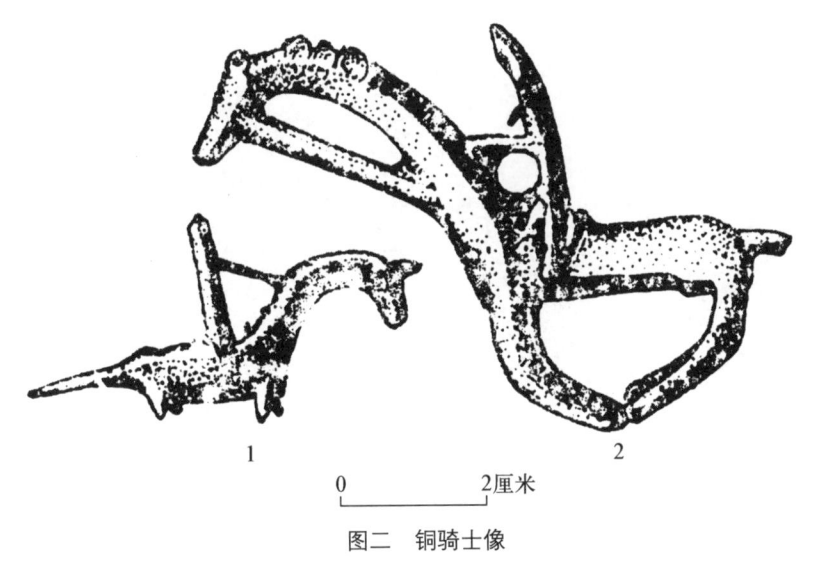

0　　　2厘米

图二　铜骑士像

1. 斯尼卡遗址出土　2. 赛加城出土

[1] 《中国古代度量衡图集》，文物出版社，1981年，第166页。
[2] 《中国古代度量衡图集》，文物出版社，1981年，第157页。
[3] 脱脱等：《宋史·律历志》，中华书局，1977年。
[4] 丘光明：《我国古代权衡器简论》，《文物》1984年第10期。
[5] 沙弗库诺夫：《12～13世纪女真—乌底改文化和远东通古斯民族的起源问题》，莫斯科，1990年。

联黑龙江中下游地区以及中国的黑龙江省和吉林省也有发现[1]。从而可认定这些别具特色的等子秤应是当地制造的。推测金朝西部和中部地区的等子秤,其秤杆可能是带透孔的,端头无附加的装饰物,其他部分则与赛加城的等子秤相若。

赛加城位于金朝之东疆,濒临日本海。大量等子秤具在这里出土,说明了关内北宋流行的等子秤在金代已被金朝全国各地普遍使用,同时也反映了金代恤品路地区经济的空前繁荣。赛加城出土的这些权衡器为我们展现了几乎近于完整的金代恤品路地区的等子秤形象,它为我们认识金代等子秤提供了珍贵的实物资料,也为我们了解宋代等子秤提供了线索。

本文的写作得到林沄教授指教,特此致谢!

(原载《北方文物》1993年第1期)

---

[1] 吉林市博物馆:《吉林永吉杨屯大海猛遗址》,《考古学集刊》第5集,中国社会科学出版社,1987年;《黑龙江文物丛刊》1983年第4期,封底图2。

考古所见萨满之腰铃与牌饰

一

萨满教是广泛存在于北亚和东北亚的原始宗教。萨满教创世神话中的第一位萨满是女萨满,供奉神祇也以女性神为主,可知萨满教起源于母系社会。猛犸象神是萨满教普遍供奉的重要神灵,它参与了创世活动,是它用獠牙开辟了山川沟谷,形成了人们看到的地貌,而猛犸象在全新世已基本灭绝,依此可推测萨满教在旧石器时代已产生,并延续至今。萨满教随着时代发展不断改变其外形与内容,但其基本的宗教信仰观和祭祀形式却世代延续下来。

萨满教认为宇宙是多层次结构,有三、九、十三等诸层。每层都居住着善神和恶神。世上万物各有司神,却无一主神控制全局。萨满俗称为"大神",是族众的保护人,为了祛灾驱魔,或为指导生产,或为求得军事胜利而周旋于各层神灵魔怪和人之间。她的灵魂能游荡飞升,克服重重艰险找到所需请的神,并使之附体。在二神配合下(二神负责接待请来的神,解释神的动作和要求指示,送走神等),神能与人沟通。萨满请神的祭祀形式需要在近于昏迷状态中进行,通过特征或模拟的动作和声响表演来完成:如火神来则吃火炭、跑火池;蛇神来则仰面朝天,蠕动前行,故俗称为"跳大神"。响器是萨满请神祭祀必需的工具,其中最主要的是腰铃和鼓。相传腰铃是天神阿布卡赫赫战裙上的佩物,它的震动声音使恶魔害怕、头晕。萨满佩腰铃才能请神驱魔,铃声震响表示萨满飞升入天请神,或请来的神行走搏斗而发出的震动声音[1]。鼓声、铃声还代表云涛、河流、激战之宏阔音。

在日常生活中,只有马和骆驼等畜力或爱犬才佩带铃铛,以防止走失、确定方位,或显示威风。常人是不能也不便佩带铃铛。萨满神器的腰铃为萨满专用,由专职侍神人员保

---

[1] 富育光、孟慧英:《满族萨满教研究》,北京大学出版社,1991年。

存,一般族众受严格禁忌限制不能接触腰铃,从而强化萨满的特权和神圣[1]。因此,古代墓葬中佩于人身上的铜铃都应是萨满的神器法具。

二

外贝加尔西南部的德列斯图依匈奴墓地是1930年被发现的,因出土动物纹牌饰而闻名。1984年又发掘了38号墓,为土坑竖穴,长方形木棺,单人仰身直肢葬,头向北,人骨经鉴定为60岁的老年女性。头部有缝于帽上的装饰品,右手处有黍粒,左手处有雪松籽,其余随葬品皆分布于腰部或偏下部位(图一)。2件镂孔青铜环形牌位于腰之两侧,3件双马纹青铜牌和2件回首猛兽纹牌相间分布于中间。2件青铜环被压在双马纹牌之下,中部还有1件铁环。牌饰之下有数量很多的玉髓珠和玻璃珠,呈串链状分布。左侧还有9件小型的钟形青铜铃。在两股骨之间还斜置1根圆柱形的"短鞭杆",下端有1枚白色石珠和2枚五铢钱,五铢钱压在左侧股骨上[2]。

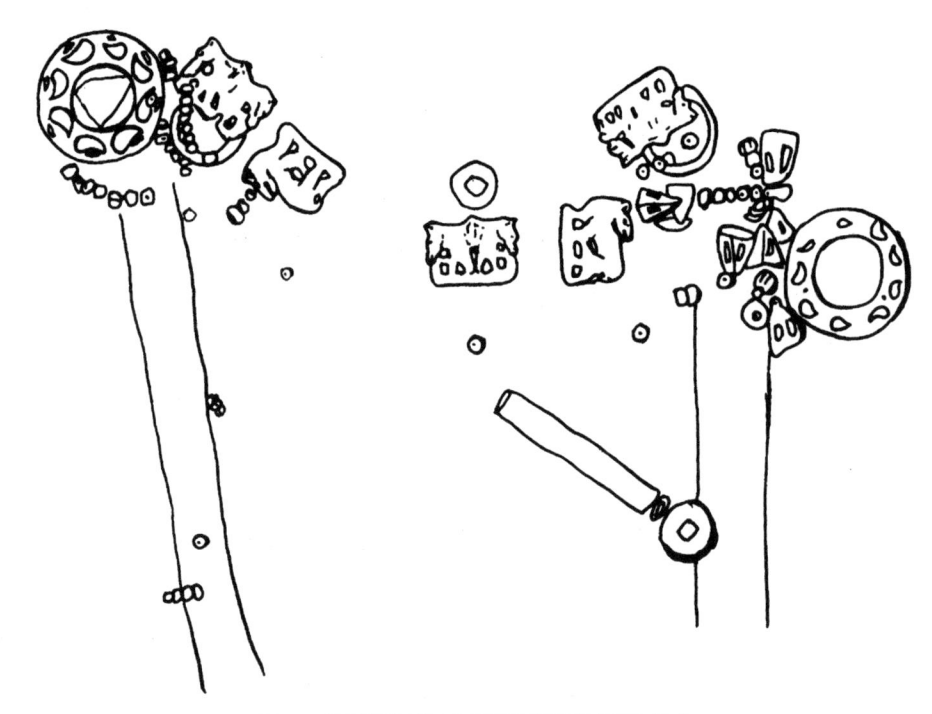

图一 德列斯图依38号墓腰部附近遗物分布

〔1〕 富育光、孟慧英:《满族萨满教研究》,北京大学出版社,1991年。
〔2〕 达维多娃、米亚耶夫:《出自德列斯图依墓地的青铜腰带牌饰》,《苏联考古学》1988年第4期。

从分布位置分析,环形牌和动物纹牌应是墓主人腰带上缀着的牌饰,铜环和铁环是腰带的连接部件。铜铃是挂在腰带上的,或编成串链,或单独悬挂。因此,此墓主应该是一位女性老萨满。

该墓出五铢钱,5件动物纹透雕牌饰与匈奴墓中常见的动物纹牌饰风格一致(图二),环形牌上水滴式的纹样也见于辽宁西岔沟墓出土的牌饰上[1]。西岔沟墓出土的铜镜等遗物年代应断在汉武帝到西汉末。达维多娃和米亚耶夫把德列斯图依38号墓的年代断在公元前1世纪是可信的。那么,萨满之铜腰铃早在公元前1世纪左右就已经出现了。

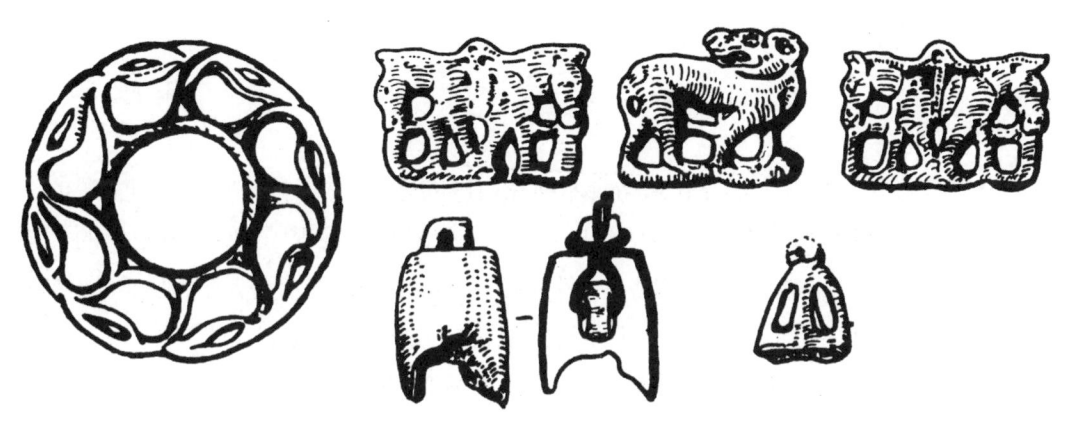

图二 德列斯图依38号墓出土的腰带牌饰和铜铃

萨满教产生于旧石器时代,在使用金属腰铃之前,必有一个使用石块、骨块等非金属质的原始腰铃阶段。南西伯利亚的克拉斯诺雅尔斯克的恩加那善人萨满教供奉的双头帐神之腰带上就挂着串珠[2](图三,1)。满族神话《乌布西奔妈妈》《东海沉冤录》《两世罕王传》中描述萨满祭祀,其萨满腰间佩饰是围挂各种形状的粗陋的有色石块和用兽毛编织的系带,甚至将石块佩饰坠在萨满神帽上。萨满跳神时,随着舞步使相撞的石头发出各种和谐的声响,夜间还能发出微光[3]。德列斯图依38号墓主的头部有"缝于帽上的装饰品",腰带之下有大量玉髓珠和玻璃珠呈链串状分布,这些珠子也能在夜间月光或火光照耀下发出微光,与神话描述的情形相符。因此,这些珠饰也是"腰铃",而不会是缀于衣袋上的饰件。石铃与铜铃共见于一带,反映了匈奴时期处于石铃向铜铃过渡的情形。

---

[1] 孙守道:《"匈奴西岔沟文化"古墓群的发现》,《文物》1960年第8、9期合刊。
[2] 苏联科学院民族研究所:《西伯利亚民族》,莫斯科、列宁格勒,1956年,第655、656页。
[3] 富育光、孟慧英:《满族萨满教研究》,北京大学出版社,1991年。

萨满教鼓有两种，第一种是神鼓，俗称抓鼓。体小而扁，有圆形、椭圆形、长条形。皮革蒙面，面上绘神界图案、神偶像，鼓背中间有抓手（把柄），缀以铜钱和彩布条。用法是左手抓鼓背的桥形抓手，右手持鼓鞭敲击。神鼓声代表着云涛、风雷，表示萨满或请的神驾云在空中飞行，所以神鼓鞭被喻为萨满坐骑[1]。另一种是抬鼓，圆形，体大而重，声音宏阔粗犷，代表高山险峰、惊涛骇浪、山崩雪陷。德列斯图依38号墓在腰铃之下有一条圆柱形的"短鞭杆"，可能就是萨满敲击神鼓之鼓鞭。根据神鼓上缀铜钱和布帛彩条还可以推测该墓的五铢钱和白石珠都是神鼓上的缀物。

三

1985年在南西伯利亚的克拉斯诺雅尔斯克边区的郭伊巴拉（位于叶尼塞河上源的一条支流阿巴坎河附近）发掘了突厥时代的冢墓。在7号墓中发现了2件鸟展翅形的金饰件，鸟翅尖各悬1件铜铃，上端两侧各悬1件铜铃，中间是一人像，背面上端有一挂钩[2]（图三，3）。该墓还伴出菱形悬铃饰件，上角有穿纽，左、右、底角皆悬挂1件小铃（图三，4）。该墓年代被断为公元第1千纪末，即相当于晚唐、渤海时期。

俄国南西伯利亚、中亚和我国新疆的突厥墓前往往有石人像，即通常所言的突厥石人。斯科别列夫认为饰件上的人像是突厥墓前石人雕像的仿制品。突厥石人实质上是萨满教替身偶的一种表现，突厥石人的身份是学术界长期争论的问题，主要有两种观点：一种是突厥有杀人于墓前立石人之俗，石人是被杀掉的战败者像，持杯供奉英雄；另一种观点认为石人是英雄本人的像，持杯饮酒，受人祭拜。牌饰上的人像不可能是这两种身份的人，因此，不能仅仅着眼于胸前持物这一特征就把它看作是墓前石人的仿制品。实际上，突厥石人流行左手持酒杯或酒壶，右手按在腰带之军刀上，绝大多数石人有胡须，是身经百战的男子武士，女像极罕见，仅在中亚等个别地区有所发现。而此件佩饰上的人像没有军刀之类的武器，胸部有明显的双乳特征，斯科别列夫认为是女神像。其双手于胸前持一盒状物，不是饮酒之具，差别甚为明显。

我国内蒙古、东北和俄国的远东南部都曾发现过金代铜人像，头上有一个吊纽，也是佩挂于人身上的物件。俄国远东南部发现的这类铜人像最多，以女像为主，穿戴打扮不一，为女真萨满教所崇拜的各种神偶像。铜人像的造型风格与突厥佩饰上的人像

---

[1] 富育光、孟慧英：《满族萨满教研究》，北京大学出版社，1991年。
[2] 斯科别列夫：《带古突厥女神像的佩饰》，《苏联考古学》1990年第2期。

图三

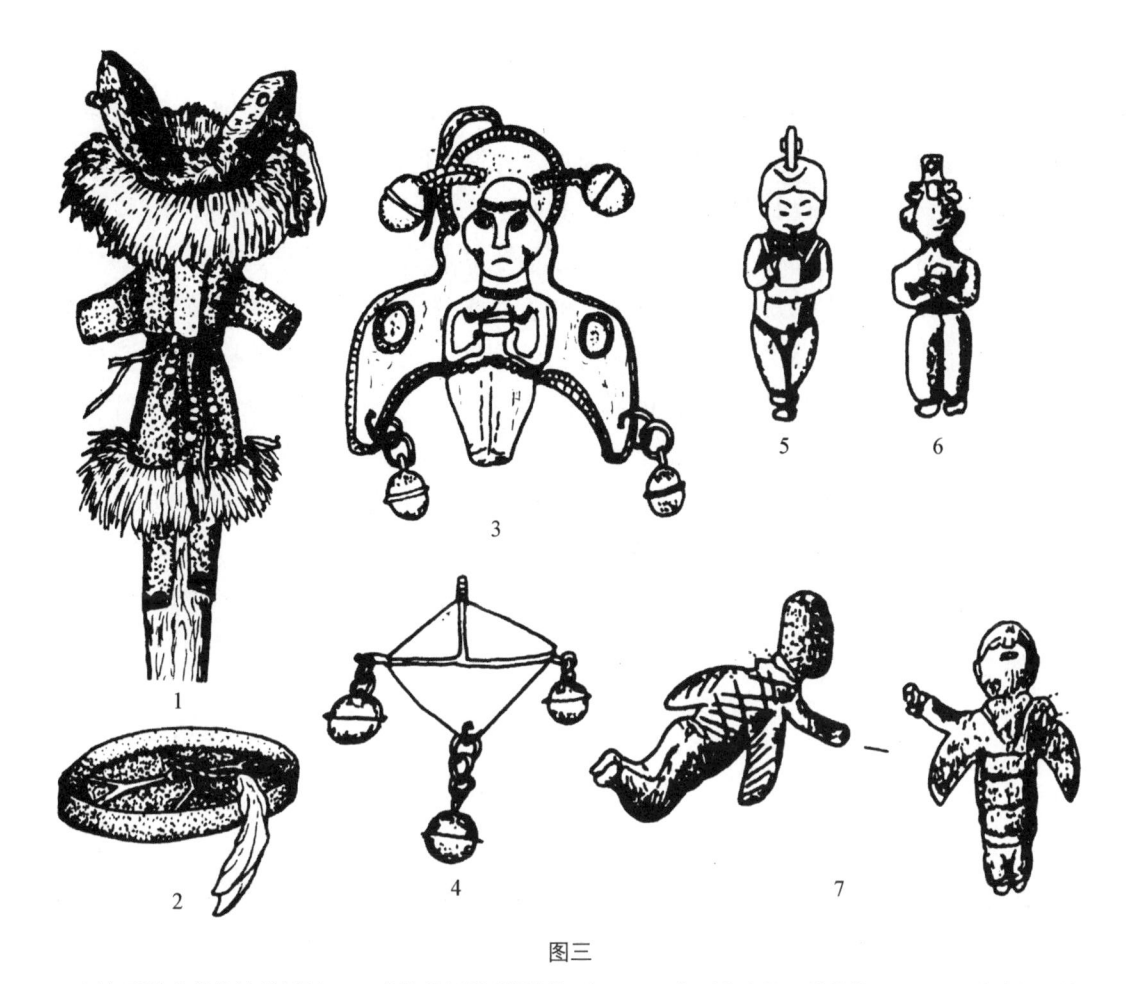

1. 恩加那善人的帐神（神偶） 2. 满族的抓鼓（鼓神背面） 3、4. 突厥墓中的悬铃饰件 5～7. 金代青铜人像

相同。如滨海边区赛加城出土的1件铜人像，下部造型呈倒梯形，双手于胸前捧盒（图三，5），另1件的头部与之相近[1]（图三，6）。手捧之盒可能是施恩惠于人的神盒，与饮酒无关。突厥曾一度统治蒙古高原，东际于辽海，靺鞨与突厥之间曾存在着文化上的直接交流。例如，在吉林市查里巴靺鞨墓出土的蹀躞带铐[2]与俄国阿尔泰地区杜埃克坦3号突厥墓出土的带铐[3]在外形和花纹上都极为类似（图四，1、2），显然是突厥带铐东传之物，女真来源于靺鞨，又都崇信萨满教，女真与突厥在文化上存在着联系也就不足为怪了。

---

［1］ 沙弗库诺夫：《12～13世纪女真—乌底改文化和远东通古斯民族的起源问题》，莫斯科，1990年。
［2］ 吉林省文物考古研究所：《吉林永吉查里巴靺鞨墓地》，《文物》1995年第9期。
［3］ 多布赞斯基：《亚洲游牧人的饰牌腰带》，新西伯利亚，1990年。

在俄国滨海边区乌苏里区诺沃尼利科发现的1件铜人像[1]背部扎系双翅，昂首屈膝，向前飞行，显然是萨满升天请神形象（图三，7）。满族萨满野祭请飞虎神、鹰神、布星神都要在背部扎系双翅。将郭伊巴拉7号突厥墓的带人像饰件作为一个整体观察，亦是戴神帽的女萨满，背带双翅，悬挂铜铃，头后圆形的神光板表示有着特殊的神功法力。该饰件的双翅极大，有如蒙古高原上的大鹰之翅。富育光、孟慧英在《满族萨满教研究》的鸟神祭祀中列举了北亚许多民族都有鹰变成第一位女萨满的传说。如满族有的族姓传说，鹰神从火中叼出一个石蛋，生出第一个女萨满。有的族姓传说，天神阿布卡赫赫让一只母鹰从太阳那里飞过，把光和火装进羽毛里，带到世上，神鹰被火烧毁翅膀，死于海里，鹰魂化成了女萨满。布里亚特人传说最初的萨满是鸷与女人所生。雅库特人传说萨满是神鹰之后裔[2]。古突厥人传颂神鹰与一女子在岩洞相交，生出世上第一个女萨满[3]。所以，我认为这件佩饰可能是突厥萨满佩带的萨满始祖像。

突厥的菱形和鸟展翅形饰件的挂铃方式与鲜卑步摇完全相同，因此，这些饰件的创作是效仿鲜卑步摇。

四

20世纪70年代在黑龙江省绥滨3号墓地的第3号墓中出土了一条猪皮腰带，折叠4层，带面上缀有19块青铜的方形镂孔牌，牌下端系着小铜铃15枚[4]。铜铃是圆形的，两侧有小耳，底有透音缝，顶有吊纽，吊纽直接贯于带銙之下端穿孔内（图四，6）。这类牌饰在靺鞨和辽代五国部女真墓葬中有大量的发现，如吉林市的杨屯[5]（图四，3~5）和查里巴靺鞨墓、俄国的犹太自治州乃依费尔德靺鞨墓[6]、科尔萨克沃（图四，7，8）和纳杰日金斯科耶的五国部女真墓[7]、绥滨3号的五国部女真墓等。此类牌饰的主要特点是呈方形或长方形，有的上缘作并列的正视鸟形，或由鸟变成的锯齿形，有长条形和十字形镂孔，有直线和之字形纹饰。此外还伴出少量的圆形和盔形镂孔牌饰。王培新认为二者可以配合使

---

[1] 沙弗库诺夫：《12~13世纪女真—乌底改文化和远东通古斯民族的起源问题》，莫斯科，1990年。
[2] 富育光、孟慧英：《满族萨满教研究》，北京大学出版社，1991年。
[3] 富育光、孟慧英：《满族萨满教研究》，北京大学出版社，1991年。
[4] 孙秀仁、干志耿：《论辽代五国部及其物质文化特征——辽代五国部文化类型的提出与研究》，《东北考古与历史》第1辑，文物出版社，1982年。
[5] 吉林市博物馆：《吉林永吉杨屯大海猛遗址》，《考古学集刊》第5集，中国社会科学出版社，1987年；吉林省文物工作队等：《吉林永吉杨屯遗址第三次发掘》，《考古学集刊》第7集，科学出版社，1991年。
[6] 奥克拉德尼科夫：《犹太自治州奈伊费尔德镇的靺鞨墓地》，载《西伯利亚考古文集》，新西伯利亚，1966年。
[7] 麦德维杰夫：《黑龙江女真文化》，新西伯利亚，1977年。

图四

1、2. 铜带铐（1. 吉林查里巴靺鞨墓出土；2. 俄国阿尔泰地区杜埃克坦3号突厥墓出土）
3~8. 靺鞨墓和辽代女真墓出土的牌饰（3~5. 吉林杨屯靺鞨墓出土；6. 绥滨3号墓地女真墓出土
7、8. 俄国科尔萨克沃墓地出土）

用，把它们统称为靺鞨—女真系铜带饰，并对其形制的变化进行了较详细的研究，认为其出现于6世纪中期以后，到12世纪初消失[1]。本文亦沿其称呼。

与靺鞨—女真系铜带饰伴出的铜铃不但数量多，种类也多，有圆形、长圆形、圆形两侧

---

[1] 王培新：《靺鞨—女真系铜带饰及相关问题》，《北方文物》1997年第1期。

加耳、圆形加面像、蛙形架连铸双铃、铎形等多种。铜铃与牌饰的连接方式除直接贯于透孔外，还有以绳或环连接的。因为在查里巴墓地出土的牌饰下缘完整，铜铃的吊纽完整，二者应以绳或环连接。铜铃的性质是萨满法器之腰铃已成为中外学者的共识。王培新又进一步提出靺鞨—女真系带饰也是萨满通神的专用法器[1]。

靺鞨—女真系铜带饰风格独具，有鲜明的时代特色和民族特色，但追其来源，我认为来自匈奴的透雕牌饰。镂孔的圆形和盔形牌饰与外贝加尔德列斯图依38号墓的环形牌饰存在着渊源关系。方形牌饰与该墓的动物纹牌饰也有渊源关系。双马纹牌的上缘作展翅的鸟形，牌饰的设计变幻而神秘，有浓烈的通神色彩。靺鞨—女真系牌饰不但在外形上与之近似，也有镂孔这一最主要因素，而且唯一所见动物形象也是位于上缘的十分简约的正视鸟像。匈奴时代是透雕青铜腰带牌饰的极盛时代[2]，除了有大量图案丰富的透雕动物纹牌饰之外，还有长方形的几何纹牌饰，以直线、之字纹为主，而直线和之字纹又是靺鞨—女真系牌饰上常见的纹样。二者之间的传承关系是明显的。

匈奴之后的鲜卑仍沿用透雕动物纹牌饰，但出现了明显的衰落[3]。三燕时期的腰带和马具的透雕几何纹却十分发达[4]，三燕处于4～5世纪上半叶，与靺鞨—女真系铜带饰出现的时间接近。随着突厥的兴起，透雕牌饰和马具在欧亚草原上趋于消失，而流行浅浮雕的写实的动物纹和花草纹牌饰。位于草原之东的平原山区之靺鞨，一方面在日用腰带上接受了突厥风格的腰带牌饰，另一方面在萨满教祭祀中的腰带牌饰上却仍保留了透雕镂孔的古制，并融进本民族的审美意识和表达宗教信仰的符号（如之字纹可能表示蛇类神，十字表示通四方，竖条孔象征通天），多层次的设计似乎看起来繁琐，却暗示着萨满教多层次的宇宙观，从而形成了独具一格的靺鞨—女真系铜带饰。匈奴萨满的动物牌饰特点是形象、变形、夸张，而靺鞨—女真萨满的几何纹牌饰艺术特点是简化图形、抽象符号和复杂组合。后者更适合在一小块牌饰上表达更多的象征内容，以体现萨满教多神灵崇拜的性质。

1980年在黑龙江省阿城市双城村金代女真墓地发现了5件带有3人图像的铜质腰带牌饰，因牌小，图面锈蚀，人像面目不清，发表的一幅线图极为简略，仅勾勒出人的基本轮廓（图五，1）[5]。滨海边区赛加城也发现了3人图像的腰带牌饰[6]（图五，2），3人都是正面

---

[1] 王培新：《靺鞨—女真系铜带饰及相关问题》，《北方文物》1997年第1期。
[2] 乌恩：《中国北方青铜透雕带饰》，《考古学报》1983年第1期；杜正胜：《动物纹饰与中国古代北方民族之考察》，《内蒙古文物考古》1993年第1、2期合刊。
[3] 乌兰察布盟博物馆：《察右后旗三道湾墓地》，《内蒙古文物考古文集》第一辑，大百科全书出版社，1994年。
[4] 田立坤：《朝阳前燕奉车都尉墓》，《文物》1994年第11期。
[5] 阎景全：《黑龙江省阿城市双城村金墓群出土文物整理报告》，《北方文物》1990年第2期。
[6] 沙弗库诺夫：《12～13世纪女真—乌底改文化和远东通古斯民族的起源问题》，莫斯科，1990年。

像,尖顶,双手于胸前持物。根据近十几年大量的东北满族民间萨满教调查资料可知,满族神偶中表现女神有几种方法,其中之一是用尖顶表示女性神[1],如珲春满族胡姓供奉的船神二姐妹皆作尖顶[2](图五,3)。女真为满族先世,尖顶像也可能是女神像,受此启发,再细审双城村和赛加城出土的3人像腰带牌饰,双乳都明显突起,因而可以肯定都是女神像。这是金代女真腰带牌饰中仅见的人物类牌饰。阿城双城村与滨海边区的赛加城相距较远,牌饰上的人物图案完全雷同,故推测与某一流传甚广的萨满教传说有关。创世三女神是满族萨满教神话中最主要的神话之一。最早的人形神是在云、水、雷感中诞生的宇宙三姐妹,她们形影不离,同时出现,同时隐去,六只眼观望六个不同方向,主宰宇宙大地的安宁[3]。其中就有天神阿布卡赫赫,她是光明、正义创造的不可战胜的大神。另一位布星神司天空星星,没有她的帮助萨满就不可能通天请神,是萨满背灯祭(夜间熄灯祭祀)的主要祭祀神。在珲春满族那木都鲁氏仍珍藏着家传二百余年的三女神神偶[4]。神偶被放在桦树皮制作的椭圆形盒内,盒正面雕刻云朵、水和女性生殖器,象征着宇宙源出的物质和三女神的诞生。三女神用圆木制作,大小、形状相同,并排插入一个套中,表示形影不离(图五,4)。我认为金代铜带饰上的3人图像就是萨满教创世三女神传说的故事图。

赛加城60号房址中还出土1件特殊的铜牌饰,通高6.4厘米,底座是十字形花托,托的左右叶和下叶各有一个透孔,花托之上是树枝形弯枝,顶枝站立两只鸟,下枝蹲坐两只鸟[5](图五,5)。今俄国境内的分布于哈巴罗夫斯克的奥洛奇人,萨满祭祀时在村外林中设祭祀场,安置一些雕刻花纹的木柱(称为"图"),柱子头是木制的类人形象和动物头像,鸟位于最高柱子的顶端,柱子最高达8~10米,鸟最大者达1米。祭台分两层,上面设祭猪狗等牺牲[6]。柱和台分为多层次,象征着宇宙是多层次的,鸟位于柱之最顶,表示通天(图五,6)。赛加城出土的这件牌饰也是鸟位于枝头,且分层次,应是萨满用具。十字在萨满教中意为通四方,十字形托加上高枝立鸟,表示萨满能通达四方天地之神灵。据《满族萨满教研究》中介绍满族各姓神帽不尽相同,有饰鹿角者,但多饰鸟,鸟的数目不等,数目多少由各姓自定。每姓内萨满头饰鸟的多少表示萨满神力大小、等级高低。故赛加城出土的这件牌饰应是萨满神帽上的饰物。

赛加城出土的这件帽饰上的鸟站在树枝上,此树枝似与萨满教世界观之"宇宙树"信

---

[1] 富育光、孟慧英:《满族萨满教研究》,北京大学出版社,1991年。
[2] 富育光、孟慧英:《满族萨满教研究》,北京大学出版社,1991年。
[3] 富育光、孟慧英:《满族萨满教研究》,北京大学出版社,1991年。
[4] 富育光、孟慧英:《满族萨满教研究》,北京大学出版社,1991年。
[5] 沙弗库诺夫:《12~13世纪女真—乌底改文化和远东通古斯民族的起源问题》,莫斯科,1990年。
[6] 苏联科学院民族研究所:《西伯利亚民族》,莫斯科、列宁格勒,1956年,第655、656页。

图五

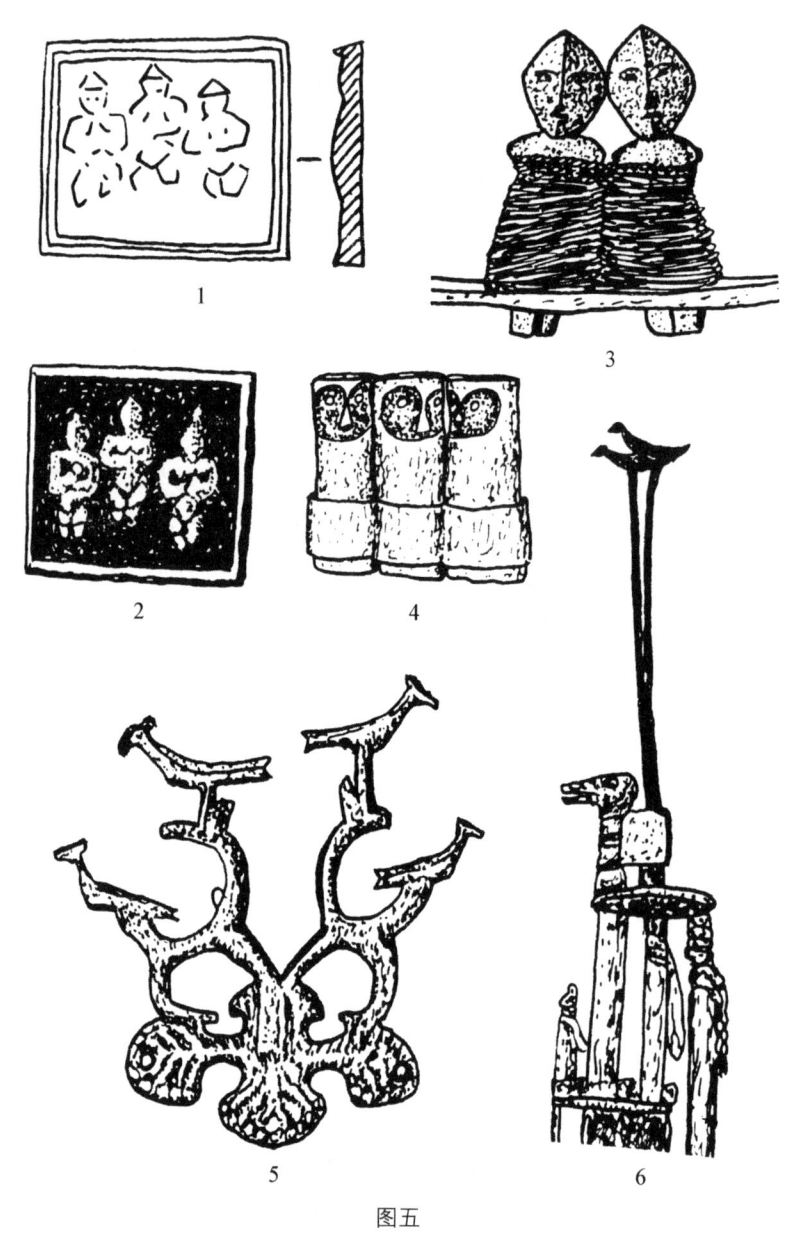

1～4. 三女神牌饰与满族神偶（1. 双城村金墓出土；2. 赛加城出土；3. 满族的船神；4. 满族的三女神） 5. 赛加城出土的牌饰 6. 奥洛奇人萨满的祭台和神柱

仰有关。《不列颠百科全书》1980年版"萨满教"条载："宇宙典型的萨满教世界观见于东北亚诸民族中。在他们看来，宇宙充满了居住灵体的众天体。他们自己的世界是圆盘形的，像个浅碟子，中部有一孔通向下层世界。上层世界位于中层世界即地球之上，它有一个比中层世界大许多倍的拱顶。地球即中层世界位于水中，驮在一头巨兽的背上，它可能是一只龟、一条大鱼、一头公牛或者一头猛犸象。这些动物一活动即引起地震。地球被一宽阔的带子围绕着。地球上有一高柱子与上层世界相接。上层世界有许多层——三层、七层、九层或十七层。地球的中心长着一棵'宇宙树',上接上层世界诸神灵的居所。"宇宙树即与天人相接的象征。满族萨满的神谕有：登天云,九九层,层层都住几铺神[1]。那乃人萨满教神话中宇宙神树枝间生活着本氏族的先人和亲属的灵魂鸟,灵魂鸟飞降到大地上最近的树枝上,再进入妇女腹中,就产生了后代生命[2]。满族许多姓氏至今仍供奉本族的神树,野祭之神竿（即神柱）用山最高处的树制作,选九杈者象征九层天。

在金代城址中还经常遇到小型的带吊纽的镜子,如滨海边区阿南耶夫城32号房址中出土镜子为圆形,直径6.8厘米（图六,1）；赛加城77号房址出土的镜子为花边形,直径5.3厘米,顶部皆有小吊纽[3]。俄国境内的那乃人（我国所称的赫哲人）之大萨满,在神帽上有铁质的枝叉头饰,佩挂小铜镜,披上用熊、狐狸、狼等的毛皮制作的条带,胸下佩挂较大的铜镜[4]（图六,2）。在《满族萨满教研究》刊出的刁落哈拉大萨满的彩色图版上也能清楚看到神帽之盔前挂着1件小型铜镜。道教和佛教都视铜镜为降妖镇魔之法器,但在萨满教中,铜镜除了有降妖镇魔作用外,还是太阳、光明、温暖的象征,萨满征服某一恶魔区,探索某一未知的天界,都要依靠光明照耀[5],所以萨满神帽前佩带1件小铜镜。

图六

1. 阿南耶夫城出土的小镜　2. 那乃人大萨满的服饰

五

1989年在辽宁省铁岭市银州区发现一座明代女真人墓,出有明代青花瓷碗、镂孔铜饰件、142颗蓝色琉璃珠、玉璜、铁镞等物。最引人注目的是4件组合佩饰,大小各2件,结构

---

[1] 富育光、孟慧英：《满族萨满教研究》,北京大学出版社,1991年。
[2] 沙弗库诺夫：《12～13世纪女真—乌底改文化和远东通古斯民族的起源问题》,莫斯科,1990年。
[3] 沙弗库诺夫：《12～13世纪女真—乌底改文化和远东通古斯民族的起源问题》,莫斯科,1990年。
[4] 苏联科学院民族研究所：《西伯利亚民族》,莫斯科、列宁格勒,1956年,第655、656页。
[5] 富育光、孟慧英：《满族萨满教研究》,北京大学出版社,1991年。

相同（图七，1、2）。上端是一个近于三角形的镂孔牌饰，牌饰上侧边有简化的鸟头，下缘有吊纽两个，纽中穿挂着两条由花形和"8"字形节交替组合而成的花链，链下端挂着小铜铃。其中大者通长28厘米，小者通长7.6厘米。还伴出圆形镂孔牌饰、三角形镂孔牌饰和蝶形镂孔牌饰[1]。圆形镂孔牌饰仍基本保留着靺鞨—女真系牌饰中的圆形牌饰风格，只不过外圈镂孔由4个变成8个，内圈镂孔由8个变成4个。其他形状的牌饰是方形牌饰的变体形式，主要特点是外形富于变化：不再拘泥于方形；镂孔没有主次之分，出现错位排列方式；鸟像由正视变为侧视；铜铃悬于链上，链悬于牌之吊纽上。12～13世纪的赛加城出土的1件菱形透孔牌可能是明代女真透孔牌饰的先声（图八，3）。

《满族萨满教研究》刊出的彩色图版中，有满族萨满腰铃，是在皮带上吊大活环，环上挂长锥形铁铃或铜铃（图九）。圆形铃历代变化不大，锥形铁铃虽然变得细长，但仍能看出是由矮的锥形平底铜铃演化而成。布里亚特人在萨满腰带上仍缀镶太阳形的铜质圆环、金属小铃铛[2]。那乃人的萨满腰带上也保留着缀金属牌饰的传统。

萨满所用的腰铃和各种饰牌是萨满教宗教观念的集中体现和使神与人联系

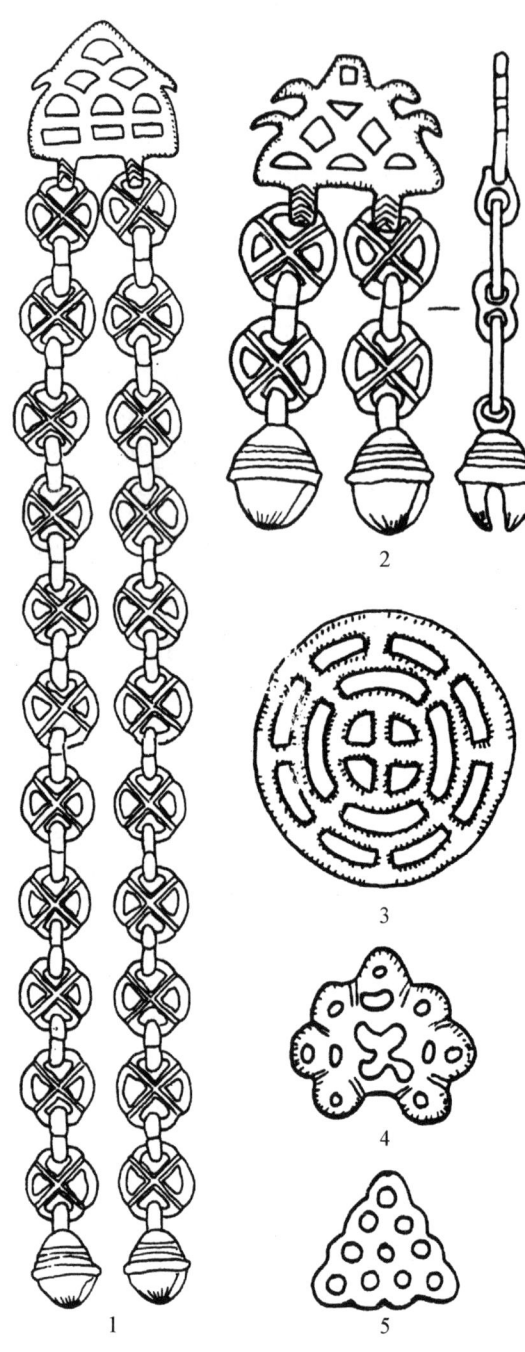

图七 明代女真墓出土的牌饰

---

[1] 铁岭市博物馆：《铁岭银州区喜庄子明墓》，《辽海文物学刊》1991年第2期。
[2] 苏联科学院民族研究所：《西伯利亚民族》，莫斯科、列宁格勒，1956年，第655、656页。

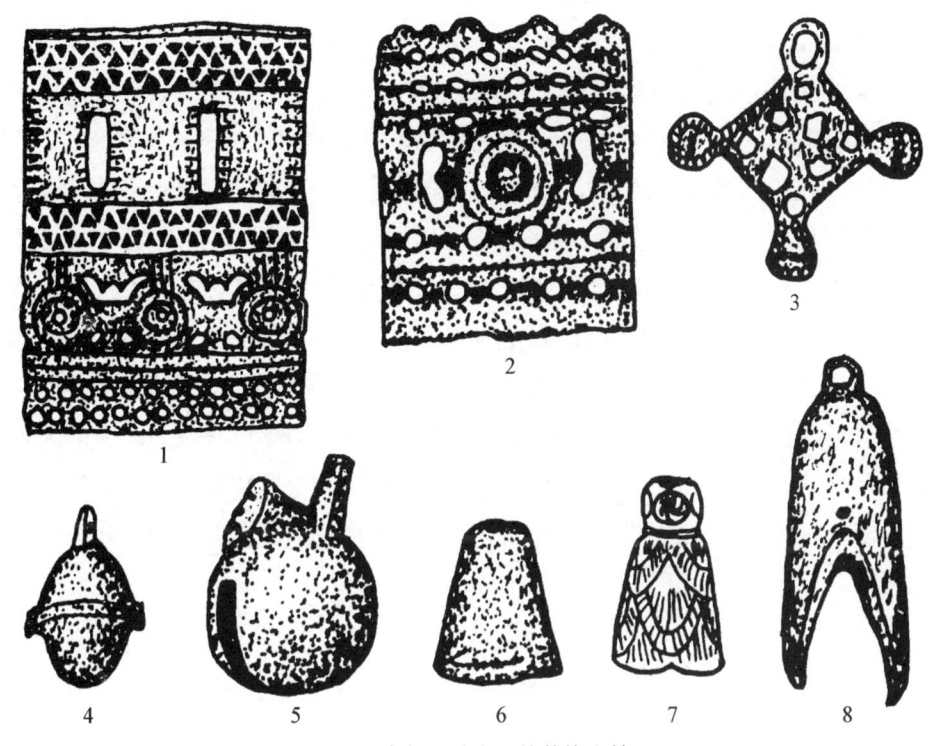

图八　赛加城址出土的牌饰和铃

图九　现代满族腰铃

的重要工具,在西伯利亚的匈奴墓和突厥墓,在我国东北和俄国远东南部的靺鞨墓和辽代五国部女真墓,以及在滨海的金—东夏国的城址和辽宁的明代女真墓中陆续发现的萨满腰铃和牌饰,从考古上证实了萨满教是北亚和东北亚区域性的宗教,有着悠久的稳固的宗教形式和信仰核心。6～11世纪的靺鞨和女真墓葬中发现的腰铃和牌饰最多,其他则只是偶尔出现,其原因应是葬风所致。《辽史·礼志》记契丹在正旦时驱除帐内外之鬼魔的仪式是:"令巫十有二人鸣铃、执箭,绕帐歌呼,帐内爆盐垆中,烧地拍鼠,谓之惊鬼。"这与女真立新房之驱鬼仪要执箭、爆盐、晃腰铃、烧地拍鼠仪式同[1],所以也是萨满鸣腰铃驱鬼魔。但辽代契丹墓中却未发现能明确判定为萨满的腰铃和牌饰。金代女真人墓中还未发现腰铃和悬铃之牌饰,但在赛加城址中却有出土(图八),该城未发现早期遗物,属于金到东夏国时期,反映金代女真人仍使用靺鞨—女真系牌饰。满族负有盛名的大萨满采用特殊葬法安葬,一般萨满则与族众葬俗无异,若依此思路推想,靺鞨和五国部女真人可能流行萨满用腰铃和牌饰入土之葬俗,而其他朝代则只有某些萨满才能将腰铃和牌饰作为随葬品。

(原载《北方文物》1998年第2期)

---

[1] 富育光、孟慧英:《满族萨满教研究》,北京大学出版社,1991年。

"春水玉"的考古学观察*

一

《辽史·营卫志》载"辽国尽有大漠,浸包长城之境,因宜为治"。于是"秋冬违寒,春夏避暑,随水草就畋渔,岁以为常。四时各有行在之所,谓之'捺钵'"[1]。四时捺钵之制,既是辽人的一种生活方式,又是辽朝的政治制度。《辽史》对春捺钵的记载颇为详尽,"天鹅未至,卓帐冰上,凿冰取鱼"。冰泮,第一批天鹅从南方飞回时,纵鹘捕鹅。"鹘擒鹅坠,势力不加,排立近者,举锥刺鹅,取脑以饲鹘。救鹘人例赏银绢。皇帝得头鹅,荐庙,群臣各献酒果,举乐。更相酬酢,致贺语,皆插鹅毛于首以为乐。赐从人酒,遍散其毛。弋猎网钩,春尽乃还"[2]。至辽代晚期,春捺钵亦有春水之称。如《辽史》卷二十载,兴宗"十七年春正月丁亥,如春水"[3]。再如《辽史》卷二十六载,道宗"二年春正月甲午,如春水"[4]。

《金史》中有二十余条与春水相关的记载,如《金史》卷四记载熙宗在天眷元年(1138年)"二月壬戌,上如爻剌春水"[5]。再如《大金国志》卷十一载,皇统三年(1143年)谕尚书省,"将循契丹故事,四时游猎,春水秋山,冬夏刺钵"[6]。金承辽旧俗,推测其中所谓春水活动当与《辽史》所载春捺钵(春水)相近,其中重要的一项活动为纵鹘捕鹅。"捺钵"为契丹语音译,而"春水"为汉语,《辽史》《金史》均为元人主持修撰,春捺钵与春水可能仅为措辞不同的一项活动。

---

* 本文作者为冯恩学、宋佳。
[1] 脱脱等:《辽史》卷三十二,中华书局,1974年,第372页。
[2] 脱脱等:《辽史》卷三十二,中华书局,1974年,第372、373页。
[3] 脱脱等:《辽史》卷二十,中华书局,1974年,第238页。
[4] 脱脱等:《辽史》卷二十六,中华书局,1974年,第308页。
[5] 脱脱等:《金史》卷四,中华书局,1975年,第72页。
[6] 宇文懋昭:《大金国志校正》卷十一,中华书局,1986年,第166页。

二

　　1980年黑龙江省阿城县双城村金墓[1]出土3件鹘捕鹅纹鎏金铜腰带饰（图一）。关于鹘捕鹅纹饰，《金史·舆服志》载："其胸臆肩袖，或饰以金绣，其从春水之服则多鹘捕鹅，杂花卉之饰，其从秋山之服则以熊鹿山林为文，其长中骭，取便于骑也。"[2]对于带饰材质有更为详尽的记载，"吐鹘，玉为上，金次之，犀象骨角又次之。銙鞓，小者间置于前，大者施于后，左右有变双铊尾，纳方束中，其刻琢多如春水秋山之饰"[3]。其后，杨伯达先生于1983年在《故宫博物院院刊》上发表《女真族"春水""秋山"玉考》[4]一文，成为鉴别、研究金代"春水玉"的始点。将鹘捕鹅题材的玉器称为"春水玉"，得到学术界和收藏界的广泛认同。同时，也引起了"春水玉"的研究热潮。

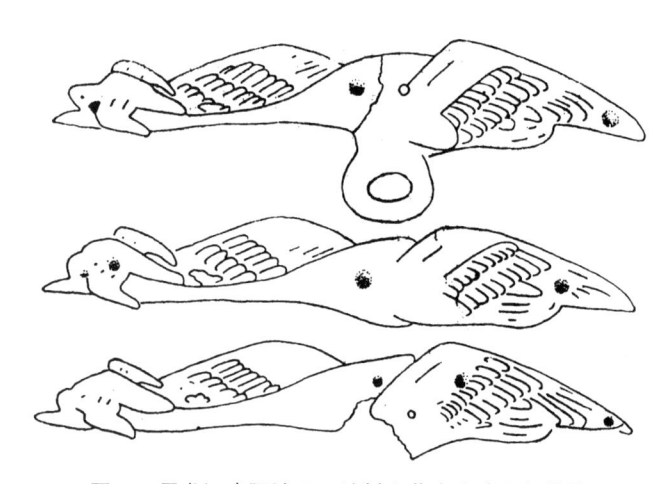

图一　黑龙江省阿城县双城村金墓出土鎏金铜带饰

　　然而，在以往与"春水玉"相关的研究文中，我们发现不同研究者往往持相悖的观点。如一件精美的故宫博物院藏品（图二，1），在《中国玉器全集》中被定为"金代"[5]，《再谈"春水玉"》一文却将其年代定为"金或元代"[6]。再如湖北省荆门市明梁庄王墓曾出土鹘

---

[1] 阎景全：《黑龙江省阿城市双城村金墓群出土文物整理报告》，《北方文物》1990年第2期，第28～41页。
[2] 脱脱等：《金史》卷四十三，中华书局，1975年，第984页。
[3] 脱脱等：《金史》卷四十三，中华书局，1975年，第985页。
[4] 杨伯达：《女真族"春水""秋山"玉考》，《故宫博物院院刊》1983年第2期，第9～16页。
[5] 杨伯达：《中国玉器全集》，河北美术出版社，1993年，第267页。
[6] 徐琳：《再谈"春水玉"》，《紫禁城》2008年第8期，第176～187页。

图二　年代有争议的"春水玉"
1. 故宫博物院藏品　2. 上海市松江区西林塔基出土鹘捕鹅玉饰

捕鹅玉带饰(图五,1),有图录将其确定为明代[1],同时也有学者将其认定为金代遗物[2]。又如上海市松江区西林塔基出土大量玉器,西林塔始建于南宋咸淳年间,重建于明洪武年间,正统年间又迁建天、地宫,在博物馆展览以及出版的相关图录[3]中,都将大部分玉器的年代定为元代,唯鹘捕鹅(图二,2)一类玉器定为金代,其年代判定难免令人生疑。以上所举只是目前相关研究中的几例,可见"春水玉"不论是考古出土品,还是收藏品,在年代判定上均存有很大争议。之所以会出现这种情况,可能与目前"春水玉"以博物馆收藏品为主有关,同时也与我们进行判定的标准不无关系。

三

想要对"春水玉"的发展脉络有一清晰的认识,明确其判定标准,理应从考古出土品入手进行探究。

有辽一代皇帝频频进行春捺钵(春水)活动,鹘捕鹅为其中重要一项,而目前并未见到与鹘捕鹅纹饰有关的辽代遗物,对此纹饰的介绍也不见诸辽代文献。笔者对此大胆推测,可能有如下两个原因。

首先金代春水与辽代春捺钵活动侧重点不同。辽人春捺钵在鸭子河,三月份时,天鹅

---

[1] 古方:《中国出土玉器全集》,科学出版社,2005年,第145页。
[2] 徐琳:《再谈"春水玉"》,《紫禁城》2008年第8期,第176～187页。
[3] 黄宣佩:《上海出土唐宋元明清玉器》,上海人民出版社,2001年,第56页。

未至则凿冰取鱼,冰泮则纵鹘捕鹅。说明有辽一代春捺钵活动除鹘捕鹅以外还有钩鱼一项。如《辽史》卷二十七载,"二月丁酉,如春州,幸混同江钩鱼,界外生女直酋长在千里内者,以故事皆来朝。适遇'头鱼宴',酒半酣,上临轩,命诸酋次第起舞"[1]。金代春水与辽代春捺钵的不同之处就在于春水活动完全以捕鹅为中心[2]。如赵秉文的《扈从行》,"圣皇岁岁万机暇,春水围鹅秋射鹿"[3]。《春水行》中更有鹘击鹅坠场面的介绍,"内家最爱海东青,锦鞲掣臂翻青冥;晴空一击雪花堕,连延十里风毛腥"[4]。众多诗文与鹘捕鹅相关,足见金代对于春水、纵鹘捕鹅活动的重视。

其次可能因为辽人的表现手法与金不同,辽人更倾向于表现自然奔放、潇洒恣意的图像而非鹘击鹅坠生死相搏的惨烈场面。辽庆陵之东陵壁画绘春、夏、秋、冬图[5],这四幅图画往往被认定为描述四时捺钵之景象,但画面中没有人物的出场,更没有钩鱼捕鹅、围虎射鹿的情景。春、夏、秋、冬图描绘的均系一派自然景色,随着季节的转换,山林的景象也发生了变化。其中春图中有天鹅和野鸭出现,或成群结队浮游于水面,或伸直颈部展翅飞翔。在夏、秋、冬图里,也都有鹿的出现。有辽一代,天鹅作为独立个体出现较多,玉质的圆雕单体天鹅、交颈天鹅[6]大量出现,在耶律羽之墓还出有银鎏金的天鹅饰件[7]。辽墓壁画中的臂鹰图、鹰军图中对鹘也有描绘[8]。

目前考古出土的金代"春水玉"共有3件(对)。

北京市房山区金代皇陵M6-1石椁出土一对鹘捕鹅玉屏花[9](图三,1),2002FJLM6-1:1,灰白色玉质,玉质欠佳。饰件长5.5厘米,宽4.2厘米,厚0.8厘米。单面透雕,技法简单,雕工质朴。海东青以尖喙啄击天鹅头部,羽翅纤长,长尾。天鹅颈部细长,翅膀明显长于身体,正展开双翅奋力飞翔,试图摆脱头上的海东青。周围以卷草为背景,可能天鹅试图飞入花草中隐藏自己,可惜为时已晚。已有学者考证M6为金太祖完颜阿骨打睿陵[10],出于皇族之墓,相信这对玉屏花定是集能工巧匠智慧之大成。M6共出有4套石椁,M6-4为太祖龙纹石椁。太祖卒于天会元年(1123年),又于天会十三年(1135年)迁葬胡

---

[1] 脱脱等:《辽史》卷二十七,中华书局,1974年,第326页。
[2] 刘浦江:《金代捺钵研究(上)》,《文史》1999年第4辑,中华书局,1999年。
[3] 赵秉文:《扈从行》,载薛瑞兆、郭明志编纂《全金诗》,南开大学出版社,1995年,第408页。
[4] 赵秉文:《春水行》,载薛瑞兆、郭明志编纂《全金诗》,南开大学出版社,1995年,第407页。
[5] 孙建华:《内蒙古辽代壁画》,文物出版社,2009年,第72~79页。
[6] 朝阳北塔考古勘察队:《辽宁朝阳北塔天宫地宫清理简报》,《文物》1992年第7期,第1~28页;内蒙古自治区文物考古研究所、哲里木盟博物馆:《辽陈国公主墓》,文物出版社,1993年,第80~82页。
[7] 盖之庸:《叩开辽墓地宫之门》,山东画报出版社,1997年。
[8] 彭善国:《辽金元时期的海东青及鹰猎》,《北方文物》2002年第4期,第32~37页。
[9] 北京市文物研究所:《北京金代皇陵》,文物出版社,2006年,第74页。
[10] 北京市文物研究所:《北京金代皇陵》,文物出版社,2006年,第153~155页。

改山,贞元三年(1155年)迁葬房山。推测M6-1墓主下葬年代可能与太祖墓相去不远,但四具石椁相对独立、太祖陵又几经迁葬,具体年代恐难下定论。

吉林省舒兰市金代完颜希尹家族墓地二墓区M5,即完颜希尹(？—1140年)孙完颜守宁墓出土1对玉屏花[1](图三,3),SWIIM5：1,牙骨色玉质,玉质较差。直径2.4厘米。于环托之上起浮雕,为浮雕、透雕相结合,雕刻较为生动。底层为一截面近圆形的圆环,其上浮雕出天鹅、海东青和花叶。海东青圆头、尖喙,一只翅膀弯曲,击打天鹅的头部,另一翅膀伸展开,尾巴粗长,以利爪抓住天鹅的头部与颈部。天鹅颈部纤细,身小翅长,翅数倍于身长,羽翅边缘为锯齿形。天鹅项下为几朵卷草纹图案。工艺上看较金陵所出土的平面透雕有所进步,形象也更为生动。

俄罗斯赛加古城出土1件[2](图三,2),玉石质。饰件长11.4厘米,宽4.5厘米,厚0.5厘米。浮雕、透雕相结合。该饰件已残碎为6块,经工作人员拼对,可见其大致表达的含义。整体为长方形,雕刻可分为2层,底层为细小的呈网格状分布的花叶纹饰,其上浮雕的主体内容推测为鹘捕鹅。在饰件的左下角可见一天鹅头部,一头扎在草叶中,鹅嘴紧闭,眼睛圆瞪作痛苦状。在饰件近中间的位置,可见一阴线刻划表示的翅膀,依据该翅膀羽毛的纹理、疏密程度判断其摆放位置有误,推测应在饰件中间位置。天鹅颈部上方立有一只海东青。赛加古城是东夏国城址,东夏国为蒲鲜万奴于贞祐三年(1215年)据辽东而建,所占区域为东北女真故地,区域内女真人、汉人、契丹人杂居,社会各方面均承袭金制。尽管仅余若干残片,但其娴熟的技艺表明它很可能是汉人工匠的艺术结晶。

尽管以上几件"春水玉"在细部构图和装饰技法上略有不同,却可以找到三者风格的共通之处。考古出土的金代"春水玉"数量有限,为防止以偏概全,特查考金代与鹘捕鹅题材相关的玉质及其他材质的考古出土品,发现此类简朴、明快的风格在上述出土品中均有体现。

纵观金代花鸟玉饰对于天鹅的刻画,仅黑龙江省哈尔滨市新香坊区金墓出土的1对天鹅头部较为丰满[3],此外其他天鹅形象均较为纤弱。如黑龙江阿城巨源齐国王墓出土者[4](图三,4),再如1972年北京市房山区石椁墓出土者[5](图三,5)。天鹅头部仅见微微弧起,嘴部均为闭合状,眼睛几乎都呈圆形。颈部细长,或伸直或弯曲,与身长相仿。以平行的阴线刻划来表现羽翅,翅膀有2～4排羽毛,边缘处多呈锯齿状。天鹅多单薄纤弱,整

---

[1] 顾聆博:《完颜希尹家族墓地研究》,吉林大学硕士学位论文,2012年,第22、23页。
[2] 吉林省文物考古研究所、俄罗斯科学院远东分院远东民族历史·考古·民族研究所:《俄罗斯滨海边疆区女真文物集粹》,文物出版社,2013年,第234页。
[3] 黑龙江省博物馆:《哈尔滨新香坊墓地出土的金代文物》,《北方文物》2007年第3期,第48～58页。
[4] 郝思德、刘砚铁、刘晓东:《黑龙江阿城巨源金代齐国王墓发掘简报》,《文物》1989年第10期,第1～10页。
[5] 张先得、黄秀纯:《北京市房山县发现石椁墓》,《文物》1977年第6期,第78～80页。

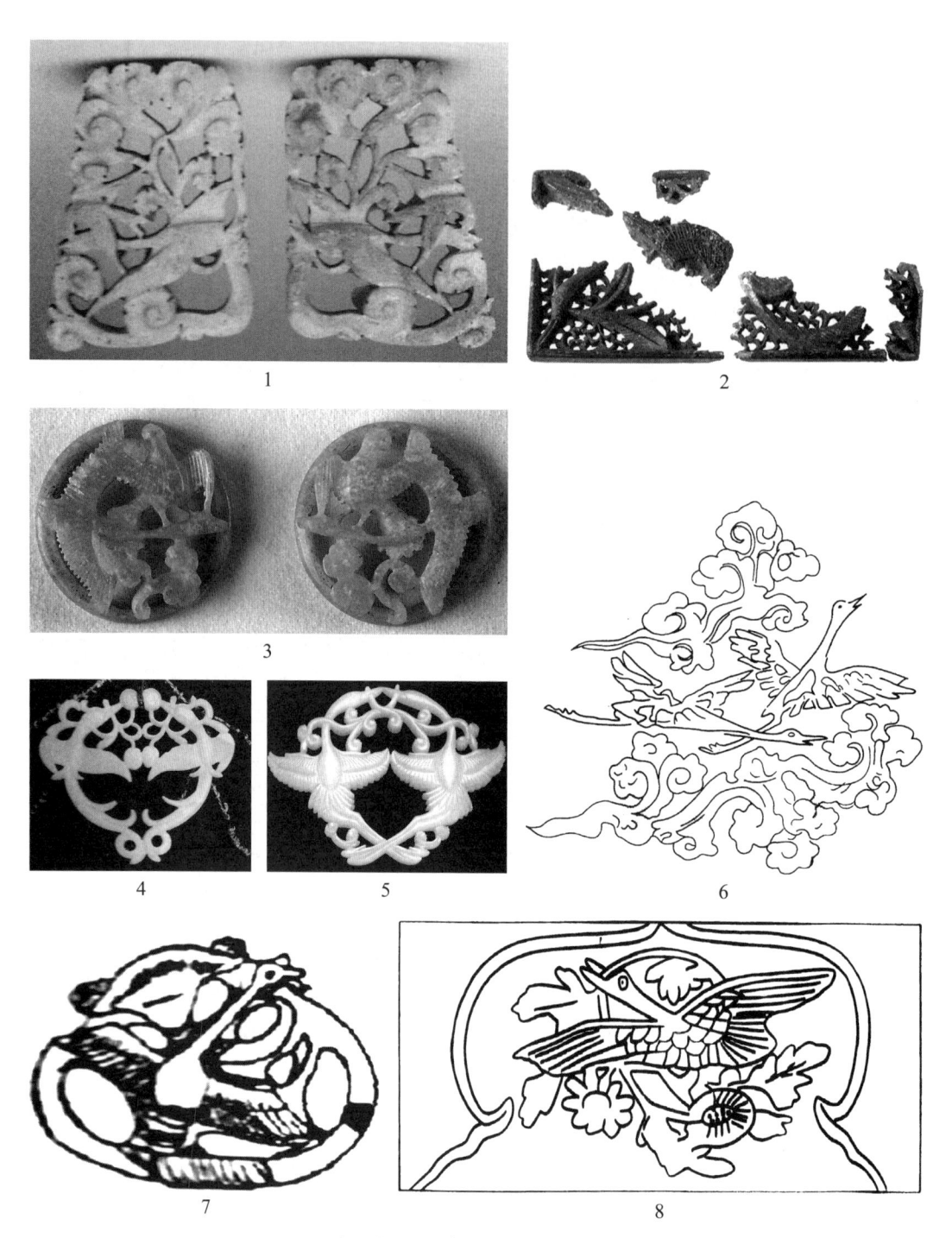

图三　出土的金代"春水玉"及其他材质艺术品

1. 北京市房山区金代皇陵M6-1石椁出土1对玉屏花　2. 俄罗斯赛加古城出土玉石饰件　3. 吉林省舒兰市金代完颜希尹家族墓地二墓区M5出土1对玉屏花　4. 黑龙江省阿城县巨源乡齐国王墓出土玉逍遥　5. 1972年北京市房山区石椁墓出土玉逍遥　6. 黑龙江省阿城县齐国王墓出土织锦　7. 辽宁省朝阳市皇统九年（1149年）金墓出土鎏金银天鹅饰件　8. 河南省荥阳市杜常村金代砖雕墓出土天鹅砖雕

体风格清瘦质朴。

不仅在玉器上,天鹅的体态以及风格在其他材质的出土材料中亦可得到证实。黑龙江省阿城县齐国王墓出土织锦上的天鹅[1](图三,6),正伸长纤细的脖子,振翅飞翔。俄罗斯滨海的阿纳尼耶夫斯科耶金代城址里出土的铜镜上所铸天鹅[2],辽宁省朝阳市皇统九年(1149年)金墓出土鎏金银天鹅饰件[3](图三,7),以及河南省荥阳市杜常村金代砖雕墓出土的天鹅砖雕[4](图三,8),画面布局均较为相似。

考古出土的元代春水玉共有3件(对)。

江苏省无锡市钱裕墓出土1件玉带环[5](图四,1)。尽管钱裕墓挖掘时考古人员不在现场,一些文物的详细出土位置和相互关系无从考证,但墓葬年代确切。墓主钱裕为南宋淳祐七年(1247年)生人,元延祐七年(1320年)卒,至治元年(1321年)下葬。该玉饰玉质较好,采用浮雕、透雕、镂雕相结合的方式,雕镂复杂。在椭圆形环托上,以底面的草叶纹为背景雕琢出鹘击鹅坠的场景。海东青尖喙圆眼,头部刻画得惟妙惟肖,弓着身子拍击翅膀,翅膀骨骼稍有凸起,另一只翅膀内侧以交叉成网格的线条表示,细致的雕刻显现出海东青体小却勇猛敏捷的特点,正在天空盘旋找寻天鹅的踪迹。天鹅额头丰满圆润,嘴部张开,眼睛略近蝌蚪形,眼睛下方有一近"S"形的线,一端连在嘴部,颈部弯曲,身体肥硕。羽毛的刻画很是形象,以平行的线条来表现大根的羽毛,内部再以细密排列的短斜线表现纹理,根根羽毛边缘为小圆弧形,颇富层次,连腹部、腿部的绒毛也清晰可见,此时天鹅已被攻击坠落,头部扎在芦草之中。再看外部环境,肥美的芦草翻卷缠连,除芦草外还有莲荷的点缀,右下角为一株盛开的莲花,花瓣凹凸有致,旁边还连着一枝莲蓬,栩栩如生,左上角为一片翻卷的荷叶,连叶脉都加以细腻刻画。

四川省成都市利民巷元代窖藏出土的1对带扣(图四,2),形制相同,左右相对[6]。青玉,玉质较好。雕刻方法上看亦是浮雕、透雕、镂雕相结合。带扣周围饰联珠纹一圈。主题图案与上述钱裕墓出土的鹘击鹅坠的情形一致。玉器上方海东青张开尖喙、眼睛圆瞪,张开翅膀作回首状,于半空盘旋。天鹅的造型以及细部头、嘴、眼、项、身、翅的刻画也与钱裕墓所出颇为近似,不同之处是刀工过于草率,细节不够明显。底部以芦草纹为饰,表现

---

[1] 赵评春、迟本毅:《金代服饰——金齐国王墓出土服饰研究》,文物出版社,1999年,第30页。
[2] 吉林省文物考古研究所、俄罗斯科学院远东分院远东民族历史·考古·民族研究所:《俄罗斯滨海边疆区女真文物集粹》,文物出版社,2013年,第27、28页。
[3] 朝阳博物馆:《辽宁朝阳市金代纪年墓葬的发掘》,《考古》2012年第3期,第51~58页。
[4] 郑州市文物考古研究所、荥阳市文物保护管理所:《荥阳杜常村金代砖雕墓》,《中原文物》2000年第6期,第27~31页。
[5] 钱宗奎:《江苏无锡市元墓中出土一批文物》,《文物》1964年第12期,第52~63页。
[6] 古方:《中国出土玉器全集》第13卷,科学出版社,2005年,第189页。上方的海东青被误认为小天鹅。

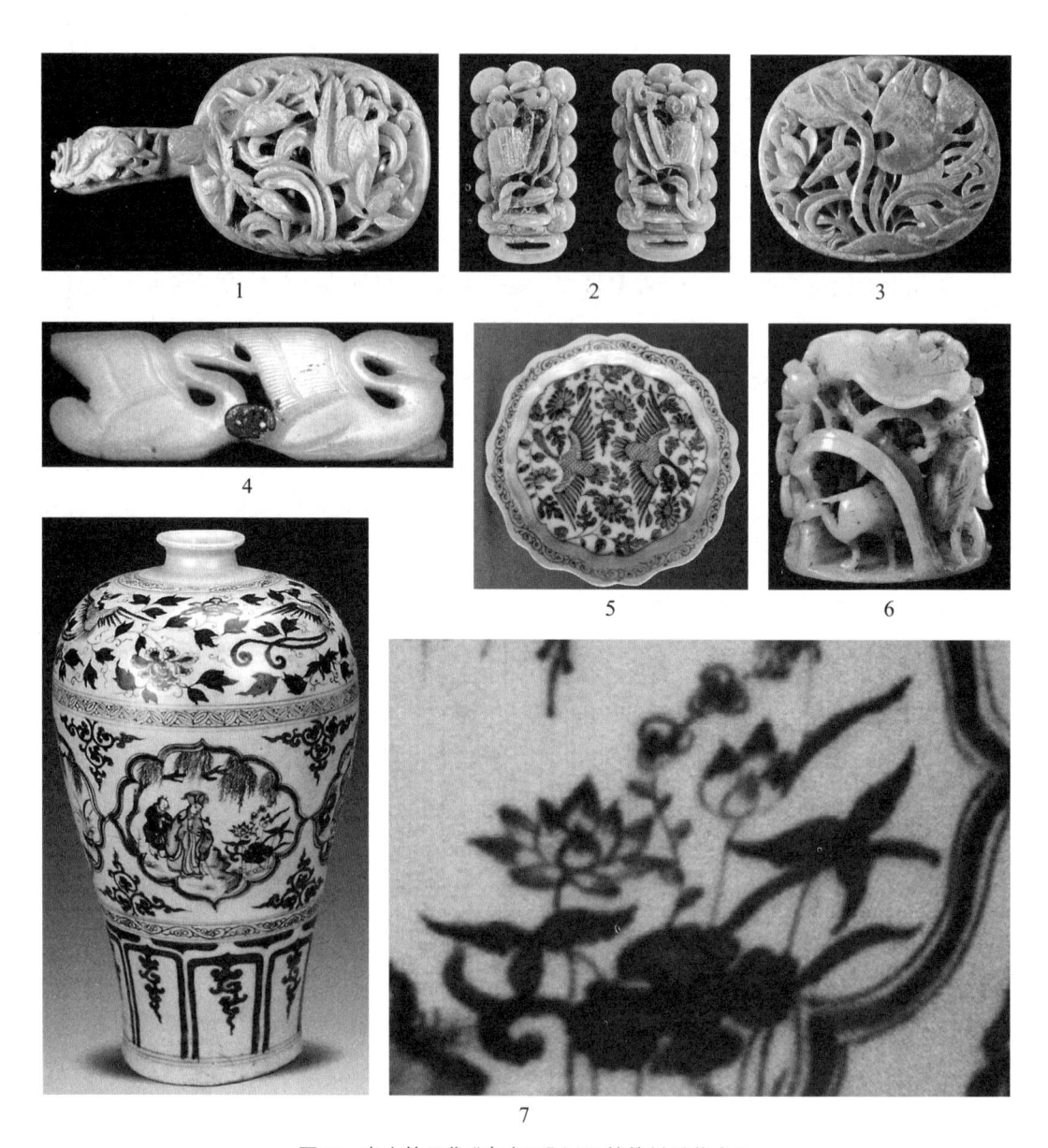

图四 出土的元代"春水玉"以及其他材质艺术品

1. 江苏省无锡市钱裕墓出土1件玉带环 2. 四川省成都市利民巷元代窖藏出土1对玉带扣 3. 云南省昆明市荷叶山出土1件玉饰 4. 四川省成都市利民巷元代窖藏出土玉雕双鹅 5. 安徽省太湖市白里镇阮氏一世祖墓出土双卢雁穿花纹青花盏托 6. 四川省成都市利民巷元代窖藏出土玉炉顶 7. 湖北省钟祥市郢靖王墓出土四爱图梅瓶

的环境也较为简单,仅见几株芦草。

此外,还有1件构图与以上两件极为相似的云南省昆明市荷叶山出土的玉饰[1](图四,3),玉石质。采用浮雕、透雕、镂雕相结合的技法,制作工艺略显粗糙。图案中央为一天鹅展翅飞翔,穿梭于芦草丛中,天鹅头部丰满,嘴部闭合,眼睛略近方形,自嘴部起经过眼睛下方有一"S"形线条。颈部粗短,腹部圆弧,以阴线刻划的平行线表示翅膀上的羽毛,翅膀边缘圆滑。尾部根根羽毛直立,每一根羽毛内部还以平行的短斜线来表现。背景环境水草丰美,芦草舒展,其中一枝缠绕天鹅颈部,使画面颇有层次,左侧还有一朵盛开的莲花,花瓣饱满,左上角为一翻卷的荷叶,叶脉清晰可见。

与以上3件玉器上天鹅形象相近的还有四川省成都市利民巷元代窖藏出土的玉雕双鹅[2](图四,4)、上海市嘉定区法华塔元代地宫出土的鹅形玉佩[3]、陕西省西安市何家村出土玉雁(天鹅)[4]等,此外还有安徽省太湖市白里镇阮氏一世祖墓出土的双卢雁穿花纹青花盏托[5](图四,5),水鸟形态均丰满圆润。作为陪衬图案起烘托作用的芦草、莲荷,其特征也与有元一代大量出土的莲鹭纹玉炉顶极为相似,如上海市松江区西林塔基出土者[6]与四川省成都市利民巷出土者[7](图四,6),莲叶或翻卷,或随风飘荡,同时与元代青花瓷上的装饰风格也有相近之处,如湖北省钟祥市郢靖王墓出土的四爱图梅瓶所绘[8](图四,7)。元代"春水玉"上所体现的艺术风格,是与整个时代的审美情趣相一致的。

四

前文对于考古出土的金代、元代"春水玉"的研究,为探讨金代"春水玉"与元代"春水玉"的差别提供了线索:

选材上看,金代春水玉玉质欠佳,选材要求不高;元代春水玉玉质较好,用料讲究。雕刻技法上看,金代多为平面透雕,工艺质朴,更注重精神层面;元代雕刻技法多样,尤其镂雕手法,增强了立体感,工艺娴熟,层次繁复。从细部来看,金代的鹄是细颈、长尾,多表

---

[1] 古方:《中国出土玉器全集》第12卷,科学出版社,2005年,第123页。
[2] 古方:《中国出土玉器全集》第13卷,科学出版社,2005年,第186页。
[3] 黄宣佩:《上海出土唐宋元明清玉器》,上海人民出版社,2001年,第12页。
[4] 杨伯达:《中国玉器全集·五·隋唐—明》,河北美术出版社,1993年,第128页。大雁又称野鹅,天鹅类,大型候鸟。
[5] 首都博物馆、北京市元青花文化交流中心、北京艺术博物馆:《元青花》,河北教育出版社,2009年,第101页。
[6] 黄宣佩:《上海出土唐宋元明清玉器》,上海人民出版社,2001年,第130页。
[7] 古方:《中国出土玉器全集》第13卷,科学出版社,2005年,第188页。
[8] 首都博物馆、北京市元青花文化交流中心、北京艺术博物馆:《元青花》,河北教育出版社,2009年,第17页。

现爪;元代的鹘则尾偏短小,未见爪,体形明显偏小。金代的天鹅嘴部紧闭,眼睛圆瞪,颈部细长,翅长身小,翅膀边缘多作锯齿状,表现惊恐、挣扎之情;元代的天鹅则头部丰满,嘴部张开,眼睛呈蝌蚪形,眼睛后方有一"S"形线条,以表现头与颈的分界,身形肥美,身大翅小,连羽,羽翅边缘圆润。背景图案的设计上,金代卷草纹由少渐多,平面起雕刻或略有起伏;元代芦草舒展、枝梗交错,有饱满的莲花与翻卷的莲叶,展现水草丰美之境。

总体而言,金代"春水玉"整体造型多单薄纤弱,风格清瘦质朴。元代"春水玉"多偏向于圆润粗壮的造型,整体风格充实、饱满,让人深刻感受到其繁荣的态势。

五

考古出土的金代"春水玉"背景图案中并无荷花出现,到了元代"春水玉"上才有了饱满的莲花和翻卷的莲叶。但即便是在元代,正、二月进行的春水活动却要以盛夏的芦荷作为背景,其题材表现的季节与环境也是不相符的。

如此表现的原因是什么呢?对此本文有几个猜测。

其一,夏季里茂盛的芦荷出现在"春水玉"上,是一种艺术的虚构。

艺术源于生活,反映生活,而又高于生活。艺术的创作,可能未必完全真实反映当时的情境。

《诗经·郑风》载"山有扶苏,隰有荷华"。金源地区有荷花的分布,至金代迁都燕京,再至元定都大都,荷花资源更为丰富。时至今日,北京的荷花也颇负盛名。纯洁无瑕、亭亭玉立的出水芙蓉古已天下闻名,今亦触动人心,惹人喜爱,古人为表现自身强烈的情感而在"春水玉"上有所增益也不无可能。

其二,元纵鹘捕鹅活动可能并不局限于春天进行,配以茂盛的芦荷亦在情理之中。金代"春水玉"上没有荷花,其表现的鹘捕鹅的季节应是春天。元代"春水玉"上出现有荷花和荷叶,如若其展现的是真实的情境,则可说明元代鹘捕鹅表现的不是春季,或不局限于春季进行。

据前文可知,元代"春水玉"较金代在工艺上有很大差距,其存在的原因,可能会给我们一些提示。女真为辽人维护鹰路,贡献海东青,又多次参与春捺钵(春水)活动,建立金国后承辽旧俗,延续捺钵制度。辽人在得头鹅后,要举行仪式,互祝贺语,遍插鹅毛。契丹人和女真人都信奉萨满教,在萨满教义中,人们获得猎物,是神意的体现。尽管金代"春水玉"工艺水平不高,却隐含着宗教意义——为祈求春水活动时捕得更多天鹅,带来更多猎物。元代没有明确意义上的春水活动,只是继承了鹘捕鹅纹饰而已。随着有元一代完成了统一,吸纳了各方能工巧匠,"春水玉"的工艺水平得到显著提高,但注重的不再是原有的宗教含义,而是细节和雕刻技法。

本文认为明确器物出土年代、探讨其序列与流传,与科学发掘的考古出土品进行比对是非常必要的。经系统梳理,会发现争议较大的明梁庄王墓出土的"春水玉"(图五,1)带饰与金代出土者差距较大:鹅身肥硕,翅膀短小,整体圆润饱满,是继承元代的风格,然而鹘却十分呆板,尾和翅同在鹅颈部的一侧,完全不见攻击态势。春水题材在明代并不少见,甚至在绘画作品上(图五,2)亦可见到[1]。细节的刻画与整体的构图都与梁庄王墓"春水玉"上呆板的形象相近,鹘击鹅坠、生死相搏的意境全无。因为明人没有这种生活经历,仅限于外在形似的模仿,而忽视了内在的感情与精神,表现出来的不过是种把玩之情。

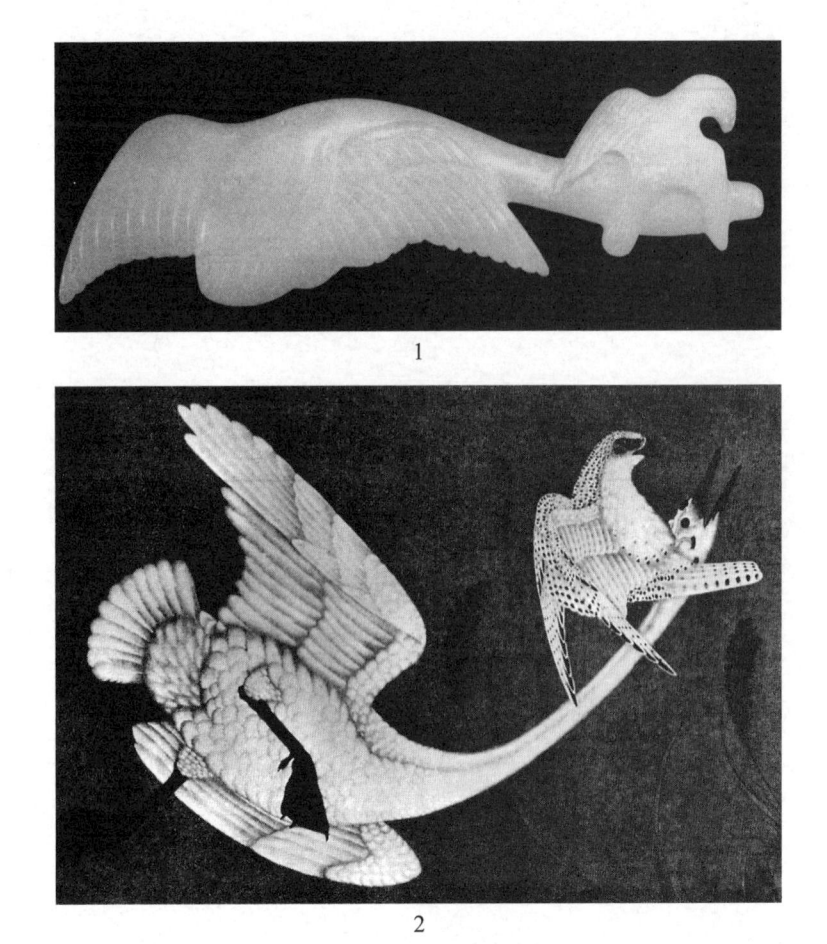

图五 明代的鹘捕鹅形象

1. 明梁庄王墓出土"春水玉"带饰　2. 明代画作中的鹘捕鹅形象

---

[1] 故宫博物院:《明代宫廷与浙派绘画选集》,文物出版社,1983年,第25页。

以往判定的金代"春水玉"藏品,不论是选材、雕刻技艺,还是细部的刻画、整体风格,均与考古出土品的特征不符,却在一定程度上与考古出土的元代"春水玉"相似。究竟文章列出的理据是否充分,这些疑惑与巧合该作何解释,还望方家批评指正。

(原载《东亚都城和帝陵考古与契丹辽文化国际学术研讨会论文集》,科学出版社,2016年)

北京斋堂壁画墓的时代

1979年在北京市门头沟区斋堂村发掘了一座保存较好的壁画墓，次年发表了发掘简报，把其断在辽代，并依据在墓顶附近发现的石墓幢幢文而确定该墓为辽天庆元年（1111年）下葬[1]。因墓室壁画有大幅的孝悌故事，这是其他辽墓壁画中从未见过的，所以，自公布后，被研究辽代历史的文章广泛转引。该墓还作为辽代绘画艺术的典型实例和辽代考古的重要发现而收入多种美术史专著和综合性考古辞书中。但仔细分析斋堂壁画墓的壁画资料，有必要重新讨论其时代。

斋堂墓是一座砖筑单室的方形墓，后部设棺床，其上放一具木棺。棺的前挡板上彩绘帐幔和一位托盏的男侍（图一，1）。男侍头戴圆顶宽沿的笠式帽，这是元代常见帽式，称为"钹笠冠"，在甘肃漳县元代汪世显家族墓中出土过实物[2]。故宫收藏的历代帝王画像中，元文宗和元成宗都戴这样的"钹笠冠"。辽代无此类帽式。男侍穿交领右衽袍，也是元代蒙古人的袍式。辽墓壁画中所见男袍基本是圆领袍，汉式者右衽，契丹式者左衽。而元墓壁画中的蒙古男子则穿交领右衽袍。如赤峰市元宝山[3]和三眼井[4]元代蒙古墓中的男主人和男侍都是穿交领右衽袍。元代刻本《事林广记》中的人物插图中，穿交领右衽袍者屡见不鲜（图一，2）。斋堂男侍的耳后留有发辫，挽成环状，垂于肩上，乃是元代蒙古人的发式。故宫收藏的历代帝王画像中，成吉思汗、忽必烈、元文成都作此种发式。西安曲江池元墓的人俑和赤峰元宝山元墓壁画中的男主人（图一，3）、男侍也是这种发式。所以，斋堂棺画上的男侍是典型的元代蒙古男子装束。

斋堂墓墓门两侧的壁画都画有侍女，西侧保存完好。发掘简报称侍女外穿宽袖袄，但

---

[1] 鲁琪、赵福生：《北京市斋堂辽壁画墓发掘简报》，《文物》1980年第7期。
[2] 乔今同：《甘肃漳县元代汪世显家族墓葬》，《文物》1982年第2期。
[3] 项春松：《内蒙古赤峰市元宝山元代壁画墓》，《文物》1983年第4期。
[4] 项春松、王建国：《内蒙古昭盟赤峰三眼井元代壁画墓》，《文物》1982年第1期。

图一

1. 斋堂墓棺画中的男侍 2.《事林广记》插图人物的服饰与发式 3. 元宝山墓壁画中男主人的服饰与发式

简报所附图版不清，后来发表在《中国美术全集》[1]中的彩色图版很清楚，方知是外罩半袖衫，而非宽袖袄。女子外罩半袖衫在唐、宋、金墓壁画中都有发现，元代亦十分盛行。如辽宁凌源富家屯元代墓[2]、赤峰元宝山元代墓、山西孝义下吐京元代墓[3]的壁画中，女主人和女侍都外罩半袖衫。辽墓壁画中虽然有大量女子，却未见一例穿半袖衫者。斋堂墓的女侍头上顶小花冠，与辽宁凌源富家屯元墓北壁"侍寝图"中的侍女打扮类似，而辽墓壁画中却没有发现过，故斋堂墓壁画中的女侍也是元代女子形象。

在墓室后部的下方，围绕棺床画出床挡的边框。在北壁的床挡边框内又绘3幅水墨山水画，中幅高37厘米，左右幅皆高18厘米。西壁的床挡边框内绘1幅水墨山水画，高18厘米。东壁下部残脱。画面皆以山峦为主，缀以楼阁、寺塔、舟船。显然，这些水墨山水画是模仿主人寝居之床的装饰，即床挡画。此种做法在辽金墓中尚未见到，但在北方元墓中却不断出现。如山西大同冯道真墓[4]，亦是方形单室，在围绕棺床的壁面下部也绘水墨

---

[1] 宿白主编：《中国美术全集·绘画编·墓室壁画》，文物出版社，1989年。
[2] 冯永谦、韩宝兴：《凌源富家屯元墓》，《文物》1985年第6期。
[3] 解希恭：《山西孝义下吐京和梁家庄金、元墓发掘简报》，《考古》1960年第7期。
[4] 大同市文物陈列馆、山西云冈文物管理所等：《山西省大同市元代冯道真、王青墓清理简报》，《文物》1962年第10期。

画，高皆在0.91～0.92米，基本等高，其中北壁是层峦叠嶂的山峰，上题"疏林晚照"。东壁在方框内绘一山泉，一位道士盘膝于岩石上，静观鱼游。西壁亦画方框，框内有一苍松，松下有道士论道。与斋堂墓比较，也应是床挡画，只不过省略了床挡的横枋立柱结构。北京密云瞳里村墓[1]，北壁有两幅山水画，东西壁北端各有一幅山水画，画带边框，也是床挡画，该墓出元"至大二年"刻款陶碗。赤峰元宝山元墓，在棺床的两端的墓室壁面处各画一幅带边框的山水画，画面以山水为主，缀以骑驴隐士、楼阁，亦为此类。由此可推知，元代北方的汉人和蒙古人有在寝床床挡上设置表现天人合一、闲情逸致的水墨画之风习，墓中才会流行模仿该风习的壁画。斋堂墓所仿最全面，是既画出床挡，又画出水墨画的唯一实例。

综上，可以肯定斋堂壁画墓是元代墓。在墓顶附近发现的墓幢是辽天庆元年所刻，不是为此墓而设，与此墓无关。

辽代和元代的民族构成、社会生活有较大差别，重新确定斋堂墓的时代有重要意义。除上面涉及的方面外，还有两点值得注意：一、斋堂的方形砖室墓代表了北方元墓的流行形式，迄今北京地区所见辽代砖室墓与山西大同地区一样，都是圆形的。二、斋堂墓出土的三彩罐和三彩炉不是辽三彩，而是少见的元三彩标本。

（原载《北方文物》1997年第4期）

---

[1]《密山县瞳里村元代壁画墓》，载《中国考古学年鉴·1990》，文物出版社，1991年。

奉节宝塔坪出土的铭文金牌饰

奉节宝塔坪遗址在2001年进行了第二次发掘，揭露汉至清墓葬90余座，其中有2座明代土坑墓各出土1枚刻铭金牌饰，甚为罕见。

第1枚金牌饰出于IM4002。该墓为土坑竖穴墓，平面呈梯形，直壁，平底。墓口距地面深0.2米，墓坑长2.64、宽0.8～1、深0.96～1.37米。在墓底发现骨架1具，仰身直肢葬。墓主是25～30岁的成年女性。人骨之下铺一层厚2厘米的白石灰。在墓主人头骨上有1枚金牌饰和1件铜簪（图一）。金牌饰（IM4002：2），圆形，直径3厘米，外接一周花边，花

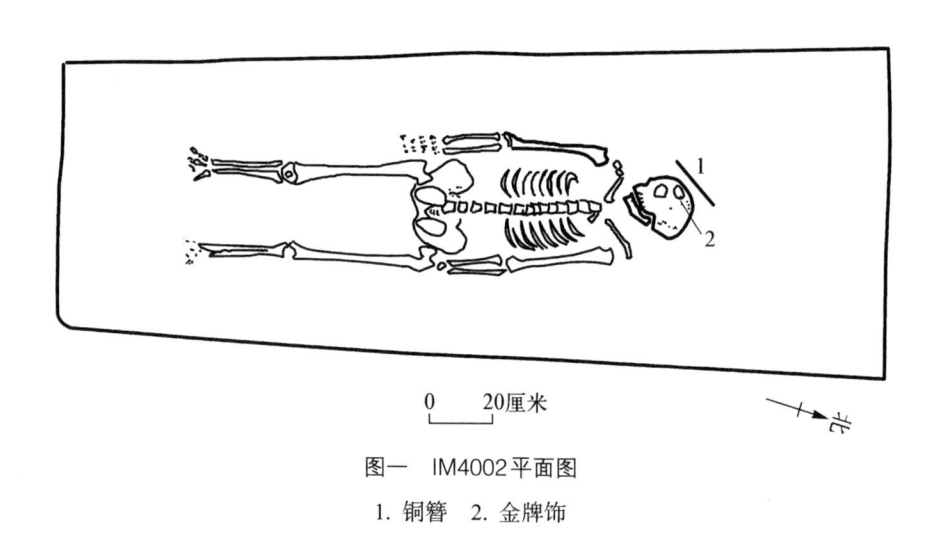

图一 IM4002平面图

1. 铜簪　2. 金牌饰

边上卷，中心有1孔，孔径0.2厘米。内区刻压钱纹，外区以刻压的放射线分为4格，格内刻字，上格"金"，右格"木"，左格"水"，下格"火土"。直径3厘米（图三；图四，7）。铜簪（IM4002：1），截面呈圆形，表面布满铜锈，有头发腐烂后留下的丝状痕迹。长12.9厘米（图四，5）。

第2枚金牌饰出于IM4011。土坑竖穴墓，平面呈梯形，直壁，平底。墓口距地面深

0.15 米，墓坑长 2.15、宽 0.56~0.84、深 0.38 米。在墓底发现 1 具骨架，仰身直肢葬，头骨和脚骨略残。墓主是成年女性。头前有一件筒瓦。人骨之下铺有白石灰。墓主人口含 1 件金牌饰，头骨之前放 1 件陶罐和 2 件上下相扣的青花瓷碗，头骨上有 1 件铜簪（图二）。金

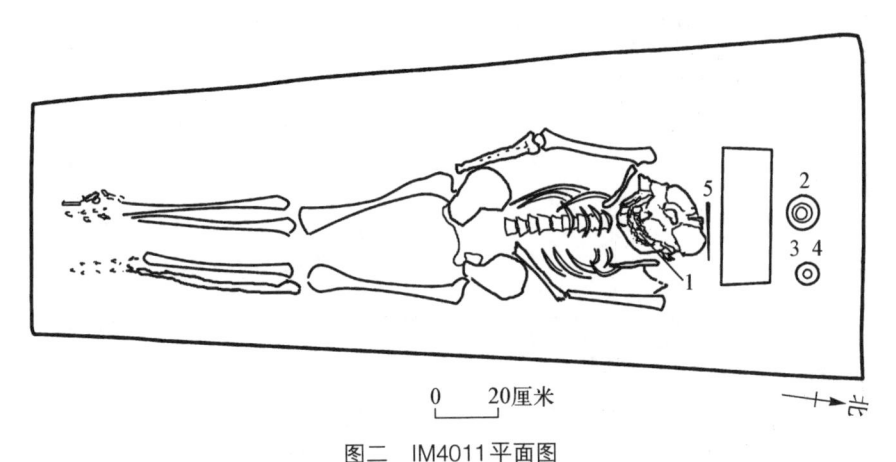

图二　IM4011 平面图
1. 金牌饰　2. 陶罐　3、4. 青花瓷碗　5. 铜簪

牌饰（IM4011：1），圆形，在中心与边缘处刻压 2 周圆圈，将其分为内外两区。外区用刻压的放射线等分 4 格。每格刻一字，按逆时针方向旋读为"子孙兴旺"。中心有 1 穿孔，分格线外端各有 1 穿孔。直径 2.8 厘米（图四，6）。铜簪（IM4011：5），截面呈圆形，表面布满铜锈，有头发腐烂后留下的丝状痕迹。长 10.4 厘米（图四，4）。陶罐（IM4011：2），紫红胎，上半部施黄色釉，釉色均匀。直颈，鼓肩，平底。口径 12.8、底径 8、通高 20.6 厘米（图四，3）。青花瓷碗（IM4011：3），青灰色胎，较薄。侈口，深腹，圈足。外壁主题纹饰分为

图三　金牌饰（IM4002：2）

两组，一组是一人坐于岸边草地上，静观水中远山，山峰危耸，流云仙气飘于其左，苍劲曲柳在其右；另一组亦有同样的山石云柳，对岸草地上有主仆两人，主人坐于地面，展卷，童仆弯身抱琴，侍立其后。碗心绘一人昂首挺胸，立于岸边眺望。口径 12.9、底径 4、通高 5.5 厘米（图四，2）。青花瓷碗（IM4011：4），灰白色胎。敛口，深腹，圈足。外壁主题纹饰为缠枝花纹，口下有连点与连弧边饰。碗心饰海螺纹。口径 12、底径 4.5、通高 5.5 厘米（图四，1）。

IM4011 出土的青花瓷碗具有明代民窑的风格，墓葬年代为明代。IM4002 被盗，没有

1~5. ⊢—⊣ 0 2厘米   6、7. ⊢—⊣ 0 2厘米

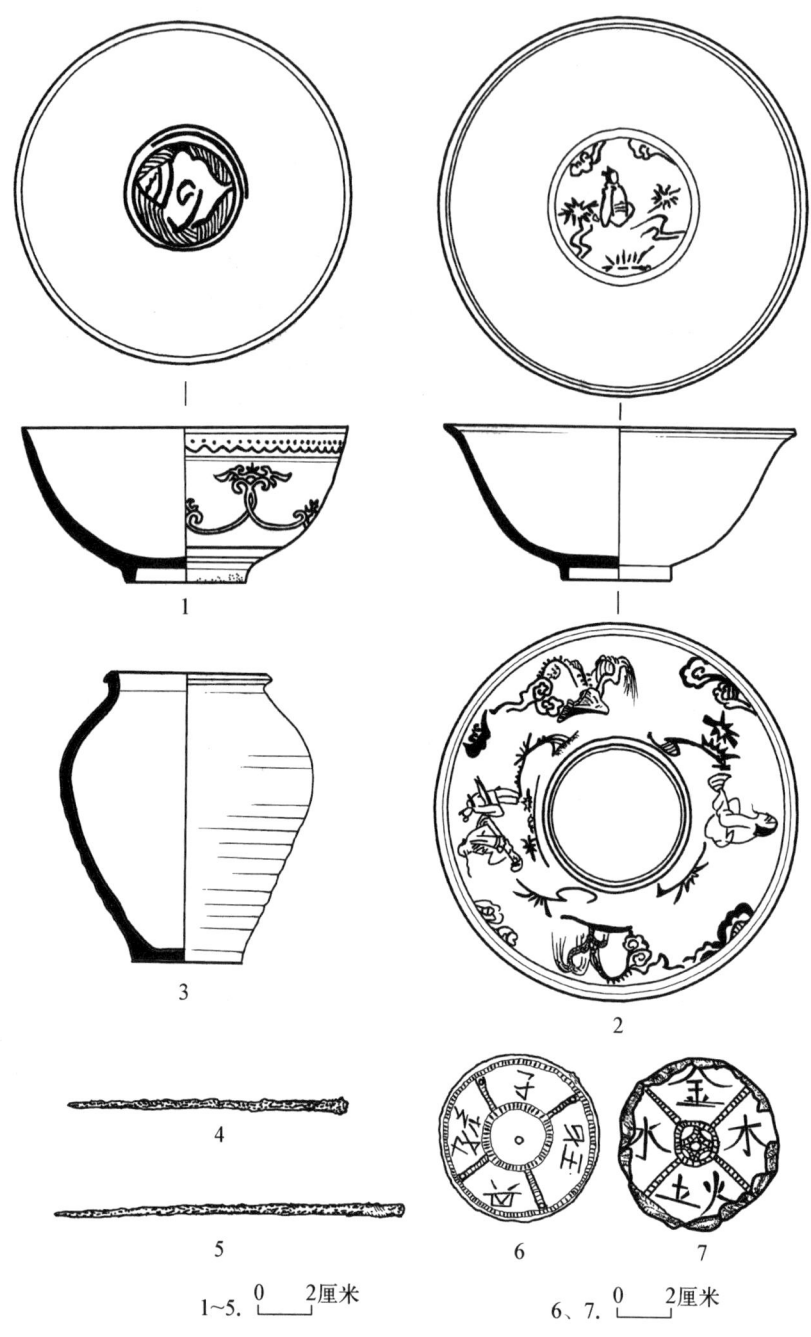

图四 金牌饰与共出的器物

1、2. 青花瓷碗（IM4011：4、3） 3. 陶罐（IM4011：2） 4. 5. 铜簪（IM4011：5、IM4002：1） 6、7. 金牌饰（IM4011：1、IM4002：2）

发现青花器物，但墓葬使用白石灰铺底，所出金牌饰与IM4011出土的金牌饰相似，年代也应为明代。

"五行者，何谓也？谓金木水火土也"[1]。IM4002出土的金牌饰刻"金""木""水""火""土"，应该是五行牌饰。《云笈七签》载："元气分判，天地开张，阴阳贯位，三五成官，玄置六甲，化生五行，金木水火土，总御中元。"[2]道家的世界观认为，混沌世界，分为阴阳，析为五行。也就是说世界是变化的，变化的规则是按照阴阳五行运行。五行是金、木、水、火、土相生相克。五行相生的秩序是：火生土，土生金，金生水，水生木，木生火。五行相克的秩序是：火克金、金克木、木克土、土克水、水克火。万事万物都有五行的属性，受到五行运行的支配。五行调和则相生，五行失调则相克。《淮南子》载："夫天地之生财也，本不过五，圣人节五行，则治不荒。"[3]可见古人认为生财的根本在于五行调和。该金牌饰以钱纹为中心，外绕以五行，其寓意是五行调和而财运亨通。

五行在方位中的排列有固定秩序。金主西方，木主东方，水主北方，火主南方，土主中央。将IM4002出土的金牌饰的五行图与元代张理《易象图说》中的五行图[4]进行比较，二者五行的排列不同。《易象图说》的排列是以土为中心，外围按顺时针排列火、金、水、木，这是遵照五行方位的排列。IM4002出土金牌饰的中央是钱纹，外围按照从上到下、从右到左的顺序排列金、木、水、火、土，颇为特殊。这件金牌饰出于墓中女子的头骨之上，是其生前佩带的饰物。民间饰物上的装饰图案与算卦占卜使用阴阳五行图不同，有一定的随意性，不必严格按照五行图刻写金、木、水、火、土。将钱纹放在金牌饰的中央，在外围按照书写的习惯顺序刻写金、木、水、火、土，既美观又能达到保佑发财的佩带目的，从而形成特殊的五行装饰图案。

"子孙兴旺"金牌饰与"金""木""水""火""土"金牌饰的风格相同，大小相近，均为圆形，内区为圆形，外区分为4格，应是同一类型的饰物。"子孙兴旺"金牌饰虽然出于女性头骨的口内，但牌面有5个穿孔，下葬之前也应是缀挂之饰件。二者同见于一个墓地，类似的形制表明二者相互应有关联。圆形的轮廓，外4内1的五格布局，包含五行之义。五行调和也是家庭和睦子孙兴旺的根本，这在明清时期的民间有着广泛的思想基础。清代李子乾的小说《梦中缘》就是根据五行调和则子孙兴旺的思想构写的。小说描写了明代正德年间山东才子吴瑞生根据仙人指点到江南寻求符合五行的5个妻子的故事。江南

---

[1] 班固：《白虎通义》上卷"五行"条。
[2] 张君房：《云笈七签》卷五十一，《道藏》第22册，文物出版社、上海书店、天津古籍出版社，1987年。《四库全书》和《四部丛刊》本无此条。
[3] 刘安编，何宁撰：《淮南子集释》卷八"本经训"条，中华书局，1998年。
[4] 张理：《易象图说》内篇中卷《卦画二》，外篇上卷《象数三》。

5位女子为吴之妻均符合五行变化,所以相距遥远也能相聚成一家人,生活和睦,子孙兴旺。《梦中缘》结尾说:所以后来子孙繁衍绳绳振振,科甲不绝,这便是五行调和,全无相克,生生不绝之义了[1]。重庆奉节宝塔坪明墓女子以寓五行之"子孙兴旺"金牌饰入葬,其目的也是希望家族五行调和而子孙兴旺。该金牌饰是这一思想在明代民间盛行的物证。

(原载《文物》2018年第7期)

---

[1] 李子乾:《梦中缘》第十五回,崇德堂本。

后　　记

我的论文结集出版在即,编辑约我写个后记。面对文集,勾起我很多回忆。

我是1983年考入吉林大学历史系考古专业的。大学时我对新石器时代考古感兴趣,因为新石器时代考古学术讨论的热点多,我阅读的论著也多集中于此。我高中时学过俄语,考古专业的主任张忠培先生与林沄先生商议,留我研究东北考古及与东北相关的苏联考古,由魏存成先生找我面谈。我当时很懵,考古是冷门,苏联考古更是冷中之冷,要做出成绩是很艰难的。出于考古专业发展的责任担当考虑,我就勉强答应了,于是大四毕业论文由林先生指导写了《东北平底筒形罐区系研究》。林先生让我看西伯利亚的新石器时代陶器和朝鲜半岛的新石器时代陶器,我才发现,东北地区的南邻和北邻都是圜底陶器,中原是三足器,唯独古东北地区是平底器,于是提出古东北地区是一个平底筒形罐文化区的观点。探讨中国文化区的格局是当时的学术热点,我能识出一个客观存在的大的文化区,是跳出中国框架,把东北新石器时代文化放在东北亚大的视野下进行观察的结果,这使我认识到苏联考古资料对深刻认识我国文化的重要性。在领悟张先生、林先生学科战略布局的用意后,我开始自觉走向学习苏联考古的艰辛道路。

林先生考古研究的主要领域是商周考古,所以指定我的硕士毕业论文题目是商周考古的《北方系青铜釜的研究》。我收集分析了很多苏联的青铜釜资料,研究思路与本科论文一致,只是时代和对象换了。

我1990年7月硕士毕业留校执教,当时考古专业独立壮大为考古学系。第一年,带88级本科生实习于赤峰五三乡西道村点将台遗址,夏家店下层文化深达7～12米的堆积、2米高墙的房子令我终身难忘。深感田野考古教学处于"师傅带徒弟"模式,没有固定统一的适合大学正规教学的教材可供遵循,指导教师的解释随意性很强,于是萌生编写一本教材供教师和学生使用的想法,这个想法得到林先生的支持。于是,用了一个学期的时间,编写出6万字的《探方法发掘》铅字打印教材。次年7月,带89级学生发掘赤峰林西县白音长汗新石器时代遗址,就使用了这个教材。在自编自印《探方法发掘》教材的基础上，后扩编成《田野考古学》，于1993年正式出版，结束了我国高校田野考古教学长期没有正规教材参考的历史。

后来，我和徐光辉老师报考林先生东北考古的在职博士，这也是吉大首批考古博士生。然而徐老师很快东赴日本，林先生让我接手他的"宋元考古课"救急，我答应后匆忙开始备课。为了与教学结合，我将博士论文改为研究辽墓，科研方向转为宋元考古，开启了新的研究领域。

此后，我又集中大量精力编写与东北关系密切的《俄国东西伯利亚与远东考古》一书。出于对史前考古的依恋，这部书对前段考古成果做了大量介绍。在此前后我还撰写了一些关于前段的考古论文，也曾幻想再写一部关于南西伯利亚青铜时代到早期铁器时代考古的书。1999年吉大出台晋升职称的新政策，使我变得清醒一些，自知俄文功底弱，精力有限，加之三峡工程发掘任务繁重，我开始把研究方向调整为以靺鞨考古和辽金考古为主。高句丽与渤海考古始终是吉大考古专业特色，学科领头人魏存成先生希望我能在靺鞨考古上有所为，故倾注心血不能懈怠。

选进本论文集的内容较为庞杂，与多次调整研究方向有关。其中有几篇论文是和研究生共同完成的。

感谢宋佳、武松、谷崤为本文集编排付出的辛勤汗水！

冯恩学
于吉林大学考古学院